Die Rolle des US-Supreme Court im Prozess der Verfassungsänderung in den Vereinigten Staaten von Amerika

AF893987

Kölner Schriften zu Recht und Staat

Herausgegeben von
Prof. Dr. Hartmut Schiedermair und
Prof. Dr. Bernhard Kempen

Band 34

PETER LANG
Frankfurt am Main · Berlin · Bern · Bruxelles · New York · Oxford · Wien

Stefanie von Hoff

Die Rolle des US-Supreme Court im Prozess der Verfassungsänderung in den Vereinigten Staaten von Amerika

PETER LANG
Internationaler Verlag der Wissenschaften

Bibliografische Information der Deutschen Nationalbibliothek
Die Deutsche Nationalbibliothek verzeichnet diese Publikation in der Deutschen Nationalbibliografie; detaillierte bibliografische Daten sind im Internet über <http://www.d-nb.de> abrufbar.

Zugl.: Köln, Univ., Diss., 2007

Abbildung auf dem Umschlag:
Historisches Universitätssiegel der Universität zu Köln.

D 38
ISSN 1433-0253
ISBN 978-3-631-56715-9

© Peter Lang GmbH
Internationaler Verlag der Wissenschaften
Frankfurt am Main 2008
Alle Rechte vorbehalten.

Das Werk einschließlich aller seiner Teile ist urheberrechtlich geschützt. Jede Verwertung außerhalb der engen Grenzen des Urheberrechtsgesetzes ist ohne Zustimmung des Verlages unzulässig und strafbar. Das gilt insbesondere für Vervielfältigungen, Übersetzungen, Mikroverfilmungen und die Einspeicherung und Verarbeitung in elektronischen Systemen.

www.peterlang.de

Meinem Großvater

Vorwort

Die vorliegende Arbeit wurde im Sommersemester 2006 von der Rechtswissenschaftlichen Fakultät der Universität zu Köln als Dissertation angenommen. Der Tag der mündlichen Prüfung war der 26. Februar 2007. Für die Drucklegung wurde die Arbeit auf den Stand Juni 2007 gebracht.

Von ganzem Herzen danke ich meinem Doktorvater, Herrn Professor Dr. Bernhard Kempen, nicht nur für die engagierte Betreuung dieser Arbeit, bei der er mir jederzeit als Ansprechpartner für Fragen und Ratschläge zur Verfügung stand, sondern vor allem auch für die weit über diese Arbeit hinausgehende stete und umfassende Förderung meiner Ausbildung sowie für die Aufnahme dieser Arbeit in die Reihe „Kölner Schriften zu Recht und Staat."

Herrn Professor Dr. Stephan Hobe danke ich für die überaus zügige Erstellung des Zweitgutachtens und der Konrad-Adenauer-Stiftung für die finanzielle und ideelle Förderung meines Promotionsvorhabens.

Mein Dank gilt außerdem Herrn Professor Daniel Halberstam, der mir während meiner Zeit an der University of Michigan Law School in den Jahren 2003/2004 ein grundlegendes Verständnis für das amerikanische Verfassungsrecht vermittelte. Damit legte er den Grundstein für diese Arbeit und war vor allem in der Anfangsphase stets bereit, kritisch und hilfreich Stellung zu nehmen.

Berlin, im Sommer 2007 — Stefanie von Hoff

Inhaltsverzeichnis

Abkürzungsverzeichnis

Allgemeine Hinweise

Die deutschen Abkürzungen folgen Hildebert Kirchner, Abkürzungsverzeichnis der Rechtssprache, 5. Aufl., Berlin, New York 2003. Die Abkürzungen aus dem amerikanischen Bereich orientieren sich an der von der *Harvard Law Review Association* herausgegebenen Handreichung: „The Bluebook: A uniform System of Citation," 17. Aufl., Cambridge 2000. Zur besseren Verständlichkeit für den deutschen Leser wurden die Angaben von Gesetzesmaterialien allerdings teilweise ausführlicher als dort vorgesehen zitiert. Außerdem ermöglicht diese Zitierweise die Benutzung der vorhandenen Internetquellen zu den Gesetzesmaterialien der Vereinigten Staaten von Amerika.

Die *Annals of Congress*, der *Congressional Globe* sind insgesamt und der *Congressional Record* von 1873 bis 1877 sowie die *House* und *Senate Journals*, das *Congressional Regisiter*, die *Elliot's Debates* und die *Farrand's Records* sind teilweise abrufbar unter:
http://memory.loc.gov/ammem/amlaw/lawhome.html.

Neuere Gesetzesmaterialien, allerdings nicht alle in den Ausschüssen durchgeführte Anhörungen, können unter: http://thomas.loc.gov/ eingesehen werden.

Die Entscheidungen des *United States Supreme Court* werden, soweit möglich, nach der offiziellen Entscheidungssammlung (U.S.) zitiert. Für die Jahre 1789 bis 1874 wird zusätzlich der Name des Herausgebers der Sammlung (1 Dallas bis 23 Wallace) angegeben.

Artikelangaben (Art.) und Nennungen von Verfassungszusätzen (Amend.) beziehen sich auf die Verfassung der Vereinigten Staaten von Amerika.

Verzeichnis

a.A.	Anderer Ansicht
Amend.	Amendment
Art.	Article
BVerfGE	Amtliche Sammlung der Entscheidungen des Bundesverfassungsgerichts
Cir.	Circuit

Co.	Company
Cranch	Cranch (S. Ct. Reporter von 1801 bis 1815)
Dall.	Dallas (S. Ct. Reporter von 1790 bis 1800)
D.C.	District of Columbia
ERA	Equal Rights Amendment
Fn.	Fussnote; Footnote
h.M.	Herrschende Meinung
How.	Howard (S. Ct. Reporter von 1843 bis 1860)
m.E.	Meines Erachtens
m.w.N.	Mit weiteren Nachweisen
Pet.	Peters (S. Ct. Reporter von 1828 bis 1842)
Rn.	Randnummer
Sec.	Section
Stat.	United States Statutes at Large
U.S.	United States; United States (Supreme Court) Reports
Wall.	Wallace (S. Ct. Reporter von 1863 bis 1874)
Wheat.	Wheaton (S. Ct. Reporter von 1816 bis 1827)

Einleitung

In den Vereinigten Staaten von Amerika steht aktuell wieder eine Verfassungsänderung im Zentrum des öffentlichen Interesses. Mit der Einführung des 28. *Amendment*,[1] dem *Federal Marriage Amendment*, wird versucht, die Ehe verfassungsrechtlich als eine Verbindung zwischen einem Mann und einer Frau zu definieren. Damit reagierte der Kongress auf die in neuerer Zeit expansive Rechtsprechung zu Fragen der Gleichstellung der gleichgeschlechtlichen Ehe. Um einer möglichen Feststellung durch den *Supreme Court*, die die homosexuelle der heterosexuellen Ehe verfassungsrechtlich gleichstellen würde, zuvorzukommen, bemühen sich eine starke Lobby, Präsident GEORGE BUSH, Jr., aber auch und vor allem eine große Mehrheit der Repräsentanten im Kongress um das Gelingen einer Verfassungsänderung, die diese Feststellung dem Gericht versagen würde.

Dieser aktuelle Wettlauf zwischen *Supreme Court* und verfassungsänderndem Gesetzgeber bietet für diese Arbeit den Anlass, das Gewaltenteilungsgefüge zwischen verfassungsänderndem Gesetzgeber und Verfassungsgericht, als welches der *Supreme Court* zwar nicht ausschließlich, aber doch überwiegend agiert, näher zu beleuchten und die Funktion, Kompetenz und Stellung des *Supreme Court* im Prozess der Verfassungsänderung herauszuarbeiten und zu hinterfragen. Zur Begrenzung der Arbeit bleibt dabei eine Betrachtung des Problems des Verfassungswandels (*constitutional change*), d.h. des Bedeutungswandels einer Verfassungsnorm durch die Rechtsprechung des *Supreme Court*, ausgeschlossen, da es sich dabei bereits um die Stellung des *Supreme Court* außerhalb des Verfahrens der Verfassungsänderung handeln würde.[2] Behandelt wird hier tatsächlich nur die Rolle des *Supreme Court* im Prozess der Verfassungsänderung selbst, die Wechselwirkung zwischen verfassungsgerichtlicher Tätig- oder Untätigkeit und dem Verhalten des verfassungsändernden Gesetzgebers (*Teil III*).

Dies macht zunächst eine Auseinandersetzung mit dem amerikanischen Revisionsverfahren erforderlich, welche jedoch aus verschiedenen Gründen nicht minder interessant ist. Im Entstehungsprozess des Revisionsartikels stellte JAMES MADISON an den Prozess der Verfassungsänderung die Anforderung, er sei „designed to guard equally against that extreme facility, which wpuld render the Constitution too mutuable; and that extreme difficulty, which might perpetu-

---

[1] Der Begriff *Amendment* bezeichnet die formelle Verfassungsänderung im amerikanischen Recht, die an den Verfassungsurtext als Zusatzartikel angehängt wird.

[2] Die Problematik wird nur gestreift in: Teil III: D., S. 377ff..

ate its discovered faults."[3] In Anbetracht der bisher nur 27 in Kraft getretenen Verfassungsänderungen in der über 200-jährigen Verfassungsgeschichte der Vereinigten Staaten zweifeln jedoch viele daran, ob der Revisionsartikel, Art. V der U.S.-Verfassung, den von MADISON aufgestellten Kriterien genügt. Mit Vorliebe wird auch in der deutschen rechtswissenschaftlichen Literatur auf das amerikanische Revisionsverfahren verwiesen und die 27 *Amendments* der amerikanischen Verfassung den 51 Änderungen des Grundgesetzes gegenübergestellt und mit der unterschiedlich langen Lebensdauer beider Verfassungsdokumente, den 58 Jahren des Grundgesetzes und den 220 Jahren der Verfassung der Vereinigten Staaten kontrastiert. Schlüsse über das amerikanische Änderungsverfahren werden daraus jedoch nicht gezogen, sondern für die geringe Zahl der Revisionen allein die aufgrund der Kürze, der textlichen Offenheit und des elastischen Sprachgebrauchs der amerikanischen Verfassung fehlende Notwendigkeit von Verfassungsänderungen zur Adaption an die Verfassungswirklichkeit geltend gemacht.[4] Dies greift m.E. nach zu kurz. Das Zahlenverhältnis dreht sich nämlich trotz der unterschiedlichen Lebensdauer beider Verfassungssysteme um, betrachtet man nicht nur die tatsächlich in Kraft getretenen Verfassungsänderungen, sondern auch die unternommenen Verfassungsänderungsversuche. Dann stehen mehr als 11 000 Anträge in den USA den nur knapp über 200 Verfassungsänderungsversuchen in Deutschland gegenüber. Zudem scheitert die überwiegende Anzahl der Revisionsversuche bereits im amerikanischen Kongress und nicht erst in der zweiten Stufe des Revisionsverfahrens, in der die Ratifikation durch drei Viertel der Gliedstaaten erfolgen muss. Im Kongress sind aber für die Verabschiedung einer Revisionsvorlage wie bei Art. 79 II GG, welches eher als leichtes Revisionsverfahren eingestuft wird,[5] auch nur übereinstimmende Zweidrittelmehrheiten in beiden Kammern erforderlich. Allein mit dem Schwierigkeitsgrad und dem erhöhten Maß an wandelnder Rechtsprechung kann das Phänomen des amerikanischen Revisionsverfahrens daher nicht erklärt werden.

In eine rechtsvergleichende Arbeit soll diese Gegenüberstellung nicht münden, sie soll aber dem deutschen Leser verdeutlichen, dass vor allem in der deutschen Literatur das amerikanische Revisionsverfahren zwar gerne als Aufhänger für weitere Diskussionen benutzt, ihm aber nicht die gebührende Aufmerksamkeit für seine Vielschichtigkeit gewidmet wird. Die vorliegende Arbeit soll daher helfen, diese Lücke in der rechtswissenschaftlichen Literatur zu schließen. Deutschsprachige Literatur zum amerikanischen Revisionsverfahren existiert

---

[3] Rossiter (Hrsg.), The Federalist Papers, Nr. 43, S. 278.

[4] GRIMM, AöR 97 (1972), S. 489, 505; SCHAUB, Der verfassungsändernde Gesetzgeber, S. 53ff.; BRYDE, Verfassungsentwicklung, S. 56, 117.

[5] BRYDE, Verfassungsentwicklung, S. 57; LUTZ, 88 Am. Pol. Sci. Rev. 355, 369 (1994).

kaum, beschränkt sich zumeist auf einige Absätze innerhalb einer Arbeit und ist oftmals - bedingt durch die Kürze der Auseinandersetzung - fehlerhaft.[6] Selbst in den USA sind systematisch aufbereitete und umfangreichere Werke zu dieser Thematik nicht sehr zahlreich und vor allen Dingen nicht sehr neu,[7] was jedoch nicht bedeutet, dass die Auseinandersetzung mit dem Revisionsartikel nicht lebhaft und insbesondere aktuell geführt wird. Sie fand dort aber ab 1942 fast ausschließlich mittels einer Vielzahl von kurzen Aufsätzen statt. Eine Hauptaufgabe wird es demnach auch sein, diese zu systematisieren und einen vollständigen Überblick über das amerikanische Verfassungsänderungsverfahren und die darüber geführten Diskussionen zu geben (*Teil II*).

Die Arbeit beginnt jedoch zunächst mit einem kurzen Abriss der Verfassungsrevisionsgeschichte der Vereinigten Staaten, um den Argumentationen in Teil II und Teil III eine konkrete empirische Grundlage zu geben und wiederholende Darstellungen zu vermeiden (*Teil I*).

---

[6] Die einzig gefundene ausführliche Bearbeitung stammt aus dem Jahr 1948: KEPPLER, Die Verfassungsänderung nach der schweizerischen Bundesverfassung und nach der Verfassung der Vereinigten Staaten von Nordamerika. Kürzere Betrachtungen sind enthalten in: JOHNSON, in: Grabitz (Hrsg.), Grundrechte in Europa und USA, Band I, S. 885, 953f.; FRAENKEL, Das amerikanische Regierungssystem, S. 111 und ANNAHEIM, Die Gliedstaaten im amerikanischen Bundesstaat, S. 219ff..

[7] Zurückgegriffen wird immer noch auf eine Arbeit von ORFIELD aus dem Jahr 1942, die die neueste umfassende Bearbeitung des Verfassungsänderungsprozesses in den Vereinigten Staaten darstellt: The Amending of the the federal Constitution.

Teil I: Die Verfassungsrevisionsgeschichte der Vereinigten Staaten von Amerika

A. Die Verfassung der Vereinigten Staaten von Amerika

Der Beginn der Verfassungsrevisionsgeschichte der Vereinigten Staaten ist nicht zweifelsfrei zu bestimmen. Teilweise wird die amerikanische Verfassung selbst bereits als eine Verfassungsrevision ihres Vorgängerinstituts, der *Articles of Confederation*, qualifiziert. Andere sehen in ihr allein das Produkt einer Revolution, die nicht mehr das Legalitätssystem der *Articles of Confederation* zum Bezugspunkt wählte, sondern auf eine revolutionäre Neukonstituierung zielte. Um dieser Streitfrage nachgehen zu können, ist es erforderlich, sich zunächst die Entstehungsgeschichte der amerikanischen Verfassung von 1787 vor Augen zu führen.

I. Verfassungsvorgeschichte

Die neuere Geschichte der Vereinigten Staaten beginnt mit der Gründung vor allen Dingen englischer Kolonien im atlantischen Gebiet der heutigen USA gegen Ende des 16. Jahrhunderts. Bis Mitte des 18. Jahrhunderts hatten sich 13 solcher Kolonien mit unterschiedlichen Regierungsformen gebildet, die nach der Form ihrer Organisation in Kronkolonien (Georgia, Massachusetts, New Hampshire, New Jersey, New York, North Carolina, South Carolina, Virginia),[8] Eigentümerkolonien (Pennsylvania, Maryland, Delaware)[9] und Freibriefkolonien (Connecticut und Rhode Island)[10] untergliedert werden können. Kronkolonien waren das unmittelbare Eigentum der englischen Krone.[11] Bei der Eigentümerkolonie übertrug der König mit einer Charter einer Gesellschaft oder Privatperson Grund und Boden und behielt sich nur lehnsrechtliche Befugnisse vor; die Regierungsgewalt übte aber der *Lord-Proprietor* aus.[12] Freibriefkolonien schließlich waren selbständige Gemeinwesen unter der Oberhoheit der Krone,

---

[8] STORY, Commentaries on the Constitution of the United States, Band 1, § 159, S. 107.

[9] STORY, Commentaries on the Constitution of the United States, Band 1, § 160, S. 108; LOEWENSTEIN, Verfassungsrecht und Verfassungspraxis, S. 2; SCHRÖDER, Die Amerikanische Revolution, S. 15f..

[10] LEVY/KARST, Encyclopedia of the American Constitution, S. 531.

[11] LOEWENSTEIN, Verfassungsrecht und Verfassungspraxis, S. 2.

[12] STORY, Commentaries on the Constitution of the United States, Band 1, § 160, S. 108; LOEWENSTEIN, Verfassungsrecht und Verfassungspraxis, S. 2.

die weitgehende Befugnis der Selbstverwaltung hatten.[13] Allen drei Kolonisationsformen war aber gemein, dass die Exekutivspitze durch einen Kolonialgouverneur besetzt war, dass das Gesetzgebungsorgan aus einem vom Gouverneur ernannten Oberhaus und einem durch Zensuswahlrecht gewählten Unterhaus bestand, sowie, dass die Gesetzgebung durch die Existenz des Vetorechts des Gouverneurs bzw. des Rechts der Außerkraftsetzung durch die englische Krone, beschränkt war und teilweise sogar der ausdrücklichen Zustimmung der Krone bedurfte.[14]

Allerdings hatten die Kolonien keine gemeinsame Regierung und waren auch nicht durch Bündnisse oder Staatsverträge untereinander verbunden. Einigungsbestrebungen unter den Kolonien, wie ein Freundschaftsvertrag zwischen einigen Neuengland-Gebieten, die *New England Confederacy* (1643),[15] der Plan von WILLIAM PENN (1698),[16] oder BENJAMIN FRANKLINS Plan eines Bundes (1754)[17] führten zu keinem dauerhaften Ergebnis.[18]

II. Die *Articles of Confederation*

Der Siebenjährige Krieg zwischen Frankreich und England hatte mit dem Frieden von Paris 1763 zur Folge, dass Frankreich einen Großteil seiner Kolonien an Großbritannien verlor, welches nun über die gesamten Gebiete östlich des Mississippis und über Kanada verfügte. In der Folgezeit trug Großbritannien jedoch schwer an den finanziellen Lasten des Krieges und versuchte daher seine Kolonien an diesen Kosten durch erhöhte Steuern und Abgaben zu beteiligen. Es folgten der *Stamp Act* von 1765, der eine Benutzungssteuer beinhaltete und der *Quartering Act* des gleichen Jahres, der die Einquartierung britischer Soldaten in Privathäusern zuließ. Beide Maßnahmen stießen auf großes Unverständnis der Kolonien. Mit dem Leitspruch „no taxation without representation" nahmen die Unruhen in den britischen Kolonien zu.[19] Den Höhepunkt bildeten 1773 die Ereignisse im Zusammenhang mit dem *Tea Act* von Lord North: Um der *East India Company* zum Absatz ihres Teeüberschusses zu verhelfen, wurde die Tee-

[13] STORY, Commentaries on the Constitution of the United States, Band 1, § 161, S. 108f.; LOEWENSTEIN, Verfassungsrecht und Verfassungspraxis, S. 2.

[14] STORY, Commentaries on the Constitution of the United States, Band 1, §§ 162ff., S. 110ff..

[15] Abgedruckt in: Steele Commager (Hrsg.), Documents of American History, S. 26.

[16] Abgedruckt in: Steele Commager (Hrsg.), Documents of American History, S. 39.

[17] Abgedruckt in: Steele Commager (Hrsg.), Documents of American History, S. 43.

[18] LOEWENSTEIN, Verfassungsrecht und Verfassungspraxis, S. 4.

[19] STORY, Commentaries on the Constitution of the United States, Band 1, §§ 196f., S. 136.

steuer in England aufgehoben und dafür der Gesellschaft ein Einfuhrmonopol in den Kolonien mit einem Einfuhrzoll eingeräumt,[20] woraufhin in Boston Gegner des Gesetzes eine Schiffsladung Tee in den Hafen warfen (*Boston Tea Party*). Die Zwangsmaßnahmen, die die Engländer gegen Boston verhängten, führten zu einer Solidarisierung der Kolonisten.[21] 1774 trat der erste Kontinentalkongress, ein aus Delegierten der 13 Kolonien bestehendes Gremium zusammen, und alle 13 Kolonien verweigerten von da an den Handel mit England. Ein Jahr später begann auch die militärische Auseinandersetzung mit England, der Unabhängigkeitskrieg, der am 04. Juli 1776 seinen Höhepunkt in der von THOMAS JEFFERSON verfassten und vom Kontinentalkongress angenommenen Unabhängigkeitserklärung fand, aber erst 1783 mit dem Pariser Frieden beendet werden konnte. In diesem wurde die am Ende der Unabhängigkeitserklärung beanspruchte staatliche Souveränität der Vereinigten Staaten[22] von England anerkannt und das gesamte Territorium zwischen Florida und Kanada und östlich des Mississippi an die neue Nation abgetreten.

Vor allen Dingen der zweite Kontinentalkongress, der von 1775-1789 mit Unterbrechungen in Philadelphia tagte, hatte während des Krieges den Lauf der Dinge bestimmt.[23] Um einen engeren Zusammenschluss der Gliedstaaten zu ermöglichen, beschloss er am 11. Juni 1776, einen Ausschuss einzusetzen, der die Grundstrukturen einer Konföderation zwischen den Kolonien entwerfen sollte.[24] Diesem Auftrag folgend arbeitete der Ausschuss die *Articles of Confederation* aus, die am 15. November 1777 vom Kongress verabschiedet wurden, nach ihrer Ratifikation durch die Einzelstaaten, am 01. März 1781 in Kraft traten und die erste geschriebene Verfassung der Vereinigten Staaten von Amerika bildeten.[25] Sie etablierten einen Staatenbund vollsouveräner Staaten.[26] Zentrales Organ des Staatenbundes war der Kongress, in dem jeder Staat eine Stimme hatte.[27] Aller-

---

[20] LOEWENSTEIN, Verfassungsrecht und Verfassungspraxis, S. 5.

[21] LEVY/KARST, Encyclopedia of the American Constitution, S. 533f..

[22] "We therefore, the representatives of the United States of America [...], do, in the name, and by authority of the good People of these Colonies, solemnly publish and declare, that these United Colonies are, and of right ought to be free and independent states [...]." Abgedruckt in: SOLBERG, The federal Convention and the Formation of the Union of the American States, S. 34, 37.

[23] STORY, Commentaries on the Constitution of the United States, Band 1, §§ 203ff., S. 139ff.; SAUTTER, Die Vereinigten Staaten – Daten, Fakten, Dokumente, S. 64f.

[24] STORY, Commentaries on the Constitution of the United States, Band 1, § 205, S. 142; SCHAMBECK/WIDDER, Dokumente zur Geschichte der Vereinigten Staaten von Amerika, S. 139.

[25] Abgedruckt in: KELLY/HARBISON, The American Constitution, S. 1041ff..

[26] Vgl. Art. II der *Articles of Confederation.*

[27] Vgl. Art. V, §§ 1 und 4 der *Articles of Confederation.*

dings waren seine Kompetenzen äußerst begrenzt und umfassten nur Zuständigkeiten in den Bereichen Währung, Postwesen, indianische Angelegenheiten und Streitigkeiten zwischen den Staaten.[28] Verwährt blieb ihm aber die Regelungsbefugnis für so wichtige Gebiete, wie den zwischenstaatlichen Handel, die Steuererhebung und das Gerichtswesen.[29] Die Einzelstaaten waren nicht bereit, die neu gewonnene Selbständigkeit auf diesen Gebieten wieder preiszugeben.[30] Der Kongress hatte zudem keine eigenständige Einnahmequelle und war somit von finanziellen Zuwendungen der Einzelstaaten abhängig.[31] Wiederholte Versuche, die *Articles of Confederation* abzuändern, um dem Kongress aus Einfuhrzöllen oder bestimmten Steuern Einnahmen zu verschaffen, scheiterten zwischen 1781 und 1786[32] daran, dass Verfassungsänderungen unter den *Articles of Confederation* dem Einstimmigkeitsprinzip unterlegen waren.[33] Auch fehlte dem neuen Staatenbund ein zentrales Exekutivorgan.[34] Dieser Mangel und die fehlenden Kompetenzen des Kongresses führten schließlich dazu, dass die neue Zentralinstanz den Besteuerungskonflikten zwischen den einzelnen Staaten und den von diesen mittels Zollschranken geführten Handelskriegen machtlos gegenüberstand.

III. Das Entstehen der Verfassung von 1787

1.) Die Organisation der verfassungsgebenden Versammlung

Die Missstände unter den *Articles of Confederation* legten es nahe, eine staatliche Neuordnung anzustreben und die gerade erst in Kraft getretene Verfassung zu revidieren. Als sich im Sommer 1786 Delegierte aus fünf Staaten in Annapolis, Maryland, trafen, um die Probleme unter den *Articles of Confederation*, insbesondere des zwischenstaatlichen Handels, zu diskutieren,[35] nutzten zwei Delegierte, JAMES MADISON und ALEXANDER HAMILTON, die Gelegenheit, um die Einberufung eines nationalen Konvents und eine generelle Überholung der *Ar-*

---

[28] Vgl. Art. IX der *Articles of Confederation.* Dazu LOEWENSTEIN, Verfassungsrecht und Verfassungspraxis, S. 7.

[29] KELLY/HARBISON, The American Constitution, S. 96f..

[30] STORY, Commentaries on the Constitution of the United States, Band 1, § 244, S. 166f.; LEVY/KARST, Encyclopedia of the American Constitution, S. 379.

[31] STORY, Commentaries on the Constitution of the United States, Band 1, § 253, S. 172.

[32] VON OPPEN-RUNDSTEDT, Die Interpretation der amerikanischen Verfassung, S. 16.

[33] Vgl. Art. XIII der *Articles of Confederation.* Dazu näher Teil II: A. I. 2.), S. 87f..

[34] KELLY/HARBISON, The American Constitution, S. 96f., 101.

[35] LEVY/KARST, Encyclopedia of the American Constitution, S. 541f..

ticles of Confederation zu fordern. Dieser Initiative folgend, fasste der Kongress am 21. Februar 1787 den Beschluss, ein solches Gremium aufzustellen „for the sole and express purpose of revising the Articles of Confederation and reporting to Congress [...] such alterations and provisions [...] as shall, when agreed to in Congress and confirmed by the states, render the federal constitution adequate to the exigencies of the Union."[36]

Der Konvent von Philadelphia trat am 14. Mai zusammen, erreichte am 25. Mai das vorgeschriebene Quorum von sieben Staaten und tagte bis zum 17. September unter dem Vorsitz des ehemaligen Oberbefehlshabers GEORGE WASHINGTON.[37]

Zunächst beriet sich der Konvent im Plenum, bildete dann aber Ausschüsse zur Bearbeitung einzelner Schwierigkeiten. Ende Juli 1787 konnte ein *Committee of Detail* alle bisherigen Beschlüsse in einen ersten Verfassungsentwurf ausarbeiten.[38] Nach weiteren Debatten wurde dieser Entwurf in einem *Committee of Eleven* vervollständigt; die endgültige Fassung, das Werk eines *Committee of Style*, lag am 12. September 1787 vor.[39] Alle Beratungen fanden unter Ausschluss der Öffentlichkeit statt und wurden erst sehr viel später, 1819, die Mitschrift JAMES MADISONS sogar erst 1840, veröffentlicht.

2.) Die inhaltlichen Problemfelder im Konvent von Philadelphia

Schnell war man sich einig, statt nur die partielle Revision der *Articles of Confederation* vorzubereiten, gleich ein Gesamtkonzept für eine ganz neue Verfassung aufzustellen. Inhaltlich konzentrierte sich die Diskussion dabei auf vier Problemfelder: Die Machtverteilung zwischen der Union und den Gliedstaaten, die Balance der Gewalten innerhalb der Zentralregierung, sowie den Interessenausgleich zwischen großen und kleinen Gliedstaaten einerseits und zwischen den durch die Sklavenfrage gespaltenen Norden und Süden andererseits.[40]

Um das Problem der Repräsentation im Kongress zu lösen und einen Ausgleich zwischen den großen und kleinen Gliedstaaten zu finden, diente als Diskussionsentwurf zum einen der von EDMUND RANDOLPH vorgelegte *Virginia*

[36] Abgedruckt in: SOLBERG, The federal Convention and the Formation of the Union of the American States, S. 63.

[37] HEIDEKING, Aus Politik und Zeitgeschichte 1987, B 30-31, 3, 5.

[38] VON OPPEN-RUNDSTEDT, Die Interpretation der amerikanischen Verfassung, S. 18.

[39] VON OPPEN-RUNDSTEDT, Die Interpretation der amerikanischen Verfassung, S. 18.

[40] HEIDEKING, Die Verfassung vor dem Richterstuhl, S. 115.

Plan,[41] der auf eine Stärkung der Bundeskompetenzen abzielte. Die Legislative sollte aus einem Zweikammersystem bestehen, wobei die erste Kammer direkt durch das Volk gewählt und nur die zweite durch die Legislative der Einzelstaaten beschickt werden sollte. Auf Bundesebene war ein Vetorecht gegen einzelstaatliche Gesetze vorgesehen. Die kleineren Staaten lehnten diesen Plan jedoch verständlicherweise ab und stellten ihm den sog. *New Jersey Plan* entgegen, der auf ein Einkammersystem ausgerichtet war, in dem nach Gliedstaaten abgestimmt werden sollte.[42] Zur Beilegung dieser Differenzen verhalf schließlich der *Connecticut Compromise*, der beide Pläne miteinander kombinierte und das heutige System, ein Zweikammersystem mit einer Volks- und einer Gliedstaatenkammer, beinhaltete.[43]

Ansonsten wurde aber eindeutig die Machtverlagerung zugunsten des Bundes herausgestellt. Der Vorrang des Kongresses im neuen Regierungssystem, den die *Virginia-Resolution* hatte festschreiben wollen, wurde im Verlauf der Beratungen zugunsten einer gleichgewichtigen Position der Exekutive abgeschwächt.[44]

Die Sklavenkontroverse wurde dahingehend gelöst, dass sowohl die Zuteilung der Sitze im Repräsentantenhaus als auch die Erhebung direkter Steuern nach der Bevölkerungszahl vorzunehmen war und dass bei der Zählung drei Fünftel der Sklaven einbezogen werden mussten. Ferner legte man fest, dass der Kongress bis zum Jahr 1808 die Einfuhr von Sklaven nicht verbieten durfte.[45]

3.) Das Inkrafttreten der neuen Verfassung

Am 17. September 1787 wurde der Verfassungsentwurf von 38 der noch 41 verbliebenen Delegierten unterzeichnet und dem Kontinentalkongress übermittelt.[46]

---

[41] MITCHELL, CQ's Guide to the U.S. Constitution, S. 10ff..

[42] MITCHELL, CQ's Guide to the U.S. Constitution, S. 12f..

[43] WOLFE, 39 JP 97, 112ff. (1977); MITCHELL, CQ's Guide to the U.S. Constitution, S. 13f.. Das Amend. XVII hat jedoch zu einer wesentlichen Modifizierung geführt. Die Gliedstaatenkammer, der Senat, wird nicht mehr von den Gliedstaatenlegislaturen besetzt, sondern die Senatoren werden heute auf Gliedstaatenebene vom Volk gewählt. Vgl. dazu die Erläuterungen zum Amend. XVII in Teil I: E. II., S. 37ff..

[44] HEIDEKING, Die Verfassung vor dem Richterstuhl, S. 115.

[45] LEVY/KARST, Encyclopedia of the American Constitution, S. 545.

[46] HEIDEKING, Geschichte der USA, S. 72.

Art. VII der neuen Verfassung sah zu ihrem Inkrafttreten vor, dass Verfassungskonvente in mindestens neun, d.h. zwei Drittel der Gliedstaaten, den Verfassungsentwurf ratifizieren mussten. Diese Regelung stand im Widerspruch sowohl zu dem, dem Konvent vom Kontinentalkongress erteilten Auftrag, als auch zu der aktuellen Verfassung, zu den *Articles of Confederation*. Die Versammlung war nicht zur Ausarbeitung einer neuen Verfassung beauftragt worden, sondern sollte lediglich die partielle Revision der *Articles of Confederation* beraten.[47] Die Änderung der *Articles of Confederation* erforderte zudem gemäß ihres Art. XIII Einstimmigkeit. Das in Art. VII des neuen Verfassungsentwurfs skizzierte Ratifikationsverfahren war damit nicht vereinbar. Dennoch entschied man sich, den Entwurf nach den Vorgaben seines Art. VII den Gliedstaaten zur Ratifikation zu unterbreiten.

Demzufolge bereiteten die Legislaturen in den einzelnen Staaten die Wahl der Delegierten für die Ratifikationskonvente vor, die noch im selben Jahr zu tagen begannen. Noch im Dezember 1787 ratifizierte Delaware als erster Gliedstaat die Verfassungsurkunde.[48] Bereits am 21. Juni 1788 lag die nach der neuen Verfassung allein erforderliche Zustimmung von neun Gliedstaaten vor. Nach langem Ringen billigten auch Virginia und New York am 25. Juni bzw. 26 Juli 1788 den Entwurf. Im letzteren Staat entbrannte eine umfassende Debatte für und gegen die Ratifizierung zwischen den Föderalisten und den Anti-Föderalisten. Die *Federalist Papers*, eine Serie von 85 Zeitungsartikeln, die in New York zwischen Oktober 1787 und August 1788 unter dem Pseudonym *Publius* erschienen, aber aus der Feder von ALEXANDER HAMILTON, JAMES MADISON und JOHN JAY stammten, begleiteten diese Diskussionen und halfen mit ihren Argumenten, insbesondere in den kritischen Staaten die Verfassungsgegner zu überstimmen.

Die zwei letzten zu diesem Zeitpunkt existierenden Staaten – North Carolina und Rhode Island – stimmten am 21. November 1789 und am 29. Mai 1790 der Verfassung von 1787 zu.

IV. Die Verfassung von 1787: Erste verfassungslegale Revision oder Revolution?

Das Verhältnis der Verfassung von 1787 zu den *Articles of Confederation* und der in der Verfassung vorgesehene und auch umgesetzte Ratifikationsprozess sind in ihrer rechtlichen Beurteilung problematisch. Ob in der Verfassung von

---

[47] LOEWENSTEIN, Verfassungsrecht und Verfassungspraxis, S. 9.

[48] Senate Print 99-87, Amendments to the Constitution, 99th Cong., 1st Sess., S. 4 (1985).

1787 noch eine verfassungslegale Revision der *Articles of Confederation* gesehen werden kann oder ob sie als extrakonstitutionelle Revolution eingestuft werden muss, ist die Frage nach dem Beginn der Verfassungsrevisionsgeschichte der Vereinigten Staaten, der im Folgenden nachgegangen werden soll.

1.) Überblick über den Meinungsstand

Im 18. Jahrhundert spielte die mögliche Verfassungswidrigkeit der neuen Verfassung in der rechtswissenschaftlichen Diskussion noch keine größere Rolle. Man war sich einig, dass die politische Notwendigkeit das Vorgehen von 1787 legitimierte.[49] Erst im darauf folgenden Jahrhundert begann man sich mit der Frage des verfassungswidrigen Zustandekommens der Verfassung von 1787 näher auseinanderzusetzen. Heute ist die rechtliche Beurteilung des Annahmeverfahrens, so wie Art. VII es vorsah, sehr gespalten.

Teilweise[50] wird von der Verfassungswidrigkeit der neuen Verfassung gesprochen, konnte sie doch entgegen Art. VII unter Einhaltung des Art. XIII der *Articles of Confederation* nur einstimmig, mit der Zustimmung von allen 13 existierenden Gliedstaaten verabschiedet werden. KAY bezeichnet die Verfassung von 1787 daher als „product of blatant and conscious illegality."[51]

Von anderen[52] wird das Hinwegsetzen über die *Articles of Confederation* mit dem Prinzip der Volkssouveränität, dem Rekurrieren der Gründungsväter auf

---

[49] JAMESON, A Treatise on constitutional Conventions, §§ 383ff., S. 377ff..

[50] ACKERMAN, We the People: Foundations, S. 41 Fn. 4, ders., 93 Yale L.J. 1013, 1017 Fn. 6, 1058 (1984); COUNTRYMAN, The American Revolution, S. 192f.; SUBER, The Paradox of Self-Amendment, S. 328ff.; CURRIE, Die Verfassung der Vereinigten Staaten von Amerika, S. 9 Fn. 2; KAY, 4 Const. Comment. 57, 57 (1987). Vgl. ferner VILE, 3 J.L. & Pol. 21, 22 (1986), ders., Contemporary Questions surrounding the constitutional Amending Process, S. 2 Fn. 16, der damit grds. übereinstimmt, aber klarstellt, dass dies den Erfolg des Dokumentes nicht beeinträchtigt hat. Siehe auch JAMESON, A Treatise on constitutional Convention, § 564, S. 596: "[...] the act of disregarding the provisions of the 13th Article of the Articles of Confederation, was done confessedly as an act of Revolution, and not as an act within the legal competence of either the people or the Convention, under the Constitution then in force."

[51] KAY, 4 Const. Comment. 57, 57 (1987).

[52] WOOD, The Creation of the American Republic, 1776-1787, S. 526; LEUBSDORF, 40 Stan. L. Rev. 181, 187 (1987); BOEHL, Verfassungsgebung im Bundesstaat, S. 53; PALMER, The Age of the democratic Revolution, S. 230f.; RAKOVE, Original Meanings, S. 130: "The resort to popular sovereignty marked the point where the distinction between a constitution and ordinary law became the fundamental doctrine of American political thinking. Far from being less legal than the other charters [...], the Constitution established a more profound criterion of legality itself."

„We the People“ als Autor der neu entstandenen Verfassung[53] und der Ratifikation, die nicht durch Staatenlegislaturen, sondern durch Einzelstaatenkonvente erfolgte, gerechtfertigt.[54] Auch JAMES MADISON argumentierte schon in den *Federalist Papers* hauptsächlich mit dem Prinzip der Volkssouveränität. Es sei dem Volk freigestellt, die Verfassung anzunehmen oder nicht und zur Volkssouveränität gehöre auch das Recht „to alter or abolish their government and to replace it with one better suited to secure their liberty and happiness.“[55] Da bereits in den Staaten die zur Ratifikation beauftragten Konvente gewählt wurden, hätte sich das Volk für eine Änderung ausgesprochen und die *Articles of Confederation* würde von ihm ohnehin nicht mehr beachtet.[56]

Eine dritte Richtung[57] versucht den Widerspruch zwischen Art. XIII der *Articles of Confederation* und Art. VII der neuen Verfassung zu mildern, indem sie darauf verweist, dass letztendlich doch das in den *Articles of Confederation* vorgeschriebene Verfahren des Art. XIII eingehalten worden und dadurch die Verfassungswidrigkeit der neuen Verfassung geheilt worden sei: Die Einzelstaatenkonvente seien von den Staatenlegislaturen eingesetzt worden und als die letzten beiden Gliedstaaten, North Carolina und Rhode Island, die Verfassung 1789 und 1790 unterzeichneten, sei auch das Einstimmigkeitserfordernis des Art. XIII der *Articles of Confederation* erfüllt gewesen.

Ein weiterer Erklärungsversuch zur Legalität der Verfassung von 1787 sieht in der neuen Verfassung eine implizite, das Einstimmigkeitsprinzip abschaffende, Verfassungsänderung der *Articles of Confederation*.[58]

---

[53] Die Präambel der *Articles of Confederation* begann hingegen noch mit den Worten: "We the States." Vgl. WOOD, The Creation of the American Republic, 1776-1787, S. 526; MORGAN, Inventing the People, S. 281f..

[54] Vgl. zu dieser Argumentation RAKOVE, Original Meanings, S. 105f.

[55] Rossiter (Hrsg.), The Federalist Papers, Nr. 40, S. 247, 253.

[56] Rossiter (Hrsg.), The Federalist Papers, Nr. 40, S. 247, 247ff.

[57] POWELL, 19 B. U. L. Rev. 509, 511 (1939): "While the Constitution was ratified in state conventions rather than in state legislatures as the Articles of Confederation prescribed, the conventions were called by the state legislatures and so may be regarded as having lawful authority delegated by the legislatures. I now think that all irregularities were cured when North Carolina and Rhode Island finally ratified and that the Constitution then became constitutional though it had not been constitutional pReviously. Of course, Rhode Island's concurrence was coerced by threats of economic pressure, but she still concurred."

[58] MCDONALD, Novus Ordo Seclorum, S. 279. Ähnlich argumentiert FARRIS, 21 Home School Court Report 6 (2005), der davon ausgeht dass in den in allen 13 Gliedstaaten erlassenen Einberufungsbescheiden für die Ratifikationskonvente eine einstimmige Verfassungsänderung zur Änderung des Revisionsverfahrens liegt. Einen weiteren Ansatz vertritt schließlich AMAR. Vgl. dazu Teil II: E. II., S. 189f..

2.) Eigene Stellungnahme

Richtig ist, dass die neue Verfassung von 1787 legitim war. Bei dem Konvent von Philadelphia handelte es sich um eine verfassungsgebende Versammlung auf Grundlage der Volkssouveränität. Die zuvor bereits im Gliedstaat Massachusetts angewandte Lehre, dass in einem Konvent und der von diesem erlassenen Verfassung die Volkssouveränität zum Ausdruck kommt,[59] und die Ratifikation dieser Verfassung durch Einzelstaatenkonvente übertragen dem amerikanischen Volk die Autorenschaft für die neue Verfassung.[60] Zwar fand weder in dem vom Kontinentalkongress berufenen Konvent von Philadelphia noch in den Einzelstaatenkonventen eine direkte Volksbeteiligung statt. Beide außerordentlichen Repräsentationsgremien unterschieden sich jedoch von der ordentlichen Legislative und können sich daher auf ein besonderes Mandat des Volkes berufen.[61]

Die Lehre von der verfassungsgebenden Gewalt des Volkes macht die amerikanische Verfassungsgebung von 1787 jedoch noch nicht zu einem verfassungslegalen Akt, zu einer in der Form einer Verfassungsänderung ergangenen Totalrevision. Verfassungsgebung und Verfassungsänderung sind nach der hier vertretenen Ansicht zwei voneinander zu unterscheidende Prozesse.[62]

Das Normengefüge des einfachen Rechts steht auf der Grundlage der Verfassung und zieht seinen Geltungsanspruch aus der Setzung durch die kompetenten Verfassungsorgane in dem verfassungsrechtlich festgelegten Verfahren unter Beachtung verfassungsrechtlicher Grenzen und Inhaltsvorgaben.[63] Gleiches gilt für die punktuelle Änderung des Verfassungsgesetzes durch den verfassungsän-

---

[59] 1779 wurde erstmals in Massachusetts ein von der Gesetzgebung losgelöster Konvent als reines Verfassungsgebungsorgan gewählt. Vgl. PALMER, The Age of the democratic Revolution, S. 221ff.; BOEHL, Verfassungsgebung im Bundesstaat, S. 46ff.. Die Verfassung von Massachusetts von 1780 wird daher häufig als die erste Verfassung genannt, welcher die Unterscheidung von verfassunggebender und verfasster Gewalt zugrunde liegt. Vgl. dazu MORGAN, Inventing the People, S. 258; BOEHL, Verfassungsgebung im Bundesstaat, S. 26 m.w.N..

[60] PALMER, The Age of the democratic Revolution, S. 231: "The idea of the people as the constituent power, acting through special conventions, was so generally accepted and understood that a mere mention of the word, "convention," in the final article of the proposed constitution, was thought sufficient explanation of the process of popular endorsement."

[61] BOEHL, Verfassungsgebung im Bundesstaat, S. 62.

[62] Wird die Verfassungsänderung hingegen mit der Verfassungsgebung unter Hervorhebung der absoluten Volkssouveränität gleichgesetzt, verschwindet die Unterscheidung zwischen Verfassungsgebung und Verfassungsänderung. So z.B.: STEINER, Verfassungsgebung und verfassunggebende Gewalt des Volkes, S. 220ff..

[63] HOFMANN, Legitimität und Rechtsgeltung, S. 53ff., 58.

dernden Gesetzgeber im verfassungsrechtlich vorgezeichneten Verfahren.[64] Versteht man unter einer Verfassungsänderung die Abänderung einzelner Verfassungsbestimmungen in einem besonderen, in der Verfassung selbst normierten Verfassungsrevisionsverfahren, muss die Legitimität und die Legalität einer Verfassungsänderung daher nach getrennten Kriterien beurteilt werden.[65] Bei der Verfassungsänderung wird anders als bei der Verfassungsgebung nicht die Legitimität der bestehenden Verfassung im Ganzen in Frage gestellt. Die Verfassungsänderung erfolgt vielmehr im Rahmen und unter Anerkennung der bestehenden Verfassung und deren Legitimität. Bei der Verfassungsänderung kommt es daher darauf an, dass sie die Grenzen der in der Verfassung enthaltenen Revisionsvorschriften nicht verletzt oder überschreitet. Soweit sich eine Verfassungsänderung im Rahmen der bestehenden Verfassung bewegt, ist sie durch die bestehende Verfassung legitimiert und, sofern sie das vorgeschriebene Revisionsverfahren einhält, zudem verfassungslegal.

Dieses, in den *Articles of Confederation* für Änderungen des Verfassungsgesetzes vorgegebene, Verfahren wurde jedoch von dem Konvent von Philadelphia und von den Ratifikationskonventen in den Einzelstaaten nicht eingehalten. Die Verfassung von 1787 ist damit extrakonstitutionell entstanden. Im Verhältnis zu den *Articles of Confederation* bleibt sie daher zwar eine legitime, aber dennoch revolutionäre Lösung. Die Verfassungsgebung von 1787 war nicht mehr verfassungslegal[66] und damit keine Revision im idealtypischen Sinn.

V. Beginn der Verfassungsrevisionsgeschichte

Nach der hier vertretenen Auffassung beginnt die Verfassungsrevisionsgeschichte der Vereinigten Staaten daher nicht mit den *Articles of Confederation*, sondern erst nach dem Inkrafttreten der Verfassung vom 17. September 1787.

Diese wurde in der Folge dann 27 Mal unter dem von ihr in Art. V vorgegebenen Verfahren revidiert. Der Revisionsartikel bestimmt:

> „The Congress, whenever two thirds of both Houses shall deem it necessary, shall propose Amendments to this Constitution, or, on the Application of the Legislatures of two thirds of the several States, shall call a Convention for proposing Amendments, which, in either Case, shall be valid to all

[64] BOEHL, Verfassungsgebung im Bundesstaat, S. 80.

[65] BADURA, in: Isensee/Kirchhof (Hrsg.), Handbuch des Staatsrechts, Band 7, § 160, S. 65 Rn. 16.

[66] So auch BECK, Die Verfassung der Vereinigten Staaten von Nordamerika, S. 237.

> Intents and Purposes, as Part of this Constitution, when ratified by the Legislatures of three fourths of the several States, or by Conventions in three fourths thereof, as the one of the other Mode of Ratification may be proposed by the Congress; Provided that no Amendment which may be made prior to the Year one thousand eight hundred and eight shall in any Manner affect the first and fourth Clauses in the ninth Section of the first Article; and that no State, without its Consent, shall be deprived of its equal Suffrage in the Senate."[67]

Damit sieht die amerikanische Verfassung jeweils zwei Möglichkeiten für die Einbringung eines Verfassungsänderungsvorschlags und für seine Ratifikation vor: Eingebracht werden kann ein Revisionsvorschlag entweder durch den Kongress selbst - mit einer Zweidrittelmehrheit in beiden Kammern - oder aber durch einen Bundeskonvent, der auf Antrag von zwei Drittel der Staatenlegislaturen vom Kongress einberufen werden muss. Die Ratifikation kann entweder durch drei Viertel der Staatenlegislaturen oder aber durch Einzelstaatenkonvente in drei Viertel der Gliedstaaten vorgenommen werden. Insgesamt stehen damit für die Änderung der Verfassung vier mögliche Verfahrenswege zur Verfügung: 1. Initiative durch den Kongress, Ratifikation durch die Gliedstaatenlegislaturen; 2. Initiative durch den Kongress, Ratifikation durch Gliedstaatenkonvente; 3. Initiative durch einen Verfassungskonvent auf Antrag von zwei Drittel der Gliedstaaten, Ratifikation durch die Gliedstaatenlegislaturen und 4. Initiative durch einen Verfassungskonvent auf Antrag von zwei Drittel der Gliedstaaten, Ratifikation durch Gliedstaatenkonvente.

Materiell bestimmt Art. V darüber hinaus, dass die Regelungen der Sklavenkontroverse in Art. I, § 9, cl. 1 und 4 bis zum Jahr 1808 nicht durch eine Verfassungsänderung berührt werden dürfen und dass keinem Gliedstaat ohne seine Zustimmung das gleiche Stimmrecht im Senat entzogen werden darf.

Bis auf eine Ausnahme sind bisher alle Verfassungsänderungen mittels der ersten Verfahrensmöglichkeit, Initiative durch den Kongress und Ratifikation durch die Gliedstaatenlegislaturen, in Kraft getreten. Die folgende Darstellung der Verfassungsrevisionsgeschichte umfasst allerdings nicht nur die tatsächlich in Kraft getretenen Änderungen, sondern auch einige wenige Revisionsvorlagen, denen nicht nur verfassungspolitisch, sondern insbesondere auch in der rechtswissenschaftlichen Literatur größere Aufmerksamkeit gewidmet wurde.

[67] Deutsche Übersetzung in: SCHAMBECK/WIDDER, Dokumente zur Geschichte der Vereinigten Staaten von Amerika, S. 180f..

B. Die *Bill of Rights*

Offiziell nicht zum Verfassungsurtext der amerikanischen Verfassung gehörend, aber enger als alle anderen *Amendments* mit ihm verbunden, sind die ersten zehn Verfassungsänderungen, die sog. *Bill of Rights*. Oft werden sie sogar als Teil der ursprünglichen Verfassung gewertet.[68]

Der Verfassungsurtext der amerikanischen Verfassung war hauptsächlich auf die Staatsorganisation der neuen Nation ausgerichtet, enthielt aber keinen Grundrechtskatalog. Nur vereinzelt waren bereits Grundrechte in ihm verankert worden. So z.B. das Verbot rückwirkender Strafgesetze, Art. I, § 9, cl. 3, das Wahlrecht, Art. I, §§ 2-4 und die bundesstaatliche Gleichheitsgarantie in Art. IV, § 2, cl. 1.

Die Verfassungsgeber gingen überwiegend davon aus, Individualrechte seien in den Gliedstaatenverfassungen, nicht aber in der Bundesverfassung zu garantieren, da nur die Gliedstaaten in direktem Verhältnis zur Bevölkerung stehen würden: „as the fundamental rights of individuals are secured by express provisions in the State Constitutions."[69] Der am 12. September vom Delegierten GEORGE MASON aus Virginia eingebrachte Vorschlag, einen Katalog von Individualrechten in die Verfassung aufzunehmen, wurde von den Delegierten des Konvents abgelehnt.[70] Dies wurde vor allen Dingen von den Anti-Föderalisten immer wieder kritisiert, und auch die Ratifikationskonvente in New York, Virginia und Massachusetts ratifizierten zwar die neue Verfassung, empfahlen aber, der Verfassung durch nachträgliche Verfassungsänderungen nach Art. V Grundrechte beizufügen.[71] Rhode Island und North Carolina verweigerten zunächst

---

[68] *Justice* MILLER, in: Slaughter House Cases, 83 U.S. (16 Wall.) 36, 67 (1873); COOKE, A detailed analysis of the Constitution, S. 93; LOWI, in: Slonim (Hrsg.), The constitutional Bases of Political and social Change in the United States, S. 257, 257; VILE, Constitutional Change in the United States, S. 2.

[69] RUFUS KING aus Massachusetts, Farrand (Hrsg.), The Records of the federal Convention, Band I, S. 493.

[70] Farrand (Hrsg.), The Records of the federal Convention, Band II, S. 587f.. Auch alle ähnlichen Anträge waren bis dato gescheitert. Vgl. dazu ANASTAPLO, The Amendments to the Constitution, S. 11ff.; RUTLAND, The Birth of the Bill of Rights, S. 24ff., 106ff..

[71] LOEWENSTEIN, Verfassungsrecht und Verfassungspraxis, S. 10; KYVIG, Explicit and authentic Acts, S. 93f., 99. Massachusetts legte neun Revisionsvorschläge vor, Virginia 40 und New York sogar 57. Auch South Carolina, New Hampshire und andere Gliedstaaten regten konkrete Änderungen an. Siehe VEIT/BOWLING/BICKFORD, Creating the Bill of Rights, S. 14ff.; SCHWARTZ, The great Rights of Mankind, S. 119ff..

sogar aufgrund der fehlenden Grundrechtsnormen ihre Zustimmung zum Verfassungswerk.[72]

Demzufolge war die Ausarbeitung eines Grundrechtskataloges eine der ersten Maßnahmen des neuen Kongresses. MADISON hatte bereits Vorschläge für diesbezügliche Verfassungsänderungen zusammengestellt und sich dabei vor allem an den in den Ratifikationsdebatten der Gliedstaaten geforderten Rechten orientiert.[73]

Im Mai und Juni 1789 kam es im Repräsentantenhaus jedoch vorerst nur zu Diskussionen über den richtigen Zeitpunkt für eine Beschäftigung mit der Einführung der *Bill of Rights*. Zahlreiche Repräsentanten hielten die Klärung von Finanzfragen für dringender.[74] Um den ergebnislosen Diskussionen ein Ende zu bereiten, entschied sich MADISON dann, am Ende der Debatten vom 08. Juni 1789, seine Vorschläge als verbindliche Vorlage in den Kongress einzubringen.[75] Nach der Ausarbeitung der Vorschläge durch einen speziell eingesetzten Ausschuss[76] wurden 17 Revisionsvorschläge vom Repräsentantenhaus mit der erforderlichen Zweidrittelmehrheit am 24. August 1789 verabschiedet und dem Senat zur Beratung übergeben.[77]

Der Senat beriet die Revisionsvorlagen im Plenum.[78] Obwohl die überwiegende Mehrheit des zu dieser Zeit aus 22 Senatoren bestehenden Senats den Inhalt der Revisionsvorschläge befürwortete, wurden doch einige systematisierende und straffende Änderungen vorgenommen und zwei Revisionen gänzlich abgelehnt. Die verschiedenen Artikel, die die Meinungsfreiheit, die Pressefreiheit, die Religionsfreiheit, die Versammlungsfreiheit und das Petitionsrecht beinhalteten, wurden zu einem Artikel zusammengefasst. Sechs Artikel, die Justizgrundrechte behandelten, wurden auf vier reduziert, und der Artikel, der den Gliedstaaten ausdrücklich die Beschneidung der Prozessgrundrechte, der Meinungs- und Pressefreiheit sowie der Gewissensfreiheit verbat, wurde gestrichen.

---

[72] KYVIG, Explicit and authentic Acts, S. 93.

[73] Zunächst war MADISON kein Befürworter der *Bill of Rights*. Seine Haltung zu dieser Frage änderte sich jedoch spätestens mit den Diskussionen, die in seinem Heimatstaat Virginia über die Ratifikation der Verfassung geführt wurden. Vgl. zum Haltungswechsels MADISONS SCHWARTZ, The great Rights of Mankind, S. 160ff.; BERNSTEIN/AGEL, Amending America, S. 36ff.; FINKELMAN, 1990 S. Ct. Rev. 301, 301ff. (1990).

[74] Congressional Register, June 8, 1789, abgedruckt in: VEIT/BOWLING/BICKFORD, Creating the Bill of Rights, S. 69ff..

[75] VEIT/BOWLING/BICKFORD, Creating the Bill of Rights, S. 11ff..

[76] Senate Print 99-87, Amendments to the Constitution, 99th Cong., 1st Sess., S. 6 (1985).

[77] Congressional Register, August 24, 1789, abgedruckt in: VEIT/BOWLING/BICKFORD, Creating the Bill of Rights, S. 9, 37.

[78] Senate Print 99-87, Amendments to the Constitution, 99th Cong., 1st Sess., S. 8 (1985).

Ferner wurden gestrichen ein Artikel, welche die „religiously scrupulous" vom Militärdienst ausschloss und ein Artikel, welcher die horizontale Gewaltenteilung in Legislative, Exekutive und Judikative fixierte. Am 09. September 1789 wurden vom Senat im Ergebnis 12 der ursprünglich 17 Revisionsvorschläge mit einer Zweidrittelmehrheit verabschiedet.[79] Nachdem ein Vermittlungsausschuss aus Abgeordneten des Repräsentantenhauses bestehende Differenzen zwischen den Senatsvorschlägen und den Vorschlägen des Repräsentantenhauses ausgeglichen hatte, verabschiedete das Repräsentantenhaus die verbleibenden 12 Revisionsvorschläge mit 37:14 Stimmen am 24. September 1789, und der Senat stimmte am 26. September den revidierten Fassungen ebenfalls mit der erforderlichen Revisionsmehrheit zu.[80] Die Revisionsvorschläge wurden den Gliedstaaten zur Ratifikation übersandt und Kopien wurden auch an Rhode Island und North Carolina verschickt, die die neue Verfassung aufgrund eines fehlenden Grundrechtekataloges bis dahin noch nicht ratifiziert hatten.[81]

Zehn der zwölf Revisionsvorschläge wurden von den Gliedstaaten ratifiziert und traten am 15. Dezember 1791 in Kraft. Die beiden ersten Änderungsentwürfe des Kataloges, die sich nicht auf Individualgrundrechte bezogen, sondern sich zum einen mit der Maximalgröße des Repräsentantenhauses beschäftigten[82] und zum anderen Diätenerhöhungen erst nach einer erneuten Wahl wirksam werden ließen,[83] konnten nicht die erforderliche Ratifikationsmehrheit von drei Viertel der Gliedstaaten erreichen.[84] Am 01. März 1792 stellte *Secretary of State*, THOMAS JEFFERSON, das Inkrafttreten der zehn *Amendments* fest und sechs weitere Jahre später verkündete Präsident JOHN ADAMS im Januar 1798 nochmals das Inkrafttreten der *Bill of Rights*.

Die *Bill of Rights* legen zunächst in den Amend. I bis III Freiheitsrechte nieder: Religionsfreiheit, Meinungsfreiheit, Pressefreiheit, Versammlungsfreiheit, das Petitionsrecht (Amend. I) und das Recht zum Tragen von Waffen (Amend. II) sowie das Verbot der Zwangseinquartierung von Soldaten in Privathäusern (Amend. III). Daran schließen sich Justizgrundrechte an: das Erfordernis eines richterlichen Durchsuchungsbefehls für die Durchführung von Durchsuchungen (Amend. IV), das Erfordernis einer ordentlichen Anklage, das

---

[79] VEIT/BOWLING/BICKFORD, Creating the Bill of Rights, S. 45ff..

[80] VEIT/BOWLING/BICKFORD, Creating the Bill of Rights, S. 47ff., 53.

[81] U.S. Congress, Senate, Journal, 1st Cong. 1st Sess., S. 90 (1789); VEIT/BOWLING/BICKFORD, Creating the Bill of Rights, S. 49f..

[82] Vgl. für den Wortlaut der Revisionsvorlage Anhang B, S. 416.

[83] Dieser Revisionsvorschlag wurde jedoch 1992 doch noch von den erforderlichen Mehrheiten ratifiziert und trat mit über 200jähriger Verzögerung in Kraft. Vgl. Teil I: I. II., S. 76f. und Teil II: C. II. 1.) f.) aa.), S. 130ff..

[84] KYVIG, Explicit and authentic Acts, S. 107ff..

Verbot der neuen Anklage gegen Freigesprochene sowie ein Kompensationsrecht (Amend. V). Amend. VI verankert das Recht auf einen öffentlichen Geschworenenprozess in Strafsachen, das Recht auf Beiziehung von Entlastungszeugen und das Recht auf einen Anwalt. Das Recht auf einen ordentlichen Geschworenenprozess in Zivilsachen und das Verbot überhöhter Kaution und besonders grausamer Strafen sind in Amend. VII und VIII niedergelegt.

Amend. IX bekräftigt, dass in der Verfassung nicht erwähnte Grundrechte bestehen bleiben und Amend. X garantiert den Gliedstaaten alle Rechte, die die Verfassung nicht an den Bund abgetreten hat.

C. Technische Korrekturen: Amend. XI und Amend. XII

I. Amend. XI (1795) – Die Einschränkung des Klagerechts

Kurz nach dem Inkrafttreten der *Bill of Rights* folgten zwei weitere Verfassungsänderungen, die bis dahin evident gewordene strukturelle Fehler im Verfassungssystem beheben sollten.

Das Amend. XI wurde 1795 eingeführt und schränkte das Klagerecht der Bürger gegen andere Gliedstaaten als den, in dem sie leben ein. Damit reagierte der Bund auf die ansonsten drohende finanzielle Überforderung der Gliedstaaten.[85] Ein *Supreme Court* Urteil, Chisholm v. Georgia,[86] hatte zuvor solche Klagen ausdrücklich erlaubt. Mit der Verfassungsänderung wurde daher auch diese Entscheidung außer Kraft gesetzt.[87]

II. Amend. XII (1804) – Die Wahl des Präsidenten

Auch die darauf folgende Verfassungsänderung sollte ein staatsorganisationsrechtliches Problem in der Verfassung lösen, was vor allem in den Präsidentschaftswahlen von 1800 deutlich geworden war. THOMAS JEFFERSON hatte sich in diesen Wahlen zwar gegen seinen Vorgänger im Amt, JOHN ADAMS, durchgesetzt, erhielt aber im Wahlmännerkollegium genauso viele Stimmen wie sein New Yorker Vizepräsidentschaftskandidat AARON BURR. Diese Situation, dass

---

[85] COOKE, A detailed Analysis of the Constitution, S. 114; BERNSTEIN/AGEL, Amending America, S. 49ff..

[86] Chisholm v. Georgia, 2 U.S. (2 Dall.) 419 (1793).

[87] Vgl. ausführlich dazu Teil III: A. I. 1.) a.), S. 222ff..

alle 73 Wahlmänner ihre zwei Stimmen auf die beiden Kandidaten aufteilten, ist mit den Anfängen eines sich etablierenden Parteiensystems erklärbar. Nach dem alten System hatte der Mehrheitskandidat die Präsidentschaft inne gehabt und sein Hauptgegner das Amt des Vizepräsidenten. Mit dieser Verteilung der Ämter auf Kandidaten verschiedener politischer Herkunft hatte man in der Vergangenheit schlechte Erfahrungen gemacht. Nun wollte man sicher gehen, dass der Präsident und der Vizepräsident eine gemeinsame politische Herkunft vorweisen können.[88]

Gem. Art. II, § 1, cl. 3 des Verfassungsurtextes lag die Entscheidung im Fall eines Gleichstandes beim Repräsentantenhaus, das nach Gliedstaaten abzustimmen hatte. Da BURR nicht freiwillig verzichtete, konnte JEFFERSON erst im 36. Wahlgang die notwendigen zehn Gliedstaaten hinter sich vereinen.[89]

Um künftig ein solches Wahldebakel zu vermeiden, bemühte sich der Kongress um eine Verfassungsänderung. Im Mai 1802 verlangte der republikanische Abgeordnete PHILIP VAN CORTLANDT aus New York eine Revisionsvorlage zur Präsidentschaftswahl zu behandeln.[90] Einige seiner Kollegen, die andere Probleme als dringender empfanden, protestierten, aber das Abgeordnetenhaus sprach sich mit 38:30 Stimmen für diesbezügliche Beratungen aus.[91] Die Zweifel, ob diese Abstimmung der Klausel des Art. V genügt, die bestimmt, dass „the Congress whenever two thirds of both houses shall deem it necessary, shall propose amendments to this Constitution," räumte der *Speaker* des Repräsentantenhauses aus, indem er feststellte, dass sich für den Eintritt in Gespräche über eine Verfassungsänderung keine Zweidrittelmehrheit im Abgeordnetenhaus zusammenfinden muss, sondern dass bereits eine einfache Mehrheit das Repräsentantenhaus zu Revisionsberatungen verpflichten kann.[92] 1802 scheiterte der Revisionsversuch noch an einer Stimme im Senat.[93] Die heutige Version[94] wurde am

---

[88] KURODA, The Origins of the Twelfth Amendment, S. 83ff..

[89] GRIMES, Democracy, S. 21; LEVY/KARST, Encyclopedia of the American Constitution, S. 549f..

[90] Annals of Congress, 7th Cong., 1st Sess., Band 11, S. 1285 (1802).

[91] Annals of Congress, 7th Cong., 1st Sess., Band 11, S. 1288 (1802).

[92] Annals of Congress, 7th Cong., 1st Sess., Band 11, S. 1288 (1802). Vgl. zur parallelen Debatte im Senat CURRIE, in: Kyvig (Hrsg.), Unintended Consequences of constitutional Amendment, S. 73, 89ff..

[93] Annals of Congress, 7th Cong., 1st Sess., Band 11, S. 304 (1802).

[94] Zunächst konzentrierte sich die Diskussion über eine Revision des Wahlverfahrens im Repräsentantenhaus. Im Oktober 1803 hatte das Repräsentantenhaus mit 88:31 Stimmen einen Änderungsentwurf verabschiedet, der jedoch vom Senat nicht übernommen wurde. Vgl. dazu AMES, The proposed Amendments to the Constitution, S. 77ff.; KURODA, The Origins of the Twelfth Amendment, S. 127ff.; VILE, Encyclopedia, S. 466.

02. Dezember 1803 im Senat mit 22:10 Stimmen verabschiedet.[95] Das Repräsentantenhaus erhielt am 06. Dezember 1803 die Revisionsvorlage und diskutierte den Entwurf im Plenum.[96] Am 08. Dezember 1803 wurde der Vorschlag auch im Repräsentantenhaus mit 84:42 Stimmen verabschiedet, nachdem der *Speaker* seine entscheidende Stimme ebenfalls für die Mehrheitsmeinung abgab.[97]

Gegner der Verfassungsänderung hatten verschiedene prozessrechtliche Fehler im Revisionsprozess angemerkt, um ein Inkrafttreten der Verfassungsänderung zu verhindern. Zunächst argumentierten sie, dass der Revisionsvorschlag im Senat nicht mit der erforderlichen Mehrheit von zwei Drittel der Senatoren verabschiedet worden sei.[98] Zu diesem Zeitpunkt hatte der Senat 34 Mitglieder. Hätte man für die Zweidrittelmehrheit nicht die Abstimmungsmehrheit, sondern die Mehrheit der gesetzlichen Mitgliederzahl zugrunde gelegt, wäre die Zweidrittelmehrheit in der Tat um eine Stimme verfehlt worden. Mit Blick auf die *Bill of Rights*, die mit „two thirds of those present“ und nicht mit „two thirds of all members“ verabschiedet worden waren,[99] schloss sich schließlich auch der Senat der Minimallösung an, welche die Zweidrittelmehrheit bezogen auf die Abstimmungsmehrheit für ausreichend hielt.[100] Das Repräsentantenhaus entschloss sich aus gleichen Gründen, die Revisionsvorlage aus dem Senat zu behandeln, ohne auf das prozessrechtliche Problem Rücksicht zu nehmen.[101]

Kritisiert wurde auch die fehlende Gegenzeichnung durch den Präsidenten, obwohl der *Supreme Court* bereits 1798 entschieden hatte, dass diese im Revisionsverfahren nicht erforderlich ist.[102] Soweit ersichtlich ging der Senat auf dieses Urteil jedoch nicht ein, sondern erklärte mit 23:7 Stimmen, dass eine Gegenzeichnung des Präsidenten entbehrlich ist.[103] Argumentiert wurde dabei vor

---

95 Annals of Congress, 8th Cong., 1st Sess., Band 13, S. 209 (1803).

96 KURODA, The Origins of the Twelfth Amendment, S. 145ff..

97 Annals of Congress, 8th Cong., 1st Sess., Band 13, S. 775f. (1803).

98 Annals of Congress, 8th Cong., 1st Sess., Band 13, S. 209 (1803). Vgl. dazu KYVIG, Explicit and authentic Acts, S. 116; KURODA, The Origins of the Twelfth Amendment, S. 145f.; CURRIE, in: Kyvig (Hrsg.), Unintended Consequences of constitutional Amendment, S. 73, 91ff..

99 Vgl. zur Problemerörterung Teil II: C. II. 1.) c.), S. 124ff..

100 Annals of Congress, 8th Cong., 1st Sess., Band 13, S. 209, 650ff. (1803).

101 Annals of Congress, 8th Cong., 1st Sess., Band 13, S. 663 (1803).

102 Hollingworth v. State of Virginia, 3 U.S. (3 Dall.) 378, 381 (1798). Vgl. dazu Teil II: C. II. 1.) d.), S. 127ff. und Teil III: C. I. 1.), S. 277.

103 BROWN, William Plumer's Memorandum of Proceedings in the United States Senate, S. 80f..

allem mit dem nicht legislativen Charakter des Revisionsverfahrens[104] und der Tatsache, dass auch die *Bill of Rights* nicht vom Präsidenten gegengezeichnet wurden.[105] Nach Klärung der prozessrechtlichen Probleme wurde die Revisionsvorlage dann den Gliedstaaten zur Ratifikation übergeben.

New Hampshire war im Juni 1804 der für die Dreiviertelmehrheit erforderliche 13. Gliedstaat, der den Revisionsvorschlag ratifizierte, so dass die Verfassungsänderung in den Präsidentschaftswahlen von 1804 erstmals in die Praxis umgesetzt werden konnte.[106] Das Amend. XII schreibt nun getrennte Wahlgänge für den Präsidenten und den Vizepräsidenten der Vereinigten Staaten vor. Für den Fall, dass kein Präsidentschaftskandidat eine Mehrheit auf sich vereinen kann, obliegt es weiterhin dem Repräsentantenhaus in einer Abstimmung nach Gliedstaaten den Präsidenten zu wählen. Dem Senat wurde die Kompetenz erteilt, in einem solchen Fall den Vizepräsidenten zu bestimmen. Nach den Regeln des Amend. XII steht es nunmehr der politischen Mehrheit zu, sowohl das Amt des Präsidenten als auch das seines Stellvertreters zu besetzen. Damit wurde die Entwicklung eines Parteiensystems forciert und die Exekutive zu einem parteipolitischen Organ geformt.[107] Gleichzeitig reduziert das Amend. XII die Bedeutung des Vizepräsidenten.[108] Er ist nur noch zweites Glied der Mehrheitspartei.[109]

D. Der Bürgerkrieg und seine Folgen

Zwischen 1804 und 1865 trat keine weitere Verfassungsänderung in Kraft. Allerdings wurden in dieser Zeit zwei Revisionsvorschläge vom Kongress verabschiedet und den Gliedstaaten zur Ratifikation übergeben. Das *Titles of Nobility Amendment* und das *Corwin Amendment* wurden jedoch nie von der erforderlichen Mehrheit der Gliedstaaten ratifiziert.

---

104 Abgeordnete DANA, Annals of Congress, 8th Cong., 1st Sess., Band 13, S. 654 (1803): "Whereas in proposing an Amendment to the Constitution this is not necessary. Why? Because the measure does not partake of legislative character; it is in virtue of a special grant of power."

105 CURRIE, The Constitution in Congress, S. 115, 196 Fn. 181.

106 Senate Print 99-87, Amendments to the Constitution, 99th Cong., 1st Sess., S. 22 (1985).

107 GRIMES, Democracy, S. 19; ANASTAPLO, 23 Loy. U. Chi. L.J. 631, 729f. (1992).

108 VILE, Encyclopedia, S. 464, 466; CURRIE, in: Kyvig (Hrsg.), Unintended Consequences of constitutional Amendment, S. 73, 73.

109 KYVIG, Explicit and authentic Acts, S. 115f.

I. Das *Titles of Nobility Amendment* (1810)

Vor dem Hintergrund, dass die anti-europäische Haltung aufgrund der napoleonischen Kriege einen Höhepunkt erreichte, schlug der elfte Kongress 1810 als Ergänzung des Art. I, § 9, cl. 8 vor, all denjenigen den Bürgerstatus zu verweigern, die ohne die Zustimmung des Kongresses einen Adelstitel oder eine andere Auszeichnung von einem Kaiser, König, Prinzen, oder einem sonstigen Souverän eines anderen Landes annahmen.[110] Die Vereinigten Staaten waren in der zweiten Amtszeit von THOMAS JEFFERSON zwischen die Fronten des englisch-französischen Krieges geraten. Sowohl NAPOLEONS Kontinentalsperre als auch die britische Gegenblockade beeinträchtigten den Handel der Neutralen.[111] Man wollte mit dem *Amendment* dieser anti-europäischen Haltung Ausdruck verleihen und die Union enger verbinden.[112]

Die vom republikanische Senator REED aus Maryland im Januar 1810 in den Kongress eingebrachte Revisionsvorlage wurde zunächst an einen gesondert eingerichteten Ausschuss verwiesen. Nach seiner Empfehlung und derjenigen eines weiteren Ausschusses[113] wurde die Revisionsvorlage am 27. April 1810 mit 19:5 Stimmen im Senat[114] und am 01. Mai 1810 mit 87:3 Stimmen im Repräsentantenhaus[115] verabschiedet, verfehlte dann aber mangels einer Stimme die für die Ratifikation erforderliche Dreiviertelmehrheit in den Gliedstaaten und wurde somit nicht Teil der Verfassung.[116]

II. Das *Corwin Amendment* (1861)

Kurz vor der Amtseinführung Präsident ABRAHAM LINCOLNS wurde 1861 in den Kongress eine Revisionsvorlage eingebracht, welche die Sklaverei institutionalisieren und ihre Abschaffung oder Behinderung verbieten sollte, das sog.

---

[110] Vgl. für den Wortlaut der Revisionsvorlage Anhang B, S. 416.

[111] Vgl. dazu HEIDEKING, Geschichte der USA, S. 94ff.; BERNSTEIN/AGEL, Amending America, S. 178; SILVERSMITH, 8 S.C. Interdisciplinary L.J. 577, 583f. (1999).

[112] LYNCH, 93 L. Libr. J. 303, 306 (2001).

[113] AMES, The proposed Amendments to the Constitution, S. 187.

[114] Annals of Congress, 11th Cong., 2nd Sess., Band 20, S. 672 (1810).

[115] Annals of Congress, 11th Cong., 2nd Sess., Band 21, S. 2050f. (1810).

[116] 1815 erschien die Verfassungsänderung in einigen Ausgaben der Verfassung als ratifiziertes *Amendment*. Erst 1817 ließ Präsident JAMES MONROE nachprüfen, ob die Revisionsvorlage wirksam ratifiziert worden war und erhielt eine negative Antwort. Vgl. dazu LIVINGSTON, Federalism and constitutional Change, S. 202f.; CONKLIN, 88 Law Libr. J. 121, 122 (1996); SILVERSMITH, 8 S.C. Interdisciplinary L.J. 577, 586f. (1999).

Corwin Amendment. Keine künftige Verfassungsänderung sollte den Umgang mit der Sklaverei in den jeweiligen Gliedstaaten beschränken dürfen.[117] Methodisch sollte damit dem Revisionsartikel der Verfassung eine materielle Schranke für den Prozess der Verfassungsänderung hinzugefügt werden.

Die Revisionsvorlage war kurz vor dem Ausbruch des Bürgerkrieges politisch motiviert. Das Sklavereiproblem führte zu einer immer deutlicheren Diskrepanz zwischen Nord- und Südstaaten, die in beiden Teilen der Union ein kulturelles Sonderbewusstsein entstehen ließ. Ohnehin war seit Beginn der Union umstritten, ob diese einen unauflöslichen Charakter hat, oder ob sie das vor allem im Süden von JOHN C. CALHOUN verfochtene Konzept einer kündbaren Konföderation souveräner Staaten verkörpert. Unmittelbar nach der Wahl LINCOLNS zum Präsidenten begann in South Carolina der Prozess der Sezession. In South Carolina war die *states' rights*-Philosohpie schon immer tief verwurzelt gewesen, und der Sklavenanteil des Gliedstaates betrug 58%. South Carolina wählte einen Konvent, der den Gliedstaat am 20. Dezember 1860 einstimmig zum souveränen Staat erklärte.[118] Diesem Beispiel folgten bis zum Februar 1861 Mississippi, Florida, Alabama, Georgia, Louisiana und Texas. Vertreter dieser sieben Sezessionsstaaten bildeten dann am 04. Februar 1861 in Montgomery, Alabama, die *Confederate States of America* und gaben sich eine eigene Verfassung.[119]

In der zweiten Sitzungsperiode des 36. Kongresses wurden daher zwischen Dezember 1860 und März 1861 über 200 Revisionsvorschläge eingebracht, mit denen man den anklingenden Ausbruch des Bürgerkrieges verhindern und die Union erhalten wollte.[120] Um dieser Flut von Revisionsvorlagen Herr zu werden, setzte das Repräsentantenhaus einen Sonderausschuss ein. 33 Abgeordnete, je einer pro Gliedstaat, berieten unter dem Vorsitz des Republikaners THOMAS CORWIN aus Ohio. Der Senat berief zu diesem Zweck ebenfalls einen Ausschuss ein, der aus 13 Senatoren unter dem Vorsitz des Demokraten JOHN J.

---

[117] Vgl. für den Wortlaut der Revisionsvorlage Anhang B, S. 416.

[118] Die Verfassungsmäßigkeit der Sezession ist schon vor dem Ausbruch des Bürgerkrieges ausführlich diskutiert worden, doch bestand keine rechtliche Klarheit. Erst nach dem Krieg erklärte sie der *Supreme Court* im Fall Texas v. White, 74 U.S. (7 Wall.) 700, 724 (1869) für verfassungswidrig.

[119] DUMOND, The Secession Movement, 1860-1861, S. 189ff.. Vier weitere Gliedstaaten schlossen sich der *Confederate States of America* an, als LINCOLN, nach dem South Carolina im April 1861 den offenen Krieg begonnen hatte, ebenfalls seine Streitkräfte mobilisierte: Virginia, Arkansas, North Carolina und Tennessee.

[120] Senate Print 99-87, Amendments to the Constitution, 99th Cong., 1st Sess., S. 25 (1985); AMES, The proposed Amendments to the Constitution, S. 194; BRYANT, 26 Harv. L.J. & Pub. Pol'y 501, 512ff. (2003).

CRITTENDEN aus Kentucky bestand.[121] Das *Corwin Amendment* wurde wohl im Senatsausschuss ausgearbeitet und stammt aus der Feder des New Yorker Republikaners, WILLIAM SEWARD, der später LINCOLNS Außenminister wurde.[122] Im Ausschuss des Repräsentantenhauses wurde die Revisionsvorlage von CHARLES FRANCIS ADAMS, einem Republikaner aus Massachusetts, vorgelegt. Nur den letzten Schliff verlieh der Vorlage ihr Namensgeber.

Am 28. Februar 1861 verabschiedete das Repräsentantenhaus den Änderungsentwurf mit 133:65 Stimmen[123] und der Senat stimmte am 02. März 1861 mit 24:12 Stimmen[124] zu.

Der scheidende Präsident JAMES BUCHANAN unterzeichnete die Revisionsvorlage und auch der künftige Präsident LINCOLN zeigte sich unterstützend.[125]

Im Mai 1861 ratifizierte Ohio den Änderungsentwurf; Maryland und Illinois folgten im Januar und Februar 1862.[126] Bis heute hat jedoch kein weiterer Gliedstaat die Revisionsvorlage ratifiziert, so dass das *Amendment* nie in Kraft getreten ist.[127] Vielmehr wurde es von den Ereignissen des Bürgerkrieges überholt. Im April 1861 begann South Carolina den offenen Krieg, der erst nach vier Jahren am 17. April 1865 mit der Kapitulation der letzten Streitkräfte der *Confederate States of America* endete.

---

[121] Vgl. zu den Beratungen in den Ausschüssen BERNSTEIN/AGEL, Amending America, S. 85ff..

[122] VILE, Encyclopedia, S. 118.

[123] Congressional Globe, 36th Cong., 2nd Sess., S. 1285 (1861). Vgl. zu den Diskussionen im Repräsentantenhaus BRYANT, 26 Harv. L.J. & Pub. Pol'y 501, 521ff. (2003).

[124] Congressional Globe, 36th Cong., 2nd Sess., S. 1403 (1861). Vgl. zu den Diskussionen im Senat BRYANT, 26 Harv. L.J. & Pub. Pol'y 501, 523f. (2003).

[125] BERNSTEIN/AGEL, Amending America, S. 91.

[126] Es ist jedoch fraglich, ob Illinois Ratifikation wirksam war, da nicht, wie vom Kongress vorgeschrieben, die Gliedstaatenlegislatur von Illinois, sondern ein zusammengerufener Einzelstaatenkonvent die Revisionsvorlage ratifizierte. Vgl. BERNSTEIN/AGEL, Amending America, S. 92; GRIMES, Democracy, S. 34 Fn. 5.

[127] Ein weiterer Vorstoß, die Sklavenfrage verfassungsrechtlich zu lösen, stammte vom Senator JOHN J. CRITTENDEN aus Kentucky. Seine in den Senat seit dem 18. Dezember 1860 eingebrachten Revisionsvorschläge wurden unter dem Begriff *Crittenden Compromise* bekannt und zielten, wie das *Corwin Amendment*, darauf ab, die Sklaverei verfassungsrechtlich abzusichern. Vgl. dazu KEOGH, 8 J. Legal Hist. 275, 280ff. (1987); KIRWAN, John J. Crittenden, S. 375ff..

III. Die *Civil War Amendments* (1865-1870)

Die Ursachen des Krieges zwischen den Vereinigten Staaten und den insgesamt elf sezessionierten Gliedstaaten, sind bis heute umstritten. Jedenfalls spielten Fragen der Gliedstaatenrechte, des Zolltarifs und vor allem der Sklaverei eine wesentliche Rolle. Während die Südstaaten vordringlich den Wunsch erklärten, unabhängig zu bleiben, variierten die Ziele des Nordens. Dieser trat für die Bewahrung bzw. Wiederherstellung der Union ein, und Präsident LINCOLN erklärte - wohl auch aus außenpolitischen Gründen -[128] 1862 die *Emancipation Proclamation*, wodurch sich als Hauptziel die Beendigung der Sklaverei in den Vordergrund schob. Nach der provisorischen Emanzipationserklärung sollten bis zum 01. Januar 1863 alle Sklaven frei sein, die sich in den von „Rebellen" kontrollierten Gebieten aufhielten. Das schloss vorerst noch die Sklaven in den *border states* aus, die auf Seiten der Union kämpften.[129]

Nach dem Ende des Bürgerkriegs, 1865, traten dann bis 1870 drei grundlegende Verfassungsreformen in Kraft, die zivile, soziale und politische Rechte der Schwarzen etablierten und bis heute die tiefgreifendsten Verfassungsänderungen in der Verfassungsgeschichte der Vereinigten Staaten geblieben sind.

1.) Amend. XIII (1865) – Die Abschaffung der Sklaverei

Als der 38. Kongress im Dezember 1863 zusammentrat, brachten zwei republikanische Abgeordnete, JAMES ASHLEY aus Ohio und JAMES WILSON aus Iowa, Revisionsvorschläge in den Kongress ein, die die allumfängliche Abschaffung der Sklaverei in der Verfassung verankern sollten. ASHLEYS Resolution wurde an den Justizausschuss des Repräsentantenhauses weitergeleitet, lag dort brach und wurde in den kommenden fünf Monaten nicht debattiert.[130] Im Januar 1864 wurde ein ähnlicher Revisionsvorschlag auch in den Senat eingebracht. JOHN HENDERSON aus Missouri wollte mit seinem Vorschlag die Kompetenz des Bundes zur Abschaffung der Sklaverei absichern. Seine Gegner argumentierten, dass Art. V keine Verfassungsänderungen in diesem Umfang gestatten würde.[131] Letztendlich konnte der Resolutionsentwurf jedoch nach seiner Modifikation im Justizausschuss durch den Vorsitzenden LYMAN TRUMBULL aus Illinois am 08.

[128] Vgl. HEIDEKING, Geschichte der USA, S. 168ff..

[129] Dazu gehörten Delaware, Maryland, Missouri und Kentucky.

[130] AMES, The proposed Amendments to the Constitution, S. 214.

[131] Die Diskussion zum Revisionsvorschlag im Senat ist wiedergegeben in: KYVIG, Explicit and authentic Acts, S. 160f.; AMES, The proposed Amendments to the Constitution, S. 214; GRIMES, Democracy, S. 37.

April 1864 mit 36:6 die erforderliche Zweidrittelmehrheit erreichen.[132] Im Abgeordnetenhaus konnte hingegen nicht die Revisionsmehrheit für den Entwurf aus dem Senat aufgebracht werden. Sie erhielt am 15. Juni 1864 nur 93 von 158 Stimmen.[133] Erst nachdem die Republikaner bei den Kongresswahlen von 1864 ihre Mehrheit im Kongress ausbauen konnten, stimmte auch das Abgeordnetenhaus der Senatsresolution am 31. Januar 1865 mit 119:56 Stimmen zu.[134] Präsident LINCOLN unterzeichnete den Revisionsvorschlag des Kongresses unverzüglich.[135] Um keinen Präzedenzfall zu schaffen, brachte Senator TRUMBULL sofort eine Resolution in den Senat ein, welche die Zustimmung des Präsidenten als deklaratorischen unverbindlichen Akt bezeichnete und bekräftigte, dass das Vorgehen keinen Präzedenzfall etablieren sollte. Der Senat nahm die Resolution an.[136]

Am 18. Dezember 1865 erklärte *Secretary of State*, WILLIAM SEWARD, dass drei Viertel der Gliedstaaten, 27 der nun insgesamt 36 Einzelstaaten, die Revisionsvorlage ratifiziert hatten.[137] Im gleichen Monat verweigerte der Kongress allerdings einigen von den Sezessionsstaaten gewählten Kongressmitgliedern ihren Sitz im Kongress. Fraglich war daher, ob ihre Stimmen für die Ratifikation des Revisionsvorschlags gezählt werden durften. Acht der elf Gliedstaaten der ehemaligen *Confederate States* hatten das *Amendment* ratifiziert. Würde man die elf Gliedstaaten aus der Ratifikationsrechnung ausschließen, hätten nur 19 von 25 Gliedstaaten die Revisionsvorlage ratifiziert. Auch dies hätte jedoch knapp für eine Dreiviertelmehrheit ausgereicht, so dass das Problem nicht gelöst werden musste.

2.) Amend. XIV (1868) – Die Bürgerrechte

Der Nachfolger Präsident LINCOLNS, ANDREW JOHNSON, verlangte von den abtrünnigen Südstaaten nur, dass sie ihren Sezessionsbeschluss rückgängig machten und das Amend. XIII ratifizierten. Zudem wandte er eine großzügige

---

132 Congressional Globe, 38th Cong., 1st Sess., S. 1490 (1864); AMES, The proposed Amendments to the Constitution, S. 214ff.; GRIMES, Democracy, S. 35ff.; KYVIG, Explicit and authentic Acts, S. 161.

133 Congressional Globe, 38th Cong., 1st Sess, S. 2995 (1864).

134 Congressional Globe, 38th Cong., 2nd Sess., S. 531 (1865). Vgl. zu den Diskussionen im Kongress MALTZ, Civil Rights, the Constitution, and Congress, S. 14ff..

135 BERNSTEIN/AGEL, Amending America, S. 100f..

136 MCLAUGHLIN, A Constitutional History of the United States, S. 635; KYVIG, Explicit and authentic Acts, S. 162.

137 Senate Print 99-87, Amendments to the Constitution, 99th Cong., 1st Sess., S. 27 (1985).

Amnestieregelung an, die er noch durch zahlreiches Gebrauchmachen seines persönlichen Begnadigungsrechts ausdehnte. Dies erlaubte den meisten Südstaatlern wieder die politische Betätigung.[138] Bis Ende 1865 hatten sämtliche Südstaaten die vom Präsidenten gestellten Bedingungen erfüllt und forderten ihre gleichberechtigte Teilnahme am politischen Leben der Union ein. Andererseits reagierten sie auf das Amend. XIII mit dem Erlass sog. *Black Codes*, mit denen sie die Abschaffung der Sklaverei und die Gleichstellung der Rassen zu umgehen versuchten. Als der im November 1864 gewählte 39. Kongress im Dezember 1865 erstmals zusammentrat, veranlasste dieses Verhalten die republikanische Mehrheit dazu, den gewählten Abgeordneten und Senatoren aus dem Süden ihre Sitze zu verweigern. Stattdessen richtete sie ein *Joint Committee on Reconstruction* ein, das zusammen mit dem Präsidenten ein neues Programm zur Lösung der Rassendiskriminierung ausarbeiten sollte. Eine solche Kooperation scheiterte 1866 jedoch am Verhalten JOHNSONS, der Maßnahmen zur Umsetzung der Sklavenbefreiung, insbesondere den im März 1866 erlassenen *Civil Rights Act*,[139] immer wieder mit seinem Veto belegte.

Das *Joint Committee on Reconstruction* hatte bereits im Januar 1866 dem Abgeordnetenhaus ein vom Abgeordneten THADDEUS STEVENS aus Pennsylvania ausgearbeitetes *Amendment* vorgeschlagen, welches die gliedstaatliche Repräsentation derjenigen Gliedstaaten im Kongress reduzieren sollte, welche den Schwarzen kein Wahlrecht zugestanden. Die Revisionsvorlage verfehlte jedoch im Senat die erforderliche Zweidrittelmehrheit.[140] Auch die Revisionsvorlage des Abgeordneten JOHN BINGHAM aus Ohio, die dem Kongress die Kompetenz zum Erlass aller für die Umsetzung der neu etablierten Gleichberechtigung erforderlichen Maßnahmen zusprach, fand keine Zustimmung.[141] Einer solchen Blindermächtigung des Bundes standen vor allem die Repräsentanten der kleineren Gliedstaaten entgegen.

Als das Veto von Präsident JOHNSON gegen den *Civil Rights Act* im April 1866 vom Kongress überstimmt werden konnte,[142] fühlten sich die Republikaner stark genug, um erneut die Verabschiedung einer Verfassungsänderung voranzutreiben, die das Problem der Rassendiskriminierung lösen sollte. Zunächst konn-

---

[138] KYVIG, Explicit and authentic Acts, S. 164.

[139] Der Civil Rights Act garantierte allen in den USA geborenen Menschen die bürgerlichen Rechte, wozu allerdings noch nicht das Wahlrecht zählte. Beabsichtigt war damit die ausdrückliche Gleichstellung der Schwarzen.

[140] AMES, The proposed Amendments to the Constitution, S. 371, 373. STEVENS brachte noch drei weitere Revisionsvorschläge in den Kongress ein. Vgl. Congressional Globe, 39th Cong., 1st Sess., S. 10 (1865).

[141] Congressional Globe, 39th Cong., 1st Sess., S. 157f., 1033f. (1866).

[142] Congressional Globe, 39th Cong., 1st Sess., S. 1857ff. (1866).

te man sich nicht auf eine Vorgehensweise einigen. Die bis zum April 1866 in den Kongress eingebrachten Revisionsvorschläge enthielten alle unterschiedliche Ansätze. Von der Generalermächtigung des Kongresses, dem Wahlrecht für Schwarze, der Bestrafung der politischen Führer der *Confederate States* bis zu einfachen Definitionen des Bürgerstatus wurde alles als Lösungsmöglichkeit für die Sklavenkontroverse in Erwägung gezogen.

Ende April 1866 entschloss sich das *Joint Committee on Reconstruction* schließlich zahlreiche der vorgeschlagenen Maßnahmen zu einem einzigen Revisionsvorschlag zu verbinden, der sowohl STEVENS als auch BINGHAMS Ansätze inkorporierte. Im ersten Abschnitt wiederholt das *Amendment* die Bestimmung des *Civil Rights Act* von 1866 und verleiht ehemaligen Sklaven den Bürgerstatus. Die Abschnitte zwei bis vier regeln konkrete Nachkriegsfragen wie die Rückkehr der Südstaaten in den Kongress durch die Festlegung der Abgeordnetenzahl im Repräsentantenhaus, die Imkompatibilität von Hochverrätern und den Umgang mit den bürgerkriegsbedingten Staatsschulden. Der letzte Abschnitt räumt schließlich dem Bund die Kompetenz zur Umsetzung der Verfassungsänderung durch konkretisierende Gesetzgebung ein. Die Beratungen des *Joint Committee* zu der genauen Formulierung des Amend. XIV sind nicht überliefert. Die rechtswissenschaftliche Literatur ist sich daher uneinig, welche Gründe zur heutigen Formulierung des *Amendment* geführt haben.[143] Vorstellbar ist aber vor allem, dass man sich mit diesem Kompromiss erhoffte, eine größere Anzahl befürwortender Stimmen im Kongress zu finden.[144]

Zudem etablierte die zu einem „Omnibus Amendment" gewachsene Revisionsvorlage eine neue politische Taktik im Revisionsprozess. Auch bei der Verabschiedung der *Bill of Rights* wurden zahlreiche Grundrechte gemeinsam behandelt und vom Kongress verabschiedet. Dort war jedoch jedes einzelne Recht in einer gesonderten Bestimmung enthalten gewesen. Den Gliedstaaten oblag damit im Ratifikationsprozess die Macht, einzelne Bestimmungen als Verfassungsvorschrift zu ratifizieren und anderen die Ratifikation zu versagen, wie dies bei zwei Verfassungsänderungsvorschlägen auch der Fall gewesen ist. Nach der neuen beim Amend. XIV angewandten Methode hatten die Gliedstaaten nur die Wahl entweder das Gesamtpaket zu ratifizieren oder es insgesamt abzulehnen. Die Entscheidungsmacht über die inhaltliche Ausgestaltung der Verfassungsänderung lag nun aber ganz beim Kongress.[145]

---

143 AMES, The proposed Amendments to the Constitution, S. 219ff.; MALTZ, Civil Rights, the Constitution, and Congress, S. 79ff.; NELSON, The Fourteenth Amendment, S. 40ff., verfolgen alle unterschiedliche Interpretationsansätze.

144 KYVIG, Explicit and authentic Acts, S. 166.

145 KYVIG, Explicit and authentic Acts, S. 166f..

Das Repräsentantenhaus verabschiedete den Revisionsvorschlag nach nur dreitägiger Debatte am 11. Mai 1866. Nach kleineren Änderungen stimmte auch der Senat mit 33:11 Stimmen am 08. Juni 1866 dem Revisionsvorschlag zu.[146] Die Änderungen des Senats wurden vom Repräsentantenhaus bereits fünf Tage später akzeptiert[147] und die Revisionsvorlage den Gliedstaaten zur Ratifikation übersandt.

Die Gliedstaatenparlamente des Südens lehnten jedoch die Ratifikation der Revisionsvorlage ab.[148] Nur der *border state* Tennessee bildete eine Ausnahme.[149] Nach den Kongresswahlen von 1866 konnten die Republikaner jedoch erneut ihre Mehrheit ausbauen, so dass sie im Kongress ohne Mühe jedes Veto des Präsidenten überstimmen konnten. Im Frühjahr 1867 erließen sie über das Veto von JOHNSON hinweg den *Reconstruction Act*.[150] Dieser teilte den Süden außer Tennessee in fünf Besatzungszonen ein. Die kommandierenden Militärgouverneure erhielten den Auftrag, alle erwachsenen Männer als Wähler zu registrieren und danach für die Annahme neuer Staatenverfassungen sowie die Wahl neuer Staatenparlamente zu sorgen.[151] Die Südstaaten sollten nur wieder in die Union aufgenommen werden, sofern sie in ihren Verfassungen das Wahlrecht für Schwarze garantierten und sofern sie das Amend. XIV ratifizierten. In den Jahren 1867 und 1868 entschlossen sich so gezwungenermaßen auch die Südstaaten zur Ratifikation.[152] Am 09. Juli 1868 ratifizierten sowohl Louisiana als auch South Carolina die Revisionsvorlage. Damit hatten 28 der 37 Gliedstaaten das *Amendment* verabschiedet und die für die Ratifikation erforderliche Dreiviertelmehrheit in den Gliedstaatenlegislaturen schien erreicht. Am 13. und am 21. Juli 1868 folgten auch noch die Gliedstaaten Alabama und Georgia.

Zwischenzeitlich ließen Bewegungen im Norden jedoch an der Rechtsgültigkeit der Ratifikation zweifeln. 1867 gewannen die Demokraten in Ohio und New Jersey die Wahlen. Die neu konstituierten Parlamente der Gliedstaaten entschieden sich am 15. Januar 1868 bzw. am 20. Februar 1868, ihre bereits vorgenom-

---

146 Congressional Globe, 39th Cong., 1st Sess., S. 3042 (1866).

147 Congressional Globe, 39th Cong., 1st Sess., S. 3149 (1866); KYVIG, Explicit and authentic Acts, S. 169.

148 Vgl. zum Ratifikationsverfahren SUTHON, 28 Tul. L. Rev. 22, 29ff. (1953); CALL, 13 Baylor L. Rev. 1, 12ff. (1961); FERNANDEZ, 39 S. Cal. L. Rev. 378, 380ff. (1966); HARRISON, 68 U. Chi. L. Rev. 375, 419ff. (2001).

149 Zur unorthodoxen Vorgehensweise der gliedstaatlichen Ratifikation Teneessees vgl. KYVIG, Explicit and authentic Acts, S. 170f..

150 GRIMES, Democracy, S. 51.

151 KYVIG, Explicit and authentic Acts, S. 173; GRIMES, Democracy, S. 51.

152 Senate Print 99-87, Amendments to the Constitution, 99th Cong., 1st Sess., S. 32 (1985).

mene Ratifikation des Amend. XIV zu revidieren.[153] Der *Secretary of State*, WILLIAM SEWARD, übergab dennoch am 20. Juli 1868 dem Kongress eine Liste mit allen Gliedstaaten, die positiv über das *Amendment* abgestimmt hatten.[154] Darin waren die Gliedstaaten Ohio und New Jersey enthalten. Auch Louisiana, North Carolina und South Carolina, drei Gliedstaaten, die zunächst die Ratifikation abgelehnt hatten, dann aber doch zustimmten, waren aufgelistet. SEWARD merkte aber auch ausdrücklich an, dass aufgrund der vorhergehenden Ereignisse die Rechtswirksamkeit der Ratifikation durch die betreffenden fünf Gliedstaaten fraglich sei. Am nächsten Tag verabschiedete der Kongress jedoch eine Resolution, die das Amend. XIV als rechtskräftig ausrief.[155] In der Liste des Kongresses waren auch die zweifelhaften fünf Gliedstaaten enthalten.[156]

3.) Amend. XV (1870) – Das Wahlrecht für Schwarze

In der Folge spitzte sich der Streit der Republikaner mit Präsident JOHNSON zu. Der Kongress sah sich daher gezwungen mit Hilfe des *Tenure of Office Act* die Personen in der Exekutive zu schützen, die ihn bei der Umsetzung des *Reconstruction Act* unterstützten, vor allem den Kriegsminister EDWIN M. STANTON und den Oberbefehlshaber der Armee, ULYSSES S. GRANT. Das Gesetz legte fest, dass der Präsident hohe Beamte, Offiziere und Richter nur nach einem positiven Parlamentsbeschluss entlassen durfte. Als JOHNSON Anfang 1868 dennoch - entgegen des Gesetzes - ohne Zustimmung des Parlaments den Kriegsminister STANTON entließ, erhob das Repräsentantenhaus im Februar 1868 nach Art. I, § 2, cl. 5 Amtsanklage gegen JOHNSON, die jedoch im Senat knapp an der gemäß Art. I, § 3, cl. 6 erforderlichen Zweidrittelmehrheit scheiterte. Die gescheiterte Amtsanklage veranlasste JOHNSON jedoch dazu, in den folgenden Präsidentschaftswahlen im November 1868 nicht mehr erneut für das Amt des Präsidenten zu kandidieren. Der republikanische Kandidat GRANT gewann mühelos die Wahlen.

Gestärkt durch die Wahlen von 1868 konnten die Republikaner sowohl im Kongress als auch in den Gliedstaaten die für eine Verfassungsänderung erfor-

---

153 MEYERS, The Process of constitutional Amendment, Sen. Doc. 314, 76th Cong., 3rd Sess., S. 39f. (1941); JAMES, The Ratification of the Fourteenth Amendment, S. 282ff.; GRIMES, Democracy, S. 50.

154 Senate Print 99-87, Amendments to the Constitution, 99th Cong., 1st Sess. (1985), S. 32; 15 Stat. 707, 707ff. (1868).

155 Congressional Globe, 40th Cong., 2nd Sess., S. 4266, 4270, 4295f. (1868); 15 Stat. 708 (1868).

156 JAMES, The Ratification of the Fourteenth Amendment, S. 294ff..

derlichen Mehrheiten stellen und nutzten diese Gelegenheit, um die Ergebnisse des Bürgerkrieges weiter zu festigen. Das Amend. XV sollte die Amend. XIII und Amend. XIV ergänzen und verfassungsrechtlich verdeutlichen, dass nun auch der schwarzen Bevölkerung das aktive Wahlrecht eingeräumt werden musste. GEORGE BOUTWELL aus Pennsylvania brachte Anfang 1869 in das Repräsentantenhaus einen Revisionsvorschlag ein, der das Wahlrecht unabhängig von „race, color, or previous condition of slavery" garantieren sollte.[157] Im Senat brachte Senator WILLIAM STEWART einen ähnlichen Revisionsvorschlag ein, der allerdings nicht nur eine Garantie für das aktive, sondern auch für das passive Wahlrecht beinhaltete.[158]

Das Repräsentantenhaus verabschiedete BOUTWELLS Vorschlag auf Empfehlung des Justizausschusses[159] am 30. Januar 1869;[160] der Senat hielt zehn Tage später an STEWARTS Vorschlag fest.[161] Der einberufene Vermittlungsausschuss[162] einigte sich schließlich darauf, kein allgemeines Wahlrecht in der Verfassung zu verankern, sondern, entgegen des Vorschlags aus dem Senat, das passive Wahlrecht nicht zu garantieren und auch nur Wahlrechtsdiskriminierungen in Bezug auf Rasse, Hautfarbe und früherer Knechtschaft auszuschließen.[163] Am 25. Februar wurde das Ergebnis des Vermittlungsausschusses vor das Repräsentantenhaus gebracht, welches es ohne weitere Aussprache mit der erforderlichen Zweidrittelmehrheit verabschiedete.[164] Der Senat folgte mit 39:13 Stimmen einen Tag später.[165]

JAMES DIXON, ein konservativer Gegner des *Amendment*, hatte zuvor mehrfach versucht, die Ratifikation der Revisionsvorlage durch verschiedene Taktiken zu erschweren, in der Hoffnung, das Inkrafttreten der Verfassungsänderung noch verhindern zu können. Zum einen schlug er vor, die Revisionsvorlage nicht durch Gliedstaatenlegislaturen, sondern durch Gliedstaatenkonvente ratifizieren zu lassen und als der Kongress dies ablehnte, setzte er sich dafür ein, die Ratifi-

---

[157] Congressional Globe, 40th Cong., 3rd Sess., S. 286 (1869); GILLETTE, The Right to vote; S. 50ff..

[158] GILLETTE, The Right to vote; S. 54ff..

[159] Congressional Globe, 40th Cong., 3rd Sess., S. 285f. (1868).

[160] Congressional Globe, 40th Cong., 3rd Sess., S. 745 (1869).

[161] Congressional Globe, 40th Cong., 3rd Sess., S. 1044 (1869).

[162] Senate Print 99-87, Amendments to the Constitution, 99th Cong., 1st Sess., S. 37 (1985).

[163] MATHEWS, Legislative and judicial History of the Fifteenth Amendment, S. 34; GILLETTE, The Right to vote; S. 63, 70ff..

[164] Congressional Globe, 40th Cong., 3rd Sess., S. 1563f. (1869).

[165] Congressional Globe, 40th Cong., 3rd Sess., S. 1641 (1869). Vgl. zu den Schwierigkeiten im Senat GILLETTE, The Right to vote; S. 74f..

kation durch Gliedstaatenlegislaturen zumindest mit zusätzlichen Erfordernissen zu versehen. Seiner Ansicht nach sollten nur neu gewählte Legislaturen zur Ratifikation der Revisionsvorlage bevollmächtigt werden. Auch diese Initiative fand im Kongress jedoch keine Zustimmung.[166] Die Revisionsvorlage wurde den Gliedstaaten zur Ratifikation durch die Gliedstaatenlegislaturen ohne zusätzliche Auflagen übergeben.

Der Ratifikationsprozess schritt schnell voran. Am 03. Februar 1870 ratifizierte die letzte für die Dreiviertelmehrheit erforderliche Gliedstaatenlegislatur die Revisionsvorlage, so dass das *Amendment* in Kraft treten konnte. Wie beim Amend. XIV verlief aber auch beim Amend. XV die Ratifikationsphase nicht ohne Komplikationen. Den vier Gliedstaaten, die 1869 immer noch unter der Rekonstruktionsverwaltung standen, Mississippi, Texas, Virginia und Georgia, hatte man die Ratifikation für die Rückkehr in die Union zur Bedingung gemacht.[167] Zudem fühlten sich nicht alle Gliedstaaten an ihre Ratifikationsentscheidungen gebunden. Ohio verweigerte im April 1869 die Ratifikation, änderte nach der Wahl zum Gliedstaatenparlament im Januar 1870 jedoch seine Meinung.[168] Auch andere Gliedstaaten ratifizierten erst nach vorheriger Ablehnung.[169] New York hingegen ratifizierte das *Amendment* im April 1869, versuchte aber, seine Ratifikation im Januar 1870 zurückzunehmen.[170] Da jedoch bereits mehr als die erforderlichen drei Viertel der Gliedstaatenlegislaturen die Revisionsvorlage ratifiziert hatten, war dieses Verhalten für das Inkrafttreten des *Amendment* nicht mehr ausschlaggebend. Das Inkrafttreten wurde am 30. März 1870 vom *Secretary of State*, HAMILTON FISH, verkündet.[171]

E. Die Änderungsflut der progressiven Ära

Zwischen 1870 und 1913 führte keine Revisionsvorlage im Kongress zu einer Verfassungsänderung. Nur über einige wenige wurde überhaupt abgestimmt.

---

166 AMES, The proposed Amendments to the Constitution, S. 385f., 389; KYVIG, Explicit and authentic Acts, S. 180f.. Vgl. insgesamt zu den Diskussionen im Kongress MALTZ, Civil Rights, the Constitution, and Congress, S. 145ff..

167 Senate Print 99-87, Amendments to the Constitution, 99th Cong., 1st Sess., S. 38 (1985); GILLETTE, The Right to vote, S. 92ff..

168 MATHEWS, Legislative and judicial History of the Fifteenth Amendment, S. 65f..

169 Vgl. für eine Übersicht GILLETTE, The Right to vote; S. 84f..

170 Senate Print 99-87, Amendments to the Constitution, 99th Cong., 1st Sess., S. 37 (1985). Auch Oregon nahm seine Ratifikation zurück.

171 Senate Print 99-87, Amendments to the Constitution, 99th Cong., 1st Sess., S. 38 (1985).

1875 favorisierte Präsident GRANT eine Revisionsvorlage, die es den öffentlichen Schulen verboten hätte, Schulsteuern für religionsverwandte Ausbildungen zu verwenden. Zwar verabschiedete das Repräsentantenhaus den Revisionsentwurf, im Senat scheiterte er aber mit 28:16 Stimmen knapp an der erforderlichen Zweidrittelmehrheit.[172] Neben dieser Revisionsvorlage waren in der Zeit vor 1913 drei weitere Revisionsversuche von Bedeutung: der Versuch, in die Präambel einen Verweis auf das Christentum einzuführen, die Anstrengungen zur verfassungsrechtlichen Verankerung eines Polygamieverbots und schließlich die Bemühungen um die Verlegung des Beginns der Amtszeit des Präsidenten und der Legislaturperiode des Kongresses auf Ende April.[173] Letztere Revisionsvorlage fand mehrmals die einstimmige Annahme des Senats, scheiterte aber jeweils im Abgeordnetenhaus.[174]

Dieses Scheitern zahlreicher Revisionsvorlagen in den Jahren nach den *Civil War Amendments* verleitete die amerikanische Politik-, Geschichts- und Rechtswissenschaft dazu, den in Art. V verankerten Prozess zur Verfassungsänderung als unüberbrückbare Hürde zu kritisieren. HERMAN AMES konstatierte: „[...] the real reason for the failure of those other amendments which have been called for repeatedly by the general public has been due to the insurmountable constitutional obstacles in their way."[175] Professor WOODROW WILSON, später Präsident der Vereinigten Staaten, erklärte: „[...] no impulse short of the impulse of self-preservation; no force less than the force of revolution, can nowadays be expected to move the cumbrous machinery of Article V."[176] Auch ein Richter des *Supreme Court* von Pennsylvania hat das Revisionsverfahren als zu schwerfällig und nicht mehr vereinbar mit der heutigen Komplexität und Größe der Vereinigten Staaten dargestellt.[177]

Demzufolge favorisierten viele eine Änderung des Art. V selbst, bevor über weitere Revisionen nachgedacht werden sollte.[178] Bekannt ist vor allem der Vorstoß des Senators ROBERT LA FOLLETTE, der sowohl für die Initiierung als auch

---

[172] KYVIG, Explicit and authentic Acts, S. 189.

[173] KYVIG, Explicit and authentic Acts, S. 190f..

[174] AMES, The proposed Amendments to the Constitution, S. 36ff., 416, 418.

[175] AMES, The proposed Amendments to the Constitution, S. 302f..

[176] Zitiert in: AMES, The proposed Amendments to the Constitution, S. 302. Ähnlich auch der britische Politikwissenschaftler BRYCE, The American Commonwealth, Band 1, S. 370ff..

[177] POTTER, 57 U. Pa. L. Rev. 589, 604ff. (1909).

[178] Vgl. zu den Revisionsvorschlägen LONG, 24 Yale L. Rev. 573, 573ff. (1914-1915); ORFIELD, 10 N.C. L. Rev. 16, 17ff. (1931-1932); MARTIN, 40 A.B.A. J. 767, 767ff., 802ff. (1954).

für die Ratifikation von Revisionsvorlagen einfache Mehrheiten für ausreichend hielt.[179]

Politische Notwendigkeiten belebten jedoch in der Folge den Prozess des Art. V wieder neu, so dass die Bestrebungen zur Änderung des Revisionsverfahrens schließlich im Sand verliefen. Zwischen 1913 und 1920 traten vier Verfassungsänderungen in Kraft, die jeweils lang angestrebte Reformen der progressiven Bewegung etablierten.[180] Mit den Amend. XVI bis XIX wurden sowohl wirtschaftliche (Amend. XVI), politische (Amend. XVII und Amend. XIX) als auch soziale Reformen (Amend. XVIII und Amend. XIX) verfassungsrechtlich verankert.

I. Amend. XVI (1913) – Die bundesweite Einkommenssteuer

Die erste von der Reformbewegung erreichte Verfassungsänderung erging als eine Reaktion auf ein *Supreme Court* Urteil und betraf den wirtschaftlichen Bereich.[181] Das oberstgerichtliche Urteil Pollock v. Farmers' Loan & Trust Co.,[182] stand der Einführung einer bundesweit einheitlichen Einkommenssteuer entgegen. Im Jahr 1913 verschaffte jedoch das Amend. XVI unter Außerkraftsetzung dieser *Supreme Court* Entscheidung dem Kongress die ausdrückliche Kompetenz zur Erhebung einer solchen Steuer. Dies verkörperte innerhalb der progressiven Bewegung den entschiedensten Zuwachs der Zentralgewalt und leitete einen Richtungswechsel in der anti-zentralistischen Politik ein, die seit dem Sezessionskrieg vorgeherrscht hatte.[183]

---

[179] KYVIG, Explicit and authentic Acts, S. 249. Der Vorschlag wurde 1919 auch noch einmal von Senator ROBERT OWEN aus Ohio in den Kongress eingebracht. Ihm wurde jedoch kaum Beachtung geschenkt.

[180] GRIMES, Democracy, S. 96. Die Epoche des *Progressive Movement* ging von Reformimpulsen des späten 19. Jahrhunderts aus und erreichte ihren Höhepunkt mit dem Kriegseintritt der USA in den ersten Weltkrieg im Jahre 1917. Als wirtschaftliche, politische und soziale Reformbewegung brachte sie vielschichtige Einzelanstrengungen hervor, die die Fehlentwicklungen der industriellen Gesellschaft beseitigen sollten. Im Fokus Standen Monopolisierungstendenzen, unsaubere Geschäftspraktiken, städtische Wohnungsprobleme und die Herrschaft des Finanzkapitals sowie der Schwerindustrie, die als Behinderung für eine echte Demokratie wahrgenommen wurden.

[181] Vgl. ausführlicher zur Entstehungsgeschichte des Amend. XVI Teil III: A. I. 1.) c.), S. 229ff..

[182] Pollock v. Farmers' Loan & Trust Co., 157 U.S. 429 (1895) und 158 U.S. 601 (1895).

[183] LOEWENSTEIN, Verfassungsrecht und Verfassungspraxis, S. 27.

II. Amend. XVII (1913) – Die Direktwahl der Senatoren

Mit der Verabschiedung des Amend. XVI durch den Kongress war der Revisionsprozess wieder aktiviert und in kurzer Folge führten drei weitere Revisionsversuche zum Erfolg.

Das Amend. XVII etablierte noch im selben Jahr die Direktwahl der Senatoren und stärkte so den Wählereinfluss im politischen Prozess. Jeder Gliedstaat entsendet in die zweite Kammer des Kongresses, den Senat, gemäß Art. I, § 3, cl. 1 je zwei Senatoren, deren Amtszeit sechs Jahre beträgt. Alle zwei Jahre wird ein Drittel der Senatoren neu bestimmt. Nach der vom Verfassungsgeber ursprünglich in Kraft gesetzten Regelung oblag die Wahl der Senatoren zum Bundeskongress gemäß Art. I, § 3, cl. 1 den gesetzgebenden Körperschaften der Gliedstaaten. Um die daraufhin einsetzende sehr unterschiedliche Praxis der Senatorenwahl in den Gliedstaaten zumindest zu vereinheitlichen, verabschiedete der Kongress unter seiner ihm in Art. I, § 4, cl. 1 verliehenen Kompetenz zur Regelung des Wahlrechts 1866 ein Gesetz zur gliedstaatlichen Wahl der Senatoren.[184] Nach dem Gesetz konnten beide gliedstaatlichen Parlamentskammern zunächst unabhängig voneinander ihre Wahl für den zu entsendenden Senator treffen. Setzte sich dabei kein Kandidat durch, sollten die folgenden Wahlgänge dann in gemeinsamen Sitzungen stattfinden. Pattsituationen in den gliedstaatlichen Parlamenten führten jedoch häufig dazu, dass einige Senatoren verspätet oder gar nicht in den Kongress entsandt wurden. Teilweise waren Gliedstaaten sogar über mehrere Jahre hinweg aus diesen Gründen gar nicht im Senat vertreten.[185]

Da unterschiedlichste Praktiken der Wahlmanipulation[186] auch nach der Inkraftsetzung des Bundeserlasses von 1866 andauerten, und das Gesetz auch nicht die Schwierigkeiten der fehlenden gliedstaatlichen Repräsentation im Senat lösen konnte, sondern diese aufgrund des Erfordernisses bestimmter Mehrheiten eher noch erhöhte, wurde bald die Volkswahl der Senatoren gefordert. Vereinzelte Vorschläge hatte es bereits in den Jahren 1826, 1835, 1851, 1852, 1860 und 1868 gegeben.[187] Von da an stieg die Zahl der diesbezüglich eingebrachten Revisionsvorlagen, bis in der Legislaturperiode des 52. Kongresses,

---

[184] Act of July 25, 1866, 14 Stat. 243 (1866).

[185] HAYNES, The Senate of the United States, Band 1, S. 86ff..

[186] Vgl. zu den Methoden der Wahlmanipulation BYBEE, 91 Nw. U. L. Rev. 500, 538ff. (1997); HAYNES, The Senate of the United States, Band 1, S. 91; GRIMES, Democracy, S. 79; VILE, Encyclopedia, S. 404f.; COOKE, A detailed Analysis of the Constitution, S. 127.

[187] AMES, The proposed Amendments to the Constitution, S. 60f., 340, 346, 354, 356, 383.

1892-1893, allein 20 solcher Änderungsvorschläge in den Kongress eingebracht wurden.[188]

Das Repräsentantenhaus verabschiedete mehrfach Direktwahlvorschläge, die allerdings alle im Senat scheiterten.[189] Diesbezügliche Revisionsvorlagen wurden im Senat an das *Committee on Privileges and Elections* weitergeleitet, gelangten aber mit einer Ausnahme im Jahr 1896 nie zurück in das Plenum. Auch 1896 wurde jedoch im Plenum nicht über die Revisionsvorlage abgestimmt.[190]

Viele, vor allem westliche, Gliedstaaten umgingen daher die Bundesverfassung, indem sie vor der Senatorenwahl eine Volksbefragung durchführten und ihre Staatenlegislaturen verpflichteten, bei der Ernennung der Senatoren dem Ergebnis der Umfrage zu folgen.[191] Oregon war der erste Gliedstaat, der ein solches System einführte, so dass diese Methode auch nach ihm benannt wurde.[192] Senatoren, die nach dem „Oregon Model“ in den Kongress gelangten standen der Verfassungsänderung offener gegenüber. Senator BORAH aus Idaho bemerkte: „I should not have been here if it had not been practiced, and I have great affection for the bridge which carried me over.“[193] 1908 hatten bereits 15 Gliedstaaten das „Oregon Model” übernommen und 13 weitere Gliedstaaten ihm ähnliche Prozesse etabliert.[194] Damit waren die Prinzipien des Amend. XVII bereits vor seiner Verabschiedung Verfassungsrealität.[195] Zudem forderten zahlreiche Gliedstaaten die Einberufung eines nationalen Verfassungskonvents, der die Verfassungsänderung zur Direktwahl der Senatoren ausarbeiten sollte. In der Zeit von 1895 bis 1910 stellten 31 der damals 46 Gliedstaaten einen förmlichen

---

[188] HAYNES, The Senate of the United States, Band 1, S. 96 Fn. 2.

[189] Am 16. Januar 1893, am 21 Juli 1894, am 11. Mai 1898, am 13. April 1900 und am 13. Februar 1902 konnten diesbezügliche Revisionsvorschläge im Repräsentantenhaus die erforderliche Zweidrittelmehrheit erreichen. Siehe HAYNES, The Senate of the United States, Band 1, S. 97 Fn. 1.

[190] KYVIG, Explicit and authentic Acts, S. 209; HAYNES, The Senate of the United States, Band 1, S. 97.

[191] COOKE, A detailed Analysis of the Constitution, S. 128.

[192] KOBACH, 103 Yale L.J. 1971, 1978f. (1994); BERNSTEIN/AGEL, Amending America, S. 125f..

[193] Congressional Record, 61st Cong., 3rd Sess., Band 46, S. 2647 (1911).

[194] KOBACH, 103 Yale L.J. 1971, 1978f. (1994).

[195] ROTUNDA, 13 Const. Comment. 201, 206 (1996); STRAUSS, 114 Harv. L. Rev. 1457, 1496, 1498 (2001). Senator CUMMINS merkte an: "I am simply recalling [...] the fact that the people of this country, in despair of amending the Constitution, have accomplished this reform for themselves." Congressional Record, 62nd Cong., 1st Sess., Band 47, S. 1743 (1911). Vgl. dazu RIKER, 49 Am. Pol. Sci. Rev. 452, 467f. (1955).

Einberufungsantrag,[196] d.h. nur noch ein zusätzlicher Antrag fehlte, um dem Kongress gemäß Art. V den verbindlichen Auftrag zur Einberufung zu erteilen.

In dieser Situation sah sich der Senat 1911 schließlich gezwungen, einzulenken. Als das Abgeordnetenhaus im April 1911 erneut eine Revisionsvorlage mit der erforderlichen Zweidrittelmehrheit, nämlich 296:16 Stimmen verabschiedete,[197] gab der Senat seine Widerstandshaltung auf. Einige kleine Änderungen an der Revisionsvorlage des Repräsentantenhauses sowie Senator BRISTOWS Verfahrenstaktik, die Revisionsvorlage nicht wie zuvor im *Committee on Privileges and Elections*, sondern im Justizausschuss zu beraten, führten zusammen mit dem Druck, den die gliedstaatlichen Anträge zur Einberufung eines Verfassungskonvents ausübten, schließlich dazu, dass der Senat am 12. Juni 1911 mit 64:24 Stimmen die Vorlage des Senators BORAH mit den von BRISTOW vorgeschlagenen Änderungen[198] verabschiedete.[199] Die Abweichungen vom Vorschlag des Abgeordnetenhauses sollten in einem Vermittlungsausschuss geklärt werden.[200] Um das Projekt der Senatorendirektwahl nicht zu gefährden, entschied das Repräsentantenhaus jedoch am 13. Mai 1912 mit 238:39 Stimmen, den Revisionsvorschlag des Senats ohne Korrekturen zu übernehmen.[201] Am 16. Mai 1912 wurde die Revisionsvorlage den Gliedstaatenlegislaturen zur Ratifikation übermittelt und bereits elf Monate später, am 08. April 1913, hatte der 36. Gliedstaat, der letzte für die Dreiviertelmehrheit der damals 48 Gliedstaaten in der Union erforderliche Gliedstaat, das *Amendment* ratifiziert.

---

196 SPRAGUE, 3 Me. L. Rev. 115, 123 (1910).

197 Congressional Record, 62nd Cong., 1st Sess., Band 47, S. 242f. (1911).

198 Senate Print 99-87, Amendments to the Constitution, 99th Cong., 1st Sess., S. 46 (1985).

199 Congressional Record, 62nd Cong., 1st Sess., Band 47, S. 1924f. (1911).

200 Umstritten war die Frage, ob dem Bund das Regelungs- und Aufsichtsrecht über die in den Gliedstaaten durchzuführende Wahl der Senatoren entzogen werden sollte, was insofern kritisch gesehen wurde, als dass im Süden trotz der Einführung des Amend. XV immer noch rassistische Wahlpraktiken üblich waren. Die betreffende Vorschrift der Revisionsvorlage wurde unter dem Titel „race rider" bekannt. Vgl. EASTERLING, 41 Kan. Hist. Q. 488, 505ff. (1975).

201 Congressional Record, 62nd Cong., 2nd Sess., Band 48, S. 6367 (1912). Vgl. zu den Diskussionen Congressional Record, 62nd Cong., 2nd Sess., Band 48, S. 5169ff., 5433, 6346ff. (1912).

III. Amend. XVIII (1919) – Die Prohibition[202]

Die darauf folgenden zwei Verfassungsänderungen brachten eine neue Besonderheit mit sich. Bisher waren alle Revisionen von den in Art. V vorgesehenen Institutionen initiiert worden. Auch die Amend. XVIII und XIX mussten natürlich den in Art. V vorgegebenen Weg gehen. Bei ihnen gewannen aber erstmals nicht-gouvernementale Organisationen und Interessenverbände erhöhte Aufmerksamkeit im Revisionsprozess. Die Initiierung der Amend. XVIII und XIX im Kongress beruhte nicht zuletzt auch auf diesem außerparlamentarischen Anstoß.[203]

Das Amend. XVIII war das Ergebnis lang anhaltender Versuche, Alkohol aus dem täglichen Leben zu verbannen.[204] Die Anti-Alkohol-Bewegung wurde zwar vom Bürgerkrieg unterbrochen setzte sich danach aber fort.[205] Ab 1912 lebte fast die Hälfte der Amerikaner unter gliedstaatlicher, Alkohol restriktierender Gesetzgebung. Allerdings konnte Alkohol für den Privatgebrauch immer noch selbst hergestellt oder aus anderen prohibitionsfreien Gliedstaaten importiert werden.

Anfang des 20. Jahrhunderts hatten sich Alkoholgegner in verschiedenen Organisationen zusammengefunden. Nach den Erfolgen des Amend. XVI und XVII entschieden sie, für das Alkoholverbot auch den Weg einer Verfassungsänderung einzuschlagen.[206] Die *Anti-Saloon League of America*, 1893 in Ohio gegründet, marschierte am 13. Dezember 1913 zusammen mit Repräsentanten anderer Anti-Alkohol-Organisationen zum Kapitol und präsentierte dort einen Revisionsvorschlag, der den „sale, manufacture for sale, and importation for sale of beverages containing alcohol" verbot. Abgeordneter RICHMOND HOBSON aus Alabama und Senator MORRIS SHEPPARD aus Texas sollten den Revisionsvor-

---

[202] Unter Prohibition wird in den Vereinigten Staaten die Restriktion der Herstellung und des Konsums von Alkohol verstanden.

[203] Auch zuvor hat es natürlich außerparlamentarische Interessengruppen und Organisationen gegeben, die sich für bestimmte Verfassungsänderungen eingesetzt haben. So z.B. die *American Anti-Slavery Society* für die Abschaffung der Sklaverei. Eine vergleichbare Beachtung wurde den Organisationen jedoch nicht gezollt. Vgl. DUMOND, Antislavery Origins of the Civil War in the United States, S. 83.

[204] Zur diesbezüglichen Gesetzgebung gehörten insbesondere der *Wilson Act*, der importierten Alkohol gliedstaatlicher Regulierung unterwarf, sowie der *Webb-Kenyon Act*, der 1913 den zwischenstaatlichen Handel mit Alkohol limitierte. Vgl. VILE, Encyclopedia, S. 155.

[205] GRIMES, Demcracy, S. 84f..

[206] Erstmals wurde eine solche Revisionsvorlage bereits 1876 durch den Abgeordneten HENRY BLAIR aus New Hampshire in den Kongress eingebracht. Danach wurden bis 1913 immer wieder vereinzelte Revisionsvorstöße unternommen, die jedoch nicht zum Erfolg führten. Vgl. VILE, Encyclopedia, S. 154.

schlag in ihren respektiven Parlamentskammern einbringen.[207] Ein Jahr danach, wurde die Revisionsvorlage im Abgeordnetenhaus debattiert,[208] konnte aber nur 197 Stimmen auf sich vereinen. 190 Abgeordnete stimmten dagegen.[209]

In den darauf folgenden Kongresswahlen von 1916 konnten die Prohibitionisten dann jedoch in beiden Parlamentskammern mehr als eine Zweidrittelmehrheit sichern. Als der 65. Kongress wegen des ersten Weltkrieges im April 1917 zu einer Sondersitzung zusammentrat, wurde daher erneut mit dem sog. *Anti-Saloon League-Amendment* ein noch weitergehendes Alkoholverbot in den Kongress eingebracht. Diesmal sollte nicht nur der Handel und die Produktion, sondern auch der Transport, Import und Export von Alkohol zu Konsumzwecken verboten werden.

Als die Revisionsvorlage im Senat debattiert wurde, sahen sich die Gegner der Prohibition angesichts der Mehrheitsverhältnisse im Kongress nicht mehr in der Lage, die Verabschiedung des Revisionsentwurfs zu verhindern. Sie versteiften sich daher auf Taktiken, die zumindest die Ratifikation der Vorlage durch die Gliedstaaten erschweren sollten. In der Hoffnung so letztendlich das Inkrafttreten des *Amendment* verhindern zu können, schlug Senator HARDING aus Ohio vor, der Revisionsvorlage eine Ratifikationsfrist in Höhe von fünf Jahren hinzuzufügen.[210] Der Vorschlag wurde vom Senat am 01. August 1917 angenommen und die Revisionsvorlage mit der erforderlichen Zweidrittelmehrheit verabschiedet.[211]

Das Repräsentantenhaus befasste sich erst zwei Wochen nach seinem erneuten Zusammentreten im Dezember 1917 mit der Vorlage. Es verlangte, dem Änderungsvorschlag hinzuzufügen, dass sowohl der Bund als auch die Gliedstaaten mit der Kompetenz zur Durchsetzung des *Amendment* ausgestattet sein sollten und zudem, dass, mit Rücksicht auf bereits produziertem Alkohol, die Revision erst ein Jahr nach ihrem Inkrafttreten wirksam und die Ratifikationsfrist um ein weiteres Jahr verlängert werden sollte.[212] Mit 282:128 Stimmen wurde die so

---

[207] KERR, Organized for Prohibition, S. 143.

[208] Congressional Record, 63rd Cong., 3rd Sess., Band 52, S. 509ff., 519ff., 539ff. (1914). Vgl. dazu ODEGARD, Pressure Politics, S. 153ff..

[209] Congressional Record, 63rd Cong., 3rd Sess., Band 52, S. 616 (1914).

[210] Congressional Record 65th Cong., 1st Sess., Band 55, S. 5648ff. (1917); GRIMES, Democracy, S. 87; BERNSTEIN/AGEL, Amending America, S. 174; MERZ, The dry Decade, S. 31.

[211] Congressional Record, 65th Cong., 1st Sess., Band 55, S. 5666 (1917).

[212] ODEGARD, Pressure Politics, S. 173f..

modifizierte Revisionsvorlage am 17. Dezember 1917 verabschiedet.[213] Der Senat stimmte einen Tag später mit 47:8 Stimmen zu.[214]

Im Ergebnis hat das Zusammengehen verschiedener Organisationen dem Amend. XVIII als sozialer Reform zum Erfolg verholfen.[215] Aus unterschiedlichen Gründen, wie z.B. religiösen, medizinischen oder auch kommerziellen Gesichtspunkten, hatten insbesondere die *Anti-Saloon League* und die *Women's Christian Temperance Union* auf die Verabschiedung der Revisionsvorlage im Jahr 1919 hingearbeitet.[216]

Die für die Dreiviertelmehrheit erforderlichen 36 Gliedstaaten ratifizierten das *Amendment* innerhalb von 13 Monaten.[217] Bis zum März 1922 hatten alle Gliedstaaten der Union, mit Ausnahme von Illinois und Indiana das *Amendment* vor dem Ablauf der Ratifikationsfrist unterzeichnet.[218] Die Umsetzung erfolgte auf dem Fuß. 1919 erließ der Kongress bereits den *Volstead Act*, der als alkoholische Getränke alle Getränke mit einem Anteil von 0,5% Alkohol definierte und sie damit dem Prohibitionsverbot unterwarf. Wider Erwarten waren danach auch Bier und Wein der Prohibition zum Opfer gefallen.

IV. Amend. XIX (1920) - Das Frauenwahlrecht

Nur ein Jahr später folgte das Amend XIX, welches das Wahlrecht für Frauen in der Verfassung verankerte. Ihr Bürgerstatus wurde damit politisch wie auch sozial aufgewertet. Die *Supreme Court* Entscheidung in Minor v. Happersett, 1875, in der der Gerichtshof erklärte, das weder das Amend. XIV noch das Amend. XV den Frauen ein Wahlrecht zugesteht,[219] machte deutlich, dass es für die Etablierung eines solchen einer Verfassungsänderung bedurfte.

Seit 1880 waren Revisionsvorlagen zum Frauenwahlrecht regelmäßig in den Kongress eingebracht worden.[220] Im Januar 1887 verweigerte der Senat einer

---

[213] Congressional Record, 65th Cong., 2nd Sess., Band 56, S. 469f. (1917).

[214] Congressional Record, 65th Cong., 2nd Sess., Band 56, S. 478 (1917).

[215] Senate Print 99-87, Amendments to the Constitution, 99th Cong., 1st Sess., S. 49 (1985).

[216] Zu weiteren Gründen gehörte die anti-deutsche Haltung aufgrund des ersten Weltkriegs, da Bier und Schnaps insbesondere mit der deutschen Kultur in Verbindung gebracht wurde.

[217] ODEGARD, Pressure Politics, S. 174ff..

[218] Vgl. die Übersicht bei MERZ, The dry Decade, S. 315f..

[219] Minor v. Happersett, 88 U.S. (21 Wall.) 162 (1875).

[220] Erstmals bereits 1866 durch den Abgeordneten JAMES BROOKS aus New York, der eine Ergänzung des Amend. XIV vorschlug und 1869 eine Ergänzung zum Amend. XV. Vgl. VILE, Encyclopedia, S. 324f.

solchen Verfassungsänderung, dem sog. *Susan B. Anthony Amendment* die Zustimmung. In den darauf folgenden 30 Jahren hat keine der beiden Parlamentskammern mehr über ein Frauenwahlrecht-*Amendment* abgestimmt.[221] Erst nachdem sich ein intensiver außerparlamentarischer Lobbyismus in den Revisionsprozess einschaltete, verabschiedete der Kongress die Revisionsvorlage zum Frauenwahlrecht.[222]

Bereits 1848 hatte ELIZABETH CADY STANTON auf der *Seneca Falls Convention* eine „Seneca Falls Declaration of Rights and Sentiments" ausgerufen und sich für die Einführung des Frauenwahlrechts engagiert. 1890 forcierte sie dann das Bündnis der von ihr zusammen mit SUSAN B. ANTHONY angeführten *National Woman Suffrage Association* mit der *American Woman Suffrage Association* zur *National American Woman Suffrage Association (NAWSA)*, um der Bewegung zur Einführung des Frauenwahlrechts stärkeres Gehör zu verschaffen. Die beiden Vereinigungen waren sich einig, dass das Wahlrecht auf Frauen ausgedehnt werden sollte, hielten aber unterschiedliche Vorgehensweisen für geeignet. Während die Organisation STANTONS für eine nationale Regelung des Frauenwahlrechts eintrat, hielt die *American Woman Suffrage Association* ein Vorgehen auf Gliedstaatenebene für vorzugswürdig.[223] 1912 übernahm ALICE PAUL, die während eines Studienaufenthaltes in London in die britischen Bemühungen um das Frauenwahlrecht involviert war, das *Congressional Committee* der *NAWSA*. Ein Jahr später spaltete sich ALICE PAULS *Congressional Union* dann jedoch von der *NAWSA* ab und verfolgte aggressivere Wege zur Einführung eines Frauenwahlrechts. Auf Druck der *Congressional Union* debattierte der Senat das 35 Jahre zuvor eingebrachte *Anthony Amendment*, lehnte es aber mit 35:34 Stimmen im März 1914 ab.[224] Auch das Abgeordnetenhaus verweigerte mit 174:207 Stimmen dem *Amendment* seine Zustimmung.[225] 1915 setzte sich daher auch die *NAWSA*, die zwischenzeitlich andere Wege zur Einführung des

---

[221] KYVIG, Explicit and authentic Acts, S. 228.

[222] Natürlich bildeten auch die Gegner des Frauenwahlrechts Bündnisse. Die größte Frauenorganisation gegen die Einführung des Frauenwahlrechts war die *Massachusetts Association opposed to the further Extension of Suffrage to Women*, die 1895 gegründet wurde. Zudem fürchtete die Alkoholindustrie die Einführung des Frauenwahlrechts, da sich zahlreiche Frauen in verschiedenen Organisationen für das Verbot von Alkoholkonsum einsetzten.

[223] Vgl. für die Vorgeschichte BERNSTEIN/AGEL, Amending America, S. 130ff.; BROWN, 102 Yale L.J. 2175, 2177ff. (1993); FLEXNER, Century of Struggle, S. 71ff., 182ff..

[224] Congressional Record, 63rd Cong., 2nd Sess., Band 51, S. 5108 (1914).

[225] Congressional Record 63rd Cong., 3rd Sess., Band 52, S. 1483f. (1914).

Frauenwahlrechts beschritten hatte, jetzt unter der Führung von CARRIE CHAPMAN CATT, wieder für die Verabschiedung des *Anthony Amendment* ein.[226]

Während die von ALICE PAUL angeführte *National Woman's Party* mit Mahnwachen vor dem weißen Haus für ein Frauenwahlrecht kämpfte, versuchten CARRIE CHAPMAN CATT und die *NAWSA* Präsident WILSON von der Bedeutung des Frauenwahlrechts zu überzeugen[227] - mit Erfolg. Im Mai 1917 ermutigte WILSON das Repräsentantenhaus, einen Ausschuss für Fragen zum Frauenwahlrecht einzurichten. Bevor das Repräsentantenhaus am 10. Januar 1918 erneut über das *Anthony Amendment* abstimmte, hielt WILSON zudem eine Rede, in dem er die Verabschiedung der Revisionsvorlage befürwortete.[228] Mit 274 gegen 136 Stimmen stimmte das Repräsentantenhaus schließlich der Revisionsvorlage zu.[229]

Im Senat herrschte zu diesem Zeitpunkt allerdings immer noch eine ablehnende Haltung vor. Als am 30. September 1918, einen Tag vor der Abstimmung über die Revisionsvorlage, die Zweidrittelmehrheit im Senat weiterhin gefährdet war, unternahm Präsident WILSON einen weiteren ungewöhnlichen Schritt: Mit nur 30 minütiger vorheriger Ankündigung erschien er am 01. Oktober 1918 mit seinem Kabinett im Senat und bat auch dort um die Verabschiedung des *Anthony Amendment*.[230] WILSON verfehlte jedoch sein Ziel. Der Senat sprach sich mit 53:31 Stimmen gegen die Revision aus.[231] Erst ein knappes Jahr später, nachdem das Repräsentantenhaus am 21. Mai 1919 erneut eine Revisionsvorlage zum Frauenwahlrecht, diesmal mit 304:90 Stimmen verabschiedet hatte,[232] nahm auch der Senat die Revisionsvorlage schließlich am 04. Juni 1919 mit 56:25 Stimmen an.[233]

---

226 Zwischenzeitlich hatte sie mit Hilfe des Senators JOHN SHAFROTH aus Colorado eine Revisionsvorlage forciert, die die Frauenwahlrechtsfrage auf gliedstaatlicher Ebene gelöst hätte. Nach dem *Shafroth-Palmer Amendment* von 1914 hätten die Gliedstaaten über die Frage des Frauenwahlrechts ein Referendum abhalten sollen, wenn dies von 8% der Wähler verlangt würde. Vgl. VILE, Encyclopedia, S. 407.

227 GRIMES, Democracy, S. 92; BERNSTEIN/AGEL, Amending America, S. 133.

228 FLEXNER, Century of Struggle, S. 297, 301. Auch zuvor hatte er bereits um die Verabschiedung der Revisionsvorlage gebeten, siehe Link (Hrsg.), The Papers of Woodrow Wilson, Band 45, S. 545.

229 Congressional Record, 65th Cong., 2nd Sess., Band 56, S. 810 (1918).

230 FLEXNER, Century of Struggle, S. 320ff..

231 Congressional Record, 65th Cong., 2nd Sess., Band 56, S. 10987 (1918).

232 Congressional Record, 66th Cong., 1st Sess., Band 58, S. 93f. (1919).

233 Congressional Record, 66th Cong., 1st Sess., Band 58, S. 635 (1919).

Ein Jahr später war Tennessee am 18. August 1920 der letzte der erforderlichen 36 Gliedstaaten, der die Revisionsvorlage ratifizierte.[234] *Secretary of State*, BAINBRIDGE COLBY, erklärte am 26. August 1920, alle erforderlichen Ratifikationsurkunden erhalten zu haben.[235] Damit konnten an den Bundeswahlen im November desselben Jahres erstmals auch Frauen teilnehmen.

Während im 19. Jahrhundert die Meinung vorherrschte, der Revisionsprozess würde zu große prozessrechtliche Barrieren aufstellen und Vorschläge für seine Vereinfachung in den Kongress eingebracht wurden, begann sich die Haltung zu Art. V nach der Verabschiedung der vier Verfassungsänderungen der progressiven Ära wieder zu drehen. Es wurden Stimmen laut, die in Art. V nicht einen zu schwierigen, sondern einen zu leichten Revisionsprozess etabliert sahen. Im April 1921 brachten der Senator aus New York, JAMES W. WADSWORTH und der Abgeordnete aus Tennessee, FINIS J. GARRETT daher einen Revisionsvorschlag zu Art. V in den Kongress ein. Das *Wadsworth-Garrett Amendment* zielte darauf ab, den Ratifikationsprozess zu erschweren. Zum einen sollte zumindest eine Kammer des gliedstaatlichen Parlaments neu gewählt werden müssen, bevor dieses über eine nationale Revisionsvorlage abstimmen kann. Zweitens erlaubte der Revisionsvorschlag die Abhaltung gliedstaatlicher verbindlicher Referenden zur Ratifikation und sah ausdrücklich vor, dass Gliedstaaten die Ratifikation einer Revisionsvorlage solange zurückziehen können, solange noch nicht drei Viertel der Gliedstaaten die betreffende Revisionsvorlage ratifiziert haben.[236] Der Vorschlag wurde im Justizausschuss des Senats 1923 beraten und abgeändert.[237] Der Senat konnte sich jedoch nicht auf eine Version einigen und schickte die Revisionsvorlage mit 41:28 Stimmen zu weiteren Beratung an den Justizausschuss zurück.[238] Auch der Justizausschuss des Abgeordnetenhauses führte Anhörungen durch, stimmte aber nie über die Revisionsvorlage ab.[239]

---

[234] Senate Print 99-87, Amendments to the Constitution, 99th Cong., 1st Sess., S. 57 (1985).

[235] Senate Print 99-87, Amendments to the Constitution, 99th Cong., 1st Sess., S. 57 (1985).

[236] BROWN, 9 Va. L. Rev. 14, 14ff. (1922); MILLER, 10 Minn. L. Rev. 185, 185ff. (1926); KYVIG, Explicit and authentic Acts, S. 251ff..

[237] U.S. Senate, Committee on the Judiciary, Proposal and Ratification of Constitutional Amendments, Hearings, 67th Cong., 4th Sess. (1923). Siehe ORFIELD, 10 N.C. L. Rev. 16, 37f. (1931-1932).

[238] Congressional Record, 68th Cong., 1st Sess., Band 65, S. 4929ff., 4995ff. (1923).

[239] U.S. House of Representatives, Committee on the Judiciary, Proposal and Ratification of Amendments to the Constitution of the United States, Hearings, 68th Cong., 1st Sess. (1924).

V. Das *Child Labor Amendment* (1924)

Die Bedenken gegen einen zu einfachen Revisionsprozess schürte auch eine weitere Revisionsvorlage, die 1924 vom Kongress verabschiedet wurde, das sog. *Child Labor Amendment.*[240] Die Verfassungsänderung sollte den Bund mit der Kompetenz zur Regulierung von Kinderarbeit ausstatten und wurde vom Kongress als eine Reaktion auf zwei Entscheidungen des *Supreme Court*, Hammer v. Dagenhart[241] und Child Labor Tax Case,[242] in denen das Gericht dem Bund diese Kompetenz ausdrücklich abgesprochen hatte, erlassen.[243] Bis heute hat jedoch nicht die erforderliche Anzahl von Gliedstaaten die Revisionsvorlage des Kongresses ratifiziert, so dass das *Amendment* nicht in Kraft treten konnte.

F. Das Jahr 1933: Amend. XX und Amend. XXI

Nach einer knapp zehnjährigen „Revisionspause" kam es 1933 innerhalb von nur elf Monaten zu zwei weiteren Verfassungsänderungen.

I. Amend. XX (1933) – Der Amtsantritt des Präsidenten

Das Amend. XX, das sog. *Lame Duck Amendment*,[244] beschleunigte den Übergang zwischen der Amtszeit des alten und des neuen Präsidenten und zwischen aufeinander folgenden Legislaturperioden des Kongresses. Damit sollte die Handlungsfähigkeit des neu gewählten Präsidenten und die des neu zusammengesetzten Kongresses vorverlegt und die Zeit des möglichen Missbrauchs langer Endphasen alter Legislaturen bzw. Amtszeiten durch nicht wiedergewählte Repräsentanten, Senatoren und Präsidenten verkürzt werden.

Das *Lame Duck Amendment* korrigierte einen strukturell in der Verfassung angelegten Fehler, der sich aufgrund des Übergangs von den *Articles of Confederation* zur Verfassung von 1787 eingeschlichen hatte: Die Verfassung von 1787 legt die Legislaturperioden für Abgeordnete bzw. Senatoren auf zwei (Art. I, § 2, cl. 1) bzw. sechs Jahre (Art. I, § 3, cl. 1) und die Amtszeit des Präsi-

---

240 Vgl. für den Wortlaut der Revisionsvorlage Anhang B, S. 417.

241 Hammer v. Dagenhart, 247 U.S. 251, 277 (1918).

242 Bailey v. Drexel Furniture Co., 259 U.S. 20, 44 (1922).

243 Vgl. dazu ausführlich Teil III: A. I. 2.) a.), S. 236ff..

244 Vgl. zur Namensgebung die Referenzen bei NAGLE, 72 N.Y. U. L. Rev. 470, 478 Fn. 43 und 44 (1997).

denten auf vier Jahre (Art. II, § 1, cl. 1) fest. Der letzte Kongress unter den *Articles of Confederation* entschied nach der Verfassungsgebung, dass die neue Regierung am ersten Mittwoch im März des nächsten Jahres zusammentreten würde, also am 04. März 1789.[245] Die in der Verfassung etablierten Amtszeiten begannen somit an diesem Tag. Die Verfassung bestimmt aber in Art. I, § 4, cl. 2 auch, dass der Kongress am ersten Montag im Dezember zusammentritt. Dies führte zu der unglücklichen Situation, dass nach den Wahlen im November 13 Monate vergingen, bis sich der neu gewählte Kongress konstituierte und dieser musste sich zudem nach elf Monaten schon wieder einer Wahl stellen. In den ersten vier Monaten war der Kongress darüber hinaus von November bis März in alter Besetzung, der sog. *Lame Duck Session*, noch tätig, obwohl bereits im November ein neuer Kongress gewählt worden war. Auch in Bezug auf das Präsidentenamt ergaben sich gleiche Bedenken. Der Präsident wurde im November neu gewählt. Die Amtsübergabe fand allerdings erst im März des darauf folgenden Jahres statt.

Dieses strukturelle Problem bekamen die Demokraten nach den Wahlen von 1922 deutlich zu spüren.[246] Die Republikaner waren den Demokraten in dieser Wahl unterlegen, zeigten sich aber dennoch willig, die unpopuläre *Ship Subsidy Bill* der HARDING Administration zu verabschieden, um sich nach ihrem baldigen Ausscheiden aus dem Kongress Posten in der Exekutive und der Justiz zu sichern.[247] Um ein solches Verhalten künftig zu verhindern,[248] brachte der demokratische Senator THADDEUS CARAWAY aus Arkansas eine Resolution in den Kongress ein, die es nicht wiedergewählten Mitgliedern des Kongresses verboten hätte, über andere als dem Routinegeschäft unterfallende Angelegenheiten abzustimmen. Die Resolution wurde an das *Committee on Agriculture and Forestry* überwiesen. Dort nahm der progressive Senator aus Nebraska, der Republikaner GEORGE W. NORRIS, sich ihrer an. Er stellte zwar zunächst fest, dass die Maßnahme in ihrer jetzigen Form verfassungswidrig sei, schlug aber vor, statt ihrer eine Verfassungsänderung anzustreben.[249] Die Verfassungsänderung

---

245 Vgl. dazu BERNSTEIN/AGEL, Amending America, S. 154.

246 Der Missstand ist allerdings schon kurz nach dem Inkrafttreten der Verfassung bemerkt worden. Bereits 1795 schlug AARON BURR eine diesbezügliche Verfassungsänderung vor (Annals of Congress, 3rd Cong., 2nd Sess., Band 4, S. 853 (1795)) und weitere über 100 diesbezügliche Revisionsvorschläge folgten. Vgl. VILE, Encyclopedia, S. 467; G.A.C., Jr., 21 Geo. L.J. 63, 63f. (1932-1933).

247 Ähnliche Missbräuche in der Übergangszeit hatten bereits seit dem frühen 19. Jahrhundert stattgefunden. Vgl. BERNSTEIN/AGEL, Amending America, S. 155.

248 Vgl. zu den Motiven der Verfassungsänderung NAGLE, 72 N.Y. U. L. Rev. 470, 478ff. (1997).

249 Die Verfassungswidrigkeit ergibt sich daraus, dass die Legislaturperiode bzw. die Amtszeit des Präsidenten in der Verfassung nach vollen Jahreszahlen festgelegt ist. Die Vorverle-

sollte insbesondere die *Lame Duck Session* abschaffen, indem sie den Beginn der Legislaturperiode des Kongresses und den Beginn der Amtszeit des Präsidenten vorverlegte. Der Senat stimmte dieser Revisionsvorlage mit 63:6 Stimmen am 13. Februar 1923 zu.[250] Das Repräsentantenhaus ignorierte jedoch in dieser Legislaturperiode den Vorschlag und unternahm keine weiteren Schritte.[251] Auch 1924 und 1926 wurde die Revisionsvorlage im Senat verabschiedet, vom Abgeordnetenhaus aber nicht bearbeitet.[252]

1928 verabschiedete der Senat das *Lame Duck Amendment* zum vierten Mal und im März 1928 debattierte schließlich auch das Repräsentantenhaus erstmals die Revisionsvorlage. Es machte dabei zahlreiche prozessrechtliche Änderungswünsche geltend, in der Hoffnung, die Ratifikation der Revisionsvorlage auf diese Weise zu erschweren. U.a. schlug HENRY ST. GEORGE TUCKER aus Virginia vor, die Revisionsvorlage von Gliedstaatenkonventen anstatt von Gliedstaatenlegislaturen ratifizieren zu lassen. Er unterlag jedoch mit seinem Vorschlag. FINIS GARRETT wollte die Revisionsvorlage mit einer siebenjährigen Ratifikationsfrist versehen und zur Bedingung machen, dass zumindest eine von zwei gliedstaatlichen Parlamentskammern vor der Ratifikation neu gewählt werden muss. GARRETTS Änderungen wurden im Repräsentantenhaus mit 187:23 Stimmen angenommen. Allerdings scheiterte dann die Verabschiedung der umgeformten Revisionsvorlage mit 209:157 Stimmen an der erforderlichen Zweidrittelmehrheit.[253]

Im nächsten Kongress verabschiedete der Senat abermals das *Lame Duck Amendment*. Diesmal verweigerte jedoch der *Speaker* des Repräsentantenhauses, NICHOLAS LONGWORTH, fast ein ganzes Jahr lang, die Revisionsvorlage des Senators NORRIS an den zuständigen Ausschuss weiterzuleiten.[254] Erst am 24. Februar 1931 verabschiedete auch das Repräsentantenhaus ein *Lame Duck Amendment*, das jedoch nicht der Revisionsvorlage des Senators NORRIS entsprach, sondern vom *Speaker* LONGWORTH ausgearbeitet worden war. Es sah vor, dass in geraden Jahren die Legislaturperiode im Mai enden würde.[255] Ein

---

gung des Amtsantritts bzw. der Konstituierung des neuen Parlaments würde die verfassungsrechtlich festgelegte Amtszeit bzw. Legislaturperiode verkürzen.

250 Congressional Record, 67th Cong., 4th Sess., Band 64, S. 3540f. (1923).

251 KYVIG, Explicit and authentic Acts, S. 271. Der Justizausschuss empfahl zwar jedes Mal die Verabschiedung der Revisionsvorlage, der *Speaker* stellte sie aber nicht im Plenum zur Abstimmung.

252 GRIMES, Democracy, S. 106.

253 Congressional Record, 70th Cong., 1st Sess., Band 69, S. 4430 (1928).

254 LEVY/KARST (Hrsg.), Encyclopedia of the American Constitution, S. 598; Senate Print 99-87, Amendments to the Constitution, 99th Cong., 1st Sess., S. 61 (1985).

255 Congressional Record, 71st Cong., 3rd Sess., Band 74, S. 5906ff. (1931).

Vermittlungsausschuss konnte keine Einigung zwischen dem Senat und dem Abgeordnetenhaus herbeiführen, so dass das *Amendment* ein fünftes Mal im Kongress scheiterte.[256]

Die Wahlen von 1930 bescherten den Demokraten eine Mehrheit im Repräsentantenhaus. Der neue *Speaker*, JOHN NANCE GARNER aus Texas, war zudem von der Revisionsvorlage NORRIS überzeugt. Als der Senat am 06. Januar 1932 das *Lame Duck Amendment* erneut mit 63:7 Stimmen verabschiedete,[257] konnte auch im Repräsentantenhaus die erforderliche Zweidrittelmehrheit für die Revisionsvorlage mobilisiert werden. Sie wurde dort am 16. Februar 1932 mit 336:56 Stimmen angenommen und mit einer siebenjährigen Ratifikationsfrist versehen.[258] Nach nochmaliger Zustimmung des Senats konnte sie schließlich den Gliedstaaten zur Ratifikation übersandt werden.

Innerhalb nur weniger Monate ratifizierten alle Gliedstaaten der Union die Revisionsvorlage. Florida war der letzte der damals 48 Gliedstaaten, der das *Amendment* am 26. April 1933 unterzeichnete. Utah ratifizierte die Vorlage als letzter der erforderlichen 36 Gliedstaaten bereits am 23. Januar 1933. Das Amend. XX ist damit die erste Verfassungsänderung, die bei erstmaliger Vorlage einstimmig ratifiziert wurde. Noch nie zuvor, auch nicht in der Zeit, in der die Union aus einer sehr viel geringere Anzahl von Mitgliedsstaaten bestand, hatte eine Revisionsvorlage die Zustimmung aller Gliedstaaten erhalten.

Nach dem Amend. XX beginnt nun die Legislaturperiode des Kongresses am 03. Januar und die Amtszeit des Präsidenten am 20. Januar nach den Novemberwahlen. Die *Lame Duck Session* wurde damit zwar verkürzt, aber nicht ganz abgeschafft. Zugleich enthält die Verfassungsänderung Regelungen für den Fall der Amtsunfähigkeit des Präsidenten oder seines Stellvertreters.

II. Amend. XXI (1933) – Die Aufhebung der Prohibition

Das Amend. XXI ist aus zwei verschiedenen Gründen eine besondere, sich von den anderen 26 Revisionen unterscheidende, Verfassungsänderung. Sie ist bisher materiell die einzige, die ein vorhergehendes *Amendment* revidiert und prozessual die einzige, die durch Gliedstaatenkonvente und nicht durch Gliedstaatenlegislaturen ratifiziert wurde.

---

[256] Senate Print 99-87, Amendments to the Constitution, 99th Cong., 1st Sess., S. 61 (1985); GRIMES, S. 107; KYVIG, Explicit and authentic Acts, S. 273.

[257] Congressional Record, 72nd Cong., 1st Sess., Band 75, S. 1383f. (1932).

[258] Congressional Record, 72nd Cong., 1st Sess., Band 75, S. 4059f. (1932).

Das Verbot des Alkoholkonsums durch das Amend. XVIII konnte sein Ziel der Eliminierung alkoholischer Getränke nicht erfüllen.[259] Nach anfänglichen Erfolgen zeigte sich, dass die Verbote umgangen wurden und dass, ganz gegen die Intentionen der Reformer, dem organisierten Verbrechen Vorschub geleistet wurde. Mehrere Gliedstaaten setzten daher die Durchführungsbestimmungen zum Amend. XVIII schon während der 20er Jahre außer Kraft, und Organisationen und Verbände setzten sich für die Aufhebung der Prohibition ein. Insbesondere forcierten die im Jahr der Ratifikation des Amend. XVIII gegründete *Association against the Prohibition Amendment (AAPA)* und die *Women's Organization for national Prohibition Reform*, die sich 1929 formiert hatte, die Aufhebung der Prohibition. Auch die Exekutive stand dem Amend. XVIII skeptisch gegenüber. Die von Präsident HOOVER eingesetzte Expertenkommission, die *Wickersham Commission*, sprach sich gegen die Fortführung der Prohibition aus.[260]

In den Kongress wurden Revisionsvorlagen zur Aufhebung des Amend. XVIII zwar bereits Mitte der 20er Jahre, 1924 und 1926, eingebracht, jedoch von keiner der beiden Parlamentskammern debattiert. 1930 wurden zumindest im Repräsentantenhaus Anhörungen zum Problem der Prohibition durchgeführt.[261] Den Grundstein für den Erfolg des sog. *Repeal Amendment* konnten allerdings erst die Folgen der *Great Depression* von 1929 und die Präsidentschaftswahlen von 1932 legen. Die *Great Depression* legte es der Regierung nahe, Alkohol als Steuereinnahmequelle und als Branche für einen Beschäftigungsaufschwung zu benutzen und die Präsidentschaftswahlen von 1932 sorgten für eine neue Sitzverteilung im Kongress. Bis zur Volkszählung von 1929 war die ländliche Bevölkerung überproportional im Kongress vertreten, da man es versäumt hatte, nach der Volkszählung von 1920 die Sitze im Kongress neu zu verteilen und die Wahlbezirke der Verstädterung der Vereinigten Staaten anzupassen. Nach der Neuverteilung von 1929 verloren die Südstaaten 27 Sitze, von denen die Neuenglandstaaten elf, vorwiegend in den urbanen Gegenden, dazu gewinnen konnten. Damit war im Kongress die städtische Bevölkerung, die die Prohibition von Anfang an abgelehnt hatte, erstmals repräsentativ vertreten.[262] 1932 nahm die demokratische Partei die Abschaffung des Amend. XVIII dann in ihr Parteiprogramm auf und konnte sich damit in den Novemberwahlen 90 neue Sitze im Abgeordnetenhaus und 12 neue Senatoren sichern.

---

[259] TRIBE, in: Eskridge/Levinson (Hrsg.), Constitutional Stupidities, constitutional Tragedies, S. 98, 98.

[260] Dazu KYVIG, Explicit and authentic Acts, S. 277f..

[261] U.S. House of Representatives, Committee on the Judiciary, The Prohibition Amendment, Hearings, 71st Cong., 2nd Sess. (1930).

[262] GRIMES, Democracy, S. 109.

Diese Übermacht im 73. Kongress war so beeindruckend, dass der 72. *Lame Duck* Kongress das Amend. XXI noch verabschiedete, bevor sich 1933 der neue Kongress konstituierte.[263] Am 16. Februar 1933 nahm der Senat mit 63:23 Stimmen die Revisionsvorlage an.[264] Zuvor hatte er sich mit 45:15 Stimmen für die Ratifikation durch Gliedstaatenkonvente ausgesprochen.[265] Am 20. Februar stimmten auch im Repräsentantenhaus 289 gegen 121 Abgeordnete dem Änderungsentwurf zu.[266]

Bis zum 05. Dezember 1933 hatten 39 Gliedstaaten die Revisionsvorlage in ihren Gliedstaatenkonventen ratifiziert, so dass das *Amendment* nach einer Ratifikationsphase von nur 10 Monaten in Kraft treten konnte. Noch am gleichen Tag bestätigte der *Secretary of State*, WILLIAM PHILLIPS, den Erhalt aller erforderlichen Ratifikationsurkunden.[267]

Anders als von einigen Senatoren vermutet, hatte die Konventsmethode somit nicht zu einer Verzögerung des Ratifikationsprozesses geführt. Da keine bundesweiten Richtlinien für die Etablierung von Staatenkonventen existierten, ergriffen die Gliedstaaten bezüglich der Einberufung der Konvente schnell Eigeninitiative. Anti-Prohibitions-Organisationen hatten kurz vor der Verabschiedung der Revisionsvorlage im Kongress eine Modellgesetzgebung zur Einberufung von Gliedstaatenkonventen kreiert.[268] Die *AAPA* und das *Voluntary Committee of Lawyers (VCL)*, eine New Yorker Organisation, hatten diesen Modellentwurf den Gliedstaaten zugeleitet, noch bevor der Kongress zur letzten Abstimmung über die Revisionsvorlage schritt. Aus diesen Gründen hat der Kongress diesbezügliche Gesetzgebung wohl auch nicht für nötig befunden.[269] Alle Gliedstaaten außer Georgia, Kansas, Louisiana, Mississippi und North Dakota folgten der Modellgesetzgebung. Insgesamt beriefen 43 Gliedstaaten Ratifikationskonvente ein und 39 dieser Konvente ratifizierten die Revisionsvorlage innerhalb von nur vier Monaten.

---

263 KYVIG, Repealing national Prohibition, S. 169ff..

264 Congressional Record, 72nd Cong., 2nd Sess., Band 76, S. 4231 (1933).

265 Congressional Record, 72nd Cong., 2nd Sess., Band 76, S. 4169 (1933). Vgl. dazu die Diskussion im Justizausschuss U.S. Senate, Committee on the Judiciary, Modification or Repeal of National Prohibition: Hearings, 72nd Cong., 1st Sess., S. 17f., 152ff. (1932).

266 Congressional Record, 72nd Cong., 2nd Sess., Band 76, S. 4516 (1933).

267 Senate Print 99-87, Amendments to the Constitution, 99th Cong., 1st Sess., S. 68 (1985).

268 Vgl. zur Modellgesetzgebung KYVIG, Explicit and authentic Acts, S. 284f.; VOSE, in: Kyvig (Hrsg.), Law, Alcohol and Order, S. 97, 97ff..

269 VOSE, in: Kyvig (Hrsg.), Law, Alcohol, and Order, S. 97, 109ff..

G. Verfassungsänderungen in den 50er Jahren

I. Amend. XXII (1954) – Die Amtszeiten des Präsidenten

Unter FRANKLIN D. ROOSEVELTS Administration und seinem *New Deal* kam es zu tiefgreifenden Änderungen in der amerikanischen Verfassungsgeschichte, die allerdings nicht verfassungsrechtlich verankert wurden. ROOSEVELT entschloss sich, seine Reformen auf nicht konstitutionellem Weg durchzuführen. Die endlosen Debatten um eine verfassungsrechtliche Verankerung des neuen Kurses in den 40er und 50er Jahren des letzten Jahrhunderts demonstrierten allerdings die bedeutende Stellung des Revisionsprozesses. Dennoch wurden die *New Deal* Reformen letztendlich weder durch Verfassungsänderungen aufgehoben, noch durch solche bestätigt. Zum Erfolg führte aber 1951 die Initiative, die mögliche Wiederwahl des Präsidenten auf eine Amtszeit zu begrenzen. Sie war vor allem eine Reaktion auf die dritte und vierte Amtszeit von Präsident FRANKLIN D. ROOSEVELT.[270]

ROOSEVELTS Entscheidung, 1940 ein drittes Mal für das Präsidentenamt zu kandidieren, brach mit der von GEORGE WASHINGTON, dem ersten Präsidenten der Vereinigten Staaten, etablierten und von THOMAS JEFFERSON bestätigten Tradition, kein drittes mal für das Amt zur Verfügung zu stehen.[271] Auch alle sieben weiteren wiedergewählten Präsidenten hielten sich an diese Verfassungspraxis. 1875 hatte das Abgeordnetenhaus in der *Springer Resolution* daher erklärt: „[...] the precedent established by Washington and other presidents of the United States, in retiring from the presidential office after their second term, has become, by universal concurrence, a part of our republican scheme of government.“[272] Als während der dritten Amtszeit ROOSEVELTS dann Forderungen laut wurden, er solle sogar ein viertes Mal kandidieren, sprachen sich republikanische Gliedstaatengouverneure, Abgeordnete und Senatoren aus 30 Gliedstaaten gegen eine vierte Amtszeit ROOSEVELTS aus. ROOSEVELT gewann jedoch abermals die Präsidentschaftswahlen, konnte seine vierte Amtszeit allerdings nicht zu Ende führen, da er bereits kurz nach seinem vierten Amtsantritt im April 1945 an einer Hirnblutung verstarb. Im gleichen Jahr brachten 15 Repräsentanten ein von JOSEPH MARTIN, dem republikanischen *Minority Leader* im Repräsentantenhaus, ausgearbeitetes *Term Limit Amendment* in den Kongress ein,

---

[270] GRIMES, Democracy, S. 116; STATHIS, 7 Const. Comment. 61, 61 (1990).

[271] PARMET/HECHT, Never again, S. 1ff.; STATHIS, 7 Const. Comment. 61, 63f. (1990). A.A.: PEABODY/GANT, 83 Minn. L. Rev. 565, 574ff. (1999).

[272] Congressional Record, 43rd Cong., 1st Sess., Band 3, S. 228 (1875). 1928 verabschiedete der Senat eine identische Resolution. Vgl. Congressional Record, 70th Cong., 1st Sess., Band 69, S. 2842 (1928).

welches jedoch nicht weiter verfolgt wurde.[273] Als die Kongresswahlen von 1946 den Republikanern in beiden Kammern erstmals seit 1928 wieder die Mehrheit bescherten, stießen sie erneut die verfassungsrechtliche Limitierung präsidentieller Amtszeiten an. Am 03. Januar 1947, dem ersten Amtstag des 80. Kongresses, brachte EARL C. MICHENER aus Michigan, der neue Vorsitzende des Justizausschusses des Repräsentantenhauses eine mit dem von MARTIN eingebrachten Vorschlag wortlautidentische Revisionsvorlage in den Kongress ein. Bereits einen Monat später hatte ein Unterausschuss des Justizausschusses das *Martin-Michener Amendment* befürwortet und der Justizausschuss sprach sich zwei Tage später ebenfalls für die Amtszeitbegrenzung aus.[274] Am 06. Februar 1947 wurde die Revisionsvorlage im Repräsentantenhaus mit 285:121 Stimmen verabschiedet,[275] wobei die 238 Republikaner geschlossen für das *Amendment* stimmten.

Auch im Senat wollte man die am 07. Februar 1947 an dessen Justizausschuss weitergeleitete Revisionsvorlage des Repräsentantenhauses schnell verabschieden. Der Justizausschuss führte daher nicht, wie sonst üblich, Zeugenanhörungen durch, sondern empfahl dem Plenum die zügige Annahme des Entwurfs. Zuvor diskutierte er jedoch kleinere Abweichungen von der Revisionsvorlage des Repräsentantenhauses. Vor allem wurde dabei die Notwendigkeit geltend gemacht, Ausnahmen von der strikten Limitierung auf zwei Amtszeiten für diejenigen vorzusehen, die nicht gewählt, sondern nur kurzfristig auf Grund von Tod oder Rücktritt ihres Vorgängers in das Präsidentenamt eintreten. Nach ausgiebigen Diskussionen[276] schlug ROBERT TAFT aus Ohio schließlich vor, das Präsidentenamt auf zwei Amtszeiten zu limitieren und zwei Jahre für eine Amtszeit hinzuzufügen zu der der Präsident nicht gewählt, sondern in die er nach dem frühzeitigen Ausscheiden seines Vorgängers eingetreten ist. Die so modifizierte Revisionsvorlage wurde vom Senat mit 59:23 Stimmen nach fünftägiger Debatte angenommen.[277] Auch im Senat stimmten alle Republikaner geschlossen für die Revisionsvorlage.

---

[273] Bereits 1824 und 1826 waren solche Revisionsvorschläge im Abgeordnetenhaus und 1875 und 1928 im Senat eingebracht wurden, scheiterten aber jeweils in der anderen Kammer. GRIMES, Democracy, S. 115; STATHIS, 7 Const. Comment. 61, 63 (1990). Insgesamt wurden in der Zeit von 1789 bis 1947 ca. 270 Revisionsvorschläge zur Begrenzung der präsidentiellen Amtszeit gemacht. Siehe dazu PEABODY/GANT, 83 Minn. L. Rev. 656, 589ff. (1999).

[274] PEABODY/GANT, 83 Minn. L. Rev. 656, 593f. (1999).

[275] Congressional Record, 80th Cong., 1st Sess., Band 93, S. 872 (1947).

[276] Vgl. PEABODY/GANT, 83 Minn. L. Rev. 656, 594ff. (1999).

[277] Congressional Record, 80th Cong., 1st Sess., Band 93, S. 1978 (1947).

Das Repräsentantenhaus bestand nicht auf seinen Vorschlag, sondern stimmte am 21. März 1947 mit 81:29 Stimmen den Änderungen des Senats zu.[278] Allerdings wurde aufgrund der geringen Stimmenzahl geltend gemacht, das Repräsentantenhaus sei zu diesem Zeitpunkt nicht geschäftsfähig gewesen und seine Zustimmung daher nicht wirksam. Letztendlich wurde der Einwand jedoch zurückgezogen und die Revisionsvorlage an die Gliedstaaten zur Ratifikation übergeben.[279]

Der Ratifikation der Revisionsvorlage durch die Gliedstaatenlegislaturen war im Kongress eine langwierige Diskussion um die Wahl der geeigneten Ratifikationsmethode vorausgegangen. Da der Konventsmechanismus erstmals bei der Ratifikation des vorhergehenden *Amendment* zur Anwendung kam und sich mit einer kurzen Ratifikationsphase bewährt hatte, wurde auch beim Amend. XXII diese Methode angedacht. Zum Zeitpunkt der Verabschiedung der Revisionsvorlage im Repräsentantenhaus tagten jedoch 26 neu gewählte republikanische Staatenlegislaturen, so dass die Ratifikation der Revisionsvorlage durch diese schnell von statten zu gehen versprach. Demokraten favorisierten die Ratifikation durch Gliedstaatenkonvente. Sie unterlagen aber mit ihrem Anliegen kurz bevor die Revisionsvorlage verabschiedet wurde mit 74:134 Stimmen.[280] Im Senat setzte sich der Justizausschuss mit der Wahl der Ratifikationsmethode auseinander. Senator HOWARD MCGRATH aus Rhode Island und Senator JOHN SHERMAN COOPER aus Kentucky favorisierten die Konventmethode. Auch Senator FORREST DONNELL aus Missouri schloss sich ihnen an. Der Vorsitzende des Ausschusses, ALEXANDER WILEY, zweifelte daran, dass die Konventsmethode die „volksnähere" sei. Man verständigte sich darauf, dass die Wahl von Repräsentanten und Delegierten gleichwertig sei.[281] Senatoren ALBEN BARKLEY und SCOTT LUCAS gingen sogar davon aus, dass Repräsentanten der Gliedstaatenlegislaturen für eine sehr viel gerechtere Lösung sorgen können. Die Möglichkeit, Delegierte für einen Ratifikationskonvent zu wählen, würde nach ihrer Ansicht nur von den Bürgern wahrgenommen, die ein Interesse an der Revision haben. Sie seien damit in den Konventen überrepräsentiert.[282] Am 10. März 1947 sprach sich der Senat dann im Ergebnis mit 63:20 Stimmen gegen die Anwendung der Konventmethode aus.[283]

---

278 Congressional Record, 80th Cong., 1st Sess., Band 93, S. 2389ff., 2392 (1947).

279 Congressional Record, 80th Cong., 1st Sess., Band 93, S. 2392 (1947); BROWN, 41 Am. Pol. Sci. Rev. 447, 447 (1947).

280 Congressional Record, 80th Cong., 1st Sess., Band 93, S. 871 (1947).

281 Congressional Record, 80th Cong., 1st Sess., Band 93, S. 1770ff. (1947).

282 Congressional Record, 80th Cong., 1st Sess., Band 93, S. 1770ff. (1947).

283 Congressional Record, 80th Cong., 1st Sess., Band 93, S. 1862 (1947).

Ebenso wie die Abstimmung im Kongress, in der sowohl im Repräsentantenhaus als auch im Senat die Republikaner geschlossen für die Revisionsvorlage stimmten, verlief auch die Ratifikation des *Amendment* in den Gliedstaatenlegislaturen nach Parteilinien. Mit einer Ausnahme ratifizierten alle 26 von Republikanern dominierten Gliedstaatenlegislaturen die Revisionsvorlage. Nur Massachusetts entschied sich, die Vorlage einem Referendum zu unterziehen, dessen negativer Ausgang den Gliedstaat von der Ratifikation abhielt.[284] Demokratisch dominierte Gliedstaaten trieben die Ratifikation zunächst nicht voran. Texas lehnte sie ab. Dies änderte sich jedoch, nachdem Präsident TRUMANS Ausschuss für *Civil Rights* sich für ein Aktionsprogramm ausgesprochen hatte. Südstaatliche Demokraten, die die Rassentrennung beibehalten wollten, sahen nun die Revision als eine Möglichkeit die präsidentiellen und föderalen Kompetenzen zu beschränken. Daraufhin ratifizierten auch die von Demokraten dominierten Parlamente den Revisionsentwurf, so dass das *Amendment* mit einer Verzögerung von vier Jahren 1951 in Kraft treten konnte.[285] Am 01. März 1951 verkündete der *Administrator of General Services*, JESS LARSON, alle erforderlichen Ratifikationsurkunden erhalten zu haben.[286]

II. Das *Bricker Amendment*

Die Verabschiedung des Amend. XXII belebte die Versuche, die Maßnahmen der ROOSEVELT- und TRUMAN-Administration mittels Verfassungsänderungen zu relativieren oder ganz rückgängig zu machen. In den Kongress eingebrachte Revisionsvorschläge, die die Kompetenz des Präsidenten in auswärtigen Angelegenheiten beschnitten,[287] seine Direktwahl bestimmt,[288] ein Volksreferendum zu Kriegserklärungen eingerichtet,[289] die Steuererhebungen limitiert,[290] insbe-

[284] Senate Print 99-87, Amendments to the Constitution, 99th Cong., 1st Sess., S. 72 (1985).

[285] Bis heute werden jedoch immer wieder Revisionsvorlagen in den Kongress eingebracht, die für die Aufhebung des Amend. XXII eintreten: H.R.J. Res. 687, 99th Cong., 2nd Sess. (28. Juli 1986); H.R.J. Res. 156, 100th Cong., 1st Sess. (24. Februar 1987); H.R.J. Res. 84, 101st Cong., 1st Sess. (19. Januar 1989); H.R.J. Res. 61, 102nd Cong., 1st Sess. (09. Januar 1991); H.R.J. Res. 107, 103rd Cong., 1st Sess. (16. Februar 1993); H.R.J. Res. 71, 104th Cong., 1st Sess. (01. März 1995); H.R.J. Res. 39, 105th Cong., 1st Sess. (04. Februar 1997); H.R.J. Res. 24, 106th Cong., 1st Sess. (08. Februar 1999); H.R.J. Res. 39, 107th Cong., 1st Sess. (20. März 2001); H.R.J. Res. 25, 108th Cong., 1st Sess. (25. Februar 2003) und jüngst H.R.J. Res. 24, 109th Cong., 1st Sess. (17. Februar 2005).

[286] Senate Print 99-87, Amendments to the Constitution, 99th Cong., 1st Sess., S. 72 (1985).

[287] FINCH, 39 Am. J. Int'l L. 537, 537ff. (1945).

[288] PEIRCE/LONGLEY, The People's President, S. 146ff..

[289] BOLT, Ballots before Bullets, S. 152ff.; KYVIG, Explicit and authentic Acts, S. 316ff..

sondere ein *Federal Balanced Budget Amendemt* eingeführt[291] oder die Kompetenzen des *Supreme Court* minimiert[292] hätten, scheiterten jedoch alle am Erfordernis der qualifizierten Mehrheiten in den Parlamentskammern.

Nur eine einzelne Stimme fehlte dabei dem sog. *Bricker Amendment* von 1951. Die Revisionsvorlage zielte darauf ab, die Kompetenzen des Präsidenten in auswärtigen Angelegenheiten zu beschränken. Der Vorsitzende des Justizausschusses des Repräsentantenhaus, HATTON SUMNERS, brachte bereits 1945 eine Revisionsvorlage in den Kongress ein, die verlangte, dass völkerrechtliche Verträge nicht nur die bereits in Art. II, § 2, cl. 2 vorgesehene Zustimmung von zwei Drittel der Senatoren benötigten, sondern auch von einer Zweidrittelmehrheit im Abgeordnetenhaus abhängig sein sollten. Das Repräsentantenhaus verabschiedete den Entwurf mit 288:88 Stimmen am 09. Mai 1945.[293] Zu einer Verabschiedung im Senat kam es jedoch nicht. Die Konferenz von Yalta und schließlich die UN Charter verfestigten dann jedoch die Überzeugung, dass künftig internationalen Abkommen größere Bedeutung zugemessen werden musste.[294] Senator JOHN W. BRICKER aus Ohio brachte vor diesem Hintergrund im September 1951 eine Revisionsvorlage in den Senat ein.[295] Nach dieser sollte ein völkerrechtlicher Vertrag auch von der gerichtlichen Zustimmung abhängig sein. Das Gericht sollte prüfen müssen, ob der Vertrag im Einklang mit der Verfassung steht. Das *ABA Committee on Peace and Law through United Nations* setzte dem Vorschlag BRICKERS eine Alternative entgegen, nach der ein völkerrechtlicher Vertrag von der Umsetzung durch den Kongress abhängen, also nie *self-executing* sein sollte.[296]

Als der Senat schließlich im Februar 1954 die zahlreichen verschiedenen Revisionsvorschläge zur Thematik des Inkrafttretens völkerrechtlicher Verträge behandelte, verabschiedete er mit 62:20 Stimmen schnell die Regelung, dass

---

290 PACKARD, 31 Neb. L. Rev. 407, 407ff. (1951-1952); CAPLAN, Constitutional Brinksmanship, S. 69.

291 U.S. Senate, Committee on the Judiciary, Subcommmittee on Constitutional Amendments, Balancing of the Budget, Hearings, 84th Cong., 2nd Sess. (1956).

292 PALMER, Constitutional Amendments, S. 612.

293 Congressional Record, 79th Cong., 1st Sess., Band 91, S. 4367f. (1945). Vgl. BORCHARD, 39 Am. J. Int'l L. 537, 537ff. (1945).

294 U.S. Senate, Committee on the Judiciary, Treaties and Executive Agreements, Hearings, 83rd Cong., 1st Sess. (1953).

295 TANANBAUM, The Bricker Amendment Controversy, S. 36f..

296 TANANBAUM, The Bricker Amendment Controversy, S. 32f., 37ff.. Vgl. für verschiedene Textversionen des *Bricker Amendment* TANANBAUM, The Bricker Amendment Controversy, S. 155 und Appendix A bis M, S. 221ff..

völkerrechtliche Verträge nicht gegen die Verfassung verstoßen dürfen.[297] Diese Vorschrift war allen Vorlagen gemeinsam. BRICKERS Entwurf erhielt nur 42 Stimmen, 50 Senatoren lehnten ihn am 25. Februar 1954 ab.[298] Einen Tag später wurde Senator GEORGES Vorschlag, dass ein völkerrechtlicher Vertrag umsetzender Gesetzgebung bedarf, inkorporiert. Die Substitution wurde zwar noch mit 61:30 Stimmen befürwortet.[299] Am 27. Februar konnte die für die Verabschiedung der Revisionsvorlage erforderliche Zweidrittelmehrheit in der abschließenden Abstimmung mangels einer zusätzlichen Stimme jedoch nicht erreicht werden.[300]

Frustriert durch das Misslingen des *Bricker Amendment* und zahlreicher anderer Revisionsversuche in den 40er und 50er Jahren wurde von konservativen Politikern erneut die Änderung des Art. V anvisiert. Anders als zur Zeit der progressiven Reformbewegung, in der versucht wurde, die Revisionsmacht in die Hand der Bevölkerung zu legen und anders als in den 1920ern als der WADSWORTH-GARRETT Vorschlag Referenden zu Erschwerung des Revisionsprozesses favorisierte, sollte diesmal der Revisionsprozess vornehmlich vereinfacht und die gliedstaatlichen Kompetenzen im Prozess erweitert werden. Ziel war es, dass gliedstaatliche Initiativverfahren zu vereinfachen, indem für die Einberufung eines verfassungsändernden Bundeskonvents weniger Gliedstaatenapplikationen als die in Art. V festgelegte Zweidrittelmehrheit erforderlich sein sollten. Eine Verfassungsänderung sollte von zwölf Gliedstaaten vorgeschlagen werden und von zwei Drittel ihrer Legislaturen ratifiziert werden können. Dieses zusätzliche für Art. V vorgesehene Verfahren hätte die Vormacht des Kongresses im Revisionsprozess erheblich eingeschränkt. Fünf Gliedstaaten stellten zwischen 1953 und 1955 formelle Anträge zur Durchsetzung dieses von Rechtsanwalt JOHN EBINGER aus Oregon vorgeschlagenen Plans. Als der EBINGER Plan jedoch 1954 und 1955 in den Kongress eingebracht wurde, wurde zu seiner Verabschiedung nichts weiter unternommen.[301] Erklärbar ist dies mit der Tatsache, dass der Kongress durch die Umsetzung der Revisionsvorlage seine eigenen verfassungsändernden Kompetenzen erheblich beschnitten hätte.

---

[297] TANANBAUM, The Bricker Amendment Controversy, S. 161.

[298] TANANBAUM, The Bricker Amendment Controversy, S. 168.

[299] TANANBAUM, The Bricker Amendment Controversy, S. 176.

[300] Congressional Record, 83rd Cong., 2nd Sess., Band 100, S. 2374f. (1954); TANANBAUM, The Bricker Amendment Controversy, S. 181.

[301] MARTIN, 40 A.B.A. J. 767ff., 802ff. (1954).

H. Der verfassungsändernde Gesetzgeber von 1960-1980

Zwischen 1961 und 1971 wurden weitere vier Verfassungsänderungen erlassen. Drei davon reformierten das Wahlrecht und die vierte regelte die Nachfolge im Amt des Präsidenten. Diese Fülle von Verfassungsänderungen ist zwar vergleichbar mit der Zeit nach dem Bürgerkrieg und der zweiten Dekade des letzten Jahrhunderts. Alle vier Verfassungsänderungen lösten allerdings fokussiert ein Problem, ohne fundamentale Prinzipien zu deklarieren. Es ging in den 60er und 70er Jahren also mehr um die Verfeinerung der Verfassung, nicht jedoch um ihre Rekonstruktion. Zahlreiche andere Revisionsvorschläge, die in dieser Zeit vorgebracht wurden, verfehlten - allerdings z.T. nur knapp - ihr Ziel.

I. Amend. XXIII (1961) – Wahlmänner für das *District of Columbia*

Da Art. II, § 1, cl. 2 die Repräsentation durch Wahlmänner in den Präsidentschaftswahlen nur den Gliedstaaten zugesteht, Washington D.C. als Regierungssitz der Bundesregierung gemäß Art. I, § 8, cl. 17 allerdings nicht zu den Gliedstaaten zählt, waren die Einwohner des Distriktes bis 1961 weder bei den Präsidentschaftswahlen noch stimmberechtigt im Kongress vertreten. Betroffen waren davon 802 172 Bürger, d.h. mehr Bürger als in den 13 bevölkerungsärmsten Gliedstaaten.[302] Auf diese Größe war die Einwohnerzahl Washington D.C.s bis 1950 angestiegen, wobei schwarze Bürger einen 35%igen Anteil der Bevölkerung bildeten. Auch sonst wurde die schwarze Bevölkerung in Wahlrechtsfragen oftmals diskriminiert. Das Amend. XV, das auch den Schwarzen das aktive Wahlrecht zugestehen sollte, wurde lange Zeit in seiner Umsetzung durch Wahlsteuern, Lesetests oder *White Primary Elections* behindert.[303] Die *White Primary* wurde 1944 vom *Supreme Court* zwar für verfassungswidrig erklärt,[304] aber die Wahlsteuern blieben weiter in der Kritik. Nach der Entscheidung des *Supreme Court* in Brown v. Board of Education,[305] welche die Rassen-

[302] Senate Print 99-87, Amendments to the Constitution, 99th Cong., 1st Sess., S. 75 (1985).

[303] Vgl. zu den einzelnen Einschränkungen KLARMAN, 1998 S. Ct. Rev. 303, 347ff. (1998). In den *Primaries* werden in den USA die Kandidaten für bevorstehende Wahlen nominiert. Die Teilnahme an diesen bedeutenden Vorwahlen wurde der schwarzen Bevölkerung nicht gestattet. Zunächst war dies nur eine Taktik der demokratischen Partei, wurde aber z.B. in Texas später, 1923, sogar in gliedstaatliche Gesetzesform gegossen. Vgl. dazu KOUSSER, The Shaping of Southern Politics, S. 63ff..

[304] Smith v. Allwright, 321 U.S. 649, 664ff. (1944).

[305] Brown v. Board of Education of Topeka, 347 U.S. 483 (1954).

trennung in öffentlichen Schulen untersagte, erhielt das Erfordernis der tatsächlichen Gleichstellung schwarzer Bürger jedoch neuen Auftrieb, der zunächst für die Verabschiedung des Amend. XXIII sorgte. In dem Urteil schlossen sich die Richter des *Supreme Court* 1954 unter Vorsitz von *Chief Justice* EARL WARREN einstimmig der Argumentation des *NAACP*[306] Anwalts, THURGOOD MARSHALL, an, wonach die Segregation im Bildungswesen gegen die *equal protection clause* des Amend. XIV, § 1 verstößt. Mit der Begründung, dass getrennte Bildungseinrichtungen notwendigerweise ungleich seien, hob der *Supreme Court* die seit 1896 geltende *separate but equal doctrine* für den Bereich des Bildungswesens auf.[307]

Allerdings war es auch in der Folge wenig wahrscheinlich, dass Revisionsvorschläge, die auf die Besserstellung Schwarzer hinarbeiteten, den von den konservativen Südstaatlern dominierten Justizausschuss des Senats überwinden konnten, dem JAMES EASTLAND aus Mississippi vorsaß.[308] Um den Revisionsvorlagen, die die Wahlsteuern abschaffen und dem *District of Columbia* zur Repräsentation in Bundesangelegenheiten verhelfen sollten, eine Erfolgschance zu geben, musste das Nadelöhr des Justizausschusses umgangen werden. Beide Revisionsvorlagen wurden daher im Februar 1960 als Anhang zu einer anderen Maßnahme unter Umgehung des Justizausschusses in den Senat eingebracht.[309] Tennessees Senator ESTES KEFAUVER, Vorsitzender des *Subcommittee on Constitutional Amendments* des Justizausschusses brachte als Konsequenz des beginnenden Kalten Krieges eine Revisionsvorlage in den Senat ein, die der Regierung im Notfall ein Nominierungsrecht für Kongressabgeordnete zugestand, bis Neuwahlen ausgeschrieben werden konnten. Damit sollte die Arbeitsfähigkeit des Parlaments auch in Krisenzeiten gesichert werden. Der demokratische Senator SPESSARD HOLLAND aus Florida hängte eine Revisionsvorlage zur Abschaffung der Wahlsteuer an das *Kefauver Amendment* an.[310] Der Republikaner KENNETH KEATING aus New York tat das gleiche mit einer Revisionsvorlage, welche das *District of Columbia* mit Sitzen im Repräsentantenhaus und mit

---

306 *National Association for the Advancement of colored People.*

307 Mit der *separate but equal doctrine* wurde seit der Einführung der *Civil War Amendments* die Rassentrennung gerechtfertigt. Solange für die schwarze Bevölkerung gleichwertige Einrichtungen bestanden, durfte sie nach der Rechtsprechung des *Supreme Court* von Einrichtungen für die weiße Bevölkerung ausgeschlossen werden.

308 Senate Print 99-87, Amendments to the Constitution, 99th Cong., 1st Sess., S. 80 (1985).

309 Vgl. zu den Umgehungsmethoden Teil II: C. II. 1.) b.), S. 121ff..

310 Congressional Record 86th Cong., 2nd Sess. Band 106, S. 1528ff., 1744ff., 1748 (1960). HOLLAND hatte ein solches *Amendment* bereits mehrere Mal in den Kongress eingebracht. Vgl. U.S. House of Representatives, Committee on the Judiciary, "Abolition of Poll Tax in Federal Elections," Hearings, 87th Cong., 2nd Sess., S. 29ff. (1962).

Wahlmännerstimmen für die Präsidentschaftswahl ausstattete.[311] Die Sitze sollten dabei auf derselben Basis berechnet werden wie bei den Gliedstaaten, d.h. nach der Bevölkerungszahl. Der Senat stimmte den drei so zu einem Paket verbundenen Revisionsvorlagen mit 70:18 Stimmen zu, bestimmte aber, dass jeder der drei Revisionsvorschläge separat ratifiziert werden könnte.[312]

Dieser Ermächtigung zur Einzelbehandlung der Revisionsvorlagen folgte EMANUEL CELLER, Vorsitzender des Justizausschusses des Repräsentantenhauses, nach dessen Einschätzung das Repräsentantenhaus die zu einem Paket geformten *Amendments* nicht alle zusammen mit der erforderlichen Mehrheit annehmen würde. Er brach das Paket daher auf und schlug nur eine Revisionsvorlage vor, welche dem *District of Columbia* drei Wahlmännerstimmen für die Wahl des Präsidenten zubilligte, d.h. genauso viele wie dem bevölkerungsärmsten Gliedstaat in der Union. CELLER bemerkte dazu:

> „I knew it would be very, very difficult to get such a three-pronged constitutional amendment through the House, much less through my Committee on the Judiciary, and I reasoned that it would be better not to have such a broad target at which opponents could aim their shafts of opposition [...].“[313]

CELLER kehrte damit die Taktik, die beim Amend. XIV verwandt wurde, nämlich die Formung verschiedener Revisionsvorlagen zu einem Paket, um. Am 14. Juni 1960 nahm das Repräsentantenhaus das von CELLER modifizierte *Amendment* an. Es wurde keine namentliche Abstimmung vorgenommen, sondern nur festgestellt, dass zwei Drittel der Revisionsvorlage zustimmten.[314]

Einige Senatoren merkten zwar an, dass bei einer Bestimmung der Wahlmännerstimmen auf Bevölkerungsbasis das *District of Columbia* wahrscheinlich zu vier oder fünf Wahlmännerstimmen für die Präsidentschaftswahlen berechtigt gewesen wäre und zudem eine Repräsentation im Kongress immer noch nicht gewährleistet war. Da aber das Ende der Legislaturperiode nahte und sie die Revisionsvorlage nicht gefährden wollten, verabschiedeten sie das *Celler Amendment* am 16. Juni 1960 ohne Modifikationen geltend zu machen. Auch im

---

311 Congressional Record, 86th Cong., 2nd Sess., Band 106, S. 1757ff., 1764 (1960).

312 Congressional Record, 86th Cong., 2nd Sess., Band 106, S. 1765 (1960).

313 Congressional Record, 86th Cong., 2nd Sess., Band 106, S. 12556 (1960).

314 Congressional Record, 86th Cong., 2nd Sess., Band 106, S. 12551ff., 12571 (1960).

Senat wurde keine namentliche Abstimmung vorgenommen, sondern ebenfalls nur die Zustimmung von zwei Drittel der Senatoren notiert.[315]

Die Ratifizierung durch die Gliedstaatenlegislaturen erfolgte in weniger als zehn Monaten. Am 21. Juni 1960 wurde die Revisionsvorlage den Gliedstaaten zur Ratifikation übergeben und bereits am 29. März 1961 hatte der letzte für die Dreiviertelmehrheit erforderliche Gliedstaat das *Amendment* ratifiziert.[316] JOHN L. MOORE, *Administrator of General Services*, erklärte am 04. April 1961, 38 Ratifikationsurkunden erhalten zu haben.[317]

II. Amend. XXIV (1964) – Die Abschaffung der Wahlsteuer

Die ebenfalls in dem Paket des Senats enthaltene Verfassungsänderung zur Abschaffung der Wahlsteuer erfolgte trotz des Erfolgs des Amend. XXIII nicht sofort. 1959 hatte JOHN F. KENNEDY ein solches *Amendment* zwar noch als Co-Sponsor favorisiert, nach seiner Wahl zum Präsidenten entschied seine Administration allerdings, im ersten Jahr seiner Amtszeit zunächst die *Civil Rights* Initiativen zu unterstützen.

Am 14. März 1962 brachte Senator HOLLAND erneut seine Revisionsvorlage zur Abschaffung der Wahlsteuern in den Senat ein. Wiederum umging er den Justizausschuss, indem er seinen Entwurf einer anderen Maßnahme anhängte, einer Gesetzesvorlage die das Haus ALEXANDER HAMILTONS zum nationalen Denkmal erklärte.[318] Die Klagen der Südstaatler, angeführt vom Demokraten RICHARD RUSSEL aus Georgia, dass diese Taktik unzulässig sei, schlugen fehl. Zehn Tage lang debattierte der Senat die Revisionsvorlage und deren Alternative, die vom Republikaner JACOB JAVITS aus New York vorgelegt wurde und ein einfaches Gesetz zur Abschaffung der Wahlsteuern für ausreichend hielt. Nach elf Tagen endete die Debatte und am 27. März 1962 wurde das *Holland Amendment* mit 77:16 Stimmen im Senat verabschiedet.[319]

Im Repräsentantenhaus verhinderte der Vorsitzende des *Rules Committee*, HOWARD SMITH aus Virginia, von März bis August, dass die Revisionsvorlage in das Plenum eingebracht wurde. Der Abgeordnete CELLER fühlte sich für den Erfolg der Revisionsvorlage verantwortlich, da er vor zwei Jahren bei der Auftrennung des damaligen Dreierpakets versprochen hatte, sich für die Abschaf-

---

[315] Congressional Record, 86th Cong., 2nd Sess., Band 106, S. 12850ff., 12858 (1960).

[316] Senate Print 99-87, Amendments to the Constitution, 99th Cong., 1st Sess., S. 77 (1985).

[317] Senate Print 99-87, Amendments to the Constitution, 99th Cong., 1st Sess., S. 77 (1985).

[318] Senate Print 99-87, Amendments to the Constitution, 99th Cong., 1st Sess., S. 80 (1985).

[319] Congressional Record, 87th Cong., 2nd Sess., Band 108, S. 5105 (1962).

fung der Wahlsteuern einzusetzen.[320] Er bat daher am 27. August 1962 um die Beratung der Revisionsvorlage unter Aufhebung der Geschäftsordnung. Sollten zwei Drittel des Repräsentantenhauses dieser Bitte zustimmen, musste über die Revisionsvorlage abgestimmt werden.[321] Sie durfte nach dieser Regelung allerdings nicht modifiziert werden und erlaubt war auch nur eine 40-minütige Debatte.[322] Das Repräsentantenhaus entsprach der Bitte CELLERS und nahm zudem die Revisionsvorlage mit 294:86 Stimmen an.[323]

Am 14. September 1962 wurde die Revisionsvorlage den Gliedstaaten zur Ratifikation übergeben, im Januar 1964 erfolgte die letzte erforderliche Gliedstaatenratifikation und am 24. Februar verkündete BERNARD L. BOULIN, *Administrator of General Services*, im Beisein von Präsident JOHNSON, 38 Ratifikationsurkunden erhalten zu haben.[324]

III. Die *States-Rights Amendments*

Aufgrund der Entscheidungen des *Supreme Court* zur Rassentrennung und zur Wirtschaftspolitik kam es Anfang der 60er Jahre erneut zu gliedstaatlichen Protesten, die die weitergehende Beschränkung ihrer Kompetenzen fürchteten. Die Abschaffung der Wahlsteuer durch das Amend. XXIV verstärkte diesen Eindruck der Beschneidung gliedstaatlicher Rechte, war doch die Regelung des Wahlrechts bisher als eine Kernangelegenheit der Gliedstaaten betrachtet worden. Der *Council of State Governments*, eine Organisation die 1933 zur Koordinierung gliedstaatlicher Angelegenheiten ins Leben gerufen wurde und in der Folge zahlreiche Unterorganisationen entwickelte, schlug im Dezember 1962 daher der sich in Chicago treffenden Vollversammlung drei Verfassungsänderungen, die sog. *States-Rights Amendments*, vor. Die erste hätte Art. V so abgeändert, dass zwei Drittel der Gliedstaaten direkt ohne die Zwischenschaltung eines Bundeskonvents den Gliedstaatenlegislaturen Revisionsvorschläge zur Ratifikation unterbreiten könnten. Das zweite *Amendment* hätte der Bundesgerichtsbarkeit die Kompetenz entzogen, über die Einteilung gliedstaatlicher Wahlbezirke zu urteilen und die dritte Revision hätte einen *Court of the Union* errichtet, der mit der Kompetenz ausgestattet werden sollte, *Supreme Court* Ent-

---

320 Congressional Record, 86th Cong., 2nd Sess., Band 106, S. 12556 (1962).

321 Congressional Record, 87th Cong., 2nd Sess., Band 108, S. 17654ff. (1962).

322 Senate Print 99-87, Amendments to the Constitution, 99th Cong., 1st Sess., S. 81 (1985); GRIMES, Democracy, S. 133.

323 Congressional Record, 87th Cong., 2nd Sess., Band 108, S. 17670 (1962).

324 Senate Print 99-87, Amendments to the Constitution, 99th Cong., 1st Sess., S. 81 (1985).

scheidungen, die das Verhältnis zwischen Gliedstaat und Bundesstaat betreffen, überprüfen zu können.[325] Die Revisionsvorschläge des *Council of State Governments* fanden in vielen Gliedstaaten größere Beachtung, stießen aber, wie erwartet, auf Bundesebene auf weitgehende Ablehnung und konnten letztendlich nicht obsiegen.[326]

IV. Amend. XXV (1967) – Die Nachfolge im Amt des Präsidenten

Das 1967 in Kraft getretene Amend. XXV regelt als Ergänzung zu den Amend. XII und Amend. XX die Nachfolge im Amt des Präsidenten. Die Ermordung KENNEDYS hatte dieses verfassungsrechtliche Problem erneut ins Bewusstsein gerufen. KENNEDY war der achte Präsident der während seiner Amtszeit starb. Viele Präsidenten erlagen vor ihrem Todeseintritt zudem einer langwierigen, sie arbeitsunfähig stellenden Krankheit.[327] Auch 16 Vizepräsidenten konnten ihre Amtszeit nicht beenden. Acht traten die Nachfolge ihres toten Präsidenten an, sieben verstarben während ihrer Amtszeit und JOHN C. CALHOUN trat zurück.

1841, nach dem Tod von Präsident WILLIAM HENRY HARRISON, etablierte sich mit dem Vizepräsidenten JOHN TYLER die Verfassungspraxis, dass der Vizepräsident im Amt des Präsidenten bis zur nächsten Präsidentschaftswahl nachfolgen würde. TYLER bestand darauf, dass nicht nur die Rechte und Pflichten des Präsidentenamtes, sondern auch die Amtsinhaberschaft auf ihn als Vizepräsiden-

[325] OBERST, 39 Notre Dame L. 644, 648ff. (1964).

[326] Ernsthafte Beachtung fand jedoch das sog. *Dirksen Amendment*, welches es den Gliedstaaten gestatten sollte, zumindest eine ihrer beiden Parlamentskammern nicht bevölkerungsrepräsentativ zu bestücken. Es sollte dabei vor allem die *Supreme Court* Entscheidung Baker v. Carr Revidieren. Ebenfalls als Reaktion auf eine *Supreme Court* Entscheidung, wurden in dieser Zeit Revisionsvorschlägen größere Aufmerksamkeit gezollt, die sich für die Wiedereinführung des Schulgebets aussprachen. Vgl. dazu Teil III: A. I. 2.) b.) und c.), S. 238ff..

[327] Z.B.: WILLIAM HENRY HARRISON erlag einer Lungenentzündung und konnte einen Monat lang die Geschäfte nicht wahrnehmen bevor er 1841 starb. JAMES GARFIELD war 80 Tage lang nach seiner Verwundung Präsident ohne Handlungsfähigkeit. WOODROW WILSON konnte nach einem Schlaganfall 19 Monate lang nicht regieren und auch Präsident FRANKLIN ROOSEVELT erlag am Ende seiner Amtszeit schwerwiegenden Erkrankungen. DWIGHT D. EISENHOWER verständigte sich mit seinem Vizepräsidenten RICHARD NIXON darauf, dass in den Zeiten, in denen EISENHOWER mit seiner schweren Krankheit zu kämpfen hatte, NIXON für ihn die präsidentiellen Geschäfte ausführen würde. Vgl. dazu BERNSTEIN/AGEL, Amending America, S. 161ff.; VILE, 2000 Insight on L. & Soc. 8, 8f. (2000); Senate Print 99-87, Amendments to the Constitution, 99th Cong., 1st Sess., S. 84 (1985).

ten übergegangen war.[328] Beide Kammern des Kongresses bestätigten ihn mit einer Abstimmung in seiner Haltung.[329] Gesetze von 1792, 1886 und 1947 regelten zudem die Nachfolge für den Fall eines nicht zur Verfügung stehenden Vizepräsidenten.[330] Eine umfassende verfassungsrechtliche Lösung wurde aber bis zur Ermordung KENNEDYS nicht gefunden.[331]

Nach dem Tod KENNEDYS setzte sich dann jedoch der junge und ehrgeizige neue Vorsitzende des Unterausschusses für Verfassungsänderungen im Senat, der demokratische BIRCH BAYH aus Indiana, für die Verabschiedung einer Verfassungsänderung ein, die sehr detailliert alle Nachfolgefragen regeln sollte. Von Januar bis März 1964 führte er Anhörungen in seinem Unterausschuss durch.[332] Am 27. Mai 1964 sprach sich der Unterausschuss für die Annahme der Revisionsvorlage durch den Senat aus. Gleiches tat auch der Justizausschuss drei Monate später und leitete das *Amendment* mit einigen Modifizierungen am 13. August mit einem befürwortenden Bericht[333] an das Plenum weiter. In diesem wurde die Annahme der Revisionsvorlage einstimmig beschlossen.[334] Das Ende der Legislaturperiode verhinderte dann allerdings die Behandlung der Revisionsvorlage im Repräsentantenhaus.

Nach den Wahlen von 1964 drängte BAYH darauf, dass Präsident LYNDON JOHNSON in seiner Rede zum *State of the Union* BAYHS Vorschlag zur Lösung der Nachfolgefrage erwähnen würde.[335] Kurz nach der Rede JOHNSONS und seiner Nachricht an den Kongress, in der er eine befürwortende Haltung für das Amend. XXV einnahm,[336] stimmte der Senat am 19. Februar 1965 erneut einstimmig der Revisionsvorlage BAYHS zu.[337]

---

[328] FEERICK, The Twenty-Fifth Amendment, S. 5ff..

[329] Congressional Globe, 27th Cong., 1st Sess., S. 3ff. (1841).

[330] VILE, Encyclopedia, S. 469; FEERICK, The Twenty-Fifth Amendment, S. 37ff..

[331] Vgl. für vorhergende Revisionsversuche FEERICK, The Twenty-Fifth Amendment, S. 51ff..

[332] U.S. Senate, Committee on the Judiciary, Subcommittee on Constitutional Amendments, Presidential Inability and Vacancies in the Office of Vice President: Hearings, 88th Cong., 2nd Sess., S. 3, 234ff. (1964). Vgl. dazu FEERICK, The Twenty-Fifth Amendment, S. 61ff..

[333] U.S. Senate, Committee on the Judiciary, Report on Presidential Inability and Vacancies in the Office of Vice President, S. Rep. No. 1382, 88th Cong., 2nd Sess. (1964).

[334] Congressional Record, 88th Cong., 2nd Sess., Band 110, S. 22982ff., 23056ff. (1964).

[335] BAYH, One Heartbeat away, S. 163ff..

[336] Der hier interessierende Teil ist abgedruckt in: FEERICK, The Twenty-Fifth Amendment, S. 583f..

[337] U.S. Senate, Committee on the Judiciary, Subcommittee on Constitutional Amendments, Presidential Inability and Vacancies in the Office of Vice President: Hearings, 89th Cong., 1st Sess., S. 11f. (1965); Congressional Record, 89th Cong., 1st Sess., Band 111, S. 3286 (1965).

Am 09. Februar 1965 hatte auch der Justizausschuss des Abgeordnetenhauses begonnen, Anhörungen zur Revisionsvorlage des Senats und zu weiteren über 30 ähnlichen Revisionsentwürfen durchzuführen.[338] Nachdem der Justizausschuss und das *House Rules Committee* der Revisionsvorlage zugestimmt hatten, erfolgte zwei Monate später, allerdings erst nach langwierigen Diskussionen,[339] am 13. April 1965, auch die Abstimmung über die Revisionsvorlage im Repräsentantenhaus. In dieser stimmten 368 Abgeordnete für und 29 gegen die Revisionsvorlage.[340] Allerdings machte das Repräsentantenhaus einige Änderungen bezüglich der Nachfolgefrage im Verhinderungsfall geltend, so dass ein Vermittlungsausschuss tagen musste.[341] Am 06. Juli billigte der Senat dann jedoch die Hausvorlage mit 68:5 Stimmen.[342]

Die Ratifikation der Revisionsvorlage erfolgte durch fast alle Gliedstaaten. Nur North Dakota, South Carolina und Georgia ratifizierten nicht.[343] Nachdem das *Amendment* am 10. Februar 1967 in Kraft getreten war, führte Präsident JOHNSON im Rosengarten des Weißen Hauses eine vom Fernsehen übertragene Zeremonie durch, in der er als „Zeuge" die Verkündung des *Administrator of General Services*, unterzeichnete, dass alle notwendigen gliedstaatlichen Ratifikationen bei diesem eingegangen sind.[344] Zuvor war Präsident JOHNSON mehrfach darauf aufmerksam gemacht worden, dass dem Präsidenten keine Rolle im Revisionsverfahren zugeteilt worden war. JOHNSON bestand jedoch auf die Durchführung der Zeremonie.

V. Die Reform des Wahlmännersystems

Ermutigt durch seinen Erfolg mit der Einführung des Amend. XXV forderte BIRCH BAYH sein *Subcommittee on Constitutional Amendments* auf, weitere verfassungsrechtliche Verbesserungen zu beraten. Im Auge hatte er dabei die Reform des Wahlmännersystems. Der Präsident sowie der Vizepräsident werden in

338 FEERICK, The Twenty-Fifth Amendment, S. 95ff..

339 FEERICK, The Twenty-Fifth Amendment, S. 99ff..

340 Congressional Record, 89th Cong., 1st Sess., Band 111, S. 7968f. (1965).

341 U.S. House of Representatives, Committee on the Judiciary, Presidential Inability and Vice Presidential Vacancy: Hearings, 89th Cong., 1st Sess. (1965). Congressional Record, 89th Cong., 1st Sess., Band 111, S. 7967f. (1965). Vgl. dazu Senate Print 99-87, Amendments to the Constitution, 99th Cong., 1st Sess., S. 87 (1985); FEERICK, The Twenty-Fifth Amendment, S. 104ff..

342 Congressional Record, 89th Cong., 1st Sess., Band 111, S. 15596 (1965).

343 FEERICK, The Twenty-Fifth Amendment, S. 111ff..

344 BAYH, One Heartbeat away, S. 341f..

den Vereinigten Staaten durch ein Wahlmännergremium gewählt, in dem nach Gliedstaaten abgestimmt wird. Aus diesem Grund kann es dazu kommen, dass ein Präsident gewählt wird, der zwar die meisten Wahlmännerstimmen auf sich vereinigen kann, nicht aber von der Mehrheit der Bevölkerung getragen wird.[345] Bereits seit 1796 wurden Vorschläge zur Verbesserung des Wahlmännersystems in den Kongress eingebracht und nach jeder problematischen Präsidentschaftswahl erneuert. Insgesamt entstanden so zwischen 1796 und 1966 über 500 Revisionsvorschläge zur Erneuerung oder Abschaffung des Wahlmännersystems.[346]

1966 führte das *Subcommittee on Constitutional Amendments* im Senat unter dem Vorsitz des Senators BAYH Anhörungen zur Reform des Wahlmännersystems durch.[347] Als in den Präsidentschaftswahlen von 1968 LLOYD W. BAILEY im Wahlmännergremium seine Stimme nicht wie angekündigt RICHARD NIXON

---

[345] Die komplizierte Wahl des Präsidenten und Vizepräsidenten ist in Art. II, § 1 und in Amend. XIV, § 3, XX, XXII, XXIII, XXIV und XXV geregelt: In jedem Gliedstaat werden so viele Wahlmänner (*electors*) gewählt, wie der Gliedstaat Vertreter in den Kongress entsendet, mindestens also drei (zwei Senatoren und mindestens einen Repräsentanten, vgl. Art. II, § 1, cl. 2). Das Amend. XXIII fügt diesen *electors* drei weitere für das *District of Columbia* hinzu, das keine wahlberechtigten Mitglieder in den Kongress sendet. Da jeder Staat unabhängig von seiner Größe zwei Senatoren entsenden darf, sind die kleineren Staaten bei der Präsidentenwahl überrepräsentiert. Die Wahlmänner erhalten zudem heute ein imperatives Mandat, ihre Stimmen für den von der Gesamtpartei vorgeschlagenen Präsidentschaftskandidaten abzugeben. In vielen Gliedstaaten erscheint daher schon gar nicht mehr der Name des Kandidaten für das Wahlmännergremium (*electoral college*) auf den offiziellen Stimmzetteln, sondern der Name der Präsidentschaftskandidaten. Man kann daher schon fast von einem Wandel der indirekten in eine direkte Präsidentschaftswahl sprechen. In vielen Gliedstaaten besteht zudem die Regelung, dass der bei der Volkswahl in einem Gliedstaat erfolgreichste Kandidat die Stimmen aller Wahlmänner dieses Gliedstaates gewinnt. Der Gewinnerkandidat erhält damit bei der Gesamtabstimmung auf Bundesebene auch die Verliererstimmen zugeschlagen. So kann es vorkommen, dass der Kandidat, der die Mehrheit der Volksstimmen im ganzen Land bekommt, im Wahlmännergremium dennoch verliert. Vgl. die Wahlen von 1824 (JOHN QUINCY ADAMS), 1876 (RUTHERFORD B. HAYES), 1888 (BENJAMIN HARRISON) und 2000 (ALBERT GORE). In diesen vier Wahlen unterlagen die Präsidentschaftskandidaten im Wahlmännergremium ihren Konkurrenten, obwohl sie landesweit die meisten Wählerstimmen erhalten hatten. Für die Präsidentschaftskandidaten ist es daher von Bedeutung, Gewinne in den Gliedstaaten einzufahren, die viele Abgeordnete in den Kongress senden dürfen und damit auch viele Wahlmänner stellen. Dazu gehören vor allem die Gliedstaaten Kalifornien (54), Texas (32), New York (33) und Illinois (22). (Vgl. HARDAWAY, The electoral College and the Constitution, S. 39ff.).

[346] PEIRCE/LONGLEY, The People's President, S. 131ff.; U.S. Senate, Committee on the Judiciary, Subcommittee on Constitutional Amendment, Nomination and Election of President and Vice President and Qualifications for Voting: Hearings, 87th Cong., 1st Sess. (1961).

[347] U.S. Senate, Committee on the Judiciary, Subcommittee on Constitutional Amendment, Election of the President: Hearing, 89th Cong., 2nd Sess. und 90th Cong., 1st Sess. (1967).

gab, sondern für GEORGE WALLACE, den Kandidaten einer dritten Partei, votierte, stieß BAYH mit seinen Forderungen, die Direktwahl des Präsidenten einzuführen, im Kongress auf Anklang. In den ersten sechs Wochen des Jahres 1969 berieten beide Kammern des Kongresses über den Umgang mit der Stimme von BAILEY und eröffneten Anhörungen zur Einführung der Direktwahl des Präsidenten. Als Präsident NIXON zum Ausdruck brachte, dass er einer Reform des Wahlmännersystems eher kritisch gegenüberstand, ergriff der Vorsitzende des Justizausschusses im Repräsentantenhaus, EMANUEL CELLER, Partei für BAYH. Sein Justizausschuss stimmte mit 29:6 Stimmen der Revisionsvorlage zu und brachte sie im September 1969 vor das Plenum. Dieses befürwortete nach sechstägiger Debatte mit überwältigender Mehrheit, 339:70 Stimmen, den Revisionsentwurf. Auch Präsident NIXON erklärte seine Zustimmung.[348]

Im Senat stieß das Direktwahl-*Amendment* jedoch nicht auf gleichbürtige Zustimmung. Der Vorsitzende des Justizausschusses, JAMES EASTLAND, weigerte sich, unter dem Vorwand, sich zunächst mit den streitigen *Supreme Court* Nominierungen von CLEMENS HAYNSWORTH und HAROLD CARSWELL auseinandersetzen zu müssen, die Revisionsvorlage auf die Tagesordnung zu setzen. Erst nachdem BAYH EASTLAND androhte, die Zustimmung zum Kandidaten CARSWELL mittels eines Filibuster zu verzögern, berief dieser eine Anhörung zur Revisionsvorlage ein.[349] EASTLAND wusste sich jedoch, gemeinsam mit Senator SAM ERVIN, anderer Methoden zu bedienen, um das Fortschreiten der Revisionsvorlage aufzuhalten. Zunächst ordnete er zusätzliche Anhörungen an, beanspruchte danach zwei ein halb Monate, um einen *Minority Report* anzufertigen und konnte somit die Debatte im Plenum verzögern. Die Berichterstattung für die Mehrheitsmeinung hatte BAYH hingegen bereits nach fünf Wochen fertig gestellt.[350] Als das *Amendment* am 08. September 1970 im Plenum beraten wurde, hatte BAYH zwar 60 Stimmen hinter sich vereint, konnte damit aber nicht die für die Beendigung eines Filibuster erforderliche Zweidrittelmehrheit erreichen. Langwierige Debatten waren die Folge.[351] Als die von BAYH beantragte *cloture vote*, die das Filibuster hätte beenden können, sowohl am 17.

[348] LONGLEY/BRAUN, The Politics of electoral College Reform, S. 141f.; U.S. Senate, Committee on the Judiciary, Subcommittee on Constitutional Amendment, Electing the President: Hearings, 91st Cong., 1st Sess. (1969); U.S. House of Representatives, Committee on the Judiciary, Electoral College Reform: Hearings, 91st Cong., 1st Sess. (1969); Congressional Record, 91st Cong., 1st Sess., Band 115, S. 24963ff. (1969).

[349] LONGLEY/BRAUN, The Politics of electoral College Reform, S. 157f..

[350] U.S. Senate, Committee on the Judiciary, Electoral College Reform: Supplemental Hearings, 91st Cong., 2nd Sess. (1970).

[351] Congressional Record, 91st Cong., 2nd Sess., Band 116, S. 30809ff. (1970).

September als auch am 29. September an der erforderlichen Zweidrittelmehrheit scheiterte, musste er seine Revisionsvorlage zurückziehen.[352]

VI. Amend. XXVI (1971) – Die Absenkung des Wahlalters

Das Amend. XXVI ergänzte die beiden vorhergehenden Wahlrechtsreformen der 60er Jahre um die Herabsenkung des Wahlalters auf 18 Jahre. Die Verfassungsänderung wurde am 10. März 1971 im Senat und am 23. März 1971 im Repräsentantenhaus verabschiedet und in weniger als drei Monaten von den Gliedstaaten ratifiziert.[353]

Das Amend. XXVI sollte dann allerdings bis 1992 der letzte zum Erfolg führende Revisionsversuch bleiben, obwohl zwei weitere Revisionsvorlagen in den 70er Jahren vom Kongress verabschiedet wurden. Das sog. *Equal Rights Amendment (ERA)*, welches die Gleichstellung der Frau verfassungsrechtlich verankern und das sog. *District of Columbia Statehood Amendment*, welches das Regierungsdistrikt für Fragen der Repräsentation einem Gliedstaat gleichstellen sollte, scheiterten jedoch beide an der für die Ratifikation erforderlichen Dreiviertelmehrheit der Gliedstaatenlegislaturen.

---

[352] Congressional Record, 91st Cong., 2nd Sess., Band 116, S. 31754, 32357, 340341f., 34935ff. (1970). U.S. Senate, Committee on the Judiciary, Direct Popular Election for the President and Vice President of the United States: Report, 96th Cong., 1st Sess., S. 3 (1979); LONGLEY/BRAUN, The Politics of electoral College Reform, S. 170, 172.

BAYH brachte seine Revisionsvorlage in jeden Kongress der 70er Jahre ein. 1973 wurden erneut Anhörungen durchgeführt. Als 1975 Senator ERVIN, einer der Hauptgegner der Direktwahl, den Senat verließ, wurden im Januar 1977 nochmals Anhörungen durchgeführt (U.S. Senate, Committee on the Judiciary, The electoral College and direct Election: Hearings, 95th Cong., 1st Sess. (1977). *Majority Leader*, ROBERT BYRD, weigerte sich aber das *Amendment* im Plenum zur Diskussion zu stellen, weil BAYH nicht nachweisen konnte, dass er die für die Beendigung eines Filibuster notwendigen 60 Stimmen hinter sich vereinigen konnte. Als dann auch JAMES EASTLAND, der zweite Hauptgegner des *Amendment*, 1979 den Kongress verließ, schöpfte BAYH neue Hoffnungen. Erneut wurden Anhörungen durchgeführt (U.S. Senate, Committee on the Judiciary, Subcommitee on the Constitution, Direct Popular Election of the President and Vice President of the United States, 96th Cong., 1st Sess. (1979). Am 10. Juli 1979 stimmten im Plenum allerdings nur 51:48 Stimmen für die Revisionsvorlage. Diese Niederlage und BAYHS verlorene Wiederwahl setzten der Direktwahlinitiative dann ein Ende.

[353] Vgl. dazu ausführlich Teil: III: A. I. 1.) d.), S. 233ff..

VII. Das *Equal Rights Amendment (ERA)* (1972)

Die Gleichberechtigung von Mann und Frau wurde erstmals 1867 mit der Einführung des Amend. XIV diskutiert, aber von der Frage der Sklavengleichstellung überschattet. Seit 1923 war das Gleichstellungs*amendment* dann aber immer wieder in den Kongress eingebracht worden, bis heute mehrere hundert Mal.[354]

ALICE PAUL hatte in der Frauenbewegung kurz nach der Einführung des Amend. XIX ein erstes Gleichberechtigungs*amendment* formuliert und im Dezember 1923 brachte der republikanische Senator CHARLES CURTIS diese Revisionsvorlage in den Kongress ein.[355] 1929 und 1931 wurden im Senat Anhörungen durchgeführt, aber nicht über die Revisionsvorlage abgestimmt.[356] Während des *New Deal* erneuerte sich das Interesse für das *Equal Rights Amendment*. Im Februar 1938 kam es wiederum zu Anhörungen im Senat.[357] Diesmal verwies der Justizausschuss das *Amendment* auch wieder zurück an das Plenum, allerdings ohne Empfehlung. Abgestimmt wurde über die Revisionsvorlage im Plenum des Repräsentantenhauses erstmals nach dem zweiten Weltkrieg. Dabei konnte zwar im Repräsentantenhaus die erforderliche Zweidrittelmehrheit hinter der Revisionsvorlage vereint werden, sie scheiterte aber ein Jahr später im Senat.[358]

Die Gegner des *ERA* favorisierten an Stelle der Gleichstellung den größtmöglichen Schutz der Frau und sahen diesen durch das *ERA* gefährdet. Den Vertretern des Frauenprotektionismus gelang es dann auch durch den demokratischen Senator CARL HAYDEN aus Arizona 1950 im Senat einen Anhang zum *ERA* vorzuschlagen, der lautete: „[…] the provisions of this article shall not be construed to impair any rights, benefits, or exemptions conferred by law upon persons of the female sex."[359] In dieser modifizierten Fassung stimmte der Senat mit 63:19

---

[354] VILE, Encyclopedia, S. 177. Vgl. für eine gute Zusammenfassung der Entstehungsgeschichte des *ERA* MANSBRIDGE, Why we lost the ERA, S. 8ff..

[355] DAUGHTREY, 75 N.Y.U. L. Rev. 1, 6 (2000).

[356] U.S. Senate, Committee on the Judiciary, Equal Rights for Men and Women: Hearings, 70th Cong., 2nd Sess. (1929); U.S. Senate, Committee on the Judiciary, Equal Rights: Hearings, 71st Cong., 3rd Sess. (1931).

[357] U.S. Senate, Committee on the Judiciary, Equal Rights for Men and Women: Hearings, 75th Cong., 3rd Sess. (1938).

[358] Congressional Record, 79th Cong., 2nd Sess., Band 91, S. 9405 (1945). Siehe auch U.S. House of Representatives, Committee on the Judiciary, Equal Rights Amendment: Report, 79th Cong., 1st Sess., Report 907 (1945) und U.S. Senate, Committee on the Judiciary, Equal Rights Amendment: Hearing, 79th Cong., 1st Sess. (1945).

[359] Vgl. dazu HARRISON, On Account of Sex, S. 30ff..

Stimmen der Revisionsvorlage zu. *ERA* Befürworter sahen durch die protektionistische Klausel jedoch ihr eigentliches Ziel der Gleichstellung gefährdet. Sie ließen daher eine vorbereitete *discharge petition* fallen, die den Vorsitzenden des Justizausschusses des Repräsentantenhauses gezwungen hätte, das *ERA* vor das Plenum zu bringen.[360] Stattdessen entschieden sie sich, die Revisionsvorlage in ihrer modifizierten Form im Justizausschuss untergehen zu lassen.[361] Auch im Juli 1953 verabschiedete der Senat mit 73:11 Stimmen das *ERA*, allerdings wiederum nur mit dem HAYDEN Zusatz.[362] Gleiches wiederholte sich 1960.[363] Im Dezember 1960 setzte Präsident KENNEDY eine *Commission on the Status of Women* ein, die er jedoch hauptsächlich mit Gegnern eines *ERA* besetzte.[364]

Als es 1964 gelang auf Anstoß des Abgeordneten HOWARD SMITH, dem *Civil Rights Act* in Title VII, die Arbeitsbedingungen und –chancen betreffend, das Verbot der Geschlechterdiskriminierung hinzuzufügen, erhielt die *ERA* Bewegung neuen Auftrieb.[365] Im Oktober 1966 gründeten die Autorin BETTY FRIEDAN,[366] die Abgeordnete aus Michigan, MARTHA GRIFFITH, und weitere Frauen die *National Organization for Women (NOW)*, die sich im Oktober 1967 der *ERA*-Bewegung verschrieb.

EMANUEL CELLER, Vorsitzende des Justizausschusses des Repräsentantenhauses, hatte sich bisher geweigert, sich um das Fortkommen des *ERA* zu bemühen. Im Sommer 1970 hatte MARTHA GRIFFITH allerdings genügend Kollegen hinter sich vereint, um eine *discharge petition* zu gewinnen und die Revisionsvorlage so vor das Plenum zu bringen.[367] Am 10. August stimmte das Abgeordnetenhaus mit 333:22 Stimmen der Petition zu und das *ERA* wurde mit 350:15 Stimmen verabschiedet.[368] Im Senat gab es zwar wenig Gegner eines *ERA*, allerdings versammelten sich diese wenigen im Nadelöhr des Justizausschusses. Im September 1970 hatte dieser die von ihm angesetzten Anhörungen genutzt, um Argumente gegen ein *ERA* zu vermitteln.[369] *Senate Majority Leader*, MIKE

---

[360] Vgl. zur *discharge petition* Teil II: C. II. 1.) b.), S. 123ff..

[361] HARRISON, On Account of Sex, S. 32.

[362] Congressional Record, 83rd Cong., 1st Sess., Band 99, S. 8973f. (1953).

[363] Congressional Record, 86th Cong., 2nd Sess., Band 105, S. 15679ff. (1960).

[364] HARRISON, On Account of Sex, S. 69ff., 113ff..

[365] HARRISON, On Account of Sex, S. 176ff..

[366] Ihr 1963 veröffentlichtes Werk „The Feminine Mystique" wurde ein Bestseller.

[367] STEINER, Constitutional Inequality, S. 15ff..

[368] Congressional Record, 91st Cong., 2nd Sess., Band 116, S. 28004, 28036f. (1970); STEINER, Constitutional Inequality, S. 15.

[369] U.S. Senate, Committee on the Judiciary, Equal Rights 1970: Hearings, 91st Cong., 2nd Sess. (1970).

MANSFIELD, entschloss sich daher die Vorlage des Repräsentantenhauses nicht dem Justizausschuss zu übergeben, sondern direkt im Plenum zu beraten. Um den Gegnern entgegenzukommen und die Verabschiedung der Revisionsvorlage voranzutreiben, schlug BAYH vor, den Entwurf mit einer siebenjährigen Ratifikationsfrist zu ergänzen. Zu einer Abstimmung über die Verfassungsänderung kam es jedoch vorerst nicht. Als der nächste Kongress im Januar 1971 zusammentrat, brachte GRIFFITH das *ERA* erneut in den Kongress ein, diesmal direkt mit der von BAYH vorgeschlagenen Ratifikationsfrist versehen. Ein Unterausschuss des Justizausschusses des Repräsentantenhauses führte im Frühjahr 1971 Anhörungen durch und befürwortete an deren Ende die Verabschiedung der Revisionsvorlage.[370] Der Justizausschuss fügte jedoch am 22. Juni 1971 der Revisionsvorlage eine vom Effekt her dem HAYDEN Zusatz sehr ähnliche Klausel hinzu und empfahl dann dem Plenum mit 38:2 Stimmen die Verabschiedung der so modifizierten Revisionsvorlage.[371] Nach langen Diskussionen im Plenum, in denen Gegner des *ERA* immer wieder versuchten, der Revisionsvorlage mit überflüssigen Klauseln die Klarheit zu nehmen,[372] nahm das Repräsentantenhaus jedoch am 12. Oktober 1971 die von GRIFFITH eingebrachte *ERA*-Version ohne Modifikationen mit 354:24 Stimmen an.[373] Auch der Senat verabschiedete am 22. März 1972 die Revisionsvorlage mit 84:8 Stimmen,[374] so dass das *ERA* an die Gliedstaaten zur Ratifikation übersandt werden konnte.[375]

Als kurz vor dem Ende der Ratifikationsfrist klar wurde, dass nicht genügend Gliedstaaten die Revisionsvorlage vor Ablauf der Frist ratifizieren würden,[376] begannen Anstrengungen der *ERA*-Befürworter, die Ratifikationsfrist zu verlängern. Am 15. August 1978 konnte eine dreijährige Verlängerung im Repräsentantenhaus mit 233:189 und im Senat am 06. Oktober mit 60:36 Stimmen durchgesetzt werden.[377] Auch die Verlängerung der Ratifikationsfrist führte jedoch nicht dazu, dass ausreichend Gliedstaaten der Revisionsvorlage zustimmten. Als die verlängerte Ratifikationsfrist am 30. Juni 1982 auslief, hatten nicht

---

[370] U.S. House of Representatives, Committee on the Judiciary, Equal Rights for Men and Women 1971: Hearings before Subcommittee No. 4, 92nd Cong., 1st Sess. (1971).

[371] GRIMES, Democracy, S. 148.

[372] GRIMES, Democracy, S. 148ff..

[373] Congressional Record, 92nd Cong., 1st Sess., Band 117, S. 35784ff., 35815 (1971).

[374] Congressional Record, 92nd Cong., 2nd Sess., Band 118, S. 9598 (1972).

[375] Vgl. für den Wortlaut Anhang B, S. 417.

[376] STEINER, Constitutional Inequality, S. 52ff..

[377] Congressional Record, 95th Cong., 2nd Sess., Band 124, S. 26264f., 34314f. (1978).

die erforderlichen drei Viertel der Gliedstaaten das *ERA* ratifiziert. Es konnte somit nie in Kraft treten.[378]

VIII. Das *District of Columbia Statehood Amendment* (1978)

Die durch das Amend. XXIII eingeführte Beteiligung des *District of Columbia* an den Präsidentschaftswahlen erneuerte die Diskussion um die Gleichstellung des Regierungsbezirks mit einem Gliedstaat. Bis Ende der 60er Jahre waren ca. 150 derartige Revisionsvorlagen in den Kongress eingebracht worden. 1967 hätte die jüngste dieser Vorlagen dem *District of Columbia* zumindest Sitze im Kongress gewährt, die wie bei den Gliedstaaten auf Bevölkerungsbasis errechnet werden sollten. Gegen eine solche Revisionsvorlage wurden jedoch Bedenken geäußert und vor allem erklärt, bei ihr reiche für die Ratifikation nicht die Dreiviertelmehrheit aus, sondern eine solche Verfassungsänderung müsste zu ihrem Inkrafttreten von allen Gliedstaaten ratifiziert werden, da Art. V bestimmt, dass „no state without ist consent shall be deprived of ist equal suffrage in the Senate." Durch die Hinzufügung neuer Sitze im Kongress würde aber zumindest verhältnismäßig das Stimmengewicht der Gliedstaaten reduziert.[379]

Im Juli 1975 entfachte WALTER FAUNTROY, der nicht stimmberechtigte Delegierte des Distrikts im Repräsentantenhaus, die Diskussion erneut. Das *Subcommittee on Civil and Constitutional Rights* im Repräsentantenhaus hielt Anhörungen ab. Dabei widerlegte HERMAN BADILLO aus New York die Ansicht, die eine einstimmige Ratifikation für notwendig hielt, indem er klarstellte, dass Art. V niemals die Zulassung neuer Gliedstaaten zur Union verhindern wollte. Das *Amendment* würde zudem nicht das Gleichgewicht der Gliedstaaten, sondern nur ihre verhältnismäßiges Gewicht in Abstimmungen betreffen.[380] Zwei Jahre später nahm der Unterausschuss einstimmig eine etwas modifizierte Revisionsvorlage an, die das *District of Columbia* in Repräsentationsfragen bezüglich der Präsidentschaftswahlen, bezüglich des Revisionsprozesses und bezüg-

---

[378] Zwei Wochen nachdem auch die verlängerte Ratifikationsfrist ausgelaufen war, wurde erneut eine Revisionsvorlage in den Kongress eingebracht. Obwohl sie im Senat 50 und im Repräsentantenhaus 200 Co-Sponsoren hatte, scheiterte sie am 15. November 1983 in der Abstimmung im Repräsentantenhaus mit 278:147 Stimmen an der erforderlichen Zweidrittelmehrheit. (Congressional Record, 98th Cong., 1st Sess., Band 129, S. H9865f. (1983)).

[379] U.S. House of Representatives, Committee on the Judiciary, D.C. Representation in Congress: Hearings, 90th Cong., 1st Sess. (1967).

[380] U.S. House of Representatives, Subcommittee on Civil and Constitutional Rights, Committee on the Judiciary, Representation of the District of Columbia in Congress: Hearings, 94th Cong., 1st Sess., S. 10 (1975).

lich seiner Repräsentation im Kongress den Gliedstaaten gleichstellte. Der Justizausschuss des Repräsentantenhauses schloss sich dem Unterausschuss, elf Tage nachdem Präsident JIMMY CARTER am 20. Januar 1978 in seiner Rede zum *State of the Union* auf die Verabschiedung des *Amendment* gedrängt hatte, an. Allerdings fügte der Justizausschuss der Revisionsvorlage eine Ratifikationsfrist hinzu. Anders als beim *ERA* positionierte er diese nicht in der begleitenden Resolution, sondern im vorgeschlagenen Verfassungstext selbst. Damit wollte er einer Verlängerung der Ratifikationsfrist, wie dies beim *ERA* der Fall war, vorbeugen: „The effect of placing this time limit in the text of the amendment prohibits subsequent Congresses from deciding to extend the time allowed for ratification."[381] Am 02. März 1978 verabschiedete das Repräsentantenhaus den Revisionsentwurf mit 289:127 Stimmen.[382] Auch der Senat entschied letztendlich mit 67:32 Stimmen am 22. August 1978 positiv über die Revisionsvorlage.[383]

Wie erwartet, verlief die Ratifikation in den Gliedstaaten, die den Verlust proportionaler Macht kommen sahen, schleppend. Nach sieben Monaten hatten nur fünf Gliedstaaten das *Amendment* ratifiziert, acht hatten es hingegen offiziell abgelehnt. Man fürchtete, das liberal-demokratisch orientierte Distrikt mit seiner überwiegend schwarzen Bevölkerung würde den Senat als Kontrollorgan der Gliedstaaten auf Bundesebene aus dem Gleichgewicht bringen. Auch der Kampf des Senators BAYH mit Hilfe zweier Organistaionen, der *National Coalition for Self-Determination for the District of Columbia*, sowie der *D.C. Voting Rights Service Corporation* halfen nicht weiter. Als am 22. August 1985 die Ratifikationsfrist auslief, hatten nur 16 Gliedstaaten den Revisionsentwurf ratifiziert.[384]

---

[381] U.S. House of Representatives, Committee on the Judiciary, District of Columbia Representation in Congress, Report, 95th Cong., 2nd Sess., Report, 95-886, S. 7 (1978).

[382] Congressional Record, 95th Cong., 2nd Sess., Band 124, S. 5272f. (1978).

[383] Congressional Record, 95th Cong., 2nd Sess., Band 124, S. 27260 (1978).

[384] In der Folge wurde versucht, mit einer anderen, den Art. V umgehenden Methode, die Repräsentation des Distrikts zu erreichen. Das Distrikt sollte mit Ausnahme des Regierungsviertels als neuer Gliedstaat in die Union aufgenommen werden. Dieser, nur eine einfache Mehrheit erfordernde, Plan scheiterte im November 1993 im Repräsentantenhaus, da er nur 153 der 430 abgegebenen Stimmen auf sich vereinigen konnte. Der Plan muss jedoch auch kritisch gesehen werden, denn er würde das Amend. XXIII umgehen. Das *Amendment* würde dem Regierungsviertel drei Wahlmännerstimmen in den Präsidentschaftswahlen zugestehen, was in Bezug auf seine geringe Einwohnerzahl außer jeglichem Verhältnis stünde. Es müsste demnach auch eine Verfassungsänderung in Bezug auf das Amend. XXIII erfolgen. Vgl. RAVEN-HANSEN, 60 Geo. Wash. L. Rev. 160, 183ff. (1991).

I. Die Revisionstätigkeit ab 1980

I. Das *Balanced Budget Amendment*

Die größte Aufmerksamkeit erzeugte in den 80er und 90er Jahren das *Balanced Budget Amendment*, welches den Bund zur Führung eines ausgeglichenen Haushaltes verpflichten sollte. Schon Jahre zuvor hatte sich 1969 die *National Taxpayers Union* gegründet, um sich für die Verabschiedung eines solchen *Amendment* einzusetzen. Ermutigt durch die neu gegründete Vereinigung begannen ab 1975 auch die Gliedstaaten, die Tagung eines Bundeskonvents zur Ausarbeitung eines *Balanced Budget Amendment* zu beantragen.

Als sich die finanzielle Lage der Vereinigten Staaten 1981 abermals verschlechterte, berief Senator ORRIN HATCH, Vorsitzender des *Subcommittee on the Constitution* Anhörungen ein.[385] Er machte seine Kollegen auf die drohende Einberufung eines Bundeskonvents aufmerksam und schlug ein „consensus-Amendment" vor.[386] Dies sollte den Kongress grundsätzlich zur Führung eines ausgeglichenen Haushalts verpflichten, sah aber zwei Ausnahmen vor: Im Kriegsfall und wenn drei Fünftel des Kongresses zustimmten, durften Extraausgaben bewilligt werden. Zudem sollten auch Steuererhöhungen vom Kongress autorisiert werden müssen. Der Unterausschuss wie auch der Justizausschuss stimmten am 20. Mai 1981 der Vorlage zu.[387] Am 04. August 1982 nahm auch der Senat mit 69:31 Stimmen den Revisionsentwurf an und leitete die Vorlage an das Repräsentantenhaus weiter.

Im Justizausschuss des von den Demokraten dominierten Repräsentantenhauses wurden einschneidende Änderungen an der Revisionsvorlage vorgenommen. Die Referenzperiode für den Haushalt wurde von einem Jahr auf eine unbestimmte „fixed period" ausgedehnt, und die Dreifünftelmehrheit für die Ausnahmebewilligung wurde nicht mehr als Mitglieder-, sondern bezogen auf die Abstimmungsmehrheit gewertet. Vor den Novemberwahlen von 1982 kam es jedoch nicht mehr zu einer Abstimmung im Repräsentantenhaus. Die 26 Sitze, die die Demokraten bei den Wahlen dazu gewannen, machten die Verabschiedung der stark republikanisch geprägten Revisionsvorlage dann noch unwahrscheinlicher.

---

385 U.S. Senate, Subcommittee on the Constitution, Committee on the Judiciary, Balanced Budget-Tax Limitation Constitutional Amendment: Hearings, 97th Cong., 1st Sess., S. 3ff. (1981). Bereits 1975 hatte der Unterausschuss Anhörungen durchgeführt, sich aber damals gegen das *Amendment* ausgesprochen.

386 KYVIG, 28 Akron L. Rev. 97, 112f. (1995).

387 U.S. Senate, Committee on the Judiciary, Balanced Budget-Tax Limitation Constitutional Amendment: Report, S. 3ff. (1981).

Die Bewegung in den Gliedstaaten, die auf die Einberufung eines verfassungsändernden Bundeskonvents zur Ausarbeitung eines *Balanced Budget Amendment* drängte, beschleunigte sich zwar zunächst. Im März 1983 war Missouri der 32. Gliedstaat, der einen Antrag auf die Einberufung eines solchen Konvents stellte,[388] so dass nur noch zwei Gliedstaatenanträge fehlten, um den Kongress zur Einberufung zu verpflichten. Der Enthusiasmus in den Gliedstaaten für die Verabschiedung eines *Balanced Budget Amendment* nahm dann jedoch rapide ab. Im März 1986 verfehlte die Revisionsvorlage im Senat mit einer Stimme die Zweidrittelmehrheit.[389] Wie bereits REAGAN, der sich zwar öffentlich für die Verabschiedung eines *Balanced Budget Amendment* einsetzte, selbst aber Haushalte mit großen Defiziten vorlegte, unterbreitete auch sein Nachfolger GEORGE BUSH Haushaltspläne, in denen größere Verschuldungsmaßnahmen eingeplant waren, drückte aber ebenfalls seine Befürwortung der Revisionsvorlage aus. Gleichzeitig unterstützte er auch andere Revisionsvorschläge,[390] was den demokratischen *Senate Majority Leader*, GEORGE MITCHELL, dazu verleitete, festzustellen: „One of the president's policies which I find most disturbing is the haste with which he is prepared to endorse amendments to the Constitution."[391] Im Juli 1990 und im Juni 1992 verfehlte die Revisionsvorlagen zum *Balanced Budget Amendment* im Repräsentantenhaus nur knapp die erforderliche Zweidrittelmehrheit, nur 7 bzw. 9 Stimmen fehlten ihr zum Erfolg.[392]

BILL CLINTONS erster Haushaltsplan kombinierte dann starke Einsparungen mit leichten Steueranhebungen, um die Schulden zu reduzieren. Am 01. März 1994 stimmte der Senat daher mit 63:37 Stimmen knapp gegen ein *Balanced Budget Amendment*.[393] Als die Republikaner nach den Novemberwahlen von 1994 jedoch beide Kammern des Kongresses zum ersten mal seit 40 Jahren wieder dominierten, verabschiedete das Repräsentantenhaus die Revisionsvorlage mit 300:132 Stimmen.[394] Sie scheiterte dann aber im März 1995 im Senat.[395]

---

[388] U.S. Senate, Committee on the Judiciary, Constitutional Convention Implementation Act of 1984, Report, 98th Cong., 2nd Sess., S. 57 (1984). Vgl. ISHIKAWA, 35 Tulsa L.J. 353, 356 (2000).

[389] Vgl. CAPLAN, Constitutional Brinksmanship, S. 84f..

[390] Das *Flag Burning Amendment*, das *Anti-Abortion Amendment* und das *School Prayer Amendment*. Vgl. dazu Teil: III: A. I. 2.) b.), d.) und e.), S. 238ff., 243ff..

[391] Washington Post, October 13, 1989, A21, zitiert in: KYVIG, Explicit and authentic Acts, S. 460.

[392] Congressional Record, 101st Cong., 2nd Sess., Band 137, S. H4870 (1990); Congressional Record, 102nd Cong., 2nd Sess., Band 138, S. H4670f. (1992).

[393] Congressional Record, 103rd Cong., 2nd Sess., Band 140, S. S2158f. (1994).

[394] Congressional Record, 104th Cong., 1st Sess., Band 141, S. H700ff. (1995).

[395] Congressional Record, 104th Cong., 1st Sess., Band 141, S. S3314 (1995).

Auch 1996 verfehlte die Vorlage - ebenfalls nur knapp mangels zwei Stimmen - die Zweidrittelmehrheit im Senat.[396] Damit erreichte die Initiative für ein *Balanced Budget Amendment* vorerst ihren letzten Höhepunkt.[397]

II. Amend. XXVII (1992) – Die Diätenerhöhung

Aufgrund der Diskussionen um das *Balanced Budget Amendment* kaum bemerkt, kam es 1992 schließlich zur Ratifikation einer Revisionsvorlage, die der Kongress bereits 1789 den Gliedstaaten zur Ratifikation übersandt hatte. Über 200 Jahre nach seiner Verabschiedung durch den Kongress wurde das *Pay Raise Amendment* von der erforderlichen Dreiviertelmehrheit der Gliedstaaten ratifiziert und bildet das Amend. XXVII. Die Verfassungsänderung ergänzt Art. I, § 6 cl. 1, der die Entlohnung von Kongressmitgliedern durch Bundesfinanzen regelt und lässt neu beschlossene Diätenerhöhungen erst nach einer dazwischen geschalteten Wahl wirksam werden. Damit gibt Amend. XXVII dem Volk die Möglichkeit, seine Zustimmung zu oder Ablehnung gegen die Erhöhung in einer Wahl zum Ausdruck zu bringen.

Die Revisionsvorlage war ursprünglich Teil der von JAMES MADISON am 08. Juni 1789 im ersten Kongress vorgeschlagenen und am 25. September den Gliedstaaten zur Ratifikation übersandten zwölf Verfassungsänderungen, von denen später jedoch nur zehn als *Bill of Rights* am 15. Dezember 1791 in Kraft traten. Das Diäten*amendment* konnte in der Zeit, in denen die *Bill of Rights* von den Gliedstaaten ratifiziert wurden, nur sechs Ratifikationen verzeichnen, 1873 unterzeichnete ein siebter Gliedstaat. Erst nach mehr als 100 Jahren brach eine erneute Ratifikationswelle aus. Nachdem 1978 ein achter Gliedstaat der Revisionsvorlage zustimmte, folgten in den 80er Jahren zahlreiche weitere. Am 07. Mai 1992 ratifizierte mit Michigan der 38. Gliedstaat die Verfassungsänderung, womit die erforderliche Dreiviertelmehrheit von 38 Gliedstaaten erreicht war. Zwei Wochen später, am 18. Mai 1992, bestätigte DON WILSON, der *Archivist of the United States*, die Zusendung der 38. Ratifikationsurkunde und stellte fest, dass das *Amendment* in Kraft getreten ist, obwohl die Ratifikationsphase über zwei Jahrhunderte angedauert hatte.[398] Er stützte sich dabei auf ein Memorandum des *Office of Legal Counsel of the United States Department of Justice*, in

---

[396] Congressional Record, 104th Cong., 2nd Sess., Band 142, S. S5903 (1995).

[397] Vgl. die Nachweise bei SETO, 106 Yale L.J. 1449, 1451 Fn. 2 (1997). Zwar wurden auch Anfang dieses Jahrhunderts dem *Balanced Budget Amendment* ähnliche Vorlagen in den Kongress eingebracht, konnten aber keine Mehrheit hinter sich vereinen. Vgl. VILE, Encyclopedia, S. 34f.; SCHECHTER, 2000 Insights on L. & Soc. 11, 12f. (2000).

[398] 57 Fed. Reg, 21, 187f. (1992).

welchem die Meinung vertreten wurde, dass eine zeitliche Ratifikationsgrenze, sofern diese vom Kongress nicht festgelegt worden sei, nicht bestehen könne.[399] Um jeden Zweifel zu beseitigen, bestätigten zwei Tage später der Senat mit 99:0 Stimmen und das Repräsentantenhaus mit 414:3 Stimmen durch jeweilige Resolutionen das rechtsgültige Inkrafttreten des *Amendment*.[400] Das Amend. XXVII bildet damit die bisher letzte in den Vereinigten Staaten in Kraft getretene Verfassungsänderung. Der ungewöhnlich lange Ratifikationsprozess führte allerdings dazu, dass die Verfassungsmäßigkeit und das tatsächliche Inkrafttreten des Amend. XXVII bis heute angezweifelt werden.[401]

III. Das *Congressional Term Limit Amendment*

Zwar wurde seit 1992 keine Verfassungsänderung mehr von beiden Kammern des Kongresses verabschiedet, allerdings wurde der Revisionsmechanismus vergleichsweise häufig aktiviert. Populär war vor allem Mitte der 90er Jahre das *Congressional Term Limit Amendment*, welches als Korrespondent zum Amend. XXII auch die mögliche Wiederwahl von Kongressmitgliedern beschränken sollte. Seit der Entscheidung des *Supreme Court* in U.S. Term Limits, Inc. v. Thornton, in der er feststellte, dass die von der Verfassung aufgestellten Anforderungen an Kongressmitglieder abschließend sind,[402] ist klar, dass zusätzliche Qualifikationen, wie z.B. die Begrenzung der Amtszeit, ausschließlich durch eine Verfassungsänderung gefordert werden können. Im März 1995 wurden vier verschiedene *Term Limit Amendments* im Repräsentantenhaus zur Abstimmung gestellt; allerdings konnte keines von ihnen eine Zweidrittelmehrheit erreichen.[403]

---

[399] 16 Op. Off. Legal Counsel 100 (1992).

[400] Congressional Record, 102nd Cong., 2nd Sess., Band 138, S. S6948 (1992); Congressional Record, 102nd Cong., 2nd Sess., Band 138, S. H3505 (1992).

[401] BERNSTEIN, 61 Fordham L. Rev. 497, 498ff. (1992); BRUGGER, ZRP 1992, 321, 322; VAN ALSTYNE, 10 Const. Comment 9, 14ff. (1993); KENNEDY, 26 J. Marshall L. Rev. 977, 977ff. (1993); LEVINSON, 11 Const. Comment. 101, 103ff. (1994); DALZELL/BESTE, 62 Geo. Wash. L. Rev. 501, 502ff. (1994); GRIFFIN, American Constitutionalism, S. 29. Vgl. auch Teil II: C. II. 1.) f.), S. 130ff..

[402] U.S. Term Limits, Inc. v. Thornton, 514 U.S. 779 (1995).

[403] Congressional Record, 104th Cong., 1st Sess., Band 141, S. H3889ff. (1995). Vgl. dazu BOUDREAUX/PRITCHARD, 62 Fordham L. Rev. 111, 157ff. (1993) und Teil II: C. V. 2.), S. 161ff..

IV. Das *Line-Item Veto Amendment*

Diskutiert wurde Ende der 90er dann die Einführung eines *Line-Item Veto Amendment*.[404] Dies sollte dem Präsidenten ermöglichen, auch einzelne, Finanzzuweisungen betreffende, Teile eines Gesetzes mit einem Veto zu belegen. Bisher gestattet die Verfassung dem Präsidenten in Art. I, § 7, cl. 2 nur das Recht, eine Gesetzesvorlage insgesamt, nicht aber in Auszügen mit einem Veto aufzuhalten. Vor allem nach der Entscheidung des *Supreme Court* in Clinton v. City of New York, in welcher das Gericht 1998 den *Line-Item Veto Act*, der eben ein solches Teilvetorecht durch ein einfaches Gesetz eingeführt hatte, für verfassungswidrig hielt und erklärte, dass eine solche Maßnahme nur durch eine Verfassungsänderung eingeführt werden könnte,[405] unterstützte BILL CLINTON, wie auch schon seine beiden Amtsvorgänger intensiv die Verabschiedung eines *Line-Item Veto Amendment*. Der Justizausschuss des Repräsentantenhauses hielt aber erst am 23. März 2000 Anhörungen zu einer von den Abgeordneten PHIL ENGLISH aus Pennsylvania und JOHN BALDACCI aus Maine eingebrachten Revisionsvorlage ab. Bisher wurde noch nicht über den Entwurf abgestimmt.

V. Die aktuelle Revisionstätigkeit des Kongresses

Unter dem jetzigen Präsidenten, GEORGE BUSH Jr., werden seit 2001 neben den „Dauerbrennern" *Balanced Budget Amendment*[406] und Reform der Präsidentenwahl[407] vor allem konservative Verfassungsänderungen verfolgt. Im Vordergrund stehen die Einführung eines *Same-sex Marriage Amendment*, welches die verfassungsrechtliche Gleichstellung der gleichgeschlechtlichen Ehe verbieten soll,[408] sowie religiöse Verfassungsänderungen, die das Schulgebet wieder einführen, oder aber den Gottesbezug in der *Pledge of Allegiance* verfassungsrecht-

---

[404] Vgl. dazu SIDAK, 80 Cornell L. Rev. 1498, 1498ff. (1995).

[405] Clinton v. New York, 524 U.S. 417, 449 (1998).

[406] Allein im 109. Kongress wurden wieder 5 Revisionsvorlagen zur Einführung eines *Balanced Budget Amendment* eingebracht. Vgl. H.R.J. Res. 6, 109th Cong., 1st Sess. (04. Januar 2005); H.R.J. Res. 22, 109th Cong., 1st Sess. (17. Februar 2005); H.R.J. Res. 58, 109th Cong., 1st Sess. (13. Juli 2005); S.J. Res. 2, 109th Cong., 1st Sess. (24. Januar 2005); S.J. Res. 10, 109th Cong., 1st Sess. (16. März 2005).

[407] Vgl. für den 109. Kongress H.R.J. Res. 1, 109th Cong., 1st Sess. (04. Januar 2005); H.R.J. Res. 8, 109th Cong., 1st Sess. (04. Januar 2005); H.R.J. Res. 17, 109th Cong., 1st Sess. (09. Februar 2005); H.R.J. Res. 36, 109th Cong., 1st Sess. (02. März 2005); H.R.J. Res. 50, 109th Cong., 1st Sess. (12. Mai 2005); S.J. Res. 11, 109th Cong., 1st Sess. (16. März 2005).

[408] Vgl. dazu Teil: III: A. II., S. 249ff..

lich garantieren sollen.[409] Die außenpolitische Lage der USA, vor allem der Kampf gegen die aktuelle Gefahr des Terrorismus, führte zudem zu zahlreichen Revisionsvorlagen, die die Kontinuität der Regierung und des Kongresses in Krisenzeiten sichern sollen.[410]

J. Zusammenfassung

I. Zyklische Revisionsperioden

Zunächst lässt sich feststellen, dass die Verfassungsänderungen, mit Ausnahme des Amend. XXII und des Amend. XXVII, geballt in fünf verschiedenen Perioden erfolgten. Von 1789 bis 1804 traten die Amend. I bis Amend. XII in Kraft, die vor allem auf Drängen der Anti-Föderalisten erlassen wurden. Nach einer über 60 jährigen Revisionspause folgten von 1865 bis 1870 die drei *Civil War Amendments*. Wiederum erst über 40 Jahre später führten die progressiven Reformbewegungen von 1913 bis 1920 zu vier weiteren Verfassungsänderungen. Die Amend. XX und Amend. XXI folgten beide im Jahr 1933. Zwischen der vierten und fünften Revisionsperiode, die 1961 mit dem Amend. XXIII eingeläutet wurde, wurde 1951 das Amend. XXII verabschiedet und trat 1954 in Kraft. Von 1961 bis 1971 folgten dann die Amend. XXIII bis Amend. XXVI. Erst 1992 trat das mit den *Bill of Rights* vom Kongress verabschiedete Amend. XXVII in Kraft.

Die wellenartige Bewegung in der zum Erfolg führenden Revisionstätigkeit des Kongresses darf jedoch nicht zu dem irrigen Schluss führen, dass nur in diesen Zeiträumen Verfassungsänderungen im Kongress beraten wurden. Wie die

409 Vgl. u.a. H.R.J. Res. 12, 107th Cong., 1st Sess. (07. Februar 2001); H.R.J. Res. 52, 107th Cong., 1st Sess. (13. Juni 2001); H.R.J. Res. 102, 107th Cong., 2nd Sess. (26. Juni 2002); H.R.J. Res. 103 und H.R.J. Res. 104, 107th Cong., 2nd Sess. (26. und 27. Juni 2002); H.R.J. Res. 108, 107th Cong., 2nd Sess. (25. Juli 2002); S.J. Res. 1, 107th Cong., 1st Sess. (22. Januar 2001); S.J. Res. 39, 107th Cong., 2nd Sess. (26. Juni 2002); S.J. Res. 42, 107th Cong., 2nd Sess. (01. August 2002); H.R.J. Res. 7, 108th Cong., 1st Sess. (7. Januar 2003); H.R.J. Res. 39 und 40, 108th Cong., 1st Sess. (13 und 18. März 2003); H.R.J. Res. 68, 108th Cong., 1st Sess. (17. September 2003); S.J. Res. 7, 108th Cong., 1st Sess. (03. März 2003); H.R.J. Res. 7, 109th Cong., 1st Sess. (02. März 2005); H.R.J. Res. 21, 109th Cong., 1st Sess. (16. Februar 2005); S.J. Res. 24, 109th Cong., 1st Sess. (14. September 2005).

410 Vgl. H.R.J. Res. 67, 107th Cong., 1st Sess. (10. Oktober 2001); H.R.J. Res. 77, 107th Cong., 1st Sess. (05. Dezember 2001); S.J. Res. 30, 107th Cong., 1st Sess. (20. Dezember 2001); H.R.J. Res. 90, 108th Cong., 2nd Sess. (11. März 2004); H.R.J. Res. 96, 108th Cong., 2nd Sess. (05. April 2004); S.J. Res. 23, 108th Cong., 1st Sess. (05. November 2003); H.R.J. Res. 49, 109th Cong., 1st Sess. (12. Mai 2005).

zahlreichen im Kongress nur knapp gescheiterten Revisionsentwürfe verdeutlichen, ist die Revisionstätigkeit des Parlaments zu keinem Zeitpunkt verstummt. Allerdings ist auffällig, dass bisher immer erst ein politisches Ereignis auch den Verfassungsänderungen zum Erfolg verhelfen musste, die rein strukturelle Probleme der Verfassung lösen sollten. Das Revisionsverfahren wurde in den Vereinigten Staaten somit immer nur als Korrektiv genutzt, bisher aber nie präventiv eingesetzt.

II. Inhaltlich begrenzte Rekonstruktion

Inhaltlich lassen sich bei den Verfassungsänderungen vier verschiedene Hauptthemenbereiche ausmachen: 1. Schaffung neuer Grundrechte (*Bill of Rights*, Amend. XIII, § 1 und Amend. XIV, § 1), 2. Erweiterung und Organisation des Wahlrechts (Amend. XII, Amend. XIV, §§ 2 und 3, Amend. XV, § 1 Amend. XVII, Amend. XIX, § 1, Amend. XXIII, § 1, Amend. XXIV, § 1 und Amend. XXVI, § 1), 3. das Amt des Präsidenten (Amend. XII, Amend. XX, Amend. XXII und Amend. XXV) und 4. die Erweiterung der Kompetenzen des Bundes (Amend. XIII, § 2, Amend. XIV, § 5, Amend. XV, § 2, Amend. XVI, Amend. XVIII, § 2, Amend. XIX, § 2, Amend. XXIII, § 2, Amend. XXIV, § 2 und Amend. XXVI, § 2). Nicht in diese Kategorien passen allein das Amend. XI, welches die Anklage von Gliedstaaten durch gliedstaatenfremde Bürger verbot, das die Prohibition aufhebende Amend. XXI und schließlich das Amend. XXVII, welches einer Diätenerhöhung der Abgeordneten und Senatoren erst dann Rechtswirksamkeit verleiht, wenn Neuwahlen zum Kongress stattgefunden haben.

III. Modifikation des Art. V durch die Verfassungspraxis

Durch die 27 Verfassungsänderungen und durch die zahlreichen Änderungsversuche hat sich das in Art. V niedergelegte Revisionsverfahren über den mehr als zweihundertjährigen Zeitraum etabliert, durch Verfassungspraxis weiterentwickelt und trotz der hier geschilderten verschiedenen Versuche, es zu vereinfachen oder auch zu erschweren, behaupten können. Die Würdigung der rechtlichen Aspekte des Verfahrens erfolgt in den Teilen II und III dieser Arbeit. Hier sollen nur einige, die Verfassungspraxis des Revisionsverfahrens betreffende verfassungspolitische Beobachtungen gestattet sein. Diese betreffen zum einen die Rolle des Kongresses im Revisionsverfahren und zum anderen das Aufkeimen des außerparlamentarischen Lobbyismus im 20. Jahrhundert. Sowohl der

Kongress als auch der Lobbyismus haben in der Verfassungsentwicklung eine vereinnahmende Rolle im Revisionsprozess eingenommen, die in diesem Umfang vom Verfassungsgeber nicht vorhergesehen werden konnte.

Im Laufe der letzten zwei Jahrhunderte wurde zunächst die Rolle des Kongresses im Prozess der Verfassungsänderung durch die Schaffung von Präzedenzfällen wesentlich gestärkt. In dieser Hinsicht war die Verabschiedung der *Bill of Rights* nicht nur materiell, sondern auch prozessrechtlich von großer Bedeutung. Viele Verhaltensweisen des ersten Kongresses bei der Verabschiedung der *Bill of Rights* wurden als Präzedenzfälle für die Umsetzung des Art. V gewertet und hatten sowohl in der Verfassungspraxis als auch teilweise bereits vor dem *Supreme Court* Bestand.[411] Als sog. *congressional precedent* wurden die Verhaltensweisen des Kongresses in den ersten Anwendungsfällen des Art. V, insbesondere bis zum Amend. XIV, zum Maßstab für alle weiteren Revisionsverfahren. Die steigende Autorität des Kongresses im Änderungsprozess zeigt sich insbesondere auch in seinen Resolutionen zum Amend. XIV und Amend. XXVII, in denen er nicht nur zu einzelnen Verfahrensfragen einen Standpunkt festlegte, sondern beide Verfassungsänderungen insgesamt für verfassungsgemäß erklärte. Die vom Kongress eingenommene Stellung im Revisionsprozess positioniert ihn damit nicht nur als bloßen Beteiligten des Verfahrens, sondern er spricht sich mit den verabschiedeten Resolutionen auch gleichzeitig selbst die Rolle des Überwachungsorgans im Revisionsverfahren zu. Ob dieses Verhalten den verfassungsrechtlichen Vorgaben entspricht und verfassungspolitisch sinnvoll ist, soll im Teil III dieser Arbeit erörtert werden.

Seit der zweiten Dekade des letzten Jahrhunderts gewinnt zudem der außerparlamentarische Lobbyismus eine immer größere Bedeutung im Änderungsverfahren.[412] Das Revisionsverfahren wurde zum einen mehr und mehr personenabhängig, teilweise Revisionsversuche sogar nach den sie initiierenden Abgeordneten oder Senatoren benannt. Diese Abhängigkeit wird insbesondere dadurch deutlich, dass auch Revisionsvorlagen, die nur knapp an den erforderlichen Mehrheiten scheiterten nach dem Ausscheiden ihrer Initiatoren aus dem Parlament oftmals vom Rest des Parlaments nicht mehr verfolgt werden.[413] Auf die zunehmende Bedeutung des außerparlamentarischen Lobbyismus ist es zum anderen wohl ebenfalls zurückzuführen, das der Revisionsprozess immer häufi-

---

411 Vgl. dazu die jeweiligen Hinweise in Teil II: C., S. 115ff.. Dazu gehören vor allem die Feststellung, dass der Kongress die Notwendigkeit einer Verfassungsänderung nicht separat formell beschließen muss, sowie der Ausschluss des Präsidenten aus dem Verfahren der Verfassungsänderung.

412 BOUDREAUX/PRITCHARD, 62 Fordham L. Rev. 111, 147f., 152ff. (1993).

413 Vgl. z.B. das *Bricker Amendment* (siehe Teil I: G II., S. 55ff.) und das *Dirksen Amendment* (siehe: Teil III: A. I. 2.) c.), S. 241ff.).

ger auch allein dazu benutzt wird, Themen auf die politische Tagesordnung zu setzen, ohne dass tatsächlich eine verfassungsrechtliche Lösung angestrebt wird. Dies veranlasste beispielsweise das Projekt *Citizen for the Constitution*, dem namenhafte Professoren und Politiker angehören, dazu, Richtlinien für die Notwendigkeit einer Verfassungsänderung aufzustellen, um der Inflation des Revisionsprozesses vorzubeugen.[414]

Im Ergebnis verdeutlicht die empirische Betrachtung der Verfassungsrevisionsgeschichte der Vereinigten Staaten zunächst, dass der Revisionsprozess bisher nur zyklisch-korrektiv genutzt wurde. Im Hinblick auf den Inhalt der Verfassungsänderungen bleibt festzuhalten, dass eine nur sehr begrenzte Rekonstruktion stattfand. Dies darf aber nicht darüber hinwegtäuschen, dass der Revisionsprozess nur selten in Gang gesetzt wird. Das Gegenteil beweisen die zahlreichen nur knapp gescheiterten Änderungsversuche. Motivation, Inhalt und Ziele der Revisionsversuche sowie die Allianz immer wieder verschiedener Interessengruppen zu ihrer Unterstützung variieren jedoch von *Amendment* zu *Amendment*.

Etabliert haben sich im Revisionsprozess mit der Zeit aber wiederkehrende Prozesse, Argumente, Strategien und auch politische Taktiken, die einer Revisionsvorlage zum Erfolg verhelfen sollen. Dabei entwickelte sich das Verfahren des Art. V allerdings von einem klar strukturierten, allein vom Plenum des Kongresses und den Gliedstaatenlegislaturen dominierten Prozess zu einem komplizierten, vielschichtigen Verfahren in den Parlamentskammern und seit Mitte des 19. Jahrhunderts auch zu einer höchst komplexen gesamtgesellschaftlichen Angelegenheit. Die rechtliche Überprüfung dieser Verfassungspraxis ist u.a. Gegenstand der nun folgenden Darstellung des Verfahrens der Verfassungsänderung.

---

[414] SEIDMAN/SLOAN, Great and extraordinary Occasions, S. 7.

Teil II: Das Verfahren der Verfassungsänderung nach der Verfassung der Vereinigten Staaten von Amerika

A. Die Entstehungsgeschichte des Revisionsartikels

I. Die Vorläufer des Art. V

Den Hintergrund für die Eingliederung eines Revisionsverfahrens in der Form des Art. V in die Verfassung der Vereinigten Staaten von 1787 bildete das positive oder auch negative Vorbild solcher bereits etablierten und erprobten Regelungen in anderen Verfassungen. Die Vorläufer des Art. V in den Kolonialverfassungen und in der vormaligen Bundesverfassung haben die Diskussionen um den Revisionsartikel geprägt und sollen aufgrund ihrer Bedeutung für die im Rahmen der Entstehung des Art. V getroffenen Entscheidungen erläutert werden.

1.) Die Staatenverfassungen der Kolonialzeit

Die Idee, eine Verfassung mit einem Verfahren für ihre eigene Änderung auszustatten, war den Verfassungen in den Anfangszeiten der amerikanischen Kolonien noch fremd.[415] Die ersten amerikanischen Kolonialverfassungen gingen ganz im Gegenteil davon aus, dass ein Regierungssystem unveränderlich sei, sobald es einmal errichtet worden war[416] und sahen dementsprechend auch keine Revisionsverfahren in ihren Verfassungen vor. JOHN LOCKES Verfassung für Carolina von 1669 schrieb ihre Unabänderlichkeit sogar ausdrücklich fest: "[the constitution] shall be and remain the sacred and unalterable form and rule of government of Carolina forever."[417]

---

[415] WOOD, 24 Rutgers L.J. 911, 922ff. (1993).

[416] CAPLAN, Constitutional Brinksmanship, S. 14.

[417] The Fundamental Constitution of North Carolina of 1669, SECT. 120; im Ganzen abgedruckt in: Swindler (Hrsg.), Sources and Documents of United States Constitutions, Band VII, S. 394. Vgl. dazu CAHN, in: Cahn (Hrsg.), Supreme Court and supreme Law, S. 1, 6f..

JOHN LOCKES Arbeit „Two Treatises of Government“ steht im Gegensatz zu der von ihm ausgearbeiteten Verfassung, denn dort hält er Verbesserungsmöglichkeiten statt "certain and unalterable laws" zumindest dann für notwendig, wenn eine gerechte Repräsentation nicht mehr gewährleistet ist. Einen Ausweg aus dieser Situation schlägt er aber auch hier nicht vor. Vgl. LOCKE, The second Treatise of Government, § 157, in: Laslett (Hrsg.), Two Treatises of Government, S. 390f..

Die Verfassungen der Kolonialzeit basierten noch auf dem Verfassungsverständnis der aristotelischen Tradition der Staatsformen und ihrer Umwälzungen, ergänzt um die im 16. und 17. Jahrhundert hinzugekommene Lehre vom Widerstandsrecht des Volkes. Verfassungsänderungen wurden auch in der Anfangszeit der amerikanischen Kolonien noch als Revolutionen aufgefasst. Dementsprechend wurde in den Verfassungen auch kein Verfahren für ihre Änderung verankert. Entweder man erklärte die Verfassung wie JOHN LOCKE es tat, für unantastbar oder aber man unterließ es gänzlich, auf die Frage der Änderbarkeit einzugehen, so CROMWELLS *Instrument of Government* von 1653.[418]

Die erste Einzelstaatenverfassung, die ein Verfahren für ihre eigene Änderung enthielt, war die 1682 von WILLIAM PENN ausgearbeitete Verfassung für seine Kolonie.[419] Andere Staaten folgten diesem Beispiel erst nach der *Declaration of Independence* von 1776: Acht von zwölf Staatenverfassungen, die in den ersten Monaten nach der Unabhängigkeit ratifiziert wurden, inkorporierten Verfahren für ihre Änderung.[420] Drei[421] von ihnen sahen ein Verfassungsänderungsverfah-

---

[418] Art. XII des *Instrument of Government* schrieb allerdings vor, dass "die gewählten Personen nicht befugt sein sollen, die Regierungsform zu ändern [...]." Art. XXXVIII statuierte zudem, dass die Religionsfreiheit nicht durch Gesetze beschränkt werden dürfe. Eine Unterscheidung zwischen Gesetzgebung und Verfassungsänderung ist dem Dokument allerdings nicht zu entnehmen.

[419] Die Revisionsklausel, Art. XXIII des *Frame of Government and the Charter of Liberty*, lautete: "That no act, law, or ordinance whatsoever, shall at any time hereafter, be made or done by the Governor of this province, his heirs or assigns, or by the freemen in the provincial Council, or the General Assembly, to alter, change, or diminish the form, or effect, of this charter, or any part, or clause thereof, without the consent of the Governor, his heirs, or assigns, and six parts of seven of the said freemen in the provincial Council and General Assembly." (Abgedruckt in: Swindler (Hrsg.), Sources and Documents of United States Constitutions, Band VIII, S. 258).

1683 und 1696 wurde die Vorschrift abgeändert. Art. XXIV des *Frame of Government – 1683* enthielt den Text: "That no act, law, or ordinance whatsoever, shall, at any time hereafter, be made or done by the Proprietary and Governor of this province, and territories thereunto belonging, his heirs or assigns, or by the freemen in provincial Council or Assembly, to alter, change or diminish the form or effect of this charter, or any part or clause thereof, contrary to the true intent and meaning thereof, without the consent of the Proprietary and Governor, his heirs or assigns, and six parts of seven of the said freemen in provincial Council and Assembly met." (Abgedruckt in: Swindler (Hrsg.), Sources and Documents of United States Constitutions, Band VIII, S. 266). 1696 wurden schließlich „Proprietary" und "his heirs or assigns" gestrichen. (Abgedruckt in: Swindler (Hrsg.), Sources and Documents of United States Constitutions, Band VIII, S. 272). Vgl. dazu CAPLAN, Constitutional Brinksmanship, S. 14; MARTIG, 35 Mich. L. Rev. 1253, 1254 Fn. 1 (1937).

[420] Delaware (1776), Pennsylvania (1776), Maryland (1776), Georgia (1777), Vermont (1777), Massachusetts (1780), South Carolina (1778), New Hampshire (1784). Kein Verfahren für Verfassungsänderungen enthielten die Verfassungen von New Jersey, New York,

ren durch Konvente vor, zwei[422] etablierten für Verfassungsänderungen eine neue Institution, den *Council of Censors*,[423] und die übrigen drei[424] ermächtigten die Legislative, Verfassungsänderungen vorzunehmen.

North Carolina und Virginia. Siehe CAPLAN, Constitutional Brinksmanship, S. 14; MARTIG, 35 Mich. L. Rev. 1253, 1254f. (1937); WEINFELD, 51 Harv. L. Rev. 473, 479 (1938).

[421] In Georgia sollte das Gesetzgebungsorgan einen Konvent einberufen können, sobald sich eine Mehrheit der Wähler in der Mehrheit der *Counties* dafür aussprachen: *Georgia Constitution of 1777*, Art. LXIII (abgedruckt in: Swindler (Hrsg.), Sources and Documents of United States Constitutions, Band II, S. 449).

In Massachusetts sollte ein Konvent einberufen werden, wenn im Jahre 1795 zwei Drittel der Städte für Verfassungsänderungen votierten: *Massachusetts Constitution of 1780*, Chapter VI, Art. X (abgedruckt in: Swindler (Hrsg.), Sources and Documents of United States Constitutions, Band V, S. 108f.).

In New Hampshire wurde die Einberufung eines Konvents verpflichtend für das Jahr 1791 festgeschrieben. *New Hampshire Constitution of 1784*, Art. XIII (abgedruckt in: Swindler (Hrsg.), Sources and Documents of United States Constitutions, Band VI, S. 357). Siehe dazu CAPLAN, Constitutional Brinksmanship, S. 15; BERNSTEIN/AGEL, Amending America, S. 9; WOOD, The Creation of the American Republic, 1776-1787, S. 307ff., der jedoch in: Moore/Penner (Hrsg.), The Constitution and the Budget, S. 18, 20 ein andere Einteilung der Einzelstaatenverfassungen vornimmt.

[422] In Pennsylvania (1776), gefolgt von Vermont (1777) wurde die Institution des *Council of Censors* eingerichtet, der in periodischen Abständen von sieben Jahren tagen sollte, um die Notwendigkeit von Verfassungsänderungen zu überprüfen und gegebenenfalls einen Konvent einzuberufen: *Pennsylvania Constitution of 1776,* SECT. 47 (abgedruckt in: Swindler (Hrsg.), Sources and Documents of United States Constitutions, Band VIII, S. 285) und *Vermont Constitution of 1777*, Chapter II, Art. XLIV (abgedruckt in: Swindler (Hrsg.), Sources and Documents of United States Constitutions, Band IX, S. 495). Vgl. CAPLAN, Constitutional Brinksmanship, S. 14f..

[423] Der *Council of Censors* wurde von der Bevölkerung direkt für eine bestimmte Zeit gewählt. Seine Mitglieder durften weder Exekutivposten innehaben, noch Angehörige der Legislative sein. Vermonts *Council of Censors* beStand zum Beispiel aus 13 Männern, die alle sieben Jahre für eine Amtszeit von einem Jahr gewählt wurden. Vgl. Swindler (Hrsg.), Sources and Documents of United States Constitutions, Band IX, S. 495.

[424] Delawares Verfassung erklärte einige ihrer Bestimmungen für unabänderlich und machte prozedural die Verfassungsänderung von der Zustimmung einer 5/7 Mehrheit der *Assembly* und 7 Mitgliedern des *legislative Council*, abhängig: *Delaware Constitution of 1776*, Art. 30 (abgedruckt in: Swindler (Hrsg.), Sources and Documents of United States Constitutions, Band II, S. 204).

Marylands Verfassung verlangte Neuwahlen. Sie sollten als eine Art Referendum über die bevorstehende Änderung dienen: *Maryland Constitution of 1776*, Art. LIX (abgedruckt in: Swindler (Hrsg.), Sources and Documents of United States Constitutions, Band IV, S. 383).

South Carolinas Verfassung sah die Zustimmung beider gesetzgebenden Kammern für das Inkrafttreten einer Verfassungsänderung vor: *South Carolina Constitution of 1778*, Art. XLIV (abgedruckt in: Swindler (Hrsg.), Sources and Documents of the United States Constitutions,

Die den Änderungsklauseln zugrunde liegende Philosophie unterschied sich im Wesentlichen nur in der Frage, in welchem Umfang die Volkssouveränität auch im Änderungsverfahren zu berücksichtigen ist. Während einige Gliedstaaten sich für vom Volk direkt für bestimmte Verfassungsänderungen gewählte Konvente oder für die Institution des *Council of Censors* entschieden und damit das Verfahren der Verfassungsänderung stark am Verfahren der Verfassungsgebung orientierten, vertrauten andere auf die Legislativorgane als Repräsentative des Volkes. In all diesen acht Verfassungen wurde das Revisionsverfahren aber bereits vom ordentlichen Gesetzgebungsverfahren und von der Verfassungsgebung abgegrenzt.

Die Idee, einen Mittelweg einzuschlagen und weder die Verfassung für unantastbar zu erklären, noch sie im Wege des ordentlichen Gesetzgebungsverfahrens jedweden Änderungen zu unterwerfen, ohne dass es hierzu qualifizierter Mehrheiten bedurft hätte, stellt den vielleicht bedeutsamsten Beitrag der amerikanischen Revolution zur modernen Verfassungsgeschichte dar.[425] Die Entwicklung eines eigens in der Verfassung vorgesehenen Verfahrens zur Verfassungsänderung war im späten 18. Jahrhundert ein Novum.[426] Mit der Ausbildung der verfassungsändernden Gewalt, der „amending power," gewissermaßen als Institutionalisierung der konstituierenden Gewalt, wandte man sich erstmals von dem Verfassungsverständnis der früheren Neuzeit ab.[427]

Band VIII, S. 475). Vgl. dazu WOOD, The Creation of the American Republic, 1776-1787, S. 308f.; MARTIG, 35 Mich. L. Rev. 1253, 1254 (1937).

425 FRAENKEL, Das amerikanische Regierungssystem, S. 111.

426 STRAUSS, 114 Harv. L. Rev. 1457, 1457 (2001); CAHN, in: Cahn (Hrsg.), Supreme Court and supreme Law, S. 1, 9; BÜHLER, VerfassungsRevision und Generationsproblem, S. 20; DIPPEL, Die Amerikanische Revolution 1763-1787, S. 97; STOURZH, Wege zur Grundrechtsdemokratie, S. 57; FRIEDRICH, Der Verfassungsstaat der Neuzeit, S. 152. Rechtsphilosophisch wurde die weit angelegte Frage der Rechtsänderung zwar durchaus diskutiert. Die Umsetzung in die Verfassungspraxis erfolgte aber erstmals durch die amerikanischen Kolonialverfassungen bzw. später dann auch durch die Bundesverfassung. Vgl. zu den rechtsphilosophischen Ursprüngen VILE, Constitutional Amending Process in American Political Thought, S. 1ff.. Allerdings schienen allein WILLIAM PENN und JEAN-JACQUES ROUSSEAU bereits zwischen Gesetzesänderung und Verfassungsänderung zu unterscheiden und schlugen spezielle Mechanismen zur Änderung vor.

427 STOURZH, Wege zur Grundrechtsdemokratie, S. 57, wobei jedoch umstritten ist, ob die damit einhergehende Unterscheidung zwischen pouvoir constituant und pouvoir constitué tatsächlich amerikanischen Ursprungs ist, oder auf die Ergebnisse der französischen Revolution zurückgeführt werden muss. Vgl. ZWEIG, Die Lehre vom pouvoir constituant, S. 1ff.; FRIEDRICH, Der Verfassungsstaat der Neuzeit, S. 152, der den Ursprung der Verfassungsänderungsklausel in der französischen Revolution sieht; REDSLOB, Die Staatstheorien der französischen Nationalversammlung von 1789, S. 168ff.. Zurückgeführt auf die amerikanische Revo-

Dass diese Umkehr im Verfassungsdenken sehr bewusst vorgenommen wurde, zeigen Aussagen zeitgenössischer Politiker und Juristen. JAMES IREDELL fasste dies in den Ratifikationsdebatten zur nationalen Verfassung in folgende Worte: „A constitutional mode of altering the Constitution itself is, perhaps, what has never been known among mankind before."[428]

2.) Der Art. XIII der *Articles of Confederation*

Die erste Bundesverfassung der Vereinigten Staaten waren - wie in Teil I dargestellt -[429] die *Articles of Confederation.* Diese sahen zwar in ihrem Art. XIII ein Revisionsverfahren vor, qualifizierten es jedoch, der in Art. II der Konföderationsartikel gewährten vollen Einzelstaatensouveränität entsprechend, mit dem Zustimmigkeitserfordernis aller Gliedstaaten:

> „The Articles of this confederation shall be inviolably observed by every state, and the union shall be perpetual; nor shall any alteration at any time hereafter be made in any of them; unless such alteration be agreed to in a congress of the united states, and be afterwards confirmed by the legislatures of every state."[430]

Zusammen mit Art. II und Art. III verleiht Art. XIII der Konföderationsartikel der ersten Bundesverfassung damit eher den Charakter eines Vertrages zwischen souveränen Staaten, eines Staatenbundes, weniger aber den Charakter einer nationalen Verfassung. Das Einstimmigkeitserfordernis machte es der neuen Union dann auch faktisch nahezu unmöglich, Verfassungsänderungen durchzuführen. Obwohl zwischen 1781 und 1786 mindestens viermal versucht wurde, durch eine Verfassungsänderung die Kompetenzen und damit die Handlungsfähigkeit des Kongresses zu erweitern, insbesondere ihn mit einer eigenen Einnahmequelle auszustatten und ihm die Regelung des zwischenstaatlichen und internationalen Handels zu übertragen, scheiterten alle diese Versuche am Ein-

---

lution wird der neue Konstitutionalismus von WOOD, in: American Political Science Association/American Historical Association (Hrsg.), This Constitution, S. 13, 19.

[428] Elliot (Hrsg.), The Debates in the several State Conventions on the Adoption of the federal Constitution, Band 4, S. 130.

[429] Siehe Teil I: A. II., S. 6ff..

[430] Deutsche Übersetzung in: SCHAMBECK/WIDDER, Dokumente zur Geschichte der Vereinigten Staaten von Amerika, S. 142.

stimmigkeitserfordernis.[431] Zweimal scheiterte diese als allgemein für notwendig erachtete Reform sogar nur am Veto eines einzelnen Staates. Rhode Island, der kleinste Staat der Union, verweigerte 1782 und 1783 seine Zustimmung zu Verfassungsänderungen, welche der Konföderation die Erhebung einer Importsteuer in Höhe von 5% gestattet hätten.[432]

II. Die Beratungen im Verfassungskonvent

Die Erfahrungen in der Kolonialzeit und unter den *Articles of Confederation* führten zu zwei Erkenntnissen: Die Verfassungsväter waren sich zum einen einig, dass die neue Verfassung ein Verfahren für ihre Änderung enthalten musste:[433] „It is difficult to form a Government so perfect as to render alterations unnecessary; we must expect and provide for them," bemerkte CHARLES PINCKNEY, der bereits als Delegierter South Carolinas Mitglied des Kongresses der Konföderation war und dem Ausschuss vorsaß, welcher den letzten Versuch unternahm, eine Verfassungsänderung der *Articles of Confederation* durchzuführen.[434] Auch GEORGE MASON pflichtete ihm bei und bekannte sich zur Notwendigkeit eines Revisionsverfahrens: „The plan now to be formed will certainly be defective, as the Confederation has been found on trial to be. Amendments therefore will be necessary, and it will be better to provide for them, in an easy, regular and constitutional way than to trust to chance and violence."[435] Zum anderen war es bereits zu Beginn der Verhandlungen von Philadelphia herrschende Meinung, dass das zu etablierende Verfahren nicht auf einem Einstimmigkeitserfordernis der Gliedstaaten beruhen durfte:[436]

> "[The necessity to] destroy that unanimity which upon these occasions the present system has unfortunately made necessary [...] it is this unanimous

[431] 1783 verfehlte ein *Amendment*, welches die Regelung des zwischenstaatlichen Handels auf den Kongress übertragen hätte, in mehreren Gliedstaaten die Zustimmung. Vgl. dazu JENSEN, The new Nation, S. 57ff., 402ff., 419f.; KYVIG, Explicit and authentic Acts, S. 37ff..

[432] KELLY/HARBISON, The American Constitution, S.107ff..

[433] HAMBURGER, 88 Mich. L. Rev. 239, 300f. (1989).

[434] *Observations on the Plan of Government submitted to the federal Convention*, in: Farrand (Hrsg.), The Records of the federal Convention, Band III, S. 106, 121. Vgl. dazu BERNSTEIN/AGEL, Amending America, S. 16.

[435] Farrand (Hrsg.), The Records of the federal Convention, Band II, S. 203.

[436] MCGINNIS/RAPPAPORT, 80 Tex. L. Rev. 703, 785 (2002); MONAGHAN, 96 Colum. L. Rev. 121, 144 (1996).

consent, the depressed situation of the Union is undoubtedly owing. Had the measures recommended by Congress and assented to, some of them by eleven and others by twelve of the States, been carried into execution, how different would have been the complexion of public affairs?"[437]

ALEXANDER HAMILTON erklärte: "It had been wished by many and was much to be desired that an easier mode for introducing amendments had been provided by the Articles of Confederation."[438] Und schließlich betonte auch JAMES MADISON noch einmal: "The inconveniences resulting from this requisition, of unanimous concurrence in alterations in the Confederation, must be known to every member in this Convention."[439] Auch zeigten die Erfahrungen unter den Gliedstaatenverfassungen, die ihr Verfahren der Verfassungsänderung stark dem der Verfassungsgebung angenähert hatten, dass eine solche Vorgehensweise aus Praktikabilitätsgründen unzweckmäßig erschien.[440]

Bis auf die übereinstimmende Ansicht der Delegierten von Philadelphia, dass in der neuen Verfassung ein Verfahren für ihre Änderung vorgesehen werden sollte und dass dieses nicht von der Zustimmung aller Gliedstaaten abhängig sein durfte, war die genaue Ausgestaltung eines solchen Verfahrens jedoch höchst umstritten. Dabei bildeten drei Problemfelder den Mittelpunkt der Auseinandersetzung:[441] Unklar war, wem die Initiativkompetenz zur Verfassungsänderung verliehen werden sollte. Zweitens wurde ausgiebig beraten, ob die Ratifikation durch Einzelstaaten erforderlich sein sollte und wenn ja, welches Quorum für die Annahme einer für alle verbindlichen Änderung zu fordern war. Der dritte Streitpunkt war schließlich die Frage nach materiellen Änderungsschranken.[442]

Am 29. Mai 1787 brachte der Gouverneur von Virginia, EDMUND RANDOLPH als 13. von 15 Resolutionen des hauptsächlich von JAMES MADISON ausgearbeiteten *Virginia Plans*[443] folgende Resolution als Diskussionsgrundlage zur Erar-

[437] *Observations on the Plan of Government submitted to the federal Convention*, in: Farrand (Hrsg.), The Records of the federal Convention, Band III, S. 106, 120f..

[438] Farrand (Hrsg.), The Records of the federal Convention, Band II, S. 558.

[439] Elliot (Hrsg.), The Debates in the several State Conventions on the Adoption of the federal Constitution, Band 3, S. 89.

[440] BORGEAUD, Adoption and Amendment of Constitutions in Europe and America, S. 146ff..

[441] Vgl. dazu CAPLAN, Constitutional Brinksmanship, S. 27.

[442] Da die Delegierten in Philadelphia allerdings alle Gesichtspunkte des Art. V ineinander verwoben diskutierten, soll hier eine chronologische Darstellung der problemorientierten vorgezogen werden und die Einteilung der Streitpunkte nur zur besseren Orientierung dienen.

[443] Siehe Teil I: A. III. 2.), S. 9f.. Der am 15. Juni eingebrachte *New Jersey Plan* enthielt hingegen keine Bestimmung über ein Revisionsverfahren, wobei nicht sicher ist, ob dies von

beitung einer neuen Revisionsbestimmung ein: „Resd that provision ought to be made for the amendment of the Articles of Union whensoever it shall seem necessary, and that the assent of the National Legislature ought not to be required thereto."[444] Der Vorschlag sah zu diesem Zeitpunkt noch kein eigentliches Verfahren für die Durchführung der Verfassungsänderung vor, legte aber bereits fest, dass der nationale Kongress an diesem Verfahren nicht beteiligt sein sollte. Diese Haltung ist auf die Erfahrung der vorhergehenden Jahre zurückzuführen, in denen der Kongress es immer wieder unterlassen hatte, Verfassungsänderungen vorzuschlagen und zu forcieren.[445]

Einen Tag zuvor, am 28. Mai 1787, hatte CHARLES PINCKNEY dem Kongress einen eigenen Vorschlag, den sog. *Pinckney Plan* unterbreitet. Dieser machte im Gegensatz zum *Virginia Plan* Verfassungsänderungen bereits von der Zustimmung der Legislative abhängig. Auch sonst kam er dem Art. V in seiner heutigen Fassung bereits sehr nahe: Nach Zustimmung durch den Kongress, sollte nach PINCKNEYS Plan eine bis dahin nicht spezifizierte Anzahl von Gliedstaaten dem Vorschlag zustimmen müssen. Als Maßstab nannte PINCKNEY als Minimum die Zweidrittelmehrheit.[446] Die Beteiligung von Staaten- oder Bundeskonventen sah der Plan hingegen nicht vor.[447]

Der Konvent entschied sich jedoch, systematisch RANDOLPHS *Virginia Plan* durchzuarbeiten und würdigte die Vorschläge PINCKNEYS zum Änderungsverfahren zunächst nicht weiter.

Am 5. Juni 1787 hatte die Vorlage RANDOLPHS folgende Form angenommen: „(propos: 13.) that provision ought to be made for (hereafter) amending the system now to be established, without requiring the assent of the Natl. Legislature."[448]

---

seinen Autoren beabsichtigt war, oder ob sie davon ausgingen, dass die Änderungsvorschrift der Konföderationsartikel weiterhin gelten sollte, denn der *New Jersey Plan* war stärker am eigentlichen Auftrag ausgerichtet, die Konföderationsartikel nur durch Verfassungsänderungen zu ergänzen, nicht aber eine vollkommen neue Verfassung auszuarbeiten. Vgl. dazu VILE, Constitutional Amending Process in American Political Thought, S. 27f..

444 *Resolutions proposed by Mr. RANDOLPH in Convention*, Farrand (Hrsg.), The Records of the federal Convention, Band I, S. 20, 22.

445 CAPLAN, Constitutional Brinksmanship, S. 27.

446 *Observations on the Plan of Government submitted to the Federal Convention*, Farrand (Hrsg.), The Records of the federal Convention, Band III, S. 106, 121: "the alterations that nine think necessary, ought not to be impeded by four – a minority so inconsiderable should be obliged to yield."

447 *Observations on the Plan of Government submitted to the Federal Convention*, Farrand (Hrsg.), The Records of the federal Convention, Band III, S. 106, 120f..

448 Farrand (Hrsg.), The Records of the federal Convention, Band I, S. 121.

Während der Aussprache im *Committee of the Whole* bezweifelte CHARLES PINCKNEY jedoch „the propriety or necessity of it,"[449] wobei aus MADISONS Aufzeichnungen nicht klar hervorgeht, ob damit die Geeignetheit dieser Norm insgesamt gemeint war oder ob PINCKNEY nur den Ausschluss des Kongresses vom Revisionsverfahren kritisierte. Letzteres ist angesichts seiner eigenen eingebrachten Vorschläge für ein mögliches Änderungsverfahren wahrscheinlicher. ELBRIDGE GERRY plädierte für die vorgeschlagene Regelung zur Verfassungsänderung und berief sich auf die Erfolge ähnlicher Normen in den Staatenverfassungen: „Nothing had yet happened in the States where this provision existed to prove its impropriety."[450] Die Tatsache, dass für Verfassungsänderungen nicht die Zustimmung des nationalen Kongresses notwendig sein sollte, führte demnach schon in der ersten Debatte über den Verfassungsänderungsprozess zu Kontroversen, so dass man die Diskussion über das Revisionsverfahren auf einen späteren Zeitpunkt vertagte.[451]

Sechs Tage später, am 11. Juni 1787, wurde die Resolution erneut beraten. Diesmal wurde nicht nur die „congressional assent clause" in Frage gestellt, sondern die Notwendigkeit einer Verfassungsänderungsklausel im Allgemeinen von einigen wenigen bezweifelt.[452] Nach der enthusiastischen Verteidigung eines in der Verfassung verankerten Revisionsverfahrens durch GEORGE MASON, der das Verfassungsänderungsverfahren als notwendige Institution zur Verhinderung von Zufall und Gewalt darstellte und den Ausschluss der nationalen Legislative vom Verfahren damit begründete, dass diese ihre Macht zur Verhinderung von vorteilhaften Änderungen für die Einzeltstaaten missbrauchen könnte,[453] stimmte der Konvent zwar der Revisionsvorschrift einstimmig zu, aber die Diskussion der Voraussetzung: „without requiring the consent of the Natl. Legislature" wurde wiederum vertagt.[454]

Lange Zeit wurde die Resolution nicht wieder aufgegriffen, und es schien als sei die 13. Resolution RANDOLPHS mit Ausnahme der Kongressklausel überein-

[449] Farrand (Hrsg.), The Records of the federal Convention, Band I, S. 121.

[450] Farrand (Hrsg.), The Records of the federal Convention, Band I, S. 122.

[451] Farrand (Hrsg.), The Records of the federal Convention, Band I, S. 122. Virginia, South Carolina und Georgia votierten dagegen.

[452] Farrand (Hrsg.), The Records of the federal Convention, Band I, S. 202, wobei aus MADISONS Aufzeichnungen nicht hervorgeht, welche Personen oder Staaten genau, eine Revisionsklausel ablehnten.

[453] Farrand (Hrsg.), The Records of the federal Convention, Band I, S. 202f..

[454] Farrand (Hrsg.), The Records of the federal Convention, Band I, S. 203.

stimmend als Basis weiterer Diskussionen angenommen worden zu sein.[455] Am 6. August zeichnete sich jedoch eine Kehrtwende ab, und das *Committee of Detail*, dem die Ausarbeitung eines Verfassungsentwurfs aus den eingereichten Vorschlägen übertragen worden war, legte in seinem Bericht folgenden von den vorhergehenden Resolutionen abweichenden Art. XIX zum Verfahren der Verfassungsänderung vor: „On the application of the legislatures of two thirds of the States in the Union, for an amendment of this Constitution, the legislature of the United States shall call a convention for that purpose."[456]

Das neu eingefügte Quorum der Zweidrittelmehrheit, das in RANDOLPHS Vorschlag nicht enthalten war, in PINCKNEYS zumindest aber angedeutet wurde, entstammt einer Angleichung an die Art. IX-XI des Berichtes, die dieses Quorum in wichtigen Vorschriften über das Kriegs- und Münzwesen ebenfalls inkorporierten.[457] Wie es zu der Kehrtwende kam, den Kongress doch mit einer Rolle im Änderungsprozess zu betrauen und den Konventsmechanismus einzuführen, ist aus den Materialien hingegen nicht überliefert. Auch lassen sich über die Besetzung des *Committee of Detail* in dieser Hinsicht keine Rückschlüsse ziehen, denn weder PINCKNEY, HAMILTON oder ein sonstiger Vertreter einer starken Rolle des Kongresses waren Mitglied dieses fünfköpfigen Gremiums.[458] Als der Vorschlag des *Committee of Detail* dann am 30. August im *Committee of the Whole* zur Sprache kam, schlug Gouverneur MORRIS vor, den Art. XIX dahingehend zu ändern, dass der Kongress nicht nur auf Antrag der Staatenlegislaturen, sondern auch aus eigener Initiative heraus, einen Bundeskonvent einberufen können soll. Das *Committee of the Whole* nahm diesen Vorschlag jedoch nicht an, sondern stimmte dem Art. XIX in der Form, die er durch das *Committee of Detail* erhalten hatte, einstimmig zu.[459]

---

455 Während der Beratung anderer Verfassungsvorschriften wurde jedoch immer wieder auf die Notwendigkeit der Verankerung eines Revisionsverfahrens hingewiesen. Vgl. Farrand (Hrsg.), The Records of the federal Convention, Band I, S. 469, 475f., 478 und Band II, S. 84.

456 Farrand (Hrsg.), The Records of the federal Convention, Band II, S. 133, 174, 188 und S. 467 Fn. 23.

457 CAPLAN, Constitutional Brinksmanship, S. 28.

458 Das *Committee of Detail* bestand aus den fünf Delegierten: JOHN RUTLEDGE (South Carolina), EDMUND RANDOLPH (Virginia), NATHANIEL GORHAM (Massachusetts), OLIVER ELLSWORTH (Connecticut) und JAMES WILSON (Pennsylvania), die vom 26. Juli bis zum 06. August den Verfassungsentwurf ausarbeiteten. Vgl. zum Entwurf Farrand (Hrsg.), The Records of the federal Convention, Band II, S. 129ff.. Die Präsenz RANDOLPHS im Gremium hätte somit ganz im Gegenteil für die Übernahme seines eigenen Vorschlags zum Revisionsverfahren gesprochen. Einen möglichen, allerdings spekulativen, Entstehungsweg des Art. XIX im *Committee of Detail* stellen VAN SICKLE/BOUGHEY, 14 Hamline L. Rev. 1, 14ff. (1990), dar.

459 Farrand (Hrsg.), The Records of the federal Convention, Band II, S. 468.

Ihren Höhepunkt erreichte die Kontroverse über die Revisionsklausel dann in der letzten Woche der Beratungen von Philadelphia. Am 10. September verlangte GERRY eine erneute Bearbeitung des Art. XIX.[460] GERRY sah die Macht der Einzelstaaten gefährdet und kritisierte daher die Tatsache, dass nach der jetzigen Form des Revisionsartikels zwei Drittel der Einzelstaaten auch das restliche Drittel binden könnten.[461] ALEXANDER HAMILTON,[462] ein Befürworter einer starken Zentralgewalt und daher in dieser Hinsicht ein Gegenspieler GERRYS, entgegnete, dass es keinen Unterschied mache, das Volk der gesamten Union dem Mehrheitswillen der Union oder das Volk eines Einzelstaates dem Mehrheitswillen dieses Staates zu unterwerfen. HAMILTON stellte zudem klar, dass ein Revisionsverfahren notwendig sei, um eventuelle Missstände korrigieren zu können. Allerdings gab er auch zu bedenken, dass der vorliegende Art. XIX der nationalen Legislative keine Möglichkeit gab, Verfassungsänderungen vorzuschlagen, dass Staatenlegislaturen aber nur solche Änderungen vorschlagen würden, die die Macht der Einzelstaaten erweiterten. Er betrachtete es daher für notwendig, auch den Kongress zur Einberufung eines verfassunggebenden Konvents zu ermächtigen, wenn dieser Beschluss die Zustimmung einer Zweidrittelmehrheit in beiden Kammern erhalten würde.[463] MADISON ergänzte die Aus-

---

[460] Farrand (Hrsg.), The Records of the federal Convention, Band II, S. 557.

[461] Farrand (Hrsg.), The Records of the federal Convention, Band II, S. 557f.: "This Constitution he said is to be paramount to the State Constitutions. It follows, hence, from this article that two thirds of the States may obtain a Convention, a majority of which can bind the Union to innovations that may subvert the State-Constitutions altogether. He asked whether this was a situation proper to be run into."

[462] ALEXANDER HAMILTON hatte in seiner Präsentation vor dem Konvent am 18. Juni 1787 keinen Vorschlag für ein Verfassungsänderungsverfahren bekannt gegeben. Kurz vor dem Ende der Tagung in Philadelphia überreichte HAMILTON MADISON allerdings ein Dokument, das seine Vorstellungen einer optimalen Verfassung zusammenfasste. Es enthielt in seinem Art. IX, § 12 folgende Bestimmung über eine Revisionsklausel: „This Constitution may receive such alterations and amendments as may be proposed by the Legislature of the United States, with the concurrence of two thirds of the members of both Houses, and ratified by the Legislatures of, or by Conventions of deputies chosen by the people in, two thirds of the States composing the Union." Siehe Farrand (Hrsg.), The Records of the federal Convention, Band III, S. 619, 630. Der Vorschlag HAMILTONS kam damit dem später tatsächlich verabschiedeten Verfahren bereits sehr nahe.

[463] Farrand (Hrsg.), The Records of the federal Convention, Band II, S. 558: "He did not object to the consequences stated by Mr. Gerry – There was no greater evil in subjecting the people of the U.S. to the major voice than the people of a particular State – It had been wished by many and was much to have been desired that an easier mode for introducing amendments had been provided by the articles of Confederation. It was equally desirable now that an easy mode should be established for supplying defects which will probably appear in the new System. The mode proposed was not adequate. The State Legislatures will not apply for alterations but with a view to increase their own powers – The National Legislature will be the first

einandersetzung um eine formelle Anmerkung und kritisierte den Terminus „call a convention for the purpose" als zu unbestimmt.[464] Das *Committee of the Whole* beschloss aufgrund der gemachten Anmerkungen Art. XIX noch einmal zu überprüfen.[465]

ROGER SHERMAN eröffnete die Diskussion und schlug, HAMILTONS Forderungen folgend, vor, auch der nationalen Legislative das Recht zu verleihen, Verfassungsänderungen vorzuschlagen, die dann aber nur mit der Zustimmung der Einzelstaaten für diese bindend seien sollten.[466] JAMES WILSON fürchtete, dass dieser Vorschlag wieder das Einstimmigkeitserfordernis der Konföderationsartikel etablieren würde und beantragte daher noch vor der Abstimmung über SHERMANS Vorschlag, die Zustimmung von zwei Drittel der Gliedstaaten der Union für das Inkrafttreten einer Änderung ausreichen zu lassen.[467] Dieser Vorschlag wurde mit nur einer Stimme Mehrheit abgelehnt.[468] Als WILSON daraufhin das Quorum auf drei Viertel erhöhte fand er jedoch einstimmige Zustimmung.[469]

MADISON fasste die bisherigen Änderungen zusammen, brachte sie mit dem Vorschlag des *Committee of Detail* in Einklang und legte folgende Regelung zur Abstimmung vor:

> „The legislature of the US whenever two thirds of both Houses shall deem necessary, or on the application of two thirds of the legislatures of the several States, shall propose amendments to this Constitution, which shall be valid to all intents and purposes as part thereof, when the same shall have been ratified by three fourths at least of the legislatures of the several States, or by conventions in three fourths thereof, as one or the other mode of ratification may be proposed by the legislature of the US."

---

to perceive and will be most sensible to the necessity of amendments, and ought also to be empowered, whenever two thirds of each branch should concur to call a Convention – There could be no danger in giving this power, as the people would finally decide in the case."

464 Farrand (Hrsg.), The Records of the federal Convention, Band II, S. 558.

465 Farrand (Hrsg.), The Records of the federal Convention, Band II, S. 558: Der Beschluss wurde mit neun Stimmen bei einer Enthaltung (New Hampshire) und einer Gegenstimme (New Jersey) gefasst.

466 Farrand (Hrsg.), The Records of the federal Convention, Band II, S. 558.

467 Farrand (Hrsg.), The Records of the federal Convention, Band II, S. 558.

468 Farrand (Hrsg.), The Records of the federal Convention, Band II, S. 558f.: Mit nein stimmten: Massachusetts, Connecticut, New Jersey, North Carolina, South Carolina und Georgia; mit ja: New Hampshire, Pennsylvania, Delaware, Maryland und Virginia.

469 Farrand (Hrsg.), The Records of the federal Convention, Band II, S. 559.

Der Delegierte von South Carolina, JOHN RUTLEDGE, wendete gegen MADISONS Fassung ein, dass dadurch die Bestimmungen in der Verfassungsvorlage über die Sklaverei, die auf Wunsch der Südstaaten nach heftigen Auseinandersetzungen eingefügt worden waren, durch Verfassungsänderung gegen den Willen des Südens aufgehoben werden konnten und verweigerte dem Änderungsverfahren daher seine Zustimmung.[470] Als man sich daraufhin einigte, die erste materielle Änderungsschranke in den vorliegenden Artikel einzufügen, nämlich, „that no amendments which may be made prior to the year 1808 shall in any manner affect the 4 & 5 sections of the VII article,“[471] wurde die Vorlage MADISONS mit neun Stimmen angenommen.[472]

Fünf Tage später, am 15. September 1787, wurde der nun in Art. V umbenannte Revisionsartikel[473] vom *Committee of Style and Arrangement*[474] vorgelegt.[475] Eigentlich befand sich der Konvent bereits in den Endzügen, als erneut eine langwierige Debatte über das Änderungsverfahren losbrach. Wiederum war es SHERMAN, der dem Machtverlust, insbesondere der kleineren, Einzelstaaten kritisch gegenüberstand und forderte, die materielle Änderungsschranke der Sklavenklausel dahingehend zu erweitern, dass den Einzelstaaten weder das gleiche Stimmrecht im Senat noch die *internal police power* genommen werden darf.[476] MASON hingegen kritisierte die prozedurale Bestimmung, dass für beide Möglichkeiten, eine Verfassungsänderung vorzuschlagen, die Zustimmung des Kongresses notwendig sein sollte. Er sah darin die Gefahr, dass das Volk durch

---

470 Farrand (Hrsg.), The Records of the federal Convention,Band II, S. 559.

471 Farrand (Hrsg.), The Records of the federal Convention, Band II, S. 559.

472 Farrand (Hrsg.), The Records of the federal Convention, Band II, S. 559 bei einer Enthaltung (New Hampshire) und einer Gegenstimme (Delaware).

473 Report of Committee of Style, in: Farrand (Hrsg.), The Records of the federal Convention, Band II, S. 603.

474 Das *Committee of Style and Arrangement* war am 8. September eingesetzt worden und bestand aus den Mitgliedern: JAMES MADISON, ALEXANDER HAMILTON, Gouverneur MORRIS, WILLIAM SAMUEL JOHNSON und RUFUS KING, siehe Farrand (Hrsg.), The Records of the federal Convention, Band II, S. 565ff., 590ff..

475 Farrand (Hrsg.), The Records of the federal Convention, Band II, S. 629: "The Congress, whenever two thirds of both Houses shall deem necessary, or on the application of two thirds of the legislatures of the several States shall propose amendments to this Constitution, which shall be valid to all intents and purposes as part thereof, when the same shall have been ratified by three fourths at least of the legislatures of the several States, or by conventions in three fourths thereof, as the one or the other mode of ratification may be proposed by the Congress: Provided that no amendment which may be made prior to the year 1808 shall in any manner affect the (1 & 4 clauses in the 9.) section of article I."

476 Farrand (Hrsg.), The Records of the federal Convention, Band II, S. 629.

die gesetzgebende Gewalt unterdrückt werden könnte.[477] MORRIS und GERRY eilten ihm zur Hilfe und schlugen vor, das der Kongress eine verfassunggebende Versammlung einzuberufen habe, sobald zwei Drittel der Einzelstaaten dies verlangten.[478] Der Vorschlag wurde einstimmig angenommen, obwohl MADISON zuvor treffend bemerkte, dass der Kongress, sich ebenso weigern könnte einen Verfassungskonvent einzuberufen, wie er sich weigern könnte einen bestimmten Verfassungsänderungsvorschlag mit der erforderlichen Mehrheit zu befürworten.[479]

In letzter Minute folgten dann zahlreiche Vorschläge, die alle darauf abzielten, die Einzelstaaten zu stärken, teilweise sogar versuchten, das Einstimmigkeitserfordernis der *Articles of Confederation* wiederherzustellen. Insbesondere von SHERMAN wurden weitere materielle Änderungsschranken gefordert.[480] Zwar wurde befürchtet, dass, wenn einer materiellen Änderungsschranke zugestimmt würde, weitere Forderungen in dieser Hinsicht folgen würden,[481] es war aber auch klar, dass ein Kompromiss gefunden werden musste, um die kleineren Staaten zur Zustimmung zu bewegen und somit das Gesamtprojekt nicht zu ge-

---

[477] Farrand (Hrsg.), The Records of the federal Convention, Band II, S. 629 und S. 629 Fn. 8.

[478] Farrand (Hrsg.), The Records of the federal Convention, Band II, S. 629.

[479] Farrand (Hrsg.), The Records of the federal Convention, Band II, S. 629f..

[480] Allen voran war ROGER SHERMAN darauf bedacht, die Einzelstaaten zu stärken: Er schlug zunächst vor, das Dreiviertelquorum aus der Ratifikationsklausel für Verfassungsänderungen zu streichen, wobei nicht ganz klar wurde, ob er damit zum Einstimmigkeitserfordernis zurückkehren wollte oder nicht: „Mr. Sherman moved to strike out of art. V. after „legislatures" the words „of three fourths" and so after the word „conventions" leaving future conventions to act in this matter, like the present conventions according to circumstances." Siehe Farrand (Hrsg.), The Records of the federal Convention, Band II, S. 630. Später griff er seinen bereits zur *internal Police power* der Einzelstaaten unterbreiteten Vorschlag erneut auf und forderte, „that no State shall without its consent be affected in its internal Police, or deprived of its equal suffrage in the Senate." Siehe Farrand (Hrsg.), The Records of the federal Convention, Band II, S. 630. Als keiner seiner Vorschläge Zustimmung fand, verlangte er sogar die vollständige Streichung des Art. V.

Auch GERRY hatte zuvor versucht, die Gliedstaaten im Ratifikationsprozess zu stärken und vorgeschlagen, die Möglichkeit der Ratifikation durch Staatenkonvente zu streichen. Aber auch dieser Versuch unterlag dem Mehrheitsvotum.

Den letzten Vorstoß, eine weitere materielle Schranke in das Revisionsverfahren einzufügen, machte MASON mit dem Vorschlag „that no law in nature of a navigation act be passed before the year 1808, without the consent of 2/3 of each branch of the Legislature." Auch dieses Begehren konnte jedoch nicht durchgesetzt werden. Siehe Farrand (Hrsg.), The Records of the federal Convention, Band II, S. 631.

[481] So bemerkte MADISON in seinen Aufzeichnungen: „Begin with these special provisos, and every State will insist on them, for their boundaries, exports &c." Siehe Farrand (Hrsg.), The Records of the federal Convention, Band II, S. 630.

fährden.[482] So stimmte man schließlich dem Vorschlag MORRIS zu, die materielle Änderungsschranke, „that no State, without ist consent shall be deprived of ist equal suffrage in the Senate," der bereits vorhandenen hinsichtlich der Sklavenfrage hinzuzufügen.[483] Damit hatte Art. V seine heutige Fassung erhalten.

III. Die Beratungen in den Staatenkonventen

Die Einfügung des Revisionsverfahrens in Art. V durch den Konvent von Philadelphia war ausschlaggebend dafür, dass die Verfassung tatsächlich in der nach Art. VII erforderlichen Zweidrittelmehrheit der Gliedstaaten ratifiziert wurde. Die Aufzeichnungen der Gliedstaatenkonvente, insbesondere die von Pennsylvania, Massachusetts, Virginia und New York, zeigen, dass der gegenüber den *Articles of Confederation* vereinfachte Modus der Verfassungsänderung ganz wesentlich dazu beigetragen hat, die Einzelstaaten davon zu überzeugen, die neue Verfassung zu ratifizieren.[484] Ganz überwiegend[485] wurde Art. V als effektives Instrument zur Revision beurteilt. Äußerungen wie die von JAMES IREDELL, der während der *State Ratification Convention* in North Carolina Art. V als „one of the greatest beauties of the system"[486] bezeichnete, waren kei-

---

[482] Hierzu notierte MADISON: „This motion being dictated by the circulating murmurs of the small States was agreed to without debate, no one opposing it, or on the question, saying no." Siehe Farrand (Hrsg.), The Records of the federal Convention, Band II, S. 631.

[483] Farrand (Hrsg.), The Records of the federal Convention, Band II, S. 631. Diese Ergänzung fand auch deshalb Zustimmung, weil eben dieses Recht schon zuvor als abänderbar angesehen wurde. RUFUS KING erklärte: „That Congress in which each state had one vote, might propose any change in the Articles, including that relating to the equality of suffrage." Siehe Farrand (Hrsg.), The Records of the federal Convention, Band II, S. 323f..

[484] Ausführliche Darstellung bei KYVIG, Explicit and authentic Acts, S. 66ff.; BERNSTEIN/AGEL, Amending America, S. 22ff.; LASH, 38 Am. J. Legal Hist. 197, 211ff. (1994), insbesondere dort auch die Fn. 87-91.

[485] Die vereinzelt verlautbarte Kritik am Revisionsprozess des Art. V betraf vor allem die starke Rolle des Kongresses sowie allgemein den Schwierigkeitsgrad des Verfahrens. Vgl. die Aussagen von PATRICK HENRY (Virginia) und BASS (North Carolina), in: Elliot (Hrsg.), The Debates in the several State Conventions on the Adoption of the federal Constitution, Band 3, S. 49ff. bzw. Band 4, S. 178. PATRICK HENRY war der größte Gegner des neuen Revisionsverfahrens. Vgl. Elliot (Hrsg.), The Debates in the several State Conventions on the Adoption of the federal Constitution, Band 3, S. 49. Siehe dazu LEVINSON, 21 Tex. Tech. L. Rev. 2443, 2447ff. (1990); GONZÁLEZ, 38 U.C. Davis L. Rev. 1373, 1476ff. (2005).

[486] Elliot (Hrsg.), The Debates in the several State Conventions on the Adoption of the federal Constitution, Band 4, S. 176.

ne Seltenheit.[487] Die Zuversicht in das System des Art. V konnte schließlich auch die Staaten von der Ratifikation überzeugen, die zuvor verlangt hatten, den Verfassungsentwurf abzuändern, ihm insbesondere Grundrechte hinzuzufügen.[488] Wesentlich trug auch der durch Art. V besonders gewährleistete Schutz der föderalen Ordnung dazu bei, in den Einzelstaaten Vertrauen in die neue Verfassung zu wecken. Die Senatsklausel des Art. V war das Tribut, das an die auf größtmögliche Eigenstaatlichkeit und Unabhängigkeit bedachten Gliedstaaten gezahlt werden musste, um ihre Zustimmung zum Gesamtdokument zu sichern.[489]

IV. Die Diskussion in den *Federalist Papers*

Nicht nur in den *State Conventions* auch in den sie begleitenden *Federalist Papers*[490] wurde Art. V immer wieder gepriesen und hervorgehoben. Die Autoren der *Federalist Papers* setzten das Revisionsverfahren bewusst als Argument für die Ratifikation der Verfassung ein. Eine besondere Hervorhebung des Art. V findet sich im *Federalist No. 39*, in dem MADISON den Revisionsartikel als Vorbild für eine konsequente Umsetzung des Prinzips der vertikalen Gewaltenteilung lobt:

---

[487] Weitere Evaluationen des Art. V mit positivem Ergebnis erfolgten u.a. durch RUFUS KING, in: Elliot (Hrsg.), The Debates in the several State Conventions on the Adoption of the federal Constitution, Band 2, S. 116: "There is no instance, in any other national constitution, where the people had so fair an opportunity to correct any abuse which might take place in the future administration of the government under it." Sowie CHARLES JARVIS, in: Elliot (Hrsg.), The Debates in the several State Conventions on the Adoption of the federal Constitution, Band 2, S. 116: "We shall have in this article an adequate provision for all purposes of Political reformation."

[488] KYVIG, Explicit and authentic Acts, S. 85.

[489] Auch in Deutschland wurde die Bundesstaatsklausel des Art. 79 III GG vom Parlamentarischen Rat als so bedeutend eingeschätzt, dass von ihrer Existenz die Zustimmung zum gesamten Verfassungswerk abhängig gemacht wurde. Der Abgeordnete Dr. SCHWALBER aus Bayern hatte ausgeführt, dass unter Umständen das ganze Verfassungswerk daran scheitern könne, dass jedenfalls die Zustimmung Bayerns nicht erreicht werden könne, wenn der föderalen Ordnung nicht ein besonderer Schutz verliehen würde. Vgl. SCHWALBER, in: Deutscher Bundestag/Bundesarchiv (Hrsg.), Der Parlamentarische Rat 1948-1949, Akten und Protokolle, Band 13, Teilband I, S. 699, 701 und die Einschätzung von LEHR in: Deutscher Bundestag/Bundesarchiv (Hrsg.), Der Parlamentarische Rat 1948-1949, Akten und Protokolle, Band. 13, Teilband II, S. 716.

[490] Vgl. Teil I: A. III. 3.), S. 11.

> „[The new system is] neither wholly national nor wholly federal, but a combination of both which is especially evident in the amending process. In requiring more than a majority, and particularly in computing the proportion by States, not by citizens, it departs from the national and advances towards the federal character; in rendering the concurrence of less than the whole number of states sufficient, it loses again the federal character and partakes of the national character."[491]

Im *Federalist No. 43* würdigt MADISON dann auch die restlichen Verfahrensmechanismen des Art. V und betont nochmals seine Ausgewogenheit:

> "[The amending process adopted was] stamped with every mark of propriety. [Such a process was necessary, because] useful alterations will be suggested by experience. [The process is moderate in guarding both] against that extreme facility, which would render the Constitution too mutable; and that extreme difficulty, which might perpetuate its discovered faults. [Moreover, the process avoided possible obstructions in governmental structure by allowing both] the general and the State governments to originate the amendment of errors, as they may be pointed out by the experience on one side, or on the other."[492]

Zu den materiellen Schranken bemerkte MADISON hingegen nur: "[the provision for equal state suffrage] was probably insisted on by the States particularly attached to that equality [and the provision about slavery] must have been admitted on the same considerations which produced the privilege defended by it."[493] Dies zeigt, dass MADISON das etablierte Verfahren zur demokratischen Verfassungsänderung als das eigentliche Werk ansah. Die materiellen Schranken waren hingegen nach seiner Ansicht nur ein notwendiger Kompromiss, um ein solches Verfahren durchsetzen zu können.

Schließlich beschränkte sich MADISON nicht nur darauf, positiv die Merkmale des Art. V hervorzuheben, sondern kontrastierte das im Revisionsartikel etablierte System mit verschiedenen Alternativen, die zur Debatte standen, um auch deren Anhänger von dem nun gefundenen Modus der Verfassungsänderung zu überzeugen. Im *Federalist No. 49* verteidigte MADISON das verabschiedete System der Verfassungsänderung gegen die Theorie von THOMAS JEFFERSON, der der Ansicht war, dass jede Generation die Verfassung, unter der sie leben will, selbst bestimmen können soll und dass daher alle 19 Jahre eine Verfassungsto-

---

[491] Rossiter (Hrsg.), The Federalist Papers, Nr. 39, S. 240, 246.

[492] Rossiter (Hrsg.), The Federalist Papers, Nr. 43, S. 271, 278f..

[493] Rossiter (Hrsg.), The Federalist Papers, Nr. 43, S. 271, 279.

talrevision durchzuführen sei.[494] Im darauf folgenden Artikel stellte er das Verfahren der Einrichtung des *Council of Censors* gegenüber, welche Eingang in einige Staatenverfassungen gefunden hatte.[495] MADISONS Kritik des *Council of Censors* hob das im Gegensatz dazu stehende Verfahren des Art. V als besonders demokratisch hervor.[496] Auch im Übrigen beschränkte sich MADISON zumeist auf eine Beschreibung des Art. V – Verfahrens, um dieses gegenüber der Kritik anderer möglichen, vorgeschlagenen oder bereits in anderen Verfassungen existierenden Änderungsverfahren positiv abzuheben.

Während MADISON im *Federalist No. 43* noch relativ nüchtern Art. V als „sehr geeignet" bezeichnete, setzte HAMILTON im letzten der Artikel, dem *Federalist No. 85*, zu einer wahren Lobeshymne an, die allerdings auch im Lichte der hartnäckigen Debatte zu sehen ist, ob die *Bill of Rights* bereits vor der Ratifikation in den Verfassungsentwurf integriert werden sollten oder aber, ob es ausreiche, sogar vielleicht vorzugswürdiger sei, sie im Nachhinein mittels des Revisionsverfahrens der Verfassung hinzuzufügen. HAMILTON betonte vor allen Dingen die Leichtigkeit, mit der Verfassungsänderungen nach dem neuen Verfahren durchzuführen seien: „it will be far more easy to obtain subsequent than previous amendments to the Constitution."[497]

Im *Federalist* wird Art. V damit als ein effektives, aber gleichzeitig auch sehr ausgewogenes, keine Interessengruppe auf vertikaler oder horizontaler Ebene übervorteilendes, Änderungsverfahren gepriesen. Auch in den Aufzeichnungen der *Anti-Federalist* wird das Revisionsverfahren zwar als schwierig qualifiziert, aber dennoch überwiegend als ausgewogen gelobt.[498] Diese Bewertung hallte auch in den Staatenkonventen wieder und leistete im kritischen Prozess der Ratifikation einen wesentlichen Überzeugungsbeitrag. Der Abgeordnete ELBRIDGE GERRY bestätigte im ersten Kongress die Bedeutung des Art. V für den positiven Ausgang des Ratifikationsprozesses der gesamten Verfassung: "Art. V was to the founding generation the most important clause in the Constitution [...], and

---

[494] Siehe dazu mit näheren Ausführungen Teil II: D. I. 1.) a.), S. 164f..

[495] Siehe Teil II: A. I. 1.), S. 85, insbesondere die den Text begleitenden Fußnoten.

[496] Rossiter (Hrsg.), The Federalist Papers, Nr. 50, S. 317, 318ff..

[497] Rossiter (Hrsg.), The Federalist Papers, Nr. 85, S. 520, 524.

[498] Essays of an old Whig, (Philadelphia) Independent Gazetter, in: Storing (Hrsg.), The complete Anti-Federalist, Band 3, S. 17, 50; Letters of Centinel, (Philadelphia) Independent Gazetteer and (Philadelphia) Freeman's Journal, in: Storing (Hrsg.), The comlete Anti-Federalist, Band 2, S. 130, 153. A.A.: Observations leading to a fair Examination of the System of Government proposed by the late Convention; and to several essential and necessary Alterations in it. In a Number of Letters from the federal Farmer to the Republican, in: Storing (Hrsg.), The complete Anti-Federalist, Band 2, S. 214, 250f..

one without which, I will be bold to say, this system of Government would have never been ratified."[499]

V. Art. V als Kompromiss widerstreitender Interessen

Bereits aus dem Kontext der Entstehungsgeschichte des Art. V wird deutlich, welche Prinzipien den Verfassungsänderungsprozess nach Ansicht der Verfassungsväter dominieren sollten und welche als zu vernachlässigend erachtet wurden.

Interessant sind zunächst die entstehungsgeschichtlichen Debatten über Art. V hinsichtlich der Aspekte, die gar nicht diskutiert wurden und über die daher stillschweigende Einigkeit angenommen werden kann. Die Umsetzung des föderalistischen Prinzips auch für den Prozess der Verfassungsänderung, indem an ihm in mehrfacher Weise auch die Gliedstaaten beteiligt wurden und das Erfordernis von qualifizierten Mehrheiten sind Gesichtspunkte über die im Konvent von Philadelphia Einmütigkeit zu herrschen schien.

Andererseits entbrannten aber bei der Erarbeitung des Artikels auch zahlreiche, bei der Verfassungsgebung entstandene, Streitpunkte erneut, so dass der Revisionsartikel in seiner Endfassung vor allem auch ein Produkt der Kompromissfindung darstellt.

Zunächst repräsentiert Art. V einen Kompromiss zwischen *Federalist* und *Whig*. Beide dieser damals vorherrschenden politischen Strömungen beruhten auf dem Gedanken der Volkssouveränität. Während die *Whig*-Fraktion jedoch von einem homogenen Volkswillen ausging und daher so weit wie möglich eine direkte Beteiligung des Volkes am Regierungssystem befürwortete, zum Beispiel durch häufige Wahlen, orientierte sich die Theorie der *Federalist* an einem heterogenen Volkswillen, an einem in Interessengruppen gespaltenen Volk, dessen divergierende Ansichten erst durch das Regierungssystem zu einem Kompromiss vereinheitlicht werden können.[500] Die 13. Resolution des *Virginia Plan* schlug zwar kein genaues Revisionsverfahren vor, enthielt aber bereits die Aussage, dass die nationale Legislative nicht am Verfahren beteiligt sein sollte.[501] Die am Ende verabschiedete Regelung beteiligt hingegen den Kongress am Verfassungsänderungsprozess, eröffnet aber auch die Möglichkeit, Verfassungsänderungen durch Konvente durchzuführen. In gewisser Weise konnte sich damit

---

[499] Annals of Congress, 1st Cong., 1st Sess., Band 1, S. 523 (1789).

[500] KYVIG, Explicit and authentic Acts, S. 61f.; WOOD, The Creation of the American Republic, Kapitel 1 und 2; LASH, 38 Am. J. Legal Hist. 197, 222, 225ff. (1994).

[501] Siehe Teil II: A. II., S. 90.

sowohl die *Whig*-Fraktion als auch die *Federalist*-Fraktion durchsetzen. Durch die Beteiligung des Kongresses und der Staatenlegislaturen und dem Erfordernis qualifizierter Mehrheiten setzt Art. V Grundideen der *Federalist* um. Gleichzeitig inkorporiert er aber mit dem System der Konventtagungen, die sowohl auf Bundes- als auch auf Staatenebene statt der Legislativen agieren können, den basisdemokratischen Ansatz der *Whig*.[502] Der Ausschluss der Volksbeteiligung vom Verfahren der Verfassungsänderung beruhte dabei auf der allgemeinen Einschätzung, dass zu viele Elemente der direkten Demokratie zu „error, confusion and instability" führen würden.[503] „The American polity was based wholly on the system of representation"[504] und sah daher konsequenterweise auch keine direkte Volksbeteiligung im Revisionsverfahren vor.[505] JAMES MADISON fasste diese Schlussfolgerung im *Federalist* zusammen und erklärte:

> "The passions, therefore, not the reason, of the public would sit in judgement. But it is the reason, alone, of the public, that ought to control and regulate the government [...]. It appears in this that occasional appeals to the people to amend the Constitution would be neither a proper nor an effectual provision for that purpose."[506]

Das hohe Quorum der Mitgliedstaaten, welches einer Verfassungsänderung zustimmen muss, nähert den Prozess der Verfassungsänderung dem der Verfassungsgebung an, der ebenfalls die Ratifikation durch die Bundesglieder in Art. VII erforderte und gleicht damit die fehlende Volksbeteiligung in gewisser Weise aus. Das Erfordernis einer Zustimmung durch gliedstaatliche Legislaturen wird eine Verfassungsänderung regelmäßig stärker in den demokratischen Prozess einbringen als eine Revision durch den Bundesgesetzgeber allein. Unterschiedliche Wahlperioden in den Gliedstaaten garantieren, dass eine Revisionsvorlage zumindest in einem Teil der Gliedstaaten zum Wahlkampfthema

---

502 KYVIG, Explicit and authentic Acts, S. 62.

503 ALEXANDER HAMILTON, zitiert in: WOOD, The Creation of the American Republic, S. 225. Ähnlich äußerte sich auch MADISON, in: Rossiter (Hrsg.), The Federalist Papers, Nr. 49, S. 313, 313ff.. Vgl. dazu PARRINGTON, Main Currents in American Thought, S. 286; KOBACH, 103 Yale L.J. 1971, 1986ff., 1992 (1994).

504 PAINE, The Rights of Man, Band 2, in: Kuklick (Hrsg.), Political Writings, S.145, 168.

505 A.A.: GONZÁLEZ, 38 U.C. Davis L. Rev. 1373, 1459ff. (2005).

506 Rossiter, (Hrsg.), The Federalist Papers, Nr. 49, S. 313, 317. Diese Haltung resultierte vor allem aus den Erfahrungen, die man mit der Institution des *Council of Censors* unter der Verfassung von Pennsylvania von 1776 machen musste. Vgl. BERNSTEIN/AGEL, Amending America, S. 9; WOOD, The Creation of the American Republic, S. 339.

gemacht und damit dem Wahlvolk zur Entscheidung unterbreitet wird.[507] So erhält der Bürger zwar keine Möglichkeit zur direkten, wohl aber zur indirekten Stellungnahme über das von der Legislative anvisierte Änderungsprojekt.

Wie auch die restliche Verfassung entsprang Art. V zudem einem Kompromiss zwischen Befürwortern einer starken Zentralregierung und denjenigen, die für den größtmöglichen Machterhalt der Einzelstaaten kämpften.[508] Allerdings sahen auch letztere ein, dass das Einstimmigkeitserfordernis der Konföderationsartikel einen nicht zu wiederholenden Fehler darstellte, und man einigte sich mit der „Dreiviertelklausel" auf ein Ratifikationsverfahren, mit dem die winzigen Minderheiten, die Revisionsversuche unter den Konföderationsartikeln noch kippen konnten, in Zukunft überstimmt werden können. Gleichzeitig wurde aber sichergestellt, dass keine wichtige regionale Gliedstaatengruppe, Süden, Neuengland, Atlantik und später auch die Weststaaten vom Bund übergangen werden kann.[509] Die Kompetenz zur Initiative von Verfassungsänderungen wurde entsprechend dem Prinzip der vertikalen Gewaltenteilung ebenfalls geteilt. Sowohl die Einzelstaaten als auch der Kongress können jeweils mit einer Zweidrittelmehrheit Verfassungsänderungen durch einen Konvent bzw. direkt vorschlagen. Damit ist abgesichert, dass Änderungsvorschläge aus beiden Interessenbereichen, dem der Einzelstaaten und dem der nationalen Legislative, kommen können; wiederum eine Komponente die der Machtbalance zwischen Einzelstaaten und Zentralregierung zugute kommt.[510] Wie groß die Bedeutung dieser Kompetenzaufteilung im Revisionsverfahren zwischen Bundesstaat und Gliedstaaten für die Akzeptanz des Art. V war, zeigen zeitgenössische Charakterisierungen des Revisionsartikels, die diesen Aspekt immer wieder hervorheben. HAMILTON betonte: „We may safely rely on the disposition of the State legislatures to erect barriers against the encroachments of the national authority."[511] Und JAMES MADISON kommentierte: "Article V equally enables the general and the State governments to originate the amendment of errors, as they may be pointed out by the experience on one side, or on the other."[512] Auch JOHNATHAN DAYTON, Delegierter New Jerseys, preist diese Eigenheit des Art. V an: "Look

[507] BRYDE, Verfassungsentwicklung, S. 53f..

[508] KYVIG, Explicit and authentic Acts, S. 60; CAPLAN, Constitutional Brinksmanship, S. 32.

[509] EISGRUBER, Constitutional Self-Government, S. 17; SAGER, 65 N.Y.U. L. Rev. 893, 953 (1990); BRYDE, Verfassungsentwicklung, S. 47.

[510] CAPLAN, Constitutional Brinksmanship, S. 29; LASH, 38 Am. J. Legal Hist. 197, 208 (1994).

[511] Rossiter (Hrsg.), The Federalist Papers, Nr. 85, S. 520, 526.

[512] Rossiter (Hrsg.), The Federalist Papers, Nr. 43, S. 271, 278f..

through that instrument from beginning to end, and you will not find an article which is not founded on the presumption of a clashing of interests."[513]

Im Gegensatz zu den übrigen Vorschriften der Verfassung enthält Art. V allerdings nur die gerade angesprochene vertikale Gewaltenteilung, die horizontale Gewaltenteilung wird in ihm nicht umgesetzt. Weder Exekutive noch Judikative haben im Prozess der Verfassungsänderung Kompetenzen verliehen bekommen. Die Nichtbeteiligung der Exekutive geht auf den neuen Gedanken der repräsentativen Demokratie zurück, der den gewählten Legislativorganen mehr Legitimität zusprach als denen der Exekutive. Die Exekutive sollte in der neuen Union insgesamt nur sehr begrenzte Kompetenzen innehaben.[514] Der Ausschluss der Judikative ist hingegen nicht so einfach zu erklären. Während des Konvents von Philadelphia gab es Vorschläge, auch die Judikative mit Kompetenzen im Verfahren der Verfassungsänderung auszustatten. Der dahingehend gemachte Vorschlag:

> „The Chief Justice of the Supreme Court, who shall from time to time recommend such alterations of and additions to the laws of the U.S. as may in his opinion be necessary to the due administration of Justice, and such as may promote useful learning and inculcate sound morality throughout the Union,"[515]

wurde aber sofort abgelehnt und nicht wieder aufgegriffen. Dennoch spielt die Judikative im Prozess der Verfassungsänderung auch ohne explizite Funktionszuweisung eine nicht unwesentliche Rolle.[516]

Mit den materiellen Schranken hinsichtlich der Sklavenfrage und des gleichen Stimmrechts im Senat für alle Gliedstaaten schreibt Art. V schließlich auch die beiden, erst nach langem Ringen gefundenen, großen Kompromisse des materiellen Rechts der Verfassung,[517] den Ausgleich zwischen bevölkerungsstarken und bevölkerungsschwachen Gliedstaaten sowie die Einigung des Südens und Nordens hinsichtlich des Sklavenhandels, als unabänderlich fest. Damit haben die Verfassungsväter diejenigen Prinzipien verfassungsrechtlich versteinert,

---

[513] Annals of Congress, 8th Cong., 1st Sess., Band 13, S. 101 (1803).

[514] JAMES WILSON, in: Green McClosky (Hrsg.), The Works of James Wilson, S. 292f..

[515] Farrand (Hrsg.), The Records of the federal Convention, Band II, S. 342.

[516] Vgl. dazu Teil III:, S. 221ff..

[517] Siehe Teil I: A. III. 2.), S. 9f..

welche aus der geschichtlichen Erfahrung heraus leicht angreifbar waren und die neu gefundene Einheit gefährden könnten.[518]

B. Die Form der Verfassungsänderung

I. Die Entscheidung gegen ein Textänderungsgebot

Der Text des Art. V sieht ein Verfassungsurtextänderungsgebot für eine Verfassungsänderung nicht verpflichtend vor.[519] Mangels ausdrücklicher Regelung war die Frage der Form einer Revision daher umstrittener Gegenstand bei der Einführung der *Bill of Rights*.

---

[518] Auch die korrespondierende Verfassungsvorschrift in Deutschland, Art. 79 III GG, erfüllt einen solchen Zweck. In Deutschland sollte die mit dem Nazi-Regime einhergehende Missachtung von unveräußerlichen Menschenrechten für alle Zeit vorgebeugt werden und zum anderen, genau wie in den USA, die Einigung zu einem vereinten Staat herbeiführen, welche vor allem Konzessionen an die Gliedstaaten begünstigte und in Deutschland wie in den USA zu föderalistischen materiellen Schranken führte. In den Vereinigten Staaten blieb es jedoch dabei, allein die notwendigen Kompromisse der Verfassung, die Sklavenkontroverse und den Streit um die Repräsentation der Gliedstaaten, als unabänderlich festzuschreiben. In Deutschland ging man hingegen weiter und verlieh auch den nicht kontroversen Strukturprinzipien der Verfassung und der Menschenwürde den Unabänderlichkeitsstatus. Dies ist aus dem geschichtlichen Kontext heraus verständlich, bildet aber einen der wesentlichen Unterschiede zum Revisionsprozess der Vereinigten Staaten. Während dort materielle Revisionsschranken nur aus der Einsicht heraus aufgestellt wurden, dass ohne sie das Einheitsprojekt gefährdet werden könnte, hat man sich in Deutschland ganz bewusst zu weitergehenden Schranken entschieden.

[519] Art. 79 I 1 GG enthält zwar ein ausdrückliches Textänderungsgebot und verlangt damit die Sichtbarmachung von Verfassungsänderungen im Verfassungstext, um die Weimarer Praxis der Verfassungsdruchbrechungen, d.h. der gesetzlichen Abweichungen von der Verfassung ohne Änderung des Verfassungstextes, wenn sie mit dem für Verfassungsänderungen erforderlichen Quorum verabschiedet worden waren, zu verhindern. Art. 79 I 1 GG sollte damit den „stillscheigenden Verfassungsänderungen" vorbeugen. (ANSCHÜTZ, Die Verfassung des Deutschen Reichs vom 11. August 1919, Art. 76, Anm. 2; VON DOEMMING,/FÜSSLEIN/MATZ, JöR NF 1 (1951), S. 1, 574f.). Art. 79 I 1 GG schreibt aber nicht die Integration der Verfassungsänderung in den Verfassungstext vor. Auch unter dem Grundgesetz wäre daher die Lösung über einen Verfassungsanhang möglich gewesen (a.A.: LOEWENSTEIN, DÖV 1954, 385, 385). Dies belegen die nach 1945 ergangenen Länderverfassungen, die teilweise ein Textänderungsgebot in Form der Inkorporation, teilweise aber auch ein solches in der Form eines Verfassungsanhangs festschrieben. Vgl. BUSHART, Verfassungsänderung in Bund und Ländern, S. 33.

Über das Erfordernis der Ausdrücklichkeit und Schriftlichkeit einer Änderung war man sich einig. Gespalten war der Kongress aber zwischen Befürwortern eines Verfassungsanhangs und solchen, die die Änderungen in den bereits vorhandenen Verfassungstext integrieren wollten. Eine Integration hätte in praktischer Hinsicht dazu geführt, dass eine Verfassungsänderung ganz überwiegend auch immer eine Verfassungsurtextänderung nach sich gezogen hätte. Letztendlich haben sich aber, wie die Verfassung zeigt, die Verfechter eines Verfassungsanhangs durchsetzen können, obwohl zunächst alles auf eine Inkorporation hindeutete. So hatte JAMES MADISON seine *Bill of Rights* bei ihrer Einführung in den Kongress jeweils den entsprechenden Verfassungsartikeln zugeordnet: Abwehrrechte gegenüber der Legislative sollten direkt nach Art. I, § 8, dem Kompetenztitel für die Legislative eingefügt werden; Rechte gegenüber der Judikative sollten in Art. III, § 2 integriert werden. Jede einzelne Änderung sollte dort als Grenze eingefügt werden, wo die Kompetenzen der jeweiligen Gewalt enumeriert waren.[520]

Später entbrannte dann doch eine Diskussion um die Stellung der vorzunehmenden Revisionen im Verfassungsgefüge. Während diejenigen, die einen Anhang der Änderungen favorisierten, um die Integrität des Verfassungsdokumentes fürchteten,[521] argumentierte die Gegenseite mit der Gefahr eines mit der Zeit gegenüber der eigentlichen Verfassung zu übergewichtig werdenden Anhangs: „If the mode proposed by the gentleman from Connecticut was adopted, the system would be distorted, and, like a careless written letter have more attached to it in a postscript than was contained in the original composition."[522]

Die Debatte über die Inkorporation der zukünftigen *Amendments* war jedoch nicht nur eine Diskussion über die Form, welche die nach Art. V vorgenommenen Verfassungsänderungen einnehmen sollten, sondern reflektierte auch die noch immer divergierenden Ansichten hinsichtlich des neuen Konstitutionalismus von 1787.[523] Die Frage, was in einer geschriebenen Verfassung enthalten sein sollte, war noch nicht in jeder Hinsicht geklärt: Den einen[524] ging es, dem Erbe der britischen Verfassung folgend, um „customs and traditions," die ande-

---

520 Einführung der *Bill of Rights* in das Repräsentantenhaus am 8. Juni 1789, Annals of Congress, 1st Cong., 1st Sess., Band 1, S. 450ff. (1789).

521 Georgias Abgeordneter JAMES JACKSON fasste diese Auffassung in folgendem Satz zusammen: „[...] the original Constitution ought to remain inviolate, and not be patched up, from time to time, with various stuffs resembling Joseph's coat of many colors." Siehe Annals of Congress, 1st Cong., 1st Sess., Band 1, S. 741 (1789).

522 Delawares Abgeordneter JOHN VINING, in: Annals of Congress, 1st Cong., 1st Sess., Band 1, S. 737 (1789).

523 Vgl. dazu MARSHALL, 51 Ark. L. Rev. 95, 99f. (1998).

524 JOHN ADAMS, in: Taylor (Hrsg.), Papers of John Adams, Band 1, S. 164ff..

ren[525] stellten „powers and limitations“ in den Vordergrund. Die Umsetzung des Prinzips der Volkssouveränität durch eine repräsentative Demokratie wurde von beiden Seiten unterschiedlich ausgelegt und die Unterscheidung zwischen Verfassungsgebung, Verfassungsänderung und Gesetzgebung wurde noch nicht von allen präzise auseinander gehalten.[526] Die in der Diskussion über die Form der zukünftigen Verfassungsänderungen hervorgebrachten Argumente sind daher nur dann zu verstehen, wenn man das jeweilige Verfassungsverständnis ihrer Autoren zugrunde legt.

Ausgetragen wurde die Auseinandersetzung am 13. August 1789 als das Repräsentantenhaus[527] sich zum wiederholten Mal mit dem Katalog der *Bill of Rights* befasste. Bereits die erste Resolution, die vorsah, eine Bestätigung des Prinzips der Volkssouveränität noch vor die Präambel der Verfassung einzufügen,[528] führte zu heftigem Widerstand.[529] Gegen die Verortung der Änderung in der Präambel wandte sich der Abgeordnete ROGER SHERMAN aus Connecticut. Er forderte die Abgeordneten auf, die Änderungen nicht in den Verfassungsurtext einzufügen, sondern in einer „supplementary form“ vorzunehmen[530] und eröffnete damit die Anti-Inkorporationsbewegung.

Die hinter SHERMAN stehenden Befürworter eines Verfassungsanhangs sprachen dem Kongress jegliche Rechte in Bezug auf den Verfassungsurtext ab.[531] Sie sahen darin eine Neufassung der Verfassung, die nicht mehr vom Prinzip der

---

525 Anonym, in: Kurland/Lerner (Hrsg.), The Founders' Constitution, Band 1, S. 638.

526 KEPPLER, Die Verfassungänderung nach der schweizerischen Bundesverfassung und nach der Verfassung der Vereinigten Staaten von Nordamerika, S. 52.

527 Da der Senat im ersten Kongress unter Ausschluss der Öffentlichkeit tagte, enthalten die *Annals of Congress* keine Angaben zu einer gleichartigen Diskussion im Senat. Auch im Tagebuch des Senators von Pennsylvania, WILLIAM MACLAY, das oft herangezogen wird, um diese Lücke in der Dokumentation zu füllen, ist keine derartige Auseinandersetzung aufgezeichnet.

528 Annals of Congress, 1st Cong., 1st Sess., Band 1, S. 734 (1789): „In the introductory paragraph of the constitution before the words ‚We the people' add 'Government being intended for the benefit of the people, and the rightful establishment thereof being derived from their authority alone.'"

529 Annals of Congress, 1st Cong., 1st Sess., Band 1, S. 730ff. (1789).

530 Annals of Congress, 1st Cong., 1st Sess., Band 1, S. 735 (1789).

531 SHERMAN selbst bemerkte in: Annals of Congress, 1st Cong., 1st Sess., S. 735 (1789): „Besides this, sir, it is questionable whether we have the right to propose amendments in this way."

SAMUEL LIVERMORE, Abgeordneter aus New Hampshire, ergänzte in: Annals of Congress, 1st Cong., 1st Sess., Band 1, S. 736 (1789): "[...] whatever amendments were made to the constitution, they ought to stand separate from the original instrument. We have no right to alter a clause, any otherwise than by a new proposition."

Volkssouveränität getragen sei.[532] Es scheint demnach, dass die Anti-Inkorporisten die Verfassungsänderung in Form der Inkorporation einer Verfassungsgebung gleichstellten und noch nicht die eigene Stufe, die die Verfassungsänderung zwischen Verfassungsgebung und ordinärer Gesetzesänderung im neuen Verfassungssystem erhalten hatte, erkannten.[533] Viele Abgeordnete waren immer noch einem älteren Verfassungsverständnis verhaftet und hatten die neuen Ansätze noch nicht verinnerlicht.[534] Die Unterscheidung zwischen einfachem und verfassungsänderndem Gesetzgeber wurde im späten 18. Jahrhundert nicht so eindeutig getroffen. Aus diesem Grund kam es auch in vielen Gliedstaaten noch bis 1880 zur Einberufung von Verfassungskonventen zur Verfassungsänderung, da man deren Legitimation als höher einstufte.[535]

Dass der Kongress künftige Verfassungsänderungen mittels des in der Verfassung festgeschriebenen Verfahrens aufgrund der Ermächtigung durch das Volk und in seinem Namen vornehmen können sollte und dass diese dann gleichrangig im Verfassungsgefüge stünden, war den Inkorporationsgegnern nicht einsichtig. Die Verfassung als Ausdruck des Volkswillens sollte unverletzlich blei-

---

[532] SHERMAN in: Annals of Congress, 1st Cong., 1st Sess., Band 1, S. 735 (1789): "The constitution is the act of the people, and ought to remain entire. But the amendments will be the act of the State Governments." Siehe auch LIVERMORE, in: Annals of Congress, 1st Cong., 1st Sess., Band 1, S. 736 (1789): "[...] but questionable whether it is possible for us, consistent with the oath we have taken to attempt a repeal of the constitution of the United States by making a new one to substitute in its place [...]."

[533] So zieht SHERMAN den Vergleich zur Gesetzesänderung auch explizit heran. Vgl. Annals of Congress, 1st Cong., 1st Sess., Band 1, S. 735 (1789): "Would any Legislature endeavour to introduce into a former act a subsequent amendment, and let them stand so connected? When an alteration is made in an act, it is done by way of supplement; the latter act always repealing the former in every specified case of difference."

Auch LIVERMORE beruft sich auf die Vorgehensweise bei ordinären Gesetzen. Vgl. Annals of Congress, 1st Cong., 1st Sess., Band 1, S. 738 (1789): "But certainly no gentleman acquainted with legislative business would pretend to alter and amend, in this manner, a law already passed."

[534] Exemplarisch sei hier die Argumentationsweise SHERMANS dargestellt, Annals of Congress, 1st Cong., 1st Sess., Band 1, S. 742 (1789): "I contend that amendments made in the way proposed by the committee are void. No gentleman ever knew an addition and alteration introduced into an existing law, and that any part of such law was left in force; but if it was improved or altered by a supplemental act, the original retained all its validity and importance, in every case where the two were not incompatible. [...]. I would desire gentlemen to consider the authorities upon which the two constitutions are to stand. The original was established by the people at large, by conventions chosen by them for the express purpose." In Bezug auf künftige Verfassungsänderungen merkt SHERMAN an: "Will gentlemen say it is "We the people" in this case?"

[535] RODGERS, Contested Truths, S. 92ff..

ben, die Änderungen sollten das „große Ganze“ nicht zerstören und daher vom Verfassungsurtext sichtbar getrennt werden.[536] Nicht zuletzt schwang in dieser Ansicht auch ein bisschen Eitelkeit mit, waren doch viele Mitglieder des ersten Kongresses bereits Mitglieder des Konvents von Philadelphia gewesen und fürchteten nun um die Integrität ihres dort verabschiedeten Werkes.[537]

Dagegen argumentierten die Verfechter der Verfassungsurtextänderung mit Recht, dass eine Änderung der Verfassung immer auch eine Inhaltsverschiebung zur Folge hat, unabhängig davon, an welcher Stelle sie in das Verfassungsdokument eingefügt wird. Die Befürworter der Inkorporation unterschieden demnach bereits konsequent zwischen Verfassungsgebung, Verfassungsänderung und Gesetzgebung und konnten den Gedanken der auf der Volkssouveränität begründeten repräsentativen Demokratie umsetzen.[538] So waren sie auch der Auffassung, dass eine Inkorporation der Änderungen einer sich eventuell aufbauenden Hierarchie zwischen dem älteren Verfassungsurtext und den neuen angehängten Änderungen entgegenwirken würde.[539] ELBRIDGE GERRY ging sogar noch weiter, indem er dem Gedanken der auf Volkssouveränität beruhenden

[536] LIVERMORE, in: Annals of Congress, 1st Cong., 1st Sess., Band 1, S. 736, 737 (1789): "[...] if we destroy the base, the superstructure falls of course [...]. I presume it will be more prudent to adopt the mode proposed by the gentleman from Connecticut, than it will be to risk the destruction of the whole by proposing amendments in the manner recommended by the committee."

[537] GEORGE CLYMER, Abgeordneter Pennsylvanias und vormals Delegierter im Konvent von Philadelphia (HARRISON, Biographical Directory of the American Congress, 1774-1949, S. 993), äußerte sich in: Annals of Congress, 1st Cong., 1st Sess., Band 1, S. 737 (1789), wie folgt: "[...] the amendments ought not to be incorporated in the body of the work, which he hoped would remain a monument to justify those who made it; by a comparison, the world would discover the perfection of the original, and the superfluity of the amendments." STONE, Abgeordneter aus Maryland, bekräftigte dieses Argument, Annals of Congress, 1st Cong., 1st Sess., Band 1, S. 737 (1789): "If the amendments are incorporated in the body of the work, it will appear, unless we refer to the archives of Congress, that George Washington, and the other worthy characters who composed the convention, signed an instrument which they never had in contemplation."

[538] GERRY, in: Annals of Congress, 1st Cong., 1st Sess., Band 1, S. 739 (1789): „It is said, if the amendments are incorporated, it will be a virtual repeal of the constitution. I say the effect will be the same in a supplementary way; consequently the objection goes for nothing, or it goes against making any amendments whatever."Auch das Prinzip der repräsentativen Demokratie hatte GERRY im Gegensatz zu den Befürwortern eines Verfassungsanhangs klar vor Augen. Siehe Annals of Congress, 1st Cong., 1st Sess., Band 1, S. 743 (1789): „The honorable gentleman from Connecticut, if I understand him right, says that the words „We the people“ cannot be retained, if Congress should propose amendments, and they be ratified by the State Legislatures. Now, if this is a fact, we ought most undoubtedly to adopt his motion; because if we do not, we cannot obtain any amendment whatever."

[539] JAMES MADISON, in: Annals of Congress, 1st Cong., 1st Sess., Band 1, S. 735 (1789).

mittelbaren Demokratie folgend, die anstehenden Verfassungsänderungen stärker als die ursprüngliche Verfassung durch den Volkssouverän legitimiert ansah, weil die zukünftigen Verfassungsänderungsvorschläge aus den vom Volk gewählten Gesetzgebungsorganen oder Konventen hervorgehen würden, während die Delegierten des Bundeskonvents von Philadelphia von den Staatenlegislaturen benannt worden waren.[540]

Neben den, sich um das unterschiedliche Verständnis von Volkssouveränität und mittelbarer Demokratie und ihrer Umsetzung rankenden Argumente für oder gegen einen Verfassungsanhang, kamen auf Seiten der Gegner eines solchen Anhangs noch zwei weitere gewichtige Argumente hinzu: Verfassungsklarheit und Verfassungskohärenz, oder wie JAMES MADISON sich ausdrückte: „neatness and propriety."[541] Die Verfassung als Gründungsdokument der neuen Nation sollte für das Volk verständlich bleiben. Der wahre Gehalt der gesamten Verfassung sollte leicht und schnell erfasst werden können.[542] Dies war nach ihrer Auffassung nur möglich, wenn die Verfassung aus einem Guss geschrieben bliebe, ohne dass die Anhänge erst an die richtige Stelle der Verfassung hineingelesen werden müssten.[543]

Zunächst schienen die Befürworter der Inkorporation, die Mehrheit des Repräsentantenhauses überzeugen und für sich gewinnen zu können. SHERMANS Vorschlag eines Verfassungsanhangs wurde am Abend des 13. August 1789 abgelehnt und die Inkorporation beschlossen.[544]

Als SHERMAN seinen Vorschlag eine Woche später noch einmal zur Abstimmung stellte, konnte er aber schließlich doch die Mehrheit auf sich vereinen.[545] Warum dieser plötzliche Richtungswechsel aufgetreten ist, ist aus den Aufzeichnungen der Sitzungen des Repräsentantenhauses nicht ersichtlich. Diese berichten nur, dass „hereupon ensued a debate similar to what took place in the Committee of the Whole."[546]

Es war wohl die Sorge um die Substanz der *Bill of Rights*, die die Inkorporisten, insbesondere MADISON, dazu bewegt hat, ihre Vorstellungen über die Form von zukünftigen Verfassungsänderungen zu opfern, um das Projekt der

---

[540] GERRY, in: Annals of Congress, 1st Cong., 1st Sess., Band 1, S. 743f. (1789).

[541] Annals of Congress, 1st Cong., 1st Sess., Band 1, S. 735 (1789).

[542] GERRY, in: Annals of Congress, 1st Cong., 1st Sess., Band 1, S. 739 (1789).

[543] VINING, in: Annals of Congress, 1st Cong., 1st Sess., Band 1, S. 737 (1789).

[544] Annals of Congress, 1st Cong., 1st Sess., Band 1, S. 744 (1789).

[545] Annals of Congress, 1st Cong., 1st Sess., Band 1, S. 795 (1789).

[546] Annals of Congress, 1st Cong., 1st Sess., Band 1, S. 795 (1789).

Bill of Rights inhaltlich nicht zu gefährden. Insbesondere SHERMAN hatte angedroht:

> „No we say we contend for substance, and therefore cannot agree to amendments in this way. If they are so desirous of having the business completed, they had better sacrifice what they consider, but a matter of indifference to gentlemen, to go more unanimously along with them in altering the constitution."[547]

Um die *Bill of Rights* inhaltlich durchsetzen zu können, verzichteten die Inkorporisten daher auf ihren Standpunkt. In einem Brief an ALEXANDER WHITE schrieb MADISON am 24. August 1789:

> „It became an unavoidable sacrifice to a few who knew their concurrence to be necessary, to the dispatch if not the success of the business, to give up the form by which the amendments when ratified would have fallen into the body of the Constitution, in favor of the project of adding them by way of appendix to it."[548]

II. Die Folgen der Entscheidung für einen Verfassungsanhang

Die Entscheidung, den Verfassungsurtext unberührt zu lassen und Änderungen der Verfassung in einem Anhang anzufügen, ist nicht folgenlos geblieben. MADISON hatte in weiser Voraussicht in der Diskussion um die *Bill of Rights* und die Form der Verfassungsänderung bereits darauf hingewiesen: „[…] on this occasion […] form is of some consequence."[549]

1.) Folgen für die Prinzipien des Rechtsstaates

Die Entscheidung gegen die Integration der Verfassungsänderungen in den Verfassungsurtext zieht insbesondere für die auch im amerikanischen Rechtssystem verankerten Gebote des Rechtsstaates[550] Folgen nach sich. Zwar kann das

---

[547] Annals of Congress, 1st Cong., 1st Sess., Band 1, S. 744 (1789).

[548] Zitiert in: VEIT//BOWLING/BICKFORD, Creating the Bill of Rights, S. 287.

[549] Annals of Congress, 1st Cong., 1st Sess., Band 1, S. 735 (1789).

[550] Die rechtsstaatlichen Garantien sind in der amerikanischen Verfassung verstreut: Die Gewaltenteilung in der Präambel und in der Zusammenschau der Art. I bis III, die Gewährleis-

Konzept eines Verfassungsanhangs dann noch den Geboten von Bestimmtheit, Klarheit und Rechtssicherheit Rechnung tragen, wenn es bei einer Verfassungsänderung nur um die Hinzufügung einer gänzlich neuen, mit keiner der Bestimmungen im Verfassungsurtext verwobenen Regelung geht, wie dies zum Beispiel bei der Einführung der Prohibition durch das Amend. XVIII der Fall war. Führt eine Verfassungsänderung jedoch zur Erneuerung, Ergänzung oder sogar Streichung bisher im Verfassungsurtext enthaltener Bestimmungen, ist die Einhaltung rechtsstaatlicher Prinzipien nicht mehr in gleicher Weise garantiert.

Um den Inhalt und Umfang des derzeit gültigen geschriebenen Verfassungsrechts zu ermitteln, muss der Verfassungsleser nicht nur die neuen Bestimmungen zum Verfassungsurtext hinzufügen, sondern auch die durch Verfassungsänderung gestrichenen Vorschriften ausblenden und die geänderten Klauseln selbständig in die aktuelle Fassung bringen. Wie schwierig dieses, teilweise sogar zu unterschiedlichen Ergebnissen führende,[551] Unterfangen ist und wie gefährdet daher die genannten rechtsstaatlichen Prinzipien sind, zeigt die Übersicht in Anhang A,[552] die den Verfassungsurtext mit seinen Modifikationen, Streichungen und Ergänzungen kontrastiert und deutlich macht, dass mehr als nur ein kleiner Bruchteil des Verfassungsurtextes nicht mehr ohne Hinzuziehung des Verfassungsanhangs richtig gedeutet werden kann:

Die Art. I, § 2, cl. 3; Art. I, § 3, cl. 1 und cl. 2; Art. I, § 4 cl. 1 und 2; Art. II, § 1, cl. 3; Art. II, § 1, cl. 6 und Art. III, § 2, cl. 1 des Verfassungsurtextes geben nicht mehr gültiges Recht wieder. Sie wurden durch *Amendments* inhaltlich geändert oder sogar gänzlich überflüssig.[553]

Auch Art. I, § 9, cl. 1; Art. IV, § 2, cl. 3 und Amend. XVIII sind nicht gestrichen worden, obwohl sie heute keinen Anspruch auf Gültigkeit mehr besitzen.[554] Durch die Abschaffung der Sklaverei und der Prohibition durch Amend. XIII, Amend. XIV und Amend. XXI sind diese Verfassungsbestimmungen obsolet geworden.

Schließlich fügten zahlreiche *Amendments*, insbesondere Amend. XIV, Amend. XVI, Amend. XXII, Amend. XXIII, Amend. XXV und Amend. XXVII neue Regelungen zu bereits bestehenden Verfassungsvorschriften hinzu, so dass die Vorschriften immer in Verbindung mit den jeweiligen *Amendments* gelesen

---

von rechtsstaatsverfahrensrechtlichen Garantien in den *due process*-Klauseln der Amend V und Amend. XIV, § 1.

[551] Vgl. zu den verschiedenen Möglichkeiten HARTNETT, 15 Const. Comment. 251, 258ff. (1998).

[552] Vgl. Anhang A, S. 402ff..

[553] Vgl. Anhang A, S. 402ff..

[554] Vgl. Anhang A, S. 408, 415.

werden müssen, um ihren Inhalt vollständig bestimmen zu können. Ergänzungen haben auf diese Weise vor allem Art. I, § 2, cl. 1 und cl. 2; Art. I, § 3, cl. 1 und cl. 3; Art. I, § 6, cl. 1; Art. I, § 8; Art. I, § 10; Art. II, § 1, cl. 1, 2, 5 und cl. 6, sowie Art. III, § 2, cl. 3 erfahren.[555]

Auch die Aussagen der einzelnen Verfassungsänderungen können teilweise nicht ohne einen Blick auf den gesamten Verfassungsanhang gedeutet werden, denn auch sie wurden bereits von späteren *Amendments* ergänzt oder sogar bereits selbst wieder modifiziert. An sich hätte dem Anhang A daher sogar noch eine vierte Spalte „Änderung der Änderung" angefügt werden müssen, denn die schon im ersten Kongress geäußerten Befürchtungen, dass es zu vielen "supplement to the supplement, and so on" kommen würde und dass auch gerade dadurch die Verfassung sich zu einem "maze of perplexity" entwickeln würde, hat sich zum Teil bewahrheitet.[556] So ergänzt das Amend. XIV, das Amend. V, indem es die *due process clause* auch auf die Gliedstaaten ausweitet; das Amend XIX und Amend. XXVI, § 1 ändern wiederum Amend. XIV, § 2, Satz 2, indem sie das Wahlrecht auf Frauen und auch auf 18-21-Jährige ausdehnen; das Amend. XXI, § 1 hebt Amend. XVIII gänzlich auf und die Amend. XIX, XXIV und XXVI ergänzen das Amend. XV. Amend. XX, § 3 revidiert den dritten Satz des Amend. XII und Amend. XXIII, § 1 ist zum Amend. XII hinzuzulesen.[557]

Das fehlende Integrationserfordernis für die vorgenommenen Verfassungsänderungen führt allerdings nicht nur zur Rechtsunklarheit und damit Rechtsunsicherheit im Anschluss an die vorgenommene Änderung, sondern verhindert auch eine optimale Verfassungsentwicklung durch den verfassungsändernden Gesetzgeber. Eine Inkorporationspflicht hätte den verfassungsändernden Gesetzgeber dazu gezwungen, die Auswirkungen einer Verfassungsänderung auf die gesamte Verfassung bereits vor ihrer endgültigen Verabschiedung näher zu durchdenken. Sie hätte ihn vor die Aufgabe gestellt, vor jeder Änderung zu bestimmen, an welcher Stelle des Verfassungsurtextes diese einzugliedern ist und welche Vorschriften der Verfassung im Zusammenhang mit ihrer Einfügung geändert, gestrichen oder ergänzt werden müssten. Damit wäre die Überprüfung von möglichen Folgen von Verfassungsänderungen für das gesamte Verfassungsgefüge bereits vor ihrem Erlass abgesichert gewesen.

---

[555] Vgl. Anhang A, S. 402ff..

[556] GERRY, in: Annals of Congress, 1st Cong., 1st Sess., Band 1, S. 739 (1789).

[557] Einen Versuch, die heutige Verfassung darzustellen unter der Prämisse, dass alle Verfassungsänderungen in den Verfassungsurtext integriert worden wären, findet sich bei HARTNETT, 15 Const. Comment. 251, 284ff. (1998).

2.) Folgen für die Verfassungsgerichtsbarkeit

Die vielen Ungereimtheiten, die sich mangels eines Gebotes der Verfassungsurtextänderung ergeben, stärken ganz besonders die Position der Judikative.[558] Die Machtverlagerung vom verfassungsändernden Gesetzgeber auf die richterliche Gewalt wird insbesondere im Fall der zwei Inkorporationsdebatten deutlich: Zum einen bei der Frage, inwieweit die *Bill of Rights* auch auf die Gliedstaaten anwendbar sind und zum zweiten bei der Diskussion, inwieweit die *equal protection clause* des Amend. XIV, § 1 in die *due process clause* des Amend. V hineingelesen werden kann und dadurch auch Anwendung auf den Bundesstaat findet.

Die *Bill of Rights* binden anders als der Grundrechtskatalog des Grundgesetzes ausschließlich die Bundesorgane.[559] Über die *due process clause* des Amend. XIV, § 1 hat der *Supreme Court* jedoch die in den Amend. I bis Amend. VIII verkörperten Grundrechtsgarantien als „fundamental rights" auch gegenüber den Gliedstaaten für anwendbar erklärt.[560] Allerdings stimmen diese „fundamental rights" nicht zu 100 Prozent mit den in den *Bill of Rights* normierten Rechten überein[561] und sind zudem immer von einer möglichen Abänderung durch die Rechtsprechung bedroht, da sie nur als *case law*, nicht aber als geschriebenes Recht entstanden sind.

Umgekehrt hat der *Supreme Court* dann die *due process clause* des Amend. V dazu verwandt, um die *equal protection clause* des Amend. XIV, § 1 auch gegenüber dem Bund anwendbar zu machen. Er sah sie als inkorporiert in das Amend. V an.[562]

Wären die mit dem Amend. XIV eingeführten Verfassungsänderungen in die Verfassung integriert worden, wären derartige Überdehnungen der Amend. V und Amend. XIV durch den *Supreme Court* allerdings aus folgenden Gründen nicht möglich gewesen:

---

[558] MARSHALL, 51 Ark. L. Rev. 95, 113 (1998).

[559] Barron v. Mayor and City Council of Baltimore, 32 U.S. (7 Pet.) 243, 247f. (1833).

[560] Adams v. California, 332 U.S. 46, 67f. (1947); Palko v. Connecticut, 302 U.S. 319, 323ff. (1937).

[561] Folgende wichtige, in den *Bill of Rights* garantierte Rechte sind für die Gliedstaaten nicht nach dem *due process* Konzept des Amend. XIV, § 1 bindend: Verbot des Amend. V, einen Strafprozess ohne *grand jury indictment* zu führen (Hurtado v. California, 110 U.S. 516, 535ff. (1884)) und das in Amend. VII verankerte Recht auf eine Jury im Zivilprozess (Maxwell v. Dow, 176 U.S. 581, 595ff. (1900)).

[562] Bolling v. Sharpe, 347 U.S. 497, 499 (1954).

Art. I, § 8 enumeriert die Kompetenzen des Kongresses; der darauf folgende Art. I, § 9 seine Schranken. In Art. I, § 10 sind dann im Anschluss daran den Gliedstaaten Kompetenzschranken auferlegt worden. Wäre eine Integration des Amend. XIV in den Verfassungsurtext erforderlich gewesen, wären seine Bestimmungen Teil des Art. I, § 10 geworden. Die Auslegung, die der *Supreme Court* den Amend. V und Amend. XIV heute zuteil werden lässt, wäre damit aufgrund des ausdrücklichen Wortlauts der Verfassung nicht möglich gewesen. Man hätte sich mit der Tatsache abfinden müssen, dass die Verfassung gegenüber den Gliedstaaten keinen vollen Schutz gewährt und dass die *equal protection clause* nicht auf Bundesebene anwendbar ist. Mit der Verfassungsrealität konfrontiert hätte dann der verfassungsändernde Gesetzgeber entscheiden müssen, inwiefern in dieser Hinsicht Handlungsbedarf bestanden hätte. Durch das fehlende Integrationsgebot und durch die daraus resultierenden Freiheiten der rechtsprechenden Gewalt hat sich der Entscheidungsspielraum der Verfassungsgerichtsbarkeit zu Lasten des verfassungsändernden Gesetzgebers erheblich erweitert.

C. Prozessuale Voraussetzungen der Verfassungsrevision

I. Der Begriff *Amendment*

Art. V unterscheidet nicht ausdrücklich zwischen Teil- und Gesamtänderung oder zwischen Streichung, Hinzufügung oder Abänderung der Verfassung. Er spricht lediglich von „Amendments to this Constitution." Was unter den Begriff der Verfassungsänderung zu subsumieren ist, ist daher nicht eindeutig geklärt. Darüber hinaus bezeichnet man als *Amendment* in der englischsprachigen Rechtsterminologie auch eine ergänzende Gesetzesänderung zu einem einfachen Gesetz. Hier soll unter diesem Begriff jedoch nur die Verfassungsänderung gefasst werden. Häufig wird der Begriff *Amendment* in der deutschsprachigen Literatur auch mit „Verfassungszusatz" übersetzt.[563]

[563] LOEWENSTEIN, Verfassungsrecht und Verfassungspraxis, S. 35, spricht von Zusatzartikeln; ebenfalls von Zusatzartikeln spricht BRUGGER, in: Krakau/Streng (Hrsg.), Konflikt der Rechtskulturen, S. 49, 51 Fn. 6, 60 Fn. 19. Mit Verfassungszusatz überstetzt CARSTENS, Grundgedanken der amerikanischen Verfassung und ihre Entwicklung, S. 161, den Begriff *Amendment*.

1.) Teil- und Gesamtänderung

Viele Gliedstaatenverfassungen deklarieren das Recht des Staatsvolks, seine Verfassung jederzeit zu ändern oder zu ergänzen. MADISON brachte daher eine Änderungsvorlage im nationalen Kongress ein, die Ähnliches auch zu Beginn der Bundesverfassung festschreiben sollte.[564] Die Vorlage gewann jedoch nicht die erforderliche Mehrheit und lässt damit die Frage offen, ob nun über das Verfahren des Art. V nicht nur Teil-, sondern auch Gesamtrevisionen durchgeführt werden können, oder ob eine Totalrevision nur im Rahmen einer Revolution, nicht aber auf verfassungslegalem Weg möglich ist.

Häufig wird versucht, den Streit mit Hilfe des Wortlauts des Art. V, „Amendment to this Constitution," zu lösen. Die wortlautorientierte Ansicht fasst unter den Begriff *Amendment* nur Änderungen i.S.v. Korrekturen und bestreitet, dass der Begriff auch die Hinzufügung einer neuen Materie umfasst.[565] Auch der erste Kongress hat in dieser Hinsicht indirekt Stellung genommen. Er war der Ansicht, dass es in seiner Kompetenz stehe jedwede Änderung zu initiieren, nicht aber die einer Totalrevision.[566] Des Weiteren machen Befürworter dieser Ansicht geltend, dass Art. V „this Constitution" als Bezugsobjekt für *Amendments* nennt. Zu „dieser Verfassung" könne aber nur etwas hinzugefügt oder in ihr etwas geändert werden, sofern sie im Ganzen bestehen bliebe.[567]

Die h.M.[568] hält den Wortlautargumenten andere Definitionsmöglichkeiten für den Begriff *Amendment* entgegen[569] und erachtet auch eine Totalrevision über den Mechanismus des Art. V als zulässig. Allerdings ist sie ihrerseits zerstritten, wenn es um die Frage geht, welches in Art. V benannte Organ befugt sein soll,

---

[564] Der Revisionsantrag lautete: "That the people have an indubitable, inalienable, and indefeasible right to reform or change their Government, whenever it may be found adverse or inadequate to the purposes of its institution." Siehe Annals of Congress, 1st Cong., 1st Sess., Band 1, S. 451 (1789). Vgl. AMES, The proposed Amendments to the Constitution, S. 185.

[565] MACHEN, 23 Harv. L. Rev. 169, 170 (1910); MORRIS, 189 North Am. Rev. 82, 85 (1909); Brief of State of Rhode Island, zitiert in: DODD, 30 Yale L.J. 321, 331 (1921); MAZZONE, 90 Iowa L. Rev. 1747, 1750ff. (2005).

[566] Annals of Congress, 1st Cong., 1st Sess., Band 1, S. 440ff., 685ff., 730ff., 795ff. (1789).

[567] Vgl. MURPHY, in: Levinson (Hrsg.), Responding to Imperfection, S. 163, 176f..

[568] ORFIELD, The Amending of the federal Constitution, S. 51; LIVINGSTON, Federalism and constitutional Change, S. 218; HARRIS II, The interpretable Constitution, S. 190.

[569] Vgl. für unterschiedliche Definitionen Black's Law Dictionary, Stichwort *Amendment*; ORFIELD, The Amending of the federal Constitution, S. 108; Ex parte Dillon, 262 F. 563, 567 (D.C. Cal. 1920); Christian Feigenspan, Inc. v. Bodine, 264 F. 186, 190 (D.C. N.J. 1920); State of Ohio ex rel. Erkenbrecher v. Cox, 257 F. 334, 343 (D.C. Ohio 1919).

eine Totalrevision vorzunehmen. Teilweise[570] wird allein einem nationalen Verfassungskonvent die Kompetenz zugesprochen, eine umfängliche Totalrevision der Verfassung einzuleiten. Zwar ist zuzugeben, dass auch die Gesamtrevision der *Articles of Confederation* von einem Verfassungskonvent vorgenommen wurde. Dies lässt aber nicht den Rückschluss zu, dass nur ein solcher auch zukünftig allein zur Gesamtrevisionen ermächtigt sein soll. Art. V unterscheidet nicht zwischen dem Änderungsverfahren durch den Kongress und demjenigen durch einen Verfassungskonvent, sondern stellt diese Methoden vielmehr parallel und damit gleichberechtigt nebeneinander. Die überwiegende Ansicht[571] geht daher auch davon aus, dass sowohl dem Kongress, als auch dem Bundeskonvent beide Kompetenzen, die der Total- und die der Partialrevision, zustehen. Es bleibt damit festzuhalten, dass das Verfahren des Art. V sowohl im Fall einer Teil- als auch im Fall einer Gesamtänderung durch die Legislative zu beachten ist und dass auch eine Totalrevision durch den Kongress initiiert werden kann.

2.) Verfassungsänderung als „partielle Verfassungsneugebung“

Im ersten Kongress hatte ROGER SHERMAN noch darauf verwiesen, dass der Verfassungsurtext auf einer höheren Autorität beruht als die nachfolgenden *Amendments*. Der Verfassungsurtext sei als „act of the people“ zu qualifizieren, während der Verfassungsanhang nur „the act of the State Governments“ sei.[572] In Dodge v. Woolsey schien der *Supreme Court* diese Ansicht auch zunächst noch zu bestätigen.[573] Während unterinstanzliche Gerichte schon früher konstatierten: „In this connection it should not be overlooked that the ultimate power to amend the United States Constitution is not given to the federal government, but to the people of the several states,"[574] revidierte der *Supreme Court* erst 1921 seine Aussage als *Justice* DEVANTER im Urteil Dillon v. Gloss feststellte:

> "Thus the people of the United States by whom the Constitution was ordained and established, have made it a condition to amending that instrument that the amendment be submitted to representative assemblies in the

[570] Ellingham v. Dye, 99 N.E. 1, 7ff. (Ind. 1912); JAMESON, A Treatise on constitutional Conventions, § 219, S. 211.

[571] ORFIELD, The Amending of the federal Constitution, S. 51; LIVINGSTON, Federalism and constitutional Change, S. 218.

[572] Annals of Congress, 1st Cong., 1st Sess., Band 1, S. 735 (1789).

[573] Dodge v. Woolsey, 59 U.S. (18 How.) 331, 347ff. (1855).

[574] Christian Feigenspan, Inc. v. Bodine, 264 F. 186, 195 (D.C. N.J. 1920).

> several States and be ratified in three fourths of them. The plain meaning of this is (a) that all amendments must have the sanction of the people of the United States, the original fountain of power, acting through representative assemblies, and (b) that ratification by these assemblies in three-fourths of the States shall be taken as a decisive expression of the people's will and be binding on all."[575]

Auch schon zuvor hatte der *Supreme Court* in den Slaugther House Cases ausgeführt: "Within the last eight years three other articles of amendment of vast importance have been added by the voice of the people to that now venerable instrument."[576] In Kansas v. Colorado heißt es ebenfalls: "The framers intended [...] that if, in the future, further powers seemed necessary, they should be granted by the people in the manner they had provided [...]."[577]

Daraus wird deutlich, dass nachfolgende Verfassungsänderungen ebenso wie der Verfassungsurtext nicht als Akt der Gesetzgebung, sondern als „partielle Verfassungsneugebung durch das Volk" angesehen werden,[578] obwohl sie bisher - bis auf eine Ausnahme[579] - alle von den ordinären Gesetzgebungsorganen des Bundes und der Gliedstaaten verabschiedet wurden; dies allerdings mit qualifizierten Mehrheiten.

Die Unterscheidung des Verfassungsänderungsverfahrens von der einfachen Gesetzgebung wird auch durch die Stellung des Art. V in der U.S.-Verfassung unterstrichen. Das Revisionsverfahren ist nicht bei den Bundesgesetzgebungskompetenzen in Art. I, § 8 geregelt und auch nicht, wie im Grundgesetz der Art. 79, im Abschnitt über das Gesetzgebungsverfahren enthalten, sondern es ist in einem eigenen Artikel am Ende der Verfassung niedergelegt. Vor diesem Hintergrund steht auch schon die Entscheidung Hollingworth v. State of Virginia

---

[575] Dillon v. Gloss, 256 U.S. 368, 374 (1921).

[576] Slaugther House Cases, 83 U.S. (16 Wall.) 36, 67 (1872).

[577] Kansas v. Colorado, 206 U.S. 46, 90 (1906).

[578] *Justice* POWELL, in: Frontiero v. Richardson, 411 U.S. 677, 692 (1973); Hake v. Smith, 253 U.S. 221, 229 (1920); LEE, *Attorney General*, in: Hollingworth v. State of Virginia, 3 U.S. (3 Dall.) 378, 381 (1798); In re Opinion of the Justices, 107 A. 673, 674 (Me. 1919); HAJDU/ROSENBLUM, 79 Colum. L. Rev. 106, 110 (1979); KAUPER, 58 Mich. L. Rev. 1091, 1182 (1960); CORWIN/RAMSEY, 26 Notre Dame L. 185, 189f. (1951); MCGOVNEY, 20 Colum. L. Rev. 499, 513 (1920); LIVINGSTON, Federalism and constitutional Change, S. 215; BERNSTEIN/AGEL, Amending America, S. 266; KRAMER, 16 Am. Jur. 2d Const. Law § 13 (2003); a.A.: HARRIS II, The interpretable Constitution, S. 192; GONZÁLEZ, 80 Wash. U. L. Q. 127, 176f. (2002).

[579] Die Ausnahme bildet Amend. XXI, welches gemäß Amend. XXI, § 3 nicht wie üblich von den Staatenlegislaturen, sondern von Gliedstaatenkonventen ratifiziert worden ist. Vgl. Teil I: F. II., S. 49ff..

von 1798, die die bereits für die *Bill of Rights* beschrittene Praxis bestätigte, dass im Verfahren der Verfassungsänderung die im normalen Gesetzgebungsverfahren anwendbare *presentment clause*, Art. I, § 7, cl. 2, nicht zu beachten ist.[580] *Justice* CHASE fasste schon damals die Änderungsinitiative des Kongresses nicht als Ausübung ordinärer gesetzgebender Gewalt des Kongresses auf.[581] In Hawke v. Smith und Leser v. Garnett wurde schließlich auch der Akt der Staatenratifikation als föderale Funktion, nicht aber als Ausübung gliedstaatlicher gesetzgebender Gewalt qualifiziert.[582]

Die Einordnung des Revisionsverfahrens als „partielle Verfassungsneugebung“ und seine Unterscheidung vom ordentlichen Gesetzgebungsverfahren hat insbesondere Folgen für die *implied powers* des Kongresses. Wäre das Revisionsverfahren dem Prozess der Gesetzgebung i.w.S. zugeordnet worden, könnten zusätzliche, zur Erfüllung des Verfahrens notwendige Sachkompetenzen aus Art. I, § 8, cl. 18, der *necessary and proper clause*, hergeleitet werden.[583] Mit der vorgenommenen Qualifikation bleibt jedoch nur die angreifbare Herleitung zusätzlicher Kompetenzen aus Art. V selbst i.V.m. der Entscheidung des *Supreme Court* in McCulloch v. State of Maryland[584] möglich. Dort hatte der *Supreme Court* festgestellt, dass dem Kongress auch ohne Rückgriff auf die *necessary and proper clause* implizite Kompetenzen zur Ausführung der ihm übertragenen Aufgaben zustehen können.[585]

---

[580] Vgl. dazu Teil II: C. II. 1.) d.), S. 127ff..

[581] Hollingworth v. State of Virginia, 3 U.S. (3 Dall.) 378, 381 (1798).

[582] Hawke v. Smith I, 253 U.S. 221, 230 (1920); Verweis auf dieses Urteil auch in: State of Rhode Island v. Palmer, 253 U.S. 350, 386 (1920); ferner Leser v. Garnett, 258 U.S. 130, 137 (1922); WEINFELD, 51 Harv. L. Rev. 473, 500f. und Fn. 106 (1938).

[583] BRANNAN/LILLEHAUG/REZNICK, 16 Harv. J. on Legis. 763, 773 (1979); HAJDU/ROSENBLUM, 79 Colum. L. Rev. 106, 134 (1979); KANOWITZ/KLINGER, 28 Hastings L.J. 979, 998 (1977). Ebenso weist darauf ein Richter eines *Federal District Court* ausdrücklich in: State of Idaho v. Freeman, 529 Supp. 1107, 1151, 1153 (D. Idaho 1981), hin. A.A.: REES, 37 La. L. Rev. 896, 904 (1977), der Art. I, § 8, cl. 18 für einschlägig hält, um dem Kongress die Kompetenz zur Regelung von *housekeeping matters* im Änderungsprozess zu verleihen. Vgl. auch TRIBE, American constitutional Law, S. 102; LEVINSON, 11 Const. Comment 101, 106 (1994); VILE, 3 J.L. & Pol. 21, 45 (1986), die die Kompetenz des Kongresses zur Festlegung von zeitlichen Ratifikationsgrenzen an der *necessary and proper clause* des Art. I, § 8, cl. 18 festmachen.

[584] McCulloch v. State of Maryland, 17 U.S. (4 Wheat.) 316 (1819).

[585] McCulloch v. State of Maryland, 17 U.S. (4 Wheat.) 316, 323f. (1819): “Even without the aid of the general clause in the constitution, empowering congress to pass all necessary and proper laws for carrying its powers into execution, the grant of powers itself necessarily implies the grant of all usual and suitable means for the execution of the powers granted.”

II. Die Initiativberechtigung im Revisionsverfahren

Die Gliedstaaten wie der Bund sind im Verfahren der Verfassungsänderung gleichermaßen initiativberechtigt. Beide können unabhängig voneinander auf unterschiedliche Weise ein förmliches Revisionsverfahren einleiten.

1.) Die Initiativberechtigung des Bundes

Initiativberechtigtes Organ des Bundes ist der Kongress. Obwohl Verfassungsänderungen nicht als Akt der ordinären Gesetzgebung betrachtet werden, arbeitet sie der Kongress dennoch im Verfahren der Gesetzgebung aus, bei dem jedoch einige Besonderheiten zu beachten sind.[586]

a.) Das Einbringen der Revisionsvorlage in den Kongress

Sowohl Senatoren als auch Abgeordnete sind berechtigt, Revisionsvorlagen im Senat bzw. im Repräsentantenhaus einzubringen und damit das Verfahren des Art. V einzuleiten. Gängige Praxis ist die Einbringung von Änderungsvorschlägen in Form einer *joint resolution.*[587] Dies lässt sich darauf zurückführen, dass die Form der *joint resolution* der *bill*, der zumeist verwandten Form des Gesetzentwurfs für die ordentliche Gesetzgebung, gleichgestellt ist,[588] zudem aber den Initiator verpflichtet, zu Beginn der Resolution den mit der Verfassungsänderung verfolgten Zweck festzulegen. Die *joint resolution* wird nummeriert und je nach ihrer Herkunft *H.R.J. Res.* bzw. *S.J. Res.* abgekürzt.

Der Präsident ist nicht initiativberechtigt. Der Überblick über die Verfassungspraxis in Teil I dieser Arbeit hat jedoch erkennen lassen, dass er sehr wohl großen Einfluss auf das Initiativverfahren im Kongress nimmt. Gerechtfertigt ist seine Einflussnahme durch Art. II, § 3, der ihn ermächtigt „[to] recommend [...] such measures as he shall judge necessary and expedient." Unter den Begriff der Maßnahme fällt dabei auch der Vorschlag für eine Revisionsvorlage.[589] Für das

---

[586] ORFIELD, The Amending of the federal Constitution, S. 48.

[587] HEARD, 84 Law Lib. J. 499, 500f. (1992); ROTUNDA/NOWAK, Treatise on constitutional Law: Substance and Procedure, Band 1, § 10.2, S. 732; VILE, Encyclopedia, S. 251f.. Nur wenige Revisionsvorlagen wurden in Form einer *bill* in den Kongress eingeführt. Vgl. AMES, The proposed Amendments to the Constitution, S. 284.

[588] Vgl. United States ex rel. Levey v. Stockslager, 129 U.S. 470, 475 (1889).

[589] Vgl. bereits GEORGE WASHINGTON, in: Richardson (Hrsg.), A Compilation of the Messages and Papers of the Presidents, First Inaugural Address vom 30. April 1789, Band I,

formelle Ingangsetzen des Initiativverfahrens bleibt der Präsident dennoch auf ihm nahe stehende Senatoren und Abgeordnete angewiesen, die seine Vorschläge offiziell in den Kongress einführen.

b.) Die Beratung der Revisionsvorlage in den Ausschüssen

In den Anfängen der Republik wurden Änderungsvorlagen sowohl im Repräsentantenhaus als auch im Senat im *Committee of the Whole*[590] beraten.[591] Das *Committee of the Whole* ist kein separater Ausschuss, sondern im Prinzip das als Ausschuss tagende Plenum der jeweiligen Kammer. Tagen die Kammern als *Committee of the Whole* können sie jedoch die Beratungen und Abstimmungen vereinfacht, entsprechend den Regeln eines Ausschusses gestalten.[592]

Heute werden die Revisionsvorlagen nach ihrer formalen Einbringung in den Kongress ganz überwiegend vom Vorsitzenden der jeweiligen Kammer, im Repräsentantenhaus vom *Speaker*, im Senat vom Senatspräsidenten, ohne Aussprache im Plenum dem zuständigen Ausschuss überwiesen.[593] Seit Mitte des 19. Jahrhunderts[594] ist dies im Repräsentantenhaus wie im Senat für Fragen der Ver-

---

S. 53; Adress of the House of Representatives to GEORGE WASHINGTON, President of the United States, in: Richardson (Hrsg.), A Compilation of the Messages and Papers of the Presidents vom 05. Mai 1789, Band I, S. 56. So auch SIDAK, 77 Geo. L.J. 2079, 2084 (1989).

[590] Abkürzung für *The Committee of the whole House on the state of the Union.*

[591] Allerdings hatte das Repräsentantenhaus im Zusammenhang mit den *Bill of Rights* auch bereits schon einmal die Ausarbeitung von Verfassungsänderungen einem speziellen Ausschuss zugewiesen, der aus einem Mitglied pro Gliedstaat bestand. Vgl. Congressional Register, July 21, 1789, abgedruckt in: VEIT/BOWLING/BICKFORD, Creating the Bill of Rights, S. 97ff.. Auch im besonderen Fall des Amend XIV war ein *Joint Committee on Reconstruction* mit der Ausarbeitung von Verfassungsänderungen betraut worden. Vgl. Teil I: D. III. 2.), S. 29ff..

[592] So bilden bereits 100 Mitglieder einer Kammer im *Committee of the Whole* ein Quorum und unter der sog. *five-minute rule* werden Ergänzungs- und Änderungsvorschläge zügig beraten. Vgl. die derzeitige *House Rule* XVIII.

[593] KERNOCHAN, The legislative Process, S. 14f.; ROTUNDA/NOWAK, Treatise on constitutional Law: Substance and Procedure, Band 1, § 10.2, S. 727, § 10.3, S. 733.

[594] 1841 wies das Repräsentantenhaus erstmals eine Vorlage dem Justizausschuss zu (Journal of the House of Representatives, 27th Cong., 1st Sess., Band, 36, S. 102 (1841)) und kurze Zeit später befasste auch der Senat seinen Justizausschuss mit einer Änderungsvorlage (Congressional Globe, 29th Cong., 2nd Sess., S. 61 (1846)). Vgl. zur Geschichte der Revisionsberatungen LACY/MARTIN, 9 Harv. J. on Legis. 666, 672ff. (1972).

fassungsänderung der Justizausschuss.[595] Nur äußerst selten wird die Vorlage wegen Sachzusammenhangs einem anderen als dem Justizausschuss übergeben.[596] Nach der Überweisung liegt es im Ermessen des Ausschusses, auf welche Art und Weise, z.B. durch Einsetzung von Unterausschüssen, er die Vorlage behandelt.[597]

Der Justizausschuss des Senats hat 1946 einen ständigen Unterausschuss für Verfassungsänderungen eingerichtet.[598] Derzeit übernimmt der Unterausschuss *Constitution, Civil Rights and Property Rights* die Bearbeitung von Revisionsvorschlägen.[599] Das Repräsentantenhaus entschied 1924, dass der Justizausschuss die Beratung von in den Kongress eingebrachten Revisionsvorschlägen grundsätzlich, aber nicht ausschließlich übernehmen soll.[600] Offiziell wurde dies jedoch erst mit dem *Legislative Reform Act* von 1947 gesetzlich verankert. Seither ist auch im Repräsentantenhaus ein Unterausschuss für Verfassungsfragen mit der Erarbeitung von Verfassungsänderungsvorschlägen betraut.[601]

Die Beratung und Bearbeitung der Revisionsvorlagen in den Ausschüssen ist eine der schwierigsten Hürden, die eine Verfassungsänderung überwinden muss.

---

[595] *House Rule* X 1. (l) (6) und *Senate Rule* XXV 1. (l) (4). Die Errichtung eines ständigen ausschließlich für Verfassungsänderungen zuständigen Ausschusses wurde mehrmals erwogen, ist aber bis heute nicht erfolgt. Vgl. AMES, The proposed Amendments to the Constitution, S. 285f..

[596] Für diesbezügliche Beispiele siehe HINDS, Precedents of the House of Representatives of the United States, Band IV, *Chapter* 101, §§ 4247, 4300, 4302, S. 804, 824, 825; AMES, The proposed Amendments to the Constitution, S. 285.

[597] ROTUNDA/NOWAK, Treatise on constitutional Law: Substance and Procedure, § 10.3, S. 733.

[598] *Legislative Reorganization Act of 1946*, 60 Stat. 812 (1946), *Chapter* 753. Der Vorstoß, einen solchen Ausschuss auch im Repräsentantenhaus einzurichten, das *Committee on constitutional Amendments*, scheiterte 1885. Siehe AMES, The proposed Amendments to the Constitution, S. 285f..

[599] Dem Unterausschuss sind folgende Aufgaben zugeordnet: "(1) Constitutional amendments; (2) Civil rights oversight; (3) Property rights; (4) Federal-State relations; (5) Individual rights; (6) Commemorative Congressional Resolutions; and (6) Interstate compacts." Siehe http://judiciary.senate.gov/subcommittees/constitution.cfm.

[600] CANNON, Precedents of the House of Representatives of the United States, Band VII, *Chapter* 228, § 1779, S. 743: "The Committee of the Judiciary has a general but not exclusive jurisdiction over joint resolutions proposing amendments to the Constitution of the United States."

[601] Dem *Subcommittee on the Constitution* sind folgende Aufgaben zugeordnet: "constitutional amendments, constitutional rights, federal civil rights, ethics in government, other appropriate matters as referred by the Chairman, and relevant oversight." Siehe http://judiciary.house.gov/committeestructure.aspx?committee=7.

Es steht im freien Ermessen des zuständigen Ausschusses, die Vorgehensweise hinsichtlich einer Revisionsvorlage zu bestimmen. Dabei obliegt dem Ausschussvorsitzenden die mächtige Position zu bestimmen, ob und zu welchem Zeitpunkt Anhörungen und Beratungen zu einer bestimmten Änderungsvorlage durchgeführt werden.[602] Wie die Darstellung in Teil I gezeigt hat, scheitern an diesem kritischen Punkt durch politisch motivierte Verzögerungstaktiken der Ausschussvorsitzenden bereits zahlreiche Revisionsvorhaben.[603]

Wird die Behandlung der Revisionsvorlage auf die Tagesordnung gesetzt, beginnen die Beratungen mit Stellungnahmen von Sachverständigen, oftmals Hochschulprofessoren, und Interessenvertretern.[604] Mit wenigen Ausnahmen werden diese Sitzungen öffentlich abgehalten. Sie dienen daher nicht allein der bloßen Informationsbeschaffung, sondern aufgrund ihrer Öffentlichkeit vor allem auch als Forum für Lobbys und Interessen.

Nach Ende der Beratungen und der Ausformulierung eines konkreten Vorschlags, sog. *mark-up* Stadium, sendet der Unterausschuss seine Empfehlung an den vollen Justizausschuss. Dieser kann die Empfehlung des Unterausschusses akzeptieren, selbst weitere Anhörungen durchführen oder aber die Vorlage gar nicht behandeln. Entscheidet sich der Ausschuss, die Vorlage an das Plenum weiterzuleiten muss er dies mehrheitlich beschließen.[605]

Die meisten Revisionsvorlagen überstehen die Beratungen in den Ausschüssen nicht. Zumeist werden sie nur berichtet und erörtert. Nur äußerst selten werden sie im Ausschuss zur Abstimmung gestellt, und nur ganz wenige Vorschläge finden in einer solchen Abstimmung eine Mehrheit. Im Repräsentantenhaus werden nur rund ein Prozent der Verfassungsänderungsvorschläge vom Ausschuss zurück an das Plenum zur Beratung überwiesen; im Senat überstehen nur etwa zehn Prozent der Revisionsvorlagen die Ausschussberatungen.[606] Nimmt ein Entwurf diese Hürde nicht, ist er im Allgemeinen bereits im Ausschuss gescheitert und müsste im nächsten Kongress unter Einhaltung desselben Verfahrens neu eingebracht werden.

Das Repräsentantenhaus und der Senat haben daher beide Methoden entwickelt, um populäre Änderungsvorlagen den Justizausschüssen zu entziehen. Sie erlauben einen Eingriff in die Autonomie der Ausschüsse, wenn diese der Mehrheitsmeinung des Plenums zuwider handeln. Im Repräsentantenhaus kann die

---

602 CHOPER, Judicial Review and the national political Process, S. 19ff..

603 Vgl. zu einzelnen Beispielen die Darstellungen in: Teil I: H. V., VII., S. 67, 70f.

604 Die Anhörungen werden im *Congressional Record* veröffentlicht.

605 ROTUNDA/NOWAK, Treatise on constitutional Law: Substance and Procedure, Band 1, § 10.3, S. 733.

606 LACY/MARTIN, 9 Harv. J. on Legis. 666, 675 (1972).

Weiterleitung einer in einem Ausschuss gescheiterten Vorlage an das Plenum durch eine von der absoluten Mehrheit der Abgeordneten (d.h. von mindestens 218 Abgeordneten) unterzeichneten *discharge petition* erzwungen werden.[607] Nachdem das Repräsentantenhaus die *discharge petition* angenommen hat, kann es die Revisionsvorlage so behandeln, als sei sie vom Justizausschuss an das Plenum zurücküberwiesen worden.[608] Im Senat besteht die Möglichkeit, die Änderungsvorlage als Ergänzung an eine bereits an das Plenum weitergeleitete Vorlage anzufügen und so den Ausschuss zu umgehen.[609] Die Vorlage unterliegt ohne Beschränkungen jeglichen Änderungen, so dass auch ein völlig anderer Text an die Stelle des ursprünglichen gesetzt werden und damit anstatt der Vorlage auch nur der Anhang verabschiedet werden kann.

c.) Die Verabschiedung der Änderungsvorlage in den Kammern

Auch die Verabschiedung der Revisionsvorlagen im Plenum der beiden Kammern des Kongresses folgt grundsätzlich den Regeln des einfachen Gesetzgebungsverfahrens.[610]

Die Frage nach der Besonderheit, ob der Kongress, bevor er in die inhaltlichen Beratungen einer Verfassungsänderung einsteigt, in Abgrenzung zum Verfahren der einfachen Gesetzgebung zuvor in beiden Kammern einen förmlichen Beschluss über die Notwendigkeit einer Revision fassen muss, wurde negativ beantwortet. Diese Streitfrage ist im Wortlaut des Art. V verwurzelt, der vorschreibt: „The Congress, *whenever two thirds of both Houses shall deem it necessary*, shall propose [...].“ Aufgrund der *shall deem it necessary clause* wurde im ersten Kongress die Vorschaltung eines Notwendigkeitsbeschlusses vorgeschlagen.[611] Da ein solches Vorgehen aber in vielen Revisionsfällen nicht ein-

---

[607] *House Rule* XV, cl. 2. Das *Equal Rights Amendment* hat das Repräsentantenhaus beispielsweise seinem Justizausschuss entzogen (Congressional Record, 91st Cong., 2nd Sess., Band 116, S. 28004 (1970)). Vgl. auch Teil I: H. VII., S. 70f.

[608] *House Rule* XV, cl. 2 (e) (2).

[609] *Standing Rules of the Senate*, *Rule* XIV, cl. 8. Im Senat wurde z.B. das Amend. XXIV (Congressional Record, 87th Cong., 1st Sess., Band 107, S. 671 (1961) und eines der *Dirksen Amendments* (Congressional Record, 89th Cong., 1st Sess., Band 111, S. 17843 (1965)) in Anwendung der *Rule* XIV, cl. 8 bzw. ihren Vorgängern im Plenum beraten. Vgl. auch Teil I: H. II., S. 61f..

[610] LACY/MARTIN, 9 Harv. J. on Legis. 666, 677 (1972); MANNING, 113 Yale L.J. 1663, 1716 (2004).

[611] Annals of Congress, 1st Cong., 1st Sess., S. 440ff. (1789). Vgl. dazu KYVIG, Explicit and authentic Acts, S. 97.

gehalten worden war, blieb dem *Supreme Court* 1920 in den National Prohibition Cases nichts anderes übrig, als eine Beschlussfassung über die Notwendigkeit eines *Amendment* dem Kongress nicht verpflichtend vorzuschreiben, sondern einen solchen in der Tatsache impliziert zu sehen, dass ein entsprechendes *Amendment* den Gliedstaaten zur Ratifikation übermittelt wurde:

> "The adoption by both houses of Congress, each by a two-thirds vote, of a joint resolution proposing an amendment to the Constitution sufficiently shows that the proposal was deemed necessary by all who voted for it. An express declaration that they regarded it as necessary is not essential. None of the resolutions whereby prior amendments were proposed contained such a declaration."[612]

Eine gegenteilige Entscheidung des Gerichts hätte Zweifel an der Verfassungsmäßigkeit zahlreicher, bereits rechtskräftiger *Amendments* hervorgerufen, da vielen der bis zum Jahre 1920 ergangenen 19 Verfassungsänderungen eine solche Beschlussfassung nicht vorgeschaltet worden war.

Abweichend vom ordentlichen Gesetzgebungsverfahren, sind die Änderungsvorschläge im Plenum gemäß Art. V in beiden Kammern mit einer Zweidrittelmehrheit zu verabschieden. Wie im ordentlichen Gesetzgebungsverfahren auch, ist es dafür zunächst erforderlich, dass die Kammern gemäß Art. I, § 5, cl. 1 geschäftsfähig sind, d.h. dass zumindest die Hälfte ihrer gesetzlichen Mitgliederzahl anwesend ist.[613] Im Repräsentantenhaus müssen daher 218 der 435 Abgeordneten und im Senat 50 der 100 Senatoren zur Abstimmung bereit stehen. Umstritten war, ob darüber hinaus zu fordern ist, dass sich die Zweidrittelmehrheit für die Annahme einer Revisionsvorlage auf die gesetzliche Mitgliederzahl bezieht, d.h. im Repräsentantenhaus wären dann mindestens 290 Stimmen, im Senat 67 Stimmen für die Verabschiedung einer Revisionsvorlage notwendig oder ob für die Zweidrittelmehrheit eine reine Abstimmungsmehrheit bei vorhandenem Quorum ausreichend sein soll.[614] In zwei Fällen, im Revisionsverfahren des Amend. XII als auch in dem des Amend. XXII wurde dieser Streitpunkt

---

[612] National Prohibition Cases, 253 U.S. 350, 386 (1920). Zuvor schon Christian Feigenspan, Inc. v. Bodine, 264 F. 186, 195f. (D.C. N.J. 1920).

[613] Siehe auch *Standing Rules of the Senate*, *Rule* VI.

[614] Nach ganz h.M. gilt für Art. 79 II GG in Deutschland die gesetzliche Mitgliederzahl, Art. 121 GG, als Bezugseinheit für die auch unter dem Grundgesetz für Verfassungsänderungen erforderliche Zweidrittelmehrheit in Bundestag und Bundesrat. Vgl. BRYDE, in: von Münch/Kunig, GG, Art. 79 Rn. 23; LÜCKE, in: Sachs, GG, Art. 79 Rn. 17; MAUNZ, in: Maunz/Dürig, GG, Art. 79 Rn. 17; HAIN, in: von Mangoldt/Klein/Starck, GG, Art. 79 Rn. 26.

bereits relevant.[615] Die h.M.[616] hält eine Zweidrittelmehrheit der Abstimmenden - bei vorhandenem Quorum - für die Verabschiedung einer Revisionsvorlage für ausreichend. Dieser Abstimmungsmodus entspricht der seit 1789 gängigen Praxis des Kongresses.[617] Bereits einige der *Bill of Rights* wurden im Repräsentantenhaus mit „two-thirds of the members present concurring“[618] verabschiedet und im Senat haben teilweise ebenfalls nur „two thirds of the Senators present concurring“[619] zugestimmt. Auch für das Amend. XII konnte nur eine Zweidrittelanwesenheitsmehrheit aufgebracht werden.[620] Würde man nun einen anderen Abstimmungsmodus für erforderlich halten, wären zahlreiche Verfassungsänderungen prozedural nicht verfassungsgemäß verabschiedet worden und müssten nichtig erklärt werden.[621] Um dieser Gefahr zu entgehen, hat auch der *Supreme Court* 1920 in den National Prohibition Cases für die Zweidrittelmehrheit die Bezugseinheit der Abstimmenden bei vorhandenem Quorum als verfassungsgemäß bestätigt.[622] Er führte dazu aus: "The two-thirds vote in each House which is required in proposing an amendment is a vote of two-thirds of the members present, - assuming the presence of a quorum, - and not a vote of two-thirds of the entire membership present and absent."[623] Das Erfordernis einer Zweidrittelmehrheit bezieht sich allerdings nur auf die Endabstimmung über die Annahme einer Revisionsvorlage, nicht auf vorhergehende Entscheidungen zum Änderungsprojekt.[624] Dabei ist zwar eine namentliche Abstimmung bisher ganz überwiegend erfolgt, erforderlich ist sie jedoch nicht.[625]

---

615 Vgl. Teil I: C. II., S. 21f., sowie Anhang C, S. 418.

616 CORWIN/RAMSEY, 26 Notre Dame L. 185, 193 (1951); LIVINGSTON, Federalism and constitutional Change, S. 215; PLATZ, 3 Geo. Wash. L. Rev. 17, 33 (1934).

617 HINDS, Precedents of the House of Representatives of the United States, Band V, *Chapter* 145, §§7027f., S. 1009f.; CANNON, Precedents of the House of Representatives of the United States, Band VIII, *Chapter* 275, § 3503, S. 904.

618 Journal of the House of Representatives, 1st Cong., 1st Sess. (1789), Band 1, S. 86.

619 Journal of the Senate, 1st Cong., 1st Sess. (1789), Band 1, S. 77.

620 Vgl. dazu Teil I: C. II., S. 21f..

621 Vgl. Anhang C, S. 418f..

622 National Prohibition Cases, 253 U.S. 350, 386 (1920). Zuvor schon State of Ohio ex rel. Erkenbrecher v. Cox, 257 Fed. 334, 346ff. (D.C. Ohio 1919). Danach Jebbia v. United States, 37 F.2d 343, 343f. (4th Cir. 1930).

623 National Prohibition Cases, 253 U.S. 350, 386 (1920).

624 HINDS, Precedents of the House of Representatives of the United States, Band V, *Chapter* 145, §§ 7029ff., S. 1011ff.; CANNON, Precedents of the House of Representatives of the United States, Band VIII, *Chapter* 275, § 3504, S. 905.

625 HINDS, Precedents of the House of Representatives of the United States, Band V, *Chapter* 145, § 7038f., S. 1015f.; CANNON, Precedents of the House of Representatives of the United States, Band VIII, *Chapter* 275, § 3506, S. 905f.. Im Fall des Amend. XXIII wurde z. B. nicht

Die in beiden Kammern verabschiedeten Revisionsvorlagen müssen schließlich inhaltlich übereinstimmen. Ist dies nicht der Fall gibt es zwei Möglichkeiten des weiteren Vorgehens. Zum einen kann eine Kammer den Änderungsvorschlägen der anderen Kammer mit einer Zweidrittelmehrheit zustimmen und damit die Vorlage der anderen Kammer als endgültige Version akzeptieren.[626] Divergieren beide Entwürfe aber zu sehr, kann zum anderen ein öffentlich tagender Vermittlungsausschuss, das *Conference Committee*, eingesetzt werden, der eine einheitliche Textversion ausarbeitet.[627] Auch diese muss wiederum mit einer Zweidrittelmehrheit in beiden Kammern bestätigt werden.[628]

d.) Die Nichtanwendbarkeit der *presentment clause* des Art. I, § 7, cl. 2

Im ordentlichen Gesetzgebungsverfahren wird ein von beiden Kammern akzeptierter Gesetzentwurf gemäß Art. I, § 7, cl. 2 an den Präsidenten weitergeleitet. In den darauf folgenden zehn Tagen stehen diesem dann vier in Art. I, § 7, cl. 2 enthaltene Handlungsmöglichkeiten offen: Unterzeichnet er die Gesetzesvorlage, tritt diese unmittelbar in Kraft. Ist er mit der Vorlage nicht einverstanden, kann er ein suspensives Veto einlegen, welches nur mit einer Zweidrittelmehrheit in beiden Kammern zurückgewiesen werden kann. Lässt er die Zehntagesfrist ohne Unterzeichnung verstreichen, wird die Unterzeichnung unterstellt, und das Gesetz tritt automatisch in Kraft. Dies ist jedoch nicht der Fall, wenn sich der Kongress vor Ablauf der Zehntagesfrist vertagt. Dann ist die Rückgabe der Vorlage nicht möglich, und der Präsident kann durch einfaches Nichthandeln ein *pocket veto*, d.h. ein endgültiges Veto einlegen.

Im Verfahren der Verfassungsänderung findet diese *presentment clause* des Art. I, § 7, cl. 2 keine Anwendung.[629] Bereits 1798 hat der *Supreme Court* klar-

---

namentlich abgestimmt und das Vorliegen einer Zweidrittelmehrheit nur vom *Speaker* festgestellt. Vgl. Teil I: H. I., S. 60 und Anhang C, S. 418f..

626 ROTUNDA/NOWAK, Treatise on constitutional Law: Substance and Procedure, § 10.6, S. 747; KERNOCHAN, The legislative Process, S. 47ff.; CANNON, Precedents of the House of Representatives of the United States, Band VIII, *Chapter* 275, § 3505, S. 905.

627 HINDS, Precedents of the House of Representatives of the United States, Band V, *Chapter* 145, § 7037, S. 1014f..

628 ROTUNDA/NOWAK, Treatise on constitutional Law: Substance and Procedure, § 10.6, S. 747ff.; HINDS, Precedents of the House of Representatives of the United States, Band V, *Chapter* 145, § 7036, S. 1041.

629 Vgl. nur HINDS, Precedents of the House of Representatives of the United States, Band V, *Chapter* 145, § 7040, S. 1016f.; BRANNAN/LILLEHAUG/REZNICK, 16 Harv. J. on Legis. 763, 806ff. (1979); Analysis and Interpretation of the Constitution, Senate Doc. 108-17, S. 941 (28. Juni 2002); KRAMER, 16 Am. Jur. 2d Const. Law § 13 (2003). Aus der Rechtsprechung

gestellt, dass eine Verfassungsänderung unmittelbar nach der Verabschiedung durch den Kongress, den Gliedstaaten zur Ratifikation übersandt werden kann, ohne dass ein Tätigwerden des Präsidenten erforderlich ist. In Hollingworth v. State of Virginia erklärte das Gericht das verfassungsmäßige Zustandekommen des Amend XI, obwohl die präsidentielle Zustimmung nicht erfolgt war.[630] Allerdings war der *Supreme Court* in diesem Fall, ähnlich wie bei der Interpretation der ***shall deem it necessary clause*** des Art. V, zu einer umsichtigen Entscheidung gezwungen, denn ein gegenteiliges Urteil hätte wiederum die Verfassungsmäßigkeit vorhergehender *Amendments* in Frage gestellt, die ebenfalls ohne Einhaltung der *presentment clause* an die Gliedstaaten weitergeleitet worden waren. In größter Zurückhaltung bestätigte der *Supreme Court* damit wieder einen vom Kongress im Verfahren des Art. V geschaffenen Präzedenzfall.

Darüber hinaus würde die Zwischenschaltung der Exekutive aber auch wenig Sinn ergeben, denn das präsidentielle Veto kann im Verfahren der Verfassungsänderung, anders als im ordentlichen Gesetzgebungsverfahren, keine zusätzliche Kontrollfunktion erfüllen. Im ordentlichen Gesetzgebungsverfahren kann das Veto des Präsidenten gegen ein mit einfacher Mehrheit verabschiedetes Gesetz mit einer Zweidrittelmehrheit in beiden Kammern überstimmt werden. Revisionsvorlagen müssen aber ohnehin mit dieser Mehrheit verabschiedet werden. Die Zweidrittelmehrheit als kontrollierende Qualifikation würde im Verfahren der Verfassungsänderung damit ohnehin entfallen.[631]

Konträr zu der Feststellung, dass dem Präsidenten im Prozess der Verfassungsänderung kein Gestaltungsrecht einzuräumen ist, ist seine tatsächlich von ihm eingenommene Stellung im Revisionsverfahren. Rechtlich ist zwar das Zustandekommen einer Verfassungsänderung nicht von einer Tätigkeit des Präsidenten abhängig, in verfassungspraktischer Hinsicht haben es sich die Präsidenten jedoch nicht nehmen lassen, Einfluss auf den Änderungsprozess auszuüben. Zum Teil sahen sie es als ihre Aufgabe an, das Inkrafttreten der Verfassungsänderung zu verkünden.[632] Andere Präsidenten gingen noch viel weiter und for-

---

vgl. z.B. Consumer Energy Council of America v. Federal Energy Regulatory Commission, 673 F.2d 425 (Cir. D.C. 1982), bestätigt vom *Supreme Court* in: 463 U.S. 1216 (1983).

[630] Argumentation des *Attorney General* CHARLES LEE und die kurze Bestätigung durch den *Supreme Court* in: Hollingworth v. State of Virginia, 3 U.S. (3 Dall.) 378, 381f. und 381 Fn. 1 (1798).

[631] So argumentierte auch das unterinstanzliche Gericht, zitiert in: Hollingworth v. State of Virginia, 3 U.S. (3 Dall.) 378, 379 (1798), vom *Supreme Court* bestätigt in: Hollingworth v. State of Virginia, 3 U.S. (3 Dall.) 378, 382 (1798); a.A.: BLACK, 82 Yale L.J. 189, 209 (1972).

[632] Präsident JOHN ADAMS verkündete 1798 die *Bill of Rights*. JAMES BUCHANAN unterzeichnete das *Corwin Amendment*. ABRAHAM LINCOLN setzte seine Unterschrift unter das Amend.

cierten aktiv die Verabschiedung einer Revisionsvorlage im Kongress oder versuchten, eben diese zu verhindern.[633] Damit trugen sie dazu bei, das Änderungsverfahren in einem hohen Maße zu politisieren und gleichzeitig zu zentralisieren. Der Präsident als Vertreter der Bundesregierung ist verfassungspolitisch zu einem wichtigen Pol im Revisionsprozess geworden, dem auf gliedstaatlicher Ebene kein Korrespondent entgegengesetzt wird. Die Gliedstaatengouverneure nehmen keinen gleichbedeutenden Einfluss auf die Ratifikation von Revisionsvorlagen.

e.) Die Wahl der Ratifikationsmethode durch den Kongress

Revisionsvorlagen, die vom Kongress den Gliedstaaten zur Ratifikation vorgeschlagen werden, können gemäß Art. V entweder durch deren Staatenlegislaturen oder aber durch Gliedstaatenkonvente ratifiziert werden.[634] Dabei obliegt es allein dem Kongress zu entscheiden, welche der beiden Ratifikationswege Anwendung finden soll.[635] Sein Ermessen wird weder durch den Inhalt der Verfassungsänderung,[636] noch durch die Form der Änderungsinitiative (durch den Bund oder durch die Gliedstaaten)[637] begrenzt.

XIII. LYNDON JOHNSON wohnte der Verkündung des Amend. XXIV bei und veranstaltete zur Verkündung des Amend. XXV eine Zeremonie im Garten des Weißen Hauses.

[633] Präsident WOODROW WILSON setzte sich für die Einführung des Frauenwahlrechts ein. DWIGHT EISENHOWER widersetzte sich dem *Bricker Amendment*. LYNDON JOHNSON machte sich für die Verabschiedung des Amend. XXV stark. NIXON unterstützte die Reform des Wahlmännersystems und Präsident JIMMY CARTER drängte darauf, das *District of Columbia Statehood Amendment* zu verabschieden. BILL CLINTON setzte sich für ein *Line-Item Veto Amendment* ein und GEORGE BUSH, Jr., hat sich dem Projekt eines *Same-Sex Marriage Amendment* verschrieben.

[634] Der Auswahlmöglichkeit zwischen zwei verschiedenen Verfahren der Ratifikation sind bereits zahlreiche Erklärungsversuche gewidmet worden: ORFIELD, The Amending of the federal Constitution, S. 65, schreibt der Institution der Staatenkonvente einen Sicherheitsmechanismus zu, der zur Geltung kommt, falls Gliedstaaten ihre Staatenlegislaturen abschaffen sollten. BLACK, 72 Yale L. J. 957, 959 (1963), sieht in den Staatenkonventen ein Mittel, auf das der Kongress zurückgreifen kann, um nicht-repräsentative Staatenlegislaturen zu umgehen.

[635] United States v. Sprague, 282 U.S. 716, 730, 732 (1931); Hawke v. Smith I, 253 U.S. 221, 226 (1920); Dyer v. Blair, 390 F. Supp. 1291, 1304 (N.D. Ill. 1975).

[636] United States v. Sprague, 282 U.S. 716, 730, 732 (1931). In der Diskussion um die Verfassungsmäßigkeit des Amend. XVIII hatten seine Gegner argumentiert, dass die Ratifikation des *Amendment* durch die Staatenlegislaturen unzulässig war. *Amendments*, welche die Freiheitsrechte der Bürger einschränken, sollten nach ihrer Auffassung nur durch Staatenkonvente, nicht aber durch Staatenlegislaturen ratifiziert werden können (United States v. Sprague,

Entscheiden kann sich der Kongress jedoch nur zwischen den beiden von Art. V vorgegebenen Ratifikationsmethoden. Er ist nicht befugt, weitere Mechanismen zu ihrer Durchführung zu bestimmen.[638] Der Ansicht,[639] dass dem Kongress auch eine *implied power* zur Festlegung der prozessualen Vorgehensweise der Gliedstaatenkonvente bzw. Staatenlegislaturen bei der Ratifikation der Revisionsvorlagen zukommt, ist die h.M.[640] entgegengetreten. Dies würde die Balance der Kompetenzverteilung in Art. V zwischen Bundes- und Gliedstaatengewalt als Ausdruck des föderalistischen Prinzips zum Nachteil der Gliedstaaten verschieben.[641] Auf der anderen Seite sind daher auch die Gliedstaaten an die Wahl des Kongresses gebunden. Schreibt dieser den Gliedstaaten die Ratifikation durch ihre Parlamente vor, ist diese Festlegung imperativ und kann nicht durch die Einberufung gesonderter Gesetzgebungsgremien umgangen werden.[642]

f.) Die zeitliche Begrenzung der Ratifikationsperiode

aa.) Existenz einer zeitlichen Höchstgrenze für die Ratifikation?

Die Frage, ob eine Revisionsvorlage, wenn sie vom Kongress an die Gliedstaaten zur Ratifikation übersandt worden ist, zeitlich unbegrenzt ratifizierbar

---

282 U.S. 716, 729 (1931)). Dieser Unterscheidung zwischen *Amendments*, die Freiheitsrechte der Bürger einschränken und solchen, die Gliedstaatenrechte berühren, wobei erstere nur durch Staatenkonvente und letztere nur durch Staatenlegislaturen zu ratifizieren seien, ist der *Supreme Court* jedoch nicht gefolgt. Zwar nicht für rechtlich zwingend, aber doch für politisch wünschenswert betrachten dies auch PEDRICK/DAHL, 30 Ariz. L. Rev. 243, 250f. (1988).

637 PLATZ, 3 Geo. Wash. L. Rev. 17, 33 (1934); BLACK, 72 Yale L.J. 957, 964 (1963); GUNTHER, 14 Ga. L. Rev. 1, 5 (1979); BRANNAN/LILLEHAUG/REZNICK, 16 Harv. J. on Legis. 763, 768 Fn. 18 (1979); unentschieden hingegen BONFIELD, 66 Mich. L. Rev. 949, 956, 998f. (1968); MARTIN, 9 U. Rich. L. Rev. 271, 283ff. (1975); VAN SICKLE/BOUGHEY, 14 Hamline L. Rev. 1, 4 (1990); PAULSEN, 103 Yale L.J. 677, 738 (1993); a.A.: ANNAHEIM, Die Gliedstaaten im amerikanischen Bundesstaat, S. 219.

638 Eine Ausnahme bildet die Zulässigkeit der zeitlichen Limitierung. Vgl. dazu Teil II: C. II. 1.) f.), S. 130ff..

639 THOMAS EMERSON, in: Hearings on H.R.J. Res. 638 before the Subcommittee on Civil and Constitutional Rights of the Committee on the Judiciary, 95th Cong., 1st & 2nd Sess. (1977-1978).

640 DODD, 30 Yale L. J. 321, 344f. (1921); ORFIELD, The Amending of the federal Constitution, S. 65; HAJDU/ROSENBLUM, 79 Colum. L. Rev. 106, 124 (1979); Dyer v. Blair, 390 F. Supp. 1291, 1304ff. (N.D. Ill. 1975).

641 HAJDU/ROSENBLUM, 79 Colum. L. Rev. 106, 124 (1979).

642 WALCOFF, 85 Colum. L. Rev. 1525, 1538 m.w.N. (1985). Vgl. auch Teil II: C. III. 1.) b.), S. 154ff..

ist, oder ob eine zeitliche Höchstgrenze für die Ratifikation existiert, ist bis heute in der Literatur umstritten; in der Praxis aber wohl durch das Inkrafttreten des Amend. XXVII als Präzedenzfall gelöst. Die Ratifikationsperiode für das Diäten*amendment* hatte über zwei Jahrhunderte in Anspruch genommen. Es wurde den Gliedstaaten zusammen mit den *Bill of Rights* unterbreitet, aber erst am 07. Mai 1992 durch den letzten für die Dreiviertelmehrheit erforderlichen Gliedstaat ratifiziert.[643]

Vor dem Amend. XXVII dauerte die längste Ratifikationsperiode knapp vier Jahre,[644] die durchschnittliche Ratifikationszeit beträgt unter Ausschluss des Amend. XXVII noch nicht einmal zwei Jahre.[645] Dennoch ist das Problem der zeitlich offenen Ratifikationsgrenze beim Amend. XXVII kein Einzelfall. Vier weitere Revisionsvorschläge wurden vom Kongress an die Gliedstaaten zur Ratifikation übersandt, ohne dass sie ein zeitliches Limit für eine mögliche Ratifikation vorsehen: Das *Congressional Reapportionment Amendment* von 1789, das *Titles of Nobility Amendment* von 1810, das *Corwin Amendment* von 1861 und das *Child Labor Amendment* von 1924.[646]

(1) Die Haltung des Supreme Court

Bis heute haben sich zwei *Supreme Court* Entscheidungen mit der Problematik unbefristeter Revisionsvorlagen befasst. In Dillon v. Gloss urteilte das Gericht: “the fair inference or implication from Article V is that the ratification must be within some reasonable time after the proposal.”[647] *Justice* VAN DEVANTER hielt für das einstimmig entscheidende Gericht fest:

> “We do not find anything in the Article which suggests that an amendment once proposed is to be open to ratification for all time, or that ratification in some of the States may be separated from that in others by many years and yet be effective. We do find that which strongly suggests the contrary.”[648]

---

[643] Vgl. zur Geschichte des Amend. XXVII Teil I: I. II., S. 76f..

[644] Amend. XXII wurde vom Kongress am 21. März 1947 den Gliedstaaten zur Ratifikation übersandt und war von der erforderlichen Dreiviertelmehrheit der Gliedstaaten bis zum 01. März 1951 ratifiziert worden. Vgl. Anhang D, S. 420.

[645] Vgl. Anhang D, S. 420.

[646] Vgl. Anhang B, S. 416f..

[647] Dillon v. Gloss, 256 U.S. 368, 375 (1921).

[648] Dillon v. Gloss, 256 U.S. 368, 374 (1921).

Zur Begründung führte das Gericht die Zweistufigkeit des Revisionsprozesses an, welche einen zeitlichen Zusammenhang zwischen der Revisionsvorlage durch den Kongress und der Ratifikation durch die Gliedstaaten erfordere. Ferner würden Revisionsvorlagen vom Kongress nur verabschiedet, wenn dieser eine Revision für notwendig erachte. Diese Notwendigkeit impliziere dann auch die Notwendigkeit einer zeitnahen Ratifikation.[649] Schließlich müsste die Ratifikation „the will of the people in all sections at relatively the same period" reflektieren, was nur möglich sei, wenn der Ratifikationsprozess nicht über Jahre oder sogar Jahrzehnte hinweg andauern würde.[650] Obwohl der *Supreme Court* in Dillon nur eine siebenjährige Ratifikationszeit zu untersuchen hatte, prognostizierte *Justice* VAN DEVANTER schon damals für das heutige Amend. XXVII, dass dessen Ratifikation „quite untenable" sei.[651] Bereits sechzig Jahre schienen dem Gericht eine nicht mehr verfassungsgemäße Dauer einer Ratifikationsperiode darzustellen, da es zum Zeitpunkt seines Urteils im Jahre 1921 das 1861 vorgeschlagene *Corwin Amendment* bereits für nicht mehr ratifikationsfähig hielt.[652] Nach den Vorgaben des Gerichts in Dillon v. Gloss wäre das Amend. XXVII aufgrund der Existenz einer zeitlichen Obergrenze im Ratifikationsverfahren damit nicht mehr verfassungsgemäß zustandegekommen.

18 Jahre später entzog sich der *Supreme Court* jedoch in Coleman v. Miller der Entscheidung, was eine zeitliche Höchstgrenze im Ratifikationsverfahren darstellt. Der in Frage stehende Ratifikationsprozess hatte zu diesem Zeitpunkt bereits 15 Jahre angedauert. Das Gericht wiederholte zwar seine Feststellung in Dillon v. Gloss,[653] entschied allerdings nicht, welche Ratifikationszeit noch als verhältnismäßig qualifiziert werden kann, sondern überließ die diesbezügliche Entscheidung mit Hilfe der *political question doctrine* dem Kongress.[654]

---

[649] Dieses Argument stellt sich als äußerst zweifelhaft heraus. Die Notwendigkeit, eine Verfassungsänderung durchzuführen, muss nicht unbedingt mit dem Verlauf der Zeit abnehmen. Wie das Inkrafttreten des Amend. XXVII und die Diskussion um das *Equal Rights Amendment* zeigen, ist es durchaus möglich, dass die Notwendigkeit einer Verfassungsänderung in der Wahrnehmung der Bevölkerung und der sie repräsentierenden Organe steigt. Vgl. die Darstellungen in Teil I: H. VII und I. II., S. 69ff., 76f..

[650] Dillon v. Gloss, 256 U.S. 368, 375 (1921).

[651] Dillon v. Gloss, 256 U.S. 368, 375 (1921).

[652] Dillon v. Gloss, 256 U.S. 368, 375 (1921).

[653] Coleman v. Miller, 307 U.S. 433, 452 (1939).

[654] Coleman v. Miller, 307 U.S. 433, 452ff. (1939). Die *Justices* BUTLER und MCREYNOLDS hingegen hielten die Revisionsvorlage aufgrund des Zeitablaufs für nicht mehr verfassungsgemäß ratifizierbar. Vgl. Coleman v. Miller, 307 U.S. 433, 470ff. (1939).

Im Ergebnis spricht vieles dafür, dass der *Supreme Court* die Existenz einer zeitlichen Höchstgrenze für den Ratifikationsprozess annehmen würde.[655] Allerdings ist bei der Bewertung der *Supreme Court* Entscheidungen zu beachten, dass die Aussagen in Dillon nur *dicta* sind, denn zu entscheiden hatte das Gericht in diesem Fall nur die Frage nach der Kompetenz des Kongresses zur Festlegung zeitlicher Ratifikationsgrenzen. Und auch dem Coleman Urteil ist keine eindeutige Aussage zu entnehmen, denn Coleman besteht aus vier verschiedenen Sondervoten, von denen keine die Mehrheit auf sich vereinigen konnte. Darüber hinaus wurde vom *Supreme Court* auch nicht geklärt, wie die zeitliche Ratifikationsgrenze konkret zu bestimmen ist. Während er in Dillon noch selbst die Festlegung dieser Grenze unternahm, überließ er sie im darauf folgenden Urteil als *political question* dem Kongress. Das Gericht unterschied Dillon von Coleman, indem es in Dillon nur generell die Frage nach der Zulässigkeit der Festsetzung von Ratifikationsgrenzen durch den Kongress beantwortet sah, während es in Coleman konkret um die Frage ging, wer die Verhältnismäßigkeit solcher festgesetzten Zeitgrenzen zu bestimmen hat. Da der *Supreme Court* diese Aufgabe in Coleman dem Kongress zuteilte, musste er jedoch auch in diesem Fall implizit von der Existenz einer zeitlichen Höchstgrenze ausgegangen sein. Ansonsten würde diese Aufgabenzuteilung keinen Sinn ergeben. Die Frage nach einer konkreten zeitlichen Grenze bleibt hingegen in der oberstgerichtlichen Rechtsprechung ungelöst.[656]

Unterinstanzliche Gerichte haben allerdings noch nach Coleman festgestellt, dass eine zeitlich unbegrenzte Ratifikation möglich ist.[657]

(2) Die Haltung des Kongresses

Einige Kongressmitglieder hatten nach der Ratifikation des Amend. XXVII gefordert, Anhörungen über das verfassungsmäßige Zustandekommen der Ver-

---

[655] So auch VAN ALSTYNE, 10 Const. Comment. 9, 17 (1993).

[656] In Boehner v. Anderson (809 F. Supp. 138 (D. D.C. 1992)) hätte ein *Federal District Court* die Möglichkeit gehabt, die Verfassungsmäßigkeit des Amend. XXVII zu überprüfen. Ein *amici* hatte die Frage nach der Verfassungsmäßigkeit des Amend. XXVII aufgeworfen. Indem das Gericht jedoch entschied, der in Frage stehende Gesetzesakt würde den Voraussetzungen des Amend. XXVII entsprechen, entledigte es sich der Aufgabe über das verfassungsmäßige Zustandekommen dieser Verfasssungsänderung urteilen zu müssen. Ebenso vermieden es die Urteile in Boehner v. Anderson, 30 F.3d 156 (D.C. Cir. 1994) und Shaffer v. Clinton, 54 F.Supp. 2d 1014 (D. Colo. 1999) die Verfassungsmäßigkeit des Amend. XXVII zu beurteilen.

[657] United States v. Gugel, 119 F. Supp. 897, 900 (E.D. Ky. 1954).

fassungsänderung durchzuführen. Diese wurden jedoch nie bewilligt. Vielmehr nahm der Kongress die Kompetenz für sich in Anspruch, die Verfassungsmäßigkeit des Amend. XXVII in einer einfachen Resolution bestätigen zu können. Abgeordneter WAYNE OWENS aus Utah fasste zusammen: „We can clear up this legal matter simply by affirming ratification of the amendment on the House floor. After all, we are the representatives of the will of the people."[658]

Im Gegensatz zur oberstgerichtlichen Rechtsprechung spricht sich der Kongress damit für einen zeitlich unbegrenzten Ratifikationsprozess aus und schaffte mit seiner Behandlung des Amend. XXVII einen Präzedenzfall.[659]

(3) Der Streit in der Literatur und eigene Stellungnahme

In der Literatur findet sich keine einheitliche Ansicht zur Frage der Verfassungsmäßigkeit des Amend. XXVII und zur Existenz zeitlicher Höchstgrenzen im Ratifikationsprozess. Ein Teil der Literatur[660] hält einen ununterbrochenen Ratifikationsprozess für erforderlich, da nur ein solcher einen gegenwärtigen Konsens für eine Verfassungsänderung repräsentieren kann. Die überwiegende Ansicht[661] betrachtet – wohl auch aus Opportunitätsgründen - das Amend. XXVII hingegen als verfassungsgemäß zustande gekommen und hält fest, dass eine zeitliche Ratifikationsgrenze aus Art. V nicht herausgelesen werden kann.

---

[658] Congressional Record, 102nd Cong., 2nd Sess., Band 138, S. H3401 (1992). Siehe auch Congressinonal Record, 102nd Cong., 2nd Sess., Band 138, S6500 (1992).

[659] Vereinzelt stellten Abgeordnete den Konflikt zur Dillon-Rechtsprechung allerdings ausdrücklich klar und maßen Amend. XXVII Ausnahmecharaketer bei. Dazu der Abgeordnete EDWARDS, in: Congressional Record, 102th, Cong., 2nd Sess., Band 138, S. H3397 (1992).

[660] JAMESON, A Treatise on constitutional Conventions, § 585, S. 634; PLATZ, 3 Geo. Wash. L. Rev. 17, 37 (1934); ROTTSCHAEFER, Handbook of American constitutional Law, S. 393; KENNEDY, 26 J. Marshall L. Rev. 977, 1001ff. (1993); DALZELL/BESTE, 62 Geo. Wash. L. Rev. 501, 513, 521ff. (1994).

[661] TRIBE, American constitutional Law, S. 102f.; PAULSEN, 103 Yale L.J. 677, 683, 723 (1993); BERNSTEIN, 61 Fordham L. Rev. 497, 497ff. (1992); ISHIKAWA, 24 Hastings Const. L.Q. 545, 577f., 596f. (1997); KALFUS, 66 U. Chi. L. Rev. 437, 437ff. (1999) und DELLINGER, 97 Harv. L. Rev. 386, 415, 418f., 424 (1983). DELLINGERS Artikel erschien allerdings knapp zehn Jahre vor Inkrafttreten des Amend. XXVII. Grundsätzlich geht DELLINGER nicht von der Existenz zeitlicher Höchstgrenzen aus, schlägt aber vor, dass Revisionsvorschläge mittels der *doctrine of desuetude* vom *Supreme Court* notfalls für erledigt erklärt werden könnten. Teilweise wird auch angenommen, dass erst die Bestätigung des Amend. XXVII durch die Resolution des Kongresses zum verfassungsgemäßen Zustandekommen der Revision geführt hat. Vgl. HELD/HERNDON/STAGER, 3 Wm. & Mary J. Women & L. 113, 122 (1997).

Letztere Ansicht ist im vorliegenden Fall vorzuziehen. Zum einen ist die Autorität der Rechtsprechung in diesem Fall zweifelhaft. Die Dillon-Rechtsprechung kann nur als *dicta* gelten und in Coleman kam keine Mehrheitsentscheidung zustande, die eine verbindliche *Supreme Court* Rechtsprechung zu diesem Problem hätte aufstellen können. Darüber hinaus hat sich das Gericht einer klaren Entscheidung durch die Verwendung unbestimmter Begriffe wie „inference,“ „implication“ und „suggestions“ entzogen.[662] Zum anderen würde die Invalidierung des einmal geschaffenen Präzedenzfalls zu einer noch größeren Unbestimmtheit im Revisionsprozess führen, denn mit der Anerkennung einer zeitlichen Höchstgrenze im Ratifikationsverfahren, wäre deren genaue Ausgestaltung immer noch nicht geklärt. Eine Kompetenz des Kongresses, eine solche Grenze im Einzelfall bestimmen zu können, wie der *Supreme Court* sie in Coleman vorgeschlagen hat und wie sie vom Kongress im Fall des Amend. XXVII für sich in Anspruch genommen wurde, würde das Revisionsverfahren mit einem großen Rechtsunsicherheitsfaktor belegen, der dem Formalismus des Art. V nicht gerecht werden könnte. Dem Kongress wäre die Möglichkeit eröffnet, je nach Stimmungsbild, eine ratifizierte Verfassungsänderung anzuerkennen oder sie im Nachhinein für nichtig zu erklären.

Die mit dem Fall des Amend. XXVII etablierte Verfassungspraxis entspricht zwar nicht den aus den Urteilen Dillon v. Gloss und Coleman v. Miller herauszulesenden Vorstellungen des *Supreme Court*. Sie entspricht aber sehr wohl noch einer möglichen Auslegung der Verfassung. Der Wortlaut und systematische Gesichtspunkte des Verfassungsartikels sprechen gegen die Existenz einer zeitlichen Obergrenze für den Ratifikationsprozess. Art. V stellt lediglich fest, dass Verfassungsänderungen in Kraft treten „when ratified,“ ohne eine zeitliche Referenz anzugeben. Andererseits sind in der Verfassung zeitliche Grenzen klar angegeben, wenn diese einzuhalten sind. Art. I, § 2, cl. 3 bestimmt beispielsweise, dass die erste Volkszählung drei Jahre nach Inkrafttreten der Verfassung durchzuführen ist und danach alle zehn Jahre wiederholt werden soll. Art. I, § 7, cl. 2 stellt das automatische Inkrafttreten von Gesetzen fest, sofern der Präsident nicht innerhalb von zehn Tagen ein Veto einlegt. Art. V enthält sogar selbst zeitliche Grenzen. Der Sklavenhandel durfte bis zum Jahr 1808 nicht durch eine Verfassungsänderung verboten werden. Da in der Verfassung eine zeitliche Ratifikationsgrenze für Revisionsvorschläge nicht angegeben ist, ist zunächst davon auszugehen, dass eine solche auch nicht existiert.

Ferner sprechen auch Gesichtspunkte der Gewaltenteilung gegen die Kompetenz des Kongresses, zeitlich nicht limitierte Revisionsvorlagen im Nachhinein zeitlich begrenzen zu können. Art. V teilt die Kompetenzen für das Revisionsverfahren entsprechend der vertikalen Gewaltenteilung zwischen dem Bund und

---

[662] Dillon v. Gloss, 256 U.S. 368, 374f. (1921).

den Gliedstaaten auf. Das Ratifikationsverfahren fällt dabei in den Kompetenzbereich der Gliedstaaten. Könnte der Kongress dieses Verfahren durch die nachträgliche Bestimmung einer zeitlichen Ratifikationsobergrenze für ungültig erklären, würde sich die im Revisionsverfahren durchgeführte vertikale Gewaltenteilung zu Lasten der Gliedstaaten verschieben.[663]

Es mag zwar politisch wünschenswert erscheinen, durch einen geregelten Zeitrahmen den Änderungsprozess zu straffen und autoritätsuntergrabenden Diskussionen wie denen um die Verfassungsmäßigkeit des Amend. XXVII vorzubeugen.[664] Dies kann aber nur durch eine formelle Verfassungsänderung des Art. V geschehen.[665] Bisher wurde eine solche vom Kongress nicht verabschiedet. Gelöst hat der Kongress die Problematik, wie der folgende Abschnitt zeigt, indem er in jedem Einzelfall zeitliche Ratifikationsgrenzen bei der Übersendung von Revisionsvorlagen an die Gliedstaaten festsetzt.

bb.) Die Festlegung zeitlicher Ratifikationsgrenzen durch den Kongress

Amend. I bis Amend XVII wurden vom Kongress noch ohne die Hinzufügung einer zeitlichen Grenze für ihre Ratifikation verabschiedet. Erstmals mit der Verabschiedung des Amend. XVIII limitierte der Kongress die Ratifikationsperiode in Amend. XVIII, § 3 auf sieben Jahre. In vier[666] der darauf folgenden zehn *Amendments* sah der Kongress eine zeitliche Grenze von sieben Jahren für die Ratifikation durch die Gliedstaaten ebenfalls im Text der Verfassungsänderung vor. Um die Verfassung vor überflüssigen Klauseln zu bewahren,[667] ging er jedoch ab dem Amend. XXIII dazu über, die zeitliche Ratifikationsgrenze

---

[663] DELLINGER, 97 Harv. L. Rev. 386, 425 (1983).

[664] Zahlreiche Vorschläge, die gemacht wurden, um die Autorität des Amend. XXVII zu stärken, bezeugen den Bedeutungsverlust, den die Verfassungsänderung durch ihr ungewöhnliches Zustandekommen erlitten hat. Teilweise wurde vorgeschlagen, das Amend. XXVII erneut als Revisionsvorlage mit den erforderlichen Mehrheiten vom Kongress verabschieden und von den Gliedstaaten ratifizieren zu lassen. Andere hielten es für ausreichend, wenn die Gliedstaaten, die die Revisionsvorlage bereits zwischen 1789 und 1978 ratifiziert hatten, erneut ihre Zustimmung erteilten.

[665] Eine solche wurde in der Literatur vorgeschlagen von HANLON, 16 J.L. & Pol. 663, 693 (2000); ISHIKAWA, 24 Hastings Const. L.Q. 545, 579 (1997) und auch im Kongress bereits mehrfach diskutiert. Senator HARDING schlug 1971 die Ergänzung des Art. V um eine achtjährige Ratifikationsfrist vor. 1979 wurde die Implementation einer sechsjährigen Ratifikationsfrist debattiert.

[666] Amend. XVIII, § 3; Amend. XX, § 6; Amend. XXI, § 3; Amend. XXII, § 2.

[667] Siehe zu diesem Motiv Congressional Record, 84th Cong., 1st Sess., Band 101, S. 6628 (1955).

nicht im Text der Verfassungsänderung selbst, sondern in einer begleitenden Resolution festzuschreiben.[668] Die Aufstellung einer siebenjährigen Ratifikationsfrist in einer den Verfassungsänderungstext begleitenden Resolution ist nun die Regel geworden, wobei diese auch nicht ganz einheitlich eingehalten wird: Wie das Amend XXVII ist auch das Amend. XIX ohne zeitliche Ratifikationsgrenze vom Kongress verabschiedet worden. Das 1924 an die Gliedstaaten übersandte, aber bis heute nicht ratifizierte *Child Labor Amendment* enthielt ebenfalls keine zeitliche Grenze.[669] Dagegen wurde die Ratifikationsfrist im *District of Columbia Statehood Amendment* von 1978 sowohl in einer Begleitresolution als auch im Verfassungstext selbst niedergelegt.[670]

Die Kompetenz des Kongresses zur Aufstellung eines solchen zeitlichen Limits wurde vom *Supreme Court* in der einstimmig ergangenen Entscheidung Dillon v. Gloss bestätigt und implizit der Kompetenz zur Wahl der Ratifikationsmethode entnommen.[671] Allerdings ging es in dem Fall um das verfassungsgemäße Zustandekommen des Amend. XVIII. Bei diesem war die Ratifikationsperiode noch im Verfassungstext selbst angegeben und damit von den Gliedstaaten auch ratifiziert worden. Diese Konstellation ist daher nicht ohne weiteres mit derjenigen zu vergleichen, bei der die Ratifikationsfrist nur in einer Begleitresolution aufgestellt und somit nicht von den Gliedstaaten durch die Ratifikation der Revisionsvorlage explizit angenommen wird.[672] Dennoch wird in der Literatur auch dieser Fall überwiegend als zulässig erachtet.[673] Auch die Fristdauer in Höhe von sieben Jahre wird für angemessen gehalten, da die durchschnittliche Ratifikationszeit der Revisionsvorlagen unter Ausschluss des Amend. XXVII sogar noch unter zwei Jahren liegt.[674]

---

668 Die Begleitresolutionen des Amend. XXIII und des Amend. XXIV stellten die Rechtsgültigkeit der Verfassungsänderung unter die Bedingung: „only if ratified […] within seven years." (74 Stat. 1057 (1960); 76 Stat. 1259 (1962)). Auch die Begleitresolutionen zum Amend. XXV und Amend. XXVI schrieben vor: „when ratified […] within seven years." (79 Stat. 1329 (1965); 85 Stat. 825 (1971)). Für einen Überblick vgl. HELD/HERNDON/STAGER, 3 Wm. & Mary J. Women & L. 113, 123f. (1997).

669 Vgl. Anhang B, S. 417.

670 Vgl. Anhang B, S. 417.

671 Dillon v. Gloss, 256 U.S. 368, 376 (1921).

672 FREUND, 7 A.B.A.J. 656, 656f. (1921).

673 TRIBE, American constitutional Law, S. 102; HAJDU/ROSENBLUM, 79 Colum. L. Rev. 106, 126ff. (1979); ISHIKAWA, 24 Hastings Const. L.Q. 545, 580f. (1997); KRAMER, 16 Am. Jur. 2d Const. Law § 16 (2003); REES, 58 Tex. L. Rev. 875, 878 (1980). A.A.: KALFUS, 66 U. Chi. L. Rev. 437, 453f., 456 (1999); wohl ähnlich LIVINGSTON, Federalism and constitutional Change, S. 228. Eine Unterscheidung fordert ebenfalls: HELD/HERNDON/STAGER, 3 Wm. & Mary J. Women & L. 113, 115 (1997).

674 Vgl. Anhang D, S. 420; LIVINGSTON, Federalism and constitutional Change, S. 229.

Damit wurde zwar das Problem der langen Ratifikationszeiten für künftige Verfassungsänderungsvorschläge gelöst. Mit dem Zugeständnis einer weiteren Kompetenz im Revisionsverfahren an den Kongress wurde dieser jedoch gegenüber den Gliedstaaten mit einer weiteren Machtposition ausgestattet, denn auch bei einem vom Bundeskonvent vorgeschlagenen *Amendment* kann der Kongress durch die Wahl der Ratifikationsmethode und durch die Anfügung einer zeitlichen Ratifikationsgrenze versuchen, ungeliebte Verfassungsänderungen durch Erschwerung des Ratifikationsprozesses aufzuhalten.[675] So ist die Idee für die Aufstellung einer Ratifikationsfrist auch gerade aus diesem Aspekt heraus entstanden. Beim Amend. XVIII wurde mit der Einführung der Frist versucht, die Ratifikation des Änderungsentwurfs zu verhindern.[676]

cc.) Die Verschiebung ursprünglich vorgegebener Ratifikationsperioden

Die Verschiebung der zeitlichen Ratifikationsgrenze im Sinne einer Verkürzung fällt nicht in die Kompetenz des Kongresses.[677] Genau so wenig wie der Kongress ein *Amendment* zurückziehen kann, hat er es einmal den Gliedstaaten zur Ratifikation übersandt,[678] steht es auch nicht in seiner Kompetenz, die Ratifikationszeit zu verkürzen, denn dies würde bei einer drastischen Kürzung einer Zurücknahme der Revisionsvorlage gleichkommen.

Ob hingegen eine Verlängerung der Ratifikationsperiode möglich ist, ist seit dem Präzedenzfall des *Equal Rights Amendment* sehr umstritten. Das *ERA* war vom Kongress in einer begleitenden Resolution mit einer siebenjährigen Ratifikationsfrist versehen worden. Kurz vor dem Ende dieser siebenjährigen Ratifikationsfrist fehlten der Revisionsvorlage für ihr Inkrafttreten noch drei Gliedstaatenratifikationen.[679] Am 06. Oktober 1978 entschied sich der Kongress

---

[675] Vgl. dazu KALFUS, 66 U. Chi. L. Rev. 437, 451ff. (1999); BRANNAN/LILLEHAUG/REZNICK, 16 Harv. J. on Legis.763, 768 Fn 18 (1979). A.A.: ISHIKAWA, 24 Hastings Const. L.Q. 545, 581 (1997), der die Problematik umgeht, indem er dem Kongress im Fall eines Bundeskonvents die Kompetenz zur Festlegung von Ratifikationsperioden abspricht.

[676] Vgl. Teil I: E. III., S. 41.

[677] BRANNAN/LILLEHAUG/REZNICK, 16 Harv. J. on Legis. 763, 779 (1979).

[678] BURDICK, The Law of the American Constitution, S. 39; JAMESON, A Treatise on constitutional Conventions, § 585, S. 634; ORFIELD, The Amending of the federal Constitution, S. 51f.; BRANNAN/LILLEHAUG/REZNICK, 16 Harv. J. on Legis.763, 779 (1979). A.A.: PAULSEN, 103 Yale L.J. 677, 683, 727f. (1993). Den Versuch, eine an die Gliedstaaten übersandte Revisionsvorlage zurückzunehmen, wurde beim *Corwin Amendment* unternommen, vgl. Congressional Globe, 38th Cong., 1st Sess., S. 522f. (1864).

[679] Noch nicht ratifiziert haben das *Amendment* die Gliedstaaten Alabama, Arizona, Arkansas, Florida, Georgia, Illinois, Louisiana, Mississippi, Missouri, Nevada, North Carolina, Oklah-

daher, die Ratifikationsperiode um drei Jahre bis zum 30. Juni 1982 zu verlängern.[680] Bis heute gehen die Meinungen weit auseinander, ob diese Verlängerung der Ratifikationsfrist noch verfassungsgemäß war.

Der *Supreme Court* vermied es, zu diesem Fall Stellung zu nehmen. Ein *Federal District Court* in Idaho hatte die Verlängerung als verfassungswidrig eingestuft.[681] Der *Supreme Court* zögerte das Revisionsverfahren jedoch solange hinaus, bis auch die verlängerte Ratifikationsfrist ausgelaufen war. Dann konnte er das unterinstanzliche Gericht anweisen, den Fall aufgrund erledigter Beschwer abzuweisen, ohne sich inhaltlich zum Problem der verlängerten Ratifikationsfrist zu positionieren.[682]

Die überwiegende Ansicht in der Literatur[683] bejaht die Kompetenz des Kongresses, seine zunächst aufgestellte Ratifikationsfrist zu verlängern. Geht man mit der h.M. von der Zulässigkeit der Verlängerung einer Ratifikationsperiode durch den Kongress aus, bleibt aber darüber hinaus zu klären, welche Mehrheiten bei einer solchen Abstimmung im Kongress erforderlich sind.[684] Ist die Ratifikationsfrist im Text der Revisionsvorlage selbst enthalten, ist für den Beschluss über eine Verlängerung eine Zweidrittelmehrheit in beiden Kammern

---

moma, South Carolina, Utah und Virginia. In drei dieser Gliedstaaten, Arkansas, Florida und Illinois wird zur Zeit über eine Ratifikation beraten. Vgl. http://www.equalrightsamendment.org/. Da jedoch die Revisionsvorlage mit einer Ratifikationsfrist versehen worden war, ist anders als beim Amend. XXVII, nicht davon auszugehen, dass diese möglichen nachträglichen Ratifikationen als rechtmäßig anerkannt werden. Ebenso DENNING/VILE, 17 Const. Comment. 593, 596ff. (2000); a.A.: HELD/HERNDON/STAGER, 3 Wm. & Mary J. Women & L. 113, 114 (1997).

680 Vom Repräsentantenhaus am 15. August 1978 und vom Senat am 6. Oktober 1978 angenommen (Congressional Record, 95th Cong., 2nd Sess., Band 124, S. H8664f. und S17318f. (1978)). Doch auch die verlängerte Ratifikationsfrist lief aus, ohne dass die erforderliche Anzahl an Gliedstaaten die Revisionsvorlage ratifiziert hatten.

681 State of Idaho v. Freeman, 529 F.Supp 1107, 1152f., 1155 (D. Idaho 1981).

682 National Organization for Women, Inc. v. Idaho, 459 U.S. 809, 809 (1982).

683 TRIBE, American constitutional Law, S. 102; GINSBURG, 57 Tex. L. Rev. 919, 920 (1979), dies., Equal Rights Amendment Extension: Hearings on H.R.J. Res. 638 before the Subcommittee on Civil and Constitutional Rights of the House Committee on the Judiciary, 95th Cong., 1st & 2nd Sess., S. 121ff. (1977-1978); WITTER, 4 Women's Rts. L. Rep. 209, 221f. (1978); BRUGGER, ZRP 1992, 321, 322. A.A.: Senator ERVIN, Congressional Record, 95th Cong., 2nd Sess., Band 124, S. S16951 (1978); ALMOND, 64 A.B.A.J. 1504, 1505f. (1978).

684 Ungeklärt ist ferner, ob der Präsident die Verlängerung hätte unterzeichnen müssen. Vgl. dazu BLACK, 87 Yale L.J. 896, 899 (1978); GINSBURG, 57 Tex. L. Rev. 919, 930ff. (1979); WITTER, 4 Women's Rts. L. Rep. 209, 222f. (1978).

erforderlich.[685] Fraglich ist allerdings, ob eine Verlängerung der Ratifikationsperiode auch durch eine einfache Mehrheit erfolgen kann, wenn die Ratifikationsfrist nur in der die Revisionsvorlage begleitenden Resolution enthalten war.[686] Im Präzedenzfall des *ERA* wurde die Verlängerung nur mit einer einfachen Mehrheit beschlossen, obwohl die Aufstellung der Ratifikationsfrist, wie die Revisionsvorlage selbst mit einer Zweidrittelmehrheit verabschiedet worden war.[687] Aus diesen Gründen wurde auch für die Verlängerungsabstimmung von einigen Abgeordneten und Senatoren und auch einem Teil der Literatur eine Zweidrittelmehrheit gefordert.[688] Dem wird entgegengehalten, dass Art. V ausdrücklich festlegt, für welche Verfahren qualifizierte Mehrheiten erforderlich sind, da dies aber für Fragen über Detailregelungen wie z.B. die Festlegung der Ratifikationsmethode nicht der Fall ist, könnte auch für die Verlängerung der Ratifikationsperiode keine qualifizierte Mehrheit verlangt werden.[689] Zudem würde damit sichergestellt, dass einem tagenden Kongress nicht durch seinen Vorgänger der Handlungsspielraum beschnitten werden kann. Entscheidend ist aber vor allen Dingen die Position der Gliedstaaten im Fall einer Verlängerung der Ratifikationsfrist. Im Gegensatz zu einer Verkürzung würde eine Verlängerung der Ratifikationszeit die Rechte der Gliedstaaten im Prozess der Ratifikation nicht berühren. Eine Verlängerung erscheint daher in jeder Hinsicht unbedenklich.

---

[685] *Assistant Attorney General* HARMON, TRIBE und die Abgeordneten BEILENSON und EDWARDS in: Equal Rights Amendment Extension: Hearings on H.R.J. Res. 638 before the Subcommittee on Civil and Constitutional Rights of the House Committee on the Judiciary, 95th Cong., 1st & 2nd Sess., S. 31, 39, 52 (1977-1978); Senatoren KENNEDY und BAYH, in: Congressional Record, 95th Cong., 2nd Sess., Band 124, S. S16939f. (1978); WITTER, 4 Women's Rts. L. Rep. 209, 224 (1978), PAULSEN, 103 Yale L.J. 677, 683, 726 (1993).

[686] Diesbezüglich entschied ein *Federal District Court*, dass alle vom Kongress durchgeführte Handlungen im Revisionsverfahren ausschließlich mit einer Zweidrittelmehrheit rechtswirksam verabschiedet werden können. Vgl. State of Idaho v. Freeman, 529 Supp. 1107, 1153 (D. Idaho 1981).

[687] Das Repräsentantenhaus votierte bei 10 Enthaltungen mit 238:189 Stimmen und der Senat bei 4 Enthaltungen mit 60:36 Stimmen für eine Verlängerung. Siehe Congressional Record, 95th Cong., 2nd Sess., Band 124, S. H8665 (daily ed. Aug. 15, 1978) und S. S17318 (daily ed. Oct. 6, 1978).

[688] Abgeordnete VOLKMER, in: U.S. House of Representatives, Committee on the Judiciary, Proposed Equal Rights Amendment Extension, H.R. Rep. No. 1405, 95th Cong. 2nd Sess. S. 25ff. (1978); Senatoren WEICKER und BAKER, in: Congressional Record, 95th Cong., 2nd Sess., Band 124, S. S16974 und S16984 (1978); REES, 58 Tex. L. Rev. 875, 876, 924ff. (1980).

[689] Senator JAVITS, in: Congressional Record, 95th Cong., 2nd Sess., Band 124, S. S16975 (1978); GINSBURG, 57 Tex. L. Rev. 919, 929 (1979); WITTER, 4 Women's Rts. L. Rep. 209, 222 (1978); ROTUNDA, 64 A.B.A.J. 1507, 1509 (1978).

2.) Die Initiativberechtigung der Gliedstaaten

a.) Der Verfassungskonvent

Korrespondierend zum Verfassungsurtext, der auf einen nationalen Verfassungskonvent zurückgeht,[690] besteht auch für künftige Verfassungsänderungen die Möglichkeit, durch ein solches Gremium ausgearbeitet zu werden. Gemäß Art. V können die Gliedstaatenlegislaturen die Einberufung eines nationalen Verfassungskonvents beim Kongress beantragen. Wird ein solcher Verfassungskonvent von zwei Drittel der Gliedstaaten, d.h. von 34 Gliedstaaten, gefordert, liegt die Einberufung nicht im Ermessen des Kongresses, sondern ist von diesem zwingend herbeizuführen.[691] Bereits in den Debatten des Verfassungskonvents von Philadelphia und in den Ratifikationsdebatten in den Einzelstaaten versagte man dem Kongress in dieser Beziehung einen Ermessensspielraum.[692] Im *Federalist* erklärte HAMILTON:

> „By the fifth article of the plan, the Congress will be obliged „on application of the legislatures of two-thirds of the States [...] to call a convention for proposing amendments [...]. The words of this article are peremptory. The Congress „shall call a convention." Nothing in this particular is left to the discretion of that body." [693]

Auch vom *Supreme Court* wurde das diesbezügliche „dürfen" des Kongresses in Art. V als „müssen" interpretiert.[694] Umgekehrt darf der Kongress auch nur auf Antrag der Gliedstaaten und nicht aus eigener Initiative heraus den Verfassungskonvent einberufen.[695]

---

[690] Vgl. Teil I: A. III., S. 8ff..

[691] BLACK, 72 Yale L.J. 957, 963f. (1963); TRIBE, 10 Pac. L.J. 627, 634 (1979); BONFIELD, 66 Mich. L. Rev. 949, 976 (1968); ERVIN, 66 Mich. L. Rev. 875, 885f. (1968); GUNTHER, 14 Ga. L. Rev. 1, 5 (1979); VOEGLER, 55 N.D. L. Rev. 355, 366f. (1979); KRAMER, 16 Am. Jur. 2d Const. Law § 13 (2003); a.A.: PLATZ, 3 Geo. Wash. L. Rev. 17, 44 (1934).

[692] JAMES MADISON, in: Farrand (Hrsg.), The Records of the Federal Convention, Band II, S. 629f.; JAMES INNES während der Ratifikationsdebatte in Virginia, in: Elliot (Hrsg.), The Debates in the several State Conventions on the Adoption of the federal Constitution, Band 3, S. 636.

[693] Rossiter, (Hrsg.), The Federalist Papers, Nr. 85, S. 520, 526.

[694] United States v. Sprague, 282 U.S. 716, 730 (1931).

[695] ORFIELD, The Amending of the federal Constitution, S. 40; BLACK, 72 Yale L.J. 957, 963 (1963); BONFIELD, 66 Mich. L. Rev. 949, 951 (1968).

Dies ist jedoch der einzige Aspekt des Konventsprozesses, über den Einigkeit herrscht. Alle weiteren Fragen, die sich im Zusammenhang mit einem möglichen Verfassungskonvent stellen, sind ungeklärt.[696] Umstritten ist u.a., ob der Kongress über die Gültigkeit der förmlichen Gliedstaatenanträge entscheiden und bestimmen kann, wann die erforderliche Mehrheit zur Einberufung eines Verfassungskonvents erreicht ist.[697] Umstritten ist ferner, welche Rolle die Exekutive im Änderungsverfahren mittels eines Verfassungskonvents spielt[698] und ob die Gliedstaaten einmal gestellte Einberufungsanträge wieder zurückziehen dürfen.[699]

Ungeklärt ist schließlich, in welchem zeitlichen und inhaltlichen Zusammenhang die 34 Gliedstaatenanträge stehen müssen, die einen Kongress zur Einberufung des nationalen Verfassungskonvents verpflichten. 1929 rief das Parlament von Wisconsin den Kongress dazu auf, einen nationalen Verfassungskonvent einzuberufen und legte dabei eine Liste von 35 Gliedstaaten vor, die dem Kongress Anträge zu einer solchen Einberufung gesandt hatten. In diesen 35 waren alle Gliedstaaten enthalten, die bis 1929 einen nationalen Verfassungskonvent beantragt hatten, sogar Virginia, Alabama und Georgia, die seit 1788, 1832 bzw. 1833 keinen solchen Antrag mehr gestellt hatten. Bis heute sind über 400 Gliedstaatenanträge zur Einberufung eines Verfassungskonvents ergangen.[700] Dies macht die praktische Relevanz der gestellten Fragen deutlich, denn obwohl mehrfach versucht worden ist, die bestehenden Unklarheiten im von den Gliedstaaten initiierten Revisionsprozess mittels einfacher Gesetzgebung zu lösen,[701]

---

[696] Eine Übersicht der ungeklärten Fragen ist bei TRIBE, 10 Pac. L.J. 627, 638ff. (1979) zu finden. Sie weist bereits 21 strittige Problempunkte auf. Eine weitere Problemaufzählung enthalten SORAUF, in: Hall/Hyman/Sigal (Hrsg.), The constitutional Convention as an amending Device, S. 113, 115f. und Committee on federal Constitution, 3 Cardozo L. Rev. 529, 531 (1982).

[697] Siehe dazu Opinion of the Justices to the Senate, 373 Mass. 877, 879f. (Mass. 1977); ORFIELD, The Amending of the federal Constitution, S. 43; ERVIN, 66 Mich. L. Rev. 875, 891ff. (1968); BONFIELD, 66 Mich. L. Rev. 949, 987ff. (1968).

[698] Vgl. dazu BONFIELD, 66 Mich. L. Rev. 949, 957f., 985ff. (1968); CONNELY, 22 Ariz. L. Rev. 1011, 1028ff. (1980); VOEGLER, 55 N.D. L. Rev. 355, 373ff. (1979).

[699] Siehe dazu BONFIELD, 66 Mich. L. Rev. 949, 966ff. (1968); ERVIN, 66 Mich. L. Rev. 875, 889f. (1968); VAN SICKLE/BOUGHEY, 14 Hamline L. Rev. 1, 48 (1990); CONNELY, 22 Ariz. L. Rev. 1011, 1033ff. (1980).

[700] Eine sehr gute Übersicht über alle bis 1990 ergangenen Gliedstaatenanträge stellten VAN SICKLE/BOUGHEY, 14 Hamline L. Rev. 1, 49ff. (1990) zusammen. Bis 1993 listet PAULSEN, 103 Yale L.J. 677, 764ff. (1993) ergangene Gliedstaatenanträge auf.

[701] Vgl. den Vorschlag von Senator ERVIN: S2307, 70th Cong., 1st Sess. (1967) und der *Federal Constitutional Convention*: Hearings on S2307 before the Subcommittee on Separation of Powers, Committee on the Judiciary, 90th Cong., 1st Sess. (1967). Sowie den Vorschlag von Senator HELMS: *Federal Constitutional Procedures Act*, S3, 96th Cong., 1st Sess. (1979).

wurde bis heute kein Gesetzesvorschlag verabschiedet.[702] Der von Senator SAM ERVIN im August 1967 vorgeschlagene *Federal Constitutional Convention Procedures Act*[703] wurde zwar im Senat sowohl 1971 als auch 1973 einstimmig angenommen,[704] gelangte aber im Repräsentantenhaus nicht zur Abstimmung. Das Gesetz sah unter anderem vor, dass die Gliedstaatenanträge auf dieselbe Thematik bezogen und innerhalb eines Zeitraums von vier Jahren gestellt werden müssen, um für die in Art. V festgelegte verpflichtende Zweidrittelmehrheit zur Einberufung eines Bundeskonvents ausschlaggebend zu sein.[705] Der Senat dehnte den zeitlichen Referenzraum für die gliedstaatlichen Anträge auf sieben Jahre aus und fügte hinzu, dass auch die Delegierten des Bundeskonvents eine Revisionsvorlage mit einer Zweidrittelmehrheit annehmen müssen.[706] Der Vorsitzende des Justizausschusses im Repräsentantenhaus, EMANUEL CELLER, war jedoch der Ansicht, dass ein Bundeskonvent inhaltlich nicht auf eine Thematik beschränkt werden dürfe und setzte die Gesetzesvorlage nicht auf die Tagesordnung. Im Repräsentantenhaus wurde daher nie über sie abgestimmt. Seit 1981 bemühte sich in der Nachfolge von ERVIN Senator ORRIN HATCH um die Verabschiedung der Gesetzesvorlage und erhielt mit der Bewegung um ein *Balanced Budget Amendment* 1984[707] die Möglichkeit, die Aufmerksamkeit des Justizausschusses zu gewinnen.[708] Als Kernproblem wurde die Frage der inhaltlichen Begrenzung eines Konvents debattiert. Der Justizausschuss empfahl dem Senat

---

Senator HATCH schlug einen *Constitutional Convention Implementation Act of 1979* vor: S1710, 96th Cong., 1st Sess. (1979). Zusammen mit den Senatoren GOLDWATER und SCHWEIKER hatte er zuvor bereits den *Federal Constitutional Convention Procedures Act* vorgeschlagen: S1880, 95th Cong. 1st Sess. (1977). Unklar ist jedoch, ob der Kongress überhaupt die Kompetenz zur Regelung dieser Aspekte besitzt. Bejahend: ERVIN, 66 Mich. L. Rev. 875, 879 (1968); BONFIELD, 66 Mich. L. Rev. 949, 987ff. (1968); CONNELY, 22 Ariz. L. Rev. 1011, 1018 (1980); Note, 85 Harv. L. Rev. 1612, 1617f. (1972); BUCKWALTER, 20 J. Pub. L. 543, 561 (1971). Verneinend: VAN SICKLE/BOUGHEY, 14 Hamline L. Rev. 1, 40 (1990).

[702] Congressional Record, 92nd Cong., 1st Sess., Band 117, S. 36804ff. (1971) und Congressional Record, 93rd Cong., 1st Sess., Band 119, S. 22731ff. (1973).

[703] ERVIN, 66 Mich. L. Rev. 875, 896ff., Appendix (1968).

[704] Congressional Record, 92nd Cong., 1st Sess., Band 117, S. 36804 (1971).

[705] ERVIN, 66 Mich. L. Rev. 875, 879ff. (1968).

[706] Congressional Record, 92nd Cong., 1st Sess., Band 117, S. 36804ff. (1971); Note, 85 Harv. L. Rev. 1612, 1633 (1972).

[707] Vgl. Teil I: I. I., S. 74ff..

[708] CAPLAN, Constitutional Brinksmanship, S. 76f.; U.S. Senate, Committee on the Judiciary, Subcommittee on the Constitution, Constitutional Convention Procedures: Heraings, 98th Cong., 2nd Sess. (1985).

zwar einstimmig die Annahme der Gesetzgebung, im Senat kam es jedoch zu keiner Abstimmung.

aa.) Der erforderliche zeitliche Zusammenhang gliedstaatlicher Anträge

Teilweise[709] wird angenommen, dass die gliedstaatlichen Einberufungsanträge in zeitlicher Hinsicht in keinem Zusammenhang stehen müssen. Danach könnte der Antrag eines Gliedstaates aus dem Jahr 1791 ebenso zu der erforderlichen Zweidrittelmehrheit hinzugezählt werden, wie ein Antrag aus dem Jahr 2007. Die überwiegende Mehrheit[710] hält dieser Ansicht jedoch das in der Dillon-Rechtsprechung aufgestellte *contemporaneous*-Erfordernis entgegen und stellt unterschiedliche zeitliche Intervalle auf, in denen Gliedstaatenanträge im Hinblick auf die erforderliche Zweidrittelmehrheit addiert werden können. Zum Teil wird das zeitliche Intervall auf eine Sitzungsperiode des Kongresses oder auch auf vier, sechs oder sieben Jahre begrenzt.[711] Andere[712] erachten hingegen die Lebenszeit einer Generation für einen geeigneten zeitlichen Maßstab.

Aus denselben Gründen, aus denen die Existenz zeitlicher Grenzen für das Ratifikationsverfahren abzulehnen sind, sofern diese nicht zuvor vom Kongress festgelegt wurden, kann auch hier nicht von dem Erfordernis einer zeitlichen Übereinstimmung der Gliedstaatenanträge ausgegangen werden. Eine zeitliche Limitierung würde einen großen Unsicherheitsfaktor in der Bestimmung, welche Anträge noch zeitlich relevant sind, hervorrufen. Zudem wäre ungeklärt, welches Organ diese Einstufung vornehmen könnte. Die Verfassungsänderung mittels eines nationalen Verfassungskonvents soll gerade den Gliedstaaten die Möglichkeit geben, den Kongress umgehen zu können. Es wäre daher widersinnig, den Kongress mit dieser Aufgabe zu betrauen. Eine zeitliche Übereinstimmung der Anträge zu fordern, scheint damit mangels eines geeigneten zeitlichen Annäherungswertes und mangels einer geeigneten Prüfungsinstanz wenig sinnvoll.

---

709 PAULSEN, 103 Yale L.J. 677, 735 (1993); VAN SICKLE/BOUGHEY, 14 Hamline L. Rev. 1, 46 (1990).

710 VAN ALSTYNE, 27 Duke L.J. 1295, 1305 (1978); ORFIELD, The Amending of the federal Constitution, S. 42; CORWIN/RAMSEY, 26 Notre Dame L. 195f. (1951); BONFIELD, 66 Mich. L. Rev. 949, 958ff. (1968); ERVIN, 66 Mich. L. Rev. 875, 890f. (1968); Note, 85 Harv. L. Rev. 1612, 1619ff. (1972).

711 Vgl. ERVIN 66 Mich. L. Rev. 875, 890f. (1968).

712 ORFIELD, The Amending of the federal Constitution, S. 42.

bb.) Die erforderliche inhaltliche Übereinstimmung gliedstaatlicher Anträge

Vereinzelt[713] wird geltend gemacht, dass die inhaltliche Beschränkung eines nationalen Verfassungskonvents gar nicht möglich sei und dass daher auch Gliedstaatenanträge, die die zu behandelnde Thematik festlegen wollen, nichtig sind. Andere[714] halten hingegen die thematische Begrenzung eines Verfassungskonvents und damit auch diejenige der Gliedstaatenanträge für möglich, sofern dem Konvent noch ausreichend Beratungs- und Handlungsspielraum bezüglich der Lösungsmöglichkeiten bleibt. Diese Ansicht hat zur Folge, dass nur die inhaltlich übereinstimmenden Gliedstaatenanträge in Hinblick auf die erforderliche Zweidrittelmehrheit gezählt werden dürfen.[715]

Der Wortlaut des Art. V spricht von einem nationalen Verfassungskonvent, der „Amendments" vorschlagen kann. Die Verwendung der Pluralform, die erst nach einigen Beratungen Eingang in die Verfassungsvorschrift gefunden hat,[716] deutet darauf hin, dass dem Konvent genaue Vorgaben zum Erlass einer bestimmten Verfassungsänderung nicht gemacht werden können, sondern, dass ihm ein ausreichender Handlungs- und Entscheidungsspielraum zur Problemlösung einzuräumen ist. Dies schließt aber nicht aus, dass der Konvent von den Gliedstaaten auf einen Themenkomplex beschränkt werden kann. Nur so erscheint diese Revisionsmethode, auch tatsächlich ihre Aufgabe als Instrument der Gliedstaaten gegen einen blockierenden Kongress erfüllen zu können. Nur, wenn den Gliedstaaten die Möglichkeit eingeräumt wird, ein bestimmtes, aus ihrer Sicht existierendes Problemfeld auf die politische Tagesordnung zu setzen, kann der Verfassungskonvent auch als effektive Kontrolle gegenüber dem Bund dienen. Dies würde zwar dazu führen, dass in diesem Prozess der föderale Aspekt des Revisionsverfahrens ins Ungleichgewicht gerät, da die Gliedstaaten

---

[713] BLACK, 82 Yale L.J. 189, 198ff. (1972), ders., 32 Okla. L. Rev. 626, 628 (1979); DELLINGER, 88 Yale L.J. 1623, 1624, 1636ff. (1979). Ebenso PAULSEN, 103 Yale L.J. 677, 738ff. (1993); VAN SICKLE/BOUGHEY, 14 Hamline L. Rev. 1, 47f. (1990); ORFIELD, The Amending of the federal Constitution, S. 45, die allerdings die inhaltlich beschränkten Gliedstaatenanträge nicht als grundsätzlich nichtig betrachten.

[714] CAPLAN, Constitutional Brinksmanship, S. 95ff.; BONFIELD, 66 Mich. L. Rev. 949, 954f.; 992ff. (1968); ERVIN, 66 Mich. L. Rev. 875, 880ff., 884 (1968); 14 GUNTHER, Ga. L. Rev. 1, 12f.. (1979); Note, 85 Harv. L. Rev. 1612, 1628ff. (1972); Committee on federal Constitution, 3 Cardozo L. Rev. 529, 548 (1982). Eine Einzelansicht hält sogar die detaillierte Erarbeitung der Verfassungsänderung durch die Gliedstaaten für möglich, über die im Verfassungskonvent nur noch abgestimmt werden muss. Vgl. VAN ALSTYNE, 27 Duke L.J. 1295, 1305f. (1978).

[715] CAPLAN, Constitutional Brinksmanship, S. 105. GAUGUSH, 35 West. Pol. Q. 212, 217f. (1982) hält sowohl inhaltlich begrenzte als auch generelle Anträge für zulässig.

[716] Vgl. dazu VAN SICKLE/BOUGHEY, 14 Hamline L. Rev. 1, 27ff. (1990).

damit sowohl die Initiierung als auch die Ratifikation der Verfassungsänderung dominieren, ohne dass eine inhaltliche Kontrolle durch den Bund möglich ist. Dies ist jedoch hinzunehmen, denn sofern die Gliedstaaten dem Verfassungskonvent nur die strittigen Aspekte, nicht aber Lösungsmodelle vorgeben können, erscheint eine inhaltliche Kontrolle auch gar nicht notwendig. Zum anderen kann der Kongress auch im Rahmen der *convention method* bestimmen, welches Verfahren für die Ratifikation Anwendung finden soll und über diese Bestimmung gewissen Einfluss auf den Erfolg der Änderungsinitiative nehmen. Schließlich ist es auch aus der Sicht der Gliedstaaten sinnvoll, eine inhaltliche Übereinstimmung ihrer Anträge zu fordern. So ist für sie der Effekt ihrer Anträge besser kontrollierbar. Ansonsten bestünde die Gefahr, dass schließlich ein nationaler Verfassungskonvent tagen müsste, den kein Gliedstaat in dieser Form beabsichtigt hatte. Im Ergebnis erscheint es damit verhältnismäßig, zwar keinen zeitlichen, aber zumindest einen sachlichen Zusammenhang der Gliedstaatenanträge zu verlangen, um den Kongress zur Einberufung eines Verfassungskonvents zu verpflichten.

b.) Die indirekte Änderungsinitiative durch die Gliedstaaten

Die Einberufung eines nationalen Verfassungskonvents stand zwar einige Mal kurz bevor, bisher geht jedoch noch keine Verfassungsänderung auf einen solchen Konvent zurück. In zwei Fällen wurde das Quorum von 34 Gliedstaatenanträgen nur knapp verfehlt. Im ersten Fall wollte man gegen das *Supreme Court* Urteil Reynolds v. Sims[717] vorgehen, welches die Gliedstaaten dazu verpflichtet hatte, auch ihre zweite Parlamentskammer als echte Volkskammer zu organisieren.[718] Ende der 80er Jahre verlangten die Gliedstaaten dann die Tagung eines Verfassungskonvents zur Einführung des *Balanced Budget Amendment*, welches die Bundesbehörden zur Führung eines ausgeglichenen Finanzhaushaltes verfassungsrechtlich verpflichtet hätte.[719] Dass dieses Verfahren der Verfassungsänderung daher - zusätzlich zu den vielen bestehenden Unklarheiten - auch noch überflüssig und wirkungslos sei, kann daraus jedoch nicht gefolgert werden. Es hat seine Bedeutung und Funktion als Kontrollmechanismus gegenüber dem Kongress gefunden. Allein die drohende Verpflichtung zur Einberufung eines nationalen Verfassungskonvents kann den Kongress dazu veranlassen, selbst

[717] Reynolds v. Sims, 377 U.S. 533 (1964).

[718] Vgl. Teil III: A. I. 2.) c.), S. 241ff. und BONFIELD, 66 Mich. L. Rev. 949, 949ff. (1968).

[719] Vgl. Teil I: I. I., S. 74ff. und Note, 96 Harv. L. Rev. 1600, 1600ff. (1983); GUNTHER, 14 Ga. L. Rev. 1, 3 (1979). Darüber hinaus fehlte auch der Initiative, die Einkommenssteuer verfassungsrechtlich zu begrenzen, nur zwei Stimmen.

eine entsprechende Änderungsinitiative einzubringen.[720] Insofern kann man von einer indirekten Änderungsinitiative der Gliedstaaten sprechen.

Das Paradebeispiel für einen solchen Fall bildet das Amend. XVII, welches 1913 die Direktwahl der Senatoren einführte. Zahlreiche Gliedstaaten forderten die Einberufung eines Verfassungskonvents, weil der Senat sich weigerte, ein solches *Amendment* zu verabschieden. In der Zeit von 1895 bis 1910 hatten 31 der damals 46 Gliedstaaten einen förmlichen Antrag zur Einberufung eines solchen Konvents gestellt,[721] d.h. es fehlte nur noch ein zusätzlicher Antrag, um dem Kongress, den verbindlichen Auftrag zur Einberufung zu erteilen. In dieser Situation sah sich der Senat schließlich gezwungen,[722] einzulenken und das geforderte *Amendment* mit der erforderlichen Mehrheit zu verabschieden.[723] Senator DUBOIS merkte in dieser Hinsicht an: „Unless the Senate is allowed to debate this question, enough States will act to take it out of our hands."[724] Auch ohne die tatsächliche Einberufung eines nationalen Verfassungskonvents hatten die Gliedstaaten damit ihr Ziel erreicht.

Die drohende Verpflichtung des Kongresses zur Einberufung eines nationalen Verfassungskonvents wird darüber hinaus auch für die Verabschiedung der Amend. XVIII, XXII und XXV verantwortlich gemacht.[725] Die kontrollierende Wirkung des Konventsmechanismus ist daher nicht zu unterschätzen. Bereits der erste Kongress bekam sie in der Diskussion um die Einführung der *Bill of Rights* zu spüren.[726]

---

[720] CORWIN/RAMSEY, 26 Notre Dame L. 196 (1951); TRIBE, 10 Pac. L.J. 627, 633 (1979); VOEGLER, 55 N.D. L. Rev. 335, 358 (1979); VAN SICKLE/BOUGHEY, 14 Hamline L. Rev. 1, 37 (1990); ROTUNDA/NOWAK, Treatise on constitutional Law: Substance and Procedure, Band 1, § 10.10, S. 128.

[721] SPRAGUE, 3 Me. L. Rev. 116, 123 (1910).

[722] Die Hauptursächlichkeit der gliedstaatlichen Anträge für das Fortkommen des Amend. XVII bejahen: BERNSTEIN/AGEL, Amending America, S. 126; VAN ALSTYNE, 1984 U. Ill. L. Rev. 933, 943 (1984); CORWIN/RAMSEY, 26 Notre Dame L. 185, 196 (1951); GRAHAM, 49 A.B.A.J. 1175, 1178 (1963); CONNELY, 22 Ariz. L. Rev. 1011, 1016 Fn. 49 (1980); a.A.: KOBACH, 103 Yale L.J. 1971, 1979 Fn. 36 (1994); CAPLAN, Constitutional Brinksmanship, S. 65.

[723] Vgl. ausführlicher zur Entstehungsgeschichte des Amend. XVII Teil I: E. II., S. 37ff..

[724] Congressional Record, 57th Cong., 1st Sess., Band 35, S. 2617 (1902).

[725] CONNELY, 22 Ariz. L. Rev. 1011, 1016 Fn. 49 (1980); SORAUF, in: Hall/Hyman/Sigal (Hrsg.), The constitutional Convention as an amending Device, S. 113, 115; VAN SICKLE/BOUGHEY, 14 Hamline L. Rev. 1, 37 (1990).

[726] VAN ALSTYNE, 1984 U. Ill. L. Rev. 933, 943f. (1984); VEIT/BOWLING/BICKFORD, Creating the Bill of Rights, S. 75; KYVIG, Explicit and authentic Acts, S. 97f..

Sie reicht zudem weit über den Prozess der Verfassungsänderung hinaus und dient auch allgemein als Instrument sachpolitischer Mobilisierung der Bundesentscheidungsträger,[727] ohne dass von den Gliedstaaten, wie es beim Amend. XVII der Fall war, unbedingt eine verfassungspolitische Lösung angestrebt wird. Im Streit um ein *Balanced Budget Amendment* kam es immerhin bereits zum Erlass umfangreicher einfacher Gesetzgebung.[728] Auf welcher Ebene, Verfassung, Gesetz oder durch untergesetzliche Normen, dem Anliegen schließlich Rechnung getragen wird, ist oftmals zweitrangig. Der Konventsmechanismus dient daher allgemein als Druckmittel der Gliedstaaten gegenüber den Entscheidungsträgern des Bundes. Dabei steigt der Druck, den die Gliedstaaten mit diesem Instrument auf den Kongress ausüben können graduell mit der Zahl der identischen Gliedstaatenanträge. Unmittelbar vor Erreichen der Quorumsgrenze kann der Kongress sich kaum noch der Regelung des angezeigten Problemfeldes entziehen.

III. Die Methoden möglicher Ratifikation

1.) Die Ratifikation durch Staatenlegislaturen

Hat der Kongress die Ratifikation durch Staatenlegislaturen vorgeschrieben, werden die verabschiedeten Revisionsvorlagen einer Verfahrenstradition gemäß den Gliedstaatengouverneuren zugestellt, die diese dann den gliedstaatlichen Parlamenten zur Beratung übergeben.[729] Damit endet grundsätzlich auch die Kontrolle des Kongresses über das Revisionsverfahren. Hat der Kongress die Ratifikationsperiode zeitlich nicht begrenzt, sind die Gliedstaaten frei, den Zeitpunkt ihrer Ratifikation zu wählen.[730] In Bezug auf die „Ratifikationshoheit" der Gliedstaaten sind jedoch einige weitere Fragen ungeklärt. Umstritten ist, ob der Gliedstaat an seine einmal vorgenommene Handlung – Ablehnung oder Ratifikation der Revisionsvorlage – gebunden ist und inwieweit der Gliedstaat besondere, zusätzliche Regeln für die Annahme einer Verfassungsänderung aufstellen kann.

---

[727] ANNAHEIM, Die Gliedstaaten im amerikanischen Bundesstaat, S. 222.

[728] Congressional Budget & Parliament Control Act of 1974, Pub. L. No. 93-344, 88 Stat. 297 (1974); Pub. L. No. 95-110, 91 Stat. 884 (1977); Pub. L. No. 99-177, 99 Stat. 1039, 1062 (1985). Sowie Balanced Budget & Emergency Deficit Control Act of 1985, Pub. L. No. 99-177, *Title* 2, 99 Stat. 1038 (1985), Pub. L. No. 99-509, *Title* 7, 100 Stat. 1949 (1986).

[729] WILLIS, 7 Ind. L.J. 457, 361 (1932); ORFIELD, The Amending of the federal Constitution, S. 61; LIVINGSTON, Federalism and constitutional Change, S. 219.

[730] Vgl. Teil II: C. II. 1.) f.), S. 130ff..

a.) Die Bindung der Gliedstaaten an ihre Handlungen im Revisionsverfahren

aa.) Verfassungsgeschichtliche Präzedenzfälle und die Haltung des Kongresses

Das Problem der Revidierbarkeit gliedstaatlicher Handlungen im Ratifikationsverfahren stellte sich erstmals im Rahmen des Amend. XIV. Georgia, North Carolina und South Carolina hatten die Revisionsvorlage 1866 formell abgelehnt, sie aber zwei Jahre später doch ratifiziert.[731] Umgekehrt hatten Ohio und New Jersey 1866 ihre ursprünglich erteilten Zustimmungen vor dem Inkrafttreten des *Amendment* zurückgenommen. Alle fünf Gliedstaaten wurden jedoch als ratifizierende Gliedstaaten in die Liste des *Secretary of State* aufgenommen; Ohio und New Jersey allerdings mit dem Zusatz, dass Resolutionen in beiden Staaten der Ratifikation widersprochen hatten. Einen Tag später verabschiedete der Kongress eine Resolution, die sowohl Ohio als auch New Jersey als ratifizierende Gliedstaaten deklarierte.[732]

Im Revisionsprozess zum Amend. XV zog New York seine Ratifikation des *Amendment* offiziell zurück, und Ohio ratifizierte das *Amendment* nachdem es dieses zunächst abgelehnt hatte.[733] Eine in den Kongress eingebrachte Resolution, die die Ungültigkeit der Rücknahme feststellen sollte, wurde zwar im Senat ausführlich diskutiert, aber nie zur Abstimmung gestellt.[734] Der *Secretary of State* listete New York und Ohio unter den ratifizierenden Gliedstaaten auf, verzeichnete dort aber gleichzeitig auch den Rücknahmeversuch des Gliedstaates New York.[735] Obwohl schließlich mehr als die erforderliche Dreiviertelmehrheit an Gliedstaaten das *Amendment* unterzeichnet hatten, reagierte das Repräsentantenhaus auf den Fall mit der Verabschiedung einer Gesetzesvorlage, die bestimmte, dass Ratifikationsrücknahmen nichtig sind.[736] Die Vorlage gelangte im Senat jedoch nie zur Abstimmung und konnte damit nicht in Kraft treten.

---

[731] Ähnliche Fälle sind im Revisionsprozess zum Amend. XVI und zum Amend. XXII zu verzeichnen. Arkansas unterzeichnete das Amend. XVI am 22. April 1911, obwohl es dies bereits am 09. Januar desselben Jahres abgelehnt hatte. Das Amend. XXII wurde von Texas und Idaho formell abgelehnt, letztendlich aber doch ratifiziert. Sowohl im Fall des Amend. XVI als auch in dem des Amend. XXII wurden die unentschlossenen Staaten in die Liste der ratifizierenden Gliedstaaten aufgenommen und bildeten - mit den restlichen Gliedstaaten zusammen - die für die Ratifikation erforderliche Dreiviertelmehrheit.

[732] Vgl. dazu bereits ausführlich m.w.N. Teil I: D. III. 2.), S. 31f..

[733] Vgl. Teil I: D. III. 3.), S. 34.

[734] Congressional Globe, 41st Cong., 2nd Sess., S. 377, 1477ff. (1870).

[735] Act of March 30, 1870, 16 Stat. 1131 (1870).

[736] Congressional Globe, 41st Cong., 2nd Sess., S. 5356f. (1870). Zuvor sollte eine Resolution explizit das Inkrafttreten des Amend. XV deklarieren. Über diese wurde jedoch nicht abgestimmt. Congressional Globe, 41st Cong., 2nd Sess., S.1444 (1870).

Ein dritter Fall gliedstaatlicher Rücknahme zuvor getätigter Ratifikation ereignete sich im Revisionsprozess des Amend. XIX. Da Tennesse die Ratifikationsrücknahme jedoch erst erklärte, als bereits drei Viertel der Gliedstaaten das *Amendment* ratifiziert hatten, erschien Tennessee ohne zusätzliche Anmerkung in der Liste der ratifizierenden Gliedstaaten. Auch der Gliedstaat West Virginia wurde in diese Liste aufgenommen, obwohl er zunächst die Revisionsvorlage formell abgelehnt, sie später aber doch ratifiziert hatte.[737] Der Kongress gab in diesem Fall keine offizielle Stellungnahme ab.

Seit der Ratifikation des Amend. XIX sind zwar mehrfach Gesetzesvorlagen in den Kongress eingebracht worden, die gliedstaatliche Ratifikationsrücknahmen erlauben sollten. In der Diskussion der bisher nicht verabschiedeten Gesetzesvorhaben wurde aber immer wieder deutlich gemacht, dass dies nicht der bisherigen Position des Kongresses entsprechen würde.[738]

Relevant wurde der Streit schließlich im Zusammenhang mit dem letztlich nicht ratifizierten *Equal Rights Amendment*.[739] Vier Gliedstaaten (Idaho, Kentucky, Tennessee und Nebraska) hatten ihre Zustimmung zur Änderungsvorlage zurückgezogen.[740] Auch in diesem Fall sprachen sich Mitglieder des Kongresses gegen die Möglichkeit einer Rücknahme aus.[741]

In der Verfassungspraxis wurde vom Kongress damit bisher noch keine Rücknahme einer gliedstaatlichen Ratifikation als rechtswirksam behandelt. Umgekehrt wurden aber gliedstaatliche Ratifikationen nach zunächst ablehnenden Abstimmungen immer als rechtsgültig eingestuft.

bb.) Die Aussagen der Rechtsprechung

Der Rechtsprechung ist keine eindeutige Haltung zum Problem der Unwiderruflichkeit gliedstaatlicher Handlungen im Ratifikationsprozess zu entnehmen.

Der *Court of Appeals* von Kentucky[742] geht davon aus, dass eine einmal getätigte Handlung in Bezug auf die Ratifikation einer Verfassungsänderung unwiderruflich ist. Nach dieser Ansicht ist das Ratifikationsrecht mit der positiven

---

737 Act of August 26, 1920, 41 Stat. 1823 (1820).

738 Vgl. Congressional Record, 68th Cong., 1st Sess., Band 65, S. 4492 (1923); Congressional Record, 68th Cong., 2nd Sess., Band 66, S. 215 (1924).

739 Vgl. Teil I: H. VII., S. 71f..

740 Vgl. dazu State of Idaho v. Freeman, 529 F.Supp 1107, 1112 Fn. 2 (D. Idaho 1981); HECKMAN, 6 Conn. L. Rev. 28, 35 (1973).

741 H.R. Rep. No 95-1405, 95th Cong., 2nd Sess., S. 12 Fn. 8 (1978).

742 Wise v. Chandler, 270 Ky. 1, 19 (1937).

oder negativen Inanspruchnahme erloschen. Weder die Rücknahme einer an den *Archivist of the United States* weitergeleiteten Zustimmung zu einem *Amendment*, noch die nachträgliche Zustimmung nach zunächst ablehnender Haltung soll möglich sein. Ein anderes gliedstaatliches Gericht[743] hielt zwar die Ratifikation nach einer ablehnenden Entscheidung noch für zulässig, nicht aber die Rücknahme der Ratifikation. Damit sind sich die gliedstaatlichen Gerichte zumindest einig, dass die Ratifikation ein unwiderruflicher Akt ist und nicht zurückgenommen werden kann.[744] Keine Einigkeit herrscht jedoch in der Frage, wie die formelle Ablehnung einer Revisionsvorlage zu werten ist.

Der *Supreme Court* behandelte zwar in Coleman v. Miller den Fall des Amend. XIV als „historic precedent" dafür, dass die Rücknahme einer gliedstaatlichen Ratifikation nicht möglich ist, wohl aber die Ratifikation nach erfolgter Ablehnung. Allerdings entschied er auch hier, diese Frage im Ende offen zu lassen und dem Kongress die Entscheidungskompetenz darüber zu verleihen.[745] Seine Aussage ist daher nur Diktum.

In der Rechtsprechung ist damit die Tendenz zu verzeichnen, eine Ratifikationsrücknahme nicht als rechtswirksam zu betrachten, hingegen eine Ratifikation nach ablehnendem Urteil noch zuzulassen. Rechtsprechung und Verfassungspraxis stimmen damit grundsätzlich überein.

cc.) Der Streit in der Literatur und eigene Stellungnahme

(1) Die Bindung an eine formelle Ablehnung einer Revisionsvorlage

Die h.M. in der Literatur hat sich den durch die Verfassungspraxis erstellten Präzedenzfällen angeschlossen und hält ebenfalls eine Ratifikation nach einer formellen Ablehnung des *Amendment* noch für möglich.[746] Definiert man die

---

[743] So der Kansas *Supreme Court* in: Coleman v. Miller, 71 P.2d 518, 524ff. (1937).

[744] A.A. State of Idaho v. Freeman, 529 F.Supp 1107, 1146ff., 1155 (D. Idaho 1981).

[745] Coleman v. Miller, 307 U.S. 433, 449f. (1939).

[746] JAMESON, A Treatise on constitutional Convention, §§579ff., S. 628ff.; AMES, The proposed Amendments to the Constitution, S. 300; GARRETT, 7 Tenn. L. Rev. 286, 304 (1929); MILLER, 10 Minn. L. Rev. 185, 188 (1926); DODD, 30 Yale L.J. 321, 347 (1921); ROTTSCHAEFER, Handbook of American constitutional Law, S. 394f.; CORWIN/RAMSEY, 26 Notre Dame L. 185, 206 (1951); Notes, 47 Yale L.J. 148, 149 (1937); KEPPLER, Die Verfassungänderung nach der schweizerischen Bundesverfassung und nach der Verfassung der Vereinigten Staaten von Nordamerika, S. 90; MARTIN, 9 U. Rich. L. Rev. 271, 296f. (1975); HAJDU/ROSENBLUM, 79 Colum. L. Rev. 106, 120 (1979); BERNSTEIN/AGEL, Amending America, S. 254; LIVINGSTON, Federalism and constitutional Change, S. 229; DELLINGER, 97 Harv. L. Rev. 386, 419ff. (1983); DUNKER, 41 Tenn. L. Rev. 93, 94ff., 111 (1973); ISHIKAWA,

Ratifikation allein als Zustimmung zu einer Änderungsvorlage,[747] kann die Kompetenz zur Ratifikation auch nicht durch einen anderen Akt als eben diese Zustimmung erschöpft werden. Das Problem der Rücknahme einer Ratifikation stellt sich hier gar nicht, da eben eine solche noch gar nicht erfolgt ist, die zurückgenommen werden müsste.

(2) Die Bindung an eine Ratifikation

Allgemein anerkannt ist, dass Gliedstaaten die Ratifikation eines *Amendment* jedenfalls dann nicht mehr revidieren können, sobald das *Amendment* in Kraft getreten ist, d.h. sobald der letzte der erforderlichen 38 Gliedstaaten die Revisionsvorlage ratifiziert hat.[748] Ob vor diesem Zeitpunkt eine bereits getätigte Ratifikation rechtswirksam zurückgenommen werden kann, ist hingegen ungeklärt.

Die oberstgerichtliche Rechtsprechung hat sich der Lösung der Frage einer möglichen Ratifikationsrücknahme entzogen und auch die rechtswissenschaftliche Literatur ist sich diesbezüglich nicht einig. Eine herrschende Meinung oder auch nur eine überwiegende Ansicht kann nicht festgestellt werden.[749] Die Ver-

---

24 Hastings Const. L.Q. 545, 551ff., 595f. (1997). A.A.: CADWALADER, 60 Am. L. Rev. 389, 392f. (1926); KLEIN, 18 B. U. L. Rev. 169, 185 (1938).

[747] So die Rechtsprechung in: Hawke v. Smith I, 253 U.S. 221,229 (1920): "the expression of the assent of the State to a proposed amendment." Dyer v. Blair, 390 F. Supp. 1291, 1307 (N.D. Ill. 1975): „The act of ratification is an expression of consent to the amendment."

[748] ROTTSCHAEFER, Handbook of American constitutional Law, S. 395; REES, 37 La. L. Rev. 896, 896 (1977); BRANNAN/LILLEHAUG/REZNICK, 16 Harv. J. on Legis. 763, 781 (1979); PLATZ, 3 Geo. Wash. L. Rev. 17, 37 (1934); HAJDU/ROSENBLUM, 79 Colum. L. Rev. 106, 121 (1979); ELDER, 31 Okla. L. Rev. 63, 107 (1978).

[749] Stellungnahmen, die sich für die Möglichkeit einer Ratifikationsrücknahme aussprechen finden sich bei: Comment, 22 Minn. L. Rev. 269, 270 (1938); ROTTSCHAEFER, Handbook of American constitutional Law, S. 395; ELDER, 31 Okla. L. Rev. 63, 93ff., insbesondere 106ff. (1978); ORFIELD, The Amending of the federal Constitution, S. 71f.; MILLER, 10 Minn. L. Rev. 185, 188 (1926); LEVINSON, 13 Const. Comment. 107, 119 (1996); REES, 37 La. L. Rev. 896, 923 (1977); BRANNAN/LILLEHAUG/REZNICK, 16 Harv. J. on Legis. 763, 795 (1979); STEVENS, 11 S. Cal. L. Rev. 472, 476 (1938); PAULSEN, 103 Yale L.J. 677, 732 (1993); ISHIKAWA, 24 Hastings Const. L.Q. 545, 551ff., 595f. (1997).

Gegen die Rechtswirksamkeit einer Ratifikationsrücknahme sprechen sich aus: JAMESON, A Treatise on constitutional Convention, § 582ff., S. 630ff.; AMES, The proposed Amendments to the Constitution, S. 300; NAUMANN, Verfassungsänderungen in den Vereinigten Staaten von Nordamerika, S. 42f.; KEPPLER, Die Verfassungänderung nach der schweizerischen Bundesverfassung und nach der Verfassung der Vereinigten Staaten von Nordamerika, S. 90; PLATZ, 3 Geo. Wash. L. Rev. 17, 37 (1934); KLEIN, 18 B. U. L. Rev. 169, 185 (1938); FISHEL, 49 Ind. L.J. 147, 166 (1973-1974); DUNKER, 41 Tenn. L. Rev. 93, 94ff., 111 (1973);

fassungspraxis, die gegen die Rechtswirksamkeit einer Ratifikationsrücknahme spricht, kann zwar einen Anhaltspunkt für die Streitentscheidung bieten, ist aber ebenfalls nicht verbindlich.

Aus dem Wortlaut des Revisionsartikels lassen sich keine Schlüsse für oder gegen die Revidierbarkeit gliedstaatlicher Ratifikationen ziehen. Art. V legt nur fest, dass eine Verfassungsänderung in Kraft tritt „when ratified." Der Wortlaut gibt daher nur das Ergebnis erfolgreicher Ratifikationen vor, sagt aber über den Prozess der Ratifikation nichts aus. Oftmals ziehen Befürworter der möglichen Ratifikationsrücknahme einen Vergleich zur einfachen Gesetzgebung, um die Zulässigkeit einer Ratifikationsrücknahme zu untermauern. Dieser Vergleich ist jedoch nicht überzeugend, wenn, wie allgemein anerkannt, der Prozess der Ratifikation ausdrücklich nicht als Akt der Gesetzgebung qualifiziert wird.[750] Ein Rückgriff auf die Regeln des einfachen Gesetzgebungsprozess sollte daher nicht ohne weiteres vollzogen werden.

Der Akt der Ratifikation soll den nationalen Konsens über die „partielle Verfassungsneugebung" sichern. Daher argumentieren die Befürworter einer möglichen Rücknahme der Ratifikation damit, dass eine Übereinstimmung der Gliedstaaten nicht mehr sichergestellt ist, sobald in ihnen Mehrheiten für eine Rücknahme ihrer Zustimmung entstehen. Zum einen ist dieses Argument sehr hypothetisch, da der Kongress in ständiger Verfassungspraxis seit Anfang des letzten Jahrhunderts Revisionsvorlagen mit einer Ratifikationsfrist versieht und damit den Konsens der Gliedstaaten ohnehin in einen zeitlichen Zusammenhang stellt. Zum anderen würde eine mögliche Ratifikationsrücknahme bedeuten, dass die Ratifikation durch einen Gliedstaat immer bedingt wäre: Entweder an die Annahme der Revisionsvorlage durch 38 andere Gliedstaaten vor der erwogenen Rücknahme oder aber eben an das Nichtzustandekommen einer zurücknehmenden Mehrheit vor Ablauf der Ratifikationsfrist. Eine solche nur „bedingte" Ratifikation verwischt die Unterscheidung zwischen dem Akt der Ratifikation durch einen einzelnen Gliedstaat und dem Prozess der Ratifikation durch die Gesamtheit der erforderlichen 38 Gliedstaaten. Zudem würde die Zulässigkeit der

---

HAJDU/ROSENBLUM, 79 Colum. L. Rev. 106, 121f. (1979); LIVINGSTON, Federalism and constitutional Change, S. 232; MARTIN 9 U. Rich. L. Rev. 271, 296ff. (1975); FASTEAU/FASTEAU, 1 Harv. Women's L.J. 27, 51 (1978); DODD, 30 Yale L. J. 321, 346 (1921); PLANELL, 49 Notre Dame L. 658, 662 (1974); KANOWITZ/KLINGER, 28 Hastings L.J. 979, 981, 999ff., 1009 (1977); BAKER, 28 Emory L.J. 71, 107 (1979).

[750] Hawke v. Smith I, 253 U.S. 221, 227, 229 (1920). So auch American Federation of Labor-Congress of Industrial Organizations v. March Fong Eu, 36 Cal.3d 687, 697 (Cal. 1984); State of Montana, ex rel. Harper v. Waltermire, 213 Mont. 425, 431f. (Mont. 1984); State ex rel. Tate v. Sevier, 33 Mo. 662, 666f. (Mo. 1933); Prior v. Noland, 68 Colo. 263, 269f. (Colo. 1920). Vgl. dazu FASTEAU/FASTEAU, 1 Harv. Women's L.J. 27, 38f. (1978).

Rücknahme auch ein Ungleichgewicht zwischen den ratifizierenden Gliedstaaten schaffen. Während die ersten 37 unterzeichnenden Staaten ein Recht zur Rücknahme geltend machen könnten, würde diese Möglichkeit für den 38. ratifizierenden Gliedstaat nicht mehr bestehen.[751] Schließlich bestünde auch die Gefahr der Manipulation des Ratifikationsprozesses durch einzelne Gliedstaaten. Hat der Kongress eine Ratifikationsfrist für ein *Amendment* bestimmt und würde die Ratifikationsrücknahme als zulässig angesehen, könnten Gliedstaaten noch einen Tag vor dem Ende der Ratifikationsfrist ihre Zustimmung zurückziehen und damit die Verfassungsänderung scheitern lassen. Andere Gliedstaaten, die auf eine Beschleunigung des Ratifikationsprozesses im Hinblick auf die bereits existierenden Ratifikationen verzichtet hatten, wären damit dem Taktieren des zurückziehenden Gliedstaates unterlegen. Zwar tragen sie selbst die gleiche Verantwortung für das Gelingen oder Scheitern des Ratifikationsverfahrens, dieses würde aber unnötig mit einem großen Rechtsunsicherheitsfaktor belegt.[752] Aus diesen Gründen sollte die Ratifikation eines Gliedstaates einen nicht revidierbaren Akt darstellen.

b.) Die Hoheit über die prozessualen Regelungen einer Ratifikation

aa.) Der Entscheidungsspielraum der Gliedstaaten

Art. V gibt nur vor, dass Revisionsvorlagen von Staatenlegislaturen oder Staatenkonventen ratifiziert werden müssen. Besondere prozedurale Schranken enthält die Verfassungsvorschrift für den Ratifikationsprozess nicht. Die h.M.[753] und der *Supreme Court*[754] gehen zudem davon aus, dass mit dem Begriff der Staatenlegislatur allein und ausschließlich die Parlamente gemeint sind, es hingegen für die Ratifikation einer Revisionsvorlage nicht erforderlich ist, dass diese den gesamten ordentlichen Gesetzgebungsprozess des Gliedstaates durchläuft. In Leser v. Garnett hat der *Supreme Court* darüber hinaus entschieden, dass einer Ratifikation durch die Staatenlegislaturen auch nicht durch die Glied-

---

[751] HAJDU/ROSENBLUM, 79 Colum. L. Rev. 106, 122 (1979).

[752] FASTEAU/FASTEAU, 1 Harv. Women's L.J. 27, 43 (1978); Comment, 24 Minn. L. Rev. 393, 405ff. (1940).

[753] ORFIELD, The Amending of the federal Constitution, S. 65 m.w.N..

[754] Hawke v. Smith I, 253 U.S. 221, 227, 229 (1920). So auch American Federation of Labor-Congress of Industrial Organizations v. March Fong Eu, 36 Cal.3d 687, 697 (Cal. 1984); State of Montana, ex rel. Harper v. Waltermire, 213 Mont. 425, 431f. (Mont. 1984); State ex rel. Tate v. Sevier, 33Mo. 662, 666f. (Mo. 1933); Prior v. Noland, 68 Colo. 263, 269f. (Colo. 1920).

staatenverfassungen zusätzliche Hürden auferlegt werden dürfen.[755] Die Verfassung von Tennessee hatte bestimmt, dass die Ratifikation eines *Amendment* solange verzögert werden müsse, bis ein neu gewähltes Parlament darüber bestimmen könnte. Die Rechtsprechung stellte jedoch klar, dass die Gliedstaaten bei der Ratifikation von Revisionsvorlagen eine Aufgabe wahrnehmen, die ihnen von der Bundesverfassung vermittelt wurde.[756] Gliedstaatenverfassungen können daher die Kompetenzzuweisung der Bundesverfassung weder einschränken noch erweitern.[757]

Zudem können die Staatenlegislaturen auch nicht ihre Aufgabe und Verantwortung im Revisionsprozess delegieren. Weder die Annahme einer Revisionsvorlage durch ein Volksreferendum,[758] die Wahl eines neuen Parlaments,[759] noch die Unterzeichnung durch den Gouverneur des Gliedstaates[760] kann zur Bedingung für die Ratifikation erhoben werden.

Kontrollieren können die Gliedstaaten nur die prozessualen Fragen innerhalb des Annahmeprozesses durch die Parlamente, wozu vor allem die Festlegung eines Quorums, die Entscheidung über die Mehrheitserfordernisse und das Feststellen des Zeitpunkts der Abstimmung gehören.[761] Eine Kompetenz, auf andere Art und Weise substantiell auf das Ob des Entscheidungsprozesses einzuwirken, ist ihnen jedoch nicht übertragen worden.

bb.) Der Status quo in den Gliedstaaten

Der Ratifikationsprozess ähnelt in den meisten Gliedstaaten mit Ausnahme der erforderlichen Abstimmungsmehrheiten sehr dem Vorschlagsverfahren des

---

[755] Leser v. Garnett, 258 U.S. 130, 137 (1922). Ebenso Dyer v. Blair, 390 F. Supp. 1291, 1308f. (N.D. Ill. 1975).

[756] Leser v. Garnett, 258 U.S. 130, 137 (1922); Trombetta v. State of Florida, 353 F. Supp. 575, 578 (M.D. Fla. 1973); Opinion of the Justices to the Senate, 373 Mass. 877, 878f. (Mass. 1977); State ex rel. Tate v. Sevier, 333 Mo. 662, 667, 669 (Mo. 1933).

[757] Leser v. Garnett, 258 U.S. 130, 137 (1922).

[758] Vgl. Teil II: C. V. 1.), S. 161.

[759] Leser v. Garnett, 258 U.S. 130, 137; Dyer v. Blair, 390 F. Supp. 1291, 1308 (N.D. Ill. 1975); Trombetta v. State of Florida 353 F. Supp. 575 (M.D. Fla. 1973).

[760] Leser v. Garnett, 258 U.S. 130, 137 (1922); Opinion of the Justices to the Senate, 373 Mass. 877, 878f. (Mass. 1977). Die Gliedstaatenpraxis hinsichtlich der Unterzeichnung des Gouverneurs ist ganz unterschiedlich. Vgl. dazu AMES, The proposed Amendments to the Constitution, S. 297f..

[761] ORFIELD, The Amending of the federal Constitution, S. 65; DODD, 30 Yale L. J. 321, 344f. (1921).

Kongresses. Er beginnt auch in den Gliedstaaten in den Ausschüssen ihrer beiden Gesetzgebungskammern,[762] obwohl auch der Prozess in den Gliedstaaten technisch nicht als Gesetzgebungsakt qualifiziert wird.[763] Von diesem Verfahren weichen nur vier Gliedstaaten ab: In Connecticut und Massachusetts berät ein gemeinsamer Ausschuss, das *Joint Committee on Constitutional Amendments* bzw. das *Joint Judiciary Committee* zunächst über die Änderungsvorlage und in Arizona und Nebraska sind der Abstimmung in den Gesetzgebungskammern keine Ausschussberatungen vorgeschaltet, wobei in Nebraska fakultativ das *Governmental and Military Affairs Committee* zu Rate gezogen werden darf.[764] Für die Annahme der Änderungsvorlage in den Gesetzgebungskammern der Gliedstaaten ist jedoch überwiegend nur eine einfache Anwesenheitsmehrheit bei vorhandenem Quorum erforderlich.[765] Neun Gliedstaaten[766] verlangen eine einfache Mehrheit der gesetzlichen Mitglieder und nur sieben Gliedstaaten[767] führten spezielle qualifizierte Mehrheiten für die Annahme von Verfassungsänderungsvorschlägen des Bundes ein.[768] Dass eine besondere qualifizierte Mehr-

---

[762] Alle Gliedstaaten mit Ausnahme von Nebraska verfügen ebenso wie der Bundesstaat über zwei Gesetzgebungskammern.

[763] Hawke v. Smith I, 253 U.S. 221, 230 (1920); Verweis auf dieses Urteil auch in: State of Rhode Island v. Palmer, 253 U.S. 350, 386 (1920); ferner Leser v. Garnett, 258 U.S. 130, 137 (1922). Vgl. dazu WEINFELD, 51 Harv. L. Rev. 473, 500f. und Fn. 106 (1938).

[764] Vgl. dazu MARTIN, 9 U. Rich. L. Rev. 271, 286f. (1975).

[765] Dies ist der Fall für Alaska, Arizona, Arkansas, Connecticut, Florida, Hawaii, Kentucky, Louisiana, Maine, Massachusetts, Michigan, Minnesota, Mississippi, Montana, New Hampshire, New Jersey, New Mexico, New York, North Carolina, North Dakota, Oklahoma, Oregon, Pennsylvania, Rhode Island, South Carolina, South Dakota, Tennessee, Texas, Utah, Vermont, Washington, West Virginia, Wisconsin und Wyoming. (Quelle: National Conference of State Legislatures, State legislative Procedures for considering proposed Amendments to the U.S. Constitution, siehe http://www.ncsl.org/programs/fiscal/bbaapdix.htm).

[766] Teilweise in nur einer, teilweise in beiden Kammern: California, Indiana, Iowa, Maryland, Missouri, Nebraska, Nevada, Ohio und Virginia. (Quelle: National Conference of State Legislatures, State legislative Procedures for considering proposed Amendments to the U.S. Constitution, siehe http://www.ncsl.org/programs/fiscal/bbaapdix.htm).

[767] In Anlehnung an die Bundesverfassung fordern die Gliedstaaten Delaware, Kansas und Idaho eine Zweidrittelmehrheit in beiden Kammern. Eine Dreifünftelmehrheit in beiden Kammern verlangen Alabama und Illinois. Colorado schreibt im Repräsentantenhaus eine Zweidrittelmehrheit, im Senat aber nur eine einfache Mehrheit vor. Georgia sieht das Erfordernis der Zweidrittelmehrheit hingegen nur für den Senat vor. (Quelle: National Conference of State Legislatures, State legislative Procedures for considering proposed Amendments to the U.S. Constitution, abrufbar unter http://www.ncsl.org/programs/fiscal/bbaapdix.htm).

[768] Die Einführung unterschiedlicher Mehrheiten für die Ratifikation von Revisionsvorlagen in den einzelnen Gliedstaaten wurde in Dyer v. Blair, 390 F. Supp. 1291, 1304ff. (N.D. Ill. 1975) als verfassungskonform gewertet.

heit ähnlich dem Erfordernis der Zweidrittelmehrheit für den Revisionsvorschlag, für die Ratifikation in den Gliedstaaten nicht erforderlich ist, hat der *Supreme Court* implizit in Coleman v. Miller anerkannt, indem er davon ausging, dass bei einem Stimmenergebnis von 20:21 Senatoren, der Senat des betreffenden Gliedstaates seine Zustimmung zur Ratifikation wirksam erteilt hatte.[769]

Das Ergebnis der Abstimmung wird dann dem *Archivist of the United States* durch die Gouverneure der Gliedstaaten mitgeteilt.[770] Seine Aufgabe ist es, die ablehnenden und zustimmenden Gliedstaaten zu registrieren.[771]

2.) Die Ratifikation durch Staatenkonvente

Dem Vorschlagsrecht durch einen nationalen Konvent korrespondiert auf der Ratifikationsebene die Ratifikation durch drei Viertel von ad hoc zu bildenden Gliedstaatenkonventen. Bis heute hat der Kongress nur beim Amend. XXI diese Ratifikationsmethode gewählt. Es herrscht daher noch immer Unklarheit über die einzuhaltenden Vorschriften bei der Ausführung einer Ratifikation durch Staatenkonvente.

Umstritten ist vor allem, ob der Kongress befugt ist, Zeitpunkt und System der Wahl der Staatenkonvente festzulegen.[772] Sinn und Zweck dieser Ratifikationsmethode soll es sein, ein Gegengewicht zu sich sperrenden Staatenlegislaturen zu bilden. Daher erscheint es in diesem Fall vorteilhaft, den Kongress und nicht die Staatenlegislaturen mit derartigen organisatorischen Aufgaben zu betrauen. Im Präzedenzfall des Amend. XXI waren es jedoch die Gliedstaaten, die Gesetze zur Einberufung ihrer Staatenkonvente erließen.[773] 1933 hatten 43 Gliedstaaten bereits ihre Konvente einberufen. Gleichzeitig erkannten die meisten jedoch auch das vorrangige Recht des Kongresses zur Regelung der Verfahrensfragen in Bezug auf die Einberufung der Staatenkonvente an. Der *Supreme Court* von Ohio stellte klar, dass das Parlament den Staatenkonvent nur hatte

---

769 Coleman v. Miller, 307 U.S. 433, 438, 446 (1939).

770 MARTIN, 9 U. Rich. L. Rev. 271, 293 (1975).

771 Vgl. Teil II: C. IV., S. 158ff..

772 Bejahend wohl: PARKER, *dissenting*, in: State ex rel. Mullen v. Howell, 107 Wash. 167, 196 (1919); ORFIELD, The Amending of the federal Constitution, S. 57f.; MARTIG, 35 Mich. L. Rev. 1253, 1273f. Fn. 99 m.w.N. (1937); ROTTSCHAEFER, Handbook of American constitutional Law, S. 387, 392; PEDRICK/DAHL, 30 Ariz. L. Rev. 243, 252ff. (1988); a.A.: JAMESON, A Treatise on constitutional Conventions, § 58, S. 61.

773 Vgl. Teil I: F. II., S. 51.

einberufen können, weil der nationale Kongress keine Verfahrensregeln erlassen hatte.[774] 21 der von den Gliedstaaten erlassenen Einberufungsgesetze enthielten eine Klausel, die das Gliedstaatenverfahren für nichtig erklärte, für den Fall, dass der Kongress ein einheitliches Verfahren für die Staatenkonvente erlassen würde.[775] Allein New Mexico erkannte die Kompetenz des Kongresses zum Verfahrenserlass nicht an.[776] Betrachtet man die unterschiedlichen Ausformungen, die die Staatenkonvente in den einzelnen Gliedstaaten im Ratifikationsverfahren des Amend. XXI angenommen haben, wäre es in der Tat wünschenswert, der Kongress würde in dieser Hinsicht ein einheitliches Verfahren schaffen. Die Gliedstaaten verwandten sehr unterschiedliche Wahlmethoden zur Einberufung ihrer Konvente: 25 Gliedstaaten bestimmten die Delegierten nach der Gesamtbevölkerungszahl, 14 nach Wahlbezirken und vier weitere verwandten eine kombinierte Methode.[777] Auch die Mitgliederzahl der Konvente variierte erheblich: In New Mexico formten drei Mitglieder den Staatenkonvent, in Indiana waren es 329.[778]

IV. Das Inkrafttreten der Verfassungsänderung

Ein *Amendment* wird rechtskräftig sobald es drei Viertel der Gliedstaaten ratifiziert haben. Rechtlich bedarf es dazu keiner weiteren Schritte.[779] In praktischer Hinsicht ist es jedoch erforderlich, dass der Ratifikationsprozess dokumentiert wird, damit der Tag des Inkrafttretens - der Tag, an dem der letzte, für die Dreiviertelmehrheit erforderliche, Gliedstaat den Änderungsvorschlag angenommen

---

[774] State ex rel. Donnelly v. Myers, 127 Ohio St. 104, 105f. (Ohio 1933).

[775] Vgl. Zusammenstellung bei BROWN, 29 Am. Pol. Sci. Rev. 1005, 1008f. (1935).

[776] N.M. Laws (1933), *Chapter*, 163, § 16, S. 404: "[any attempt of Congress to prescribe the rules governing the convention] shall be null and void in the State of New Mexico, and all officers of the state, or any subdivision thereof, are hereby authorized and required to resist to the utmost any attempt to execute any and all such congressional dictation and usurpation."

[777] Vgl. dazu BROWN, 29 Am. Pol. Sci. Rev. 1005, 1006ff. (1935).

[778] LIVINGSTON, Federalism and constitutional Change, S. 225.

[779] Dillon v. Gloss, 256 U.S. 368, 376 (1921); Stubbs v. Commissioner of I.R.S., 797 F.2d 936, 938 (11th Cir. 1986): "Notification by a state that it has ratified a federal constitutional amendment is binding upon the Secretary of State, and his or her official certification of ratification is conclusive upon the courts." United States ex rel. Widenmann v. Colby, 265 F. 998, 999f. (D.C. Cir. 1920); Ex parte Dillon, 262 F. 563, 565 (N.D. Cal. 1920); siehe auch ROTTSCHAEFER, Handbook of American constitutional Law, S. 397; NAUMANN, Verfassungsänderungen in den Vereinigten Staaten von Nordamerika, S. 44; HAJDU/ROSENBLUM, 79 Colum. L. Rev. 106, 129 (1979); DELLINGER, 97 Harv. L. Rev. 386, 402f. (1983); GAUGUSH, 35 West. Pol. Q. 212, 215 (1982).

hat -[780] genau bestimmt werden kann. Seit 1818 hat sich der Kongress daher die Dokumentation und die Verkündung der Verfassungsänderung zur Aufgabe gemacht. Diese verwaltenden Tätigkeiten waren zunächst dem *Secretary of State* zugeteilt worden,[781] wurden dann ab 1951 vom *Administrator of the General Services Administration* erfüllt[782] und obliegen heute dem *Archivist of the United States*. Dabei bildet diese Festlegung die einzige, den Art. V konkretisierende einfache Gesetzgebung:

> "Whenever official notice is received at the National Archives and Records Administration that any amendment proposed to the Constitution of the United States has been adopted, according to the provisions of the Constitution of the United States shall forthwith cause the amendment to be published, with his certificate, specifying the States by which the same may have been adopted, and that the same has become valid, to all intents and purposes, as a part of the Constitution of the United States."[783]

Dem *Archivist of the United States* wird vom jeweiligen Gouverneur eines Gliedstaates die Beschlussurkunde über die Änderungsvorlage überreicht. Er hat dann zu prüfen, ob die Gliedstaaten einen identischen Text der Revisionsvorlage angenommen haben,[784] wobei sich jedoch leichte Differenzen nicht auf die Wirksamkeit der Ratifikation auswirken.[785] Konnte der *Archivist* die Übereinstimmung von 38 Ratifikationsurkunden feststellen, veröffentlicht er den Wortlaut der Verfassungsänderung sowie eine Liste mit den Gliedstaaten, die dieselbige ratifiziert haben und verkündet ihr Inkrafttreten. Sobald das *Amendment* in Kraft getreten ist, ist es Bestandteil der Verfassung und bindet somit auch die Gliedstaaten, die es nicht ratifiziert haben.[786]

---

[780] In Dillon v. Gloss, 256 U.S. 368, 376 (1921), entschied der *Supreme Court*, dass das *Amendment* an dem Tag in Kraft tritt, an dem es der letzte Gliedstaat unterzeichnet hat und nicht erst nachdem es vom *Secretary of State* (heute *Archivist of the United States*) proklamiert worden ist.

[781] Act of April 20, 1818, § 2; 3 Stat. 439 (1818); CANNON, Precedents of the House of Representatives of the United States, Band VIII, *Chapter* 275, § 3507, S. 906.

[782] Act of October 31, 1951, § 2, 65 Stat. 710f. (1951); Reorganization Plan No. 20 of 1950, § 1 (c), 64 Stat. 1272 (1950).

[783] National Archives and Records Administration Act of 1984, 98 Stat. 2291 (1984) bzw. 1 U.S.C. § 106b.

[784] KRAMER, 16 Am. Jur. 2d Const. Law, § 18 (2003).

[785] United States v. Foster, 789 F.2d 457, 463 (7th Cir. 1986); United States v. House, 617 F.Supp. 237, 239f. (W.D. Michigan 1985).

[786] HAJDU/ROSENBLUM, 79 Colum. L. Rev. 106, 112 (1979).

V. Das Fehlen direktdemokratischer Verfahrenselemente

Art. V sieht keine Beteiligung des Staatsvolks am Revisionsprozess vor. Die Bürger werden an dem Verfassungsänderungsverfahren nur indirekt beteiligt, d.h. durch ihre Repräsentanten im Kongress und in den Parlamenten der Gliedstaaten. Die gliedstaatlichen Verfassungen verankern hingegen für ihren eigenen Revisionsprozess zumeist die Beteiligung der Staatsbürger mittels eines Referendums. 49 Gliedstaaten haben ein solches Volksreferendum über die Annahme gliedstaatlicher Verfassungsänderungen etabliert.[787] 17 Gliedstaaten ermöglichen darüber hinaus auch auf der Initiativebene ein Volksbegehren für das Ingangsetzen des Revisionsprozesses.[788]

Vor dem Hintergrund dieser direkt-demokratisch geprägten Revisionsverfahren der Gliedstaatenverfassungen wurde von den Gliedstaaten immer wieder versucht, den Ausschluss der Volksbeteiligung im Revisionsprozess des Bundes zu umgehen. Einige Gliedstaaten führten Referenden über die Annahme nationaler Verfassungsänderungen durch und jüngst wird auch auf der Initiativebene durch die sog. *instructive vote*-Methode versucht, das Recht der Kongressmitglieder zur Einbringung einer Revisionsvorlage in den Kongress durch die Rückkoppelung an ihre Wählerschaft in eine Pflicht umzuwandeln. Beiden Versuchen ist der *Supreme Court* entgegengetreten. Schon in Dodge v. Woolsey hatte er 1855 generalisierend festgestellt:

> „[The Constitution] is supreme over the people of the United States, aggregately and in their separate sovereignties, because they have excluded themselves from any direct or immediate agency in making amendments to it, and have directed that amendments should be made representatively for them, by the congress of the United States, when two thirds of both houses shall propose them; or where the legislatures of two thirds of the several States shall call a convention for proposing amendments [...]."[789]

---

[787] Der 50. Gliedstaat, Delaware, beteiligt zwar nur die Legislative am Änderungsprozess. Allerdings müssen zwei aufeinander folgende Parlamente die Verfassungsänderung verabschieden. So wird auch in Delaware indirekt dem Volk die Möglichkeit gegeben, zur Verfassungsänderung Stellung zu beziehen. Vgl. BAKER, 66 U. Colo. L. Rev. 143, 143 (1995); STONE/SEIDMAN/SUNSTEIN/TUSHNET, Constitutional Law, S. 73f.; CRONIN, Direct Democracy, S. 50ff.; LUTZ, 88 Am. Pol. Sci. Rev. 355, 360 (1994).

[788] BAKER, 66 U. Colo. L. Rev. 143, 143 Fn. 3 (1995).

[789] Dodge v. Woolsey, 59 U.S. (18 How.) 331, 348 (1855).

Damit entsprach das Gericht der von den Verfassungsvätern vertretenen Position, dass eine direkte Volksbeteiligung im Verfahren der Verfassungsänderung nicht stattfinden soll.[790]

1.) Ausschluss der Volksbeteiligung auf der Ratifikationsebene

Gliedstaaten haben immer wieder versucht, ihre Ratifikation zu einer nationalen Revisionsvorlage vom positiven Ausgang eines gliedstaatlichen Referendums abhängig zu machen. Anfang des 20. Jahrhunderts hatten viele Gliedstaaten ihre Verfassungen um eine solche Regelung ergänzt.[791] In Hawke v. Smith I erklärte der *Supreme Court* dieses Vorgehen 1920 jedoch für verfassungswidrig.[792] Knapp 60 Jahre später hielt *Justice* RHENQUIST, der im Fall Kimble v. Swackhamer als *Circuit Justice* für das achte Distrikt agierte, es allerdings für möglich, Plebiszite zum nationalen Revisionsverfahren durchzuführen, solange diesen keine rechtlich verbindliche Wirkung für die Entscheidung der Parlamentskammern zugeschrieben würden.[793] Eine Volksbefragung zur Ratifikation einer nationalen Revisionsvorlage ist damit möglich.

2.) Ausschluss der Volksbeteiligung auf der Initiativebene

Im Zusammenhang mit dem *Congressional Term Limit Amendment*[794] wird ab Mitte der 90er von den Gliedstaaten eine weitere Taktik verfolgt, um den nationalen Revisionsprozess um direktdemokratische Aspekte zu ergänzen. 1995 hatte der *Supreme Court* in U.S. Term Limits, Inc. v. Thornton entschieden, dass die Begrenzung einer möglichen Wiederwahl von Kongressmitgliedern nur durch die Einführung einer diesbezüglichen Verfassungsänderung möglich ist: "Any [congressional term limit] must come not by legislation adopted either by Congress or by an individual State, but rather – as have other important changes

---

[790] Vgl. Teil II: A. V., S. 101f..

[791] CATT/SHULER, Woman Suffrage and Politics, S. 366.

[792] Hawke v. Smith I, 253 U.S. 221, 227 (1920).

[793] Kimble v. Swackhamer, 439 U.S. 1385, 1387f. (1978). Das Gesetz in Nevada stellte die fehlende Verbindlichkeit des Ausgangs der Volksbefragung ausdrücklich fest: "the result of the voting on this question does not place any legal requirement on the legislature or any of its members." Vgl. Kimble v. Swackhamer, 439 U.S. 1385, 1386 (1978).

[794] Vgl. Teil I: I. III., S. 77.

in the electoral process – through the amendment procedures set forth in Article V.“[795]

Da die Gliedstaaten befürchteten, dass ihre Repräsentanten im Bundeskongress sich aufgrund eines Interessenkonfliktes nicht um die Verabschiedung eines solchen *Amendment* bemühen würden, erfanden sie die sog. *instructive vote*-Methode. Sie verpflichten ihre Repräsentanten, sich für die Verabschiedung eines *Congressional Term Limit Amendment* einzusetzen. Ihr diesbezügliches Verhalten und Engagement sollte dann bei den nächsten Wahlen auf den Stimmzetteln vermerkt werden. California schrieb seinen Repräsentanten beispielsweise eine genaue Form einer Revisionsvorlage und bestimmte, zu unternehmende Schritte zu ihrer Implementation vor.[796] Sollten diese von einem Repräsentanten nicht eingehalten worden sein, sollte bei der nächsten Wahl auf dem Stimmzettel neben seinem Namen folgender Satz erscheinen: „disregarded voters' instruction on term limits.“[797] Bereits auf gliedstaatlicher Ebene hielten die Gerichte ein solches Vorgehen für verfassungswidrig.[798] Sie sahen die freie Entscheidung der Kongressmitglieder als verletzt an und dadurch auch eine Missachtung der von Art. V vorgegebenen Revisionsmethoden durch die Repräsentativorgane gegeben, die eben keine direkte Volksbeteiligung vorsehen.[799] Auch der *Supreme Court* schloss sich dieser Meinung an, basierte sein Urteil aber anders als die gliedstaatlichen Gerichte nicht auf eine Argumentation mit Art. V.[800] Damit wurde der Diskussion um die *instructive vote*-Methode zwar vorerst ein Ende gesetzt. Zweifelhaft ist aber, ob diese Entscheidungen tatsächlich als von Art. V oktroyiert angesehen werden müssen. Dafür müsste der auf den Repräsentanten durch die Methode ausgeübte Zwang tatsächlich mit einer direkten Volksbeteiligung gleichzusetzen sein. In Abwägung mit den in Kimble

---

795 U.S. Term Limits, Inc. v. Thornton, 514 U.S. 779, 837 (1995).

796 Vgl. Bramberg v. Jones, 978 P.2d 1240, 1254 (Cal. 1999).

797 Vgl. Bramberg v. Jones, 978 P.2d 1240, 1254 (Cal. 1999) und Besprechung von AMAR, 41 Wm. & Mary L. Rev. 1037, 1038f. (2000).

798 Miller v. Moore, 169 F.3d 1119, 1123f. (8th Cir. 1999); Barker v. Hazeltine, 3 F.Supp.2d 1088, 1092ff. (D. S.D. 1998); League of Women Voters of Maine. v. Gwadosky, 966 F.Supp. 52, 55ff. (D. Me. 1997); Bramberg v. Jones, 978 P.2d 1240, 1247ff. (Cal. 1999); Morrissey v. State, 951 P.2d 911, 914ff. (Colo. 1998); Donovan v. Priest, 931 S.W.2d 119, 122ff. (Ark. 1996); In re Initiative Petition No. 364, 930 P.2d 186, 191ff. (Okla. 1996). Nicht alle Entscheidungen basieren ihre Argumentation allerdings allein auf Art. V. Der Idaho *Supreme Court* hielt 1996 eine ähnliche Regelung sogar mit Art. V für vereinbar. Vgl. Simpson v. Cenarrusa, 944 P.2d 1372, 1376f. (Idaho 1997).

799 Bramberg v. Jones, 978 P.2d 1240, 1251f. (Cal. 1999); Morrisey v. State, 951 P.2d 911, 917 (Colo. 1998).

800 Cook v. Gralike, 531 U.S. 510 (2001). Vgl. dazu die Besprechung in Teil III: C. I. 13.), S. 291f..

v. Swackhamer für zulässig erklärten rein informativen Plebisziten und mit dem freien Informationsrecht der Wähler erscheint dies nicht zwingend und ist wohl abhängig von dem vom Gliedstaat verwandten Grad der Instruktion.[801]

Eine nicht verbindliche Volksbefragung zur Ratifikation einer nationalen Revisionsvorlage ist damit bisher die einzige Möglichkeit der Rückkoppelung des Änderungsprozesses an die Stimmung im Volk. Auf Bundesebene bleibt es bei einem konsequenten Ausschluss der direkten Volksbeteiligung. Als direkte Einwirkungsmöglichkeit der Bürger bleibt nur die Ausübung politischen Drucks im Prozess der öffentlichen Meinungsbildung.

D. Materielle Schranken des Revisionsverfahrens

I. Die explizit in Art. V enthaltenen Schranken

Im Gegensatz zum komplizierten prozeduralen Weg einer Verfassungsänderung in den Vereinigten Staaten sind ihr inhaltlich kaum Grenzen gesetzt. Art. V normiert zwar selbst zwei inhaltliche Beschränkungen, sog. *entrenchment clauses*, die jedoch, wie zu zeigen sein wird, keine echten materiellen Schranken bilden: Die erste Klausel war nur eine temporäre Schranke, die bereits durch Zeitablauf erloschen ist und die einzig permanente Schranke gilt nicht absolut, sondern kann mit einem qualifizierten Verfahren legal umgangen werden.

1.) Der Schutz des Art. I, § 9, cl. 1 und 4

Art. V enthält zunächst ein Änderungsverbot für Art. I, § 9, cl. 1 und 4, das bis zum Jahr 1808 gelten sollte. Die genannten Klauseln des ersten Artikels der Verfassung setzten den bei der Verfassungsgebung zwischen den Nord- und Südstaaten gefundenen Kompromiss in der Sklavenkontroverse um.[802] Während die Nordstaaten für die Abschaffung der Sklaverei votierten, traten die Südstaaten für den für sie ökonomisch bedeutenden Sklavenhandel ein. Art. I, § 9, cl. 1 obsagte dem Kongress daher, die Einfuhr von Sklaven vor dem Jahre 1808 zu verbieten und Art. I, § 9, cl. 4 legte fest, dass die Erhebung direkter Steuern nach

---

[801] AMAR, 41 Wm. & Mary L. Rev. 1037, 1040ff. (2000); MAULDIN, 34 Ga. L. Rev. 1701, 1705ff. (2000); ROTUNDA, 13 Const. Comment. 201, 210 (1996). Aus pragmatischen Gründen entscheidet sich auch KOBACH, 103 Yale L.J. 1971, 2006f. (1994), ders., 33 U.C. Davis L. Rev. 1, 10ff., 92ff. (1999) für die Zulässigkeit der *instructive vote*-Methode.

[802] Vgl. Teil II: A. II, III., S. 95ff., 98.

der Bevölkerungszahl vorzunehmen sei. Diese Vorschrift ist im Zusammenhang mit Art. I, § 2, cl. 3 zu sehen, nach dem bei der Zählung drei Fünftel der Sklaven einbezogen werden sollten. Auf das Drängen der Südstaaten hin wurden diese Klauseln schließlich in Art. V temporär, bis zum Jahre 1808, für unabänderlich erklärt.

a.) Anlehnung an das Gedankengut von THOMAS JEFFERSON?

Während sich mit der Sklavenkontroverse die inhaltliche Bedeutung der Verbotsklausel erklären lässt, ist eine Erklärung für ihre temporäre Bedingtheit nicht offensichtlich. Die Motive für die Immunisierung der Klauseln für einen Zeitraum von genau 19 Jahre gehen aus den Beratungen im Verfassungskonvent nicht hervor. Die Zahl 19 lässt jedoch die Spekulation zu, dass man sich mit der zeitlichen Begrenzung an der Verfassungstheorie von THOMAS JEFFERSON orientiert hat. Diese steht im Zusammenhang mit der in Europa und Amerika um 1780 allgemein erörterten Frage, ob eine Konstitution nachfolgende Generationen überhaupt binden darf, oder ob das Prinzip der Gleichheit auch eine zeitliche Dimension hat.

THOMAS JEFFERSON widersprach der Idee einer generationenübergreifenden Verfassung. Er hielt es für notwendig, dass jede Generation ihre eigene Verfassung und eigenen Gesetze bestimmt. Er sprach von der Notwendigkeit mindestens einer Revolution pro Generation und bemaß die Lebensdauer einer Generation auf 19 Jahre. Anhand von BUFFONS Sterbetafeln hatte JEFFERSON berechnet, dass die Hälfte der zu einem Zeitpunkt mindestens 21-jährigen in 18 Jahren und 8 Monaten tot sein werden.[803] Alle 20-30 Jahre sollten daher nationale Volksabstimmungen die Regierungsform und grundlegende Gesetze neu bestimmen. Die bloße Möglichkeit von Ergänzungen oder Änderungen der Verfassung war nach der Auffassung von JEFFERSON unzureichend. JEFFERSON setzte sein Grundprinzip „that the earth belongs in usufruct to the living“ in einem Brief an MADISON vom 06. September 1789 für den Revisionsprozess um, indem er schrieb: „every constitution, [...], naturally expires at the end of 19 years. If it be enforced longer, it is an act of force and not of right."[804]

---

[803] Brief JEFFERSONS an MADISON, letter of September 6, 1789, in: Peterson (Hrsg.), Writings, S. 959, 961.

[804] Brief JEFFERSONS an MADISON, letter of September 6, 1789, in: Peterson (Hrsg.), Writings, S. 959, 963. Vgl. dazu HOLMES, Passions and Constraint, S. 140ff.; BÜHLER, Verfassungsrevision und Generationsproblem, S. 26. Vgl. auch S. 60ff. für eine umfassende Würdigung der Verfassungsrevisionsdoktrin THOMAS JEFFERSONS.

Man könnte daher in der ersten Verbotsklausel des Art. V in der Tat die Umsetzung der Theorie von THOMAS JEFFERSON sehen, denn in Bezug auf die Sklavenkontroverse überließ die Klausel es der nachfolgenden Generation, die gleiche oder aber auch eine anderweitige Lösung zu finden.

Die Übernahme des Gedankenguts von JEFFERSON erscheint allerdings schon im Hinblick auf die zweite Verbotsklausel des Art. V fraglich, denn diese enthält keine zeitliche Komponente. Auch aus den Aufzeichnungen des Konvents von Philadelphia geht nicht hervor, dass die Theorie von JEFFERSON diskutiert und befürwortet wurde. Ganz im Gegenteil lassen sich aus der Entstehungsgeschichte des Revisionsartikels eher gegenteilige Schlüsse ziehen. Nicht JEFFERSON, der zu dieser Zeit in Frankreich weilte, sondern MADISON dominierte die Erarbeitung des Art. V und übte so großen Einfluss auf den Inhalt und die Formulierung des Revisionsverfahrens aus.[805] MADISON stand den Theorien JEFFERSONS zur periodischen Verfassungsneugebung jedoch sehr kritisch gegenüber.[806] Für ihn legitimierte sich die Bindungskraft der Verfassung auch für die zukünftigen Generationen durch stillschweigenden Konsens. Damit sah er die Notwendigkeit, über kontroverse Verfassungsregeln alle 19 Jahre neu zu entscheiden, nicht gegeben.

Den Revolutionsgedanken JEFFERSONS kann man damit in der Verbotsklausel nicht unbedingt wiedererkennen. Allerdings steht fest, dass mit dem Jahr 1808 die Lösung der Sklavenkontroverse um eine Generation verschoben wurde.

b.) Zeitliche Konfliktverlagerung zum Schutz des Einheitsprozesses

Alleiniger Grund für die Verbotsklausel war damit wohl eher die zeitliche Verlagerung des Konflikts, um durch ihn den Einheitsprozess nicht zu gefährden.[807] Dieser „Kompromiss auf Zeit“ wurde von den Nord- wie auch von den Südstaaten eingegangen, weil beide Parteien glaubten, am Ende der 19 Jahre ihre Positionen besser gegenüber ihrem Gegner durchsetzen zu können.

Die dem Sklavenhandel kritisch gegenüberstehenden Nordstaaten waren davon überzeugt, dass sich der Sklavenimport bereits aus ökonomischen Gründen bis zum Jahre 1808 erledigt haben würde. MADISON statuierte seine diesbezüglich Auffassung sogar öffentlich im *Federalist*, indem er feststellte, dass die

---

[805] Vgl. Teil II: A. II., S. 88ff..

[806] JAMES MADISON, in: Hobson/Rutland (Hrsg.), The Papers of James Madison, Band 13, S. 22.

[807] Vgl. Teil I: A. III. 2.), S. 9f..

Sklavenklauseln nach dem Jahre 1808 aufgehoben werden könnten.[808] Zwar beruhte diese Aussage MADISONS auf einem falschen Verständnis der Verfassungsklauseln, denn allein die Abschaffung des Sklaven*imports* wurde mit dem Jahre 1808 explizit freigegeben. Über die sonstigen Verfassungsvorschriften, die mit der Sklavenkontroverse begründbar sind, insbesondere die Repräsentationsfrage des Art. I, § 2, cl. 3 sagt Art. V nichts aus, entzog sie allerdings auch nicht explizit einer möglichen Änderung. Nichtsdestotrotz zeigt diese Haltung doch, dass die Sklavengegner davon überzeugt waren, nach dem Jahre 1808 nicht nur den Sklavenimport, sondern die Sklaverei insgesamt abschaffen zu können.

Für die Südstaaten gab es unterschiedliche Gründe, der zeitlichen Konfliktverlagerung zuzustimmen. Die nördlicheren Südstaaten, Maryland und Virginia hatten ohnehin schon den Sklavenimport abgeschafft oder mit Steuern belegt. Sie fürchteten allein die Abschaffung der Sklaverei im Ganzen. Diese wurde aber, wie bereits aufgezeigt, mit der 1808-Klausel nicht angesprochen. Insbesondere Virginia exportierte mehr Sklaven als es importierte und hätte somit von der Abschaffung der Steuerklausel sogar profitiert.[809] Die restlichen Südstaaten wurden von ihrem Populationswachstum zur Zustimmung motiviert. Sie erhofften sich von dem rasch ansteigenden Bevölkerungswachstum, bald eine stabile Mehrheit in den repräsentativen Bundesorganen, um mit dieser neu gewonnen Mehrheit dann die Abschaffung der Sklaverei nach dem Jahre 1808 ganz verhindern zu können. Für sie war die Klausel daher ein Sicherheitsfaktor, der den Status quo zumindest solange garantierte, wie ihre stimmliche Überlegenheit noch nicht zu erwarten war. Letztendlich stimmten demnach alle Konfliktparteien der Klausel zu, weil sie glaubten, ihre Verhandlungsposition in den kommenden 19 Jahren stärken und letztendlich die Sklavenfrage doch noch ganz zu ihren Gunsten entscheiden zu können.

Ausgetragen wurde der Konflikt schließlich eine geraume Zeit später durch einen Bürgerkrieg, der im Jahre 1865 zur Abschaffung der Sklaverei durch das Amend. XIII führte. Die Einfügung des Amend. XIII war auf verfassungslegalem Weg möglich, da die Verbotsklausel nach dem Jahre 1808 ihre Wirkungskraft verloren hatte. Mit dem Erlass der Amend. XIII, XIV und XVI hat der verfassungsändernde Gesetzgeber mittlerweile alle durch die erste Revisionsschranke des Art. V spezifisch geschützten Klauseln in der Verfassung aufgehoben bzw. geändert.

---

[808] Rossiter, (Hrsg.), The Federalist Papers, Nr. 42, S. 264, 266.

[809] DIAMOND, 42 Vand. L. Rev. 93, 116 (1989).

2.) Der Schutz des gleichen gliedstaatlichen Stimmrechts im Senat

Heute noch bedeutsam ist die zweite Revisionsschranke des Art. V, die dem verfassungsändernden Gesetzgeber die Kompetenz entzieht, das gleiche Stimmrecht aller Gliedstaaten im Senat ohne die Zustimmung des betroffenen Gliedstaates abzuschaffen.[810] Bei dieser Klausel handelt es sich jedoch ebenfalls nicht um eine echte materielle Schranke. Zwar ist es politisch recht unrealistisch, aber rechtlich doch möglich, dass das gleiche Stimmrecht mit Zustimmung des betroffenen Gliedstaates oder der betroffenen Gliedstaaten verfassungslegal abgeändert wird. Die Zustimmungspflicht der betroffenen Gliedstaaten stellt damit nur eine weitere prozedurale Hürde im Revisionsprozess auf. Die Vorschrift ist vielmehr als eine Qualifizierung des Verfahrens, nicht aber als eine materielle Schranke der Revision einzustufen.[811]

Die Reichweite der Senatsklausel ist sehr umstritten. Zum Teil[812] wird vertreten, dass die Verbotsvorschrift ihrem Wortlaut entsprechend ausschließlich das gleiche Stimmrecht der Gliedstaaten im Senat schützt. Weitere Verfassungsänderungen, welche die materiellen Grundlagen der Bundesstaatlichkeit betreffen, sind nach dieser Ansicht hingegen zulässig. Eine zweite Ansicht[813] konstruiert über die Senatsklausel einen Schutz des Senats insgesamt sowie eine Garantie der Existenz von Gliedstaaten. Diese Auffassung lehnt die Abschaffung des Senats oder der Gliedstaaten als conditio sine qua non für die Effektivität der Revisionsschranke ab. Eine dritte Meinung[814] geht sogar so weit festzustellen, dass jedwede auch nur relative Stimmengewichtsänderung im Senat durch Art. V verboten ist. So sollte das *Washington D.C. Amendment*, welches auch dem Distrikt Washington D.C. ein Stimmrecht im Senat eingeräumt hätte, für verfassungswidrig erklärt werden, weil es das Stimmengewicht der Gliedstaaten im Senat prozentual verkleinert hätte.[815]

---

[810] Vgl. zur Zusammensetzung des Senats Teil I: E. II., S. 37.

[811] Ebenso ROTTSCHAEFER, Handbook of American constitutional Law, S. 395; LIVINGSTON, Federalism and constitutional Change, S. 238; ORFIELD, The Amending of the federal Constitution, S. 84f..

[812] DODD, 30 Yale L.J. 321, 330 (1921); LEE, 16 Va. L. Rev. 364, 364ff. (1929-1930); ORFIELD, 28 Mich. L. Rev 550, 578 (1929-1930); ders., The Amending of the federal Constitution, S. 88ff., 96ff.; LINDER, 23 Ariz. L. Rev. 717, 726 (1981); WRIGHT, 22 Loy. U. L.J. 741, 748ff. (1991).

[813] WHITE, 5 Corn. L. Q. 113, 116 (1920); MACHEN, 23 Harv. L. Rev. 169, 173 (1910).

[814] So GERARD, The proposed Washington D.C. Amendment, S. 17ff.; BERNS, 6 Harv. J.L. & Pub. Pol'y 73, 77 (1982).

[815] Vgl. ausführlicher zum *Washington D.C. Amendment* Teil I: H. VIII., S. 72f..

II. Die Existenz impliziter materieller Schranken

1.) Bestandsaufnahme

Eng verknüpft mit der Frage nach der Reichweite der expliziten Schranken ist die Frage nach zusätzlichen, ungeschriebenen materiellen Schranken im Revisionsprozess.[816] Sie stellte sich in den Vereinigten Staaten erstmals bei der Einführung der *Civil War Amendments*. 1861 wurde das *Corwin Amendment* im Kongress verabschiedet und den Gliedstaaten zur Ratifikation übersandt. Das *Amendment* sollte das Verbot, die Sklaverei abzuschaffen, zeitlich unbegrenzt als materielle Schranke des Revisionsprozesses in Art. V einfügen und damit den Ausbruch des Bürgerkriegs verhindern. Der Revisionsversuch hatte aber nicht die gewünschte Wirkung, den Süden durch diesen Kompromiss weiter in der Union zu halten. Mit dem Ausbruch des Krieges wurden dann auch alle Ratifikationsbemühungen der Gliedstaaten fallen gelassen. Mit dem Amend. XIII wurde zudem kurze Zeit später, 1865, genau das verfassungsrechtlich verankert, was das *Corwin Amendment* verhindern sollte: Die Abschaffung der Sklaverei.[817]

Politisch hatte das *Corwin Amendment* somit nicht wirken können. In der Wissenschaft hat es aber die Diskussion über ungeschriebene materielle Schranken eröffnet, die nach Einführung der *Civil Rights Amendments* noch weitaus lebhafter fortgeführt wurde. Seither sind eine große Anzahl möglicher impliziter Schranken vorgeschlagen worden,[818] wobei man diese grob in zwei Kategorien

---

[816] Eine parallele Diskussion ist auch in Art. 79 III GG verankert. Während ein Teil (BRYDE, Verfassungsentwicklung, S. 237; EHMKE, Grenzen der Verfassungsänderung, S. 98ff.) Grenzen der Verfassungsänderung über Art. 79 III GG hinaus für denkbar hält, sieht der andere Teil (SCHLINK, Der Staat 12 (1973), 85, 96f.; HAIN, in: von Mangoldt/Klein/Starck, GG, Art. 79 Rn. 37) angesichts der Positivierung von Revisionsschranken in Art. 79 III GG die Suche nach weiteren Grenzen als unzulässig an.

[817] Vgl. zur Entstehungsgeschichte des *Corwin Amendment* Teil I: D. II., S. 25f..

[818] Folgende Kategorien impliziter Schranken sind bisher ersichtlich:

1. Auflösung der Union, Abschaffung der Gliedstaaten, Verlagerung von Kernkompetenzen der Gliedstaaten auf den Kongress, *doctrine of indestructible states* oder auch nur Verlagerung von Senatskompetenzen auf das Repräsentantenhaus: COOLEY, 2 Mich. L.J. 109, 117ff. (1893); MACHEN, 23 Harv. L. Rev. 169, 171ff. (1910); MARBURY, 33 Harv. L. Rev. 223, 228f. (1919); SKINNER, 18 Mich. L. Rev. 213, 223f. (1919-1920); CHILD, 10 Const. Rev. 27, 34 (1926); BROWN, 219 No. Am. Rev. 30, 33 (1924); WHITE, 5 Corn. L. Q. 113, 114ff. (1920); Senatoren HENDRICKS, DAVIS, und BUCKALEY, Congressional Globe, 40th Cong., 3rd Sess., S. 988, 995, 1639 (1869).

2. Schranken aus Amend IX und X: SKINNER, 18 Mich. L. Rev. 213, 221 (1919-1920); BROWN, 54 Am. L. Rev. 843, 850f. (1920); BACON, 16 Va. L. Rev. 771, 777, 781ff. (1929-

aufgliedern kann: in staatsorganisationsrechtliche Schranken, die vor allem zu Beginn des 20. Jahrhunderts diskutiert wurden und in individualrechtliche Schranken, die vereinzelt ebenfalls schon Anfang des letzten Jahrhunderts angedacht wurden,[819] aber deren wissenschaftliche Ausarbeitung erst zum Ende des letzten Jahrhunderts hin erfolgte.

Dabei werden ganz unterschiedliche Quellen für die Herleitung von zusätzlichen Revisionsschranken geltend gemacht. Zunächst versuchte man durch eine weite Interpretation der Senatsklausel aus Art. V selbst weitergehende Schranken herauszulesen.[820] Man sah die Stimmrechtsklausel des Art. V schon bereits

---

1930); CURTIS, Constitutional History, Band 2, S. 160ff.; a.A.: TAFT, 16 Va. L. Rev. 647, 647ff. (1930); ORFIELD, The Amending of the federal Constitution, S. 100ff..

3. Gewaltenteilung: CHILD, 10 Const. Rev. 27, 34 (1926).

4. Direktwahl des Präsidenten (= Abschaffung des Amend. XII) und Direktwahl für *Supreme Court*-Richter: CHILD, 10 Const. Rev. 27, 34 (1926); Senator TRACY, Annals of Congress, 8th Cong., 1st Sess., Band 13, S. 162f. (1803).

5. Einführung einer Erbmonarchie: COOLEY, 2 Mich. L. J. 109, 118 (1893); HOLDING, 57 Am. L. Rev 481, 484ff. (1923); CHILD, 10 Const. Rev. 27, 34 (1926); RADIN, 39 Yale L.J. 514, 525 (1930); Abgeordneter PENDLETON, Congressional Globe, 38th Cong., 1st Sess., S. 2992f. (1864).

6. Wiedereinführung der Slaverei: Senator DIXON, Congressional Globe, 40th Cong., 3rd Sess., S. 707 (1869); MAZZONE, 90 Iowa L. Rev. 1747, 1753, 1839 (2005).

7. Aufhebung der *Bill of Rights* insgesamt: JESSUP, The Bill of Rights and its Destruction by alleged due Process of Law.

8. Handlungsfreiheit und das Recht auf rechtliches Gehör: ABBOT, 20 Colum. L. Rev. 183, 186ff., 195 (1920).

9. Amend. I: HOLDING, 57 Am. L. Rev 481, 484ff. (1923); ROSEN, 100 Yale L.J. 1073, 1086 (1991); ISAACSON, 23 Loy. L.A. L. Rev. 535, 589ff. (1990), der allerdings keine echte materielle Revisionsschranke konstruiert, sondern nur die zulässigen Ratifikationsmethoden einschränkt und verschärft; AMAR, 55 U. Chi. L. Rev. 1043, 1045 Fn.1 (1989), MURPHY, 53 S. Cal. L. Rev. 703, 754ff. (1980); wohl auch BLACK, Perspectives in constitutional Law, S. 91.

10. Menschenwürde: MURPHY, 53 S. Cal. L. Rev. 703, 754ff. (1980).

11. Recht auf Privatsphäre: MURPHY, in: Slonim (Hrsg.), The constitutional Bases of social and political Change in the United States, S. 213, 213ff..

12. Volkssouveränität: HARRIS II, The interpretable Constitution, S. 191.

13. Die fundamentalen Prinzipien, die der Verfassung innewohnen: Wright, 22 Loy. U. L. Rev. 741, 756ff. (1991); BARBER, On what the Constitution means, S. 43ff..

14. Über die Zeit etablierte und gefestigte Prinzipien: RAWLS, Political Liberalism, S. 238f., wohl zustimmend FLEMING, 11 Const. Comment. 355, 372 (1994).

[819] ABBOT, 20 Colum. L. Rev. 183, 186ff. (1920).

[820] Vgl. Teil II: D. I. 2.), S. 167f..

dann als berührt an, wenn den Gliedstaaten durch Verfassungsänderung einige ihrer wesentlichen Kernkompetenzen oder ihre Gleichberechtigung genommen würde.[821] Dann ging man dazu über, einzelne Artikel in der Verfassung oder in der Verfassung insgesamt verankerte Prinzipien als Revisionsschranke heranzuziehen.[822] Auch mit der Verfassung als Gesamtkonzept[823] und schließlich mit den unveräußerlichen Rechten des Naturrechts[824] wurden neue Revisionsschranken begründet. Mit dem Argument, dass der Verfassungsänderungsprozess nicht dazu verwandt werden kann, einschneidende, größere soziale und wirtschaftliche Änderungen herbeizuführen, wurde die Verfassungsmäßigkeit des Amend. XIII angezweifelt.[825] Das Argument wurde auch noch einmal für die Verfassungswidrigkeit der Amend. XVIII und XIX geltend gemacht.[826]

a.) Implizite staatsorganisationsrechtliche Revisionsschranken

Erstmals aufgeworfen wurde das Problem impliziter staatsorganisationsrechtlicher Revisionsschranken von JOHN C. CALHOUN, Senator aus South Carolina und Vizepräsident unter Präsident ANDREW JACKSON. Dieser stellte ein Austrittsrecht der Gliedstaaten aus der Union fest, sobald ein *Amendment* „would radically change the character of the constitution, or the nature of the system; or if the former should fail to fulfil the ends for which it was established."[827] Umfassend behandelt hat die Problematik schließlich 1893 THOMAS COOLEY. COOLEY kam zu dem Ergebnis: „there are limitations on the power to amend that are far more important than this, that stand unquestionably as restrictions

---

[821] MARBURY, 33 Harv. L. Rev. 223, 228f. (1919); MACHEN, 23 Harv. L. Rev. 169, 171ff. (1910).

[822] SKINNER, 18 Mich. L. Rev. 213, 221 (1919-1920); BROWN, 54 Am. L. Rev. 843, 850 (1920); CURTIS, Constitutional History, Band 2, S. 160ff.; BACON, 16 Va. L. Rev. 771, 778f., 781ff. (1929-1930), wobei BACON aus Amend. X keine echte materielle Schranke, sondern nur eine weitere qualifiziert prozedurale Schranke konstruierte, indem er für *Amendments*, die Amend. X berühren, ausschließlich die Ratifikationsmethode durch Gliedstaatenkonvente für verfassungsgemäß hält.

[823] MURPHY, 53 S. Cal. L. Rev. 703, 755f. (1980); HARRIS II, The interpretable Constitution, S. 168; WRIGHT, 22 Loy. U. L.J. 741, 756ff. (1991).

[824] ABBOT, 20 Colum. L. Rev. 183, 186ff. (1920); HOLDING, 57 Am. L. Rev. 481, 484 (1923).

[825] Vgl. die Diskussionen in: Congressional Globe, 38th Cong., 1st Sess., S. 921, 1424f., 1444ff., 1483ff. (1864).

[826] Brief for Appellant, National Prohibition Cases, 253 U.S. 350 (1920).

[827] CALHOUN, Discourse on the Constitution and Government of the United States, abgedruckt in: Cralle (Hrsg.), The Works of John C. Calhoun, Band 1, S. 301.

upon the power to amend."[828] Insbesondere ungeschriebene Schranken, die den föderalen Aufbau des Bundesstaats gefährden würden, hielt COOLEY so für existent[829] und konnte sich dabei auf die Entscheidung des *Supreme Court* in Texas v. White stützen, in welcher das Gericht den amerikanischen Bundesstaat als „indestructible Union, composed of indestructible states" bezeichnet hatte.[830] COOLEYS Argumente wurden von anderen später aufgegriffen, um die Verfassungswidrigkeit des Amend. XV,[831] XVIII[832] und XIX[833] geltend zu machen. Auch jene entwickelten insbesondere ungeschriebene Schranken im Hinblick auf die Aufrechterhaltung der Union und im Hinblick auf die Gleichberechtigung der Gliedstaaten.

b.) Ungeschriebene Schranken zum Schutz individueller Freiheitsrechte

Während zunächst ungeschriebene Schranken hauptsächlich zum Schutz einer möglichst umfassenden Gliedstaatensouveränität konstruiert wurden, nahm die Diskussion nach einer 50-jährigen Pause in den letzten beiden Jahrzehnten des 20. Jahrhunderts eine neue Wendung. Seitdem steht vor allem der Schutz von individuellen Freiheitsrechten im Vordergrund des Diskurses. Eine einheitliche Argumentationslinie oder auch nur einen einheitlichen Ansatz für eine Theorie ungeschriebener Schranken zum Schutz von Individualrechten lässt sich nicht herausarbeiten. Neben geltend gemachten Wortlautargumenten sind aber drei grundsätzlich unterschiedliche Herangehensweisen zur Ausarbeitung eines neuen Schrankensystems erkennbar: ein verfassungstranszendentaler, ein verfassungsimmanenter und ein funktionaler Ansatz.

---

[828] COOLEY, 2 Mich. L.J. 109, 117 (1893).

[829] Keine Verfassungsänderung sollte einzelne Gliedstaaten aus der Union ausschließen, oder Steuern nur vereinzelten Gliedstaaten auferlegen können. Zudem hielt COOLEY die Einführung der Monarchie sowie auch die Einführung einer Aristokratie für verfassungswidrig, COOLEY, 2 Mich. L.J. 109, 117ff. (1893).

[830] Texas v. White, 74 U.S. 720, 725 (1868).

[831] Brief for Appellant, Meyers v. Anderson, 238 U.S. 368 (1915). Vgl. dazu MACHEN 23 Harv. L. Rev. 169, 171ff. (1910).

[832] Brief for Appellant, National Prohibition Cases, 253 U.S. 350 (1920). Vgl. dazu ABBOT, 20 Colum. L. Rev. 183, 186ff. (1920).

[833] Brief for Appellant, Leser v. Garnett, 258 U.S. 130 (1922).

aa.) Die verfassungstranszendentalen Theorien

(1) WALTER MURPHY

Prominentester Vertreter einer Theorie impliziter Revisionsschranken ist WALTER MURPHY. MURPHY beginnt die Entwicklung seiner Theorie mit einer Illustration und stellt drei verschiedene Verfassungsänderungen vor, die er nach seinem Konzept ungeschriebener Revisionsschranken als verfassungswidrig einstufen würde: die Revision oder Änderung des Amend. I,[834] die Wiedereinführung von Rassendiskriminierung[835] und die Abschaffung des Rechts auf Privatsphäre.[836]

Seine Argumentation für die Unantastbarkeit des Amend. I durch den verfassungsändernden Gesetzgeber knüpft allein an der Struktur und an den Wortlaut des Verfassungstextes an. MURPHY setzt zunächst die Inkorporation des Amend. I in das Amend. XIV voraus,[837] woraus er schließt, dass weder der Kongress noch die Staatenlegislaturen nach dem Wortlaut des Amend. I Gesetze erlassen dürfen, welche die in Amend. I garantierten Rechte, insbesondere das Recht auf Meinungsfreiheit, berühren. Sodann subsumiert er auch Verfassungsänderungen unter den im Amend. I verwendeten Gesetzesbegriff und schließt daraus die Unantastbarkeit der im Amend. I gewährleisteten Rechte.[838]

MURPHYS Begründungen für seine zwei weiteren Illustrationen, das Verbot der Rassendiskriminierung und der Schutz der Privatsphäre, beruhen nicht mehr nur auf Wortlaut- und Strukturargumenten, sondern sind der Ursprung MURPHYS transzendentaler Theorie ungeschriebener Schranken. MURPHY konstruiert die Menschenwürde als Fundamentalnorm und hält den Menschenwürdegehalt eines jeden in der Verfassung gewährleisteten Rechts für unantastbar.[839] Zu diesem Ergebnis gelangt MURPHY über zwei unterschiedliche Wege: In Anlehnung an

[834] MURPHY, in: Harmon (Hrsg.), Essays on the Constitution of the United States, S. 130, 150f..

[835] MURPHY, 53 S. Cal. L. Rev. 703, 755f. (1980).

[836] MURPHY, in: Slonim (Hrsg.), The constitutional Bases of social and political Change in the United States, S. 213, 213ff..

[837] Vgl. zur Inkorporationsdebatte Teil II: B. II. 2.), S. 114f..

[838] MURPHY, in: Harmon (Hrsg.), Essays on the Constitution of the United States, S. 130, 151. Das gleiche Argumentationsmuster verfolgt ISAACSON, 23 Loy. L.A. L. REV. 535, 589ff. (1990), der allerdings zu einem anderen Ergebnis kommt: Er hält eine Änderung des Amend. I dann für möglich, wenn ein Bundeskonvent einen dementsprechenden Änderungsvorschlag hervorbringt und dieser von Gliedstaatenkonventen ratifiziert wird. Er schränkt damit nur die Verfahrensmöglichkeiten, nicht aber den materiellen Gehalt einer solchen Verfassungsänderung ein.

[839] MURPHY, 53 S. Cal. L. Rev. 703, 756 (1980).

eine Entscheidung des Bundesverfassungsgerichts[840] knüpft MURPHY zum einen an der Verfassung als Gesamtkonzept an. Als solche reflektiere sie gewisse Fundamentalnormen und -prinzipien, die unumstößlich seien. Zu diesen der Verfassung innewohnenden Fundamentalnormen zähle vor allem auch die Menschenwürde.[841] Eine zweite Möglichkeit sieht MURPHY darin, die Menschenwürde als ein noch über der Verfassung stehendes Naturrecht anzusehen.[842]

Er übernimmt damit eine der in Art. 79 III GG ausdrücklich für das deutsche Verfassungsänderungsverfahren gewährleisteten materiellen Schranken und fügt sie den geschriebenen Schranken des Art. V hinzu. Die Wiedereinführung der Rassendiskriminierung und die Abschaffung des Rechts auf Privatsphäre wären nach seiner Auffassung verfassungswidrig, weil sowohl die Gleichbehandlung unterschiedlicher Rassen als auch die Privatsphäre zum Kern der Menschenwürde gehören.

Insgesamt entwickelte MURPHY demnach drei verschiedene Kategorien ungeschriebener Schranken: 1. Schranken aus dem Wortlaut und der Struktur der Verfassung,[843] 2. der Verfassung als Gesamtkonzept innewohnenden Schranken (normative Schranken)[844] und schließlich 3. Schranken, die aufgrund von Naturrechten bestehen,[845] wobei die Hierarchie der drei Kategorien abnehmend sein soll. Damit widersetzt er sich der Lehre von den Naturrechten, denn nach ihr müsste die Hierarchie der von MURPHY aufgestellten Revisionsschranken genau entgegengesetzt, mit den Naturrechten an der Spitze erfolgen.

(2) SOTIRIOS BARBER

Auch BARBER setzt sich wie MURPHY zunächst mit dem Begriff *Amendment* auseinander und fordert ebenfalls, dass eine Revision mit den grundlegenden der Verfassung innewohnenden Prinzipien wie Demokratie, Menschenwürde oder

---

[840] BVerfGE 1, 14, 15, 32: "Eine einzelne Verfassungsbestimmung kann nicht isoliert betrachtet und allein aus sich heraus ausgelegt werden. Sie steht in einem Sinnzusammenhang mit den übrigen Vorschriften der Verfassung, die eine innere Einheit darstellt. Aus dem Gesamtinhalt der Verfassung ergeben sich gewisse verfassungsrechtliche Grundsätze und Grundentscheidungen, denen die einzelnen Verfassungsbestimmungen untergeordnet sind."

[841] MURPHY, 53 S. Cal. L. Rev. 703, 755f. (1980).

[842] MURPHY, in: Levinson (Hrsg.), Responding to Imperfection, S. 163, 180f.. Ähnliche Argumente verwendet im Hinblick auf das Amend. I ROSEN, 100 Yale L.J. 1073, 1086f. (1991).

[843] MURPHY, in: Levinson (Hrsg.), Responding to Imperfection, S. 163, 175ff..

[844] MURPHY, in: Levinson (Hrsg.), Responding to Imperfection, S. 163, 178ff..

[845] MURPHY, in: Levinson (Hrsg.), Responding to Imperfection, S. 163, 180f..

die Trennung von Staat und Kirche, übereinstimmen muss.[846] BARBER sieht in der Verfassung die „Verprozesslichung“ materieller Werte. Aufgabe der Verfassung ist es nach seiner Ansicht Prozesse zur Aufrechterhaltung und Sicherung dieser Werte festzulegen. Aus diesem Grund erscheinen ihm die Verfassungswerte höherrangig. Nach ihm können sie auch dann obsiegen, wenn der in der Verfassung vorgeschriebene Prozess der Revision formal eingehalten wurde.[847]

(3) AKHIL RED AMAR

AMAR geht allgemein von der Existenz unveräußerlicher außerhalb der Verfassung liegender Rechte aus und argumentiert hauptsächlich mit dem Prinzip der Volkssouveränität.[848] Er sieht die Volkssouveränität zusammen mit Gleichheit und Neutralität des Staates als höchsten Wert der Verfassung an und setzt aus diesem Grund die Meinungs- und Gewissensfreiheit des Amend. I als unwiderruflich fest.[849] Die Meinungsfreiheit sei als Basisfunktion einer auf Volkssouveränität beruhenden Demokratie unantastbar und auch nicht durch den formellen Änderungsprozess revidierbar.[850]

bb.) Die verfassungsimmanente Theorie: WILLIAM HARRIS II

HARRIS lehnt die transzendentalen Aspekte der insbesondere von MURPHY und BARBER vertretenen Theorien ab.[851] Allerdings begreift auch er die Verfassung als Gesamtkonzept und als innere Einheit, deren Souverän das Volk ist.[852] Er kommt zu dem Schluss, dass verfassungsimmanente Revisionsschranken bestehen müssen:

---

846 BARBER, On what the Constitution means, S. 43.

847 BARBER, On what the Constitution means, S. 49, 53f..

848 AMAR, 55 U. Chi. L. Rev. 1043, 1056 (1988).

849 AMAR, 94 Colum. L. Rev. 457, 504f. (1994).

850 AMAR, 55 U. Chi. L. Rev. 1043, 1045 Fn. 1 und 1103 Fn. 211 (1988); wohl auch BLACK, Perspectives in constitutional Law, S. 91.

851 HARRIS II, The interpretable Constitution, S. 164ff..

852 HARRIS II, The interpretable Constitution, S. 168: "Constitution's whole design;" ähnlich auch WRIGHT, 22 Loy. U. L.J. 741, 756ff. (1991), der wie HARRIS eine transzendentale Herleitung von Revisionsschranken ablehnt, aber implizite Schranken aus der Verfassung als Gesamtkonzept für möglich hält.

> „The verification of the sovereign constitution maker is precisely in ist capacity to remake what it has made, when it acts as sovereign, on a view of its whole enterprise – and only then. But in the practical Article V amending process, when the machinery of government is acting as the agent of the people in its sovereign capacity, the notion of limits not only makes sense; it is necessary."[853]

Das Prinzip der Volkssouveränität bedingt für HARRIS zwei Einschränkungen für die verfassungsändernde Gewalt, eine materielle und eine prozedurale Schranke. In materieller Hinsicht ist nach HARRIS eine Abwägung dahingehend vorzunehmen, inwieweit eine in Frage stehende Revision dem Volk Rechte entzieht, die für eine effektive Wirkung des Prinzips der Volkssouveränität unerlässlich sind.[854] In prozeduraler Hinsicht nimmt HARRIS eine Abstufung der in Art. V vorgesehenen vier Änderungsverfahren vor. Die unterste Stufe bildet das Verfahren in dem nur Legislaturen involviert sind, die oberste Stufe das Verfahren in dem ausschließlich vom Volk gewählte Konvente agieren. Über diesen vier, in Art. V niedergelegten, Verfahren thront der in Art. VII festgelegte Prozess zur Annahme der Verfassung. Je stärker eine Revisionsvorlage die in der Verfassung innewohnenden Prinzipien berührt, desto „volksnäher" muss die Form des Revisionsverfahrens gewählt werden.[855]

cc.) Die funktionalen Theorien

Die funktionalen Theorien verfolgen alle einen positivrechtlichen Ansatz.[856]

(1) MARK BRANDONS Abwägungslehre

MARK BRANDON entwickelte zur Filtrierung ungeschriebener Revisionsschranken einen Vierstufentest, der im Kern eine Abwägung zwischen der in

[853] HARRIS II, The interpretable Constitution, S. 193. Ähnlich auch Note, 109 Harv. L. Rev. 1747, 1758ff. (1996); GONZÁLEZ, 80 Wash. U. L. Q. 127, 130 (2002).

[854] HARRIS II, The interpretable Constitution, S. 194.

[855] HARRIS II, The interpretable Constitution, S. 199f..

[856] Damit soll aber nicht festgestellt sein, dass ihre Vertreter die Existenz von Naturrechten generell ausschließen. So geht RAWLS bei der Entwicklung seiner verfassungswidrigen Verfassungsänderungen zwar nicht von naturrechtlichen ungeschriebenen Schranken aus. In einem anderen Zusammenhang bezieht er sich aber (allerdings auch nur in einer Fussnote) auf Naturrechte. Vgl. RAWLS, A Theory of Justice, S. 442 Fn. 30.

Frage stehenden Verfassungsänderung und den betroffenen Werten der Verfassung vorsieht. So fragt er zunächst inwieweit der betroffene Wert textausdrücklich in der Verfassung verankert ist und in welchem Verhältnis er zu anderen Werten in der Verfassung steht. Auf dritter und vierter Stufe untersucht er schließlich die anstehende Verfassungsänderung, sowie ihre Befürwortung in der Bevölkerung, wobei er dafür insbesondere den Prozess der Ratifikation als Indiz heranzieht.[857]

(2) JOHN RAWLS Versteinerung verfassungsrechtlicher Werte

RAWLS geht ebenso wie MURPHY von einem nicht revidierbaren Verfassungskern aus, der aus der Verfassung als Gesamtkonzept zu ermitteln ist. Er beruft sich jedoch für die Herausarbeitung impliziter Schranken nicht auf Naturrecht.[858] Seine Theorie ungeschriebener Schranken rechtfertigt sich durch eine zeitliche Komponente. Um den nicht revidierbaren Kern der Verfassung herauszuarbeiten, machen er[859] und ihm folgend auch andere[860] geltend, dass sich im Laufe der Zeit verschiedene Werte in der Verfassung in ihrer Anwendung so bewährt und damit etabliert haben können, dass sie als materielle Revisionsschranken für die Zukunft fungieren. Durch Tradition und Verfassungspraxis können nach ihnen Verfassungswerte so versteinert worden sein, dass ihre Rücknahme durch eine Verfassungsänderung nicht mehr möglich ist.[861] Um zu diesem Ergebnis zu kommen, hatte RAWLS die bisher verabschiedeten Verfassungsänderungen untersucht und daraus den Schluss gezogen, dass nur drei Kategorien von Verfassungsänderungen zulässig sind: 1. „adapting basic institutions to remove weakness revealed by constitutional practice," 2. "adjusting

---

857 BRANDON, in: Levinson (Hrsg.), Responding to Imperfection, S. 215, 235.

858 RAWLS, Political Liberalism, S. 239. Vgl. auch SOLUM, 69 Chi-Kent U. L. Rev. 549, 576 (1994); KELBLEY, 72 Fordham L. Rev. 1487, 1510 (2004).

859 RAWLS, Political Liberalism, S. 238f..

860 FLEMMING, 11 Const. Comment. 355, 372 (1994); MACEDO, Liberal Virtues: Citizenship, Virtue, and Community in liberal Constitutionalism, S. 182f.. Auch FREEMAN beschreibt nicht nur deskriptiv, sondern z.T. auch befürwortend die Theorie RAWLS in: 69 Chi.-Kent L. Rev. 619, 662f. (1994), ders., 21 Phil. & Pub. Aff. 3, 42 (1992). Ebenso KELBLEY, 72 Fordham L. Rev. 1487, 1535 (2004), der allerdings nicht den Schluss ziehen möchte, den *Supreme Court* für die Herausarbeitung materieller Schranken verantwortlich zu machen.

861 FLEMMING, 11 Const. Comment. 355, 372 (1994).

basic constitutional values to changing circumstances," und 3. "incorporating into the Constitution a more inclusive understanding of those values."[862]

c.) Der besondere Fall: Änderbarkeit des Art. V?

Wie bei Art. 79 III GG stellt sich auch bei Art. V die Frage, ob die Senatsklausel durch eine Verfassungsänderung revidiert oder geändert werden kann.[863] Gerade in jüngerer Zeit wird immer wieder geltend gemacht, dass aufgrund der starken Bevölkerungsunterschiede in den Gliedstaaten das gleiche Stimmrecht im Senat nicht mehr zeitgemäß sei. Art V enthält kein Totalverbot hinsichtlich einer Abänderung des Stimmrechts im Senat. Er gestattet die Abschaffung des gleichen Stimmrechts, sofern ihr die betroffenen Gliedstaaten ausdrücklich zustimmen. Umstritten ist aber, ob auch ohne eine solche Beteiligung der betroffenen Gliedstaaten das Stimmrecht im Senat geändert werden kann.

Der *Supreme Court* hatte die Bestimmung des Art. V in einem älteren Urteil als „permanent and unalterable exception of the power of amendment" gedeutet.[864] Diese Interpretation schließt damit die Abschaffung („permanent") sowie auch die Abänderung („unalterable") der Vorschrift aus.

In neuerer Zeit wird von der Literatur allerdings in Erwägung gezogen, dass die Klausel wie jede andere Verfassungsnorm im Verfahren der Verfassungsänderung revidiert werden kann.[865] Dabei wird angenommenen, dass damit für die

---

[862] RAWLS, Political Liberalism, S. 238f.. Eine ebenfalls funktionale Theorie entwickelte MAZZONE, 90 Iowa L. Rev. 1747,1754ff. (2005), der die impliziten Schranken an dem Begriff *Amendment* festmacht und ähnlich wie die Autoren im frühen 20. Jahrhundert Verfassungsänderungen unter Art. V nur als Ergänzungen und Konkretisierungen begreift.

[863] Bezüglich Art. 79 III GG nimmt die ganz h.M. in Deutschland, vor allem unter Berufung auf den Sinn und Zweck der Regelung, einen materialen Verfassungskern zu bewahren, seine Unabänderlichkeit an. Vgl. die umfangreichen Nachweise bei HAIN, in: von Mangoldt/Klein/Starck, GG, Art. 79 Rn. 41, der allerdings selbst von der Änderbarkeit ausgeht; ferner MAURER, in: Kästner/Nörr/Schlaich (Hrsg.), Festschrift für Martin Heckel zum siebzigsten Geburtstag, S. 821, 833; HESSE, Grundzüge des Verfassungsrechts der Bundesrepublik Deutschland, Rn. 707.

[864] Dodge v. Woolsey, 59 U.S. (18 How.) 331, 348 (1855).

[865] LIVINGSTON, Federalism and constitutional Change, S. 238f.; LOEWENSTEIN, Verfassungsrecht und Verfassungspraxis, S. 39; TRIBE, American Constitutional Law, S. 111; BOWMAN, 72 Fordham L. Rev. 1017, 1034ff. (2004); BAKER/DINKIN, 13 J.L. & Pol. 21, 68ff. (1997); MICHELMAN, 93 Mich. L. Rev. 1297, 1303 Fn. 24 (1995). A.A.: wohl KATZ, 29 Colum. J.L. & Soc. Probs. 251, 285f. (1996); CURTIS, Constitutional History, Band 2, S. 166. Unentschieden sind BAKER, 22 Hastings Const. L.Q. 325, 340 Fn. 47 (1995), der die Änderung der Senatsklausel in einem zweistufigen Verfahren für „disingenuous" hält, sie aber nicht ganz aus-

Änderungen der gliedstaatlichen Vertretungsgleichheit im Senat im Ergebnis ein zweistufiges Verfahren erforderlich ist. In einem ersten Schritt sei die Senatsklausel des Art. V abzuschaffen und in einem zweiten Schritt könnte dann ein anderes Stimmrecht im Senat eingeführt werden. Für beide Verfassungsänderungen soll nach dieser Ansicht im Ratifikationsprozess die Zustimmung von drei Viertel der Gliedstaaten genügen. Die explizite Zustimmung der betroffenen Gliedstaaten, wie sie die Senatsklausel selbst einfordert, soll hingegen nicht erforderlich sein. Diese Beschränkung des Art. V gilt nach dieser Literaturauffassung nur für die direkte Einführung einer anderen Stimmenverteilung im Senat, ohne dass dieser die partielle Revision des Art. V vorgeschaltet wird.[866] Damit wird die für das Verfassungsänderungsverfahren geltende *entrenchment clause* selbst als für das Revisionsverfahren zugänglich angesehen.

Dass eine solche Revision jedoch politisch kaum durchsetzbar ist, zeigt das Schicksal des vom Kongress 1978 verabschiedeten *District of Columbia Statehood Amendment*, welches für die Senatsbeschickung, die Wahl des Präsidenten und den Verfassungsänderungsprozess das *District of Columbia* einem Gliedstaat gleichstellen sollte.[867] In der Furcht um die Verringerung ihres relativen Stimmengewichts im Senat reagierten die Gliedstaaten nur sehr zögerlich mit der Ratifikation der Revisionsvorlage und als die vom Kongress festgesetzte Ratifikationsfrist im Jahre 1985 auslief, hatten nur 16, also noch nicht einmal die Hälfte der erforderlichen 38 Gliedstaaten, der Revision zugestimmt.

Noch viel unwahrscheinlicher ist, dass ein Revisionsvorschlag, der das absolute Stimmengewicht im Senat ändern würde, im Senat von der erforderlichen Zweidrittelmehrheit verabschiedet und von drei Viertel der Gliedstaaten ratifiziert würde. Die Übersicht in Anhang E zeigt, dass die durch die Senatsklausel überrepräsentierten Gliedstaaten, die für eine solche Änderung wenig zugänglich wären, von 1789 bis heute die für die Blockierung eines Revisionsvorschlags in beiden Initiativverfahren notwendige „ein Drittel plus eins-Mehrheit" und erst recht die auf der Ratifikationsebene erforderliche „ein Viertel plus eins-Mehrheit" stellen können. Demzufolge ist die Revision der Senatsklausel des

---

schließen kann. Siehe auch LINDER, 23 Ariz. L. Rev. 717, 726f. (1981), der zwar die Abschaffung des Senats für möglich hält, nicht aber die Abschaffung des gleichen Stimmrechts der Gliedstaaten in dieser Institution, soweit sie besteht. Unentschieden ebenfalls LEVINSON, 13 Const. Comment. 107, 122, Fn. 32 (1996).

[866] Vereinzelt wird allerdings sogar vertreten, dass auch die direkte Einführung eines anderen Stimmrechts - ohne Beachtung der Senatsklausel - mit den ordentlichen Revisionsquoren im Kongress und den Gliedstaaten zulässig ist. Vgl. CORWIN/RAMSEY, 26 Notre Dame L. 185, 188 (1951).

[867] Vgl. zur Entstehungsgeschichte Teil I: H. VIII., S. 72f..

Art. V nach der h.M. zwar theoretisch möglich, praktisch aber wohl nicht durchführbar.

2.) Überblick über den herrschenden Meinungsstand

a.) Die Haltung der Kongressmitglieder

Bis auf die wenigen hier dargestellten Ausnahmen wurden die Diskussionen um die materiellen Grenzen des Revisionsverfahrens immer dann geführt, wenn politisch unliebsame Verfassungsänderungen anstanden. Ihnen haftet damit immer auch die Gefahr des politischen Missbrauchs an. Zu Beginn des letzten Jahrhunderts wehrten sich die Gliedstaaten mit der Idee impliziter Schranken gegen die Ausweitung der Kompetenzen des Bundes. In den 90er Jahren wurde zahlreichen Revisionsversuchen das Amend. I als ungeschriebene Revisionsschranke entgegengehalten.[868]

Auch Mitglieder des Kongresses bedienen sich bewusst des Arguments verfassungswidriger Verfassungsänderungen, um Revisionsvorschläge aufzuhalten. Der Abgeordnete CLAY erklärte 1995 in der Debatte um das *Balanced Budget Amendment*: „[The three-fifths provision of the balanced-budget amendment] is unconstitutional."[869] Im Konflikt um das *Flag Burning Amendment* äußerten ebenfalls einige Kongressmitglieder, dieses sei verfassungswidrig.[870]

Allerdings konnten auch die wenigen grundsätzlichen, vom politischen Prozess unabhängig entstandenen Theorien transzendentaler, verfassungsimmanenter oder systematischer Schranken des Revisionsprozesses, die h.M.[871] in der amerikanischen Rechtswissenschaft und den *Supreme Court* nicht überzeugen.

---

[868] Amend. I wurde u.a. als Revisionsschranke geltend gemacht, um die Einführung eines *Flag Burning Amendment* zu verhindern. Vgl. ISAACSON, Loy. L.A. L. Rev. 535, 535ff. (1990); ROSEN, 100 Yale L.J. 1073, 1073ff. (1991). Siehe zum *Flag Burning Amendment* Teil III: A. I. 2.) e.), S. 247ff..

[869] Congressional Record, 104th Cong., 1st Sess, Band 141, S. H716 (1995).

[870] Vgl. U.S. Senate, Measures to protect the physical integrity of the American Flag: Hearings on S. 1338, H.R. 2978, and S.J. Res. 180 before the Senate Committee on the Judiciary, 101st Cong., 1st Sess., S. 720ff. (1989).

[871] Bereits 1789 stellte ELBRIDGE GERRY in: Annals of Congress, 1st Cong., 1st Sess., Band 1, S. 739 (1789), fest: "[...] but I suppose if we proposed to change the divisions of powers given to the three branches of the government, and that proposition is accepted and ratified by three-fourths of the State Legislatures, it will become as valid [...] as any part of the Constitution." Gegen ungeschriebene Revisionsschranken sprachen sich aus: BURDICK, The Law of the American Constitution, S. 48f.; FRIERSON, 33 Harv. L. Rev. 659, 661ff. (1919);

b.) Die Aussagen des *Supreme Court*

Der *Supreme Court* hat bisher kein *Amendment* für verfassungswidrig erklärt, obwohl er dazu bereits mehrfach die Möglichkeit gehabt hätte. Insbesondere waren vor ihm Verfahren anhängig, die die Verfassungsmäßigkeit des Amend. XV, Amend. XVIII und Amend. XIX bestritten.[872] Eine generelle Aussage zur Existenz ungeschriebener Revisionsschranken machte das Gericht in den Urteilen zwar nicht. Aber es wies alle geltend gemachten materiellen Revisionsschranken zurück, indem es entweder auf die Frage einer möglichen Verfassungswidrigkeit der *Amendments* gar nicht einging oder aber die konkret geltend gemachte Schranke ablehnte.[873] 1967 kam es dann zu einer generelleren, allerdings nur als Diktum ergangenen, Aussage des Gerichtshofs als dieser in Whitehill v. Elkins anmerkte: „[...] while the procedure for amending is restricted, there is no restraint on the kind of amendment that may be offered."[874]

ROTTSCHAEFER, Handbook of American constitutional Law, S. 398; NAUMANN, Verfassungsänderungen in den Vereinigten Staaten von Nordamerika, S. 26; WEISER, 69 N.Y.U. L. Rev. 907, 932 (1993); ACKERMAN, We the People: Foundations, S. 14f.; DELLINGER, 97 Harv. L. Rev. 446, 448 (1983); ORFIELD, 28 Mich. L. Rev. 550, 552ff. (1929-1930); KAUPER, in: Mosler (Hrsg.), Verfassungsgerichtsbarkeit in der Gegenwart, S. 568, 627; VILE, in: Levinson (Hrsg.), Responding to Imperfection, S. 191, 191ff., ders., Contemporary Questions surrounding the constitutional Amending Process, S. 127, 127ff., ders., The constitutional Amending Process in American Political Thought, S. 157, 157ff., ders., 2 Const. Comment. 373, 373ff. (1985); ELY, Democracy and Distrust, S. 88ff.; LINDER, 23 Ariz. L. Rev. 717, 730ff. (1981); GREY, in: Pennock/Chapman (Hrsg.), Constitutionalism, S. 189, 206; TRIBE, American constitutional Law, S. 110ff.; CORWIN/RAMSEY, 26 Notre Dame L. 185, 188 (1951); EISGRUBER, Constitutional Self-Government, S. 120; BERNSTEIN, 61 Fordham L. Rev. 497, 548 (1992); BOWMAN, 72 Fordham L. Rev. 1017, 1019, 1047 (2004); BAKER, 22 Hastings Const. L.Q. 325, 339f. (1995); wohl auch, aber weniger klar HART, The Concept of Law, S. 71ff.; LEVINSON, Constitutional Faith, S. 149ff..

[872] Vgl. O'BRIEN, Constitutional Law and Politics, Band 1, S. 89f..

[873] United States v. Sprague, 282 U.S. 716, 734 (1931) (Der *Supreme Court* deklarierte das Amend. XVIII zum Teil der Verfassung); Leser v. Garnett, 258 U.S. 130, 136ff. (1922) (Das Frauenwahlrecht wurde für verfassungsgemäß erklärt); National Prohibition Cases, 253 U.S. 350, 386ff. (1920) (Die geltend gemachte Verfassungswidrigkeit des Amend. XVIII aufgrund gliedstaatlicher Souveränitätsrechte wurde abgelehnt); Myers v. Anderson, 238 U.S. 368, 376 (1915) (Die Verfassungsmäßigkeit des Amend. XV wurde nicht ausdrücklich überprüft).

Auch andere Gerichte haben die Fragen nach impliziten Schranken ignoriert oder verneint: Christian Feigenspan, Inc. v. Bodine, 264 Fed. 186, 190ff. (D.C. N.J. 1920); State of Ohio ex rel. Erkenbrecher v. Cox, 257 Fed. 334, 343 (D.C. Ohio 1919).

[874] Whitehill v. Elkins, 389 U.S. 54, 57 (1967).

c.) Die herrschende Meinung in der Literatur und eigene Stellungnahme

Das Argumentationsspektrum der Literatur gegen die Herleitung impliziter Revisionsschranken ist hingegen sehr viel breiter gefächert. Hervorgehoben wird zunächst, dass es keineswegs im Ansinnen der verfassunggebenden Versammlung lag, weitere Revisionsschranken zuzulassen. Dies zeigt ganz eindeutig die in den letzten Tagen des Konvents geführte Debatte, in der alle weiteren Vorschläge materieller Revisionsschranken keine Mehrheit finden konnten.[875] Bereits die Verfassungsväter gingen davon aus, dass ihr Werk nicht vollkommen sei und antizipierten den häufigen und umfangreichen Gebrauch des Art. V.[876] Systematisch steht Art. V in der Verfassung getrennt von den Vorschriften zum Gesetzgebungsprozess, die bei einer Verfassungsänderung demzufolge nicht eingehalten werden müssen. Auch zu anderen Verfassungsnormen wurde keine Verbindung hergestellt. Das Zurückgreifen auf andere Vorschriften in der Verfassung, um aus ihnen ungeschriebene Schranken herzuleiten, ist vom Verfassungsaufbau her gesehen somit unsystematisch.[877]

Zudem wird in der rechtswisschenschaftlichen Literatur der Vereinigten Staaten jedweder Machtzuwachs des *Supreme Court* sehr kritisch gesehen.[878] Dieser würde aber mit der Anerkennung ungeschriebener Schranken einhergehen, obläge es doch dem Gericht höchster Instanz über die Existenz einer ungeschriebenen Schranke letztverbindlich zu urteilen. Die Machtverschiebung vom verfassungsändernden Gesetzgeber auf die richterliche Gewalt würde das Prinzip der Gewaltenteilung berühren, denn eine wichtige Aufgabe, die den Verfassungsänderungen in den Vereinigten Staaten zugeschrieben wird, ist gerade auch ihre Funktion als Kontrollmechanismus der Legislative über die Judikative. Die Möglichkeit, mit einer Verfassungsänderung die Rechtsprechung des *Supreme Court* zu korrigieren, hat der verfassungsändernde Gesetzgeber bereits mehrmals in Anspruch genommen.[879] Die Vornahme einer Verfassungsänderung liegt im Hauptverantwortungsbereich der Legislative. Mit der Bejahung etwaiger vom *Supreme Court* festzustellenden impliziten Schranken würde auch eine Verantwortungs- und Zurechnungsverschiebung vom verfassungsändernden Ge-

---

[875] Vgl. Teil II: A. II.S. 94ff. und Christian Feigenspan, Inc. v. Bodine, 264 Fed. 186, 195 (D.C. N.J. 1920).

[876] GEORGE MASON, in: Farrand (Hrsg.), The Records of the Federal Convention, Band I, S. 202f..

[877] ORFIELD, 28 Mich. L. Rev. 550, 557 (1929-1930), ders., The Amending of the federal Constitution, S. 118f..

[878] VILE, Contemporary Questions surrounding the constitutional Amending Process, S. 133f.; PLATZ, 3 Geo. Wash. L. Rev. 17, 41 (1934); FRIERSON, 33 Harv. L. Rev. 659, 661ff. (1919-1920).

[879] Vgl. Teil III: A. I. 1.), S. 222ff..

setzgeber auf die Judikative einhergehen. Umgekehrt läge darin nicht nur die Gefahr einer Entmachtung des verfassungsändernden Gesetzgebers, sondern auch die Möglichkeit für denselbigen sich seiner Verantwortung mittels der Verweisung auf die Gerichte zu entziehen.[880]

Im Ergebnis bleibt daher festzuhalten, dass der Verfassungsänderungsprozess in den Vereinigten Staaten nach der Rechtsprechung und der ganz herrschenden Meinung in der Literatur inhaltlich nicht beschränkt ist.[881] Solange das prozedurale bzw. im Fall einer Berührung mit der Senatsklausel das qualifiziert prozedurale Verfahren des Art. V vom verfassungsändernden Gesetzgeber eingehalten wird, sind ihm materiell keine Grenzen gesetzt.

E. *Amendments outside* Art. V

Neben der Unterscheidung zwischen formellen Total- oder Partialrevisionen und informellem Bedeutungswandel durch die Rechtsprechung des *Supreme Court* werden in der rechtswissenschaftlichen Lehre der Vereinigten Staaten in neuerer Zeit verschiedene Theorien zu einer möglichen neuen Form der Verfassungsänderung, sog. *Amendments outside Art. V*, diskutiert. Die Keimzelle dieser neuen Theorien entstand Ende der 80er, Anfang der 90er Jahre an der *Yale Law School*, an der ihre beiden Hauptvertreter, BRUCE ACKERMAN[882] und AKHIL REED AMAR[883] seit Mitte der 80er Jahre forschen und lehren. Als Oberbegriff für

---

[880] VILE, in: Levinson (Hrsg.), Responding to Imperfection, S. 191, 212.

[881] CURRIE, The Constitution in the Supreme Court: The second Century, S. 177f., Fn. 47, ders., in: Kyvig (Hrsg.), Unintended Consequences of constitutional Amendments, S. 73, 86f..

[882] BRUCE ACKERMAN ist seit 1987 *Sterling Professor of Law and Political Science* an der *Yale Law School*. Veröffentlichungen seiner Theorie finden sich vor allem in seiner Triologie: ACKERMAN, We the People: Foundations, und We the People: Transformations. Das dritte angekündigte Werk (vgl. z.B. die Ankündigungen in: We the People: Foundations, S. 162 und We the People: Transformations, S. 349): We the People: Interpretations ist bisher noch nicht erschienen. Ferner hat ACKERMAN seine Theorie aber auch in zahlreichen Aufsätzen niedergelegt, vgl. ACKERMAN, 93 Yale L.J. 1013 (1984), ders., 98 Harv. L. Rev. 713 (1985), ders., 101 Harv. L. Rev. 1164 (1988), ders., 99 Yale L.J. 453 (1989), ders., in: Levinson (Hrsg.), Responding to Imperfection, S. 63; ACKERMAN/GOLOVE, 108 Harv. L. Rev. 799 (1995).

[883] AKHIL REED AMAR lehrt seit 1985 an der *Yale Law School* und ist dort seit 1993 *Southmayd Professor*. Zu den zu seiner Theorie veröffentlichten Werken gehören u.a.: AMAR, 96 Yale L.J. 1425 (1987), ders., 55 U. Chi. L. Rev. 1043 (1988), ders., 94 Colum. L. Rev. 457 (1994), ders., in: Levinson (Hrsg.), Responding to Imperfection, S. 89.

diese neuen Verfassungstheorien beginnt sich daher auch der Name *Yale School* durchzusetzen.[884]

Als Voraussetzung für die Kreation eines neuen Verfassungsänderungsverfahrens verneinen die Theorien die Exklusivität des Art. V, weil dieser seine Ausschließlichkeit nicht selbst textausdrücklich festschreibt.[885] Über das Prinzip der Volkssouveränität, das vor allem in der Präambel mit ihrer Referenz zu „We the People" und in den Amend. IX und X, die ebenfalls von den Rechten des Volkes sprechen, zum Ausdruck kommt, konstruieren sie dann in unterschiedlichen Ansätzen ein, zum Art. V alternatives, nicht-revolutionäres, sondern verfassungslegales Verfassungsänderungsverfahren, in welchem das Volk direkter involviert ist. Zur Entwicklung und Rechtfertigung ihrer Thesen führen beide Autoren eine umfangreiche historische Untersuchung durch, wobei ACKERMAN die Sozial- und Politikgeschichte der Vereinigten Staaten in den Vordergrund stellt, AMAR sich hingegen eher rechtsphilosophisch äußert.[886]

Die eigentlichen Konzepte beider Verfassungstheoretiker unterscheiden sich jedoch fundamental, weswegen im Folgenden eine getrennte Darstellung der Theorien erfolgt.

I. *Higher Lawmaking*:[887] BRUCE ACKERMAN

BRUCE ACKERMANS Konzeption möglicher Verfassungsänderungen mit oder auch informal, ohne die Einhaltung des in Art. V vorgeschriebenen Prozesses, beruht auf seiner Theorie einer *dual democracy*.[888] Nach dieser sind zunächst

[884] TRIBE, 108 Harv. L. Rev. 1221, 1246 (1995); FLEMING, 65 U. Chi. L. Rev. 1513, 1540 (1998).

[885] ACKERMAN, We the People: Tranformations, S. 15, 72f.; AMAR, in: Levinson (Hrsg.), Responding to Imperfection, S. 89, 90.

[886] Vgl. zu dieser Charakterisierung DOW, in: Levinson (Hrsg.), Responding to Imperfection, S. 117, 126f., ders., 76 Iowa L. Rev. 1, 38 (1990).

[887] Überschrift des zehnten Kapitels in: ACKERMAN, We the People: Foundations, S. 266, Überschrift des ersten Kapitels in: ACKERMAN, We the People: Transformations, S. 3 und Titel eines von ACKERMAN verfassten Aufsatzes, in: Levinson (Hrsg.), Responding to Imperfection, S. 63, 63.

[888] ACKERMAN grenzt sein System einer dualen Demokratie von zwei weiteren demokratietheoretischen Ansätzen ab. Vgl. ACKERMAN, We the People: Foundations, S. 7ff.. Zunächst lehnt er die Theorie einer monistischen Demokratie ab und als Beispiel für einen solchen Ansatz vor allem JOHN HART ELYS demokratietheoretischen Ansatz. ELY geht von der umfassenden rechtsetzenden Zuständigkeit der Mehrheit in den gesetzgebenden Körperschaften aus und hält richterliches Eingreifen gegen einen solchen Mehrheitsentscheid nur in zwei Fällen für gerechtfertigt: zur Sicherung des politischen Prozess, insbesondere der Partizipation und

zwei verschiedene Arten von Entscheidungen, die in einem demokratisch organisierten Staat getroffen werden müssen, zu unterscheiden: Entscheidungen des Volkes einerseits („constitutional politics") und Entscheidungen seiner Regierungsorgane andererseits („normal politics").[889] Entscheidungen der Regierungsorgane sind Entscheidungen der täglichen Politik, die primär durch Sonderinteressen geleitet werden. Sie stehen in der Hierarchie daher unter den vom Volk getroffenen Entscheidungen.[890] Die Entscheidungsbildung durch das Volk, das *higher lawmaking*,[891] findet nur in äußerst seltenen Momenten statt und zeichnet sich dadurch aus, dass eine große Anzahl von Bürgern ohne Rücksicht auf private Vorteile eine authentische Diskussion über die für die Zukunft leitenden Prinzipien politischer Organisation führen. Damit eine Entscheidung des Volkes nach Ackerman als *higher lawmaking* qualifiziert werden kann, muss sie vier verschiedene Phasen der Entscheidungsfindung durchlaufen haben:[892] In der ersten Phase, der Signalisierungsphase, etabliert sich eine politische Idee im öffentlichen Bewusstsein.[893] In der zweiten Phase wird die Idee von Aktivisten erörtert, und es werden zu ihrer Umsetzung konkrete Vorschläge ausgearbeitet.[894] Das Ergebnis unterliegt in der dritten Phase, die oftmals in Wahlen kulminiert, wiederum einer intensiven öffentlichen Beratung[895] und erst, wenn die

---

Repräsentation des Volkes und im Fall des Minderheitenschutzes, vgl. ELY, Democracy and Distrust, S. 73ff.. Andere von ACKERMAN als monistisch qualifizierte Ansätze verfolgen ferner: BORK, The Tempting of America, S. 131ff.; BICKEL, The Least Dangerous Branch, S. 16ff..

Den zweiten demokratietheoretischen Ansatz, den ACKERMAN von seinem eigenen Ansatz abgrenzt, bezeichnet er als „rights foundationalism." Für dessen Vertreter steht die demokratische Entscheidungsbildung unter dem Vorbehalt fundamentaler und daher vorkonstitutionell geltender Rechte. Zu dieser Richtung zählt ACKERMAN u.a. so unterschiedliche Autoren wie EPSTEIN, Takings: Private Property and the Power of eminent Domain, der eine auf wirtschaftliche Rechte ausgerichtete Theorie vertritt oder DWORKIN, Law's Empire, der sich an Gleichheitsrechten orientiert.

Einen dem Ansatz ACKERMANS ähnlichen demokratietheoretischen Ansatz vertritt z.B. RAWLS, Political Liberalism, S. 231ff.

889 ACKERMAN, 99 Yale L.J. 453, 461f. (1989), ders., We the People: Foundations, S. 6.

890 ACKERMAN, We the People: Foundations, S. 6.

891 ACKERMAN, 99 Yale L.J. 453, 461 (1989), ders., We the People: Foundations, S. 266, ders., in: Levinson (Hrsg.), Responding to Imperfection, S. 63, 63.

892 ACKERMAN, We the People: Foundations, S. 266f..

893 ACKERMAN, We the People: Foundations, S. 272ff., ders., We the People: Transformations, S. 40ff..

894 ACKERMAN, We the People: Foundations, S. 280ff., ders., We the People: Transformations, S. 49ff..

895 ACKERMAN, We the People: Foundations, S. 285ff., ders., We the People: Transformations, S. 53ff..

konkretisierte Idee noch „tiefere und breitere“ Unterstützung als in der ersten Phase erhält, und zwar nicht nur von den Aktivisten, sondern vom Volk insgesamt, kann die vierte Phase des Prozesses einsetzen. In dieser wird die in den ersten drei Phasen konkretisierte politische Idee verfassungsrechtlich kodifiziert.[896]

Dieser Prozess, die Phasen des erhöhten verfassungsrechtlichen Bewusstseins, kann in den von der Verfassung vorgesehenen Bahnen des Art. V ablaufen. Nach ACKERMAN ist es aber auch möglich, und dies ist der Kern seiner Verfassungstheorie, dass mittels des beschriebenen vierstufigen Verfahrens dem Art. V gleichwertige Verfassungsänderungen vorgenommen werden, ohne dass sie in verfahrensrechtlicher Hinsicht den Vorgaben des Art. V gefolgt sind und sogar ohne dass sie sich textausdrücklich in der Verfassung wieder finden müssen. ACKERMAN charakterisiert derartige informale Verfassungsänderungen, also die besondere Form des *higher lawmaking* als „revolutionary reforms,“[897] oder „constitutional moments,“[898] wobei er diese aber noch, im Gegensatz zur Radikalität einer Revolution, als verfassungslegal qualifiziert. Die „revolutionary reforms“ stehen damit zwischen einer förmlichen Verfassungsänderung im Rahmen des Art. V und einer von der Verfassung nicht mehr legitimierten Revolution.

Die Absicherung und Durchsetzung solcher informalen Verfassungsänderungen, die „preservationist function,“[899] soll dabei dem *Supreme Court* obliegen.[900] Wurde der Gehalt des *constitutional moment* nicht in der Verfassung schriftlich festgehalten, ist es zunächst Aufgabe des *Supreme Court* zu erkennen, dass ein *constitutional moment* stattgefunden hat und zu bestimmen, zu welchen inhaltlichen Änderungen er geführt hat. Unmittelbar nach diesem Prozess beginnen die

---

[896] ACKERMAN, We the People: Foundations, S. 288ff., ders., We the People: Transformations, S. 57ff..

[897] ACKERMAN, We the People: Foundations, S. 19.

[898] ACKERMAN verwendet diesen Begriff z.B. in We the People: Transformations, S. 160, 346, 409, 410. Von “failed constitutional moments” spricht ACKERMAN z.B. in We the People: Foundations, S. 267 und We the People: Transformations, S. 248. In der rezensierenden Literatur hat sich daher allgemein der Begriff der *constitutional moments* als Bezeichnung für das *higher lawmaking* außerhalb des in der Verfassung vorgegebenen Änderungsprozesses eingebürgert.

[899] ACKERMAN, We the People: Foundations, S. 10.

[900] ACKERMAN, 99 Yale L.J. 453, 515ff. (1989), ders., We the People: Foundations, S. 9f., 60ff., 86ff., 288ff.. Zudem kündigt ACKERMAN an, diese Funktion im dritten Werk seiner Triologie, das voraussichtlich “We the People: Interpretations” tituliert sein wird, näher zu erörtern, vgl. ACKERMAN, We the People: Foundations, S. 162, ders., We the People: Transformations, S. 349.

Gerichte auf der fünften Stufe mit einer Synthese.[901] Sie sind von ACKERMAN mit der Aufgabe betraut, die neuen Regeln miteinander in einen Ausgleich zu bringen und ein widerspruchsfreies Gesamtgefüge herzustellen.[902] Mit zunehmendem Zeitablauf bilden sich dann die zunächst nur partikularen Synthesen zur „richtigen" Synthese fort.[903] Der Unterschied solcher von der Rechtsprechung synthetisierten „revolutionary reforms" zum „bloßen" Verfassungswandel in Form des informellen Bedeutungswandels liegt dabei nach ACKERMAN vor allem darin begründet, dass die so geformten textlosen Verfassungsänderungen nicht wieder durch die Rechtsprechung geändert werden dürfen. Die ungeschriebenen Verfassungsänderungen stehen der geschriebenen Verfassung gleich und sind damit der Disposition einer wandelnden Rechtsprechung entzogen. ACKERMAN bezeichnet sie daher auch als „functional equivalents of Article Five amendments."[904]

Anhand dieser Grundideen untersucht ACKERMAN die Verfassungsgeschichte der Vereinigten Staaten und kommt zu dem Ergebnis, dass bisher drei solcher Phasen, in denen das Volk verfassungsändernde Entscheidungen getroffen hat, stattgefunden haben. Die erste „revolutionary reform" ereignete sich nach ACKERMAN bereits bei und mit der Entstehung der Verfassung von 1787. Die im Vergleich zu den Konföderationsartikeln nicht mehr staatenbündnerisch ausgeprägte Verfassung, deren Entwicklung begleitet war von der Verabschiedung der *Bill of Rights*, bildet den ersten *constitutional moment* der Verfassungsgeschichte. Der zweite *constitutional moment* ist nach der Analyse von ACKERMAN im Erlass der *Reconstruction Amendments* zu sehen.[905] Der vorerst letzte Fall[906] des *higher lawmaking* soll im Übergang zum Wohlfahrtstaat während des *New Deal* liegen.[907] Dieser hat sich im Gegensatz zu seinen beiden Vorgängern nicht textausdrücklich in der Verfassung niedergeschlagen, sondern wurde durch einen

---

901 ACKERMAN, We the People: Foundations, S. 94ff., ders., We the People: Transformations, S. 64f..

902 ACKERMAN, We the People: Foundations, S. 131ff..

903 ACKERMAN, We the People: Foundations, S. 86ff..

904 ACKERMAN, We the People: Transformations, S. 361, vgl. auch S. 26, 269f..

905 ACKERMAN, We the People: Foundations, S. 44ff., ders., We the People: Transformations, S. 110ff.. Vgl. zu den *Reconstruction Amendments* Teil I: D. III., S. 27ff..

906 Jüngst diskutierte ACKERMAN allerdings auch die Unterzeichnung des NAFTA und GATT durch eine einfache Mehrheit des Repräsentantenhauses und des Senats, obwohl gem. Art. II, § 2, cl. 2 für die Unterzeichnung völkerrechtlicher Verträge eine Zweidrittelmehrheit im Senat vorgeschrieben ist, als mögliches viertes „structural amendment," welches aus dem Zweiten Weltkrieg und der Nachkriegszeit hervorging, vgl. ACKERMAN/GOLOVE, 108 Harv. L. Rev. 799, 873ff. (1995).

907 ACKERMAN, We the People: Foundations, S. 47ff., ders., in: Levinson (Hrsg.), Reponding to Imperfection, S. 63, 79ff., ders., We the People: Transformations, S. 312ff..

Rechtsprechungswechsel des *Supreme Court* dokumentiert, der nun den Staat positiv verpflichtet, aktiv für das soziale Wohlergehen seiner Bürger zu sorgen und damit seiner bisher vertretenen Theorie der staatsfreien Sphäre im Bereich der Vertragsfreiheit abschwor.[908]

Gemeinsam ist allen drei Momenten, dass ihre Verfassungslegalität angezweifelt werden könnte. Dies ist bei den ersten beiden *constitutional moments* offensichtlich: Die Verabschiedung der Verfassung von 1787 entgegen den Vorgaben des Art. XIII der *Articles of Confederation*[909] und die Ratifikation des Amend. XIV durch die Südstaaten, welche zur Bedingung für das Wiederlangen der dem Süden genommenen gliedstaatlichen Repräsentation im nationalen Kongress erhoben wurde,[910] beruhen beide auf zweifelhafter oder zumindest umstrittener Grundlage. Und auch der die *New Deal*-Gesetzgebung nun unterstützende Rechtsprechungswechsel, den ACKERMAN als dritten *constitutional moment* ausgibt, kam erst nach dem von Präsident ROOSEVELT dem *Supreme Court* angedrohten *court packing*-Plan zustande. Die *court packing bill* sah vor, dass im Rahmen bestimmter Höchstgrenzen für jeden Bundesrichter, der seit mindestens 10 Jahren im Amt und über siebzig Jahre alt war, ein weiterer Richter vom Präsidenten vorgeschlagen und mit Zustimmung des Senats ernannt werden sollte. Damit hätte die Exekutive das Gericht durch zusätzliche Richterberufungen in großem Maße beeinflussen können, denn sechs Richter des *Supreme Court* wären zu diesem Zeitpunkt von dem Gesetzentwurf betroffen gewesen.[911] Keine zwei Monate nach ROOSEVELTS Ankündigung der Reform des Gerichtswesens wechselte *Justice* OWEN ROBERTS im *Supreme Court* die Seiten und stimmte im Urteil West Coast Hotel Co. v. Parrish[912] erstmals mit der „Roosevelt-Fraktion," was zu dem berühmt gewordenen Ausspruch „a switch in time saved nine" geführt hatte. Die Kausalität des *court packing*-Plans für die Kehrtwendung in der Rechtsprechung ist zwar nicht ganz eindeutig, da sich ROBERTS Sinneswandel

[908] Die dogmatische Grundlage für die zunächst zurückhaltende Rechtsprechung bietet der Entscheid Lochner v. New York, 198 U.S. 45 (1905). Ausgehend von dieser Entscheidung spricht man auch von der „Lochner Ära," in welcher der *Supreme Court* ein am laissez-faire Prinzip orientiertes Ideal des Wirtschaftens vertrat. Den Rechtsprechungswechsel markiert das Urteil West Coast Hotel Co. v. Parrish, 300 U.S. 379 (1937), mit dem die *New Deal* Gesetzgebung von Präsident ROOSEVELT vom Gericht abgesegnet wurde.

[909] Vgl. dazu bereits Teil I: A. IV., S. 11ff..

[910] Vgl. zur Entstehungsgeschichte Teil I: D. III. 2.), S. 28ff. und zu den verschiedenen Theorien zur Legalität der *Reconstruction Amendments* den sehr ausführlichen Aufsatz von HARRISON, 68 U. Chi. L. Rev. 375, 375ff. (2001) und ferner FERNANDEZ, 39 S. Cal. L. Rev. 378, 378ff. (1966); CALL, 13 Baylor L. Rev. 1,1 ff. (1961); SUTHON, 28 Tul. L. Rev. 22, 40ff. (1953).

[911] Vgl. dazu NOWAK/ROTUNDA, Constitutional Law, § 2.6, S. 32ff..

[912] West Coast Hotel Co. v. Parrish, 300 U.S. 379 (1937).

bereits zuvor abgezeichnet hatte, aber zumindest eine beschleunigende Kraft kann dem Gesetzentwurf nicht abgesprochen werden.[913] Die Möglichkeit des Präsidenten, durch Richterernennungen die Rechtsprechung zu beeinflussen, bezeichnet ACKERMAN als „transformative appointment," welches zwar einer Verfassungsänderung nicht gleichgestellt werden kann, im Fall der ROOSEVELT Ära unter den besonderen Umständen nach ACKERMANS Ansicht aber sehr wohl einer solchen äquivalent war.[914]

Als Ergebnis seiner Ausarbeitungen schlägt Ackerman als mögliche Kodifizierung einer seiner neuen, modernen Formen von Verfassungsänderungen folgende als „Popular Sovereignty Initiative" titulierte Ergänzung des Art. V vor, von der seine Theorie der *constitutional moments* jedoch nicht abhängen soll:

> „During his or her second term in office, a President may propose constitutional amendments to the Congress of the United States; if two-thirds of both Houses approve a proposal, it shall be listed on the ballot at the next two succeeding Presidential elections in each of the several states; if three-fifths of the voters participating in each of these elections should approve a proposed amendment, it shall be ratified in the name of the People of the United States."[915]

Das Ratifikationsrecht überträgt ACKERMAN damit quasi einem Volksreferendum. Dieses hält er dafür geeignet, die in der dritten Phase seiner Theorie festzustellende „tiefe und breite" Unterstützung des Volkes zu ermitteln.[916] Auf eine bestimmte Form für alle weiteren möglichen *Amendments outside Art. V* lässt sich ACKERMAN allerdings nicht festlegen, sondern schlägt vielmehr vor ein „common law of higher lawmaking" zu entwickeln.[917]

II. *The Consent of the Governed:*[918] AKHIL REED AMAR

AMAR stimmt mit ACKERMAN grundsätzlich darin überein, dass verfassungslegale Verfassungsänderungen auch außerhalb des in Art. V vorgesehenen Ver-

---

[913] NOWAK/ROTUNDA, Constitutional Law, § 2.6, S. 34 Fn. 16.

[914] ACKERMAN, We the People: Transformations, S. 351ff., 392ff., 405. Vgl. auch ders., We the People: Foundations, S. 52ff., ders., 101 Harv. L. Rev. 1164, 1164ff. (1988).

[915] ACKERMAN, 101 Harv. L. Rev. 1164, 1182 (1988), ders., We the People: Foundations, S. 54f.. Vgl. auch ders., We the People: Transformations, S. 415.

[916] ACKERMAN, 101 Harv. L. Rev. 1164, 1182 (1988), ders., We the People: Foundations, S. 54.

[917] ACKERMAN, We the People: Transformations, S. 17, 30, 66, 205, 232, 246, 252, 270, 360f., 367, 370f., 383ff..

[918] Überschrift eines Aufsatzes von AMAR, 94 Colum. L. Rev. 457 (1994).

fahrens vorgenommen werden können.[919] Auch folgt AMAR der von ACKERMAN im Rahmen seiner *dual democracy* vorgenommen Unterscheidung zwischen „normal“ und „constitutional politics“[920] und legt seiner Theorie ebenfalls das Prinzip der Volkssouveränität zugrunde.[921] Allerdings orientiert sich AMAR stärker an den Vorgaben des Art. V und ergänzt diese nur um zusätzliche verfassungslegale Möglichkeiten, eine Verfassungsänderung zu verabschieden.[922] Im Gegensatz zu ACKERMAN hält er grundsätzlich an der notwendigen Textausdrücklichkeit von Verfassungsänderungen und an dem in Art. V niedergelegten Verfahren fest.[923] Art. V bindet in der Form, die ihm die Verfassungsväter verliehen haben, nach AMAR allerdings nur die gesetzgebenden Organe, nicht aber das Volk selbst.[924] Der Gedanke, welcher die Theorie AMARS trägt, ist damit die Schaffung eines Ausgleichs für den Fall, dass die Repräsentativorgane des Volkes, den Willen desselbigen nicht mehr - oder zumindest nicht mehr in vollem Umfang - umsetzen.[925] AMAR konstruiert damit das Volk selbst als Gegengewalt zum verfassungsändernden Gesetzgeber.[926]

Der Verfassungsrechtler untermauert seine These zunächst mit einer rechtshistorischen Analyse der Verfassungsgebung von 1787. Er widerspricht der von einigen Autoren angenommenen Verfassungswidrigkeit der Verfassung,[927] indem er den Vorgänger, die Konföderationsartikel, nicht als eine nationale Verfassung, sondern als einen völkerrechtlichen Vertrag zwischen souveränen Staaten qualifiziert, da die *Articles of Confederation* in Art. II und III die fortdauernde volle Souveränität der ratifizierenden Einzelstaaten garantierten. Wegen zahlreicher Verstöße gegen diesen völkerrechtlichen Vertrag war dieser,

---

[919] AMAR, 55 U. Chi. L. Rev. 1043, 1048, 1090 (1988).

[920] AMAR, 55 U. Chi. L. Rev. 1043, 1059f., 1090 (1988).

[921] AMAR, 55 U. Chi. L. Rev. 1043, 1054, 1059f., 1091 (1988).

[922] AMAR, 55 U. Chi. L. Rev. 1043, 1060 (1988).

[923] AMAR, 55 U. Chi. L. Rev. 1043, 1048 Fn. 13 (1988). ACKERMANS Konstruktion der "structural amendments" lehnt AMAR ausdrücklich ab. Siehe AMAR, 55 U. Chi. L. Rev. 1043, 1091ff. (1988).

[924] AMAR, 55 U. Chi. L. Rev. 1043, 1055 (1988): "although Article V is best read as the exclusive mode of *governmental* amendment absent participation by the people, it should not be understood as binding the People themselves, who are the masters, not the servants – who are, indeed, the source – of Article V and the rest of the Constitution. Thus, although the Constitution empowers and limits government, it neither limits nor empowers the people themselves." Vgl. auch AMAR, 94 Colum. L. Rev. 457, 459f. (1994), ders., in: Levinson (Hrsg.), Responding to Imperfection, S. 89, 90.

[925] AMAR, in: Levinson (Hrsg.), Responding to Imperfection, S. 89, 90.

[926] Dies an sich ist schon fragwürdig, da nach der herrschenden amerikanischen Verfassungstheorie zu Art. V das Volk ja selbst als verfassungsändernder Gesetzgeber agiert.

[927] Vgl. dazu Teil I: A. IV., S. 12f..

so AMAR, zum Zeitpunkt der Verfassungsgebung entsprechend des zu dieser Zeit rechtsgültigen Völkerrechts nicht mehr bindend und konnte daher legal umgangen werden.[928]

Das eigentliche Problem der Verfassungswidrigkeit der neuen Verfassung von 1787 erblickt AMAR in ihrer Inkongruenz zu den Verfassungen der Einzelstaaten, die 1787 teilweise kein oder aber ein anderes als in Art. V bzw. VII der neuen Verfassung vorgesehenes Verfahren zur Verfassungsänderung inkorporierten.[929] Die Verfassungen der einzelnen damals noch souveränen Staaten müssten daher nach AMAR durch die Ratifikation der Verfassung von 1787 nach Art. VII als verletzt angesehen werden, wenn nicht bereits zum damaligen Zeitpunkt schon eine Parallele zu seiner heutigen Theorie zu Art. V vertreten wurde, nämlich dass auch die Verfassungsänderungsverfahren der Einzelstaatenverfassungen allein für die gesetzgebenden Organe, nicht aber für das Volk der Einzelstaaten verbindlich waren.[930] Anhaltspunkt dafür bietet für AMAR die Übernahme der in der *Declaration of Independence* von 1776 enthaltenen Klausel, dass das Volk zu jeder Zeit seine Verfassung ändern oder abschaffen kann,[931] in einige der neuen nach 1776 erlassenen Gliedstaatenverfassungen.[932] Zudem verweist AMAR als Beweis für diese frühe Anerkennung auf Aussagen zahlreicher zeitgenössischer Rechtsgelehrter und Politiker[933] und verleiht damit seiner Theorie rechtshistorische Wurzeln.

Zur Begründung seiner These zieht AMAR neben der rechtshistorischen Herleitung und Art. VII ferner die Präambel der Verfassung mit ihrer Referenz zu „We the People,“[934] sowie Amend. I,[935] IX[936] und X[937] heran, in deren Zusammenschau er das Prinzip der Volkssouveränität und das Recht des Volkes zur Vornahme einer verfassungslegalen Verfassungsänderung verankert sieht. Auch

---

928 AMAR, 96 Yale L.J. 1425, 1446ff. (1987), ders., 55 U. Chi. L. Rev. 1043, 1048 (1988), ders., 94 Colum. L. Rev. 457, 465f. (1994).

929 AMAR, 94 Colum. L. Rev. 457, 469ff. (1994). Vgl. zu den Verfassungen der Einzelstaaten: Teil II: A. I. 1.), S. 83ff., insbesondere die den Text begleitenden Fußnoten.

930 AMAR, 94 Colum. L. Rev. 457, 470 (1994).

931 In deutscher Sprache abgedruckt in: SCHAMBECK/WIDDER, Dokumente zur Geschichte der Vereinigten Staaten von Amerika, S. 113ff..

932 AMAR, 55 U. Chi. L. Rev. 1043, 1051 (1988).

933 Umfassend dargestellt in: AMAR 94 Colum. L. Rev. 457, 469ff. (1994). Insbesondere stützt sich AMAR auf Zitate von MADISON (94 Colum. L. Rev. 457, 470f. (1994)) und WILSON (94 Colum. L. Rev. 457, 473f. (994)).

934 AMAR, 94 Colum. L. Rev. 457, 489ff. (1994).

935 AMAR, 94 Colum. L. Rev. 457, 493f. (1994).

936 AMAR, 94 Colum. L. Rev. 457, 492ff. (1994).

937 AMAR, 94 Colum. L. Rev. 457, 492ff. (1994).

hierbei bezieht sich AMAR aber, neben auf den Text der Verfassung gestützten Argumenten, der von „rights retained by the people“[938] und „powers reserved to the people“[939] spricht, auf die vorherrschende Verfassungstheorie zum Zeitpunkt der Verfassungsgebung. Obwohl sich AMAR ausdrücklich dagegen wehrt, als Anhänger des *Originalism*[940] bezeichnet zu werden und seine Argumentationsmethode als „structural“ und nicht als historisch bewertet wissen möchte,[941] beschäftigt er sich in seinem Argumentationsstrang doch ausschließlich mit der rechtshistorischen Analyse der zur Begründung herangezogenen Verfassungsvorschriften. Mit Hilfe von zahlreichen Zitaten der Verfassungsväter versucht AMAR zu zeigen, dass bereits diese die Präambel in Beziehung zu Amend. IX und X setzten und sie als Beweis für ein unveräußerliches Recht des Volkes zur Vornahme einer verfassungslegalen Verfassungsänderung angesehen haben.[942]

Seinen konkreten Vorschlag zur verfassungslegalen Verfassungsänderung durch das Volk arbeitet AMAR schließlich anhand des Amend. I und wiederum mittels einer gesetzeshistorischen Analyse aus. Das vom Amend. I gewährleistete Versammlungsrecht setzt AMAR in seinen entstehungszeitlichen Kontext und beruft sich darauf, dass 1789 das Versammlungsrecht als Kernstück das Recht umfasste, in Konventen zusammenzutreten.[943] In dem vom Amend. I gewährten Recht zur friedlichen Versammlung sieht AMAR daher auch das Recht verankert, sich in Konventen zu versammeln, welche Verfassungsänderungen ausarbeiten können.[944] Auch auf Petition der amerikanischen Wähler und nicht nur, wie in Art. V vorgesehen, auf Antrag von zwei Drittel der Gliedstaatenlegislaturen wäre der Kongress daher nach AMAR verpflichtet, einen solchen Konvent einzuberufen.[945] Zudem ergänzt AMAR die in Art. V vorgesehenen Ratifikationsmethoden um die Möglichkeit, einen Revisionsvorschlag mittels eines nationalen

---

938 Amend. IX.

939 Amend. X.

940 Vgl. dazu Teil III: D., S. 377ff.. *Originalism* bezeichnet eine der vorherrschenden Interpretationsformen in den Vereinigten Staaten, die vor allem auf das historisch Gesagte und Gewollte abstellt.

941 AMAR, 94 Colum. L. Rev. 457, 495, Fn. 150 (1994).

942 AMAR, 94 Colum. L. Rev. 457, 489ff. (1994).

943 AMAR, 94 Colum. L. Rev. 457, 493f. (1994). Insbesondere beruft sich AMAR dabei auf die Untersuchung von WOOD, der bemerkte: "conventions [...] of the people [...] were closely allied in English thought with the people's right to assemble." (WOOD, The Creation of the American Republic, S. 312).

944 AMAR, 94 Colum. L. Rev. 493f. (1994), ders., in: Levinson (Hrsg.), Responding to Imperfection, S. 89, 107f..

945 AMAR, U. Chi. L. Rev. 1043, 1065 (1988), ders., 94 Colum. L. Rev. 457, 459 (1994), ders., in: Levinson (Hrsg.), Responding to Imperfection, S. 89, Fn. 1.

Referendums ratifizieren zu lassen und hält für ein solches Verfahren die einfache Mehrheit der teilnehmenden Wähler für ausreichend.[946] In Abgrenzung zur Revolution qualifiziert AMAR diese Methoden der Verfassungsänderung als in der Verfassung selbst angelegt, als „within our Constitution," und damit also als verfassungslegal.[947]

III. Reflexion der Theorien durch die Rechtsprechung

ACKERMAN führt die Entscheidung Coleman v. Miller[948] als Beweis dafür an, dass auch der *Supreme Court* die Möglichkeit von verfassungslegalen *Amendments outside Art. V* offiziell anerkannt hat.[949] In der genannten Entscheidung hat das Gericht jedoch bereits die Zulässigkeit des Verfahrens mit Hilfe der *political question doctrine* verneint und daher in materieller Hinsicht das vor ihm liegende Verfahren gar nicht entschieden.[950] Eine positive Anerkennung verfassungslegaler *Amendments outside Art. V* konnte mithin gar nicht erfolgen. Zudem lässt dieses Urteil auch vermuten, dass der *Supreme Court* sich weigern wird, seiner ihm von ACKERMAN zugewiesenen Funktion der Durchsetzung und Synthetisierung von *constitutional moments* nachzukommen. Eine materielle Entscheidung im Fall Coleman v. Miller hätte den *Supreme Court* wohl zu einer Kehrtwende seiner eigenen Rechtsprechung gezwungen, die er nicht bereit war vorzunehmen. Es ist daher schwer vorstellbar, dass das Gericht seine Rolle als Sprachrohr der *constitutional moments* tatsächlich gewissenhaft wahrnimmt.[951]

Die bereits vor Coleman v. Miller, aber auch die danach gefällten Urteile des *Supreme Court* zu Art. V deuten hingegen eher auf eine ablehnende Haltung des höchsten Gerichts in Bezug auf Theorien hin, die die Exklusivität des Art. V anzweifeln. Der *Supreme Court* hat sich bisher zwar mit keiner der Theorien zu den *Amendments outside Art. V* ausdrücklich befasst. Aus seinen bisherigen Äußerungen zum Verfahren des Art. V kann allerdings entnommen werden, dass er wohl nur die Verfassungsänderung über den Weg des in Art. V niedergelegten förmlichen Änderungsverfahrens als verfassungslegal einstuft, denn dieses hat

[946] AMAR, 94 Colum. L. Rev. 457, 459 (1994), ders., in: Levinson (Hrsg.), Responding to Imperfection, S. 89, Fn. 1.

[947] AMAR, 94 Colum. L. Rev. 457, 499ff. (1994).

[948] Coleman v. Miller, 307 U.S. 433 (1939).

[949] ACKERMAN, 99 Yale L.J. 453, 492ff. (1989), ders., We the People: Transformations, S. 261ff., insbesondere S. 264.

[950] Vgl. zur ausführlichen Darstellung und Diskussion des Urteils Teil III: C. I. 8.), S. 285ff..

[951] Vgl. dazu KLARMAN, 44 Stan. L. Rev. 759, 774 (1992).

er in seinen Entscheidungen bereits mehrmals als exklusiv gewürdigt.[952] Auch die Anmerkung des *Supreme Court* in Ullman v. United States: „Nothing new can be put into the Constitution except through the amendatory process. Nothing old can be taken out without the same process,"[953] ebenso wie die Aussage in Reid v. Covert: „In effect, such construction would permit amendment of that document in a manner not sanctioned by Article V,"[954] sprechen dafür, dass das Gericht andere Verfassungsänderungsverfahren nicht als verfassungslegal qualifizieren würde.

Hinzu kommt, dass sich der *Supreme Court* bereits ausdrücklich mit einigen, auch in den Thesen von AMAR und ACKERMAN eingebundenen und vertretenen, Einzelaspekten möglicher anderer Formen von Verfassungsänderungen, vor allem mit den Verfassungsänderungen durch Referenden, beschäftigt hat und diesen kritisch gegenübersteht.[955] So hat der Gerichtshof ein Gesetz für verfassungswidrig erklärt, welches die Gliedstaatenlegislatur von Ohio dazu verpflichtete, ein verbindliches Referendum vor der Ratifikation eines nationalen *Amendment* durchzuführen.[956] Damit hat sich der *Supreme Court* ausdrücklich gegen die Zulässigkeit plebiszitärer Elemente im Prozess der Verfassungsänderung ausgesprochen.[957] In einer sehr alten Entscheidung hatte der *Supreme Court* zudem festgestellt, dass auch das Volk an die Vorgaben des Art. V gebunden ist und nicht, wie insbesondere AMAR dies vertritt, verfassungslegal andere Wege zur Verfassungsänderung einschlagen kann.[958]

Bei alledem ist zwar zu bedenken, dass die entsprechenden Urteile lange vor der Entwicklung der dargestellten Theorien gefällt worden sind. Eine Bezugnahme zu ihnen seitens des Gerichts ist daher gar nicht möglich gewesen. Umso verwunderlicher ist es jedoch, dass AMAR, dem das Gericht mit seinen Entschei-

[952] City of Boerne v. Flores, 117 S. Ct. 2157, 2168 (1997); U.S. Term Limits, Inc. v. Thornton, 514 U.S. 779, 837f. (1995); United States v. Sprague, 282 U.S. 716, 730ff. (1931); Hawke v. Smith I, 253 U.S. 221, 226f. (1920); Dillon v. Gloss, 256 U.S. 368, 374 (1920); Dodge v. Woolsey, 59 U.S. (18 How.) 331, 348 (1855).

[953] Ullmann v. United States, 350 U.S. 422, 428 (1956).

[954] Reid v. Covert, 354 U.S. 1, 17 (1957).

[955] Vgl. Teil II: C. V. 1.), S. 161.

[956] Hawke v. Smith I, 253 U.S. 221, 225, 231 (1920).

[957] In Hawke v. Smith I, 253 U.S. 221, 227f. (1920) fasste das Gericht zusammen: "The framers of the Constitution might have adopted a different method. Ratification might have been left to a vote of the people, or to some authority of government other than that selected. The language of the article is plain, and admits of no doubt in its interpretation. It is not the function of courts or legislative bodies, national or state, to alter the method which the Constitution has fixed."

[958] Dodge v. Woolsey, 59 U.S. (18 How.) 331, 348 (1855). Vgl. Teil II: C. V., S. 160ff..

dungen den Weg für seine „populären Verfassungsänderungen" in sehr ausdrücklicher Weise abgeschnitten hat,[959] zu diesen Urteilen keine Stellung bezieht. Die Möglichkeit, Revisionsvorschläge durch ein Volksreferendum mit einfacher Mehrheit ratifizieren zu lassen, bildet schließlich eine von AMAR selbst vorgeschlagene zwingende Folge seines Konzeptes. Im Ergebnis ist daher die Anerkennung der hier dargestellten Theorien durch den *Supreme Court* unwahrscheinlich.[960]

IV. Reflexion der Theorien durch die Literatur

1.) Inhaltliche Kritik

Obwohl die Arbeiten von ACKERMAN und AMAR die amerikanische Verfassungslehre in Aufruhr versetzt haben, - in den letzten fünfzehn Jahren wurden viele kritisierende Schriften,[961] aber auch in Teilen befürwortende Werke[962] veröffentlicht - konnten sie letztendlich nicht überzeugen.

---

[959] Vgl. Dillon v. Gloss, 256 U.S. 368, 374 (1920).

[960] Diese Einschätzung teilen MONAGHAN, 96 Colum. L. Rev. 121, 128 (1996) und PRICE 48 Syracuse L. Rev. 139, 153 (1998).

[961] DOW, 76 Iowa L. Rev. 1 (1990), ders., in: Levinson (Hrsg.), Responding to Imperfection, S. 122; TRIBE, 108 Harv. L. Rev. 1221, 1221ff. (1995), ders., American Constitutional Law, S. 106; FLEMING, 65 U. Chi. L. Rev. 1513, 1513ff. (1998); FISHER, 59 U. Chi. L. Rev. 955, 964ff. (1992); KLARMAN, 44 Stan. L. Rev. 759, 749ff. (1992); GERHARDT, 40 Wm. & Mary L. Rev. 1731, 1731ff. (1999); DENNING, 65 Tenn. L. Rev. 155, 183ff. (1997); VILE, 21 Cumb. L. Rev. 271, 271ff. (1991); PRICE, 48 Syracuse L. Rev. 139, 148ff. (1998); TORKE, 4 Widener J. Pub. L. 229, 249ff. (1994); TIERNEY, in: Andenas (Hrsg.), The Creation and Amendment of constitutional Norms, S. 357, 372f.; ISHIKAWA, 44 Clev. St. L. Rev. 303, 311ff. (1996); MONAGHAN, 96 Colum. L. Rev. 121, 121ff. (1996); SHERRY, 105 Harv. L. Rev. 918, 923ff. (1992); LANDRY, 47 U. Miami L. Rev. 267, 281ff., insbesondere 286ff. (1992); BAKER, 10 Widener J. Pub. L. 1, 3 Fn. 10 (2000); BRYANT, 26 Harv. L.J. & Pub. Pol'y 501, 545ff. (2003); MCGINNIS/RAPPAPORT, 80 Tex. L. Rev. 703, 794f. (2002); KING, 2 U. Pa. J. Const. L. 609, 613ff. (2000).

[962] SHERRY, 105 Harv. L. Rev. 918, 920ff. (1992); POWE, 15 Const. Comment. 547, 570 (1998); TORKE, 26 Ind. L. Rev. 677, 690 (1993); LEVINSON, 8 Const. Comment. 409, 429 (1990); POPE, 139 U. Pa. L. Rev. 287, 304 (1990); TUSHNET, 61 U. Colo. L. Rev. 39, 48ff. (1990); FISHER, 59 U.Chi. L. Rev. 955, 962 (1992); LES BENEDICT, 108 Yale L.J. 2011, 2038 (1999); WINTER, 78 Cal. L. Rev. 1441, 1515 (1990). Einen eigenen, aber sehr ähnlichen Vorschlag entwickelt: ORENTLICHER, 59 Wash. Lee L. Rev. 713, 759ff. (2002). Er befürwortet die Möglichkeit, im Fall eines Interessenkonfliktes der bei der Einführung einer Verfassungsänderung beteiligten Institutionen – z.B. bei der Kompetenzminimierung des Kongresses - eine Verfassungsänderung außerhalb des Art. V mittels eines Volksreferendums herbeiführen zu können.

Die Vorschläge beider Verfassungstheoretiker für eine durch das Volk vorgenommene Verfassungsänderung sind deshalb so provokant, weil sie zu allen in Art. V für eine Verfassungsänderung niedergelegten Prinzipien konträr laufen. ACKERMAN und AMAR beziehen nicht nur das Volk in den Änderungsprozess ein, sondern kreieren für das Revisionsverfahren durch das Volk ganz neue Maßstäbe. Art. V trägt vor allem föderalen Aspekten Rechnung. Gliedstaaten und Bund stehen beim Verfahren der Verfassungsänderung gleichermaßen in der Verantwortung. Ganz bewusst hatte sich der Verfassungskonvent von 1787 gegen die Eingliederung plebiszitärer Elemente ausgesprochen.[963] Vielmehr sollten die Staatenlegislaturen Verfassungsänderungen initiieren und auch ratifizieren können. Konträr läuft das Konzept AMARS insbesondere auch gegen die Auffassung, einschneidende Änderungen mit der Qualifikation einer Zweidrittelmehrheit zu belegen, denn nach AMAR reicht im Gegensatz zu den Vorgaben des Art. V eine einfache Bevölkerungsmehrheit für die Zustimmung zu einer Verfassungsänderung aus. Die von ACKERMAN und AMAR vorgeschlagenen Änderungstheorien orientierten sich nicht an den in Art. V verkörperten Prinzipien und beruhen damit nicht mehr nur auf einer bloßen Fortschreibung des in Art. V konzipierten Verfahrens.

Ihrer Weiterentwicklung wird aber trotz der harschen Kritik nicht zuletzt deshalb größte Aufmerksamkeit gezollt, weil mit ihnen versucht wurde, zwei der umstrittensten Probleme der amerikanischen Verfassungstheorie, das *dead hand*-Problem und die *counter-majoritarian difficulty*, einer neuen Lösung zuzuführen.

Das *dead hand* Problem wird oftmals eng verwoben mit der Verfassungstheorie des *Originalism*[964] diskutiert, ist aber nicht ausschließlich ein Problem der Interpretationsmethode.[965] Unter dem Begriff *dead hand* wird in der amerikanischen Literatur die bereits auf THOMAS PAINE und THOMAS JEFFERSON zurückgehende[966] Frage behandelt, wie die generationenübergreifende Verbindlichkeit der Verfassung mit dem Prinzip der Volkssouveränität zu vereinbaren ist.[967] Oder anders: Wie lässt sich die Zustimmung der Regierten mit der Vorwegnah-

---

[963] Vgl. Teil II: A. V., S. 101ff..

[964] Vgl. dazu Teil III: D., S. 377ff..

[965] Vgl. MCCONNELL, 66 Geo. Wash. L. Rev. 1127, 1127ff. (1998).

[966] Vgl. zu THOMAS JEFFERSON: Teil II: D. I. 1.) a.), S. 164f.. Schon vor JEFFERSON schrieb auch THOMAS PAINE: „Every age and generation must be free to act for itself, in all cases, as the ages and generations which preceded it." (Zitiert von RUBENFELD, in: Alexander (Hrsg.), Constitutionalism, S. 194, 195 Fn. 4.)

[967] Vgl. z.B. TUSHNET, 96 Harv. L. Rev. 781, 787 (1983); KLARMAN, 70 S. Cal. L. Rev. 381, 381ff. (1997); MCCONNELL, 66 Geo. Wash. L. Rev. 1127, 1127ff. (1998); RUBENFELD, in: Alexander (Hrsg.), Constitutionalism, S. 194, 194ff.

me einer späteren Zustimmung durch eine verfassunggebende Versammlung vereinbaren?[968]

ACKERMAN beantwortet diese Fragen indirekt, indem er auf unterschiedliche Weise dem Volk zu jeder Zeit ein verfassungslegales Recht zubilligt, auch ohne Einhaltung der dafür in der Verfassung vorgesehenen Form, die Verfassung nach seinen Wünschen zu ändern. Da er damit das Verbindlichkeitsargument entkräftet, muss er auch dem *dead hand* Problem in seiner Verfassungstheorie keine größere Aufmerksamkeit widmen.[969] Gleiches gilt im Prinzip für AMAR, der jedoch auch gerade zu diesem Problempunkt ausführlich Stellung bezieht.[970]

Für die amerikanische Verfassungstheorie von noch viel größerer Bedeutung ist die Auseinandersetzung mit der eng mit dem *dead hand* Argument verbundenen, teilweise auch mit ihr gleichgesetzten oder als notwendige Folge gesehenen[971] Problematik der *counter-majoritarian difficulty*. Mit ihr wird der spätestens seit ALEXANDER BICKELS „The least dangerous Branch"[972] in der amerikanischen Verfassungstheorie wieder im Mittelpunkt stehende Streit um die Aufgabe und Funktion des *Supreme Court* umschrieben. Es wird insbesondere eine Rechtfertigung dafür gesucht, dass demokratische Mehrheiten durch Richter, die nicht gewählt, sondern auf Lebenszeit ernannt werden,[973] beschränkt werden können.[974] Die Ausübung und Ausdehnung verfassungsgerichtlicher

---

968 HOLMES, Passions and Constraint, S. 134f..

969 Vgl. ACKERMAN, We the People: Foundations, S. 316f..

970 AMAR, 55 U. Chi. L. Rev. 1043, 1072ff. (1988).

971 BRUGGER, Demokratie, Freiheit, Gleichheit, S. 183.

972 BICKEL, The least dangerous Branch, S. 16ff..

973 Zur Erläuterung der Richterwahl, vgl. Teil III: D. I. 1.) a.), S. 382.

974 Einen guten Überblick über den StreitStand bietet WARD, 18 J.L. & Pol. 851, 851ff. (2002). Detaillierter sind die Studien von FRIEDMANN, vgl. z.B. FRIEDMANN, 73 N.Y.U. L. Rev. 333, 333ff. (1998), ders., 148 U. Pa. L. Rev. 971, 971ff. (2000), ders. 112 Yale L.J. 153, 153ff. (2002); ferner CHEMERINSKY, Interpreting the Constitution, S. 11ff.; YINGLING, 15 J.L. & Pol. 81, 92ff. (1999) und aus deutscher, rechtsvergleichender Sicht: HWANG, Verfassungsgerichtlicher Jurisdiktionsstaat?, S. 61ff.. Die Auflösung des Spannungsverhältnisses zwischen verfassungsgerichtlicher Kontrolle und Demokratie ist eines der ältesten Probleme amerikanischer Verfassungstheorie. Vgl. CHOPER, Judicial Review and the national political Process, S. 4: „Reconciling judicial Review with American representative democracy has been the subject of powerful debate since the early days of the Republic." Der Klassiker zu diesem Problemkreis für die heutige Diskussion bleibt jedoch BICKEL, The least dangerous Branch, S. 16ff..

Kontrolle wird im potentiellen Spannungsfeld mit der demokratischen Selbstkontrolle verortet und kritisiert.[975]

ACKERMAN löst das Problem der *counter-majoritarian difficulty*, indem er das Volk nicht als Gegengewicht zur verfassungsgerichtlichen Rechtsprechung sieht, sondern den *Supreme Court* als Durchsetzungsinstrument für die vom Volk initiierten Änderungen konstruiert. Er versucht das Spanungsverhältnis zwischen verfassungsgerichtlicher Kontrolle und Demokratie aufzulösen,[976] indem er den *Supreme Court* im Rahmen seiner Theorie der *dual democracy*[977] mit der Aufgabe betraut, die vom Volk in den *constitutional moments* getroffenen Entscheidungen durchzusetzen und für die Zukunft zu konservieren.[978] In Zeiten der „normal politics“ findet die verfassungsgerichtliche Kontrolle der Repräsentative des Volkes damit ihre Rechtfertigung in der Absicherung des materiellen Gehalts der *constitutional moments*. Die Entwicklung des verfassungslegalen, gleichberechtigt neben Art. V stehenden, zusätzlichen Revisionsverfahrens erscheint damit nur als ein Nebenprodukt seiner Theorie der *dual democracy*, geschaffen, um Volkssouveränität und verfassungsgerichtliche Kontrolle in Ausgleich zu bringen.

Mit der funktionalen Bestimmung verfassungsrichterlicher Tätigkeit kann ACKERMAN zwar den anti-demokratischen Vorwurf weitgehend entkräften.[979] Allerdings ist sein dadurch gefundenes Gleichgewicht von Demokratie und Rechtsprechung rückwärtsgewandt, da er die Vergangenheit als verbindlichen

---

[975] Vgl. zu dieser Zusammenfassung der *counter-majoritarian difficulty* BRUGGER, Demokratie, Freiheit, Gleichheit, S. 217.

[976] WEISER, 68 N.Y.U. L. Rev. 907, 911 Fn. 24 (1993); BARNETT, 103 Colum. L. Rev. 111, 130 (2003).

[977] Eine genauere Untersuchung des gesamten Konzepts von ACKERMAN würde den Rahmen dieser Dissertation sprengen und ist auch für die Diskussion des Art. V nicht erforderlich. Es sei jedoch angemerkt, dass die Qualifizierung des Demokratiemodells ACKERMANS als „dual“ eigentlich nicht gerechtfertigt ist, denn es lässt den Einzelnen nur äußerst selten zu Wort kommen. Nach der Analyse ACKERMANS hat das Volk erst in drei Fällen der Verfassungsgeschichte tatsächlich entschieden, denn „during normal politics, the People simply do not exist.“ Vgl. ACKERMAN, We the People: Foundations, S. 263 und zur Kritik FLEMING, 65 U. Chi. L. Rev. 1513, 1514 (1998).

[978] ACKERMAN, 99 Yale L.J. 453, 515ff. (1989), ders., We the People: Foundations, S. 9f., 60ff., 86ff., 288ff.. Zudem kündigt ACKERMAN an, diese Funktion im dritten Werk seiner Triologie, das voraussichtlich "We the People: Interpretations" tituliert sein wird, näher zu erörtern. Vgl. ACKERMAN, We the People: Foundations, S. 162, ders., We the People: Transformations, S. 349.

[979] SCHEFER, Konkretisierung von Grundrechten durch den U.S.-Supreme Court, S. 280.

Maßstab für die Verfassungsrechtsprechung der Gegenwart anerkennt.[980] Gerade diese Aufgabenzuteilung an den *Supreme Court* ist es dann auch, welche viele amerikanische Verfassungstheoretiker dazu verleitet, der Arbeit von ACKERMAN zu widersprechen.[981] Abgesehen von dem in der amerikanischen Verfassungstheorie immer wieder erörterten Problem der demokratischen Legitimation der *Supreme Court* Richter, ist dabei vor allem die praktische Umsetzungsmöglichkeit des von ACKERMAN vorgesehenen Wechselspiels zwischen Volk und Gericht Gegenstand der Diskussion.[982]

In der Tat erscheint das von ACKERMAN konstruierte System des *higher lawmaking* unter Einbeziehung der Rechtsprechung des *Supreme Court* wenig funktionsfähig. Es wird nicht klar ersichtlich, wie die Durchsetzung eines *constitutional moment* durch von ACKERMAN so benannte *transformative opinions*[983] von einem informalen Bedeutungswandel durch den *Supreme Court* abzugrenzen ist. Dies ist aber für die Funktionsfähigkeit des von ACKERMAN konstruierten Systems von Bedeutung, denn nur die synthetisierende, nicht aber die wandelnde Rechtsprechung ist einer künftigen Abänderung durch eine der drei Gewalten außerhalb eines neuen *constitutional moment* entzogen. In dieser Hinsicht vermag ACKERMAN keine überzeugenden Antworten zu geben. Zudem ist auch die von ACKERMAN vorgenommene Gleichstellung der drei von ihm benannten *constitutional moments* problematisch. Zum Zeitpunkt der Verfassungsgebung war Art. V noch gar nicht rechtlich verbindlich, so dass die Annahme eines Präzedenzfalls fragwürdig ist.[984] Der zweite *constitutional moment*, die *Reconstruction Amendments*, wurde zumindest formell nach den Vorgaben des Art. V verabschiedet und geben daher auch keine Anhaltspunkte für die Bildung eines „common law of higher lawmaking." Damit bleibt nur die *New Deal* Ära als „reiner" Fall des *higher lawmaking*, bei welchem die von den Richtern gefällten Urteile funktional den formellen Verfassungsänderungen gleichstehen sollen.[985] Es ist daher nicht nur zu bezweifeln, ob überhaupt bereits von einem

---

980 MICHELMANN, 97 Yale L.J. 1493, 1520 (1988), der die von ACKERMAN dem *Supreme Court* zugewiesene Funktion als „autoritär" bezeichnet. Siehe auch SCHEFER, Konkretisierung von Grundrechten durch den U.S.-Supreme Court, S. 281, 309.

981 Während die Konstruktion der *constitutional moments* zumeist kritisiert wird, findet ACKERMANS neu etablierte Interpretationsmethode der „Synthetisierung" hingegen Zuspruch. Vgl. SCHEFER, Konkretisierung von Grundrechten durch den U.S.-Supreme Court, S. 308.

982 Vgl. KLARMAN, 44 Stan. L. Rev. 759, 768ff. (1992).

983 ACKERMAN, We the People: Transformations, S. 368: "texts that gave affirmative doctrinal meaning to the constitutional Revolution under way."

984 GERHARDT, 40 Wm. & Mary L. Rev. 1731, 1746 (1999).

985 ACKERMAN, We the People: Transformations, S. 26, 361.

„common law of higher lawmaking“ gesprochen werden kann,[986] sondern es wird auch nicht deutlich, wie dieses vom *Supreme Court* erkannt und umgesetzt werden soll. Dafür wäre es vor allem notwendig, dass das höchste Gericht sich dieser ihm zugewiesenen Aufgabe bewusst ist. Wie die Analyse der Rechtsprechung gezeigt hat, ist dies jedoch fragwürdig.[987] Die Antwort auf die Frage, wie die synthetisierende Rechtsprechung im Rahmen des *higher lawmaking* von einer „bloß“ wandelnden Rechtsprechung in Zeiten der „normal politics“ zu unterscheiden ist, bleibt ACKERMAN somit – bisher -[988] schuldig.[989]

Noch hinsichtlich eines weiteren Aspektes ist es zu bezweifeln, dass die Theorie ACKERMANS praktisch umsetzbar ist. Nicht nur das Gericht könnte mit der Erkennung, Absicherung und Synthetisierung der *constitutional moments* überfordert sein, sondern auch das Volk als Initiator dieser Verfassungsänderungen.[990] Damit das Volk tatsächlich als Autor der Verfassungsänderungen außerhalb des Art. V in Erscheinung treten könnte, wäre es erforderlich, dass auch dieses den Augenblick eines *constitutional moment* erkennt und dementsprechend, den vier von ACKERMAN vorgeschlagenen Phasen folgend, handelt. Nur so könnte sich diese Form der Verfassungsänderung von der des Art. V unterscheiden, denn auch im Rahmen des Art. V wird das Volk, vertreten durch seine Repräsentativorgane, als Urheber der Verfassungsänderung angesehen.[991] Nach den von ACKERMAN vorgegebenen Phasen wird es aber erst durch eine Rückschau offenbar, ob tatsächlich ein *constitutional moment* stattgefunden hat. Dementsprechend ist es für „The People“ kaum möglich, im Rahmen eines *constitutional moment* bewusst zu handeln. Es ist daher auch nicht verwunderlich, dass es ACKERMAN nicht gelingt, die von ihm für ein *constitutional moment* geforderte Unterstützung der Bürger für die bisherigen populären Verfassungsänderungen tatsächlich nachzuweisen.[992] Er unterlässt es zudem für die Herleitung einer Theorie der Volksbeteiligung die formal nach Art. V ergangenen Verfassungsänderungen zu untersuchen, obwohl gerade diese teilweise ein gutes Beispiel für eine indirekte Volksinitiative im Prozess des *higher lawmaking* bil-

---

986 GERHARDT, 40 Wm. & Mary L. Rev. 1731, 1747 (1999).

987 Vgl. Teil II: E. III., S. 192ff..

988 Es ist jedoch davon auszugehen, dass ACKERMAN wie bereits mehrfach angekündigt, auf diese Frage im dritten Buch seiner Triologie: We the People: Interpretations, eingehen wird. Vgl. ACKERMAN, We the People: Foundations, S. 162, ders., We the People: Transformations, S. 349.

989 So auch PRICE, 48 Syracuse L. Rev. 139, 169ff. (1998).

990 Vgl. dazu SHERRY, 105 Harv. L. Rev. 918, 929f. (1992).

991 Siehe dazu Teil II: C. I. 2.), S. 117ff..

992 Vgl. GERHARDT, 40 Wm. & Mary L. Rev. 1731, 1769ff. (1999).

den; so zum Beispiel das Amend. XVII[993] und das Amend. XXVI.[994] Sie könnten die Lücke in ACKERMANS Theorie schließen helfen und Anhaltspunkte für ein "common law of higher lawmaking" liefern. Allerdings ist zu beachten, dass auch bereits Verfassungsänderungen ergangen sind, die kaum vom Volk beachtet wurden und daher die These ACKERMANS unterwandern. Auch diese Änderungen, wie zum Beispiel Amend. XXVII,[995] bezieht ACKERMAN in seine Untersuchung nicht ein, so dass die Kritik der Unvollständigkeit gerechtfertigt erscheint.[996]

Schließlich macht auch die von ACKERMAN vorgeschlagene vorzunehmende Einführung eines neuen, weiteren Verfassungsänderungsverfahren in seinem Konzept keinen Sinn, widerspricht doch die Einführung eines textausdrücklichen Revisionsprozesses seinem Aufruf, ein „common law of higher lawmaking" zu etablieren. Darüber hinaus bleibt sich ACKERMAN mit dem Vorschlag selbst nicht treu, da er explizit die Einführung eines textausdrücklichen Volksreferendums gegenüber einzelnen Formen seiner vorgestellten Methode der Verfassungsänderung bevorzugt.[997]

Im Ergebnis ist daher die praktische Umsetzbarkeit der These ACKERMANS zu bezweifeln.

2.) Kritik an der Methodenwahl

Auch die von ACKERMAN und AMAR gewählten Mittel zur Herleitung der verfassungslegalen Änderungsverfahren außerhalb des in der Verfassung vorgesehenen Revisionsprozesses sind nicht widerspruchsfrei geblieben.

a.) Die fehlende Textausdrücklichkeit der Exklusivität des Art. V

Beide Autoren verneinen die Exklusivität des Art. V, weil diese nicht selbst textausdrücklich in ihm verankert ist.[998] Implizit fordern sie damit für die impe-

---

993 Vgl. Teil II: C. II. 2.) b.), S. 146ff..

994 ROSEN, 105 Yale L.J. 581, 608 (1995). Vgl. für weitere Beispiele GERHARDT, 40 Wm. & Mary L. Rev. 1731, 1748f. (1999).

995 Vgl. Teil II: C. II. 1.) f.), S. 130ff..

996 GERHARDT, 40 Wm. & Mary L. Rev. 1731, 1748ff. (1999).

997 ACKERMAN, We the People: Foundations, S. 54.

998 ACKERMAN, We the People: Tranformations, S. 15, 72f.; AMAR, in: Levinson (Hrsg.), Responding to Imperfection, S. 89, 90.

rative Geltung einer Verfassungsnorm, dass diese ihren jeweiligen Inhalt für allein verbindlich erklärt. Dies würde jedoch nicht nur zu einem Zirkelschluss führen, denn auch die ausdrückliche Festlegung der Exklusivität könnte durch eine Verfassungsänderung beseitigt werden,[999] sondern ein solches Erfordernis würde auch den allgemein anerkannten Formen möglicher Verfassungsinterpretation zuwiderlaufen, die zumeist zuallererst auf den Text der Verfassung zurückgreifen und weitere Interpretationsmittel als zweitrangig betrachten.[1000] Wenn der Text aber abschließend formuliert ist und die Aufzählung der Vorschriftsbedingungen nicht nur illustrativ erfolgt, ist gerade im Zusammenhang mit Verfassungsvorschriften, zudem mit solchen, die die Stabilität des Staates gewährleisten sollen, ihre Verbindlichkeit und damit auch Ausschließlichkeit zwingend. Verfassungsvorschriften kreieren ein Staatsgefüge, seine Institutionen und Prozesse. Gerade im Rahmen einer Organisationsverfassung, wie die der Vereinigten Staaten, ist es daher von größter Bedeutung, dass Verfassungsnormen für die handelnden Organe nicht nur einen Vorschlag mit Alternativmöglichkeiten bilden, sondern verbindlich sind.[1001] Ansonsten würde der Staat Gefahr laufen, nicht von seiner Verfassung als unangefochtener Krone der Normenhierarchie, sondern von den der Verfassung unterlegenen Organen als obersten Maßstab regiert zu werden,[1002] was seine Funktionsfähigkeit in Frage stellen würde.[1003] Eine Interpretation, wie sie ACKERMAN und AMAR vornehmen, würde dazu führen, dass die kompetenzbegründenden Normen einer Verfassung als oberste Normen in der Normenhierarchie überflüssig würden. Darüber hinaus ist die Argumentation, vor allem bei ACKERMAN, nicht schlüssig. Denn während er die Exklusivität des Art. V verneint, nimmt er sie bei anderen Verfassungsnormen ohne nähere diesbezügliche Erläuterung an.[1004]

---

[999] SCHAUER, in: Levinson (Hrsg.), Responding to Imperfection, S. 145, 158.

[1000] Vgl. dazu TRIBE, 108 Harv. L. Rev. 1221, 1241ff., 1273ff. (1995).

[1001] Clinton v. City of New York, 118 S. Ct. 2091, 2103 (1998); U.S. Term Limits, Inc. v. Thornton, 514 U.S. 779, 806 (1995); Marbury v. Madison, 5 U.S. (1 Cranch) 137, 174 (1803). So bereits STORY, Commentaries on the Constitution of the United States, S. 155: "[...] there can be no doubt, that an affirmative grant of powers [...] will imply an exclusion of all others."

[1002] Vgl. dazu GERHARDT, 40 Wm. & Mary L. Rev. 1731, 1742 (1999).

[1003] DOW, in: Levinson (Hrsg.), Responding to Imperfection, S. 117, 127; PRICE, 48 Syracuse L. Rev. 139, 168f. (1998).

[1004] So nimmt ACKERMAN die Exklusivität der in Art. IV, § 4 verankerten *Republican Guarantee Clause* offensichtlich an. Siehe ACKERMAN, We the People: Transformations, S. 106ff..

b.) Der Umgang mit der Verfassungsgeschichte

Es würde zu weit führen, sich hier im einzelnen mit der äußerst umfangreichen Einbeziehung verfassungsgeschichtlicher Aspekte in die Thesen von ACKERMAN und AMAR auseinanderzusetzen und diese auf ihre Eindeutigkeit hin zu untersuchen, auch wenn der Umgang mit der historischen Interpretation ein Hauptkritikpunkt beider Arbeiten bildet. Hier sollen daher nur einzelne, für den Kontext des Art. V bedeutende, Aspekte herausgegriffen und für die übrigen auf die umfangreiche rezensierende Literatur verwiesen werden.[1005]

aa.) ACKERMAN

ACKERMANS Aufforderung, aus den in der Verfassungsgeschichte bisher hervorgegangenen *constitutional moments* ein „common law of higher lawmaking" zu entwickeln, ist bezeichnend für die von ACKERMAN vorgenommene Interpretation der Verfassungsgeschichte. Er benutzt sie nicht zur Untermauerung eines vorhandenen Rechtsinstituts, sondern leitet das Recht erst aus ihr ab. Aus Beobachtungen verfassungsgeschichtlicher Vorkommnisse entwickelt ACKERMAN ein verfassungslegales Revisionsverfahren. Insofern kehrt er die historische Interpretationsmethode um. Er benutzt sie nicht zur Interpretation des Rechts, sondern gelangt erst über sie zum vermeintlichen verfassungslegalen Recht. Diese Vorgehensweise ist fragwürdig, sollte doch grundsätzlich das Recht als Ausgangs- und nicht als Endpunkt einer positiv juristischen Interpretationsmethode angesehen werden.[1006]

Darüber hinaus ist auch die von ihm rezitierte Verfassungsgeschichte und damit die Grundlage seiner Theorie nicht unbestritten. Zahlreiche Autoren haben ein gegenteiliges Geschichtsverständnis offenbart und versucht, einzelne von ACKERMAN vorgetragene geschichtliche Begebenheiten zu widerlegen oder zumindest anders zu interpretieren. Exemplarisch sei hier auf die Diskussion über die Darstellung der Verfassungsgebung von 1787 verwiesen. ACKERMAN zieht insbesondere die *Federalist Papers*[1007] und Zitate von JAMES MADISON zur Un-

---

[1005] Vgl. zur geschichtlichen Aufarbeitung der Arbeit von ACKERMAN KLARMAN, 44 Stan. L. Rev. 759, 777ff. (1992); FISHER, 59 U. Chi. L. Rev. 955, 964ff. (1992); FLAHERTY, 95 Colum. L. Rev. 523, 579ff. (1995); SHERRY, 105 Harv. L. Rev. 918, 924ff. (1992); GERHARDT, 40 Wm. & Mary L. Rev. 1731, 1753ff. (1999) und zur geschichtlichen Aufarbeitung der Arbeit von AMAR VILE, 21 Cumb. L. Rev. 271, 285ff. (1991); MONAGHAN, 96 Colum. L. Rev. 121, 133ff. (1996).

[1006] Vgl. GERHARDT, 40 Wm & Mary L. Rev. 1731, 1746ff. (1999).

[1007] Die *Federalist Papers* sind als Beweismaterial ohnehin fragwürdig, da sie als Werbekampagne für die Ratifikation der Verfassung dienten (vgl. Teil I: A. III. 3.), S. 11 und Teil II: A.

terstützung seiner Theorie heran und behauptet, dass auch dieser bereits die Möglich- und Notwendigkeit von *constitutional moments* erkannt hat.[1008] Andere der Rechtsgeschichte verbundene Autoren legen hingegen ein ganz anderes Bild der *Federalist Papers* und insbesondere auch eine andere Theorie MADISONS zugrunde. Ihnen zufolge fürchtete MADISON jede Art größerer populärer Bewegungen und favorisierte eine strikt repräsentative Demokratie, die sich jedweden Formen populärer Beteiligung widersetzt.[1009] Anerkannt wurde von ihnen zwar eine Form der *dual democracy*, die zwischen einfachem Recht und Verfassungsrecht unterschied, nicht aber, dass ein Prozess des *higher lawmaking* außerhalb der in Art. V vorgeschriebenen Bahn möglich sei.[1010]

Damit zeigt sich, dass die Grundlagen der Theorie ACKERMANS sowie seine juristische Methodik nicht zweifelsfrei sind. Eine Befürwortung seines Werkes setzt dementsprechend auch die Akzeptanz seiner Methodik und insbesondere seines Geschichtsverständnisses voraus.

bb.) AMAR

Im Gegensatz zu ACKERMAN, der seine Theorie der *constitutional moments* eher auf Beobachtungen der Verfassungspraxis gründet,[1011] beharrt AMAR auf rechtshistorische Wurzeln und stillschweigende Anerkennung seines Konzepts durch die Gründungsväter. Dabei legt AMAR seinen Ausarbeitungen eine historische Auslegung der Ereignisse von 1787 zugrunde, die ebenfalls nicht so eindeutig und unumstritten ist, wie er sie darstellt.

Als erste Referenz nennt AMAR die Verfassungsgebung von 1787. AMAR geht von einem stillschweigenden Konsens des Verfassungskonvents über die immerwährende Möglichkeit des Volkes aus, die Verfassung auf verfassungslegalem Wege außerhalb des Verfahrens des Art. V zu ändern.[1012] Zwar sind seine

---

IV., S. 98ff.) und daher nicht unbedingt immer die wahren Ansichten ihrer Autoren wiedergaben. Die Heranziehung anderer Primärquellen, wie die Aufzeichnungen der Beratungen im Konvent von Philadelphia, lehnt ACKERMAN jedoch ab. Siehe ACKERMAN, We the People: Foundations, S. 88.

[1008] ACKERMAN, We the People: Foundations, S. 179, 182f., 165, 171.

[1009] Vgl. zu dieser Interpretation FISHER, 59 U. Chi. L. Rev. 955, 964f. (1992); KLARMAN, 44 Stan. L. Rev. 759, 777ff., insbesondere 781ff. (1992); SHERRY, 105 Harv. L. Rev. 918, 924ff., insbesondere 926 (1992).

[1010] SHERRY, 105 Harv. L. Rev. 918, 928 (1992); VILE, 21 Cumb. L. Rev. 271, 287 (1991).

[1011] ACKERMAN, We the People: Foundations, S. 40ff., 175ff..

[1012] AMAR, 94 Colum. L. Rev. 457, 474f. (1994).

rechtshistorischen Zitate alle außerordentlich korrekt. Ihnen könnte aber auch eine ganz andere Bedeutung zugemessen werden, als diejenige, die ihnen AMAR auferlegt. Auffällig ist zunächst, dass die von ihm zitierten Aussagen allesamt nicht im Zusammenhang mit den Diskussionen um Art. V fielen. Die Zitate stammen vielmehr aus dem Kontext des Art. VII und den Debatten über die Gliedstaatenverfassungen. Darüber hinaus ist auch AMARS Feststellung, dass das Recht des Volkes „to alter and abolish the Constitution" nur deshalb nicht ausdrücklich in der Verfassung niedergeschrieben wurde, weil dieses im Hinblick auf seine Existenz oder implizite Akzeptanz in den Gliedstaatenverfassung allseits anerkannt war, zu bezweifeln. Warum sonst wurden im Prozess der Verfassungsgebung immer wieder Stimmen laut, dieses Recht textausdrücklich in die Verfassung einzufügen?[1013] Umgekehrt finden sich in der Stunde der Verfassungsgebung nur wenige politische Akteure, die auszusprechen scheinen, was AMAR als stillschweigenden Konsens annimmt. Hauptsächlich beruft sich AMAR auf Aussagen von JAMES WILSON aus Pennsylvania, einem äußerst angesehenen Politiker und Juristen seiner Zeit, und EDMUND PENDLETON, dem Präsidenten des Ratifizierungskonvents von Virignia. WILSON äußerte sich zum Prinzip der Volkssouveränität in folgender Weise:

> „As our constitutions are superior to our legislatures, so the people are superior to our constitutions. Indeed, the superiority, in this last instance, is much greater; for the people possess over our constitutions control in act, as well as right. [...]. The consequence is, that the people may change the constitutions whenever and however they please. This is a right of which no positive institution can ever deprive them."[1014]

Fraglich bleibt bei dieser Aussage jedoch, ob WILSON damit auch die Verfassungslegalität dieses Rechts impliziert hat, welche ja den Kernpunkt der These AMARS bildet. Die AMARS These stützende Aussage PENDLETONS[1015] ist, wie

---

[1013] Anmahnungen für eine solche Festschreibung finden sich in den Ratifikationsdokumenten von Virginia und New York. Siehe Elliot (Hrsg.), The Debates in the several State Conventions on the Adoption of the federal Constitution, Band 1, S. 327ff.. Auch später wurden diesbezüglich Ergänzungen des Art. V vorgeschlagen. Vgl. dazu AMES, The proposed Amendments to the Constitution, S. 293f..

[1014] Elliot (Hrsg.), The Debates in the several State Conventions on the Adoption of the federal Constitution, Band 2, S. 432.

[1015] EDMUND PENDLETON, in: Elliot (Hrsg.), The Debates in the several State Conventions on the Adoption of the federal Constitution, Band 3, S. 37: "We, the people, possessing all power, from government, such as we think will secure happiness: and suppose, in adopting this plan, we should be mistaken in the end; where is the cause of alarm on that quarter? In the same plan we point out an easy and quiet method of reforming what may be found amiss. No,

AMAR auch selbst zugibt,[1016] noch weniger eindeutig als die Stellungnahme von WILSON. Die Deutung, dass bereits die Verfassungsväter ein verfassungslegales Recht des Volkes zur Verfassungsänderung anerkannten, ist daher nicht zweifelsfrei vorzunehmen.

Interessant ist zudem, dass AMAR, obwohl er allgemein sehr ausladend rechtshistorisch argumentiert, der Entstehungsgeschichte von Art. V selbst keine größere Aufmerksamkeit schenkt. Die Diskussionen über das Verfahren des Art. V dokumentieren jedoch, dass mit dieser Vorschrift ganz besonders der vertikalen Gewaltenteilung Rechnung getragen werden sollte und dass man sich ganz bewusst dafür entschieden hat, das Volk nicht in den Änderungsprozess einzubeziehen.[1017] Es erscheint daher zweifelhaft, dass, wie AMAR angibt, die Verfassungsväter annahmen, dass zusätzlich ein Verfahren zur Verfassungsänderung außerhalb des Art. V existiere, welches gerade diese bewusst getroffenen Entscheidungen konterkarrieren würde.

Zudem bildet die Verfassungsgebung von 1787 für AMARS Theorie auch das wichtigste historische Beispiel. Ob dieses Beispiel tatsächlich als eine Vergleichsmöglichkeit zu der These eines verfassungslegalen Änderungsweges außerhalb des Art. V zu dienen vermag, ist jedoch ebenfalls äußerst fraglich. Die Legalität der Verfassungsgebung von 1787 ist - wie bereits in Teil I dargestellt -[1018] keineswegs so unumstritten, wie sie AMAR darzustellen versucht und kann daher auch nicht ohne weiteres zur Unterstützung herangezogen werden. Hinzu kommt, dass in formeller Hinsicht zwischen einer Partial- und einer Totalrevision unterschieden werden sollte und diese nicht ohne weiteres gleichgestellt werden können. Unter diesem Gesichtspunkt erscheint es aber fraglich, ob die Verfassungsgebung noch als eine Partialrevision der Konföderationsartikel angesehen werden kann. In Anbetracht der Umstände und des Umfangs der Revision ist die Verfassungsgebung von 1787 wohl eher als eine Totalrevision zu qualifizieren und kann daher nicht ohne Einschränkung als Beispiel für eine Theorie zu Partialrevisionen herangezogen werden.

Auch in den folgenden, über 200 Jahren Verfassungspolitik und Verfassungsgeschichte hat AMARS auf den Ursprung der Verfassung zurückgeführte These

---

but, say gentlemen, we have put the introduction of that method in the hands of our servants, who will interrupt it from motives of self-interest. What then? [...]. Who shall dare to resist the people? No, we will assemble in Convention; wholly recall our delegated powers, or reform them so as to prevent such abuse; and punish those servants who have perverted powers, designed for our happiness, to their own emolument."

1016 AMAR, 55 U. Chi. L. Rev. 1043, 1056f. (1988).

1017 Vgl. dazu Teil II: A. V., S. 101f. und Teil II: C. V., S. 160ff..

1018 Vgl. dazu bereits Teil I: A. IV., S. 11ff..

keinen Widerhall in Literatur, Rechtsprechung und Politik gefunden. Das Gegenteil bezeugen vielmehr zahlreiche Anträge zur Verfassungsänderung des Art. V, die immer wieder die Einführung eines populären Elements in den Änderungsprozess forderten.[1019]

Das zweite Argument AMARS sind die Verfassungen der Gliedstaaten. Auch dieses Kernstück seiner Argumentation bietet jedoch Angriffsfläche für Kritik. Zum einen ist festzustellen, dass nicht alle Gliedstaatenverfassungen Verfahren für Verfassungsänderungen vorsahen.[1020] Ein Agieren ohne ein formelles Verfahren ist aber grundsätzlich leichter zu rechtfertigen als ein solches entgegen einem explizit vorgeschriebenen Verfahren. Zudem ist der Rückschluss AMARS, dass die Akzeptanz des Verstoßes gegen die Änderungsverfahren der Gliedstaatenverfassungen als Beweis für die Akzeptanz eines Revisionsverfahrens außerhalb der dafür vorgesehenen Vorschriften dienen kann, keineswegs zwingend. Dieses Vorgehen kann gleichzeitig auch als Beweis für die Gegenseite, für die Illegalität und den revolutionären Charakter der Verfassungsgebung, herangezogen werden. Schließlich lässt sich die von AMAR beobachtete Akzeptanz einer solchen Vorgehensweise auf Gliedstaatenebene vor allem dadurch erklären, dass das Agieren im Gliedstaat nur im Rahmen und in den Grenzen der Bundesverfassung erfolgen kann. Die Stabilität der Bundesverfassung erleichtert damit auf Gliedstaatenebene die Durchsetzung von formellen und informellen Änderungen. Da die Bundesverfassung aber nach Art. VI das „supreme law of the land" bildet, würde es bei einer parallelen Vorgehensweise auf Bundesebene keine höhere grenzbietende Autorität geben, welche die Stabilität des Gesamtstaates gewährleisten könnte.[1021]

Drittens ist auch die Argumentation AMARS hinsichtlich der Präambel, Amend. I, IX und X nicht ganz schlüssig. Das Amend. X stellt zwar ausdrücklich Rechte des Volkes fest, allerdings nur insofern sie nicht von der Verfassung bereits delegiert worden sind. Die Kompetenz zur Verfassungsänderung wurde aber gerade durch Art. V den betreffenden Institutionen zugewiesen. Zweifelhaft ist auch die Gleichstellung von „We the People" in der Präambel mit dem in Amend. IX und Amend. X angesprochenen Volk. Amend. IX und Amend. X sollten nachweislich dazu dienen, die Autonomie der Gliedstaaten gegenüber dem Bund weit möglichst zu schützen. Während in der Präambel noch auf das nationale Volk rekurriert wird, beziehen sich die Amend. IX und X damit wohl eher auf das Volk der einzelnen Gliedstaaten. Es sind die Gliedstaaten und nicht

---

[1019] AMES, The proposed Amendments to the Constitution, S. 293f..

[1020] Vgl. dazu Teil II: A. I. 1.), S. 83ff..

[1021] VILE, 21 Cumb. L. Rev. 271, 280 (1991).

das Volk, an welche die *Amendments* adressiert sind. Insofern greift Amend. X in diesem besonderen Fall gar nicht.

Im Ergebnis ist die rechtsgeschichtliche Herleitung der These AMARS daher auf äußerst zweifelhafte Grundlage gestellt. Zwar liefert AMAR für seinen Interpretationsansatz eine Vielzahl rechtsgeschichtlicher Belege, unterschlägt aber, dass seine rechtsgeschichtlichen Quellen durchaus auch eine andere Interpretation zulassen.

V. Ergebnis

Zugute gehalten werden muss sowohl ACKERMAN als auch AMAR, dass sie beide eine neue eigene Verfassungstheorie aufstellen. Verfassungstheorien ist aber ihre breite Anlegung immanent, so dass sie notwendigerweise eine große Angriffsfläche für Kritik bieten. Dies darf bei der Würdigung der kritisierenden Literatur nicht vergessen werden. Zudem setzen sich beide mit den umstrittensten Problempunkten amerikanischer Verfassungstheorie auseinander. Die Darbietung einer allseits anerkannten Lösung kann daher von ihnen kaum erwartet werden. Dies zeigt sich vor allem darin, dass sich auch die rezensierende Literatur in verschiedene Lager aufspalten lässt, welche jeweils andere Schwerpunkte der Theorien in das Zentrum ihrer Kritik setzen. So wird der geschichtlichen Interpretation beider Werke häufig mit den gleichen Argumenten begegnet, welche auch für die Ablehnung der Verfassungstheorie des *Originalism* vorgebracht werden.[1022] Oder aber es wird ACKERMANS Theorie der *dual democracy* abgelehnt, weil die Kritiker Anhänger des insbesondere von ELY vertretenen Monismus sind.[1023] Häufig dringt die Kritik daher gar nicht zu dem hier interessierenden Problemkreis der Existenz eines verfassungslegalen Revisionsverfahrens außerhalb des Art. V durch, da bereits die Säulen für diese Theorie nicht anerkannt werden.

Während die historische Herleitung eines bereits existierenden populären Revisionsverfahrens überzeugend widerlegt werden konnte, setzt sich die amerikanische Rechtswissenschaft allerdings kaum mit der Frage auseinander, ob die Existenz eines solchen Verfahrens überhaupt wünschenswert wäre. Im Wesent-

[1022] Die Interpretation der Werke ACKERMANS als eine dem *Originalism* verbundene und daher kritisch gesehene Theorie erfolgt durch SHERRY, 105 Harv. L. Rev. 918, 928, 933f. (1992); KALMAN, 66 Fordham L. Rev. 87, 93f. (1997); MICHELMAN, 97 Yale L.J. 1493, 1519ff., insbesondere 1521f. Fn. 112 (1988); FLEMING, 11 Const. Comment. 355, 369f. (1995), ders., 65 U. Chi. L. Rev. 1513, 1538f. (1998); FLAHERTY, 95 Colum. L. Rev. 523, 579ff., insbesondere 588 (1995).

[1023] KLARMAN, 44 Stan. L. Rev. 759, 764ff. (1992).

lichen schlagen ACKERMAN und AMAR ja nur eine direkte Volksbeteiligung im Prozess der Verfassungsänderung vor. Es ginge daher hier letztendlich um die Frage der Befürwortung oder Ablehnung eines Volksreferendums im Revisionsprozess. Diese Fragestellung wurde jedoch bisher noch nicht aufgegriffen.[1024]

Im Ergebnis sollte es jedoch dabei bleiben, Art. V als den einzigen verfassungslegalen Weg der Verfassungsänderung anzusehen und andere Änderungswege, die durchaus denkbar und möglich sind, nicht nur als „outside Art. V," sondern auch als „außerhalb der Verfassung" und damit als revolutionär und nicht mehr verfassungslegal zu qualifizieren. Diese Auffassung entspricht auch der vorherrschenden Meinung[1025] in der amerikanischen Verfassungsrechtswissenschaft, die neben ACKERMAN und AMAR nur sehr wenige Vertreter[1026] einer „Nichtexklusivitätstheorie des Art. V" hervorbringt.[1027]

F. Zusammenfassende Beurteilung

I. Statistische Daten zum Revisionsprozess

Bisher gehen alle Verfassungsänderungen auf die Initiative des Kongresses zurück. Die Gliedstaaten konnten ihr Initiativrecht zur Einberufung eines nationalen Verfassungskonvents bislang noch nicht erfolgreich geltend machen. Auch auf der Ratifikationsebene lagen mit Ausnahme des Amend. XXI, welches von Staatenkonventen ratifiziert wurde,[1028] alle Revisionsvorlagen den Staaten-

---

[1024] Mit wenigen Ausnahmen: WEISER, 69 N.Y.U. L. Rev. 907, 922ff. (1993); LANDRY, 47 U. Miami L. Rev. 267, 286ff. (1992). Vgl. auch Teil II: C. V., S. 160ff..

[1025] DELLINGER, 97 Harv. L. Rev. 386, 432 (1983); VILE, 21 Cumb. L. Rev. 271, 274 (1991); SAGER, 19 Harv. J.L. & Pub. Pol'y 275, 276 (1996); KING, 25 Harv. J.L. & Pub. Pol'y 369, 373 (2001); FLEMING, 65 U. Chi. L. Rev. 1513, 1531ff. (1998); DOW, in: Levinson (Hrsg.), Reponding to Imperfection, S. 117, 142; RUBENFELD, in: Alexander (Hrsg.), Constitutionalism, S. 194, 196. Insbesondere vertreten auch die Anhänger eines strikten *Originalism* die Exklusivität des Art. V für Verfassungsänderungen. Vgl. VAN ALSTYNE, 35 U. Fla. L. Rev. 209, 234f. Fn. 66 (1983); BERGER, 63 Tex. L. Rev. 367, 372 (1984).

[1026] Von Bedeutung z.B. noch LEVINSON, 1996 B.Y.U. L. Rev. 611, 613 Fn. 7 (1996) und eine ähnlich Theorie wie die von ACKERMAN vertritt auch RAWLS, Political Liberalism, S. 231ff., insbesondere S. 233. Teilweise ACKERMAN kopierend auch MAZZONE, 90 Iowa L. Rev. 1747, 1836 (2005).

[1027] Eine vergleichbare Diskussion gibt es in Deutschland unter dem Grundgesetz nicht. Dies hängt vor allem damit zusammen, dass aufgrund der Ausführlichkeit des Grundgesetzes, Verfassungstext und Verfassungsrealität sehr viel kongruenter sind als dies in den USA der Fall ist. Vgl. BRUGGER, AöR 126 (2001), 337, 343f., insbesondere Fn. 12.

[1028] Amend. XXI, § 3.

legislaturen zur Ratifikation vor. Von den vier möglichen Verfahren zur Verfassungsänderung dominiert damit eindeutig das Verfahren, welches ausschließlich von den ordentlichen Gesetzgebungsorganen ausgeführt wird: Initiative durch den Kongress und Ratifikation durch die Gliedstaatenlegislaturen.

II. Die Initiative durch den Kongress

Auf Bundesebene gehören zu diesen Organen der Senat und das Repräsentantenhaus mit ihren jeweiligen Justizausschüssen. Nach der Statistik des US-Senats sind bis zum 31. Dezember 2006 11306 Verfassungsänderungsanträge in den Kongress eingebracht worden.[1029] Den Gliedstaaten wurden aber bisher nur 33 Revisionsvorlagen zur Ratifikation übergeben.[1030] D.h. nur 0,3% der Änderungsanträge haben im Vorlageverfahren auch tatsächlich Erfolg. Zu beachten ist allerdings, dass viele Änderungsanträge mehrmals in den Kongress eingebracht werden, und die Statistik des Senats auch solche Mehrfachvorlagen enthält. Genaue Aussagen über die Erfolgsquote eines Änderungsantrags im Kongress lassen sich daher nicht machen. Es bleibt aber festzuhalten, dass die meisten Revisionsvorschläge bereits im Vorlageverfahren scheitern. Die auch nach ihrem Scheitern wiederholt eingebrachten Anträge belegen, dass vom Initiierungsrecht oftmals nicht mit der Intention Gebrauch gemacht wird, eine Verfassungsänderung herbeizuführen, sondern dass dieses in der überwiegenden Mehrheit der Fälle auch als Transmissionsriemen dazu dient, Gegenstände der Tagespolitik auf die Ebene des verfassungspolitischen Diskurses zu heben und ihnen dadurch den Vorteil breiter Resonanz zu sichern.[1031]

III. Die Ratifikation durch die Gliedstaaten

Auf der Ratifikationsebene mussten Revisionsvorschläge in den Anfängen der Vereinigten Staaten von zehn Gliedstaatenlegislaturen ratifiziert werden, um in Kraft treten zu können, d.h. zumindest 20 Gliedstaatenkammern mussten einem *Amendment* zustimmen. Heute ist die Zustimmung von 38 Gliedstaaten erforder-

---

[1029] http://www.senate.gov/pagelayout/reference/three_column_table/measures_proposed_to_amend_constitution.htm.

[1030] Vgl. die Verfassungsrevisionsgeschichte in Teil I: B. bis I, S. 17ff..

[1031] PALMER, Constitutional Amendments, S. 610; ANNAHEIM, Die Gliedstaaten im amerikanischen Bundesstaat, S. 221.

lich. Dabei sind 193 verschiedene Einheiten,[1032] einschließlich der Ausschüsse, am Ratifikationsprozess beteiligt. In 140 dieser Institutionen muss der Änderungsvorschlag zudem in einer Abstimmung angenommen werden.[1033] Trotzdem steigt die Chance des Inkrafttretens einer Verfassungsänderung enorm, wenn sie vom Kongress den Gliedstaaten zur Ratifikation übersandt worden ist. Von 33 den Gliedstaaten vom Kongress bis heute vorgeschlagenen *Amendments* sind 27 ratifiziert und nur sechs abgelehnt worden, d.h. die Ratifikationschance einer Revisionsvorlage liegt bei über 80%.[1034]

Grundsätzlich erfolgt die Ratifikation durch die Gliedstaaten auch sehr zügig. Lässt man den Sonderfall des Amend. XXVII außen vor, wurden Änderungsvorlagen im Durchschnitt in einer Zeit von 617 Tagen von den Gliedstaaten ratifiziert, am schnellsten wurde innerhalb nur 100 Tagen das Amend. XXVI beschlossen, am längsten dauerte mit 1439 Tagen der Ratifikationsprozess des Amend. XXII.[1035] Die Ratifikation erfolgt aber nicht nur schnell, sondern meistens ist auch die Ratifikationsrate sehr hoch und liegt deutlich über der geforderten Dreiviertelmehrheit.[1036]

IV. Kritische Würdigung des Revisionsverfahrens

Wie die Darstellung des amerikanischen Revisionsverfahrens gezeigt hat, ist dieses - abgesehen von den wenigen in Art. V ausdrücklich getroffenen Regelungen - höchst umstritten.[1037]

[1032] Vgl. MARTIN, 9 U. Rich. L. Rev. 271, 286ff. (1975). 46 Gliedstaaten beginnen den Ratifikationsprozess in den Ausschüssen ihrer beiden Gesetzgebungskammern. 184 Institutionen müssen demnach insgesamt in diesen Gliedstaaten der Verfassungsänderung zustimmen. Hinzu kommen die Institutionen von den vier verbliebenen Gliedstaaten: Connecticut, Massachusetts, Arizona und Nebraska. Connecticut arbeitet mit einem *Joint Committee on Constitutional Amendments* und in Massachusetts werden Verfassungsänderungen im *Joint Judiciary Committee* behandelt. In Arizona werden Änderungsvorschläge direkt in den Kammern beraten, ebenso in Nebraska, wobei dort das *Governmental and Military Affairs Committee* wahlweise dazwischengeschaltet werden kann. Vgl. bereits Teil II: C. III. 1.) b.) bb.), S. 155ff..

[1033] BRANNAN/LILLEHAUG/REZNICK, 16 Harv. J. on Legis. 763, 799 (1979).

[1034] Vgl. für die abgelehnten Revisionsvorschläge Anhang B, S. 416f..

[1035] Vgl. Anhang D, S. 420.

[1036] Vgl. Anhang G, S. 425ff.. Andere Zahlen legt SILVA, 4 Law & Soc'y Rev. 445, 452 (1970) ohne Angabe der Quellen zugrunde und kommt zu dem Ergebnis, dass die durchschnittliche Ratifikationsrate sogar bei 93% liegt.

[1037] Vgl. für eine Zusammenstellung offener Fragen MCCLESKEY, 66 Mich. L. Rev. 1001, 1003 (1968).

Zusammenfassend können dabei vier verschiedene Verfassungstheorien zu Art. V mit unterschiedlichen Lösungskonzepten den sehr gespaltenen Meinungen zu einzelnen Problempunkten des Art. V-Verfahrens zugrunde gelegt werden:[1038] 1. „contemporaneous consensus"-Theorie, 2. „congressional power/political question"-Theorie, 3. Vertragsmodell und 4. „concurrent legislation"-Theorie.[1039]

Der Theorie des "contemporaneous consensus"[1040] liegt die Dillon-Rechtsprechung zugrunde. Sie stellt den zeitlichen Aspekt einer Verfassungsänderung in den Vordergrund und hält daher z.B. Ratifikationen von Revisionsvorlagen nicht für unbegrenzt möglich.

Die „congressional power/political question"[1041] Theorie basiert auf der Coleman-Rechtsprechung und spricht dem Kongress alle Kernkompetenzen im Verfahren des Art. V zu, die nicht ausdrücklich in der Verfassungsvorschrift niedergelegt sind. Die Theorie überträgt dem Kongress die endgültige Entscheidungsgewalt über das Verfahren und das Zustandekommen einer Verfassungsänderung. Nach ihr obliegt es beispielsweise allein dem Kongress zu entscheiden, wann und unter welchen Umständen Revisionsvorlagen rechtsgültig ratifiziert wurden.

Das Vertragsmodell[1042] legt Art. V nach Kriterien des Vertragsrechts aus und ähnelt damit der Theorie des zeitlichen Konsenses. Die Revisionsvorlage des Kongresses stellt nach der Vertragstheorie das Angebot und die Ratifikation der Gliedstaaten die Annahme des Angebots dar. In Anwendung der Grundsätze des Vertragsrechts verneint diese Theorie die Möglichkeit der Ratifikationszeitverlängerung, hält auf der Annahmeseite hingegen die Rückgängigmachung von Gliedstaatenratifikationen möglich.

Das von PAULSEN entwickelte Modell der „concurrent legislation" knüpft schließlich an das ordentliche Gesetzgebungsverfahren an.[1043] Es sieht im Revi-

---

[1038] Allerdings bleibt nicht jeder Autor einer einzelnen Theorie treu.

[1039] Diese Einteilung stammt von PAULSEN, 103 Yale L.J. 677, 681f. (1993).

[1040] JAMESON, A Treatise on constitutional Conventions, § 585, S. 634; PLATZ, 3 Geo. Wash. L. Rev. 17, 37 (1934); teilweise auch ISHIKAWA, 24 Hastings Const. L.Q. 545, 595 (1997).

[1041] MILLET, 23 Santa Clara L. Rev. 745, 768 (1983). Eingeschränkt auch TRIBE, American constitutional Law, S. 104f..

[1042] REES, 58 Tex. L. Rev. 875, 880 Fn. 20 (1980); DALZELL/BESTE, 62 Geo. Wash. L. Rev. 501, 523ff. (1994). In der Rechtsprechung hat der *Court of Appeals of Kentucky* die Parallele zum Vertragsrecht gezogen: Wise v. Chandler, 108 S.W.2d 1024, 1034 (1937).

[1043] PAULSEN, 103 Yale L.J. 677, 721ff. (1993). Ähnliche Argumente finden sich auch bei CALHOUN, vgl. Nachweise bei KYVIG, Explicit and authentic Acts, S. 145; ROTTSCHAEFER, Handbook of American constitutional Law, S. 387, 395; GAUGUSH, 35 West. Pol. Q. 212, 215f. (1982). Ähnlich auch ein *Federal District Court*, der das *contemporaneous consensus-*

sionsverfahren zwei aufeinander bezogene, aber grundsätzlich getrennte Gesetzgebungsakte des Kongresses und der Staatenlegislaturen. Daraus folgt, dass der Kongress zwar umfassende Kompetenzen hinsichtlich der Revisionsvorlage hat, diese vor der Ratifikation von 38 Gliedstaatenlegislaturen zurückziehen oder sie mit einer Ratifikationsfrist belegen kann. Gleiches gilt aber hinsichtlich der Ratifikationsphase auch für die Gliedstaaten. Diese können ihre Ratifikation ebenfalls vor dem Inkrafttreten der Verfassungsänderung zurückziehen oder sie nur befristet aufrechterhalten. Überschneiden sich die grundsätzlich getrennten Sphären von Kongress und Gliedstaatenlegislaturen, wie z.B. bei der Verlängerung der Ratifikationsfrist durch den Kongress, ist das Verfahren von vorn zu beginnen, d.h. die Ratifikationszeitverlängerung ist mit einer Zweidrittelmehrheit im Kongress zu verabschieden und danach müssen alle Gliedstaatenlegislaturen erneut ratifizieren. Nur so kann nach PAULSEN die grundsätzlich separate Souveränität der beiden Gesetzgebungskörper aufrechterhalten werden.

Während sich mit diesen vier Theorien nahezu alle Meinungsverschiedenheiten im Hinblick auf das in Art. V niedergelegte Verfahren der Verfassungsänderung erklären lassen, sagen sie nichts über die in jüngerer Zeit wieder erneut diskutierten Fragen zu den materiellen Schranken des Verfahrens und zu den Möglichkeiten verfassungslegaler Verfassungsänderungen *outside Art. V* aus. Auch hier lassen sich die konträren Ansichten zusammenfassend in zwei verschiedene Lager gliedern:[1044] 1. in die Theorie des *Formalism* und 2. in die Theorie des *Non-Formalism*. Die Theorie des *Formalism*[1045] betrachtet den Text des Art. V als Ausgangs- und Endpunkt jeder möglichen Interpretation. Vertreter dieser Ansicht gehen von der Ausschließlichkeit des Art. V aus und verneinen damit sowohl die Existenz ungeschriebener Revisionsschranken als auch die Möglichkeit der *Amendments outside Art. V*. Unter dem Oberbegriff *Non-*

Modell der Dillon-Rechtsprechung abwandelt und das Revisionsverfahren zwischen dem Bund und den Gliedstaaten wie folgt aufteilt: Die Bestimmung, wann eine Ratifikation einer Revisionsvorlage zeiteinheitlich geschehen ist, obliegt dem Kongress. Alle Fragen hinsichtlich des ob der Ratifikation eines einzelnen Gliedstaates liegen hingegen allein in der Kompetenz des betreffenden Gliedstaates. Damit ähnelt das Modell allerdings eher der *concurrent legislation*-Theorie als derjenigen, die aus der Dillon-Rechtsprechung herausgelesen wird. Vgl. State of Idaho v. Freeman, 529 Supp. 1107, 1133f., 1145 (D. Idaho 1981).

[1044] Auch hier gilt jedoch, dass nicht alle Autoren konsequent einer Theorie folgen. Die hier aufgestellten Theorieeinteilungen dienen nur zum besseren Verständnis der dargebotenen Lösungsvorschläge. Der einzige, der konsequent einer einzelnen Theorie folgt, der Theorie des *Formalism*, ist JOHN R. VILE. Siehe VILE, in: Levinson (Hrsg.), Responding to Imperfection, S. 191, 191ff..

[1045] DOW, in: Levinson (Hrsg.), Responding to Imperfection, S. 117, 117ff.; VILE, in: Levinson (Hrsg.), Responding to Imperfection, S. 191, 191ff.; DELLINGER, 97 Harv. L. Rev. 386, 418ff. (1983).

Formalism[1046] lassen sich im Gegensatz dazu diejenigen zusammenfassen, die Art. V nicht als abschließend einstufen, sondern die Existenz ungeschriebener Schranken sowie die Möglichkeit anderer verfassungslegaler Revisionsverfahren außerhalb der Vorgaben des Art. V nicht ausschließen können.

1.) Kritikpunkt: Mangelnde Bestimmtheit des Revisionsprozesses

Die vielen unterschiedlichen Ansichten zu Einzelaspekten des Verfahrens und die aufgezeigten vielen unterschiedlichen verfassungstheoretischen Ansätze zu Art. V, belegen den Revisionsprozess mit einem großen Unsicherheitsfaktor und kratzen an der Legitimität der verabschiedeten Verfassungsänderungen. Nach nahezu jeder Verfassungsänderung wird zunächst ihr verfassungsgemäßes Zustandekommen von ihren Gegnern in Frage gestellt. So bleibt bis heute beispielsweise die Verfassungsmäßigkeit und damit die Frage des Inkrafttretens des Amend. XXVII rechtlich ungeklärt, obwohl sich die Verfassungsänderung in der Verfassungspraxis wohl durchgesetzt hat.[1047] Dies untergräbt nicht nur die Legitimität und die Autorität der Verfassungsergänzungen, sondern hat vor allem auch großen Einfluss auf die mögliche Rolle der Judikative im Revisionsprozess, worauf im folgenden, letzten Teil dieser Arbeit genauer eingegangen wird.

2.) Kritikpunkt: Föderalismus versus repräsentative Demokratie

Der zweiteilige Prozess der Verfassungsänderung verlangt eine Ratifikation der Änderungsvorlage in drei Viertel der Gliedstaaten durch ihre Legislaturen oder, wenn vom Kongress so veranlasst, durch Gliedstaatenkonvente. Die Dreiviertelmehrheit bilden heute 38 Gliedstaaten, wobei die Bevölkerungsdichte in diesen Gliedstaaten gänzlich unberücksichtigt bleibt, obwohl sich die knapp 291 Millionen Einwohner der USA[1048] sehr unterschiedlich auf die einzelnen Gliedstaaten verteilen. In Kalifornien leben zurzeit zum Beispiel 35 484 453 in Wyo-

---

[1046] AMAR, in: Levinson (Hrsg.), Responding to Imperfection, S. 89, 89ff.; ACKERMAN, in: Levinson (Hrsg.), Responding to Imperfection, S. 63, 63ff.; MURPHY, in: Levinson (Hrsg.), Responding to Imperfection, S. 163, 163ff..

[1047] Vgl. zur Diskussion hinsichtlich der Verfassungsmäßigkeit des Amend. XXVII Teil I: I. II., S. 76f., insbesondere Fn. 401 m.w.N. und Teil II: C. II. 1.) f.), S. 130ff..

[1048] Quelle: Population Division, U.S. Census Bureau, Table 1: Annual Estimates of the Population of the United States and States, and for Puerto Rico, abrufbar unter: http://www.census.gov/popest/states/tables/NST-EST2003-01.pdf.

ming aber nur 501 242 Einwohner.[1049] Dennoch haben Kalifornien und Wyoming bei der Ratifikation eines *Amendments* im Hinblick auf das Zustandekommen der erforderlichen Dreiviertelmehrheit jeweils eine Stimme. Gemessen an der Bevölkerungszahl des bevölkerungsreichsten Gliedstaates Kalifornien hat Wyoming als bevölkerungsärmster Gliedstaat damit das 70-fache Stimmengewicht im Verfassungsänderungsprozess.[1050] Delaware hat mit seinen 817 491 Einwohner das 43-fache, Florida mit seinen 17 019 068 Einwohnern hingegen nur das 2-fache Stimmengewicht im Vergleich zu Kalifornien.[1051] Diese Beispiele könnten bezweifeln lassen, ob das Änderungsverfahren heutigen demokratischen Ansprüchen noch genügt.[1052]

Bereits bei der Gestaltung des Revisionsverfahrens im Konvent von Philadelphia waren die föderalen Prinzipien der demokratischen Ausgestaltungsmöglichkeit in jeder Hinsicht vorgezogen worden: Die Entscheidung gegen ein Volksreferendum und die Entscheidung gegen die Gewichtung der Gliedstaaten nach Größe waren aber gleichzeitig auch Entscheidungen für einen föderalen Bundesstaat.[1053]

Die Befürchtungen, die aus der Statistik der Stimmengewichtung im amerikanischen Prozess der Verfassungsänderung erwachsen könnten, dass eine Verfassungsänderung nur von einer Minderheit der Bevölkerung, repräsentiert durch ihre Staatenlegislaturen oder Staatenkonvente, getragen sein könnte, hat sich in der Realität jedoch nicht bewahrheitet. Die ersten, die Dreiviertelmehrheit bildenden, Gliedstaaten, die bisher Änderungsvorlagen ratifiziert haben, haben im Durchschnitt jeweils 78,50% der Bevölkerung repräsentiert.[1054] 87,39% der Be-

---

[1049] Quelle: Population Division, U.S. Census Bureau, Table 1: Annual Estimates of the Population of the United States and States, and for Puerto Rico, abrufbar unter: http://www.census.gov/popest/states/tables/NST-EST2003-01.pdf.

[1050] Vgl. Anhang F, S. 423f..

[1051] Vgl. Anhang F, S. 423f..

[1052] CARMAN, 17 Or. L. Rev. 102, 102ff. (1937-1938); LOEWENSTEIN, Verfassungsrecht und Verfassungspraxis, S. 45; SUBER, 20 J.L. Reform 409, 409ff. (1987).

[1053] Auch in der Bundesrepublik Deutschland war man gezwungen im Änderungsverfahren starke Konzessionen an die Bundesländer zu machen, um das Projekt eines föderalen Bundesstaates nicht zu gefährden. Auch unter dem deutschen Grundgesetz muss eine Zweidrittelmehrheit in dem die Länder repräsentierenden Organ, dem Bundesrat, einer Verfassungsänderung zustimmen. Durch die Stimmengewichtung im Bundesrat nach der jeweiligen Einwohnerzahl des betreffenden Bundeslandes nach Art. 51 II GG hat man dem Problem der Überrepräsentation bevölkerungsschwacher Länder allerdings im Verfahrensbereich die Schärfe genommen. Die Konzession an den Föderalismus ist in Deutschland eher in der Ewigkeitsklausel des Art. 79 III GG zu finden.

[1054] SUBER, 20 J.L. Reform 409, 465 Tabelle 2 (1987) ohne Berücksichtigung des Amend. XXVII: 79,56%. Vgl. Anhang H, S. 435 unter Einbezug des Amend. XXVII.

völkerung waren im Durchschnitt beim Annahmeverfahren von Verfassungsänderungen vertreten, zählt man nicht nur die erforderliche Mehrheit, sondern alle ratifizierenden Gliedstaaten hinzu.[1055] Selbst bei der Ratifikation des Amend XVIII, der Verfassungsänderung bei dem die Bevölkerung am wenigstens vertreten war, übersteigt die Repräsentation zumindest die 50%-Grenze: Zum Zeitpunkt der Ratifikation des Amend. XVIII repräsentierten die ratifizierenden Gliedstaaten 62,51% der Bevölkerung. Beim Amend. XXV waren 1967 70,33% vertreten.[1056] Diese beiden Verfassungsänderungen waren die einzigen, bei denen die Dreiviertelmehrheit der Gliedstaaten nicht zumindest auch drei Viertel der amerikanischen Bevölkerung repräsentierten.

Die andere Seite des Problems ist aber, dass auch nur ein Viertel der Gliedstaaten das Zustandekommen einer Verfassungsänderung blockieren könnten. Auch dies ist bisher jedoch noch nicht vorgekommen. Der vielleicht einzig nennenswerte Fall ist der des *Equal Rights Amendment*. Dieses wurde 1972 den Gliedstaaten zur Ratifikation übersandt, aber nicht von der notwendigen Dreiviertelmehrheit der Gliedstaaten ratifiziert, obwohl die zunächst siebenjährige Ratifikationsfrist auf eine zehnjährige bis zum 30. Januar 1982 ausgedehnt wurde. Zu diesem Zeitpunkt hatten aber nur 35 der 38 erforderlichen Gliedstaaten die Änderungsvorlage ratifiziert.[1057] Die „blockierenden" 13 Gliedstaaten repräsentierten allerdings 29,87%, also sogar mehr als nur ein Viertel der Gesamtbevölkerung.[1058]

Die Szenarien, die teilweise von der rechtswissenschaftlichen Literatur aufgestellt werden, dass im Extremfall 13 Gliedstaaten eine Verfassungsänderung torpedieren könnten, obwohl sie nur 4% der amerikanischen Bevölkerung repräsentieren,[1059] oder dass die 38 bevölkerungsärmsten Gliedstaaten eine Verfassungsrevision ratifizieren könnten, obwohl in ihnen nur knapp 39% der amerikanischen Bevölkerung leben,[1060] sind nach alledem äußerst unwahrscheinlich.

Zudem sollte man auch bedenken, dass dem Ratifikationsverfahren, das Vorschlagsrecht des Kongresses vorgeschaltet ist. Auch in diesem sind zwar die

[1055] SUBER, 20 J.L. Reform 409, 466 Tabelle 2 (1987) ohne Berücksichtigung des Amend. XXVII: 89,12%.

[1056] SUBER, 20 J.L. Reform 409, 466 Tabelle 2 (1987).

[1057] Vgl. Anhang B, S. 417.

[1058] SUBER, 20 J.L. Reform 409, 424 (1987).

[1059] In den 13 bevölkerungsärmsten Gliedstaaten leben 11 717 617 Einwohner, d.h. 4,03% der Gesamtbevölkerung, vgl. Anhang F, S. 423f..

[1060] In den 38 bevölkerungsärmsten Gliedstaaten leben 112 065 159 Einwohner, d.h. 38,51% der Gesamtbevölkerung, vgl. Anhang F, S. 423f..

kleineren Gliedstaaten durch das Stimmrecht im Senat überrepräsentiert.[1061] Allerdings muss sich nicht nur im Senat, sondern auch im ausschließlich nach der Bevölkerungsstruktur zusammengesetzten Repräsentantenhaus eine Zweidrittelmehrheit für die Revisionsvorlage finden. Das demokratische Prinzip wurde im Vorlageverfahren damit sehr wohl berücksichtigt. Es gibt daher keinen zwingenden Grund, warum der zweite Teil des Änderungsprozesses, das Ratifikationsverfahren, nicht allein föderalistischen Prinzipien genügen sollte.

3.) Kritikpunkt: Föderalismus versus Uniformität

Die Rolle der Gliedstaaten im Prozess der Verfassungsänderung ist zumeist die von 38 Einzelakten der Zustimmung, die ein *Amendment* benötigt, um Teil der Verfassung zu werden. Die erforderlichen Mehrheitsverhältnisse für die Ratifikation durch die Staatenlegislaturen hat jeder Gliedstaat einzeln für sich festgelegt. Sie divergieren daher vom Erfordernis einer nur einfachen Mehrheit bis hin zum Erfordernis einer qualifizierten Mehrheit in einer oder in beiden Gesetzgebungskammern des jeweiligen Gliedstaates.[1062] 34 Gliedstaaten, also die überwiegende Mehrheit, verlangen zur Ratifikation nur eine einfache Anwesenheitsmehrheit bei vorhandenem Quorum.[1063] Es kann bezweifelt werden, ob eine einfache Mehrheit zur Bewusstmachung einer tiefgreifenden Änderung, wie sie eine Verfassungsänderung darstellt, ausreicht. Auch ist fragwürdig, ob von „partieller Verfassungsneugebung“ durch das Volk gesprochen werden kann, wenn teilweise nur die Hälfte seiner Repräsentanten einer Verfassungsänderung zugesprochen haben.

Andererseits verstärkt die Verfahrensfreiheit der Gliedstaaten den föderalen Aspekt des Revisionsverfahrens und ermöglicht den Gliedstaaten, den Ratifikationsprozess als Gegengewicht zur vom Kongress verabschiedeten Revisionsvorlage zu dominieren, ohne dabei an uniforme Regeln gebunden zu sein; zumal der Kongress mit der Wahl der Ratifikationsmethode ohnehin bereits großen Einfluss auf den Ratifikationsprozess nehmen kann. Das Recht des Kongresses, die Methode der Ratifikation zu bestimmen, ermöglicht ihm, den Ratifikationsprozess repräsentativ-föderal auszugestalten oder aber ihm, durch die Einberufung von Staatenkonventen zur Ratifikation, einen direkt-demokratischen Charakter zu verleihen.

[1061] Vgl. Anhang E, S. 421f..

[1062] Vgl. dazu Teil II: C. III. 1.) b.) bb.), S. 155ff..

[1063] Vgl. dazu bereits Teil II: C. III. 1.) b.) bb.), S. 155ff., insbesondere Fn. 765.

Dass fast alle *Amendments* von Staatenlegislaturen, nicht aber von Staatenkonventen ratifiziert wurden, betont ebenfalls noch einmal die Dominanz des föderalistischen Prinzips im Revisionsprozess. Die Mitglieder der Staatenlegislaturen sind aufgrund ihrer Haltungen in Gliedstaatenangelegenheiten gewählt worden und – bedingt durch die Aussicht auf eine Wiederwahl - einer gewissen Kontinuität ihrer Handlungen verpflichtet. Sie sind daher prädeterminiert, Gliedstaateninteressen im Ratifikationsprozess zu vertreten. Die gewählten Mitglieder eines Staatenkonvents nehmen hingegen eine nur einmalige Repräsentation wahr und sind demnach eher geneigt, persönliche sowie gesamtstaatliche Interessen im Ratifikationsprozess geltend zu machen.

4.) Kritikpunkt: Der Schwierigkeitsgrad des Art. V-Verfahrens

Abschließend soll einer der Hauptkritikpunkte an Art. V beleuchtet werden: Der Schwierigkeitsgrad des Revisionsverfahrens.[1064] Er wurde bereits direkt nach der Verabschiedung des Art. V durch den Konvent von Philadelphia in den Staatenkonventen von den wenigen seiner Gegner geltend gemacht. PATRICK HENRY bemerkte zum Revisionsartikel im Staatenkonvent von Virginia:

> "Two-thirds of the Congress, or of the state legislatures, are necessary even to propose amendments, but what is destructive and mischievous, is, that three-fourths of the state legislatures, or of the state conventions, must concur in the amendment when proposed! In such numerous bodies, there must necessarily be some designing, bad men. To suppose that so large a number as three-fourths of the states will concur, is to suppose that they will possess genius, intelligence, and integrity, approaching to miraculous. It would indeed be miraculous that they should concur in the same amendments [...]."[1065]

Chief Justice MARSHALL verwies 40 Jahre später auf das Verfahren des Art. V als eine "unwieldy and cumbrous machinery"[1066] und WOODROW WILSON kritisierte 1885: „It would seem that no impulse short of the impulse of self-preservation, no force less than the force of revolution, can nowadays be expec-

[1064] GRIFFIN, in: Levinson (Hrsg.), Responding to Imperfection, S. 37, 60, ders., in: Eskridge/Levinson (Hrsg.), Constitutional Stupidities, constitutional Tragedies, S. 51, .53; wohl a.A.: HOLMES, Passions and Constraint, S. 155.

[1065] Elliot (Hrsg.), The Debates in the several State Conventions on the Adoption of the federal Constitution, Band 3, S. 49.

[1066] Barron v. Mayor and City Council of Baltimore, 32 U.S. (7 Pet.), 243, 250 (1833).

ted to move the cumbrous machinery of Article V."[1067] In einer politischen Studie von DONALD LUTZ zu den Revisionsverfahren von 32 Staaten der Welt nimmt die USA den ersten Platz bezüglich des Schwierigkeitsgrads ihres Verfassungsänderungsverfahrens ein.[1068] Die allgemeine Unzufriedenheit mit den prozessualen Hürden der Verfassungsänderung lässt sich auch an den zahlreichen, in den Kongress eingebrachten Revisionsanträgen zur Vereinfachung des Revisionsverfahrens ablesen.[1069] Immer wieder wird auch der Ruf nach einer Totalrevision der Verfassung oder die Ausarbeitung von umfangreichen Modifikationsvorschlägen durch vom Kongress speziell eingesetzte Ausschüsse laut.[1070] Schließlich zeugt auch die Suche nach verfassungslegalen Änderungsverfahren außerhalb des in Art. V vorgeschriebenen Prozesses[1071] von den im Zusammenhang mit der Revisionsvorschrift empfundenen prozessualen Schwierigkeiten.

In der Tat hat die Verfassungsrevisionsgeschichte gezeigt, dass die Hürde des Revisionsverfahrens die amerikanische Verfassung äußerst rigide macht.[1072] Erschwerend wirkt dabei nicht nur die Zweigliederung des Revisionsverfahrens in Initiative und Ratifikation, sondern vor allem die durch die hohen Quoren bedingte Fülle von am Revisionsprozess beteiligten Akteuren. Dabei ist zu bedenken, dass bei der Entstehung der Norm nur 13 Gliedstaaten am Ratifikationsprozess beteiligt waren, heute sind es 50. Neben den beiden Bundeskongresskammern müssen auch 76 gliedstaatliche Parlamentskammern einer Änderungsvorlage zustimmen. In einem derart stark dezentralisierten politischen System kann diese Fülle von Akteuren nicht mehr durch starke nationale

---

[1067] WILSON, Congressional Government, S. 242f..

[1068] LUTZ, 88 Am. Pol. Sci. Rev. 355, 369 (1994). Vgl. auch TIERNEY, in: Andenas (Hrsg.), The Creation and Amendment of constitutional Norms, S. 357, 388f.

[1069] Vgl. dazu Teil I: E. S. 35f. und G. II., S. 57, sowie AMES, The proposed Amendments to the Constitution, S. 281ff., 300ff.; SUBER, The Paradox of Self-Amendment, Appendix 1, S. 322f.. Allerdings sind viele der Vorschläge ausschließlich politisch motiviert gewesen. Einschränkend ist zudem anzumerken, dass auch Vorschläge zur Erschwerung des Revisionsprozesses vorgebracht worden, wenn wieder einmal mehrer Verfassungsänderung in kurzer Folge in Kraft getreten waren. Vgl. Teil I: E. IV., S. 45.

[1070] Vgl. die Übersichten bei LIVINGSTON, Federalism and constitutional Change, S. 248ff.; ORFIELD, The Amending of the federal Constitution, S. 168ff.; VILE, The constitutional Amending Process in American political Thought, S. 137ff., ders., Rewriting the United States Constitution, S. 125ff..

[1071] Vgl. Teil II: E., S. 182ff..

[1072] HARDING, in: Andendas (Hrsg.) The Creation and Amendment of constitutional Norms, S. 390, 405. Vgl. auch FORBATH, 81 Tex. L. Rev. 1965, 1973ff. (2003), der darin den Grund dafür sieht, dass die *New Deal* Reformen nicht mittels Verfassungsänderungen durchgeführt wurden.

Entscheidungszentren, wie etwa die Parteien, ausgeglichen werden. Es reicht damit schon der Widerstand sehr kleiner Gruppen aus, um eine Verfassungsänderung unmöglich zu machen.

Teil III: Die Rolle des *Supreme Court* im Prozess der Verfassungsänderung

In Teil II dieser Arbeit ist bereits angeklungen, dass der *Supreme Court* zu einigen Aspekten des Revisionsverfahrens klärend Stellung genommen hat. Im vorliegenden Teil wird versucht, diese Rechtsprechung zu ordnen und einen Rechtsprechungsstandard zu Art. V herauszuarbeiten. In dieser, auf der Kontrollebene erfolgenden, konkretisierenden Rechtsprechung erschöpft sich die Rolle des *Supreme Court* im Verfahren der Verfassungsänderung jedoch nicht. Der folgende Teil soll zudem belegen, dass das Verfassungsgericht in allen Stadien des Änderungsprozesses, auf der Initiativ-, Ratifikations-, Kontroll- und auf der Umsetzungsebene, einen bedeutenden, nicht zu unterschätzenden Einfluss auf den verfassungsändernden Gesetzgeber ausüben kann und auch ausübt. Um das Ausmaß des verfassungsgerichtlichen Einflusses zu verdeutlichen, erfolgt die Analyse chronologisch für jedes Verfahrensstadium des Revisionsprozesses separat.

A. Der Einfluss auf der Initiativebene

Nicht selten sind Bestrebungen, die Verfassung zu ändern, auf ein Urteil des *Supreme Court* zurückzuführen. In der Verfassungsgeschichte der Vereinigten Staaten sind bisher vier[1073] Verfassungsänderungen mit dem Ziel ergangen, die Rechtsprechung des *Supreme Court* zu revidieren. Zahlreiche weitere Änderungsinitiativen zur Korrektur erfolgter oberstgerichtlicher Rechtsprechung sind nur knapp gescheitert. Auch bereits anhängige oder auch nur angestrebte Rechtsverfahren, deren Ausgang mit Ungewissheit erwartet wird, können den Revisionsprozess beschleunigen, intensivieren oder auch erst initiieren, wenn ein bestimmtes Urteil des *Supreme Court* verhindert werden soll.

[1073] CHOPER, Judicial Review and the national political Process, S. 49; STONE, 11 Harv. J.L. & Pub. Pol'y 67, 68 (1988); VON BEYME, in: Landfried (Hrsg.), Constitutional Review and Legislation, S. 21, 36; KEYNES/MILLER, The Court vs. Congress, S. 146, 172; KLARMAN, 77 Va. L. Rev. 747, 776 Fn. 127 und 128 (1991); HERRMANN, 33 Wm. & Mary L. Rev. 543, 544 Fn. 11; SULLIVAN, 17 Cardozo L. Rev. 691, 693 (1996), ROSS, 38 Wake Forest L. Rev. 733, 748 (2003); VILE, Encyclopedia, S. 438ff.; LASSER, The Limits of judicial Power, S. 235; ELY, Democracy and Distrust, S. 46. Teilweise wird argumentiert, dass auch die Amend XVII, XIX und XXIV verabschiedet wurden, um eine Entscheidung des *Supreme Court* außer Kraft zu setzen. Vgl. ABRAHAM, The judicial Process, S. 329; KYVIG, 2 J. S.Ct. Hist. 106, 113 (1996).

I. Die Korrektur oberstgerichtlicher Rechtsprechung durch den verfassungsändernden Gesetzgeber

1.) Verfassungsänderungen zur Revision von *Supreme Court* Urteilen

a.) Chisholm v. Georgia und Amend. XI

Erstmals wurde 1793 mit der Verabschiedung des Amend. XI der Revisionsmechanismus bewusst genutzt, um eine unliebsame *Supreme Court* Entscheidung, Chisholm v. Georgia,[1074] aus dem Weg zu räumen.[1075]

Der *Supreme Court* hatte einen Fall zur Entscheidung angenommen, in welchem ein Bürger des Gliedstaates South Carolina einen Schadensersatzanspruch gegen den Gliedstaat Georgia geltend machte. Georgia plädierte für die Unzuständigkeit des *Supreme Court* aufgrund gliedstaatlicher Immunität. Der *Supreme Court* hingegen sah sich gemäß Art. III, § 2, cl. 1 dazu berufen, den Fall zu entscheiden, da ihm die Verfassung in diesem Artikel die Zuständigkeit für „controversies between a State and Citizens of another State" verleiht.

Über die Auslegung dieser Klausel war man sich bereits während des Ratifikationsprozesses der Verfassung schon nicht einig gewesen. Während ein Teil[1076] die Klausel befürwortete und Verfahren zwischen Gliedstaaten und Bür-

---

[1074] Chisholm v. Georgia, 2 U.S. (2 Dall.) 419 (1793).

[1075] Vgl. zum Zusammenhang der Entscheidung mit dem darauf folgenden Revisionsprozess BERNSTEIN/AGEL, Amending America, S. 197; FLETCHER, 35 Stan. L. Rev. 1033, 1034f. (1983); JACOBS, The Eleventh Amendment and sovereign Immunity, S. 64ff.; MATHIS, 2 Ga. L. Rev. 207, 226ff. (1968); KEYNES/MILLER, The Court v. Congress, S. 153; GRIMES, Democracy, S. 18; KRATZMANN, Die Verfassungsänderung, S. 163f.. Die *Supreme Court* Entscheidung wurde vom *Supreme Court* selbst in Alden v. Maine, 527 U.S. 706, 708 (1999) als „catalyst for the Eleventh Amendment" bezeichnet.

Auch in Deutschland kann das BVerfG vom verfassungsändernden Gesetzgeber überstimmt werden – allerdings aufgrund der Wirkung des Art. 79 III GG nicht uneingeschränkt. Soweit sich die verfassungsgerichtliche Rechtsprechung auf unabänderbare Verfassungsregeln stützt, wird sie nämlich selbst unabänderlich. Auslegungen des Art. 1 und des Art. 20 GG können auch vom Verfassungsänderungsgesetzgeber nicht modifiziert werden und werden so versteinert. Die „Korrektur" einer Entscheidung des Bundesverfassungsgerichts (BVerfGE 9, 305, 331) wurde beispielsweise mit dem 14. Änderungsgesetz betreffend Art. 120 I GG vorgenommen. Ebenso diente die 22. Grundgesetzänderung betreffend die Beamtenbesoldung der Korrektur einer verfassungsgerichtlich festgestellten grundgesetzlichen Rechtslage (BVerfGE 4, 115, 115ff.)

[1076] EDMUND RANDOLPH und JAMES WILSON, Elliot (Hrsg.), The Debates in the several State Conventions on the Adoption of the federal Constitution, Band 3, S. 573, 491, sprachen sich 1788 für die oberstgerichtliche Zuständigkeit aus. Beide waren Mitglieder des *Committee of Detail*, welches den entsprechenden Artikel der Verfassung ausgearbeitet hatte. RANDOLPH argumentierte später als *United States Attorney General* im Fall für Chisholm und WILSON gern anderer Gliedstaaten von den Bundesgerichten behandelt wissen wollte, hielt der andere Teil[1077] ein solches Verfahren nur dann für zulässig, wenn der Gliedstaat Kläger, nicht aber Beklagter des Rechtsstreits sei. Der *Judiciary Act* von 1789 bekräftigte die Aussage des Art. III, § 2, cl. 1 und verlieh dem *Supreme Court* erstinstanzliche Zuständigkeit für Verfahren zwischen Gliedstaaten und Bürger anderer Gliedstaaten, ohne die Verfassungsvorschrift näher zu konkretisieren.[1078]

Gestützt auf das Gesetz und die Verfassung erklärte sich der *Supreme Court* daher für zuständig und entschied den Fall. Das Verhalten des Gerichts löste insbesondere aufgrund der nachkriegsbedingten hohen Verschuldung der Gliedstaaten, die aus diesem Grund staatenübergreifende Verfahren fürchteten, eine Protestwelle aus.[1079] Bereits einen Tag nach der Entscheidung wurde ein Revisionsvorschlag im Kongress eingebracht.[1080] Ein zweiter Revisionsantrag folgte einen Tag später.[1081] Da der Kongress jedoch kurz vor seiner Vertagung stand,

---

schrieb eine der *majority opinions* der Entscheidung. Vgl. FLETCHER, 35 Stan. L. Rev. 1033, 1046 Fn. 56 (1983). GEORGE MASON interpretierte die Klausel ähnlich und weigerte sich aus diesem Grund, die Verfassung zu unterzeichnen, Elliot (Hrsg.), The Debates in the several State Conventions on the Adoption of the federal Constitution, Band 3, S. 526f..

1077 Die Zuständigkeit für ein solches Verfahren verneinten insbesondere JAMES MADISON und JOHN MARSHALL, Elliot (Hrsg.), The Debates in the several State Conventions on the Adoption of the federal Constitution, Band 3, S. 533, 555f.. Ebenso ALEXANDER HAMILTON, in: Rossiter (Hrsg.), The Federalist Papers, Nr. 81, S. 481, 487.

1078 *Judiciary Act of 1789, Chapter* 20, § 13 (1 Stat. 73, 80 (1789)). Der den Art. III, § 2, cl. 1 bestätigende Judiciary Act wurde verabschiedet, obwohl bereits im ersten Kongress eine Verfassungsänderung in Erwägung gezogen wurde, um ein Verfahren wie Chisholm v. Georgia zu vermeiden. Virginia und North Carolina, ebenso wie Rhode Island, New Hampshire und Massachusetts hatten sich für eine Verfassungsänderung in dieser Hinsicht engagiert. Vgl. FLETCHER, 35 Stan. L. Rev. 1033, 1051f. (1983). Auch wurde bereits im ersten Kongress ein dem Amend. XI sehr ähnlicher Revisionsantrag vom Abgeordneten THOMAS TUDOR TUCKER aus South Carolina eingebracht (Annals of Congress, 1st Cong., 1st Sess., Band 1, S. 791 (1789)), kam aber nie zur Abstimmung (Annals of Congress, 1st Cong., 1st Sess., Band 1, S. 792 (1789)). Diese Stimmen regten sich bei der Verabschiedung des *Judiciary Act of 1789* hinsichtlich der „controversies between a State and a Citizens of another State"-Klausel jedoch nicht erneut, so dass die entsprechende Vorschrift des Gesetzes ohne langwierige Debatte verabschiedet werden konnte. Vgl. FLETCHER, 35 Stan. L. Rev. 1033, 1053f. (1983).

1079 Vgl. zu den vielen Reaktionen aus den Gliedstaaten MATHIS, 2 Ga. L. Rev. 207, 224ff. (1968). Bei den Reaktionen auf Bundesebene nennt MATHIS allerdings den Änderungsantrag des Abgeordneten TUCKER nicht, sondern nimmt fälschlicherweise an, dass im ersten Kongress kein Revisionsantrag eingebracht wurde, vgl. S. 214.

1080 Der Antrag ist nicht in den *Annals of Congress* verzeichnet. Dazu FLETCHER, 35 Stan. L. Rev. 1033, 1059 (1983).

1081 Annals of Congress, 2nd Cong., 2nd Sess., Band 3, S. 651f. (1793).

wurden beide Anträge nicht mehr behandelt. Erst der neue Kongress befasste sich mit der Revision. Am 02. Januar 1794 wurde im Senat eine Resolution zur Verabschiedung eines *Amendment* eingebracht, welches gerade den Fall der Klage eines Bürgers gegen einen fremden Gliedstaat verhindern sollte.[1082] Am 14. Januar 1794 wurde die Revisionsvorlage mit 23:2 Stimmen angenommen und dem Repräsentantenhaus übersandt.[1083] Das Abgeordnetenhaus stimmte sieben Wochen später mit 81:9 Stimmen zu.[1084] Die zu diesem Zeitpunkt für eine Dreiviertelmehrheit erforderlichen 12 Gliedstaatenratifikationen wurden bis zum 07. Februar des darauf folgenden Jahres erreicht.[1085] Damit wurde die Entscheidung Chisholm v. Georgia keine zwei Jahre nach dem Urteilserlass durch eine Verfassungsänderung revidiert. Allerdings wurde das *Amendment* erst drei Jahre später, am 08. Januar 1798, offiziell durch Präsident JOHN ADAMS verkündet. Diese Verzögerung änderte jedoch nichts an der Tatsache, dass die Verfassungsänderung mit der letzten erforderlichen Gliedstaatenratifikation in Kraft getreten ist.[1086] Die Judikative hat die Aufhebung ihrer Rechtsprechung in späteren Entscheidungen offiziell anerkannt.[1087] Mit dem Amend. XI hat sich damit das Revisionsverfahren als Mechanismus zur Außerkraftsetzung und Korrektur von *Supreme Court* Urteilen etabliert. In einer jüngeren Entscheidung, Federal Maritime Com'n v. South Carolina State Ports Authority, bestätigte der *Supreme Court* diese Funktion des Revisionsverfahrens ausdrücklich: „In order to over-

---

[1082] Annals of Congress, 3rd Cong., 1st Sess., Band 4, S. 25 (1794).

[1083] Annals of Congress, 3rd Cong., 1st Sess., Band 4, S. 30f. (1794).

[1084] Annals of Congress, 3rd Cong., 1st Sess., Band 4, S. 476f. (1794).

[1085] Vgl. zum Ratifikationsprozess KYVIG, Expclit and authentic Acts, S. 113f.; Senate Print 99-87, Amendments to the Constitution, 99th Cong., 1st Sess., S. 14f. (1985).

[1086] JACOBS, The Eleventh Amendment and sovereign Immunity, S. 67. Vgl. auch Teil II: C. IV., S. 158ff..

[1087] College Sav. Bank v. Florida Prepaid Postsecondary Educ. Expense Bd., 527 U.S. 666, 669 (1999); Alden v. Maine, 527 U.S. 706, 721f. (1999); Welch v. Texas Dept. of Highways and public Transp., 483 U.S. 468, 480 (1987); Principality of Monaco v. Mississippi, 292 U.S. 313, 325 (1934); Stewart v. North Carolina, 393 F.3d 484, 488 (4th Cir. 2005); Tennessee v. U.S. Dept. of Transp., 326 F.3d 729, 733 (6th Cir. 2003); Nelson v. La Crosse County District Attorney (State of Wisconsin), 301 F.3d 820, 826 (7th Cir. 2002); Pendergrass v. Greater New Orleans Expressway Com'n, 144 F.3d 342, 343f. (5th Cir. 1998); Varner v. Illinois State University, 150 F.3d 706, 708 (7th Cir. 1998); Chavez v. Arte Publico Press, 59 F.3d 539, 541 (5th Cir. 1995); Horizon Bank and Trust Co. v. Flaherty, 309 F.Supp.2d 178, 182 Fn.1 (D. Mass. 2004); Rhode Island v. U.S., 115 F.Supp.2d 269, 274 (D. R.I. 2000); State of Montana v. Gilham, 932 F.Supp. 1215, 1220 (D. Mont. 1996); Sanders v. New York State Division of Human Rights, 1991 WL 278831 (S.D. N.Y. 1991); Dyson v. Lavery, 417 F.Supp. 103, 106 (D.C. Va. 1976).

turn Chisholm, Congress quickly passed the Eleventh Amendment. [...]. We have since acknowledged that the Chisholm decision was erroneous."[1088]

b.) Dred Scott v. Sandford und Amend. XIV

Der seit der Verfassungsgebung schwelende Streit zwischen Nord- und Südstaaten über die Lösung der Sklavenkontroverse spitzte sich zu, als der *Supreme Court* 1856 den Fall Dred Scott v. Sandford[1089] zu entscheiden hatte. Die Politik, die mit der Lösung dieses Problems überfordert schien, hatte zuvor in eindeutiger Weise dem *Supreme Court* die Verantwortung für das weitere Vorgehen zugeschoben. Zwei Tage vor der Urteilsverkündung hatte Präsident JAMES BUCHANAN verlautbart:

> '[the dispute over slavery in the territories] "is a judicial question, which legitimately belongs to the *Supreme Court* of the United States, before whom it is now pending, and will, it is understood, be speedily and finally settled. To their decision, in common with all good citizens, I shall cheerfully submit, whatever this may be."'[1090]

Der *Supreme Court* nahm die ihm vom Präsidenten zugewiesene Aufgabe wahr und entschied den Fall, obwohl er die Möglichkeit gehabt hätte, seine Zuständigkeit zu verneinen und gerichtliche Zurückhaltung zu üben.[1091] DRED SCOTT, ein Sklave aus dem Staat Missouri, wurde von seinem Eigentümer nach Illinois und nach Louisiana mitgenommen, in zwei Gliedstaaten, die entlaufenen Sklaven den Freiheitsstatus verliehen. Zurück in Missouri verkaufte der Eigentümer DRED SCOTT an SANDFORD, woraufhin DRED SCOTT vor dem zuständigen Bundesgericht auf Durchsetzung seines in Illinois und Louisiana erworbenen Freiheitsstatus klagte. Der *Supreme Court* versagte DRED SCOTT jedoch den Status als Bürger der Vereinigten Staaten und verwehrte ihm damit u.a. die nach

[1088] Federal Maritime Com'n v. South Carolina State Ports Authority, 535 U.S. 743, 752 (2002).

[1089] Dred Scott v. Sandford, 60 U.S. (19 How.) 393 (1857).

[1090] Auszug aus der Antrittsrede des Präsidenten JAMES BUCHANAN, zitiert von FISHER, in: Campbell/Stack Jr. (Hrsg.), Congress confronts the Court, S. 21, 28.

[1091] Vgl. dazu BRUGGER, Demokratie, Freiheit, Gleichheit, S. 294f.; ders., Grundrechte und Verfassungsgerichtsbarkeit, S. 147.

Art. III, § 2, cl. 1 für Bürger gewährte Möglichkeit des gerichtlichen Schutzes.[1092]

Mit dem Urteil war wohl die Beruhigung der Sklavenkontroverse intendiert und ein Versuch unternommen worden, den Ausbruch des Bürgerkriegs zu verhindern. Der gewünschte Effekt trat jedoch nicht ein. Im Gegenteil: Die implizit im Urteil enthaltene Invalidierung des *Missouri Compromise*,[1093] der für bestimmte Territorien ein Verbot der Sklaverei enthielt und die Aushebelung der in diesen Gliedstaaten verfolgten Praxis der Sklavenbefreiung, verursachten eher noch eine Zuspitzung der Auseinandersetzung. Vier Jahre nach Dred Scott v. Sandford, brach 1861 der Bürgerkrieg zwischen den Nord- und Südstaaten aus, nach dessen Ende 1865 Bürgerrechtsgesetze und drei Verfassungsänderungen erlassen wurden. Zur Bewältigung der Bürgerkriegsfolgen setzte der Kongress 1865 ein *Joint Committee on Reconstructi*on, bestehend aus sechs Senatoren und neun Abgeordneten, ein.[1094] Das Amend. XIII, welches mit seinem Inkrafttreten am 6. Dezember 1865 bundesweit die Sklaverei abschaffte und damit den Teil der Dred Scott Entscheidung invalidierte, der bundesrechtliche Kompetenzen auf diesem Gebiet verneinte,[1095] war der erste Schritt zur Herstellung der neuen Einheit. Die Verfassungsänderung konnte aber die Sklavenkontroverse nicht lösen. In vielen Südstaaten wurde versucht, die Änderung mit dem Erlass sog. *Black Codes* zu umgehen.[1096] Darauf reagierte der Kongress mit verschiedenen Maßnahmen. Am 12. Januar 1866 brachte der Abgeordnete JOHN BINGHAM aus Ohio eine Revisionsvorlage in den Kongress ein, die in ihrer Endfassung vom 26. Februar 1866 den Kongress mit der Kompetenz ausstatten sollte, „to secure to the citizens of each state all privileges and immunities of citizens in the several states, and to all persons in the several states equal protection in the rights of life, liberty and property.“[1097] Auch andere Abgeordnete formulierten Revisionsvorschläge.[1098]

1092 Dred Scott v. Sandford, 60 U.S. (19 How.) 393, 403f. (1857).

1093 Der vom Kongress 1820 verabschiedete *Missouri Compromise* teilte das Land in „sklavenhaltende“ und „sklavenfreie“ Gliedstaaten ein.

1094 Vgl. dazu KENDRICK, The Journal of the joint Committee of Fifteen on Reconstruction, S. 155ff..

1095 KYVIG, Explicit and authentic Acts, S. 156.

1096 NELSON, The Fourteenth Amendment, S. 43; HYMAN/WIECEK, Equal Justice under Law, S. 319ff..

1097 Congressional Globe, 39th Cong., 1st Sess., S. 1033f. (1866). Vgl. für die vielschichtigen Änderungsvorschläge, die diskutiert wurden KENDRICK, The Journal of the joint Committee of Fifteen on Reconstruction, S. 37ff.; NELSON, The Fourteenth Amendment, S. 49ff..

1098 Zuvor hatte der Abgeordnete STEVENS bereits vier verschiedene Revisionsvorlagen formuliert. Vgl. Congressional Globe, 39th Cong., 1st Sess., S. 10 (1865).

Parallel hatte der Kongress auf die Vorkommnisse des Bürgerkrieges, die *Black Codes* und auf die Entscheidung Dred Scott v. Sandford auch mit einfacher Gesetzgebung reagiert. Am 09. April 1866 stellte er mit dem Erlass des *Civil Rights Act*[1099] klar, dass den Schwarzen der Bürgerstatus verliehen worden war.[1100] Die Verabschiedung des *Civil Rights Act* war äußerst umstritten. Präsident JOHNSON hatte am 27. März 1866 ein Veto gegen das Gesetz eingelegt, welches vom Kongress am 06. April jedoch von der gemäß Art. I, § 7, cl. 2 notwendigen Zweidrittelmehrheit in beiden Kammern außer Kraft gesetzt werden konnte. Da jedoch Gegner des neuen Rechts, wie Präsident JOHNSON, die Gesetzgebungskompetenz des Kongresses zum Erlass des *Civil Rights Act* bezweifelten, war die Verabschiedung des Amend. XIV vor allem auch zur Absicherung der neuen Gesetzgebung gedacht.[1101] Befürworter der Verfassungsänderung betonten diesen Zusammenhang immer wieder.[1102]

Vor diesem Hintergrund setzte das neu gebildete *Joint Committee on Reconstruction* am 30. April 1866 aus den verschiedenen Revisionsvorschlägen ein Gesamtkonzept zusammen, welches bereits die wesentlichen in Amend. XIV, §§ 2-5 verkörperten Prinzipien enthielt.[1103] Der die Dred Scott v. Sandford Entscheidung außer Kraft setzende, erste Absatz der Verfassungsänderung war in dem Vorschlag jedoch noch nicht enthalten. Das Repräsentantenhaus verabschiedete die Vorlage im Mai 1866, ohne die Einfügung einer Definition des Bürgers zu erwägen.[1104] Es ging wohl davon aus, dass nach Erlass des Amend. XIII kein Zweifel mehr daran bestehen könnte, dass auch Schwarzen der Bürgerstatus verliehen worden war.[1105]

1099 14 Stat. 27 (1866).

1100 14 Stat. 27 (1866), *Chapter* 31, *codified as amended* at 42 U.S.C., *Chapter* 21, §§ 1981, 1982 (1982).

1101 Wobei § 1 des *Civil Rights Act* sehr viel weiter reicht als Amend. XIV. Während die verfassungsrechtliche Vorschrift nur gegenüber den Gliedstaaten Anwendung findet, ist der *Civil Rights Act* sowohl auf den Bund als auch auf Privatpersonen anwendbar. Vgl. Runyon v. McCrary, 427 U.S. 160, 168f. (1976); Johnson v. Railway Express Agency, 421 U.S. 454, 459f. (1975).

1102 Abgeordnete STEVENS (Congressional Globe, 39th Cong., 1st Sess., S. 2459 (1866)) und GARFIELD, (Congressional Globe, 39th Cong., 1st Sess., S. 2462 (1866)); Senator HOWARD, (Congressional Globe, 39th Cong., 1st Sess., S. 2896 (1866)).

1103 Congressional Globe, 39th Cong., 1st Sess., S. 2265, 2286 (1866). Diese Taktik geht auf ROBERT DALE OWEN zurück, der einem kompakten *Amendment* die notwendigen Zustimmungsmehrheiten eher zutraute, als mehreren einzelnen Revisionsvorlagen.

1104 Congressional Globe, 39th Cong., 1st Sess., S. 2545 (1866).

1105 Vgl. die Zusammenfassung in: Afroyim v. Rusk, 387 U.S. 253, 283 (1967).

Die Verabschiedung im Senat war komplizierter. Dieser bestand darauf, die intendierte Außerkraftsetzung der *Supreme Court* Entscheidung Dred Scott v. Sandford durch den *Civil Rights Act* und das Amend. XIII nochmals eindeutiger verfassungsrechtlich zu verankern. Um eine erneute Dred Scott Entscheidung zu vermeiden, sollte der Bürgerstatus im ersten Satz des Amend. XIV definiert werden: „All persons born or naturalized in the United States, and subject to the jurisdiction thereof are citizens of the United States and of the State wherein they reside."[1106] Damit wollten die Senatoren "reliance [...] upon judicial decisions" vermeiden in der Befürchtung, dass der *Supreme Court* wieder einmal "against freedom" urteilen könnte.[1107] Sie erklärten, dass sie mit der expliziten Einfügung der Bürgerdefinition kein neues, weitergehendes Recht schaffen, sondern lediglich jeglichen Zweifel am bereits bestehenden Bürgerstatus von ehemaligen Sklaven ausräumen wollten.[1108]

In dieser Form stimmte der Senat mit 33:11 Stimmen der Revisionsvorlage am 08. Juni 1866 zu[1109] und fünf Tage später erklärte sich auch das Repräsentantenhaus mit 120:32 Stimmen mit den vom Senat gemachten Änderungen einverstanden.[1110]

[1106] Vgl. zu den Argumenten Congressional Globe, 39th Cong., 1st Sess., S. 2560, 2768f., 2869, 3031f. (1866). Der Vorschlag, den Begriff "citizen" ganz aus der Revisionsvorlage zu streichen, wurde abgelehnt und man entschied sich stattdessen, den Begriff genau zu definieren.

[1107] Report of Reconstruction Committee, The right Way, May 12, 1866, S. 1, zitiert in: NELSON, The Fourteenth Amendment, S. 58. Senator WADE fürchtete, ohne Klarstellung könnten die Gerichte den nun erreichten Rechtsstatus wieder in Frage stellen, Congressional Globe, 39th Cong., 1st Sess., S. 2768 (1866).

[1108] Congressional Globe, 39th Cong., 1st Sess., S. 2768 (1866). Vgl. zu dieser Intention Afroyim v. Rusk, 387 U.S. 253, 284 (1967). TENBROEK, The antislavery Origins of the Fourteenth Amendment, S. 217, zeigt auf, dass Amend. XIV, § 1 als "declatory and confirmatory" betrachtet wurde.

Der restliche Teil des Amend XIV, § 1 zielte eventuell darauf ab, eine weitere Entscheidung des *Supreme Court* zu revidieren: Barron v. Mayor and City Council of Baltimore (32 U.S. (7 Pet.) 243 (1833)). In Barron v. Baltimore hatte der *Supreme Court* Amend. V als nur gegenüber dem Bund für anwendbar erklärt (32 U.S. (7 Pet.) 243, 250f. (1833)). Amend. XIV, § 1 macht den Inhalt des Amend. V jetzt auch für die Gliedstaaten verbindlich. Vgl. zum Zusammenhang der *Supreme Court* Entscheidung Barron v. Baltimore und dem Inhalt des Amend. XIV, § 1 GRIMES, Democracy, S. 44, 49.

[1109] Congressional Globe, 39th Cong., 1st Sess., S. 3042 (1866).

[1110] Congressional Globe, 39th Cong. 1st Sess., S. 3149 (1866). Vgl. zu den Problemen der Ratifikation Teil I: D. III. 2.), S. 31f..

Die Reaktion der Judikative auf den Erlass des *Amendment* war gespalten. Die Außerkraftsetzung der Entscheidung Dred Scott v. Sandford wurde aber ausdrücklich anerkannt.[1111]

c.) Pollock v. Farmers' Loan & Trust Co. und Amend. XVI

Der Korrektur einer durch den *Supreme Court* festgestellten Rechtslage der Verfassung diente auch das Amend. XVI. Art. I, § 8, cl. 1 verleiht dem Kongress die Kompetenz, Steuern zu erheben und einzuziehen. Begrenzt wird diese Ermächtigung u.a. durch Art. I, § 2, cl. 3 und Art. I, § 9, cl. 4.[1112] Dort wird insbesondere festgelegt, dass direkte Steuern auf die einzelnen Gliedstaaten dem Verhältnis ihrer Einwohnerzahl nach verteilt werden müssen, wobei es nicht auf die nachträgliche Verteilung der Einnahmen, sondern auf die proportionale Verteilung der Steuer ankommt.[1113] Handelt es sich hingegen um Zölle, Abgaben, Gewerbe- oder Verbrauchssteuern müssen diese zwar nicht der Verteilungsklausel entsprechen. Sie sind aber gemäß Art. I, § 8, cl. 1 für das gesamte Gebiet der Vereinigten Staaten einheitlich festzusetzen.

In Pollock v. Farmers' Loan & Trust Co.[1114] sprach sich der *Supreme Court* gegen die verfassungsrechtliche Zulässigkeit einer bundesweit einheitlichen Einkommenssteuer aus. Er qualifizierte sie als direkte Steuer und hielt sie ohne proportionale Verteilung auf die Gliedstaaten für verfassungswidrig.[1115] Dieses Urteil war so nicht erwartet worden, denn das Gericht hatte zuvor die Bundes-

---

[1111] In den Slaughter House Cases, 83 U.S. (16 Wall.) 36, 73 (1872) stellt der *Supreme Court* fest: Amend. XIV, § 1 "overturns the Dred Scott decision by making all persons born within the U.S. and subject to its jurisdiction citizens of the United States." *Justice* CLIFFORD, *concurring*, erklärte in: Hall v. De Cuir, 95 U.S. 485, 509 (1877), dass Dred Scott bereits durch den *Civil Rights Act*, jedenfalls aber mit dem Amend. XIV außer Kraft gesetzt wurde. Siehe auch *Justice* GOLDBERG, *concurring*, in: Bell v. State of Maryland, 378 U.S. 226, 301 (1964); *Justice* RHENQUIST, *dissenting*, in: Sugarman v. Dougall, 413 U.S. 634, 652 (1973). Siehe des Weiteren Scott v. Comptroller of Treasury, 659 A.2d 341, 342 (Md. App. 1995), wobei das Gericht in dieser Entscheidung anmerkt, dass der *Supreme Court* die Entscheidung Dred Scott v. Sandford selbst nie offiziell revidiert hat. Ferner Keyes v. School Dist. No. 1, Denver, Colo., 609 F.Supp. 1491, 1495 (D.C. Colo. 1985).

[1112] Die Vorschriften zur Bundesfinanzverfassung der Vereinigten Staaten sind in der gesamten Verfassung verstreut: Art. I, § 2, cl. 3, Art. I, § 8, cl. 1, Art. I, § 9, cl. 1, 4, 5 und 6, Amend. XVI.

[1113] Vgl. dazu HEUN, Staatswissenschaften und Staatspraxis 5 (1994), 97, 98f..

[1114] Pollock v. Farmers' Loan & Trust Co., 157 U.S. 429, 583 (1895) und 158 U.S. 601 (1895).

[1115] Pollock v. Farmers' Loan & Trust Co., 158 U.S. 601, 637 (1895).

kompetenz zur Erhebung von Steuern sehr weit und ihre Einschränkungen sehr eng interpretiert.[1116] Das Verbot der Erhebung einer direkten Steuer ohne proportional zur Einwohnerzahl organisierten Aufteilung auf die Gliedstaaten und das Gebot der Uniformität für Zölle, Abgaben, Gewerbe- und Verbrauchssteuern wurden vom *Supreme Court* 1880 sogar so weit ausgedehnt, dass er die von 1861-1872 erhobene und als Einkommenssteuer ausgestaltete nationale Kriegssteuer zum Abbau der Bürgerkriegsschulden als indirekte Steuer auch ohne proportionale Verteilung auf die Gliedstaaten für verfassungskonform hielt.[1117] Allein die Grundsteuer und die Kopfsteuer wurden zu diesem Zeitpunkt vom Gericht unter die Kategorie der direkten Steuern gefasst.[1118]

So kam die 5:4 Entscheidung Pollock v. Farmers' Loan,[1119] welche am 20 Mai 1895, das am 01. Januar 1895 in Kraft getretene Gesetz zur Erhebung einer bundesweit einheitlichen Einkommenssteuer wegen Verstoßes gegen die Verteilungsklausel für verfassungswidrig erklärte, für die Legislative sehr überraschend. Die Reaktion des Kongresses folgte sofort.[1120] Noch im selben Jahr wurde ein Revisionsvorschlag im Kongress eingebracht, der dem Kongress ausdrücklich die Kompetenz zur Erhebung einer derartigen Steuer verleihen sollte.[1121] Bis 1909 griffen 33 weitere Revisionsvorschläge diese Thematik auf.[1122] Gleichzeitig folgten auf Pollock zahlreiche Änderungsanträge, die die Ausle-

---

1116 Springer v. United States, 102 U.S. 586, 602 (1880); Veazie Bank v. Fenno, 75 U.S. (8 Wall.) 533, 540ff. (1869); Hylton v. United States, 3 U.S. (3 Dall.) 171, 173ff. (1796).

1117 Springer v. United States, 102 U.S. 586, 602 (1880).

1118 Springer v. United States, 102 U.S. 586, 602 (1880).

1119 Pollock v. Farmers' Loan & Trust Co., 158 U.S. 601, 637 (1895). Der Gerichtsstreit wurde von Gegnern der nationalen Einkommenssteuer arrangiert. WILLIAM GURTRIE, ein konservativer Rechtsanwalt aus New York, initiierte die Klage von CHARLES POLLOCK, der Aktien der New York Farmers Loan & Trust Company im Wert von $ 5000 hielt, und das Unternehmen nun verklagte, um ihm die Zahlung der Einkommenssteuer gerichtlich zu verbieten. Gleichzeitig organisierte GURTRIE einen Anwalt für die Gegenseite. Gemeinsames Ziel beider Parteien war es, das Einkommenssteuergesetz für verfassungswidrig erklären zu lassen. Insofern war die Klage eigentlich recthlich gar nicht zulässig. Vgl. KYVIG, Explicit and authentic Acts, S. 196.

1120 Vgl. zum Zusammenhang der Entscheidung mit dem darauf folgenden *Amendment* Senate Print 99-87, Amendments to the Constitution, 99th Cong., 1st Sess. (1985), S. 41; VILE, Encyclopedia, S. 350, 408f.; KYVIG, Explicit and authentic Acts, S. 194ff.; BERNSTEIN/AGEL, Amending Amercia, S. 118ff.; SHERMAN, 23 Yale L.J. 129, 130ff. (1913); LONG, 24 Yale L.J. 573, 576ff. (1914-1915); GRIMES, Democracy, S. 67; WOLF, Verfassungsgerichtsbarkeit und Verfassungstreue in den Vereinigten Staaten, S. 90ff..

1121 Vgl. KYVIG, Explicit and authentic Acts, S. 199.

1122 MUSMANNO, Proposed Amendments to the Constitution: A Monograph on the Resolutions introduced in Congress proposing Amendments to the Constitution of the United States of America, House Doc. No. 551, 70th Cong. 2nd Sess., S. 212 (1929).

gungskompetenz des *Supreme Court* beschneiden oder den Kongress zur Revision verfassungsgerichtlicher Entscheidungen ohne Einhaltung des langwierigen Verfassungsänderungsverfahrens ermächtigen sollten.[1123] 1896 war die Diskussion um eine bundesweit einheitliche Einkommenssteuer Mittelpunkt der Wahlkampfauseinandersetzungen. Aufgrund wirtschaftlichen Wachstums und Besserung der Bundesfinanzlage entspannte sich die Situation zwar zunächst, von der Verabschiedung eines die Pollock Entscheidung revidierenden *Amendment* wurde allerdings nie ganz abgesehen. Dennoch fuhr man in der weiteren Folge zweigleisig. Da man fürchtete die Verfassungsänderung könnte an der Ratifikationsverweigerung einzelner Gliedstaaten scheitern, erwogen Abgeordnete und Senatoren, erneut ein Einkommenssteuergesetz zu erlassen und dem *Supreme Court* damit die Möglichkeit zu geben, seine Entscheidung von 1895 selbst zu revidieren.[1124] Präsident TAFT stand diesem Vorhaben kritisch gegenüber, denn er fürchtete um das Ansehen und die Autorität des *Supreme Court*, die erheblich sinken könnten, wenn das Gericht die unpopuläre Pollock Entscheidung selbst revidieren müsste. TAFT favorisierte daher den Weg über eine Verfassungsänderung und ging auf einen Vorschlag des republikanischen Senators ALDRICH ein, der dem Präsidenten zusagte einen Revisionsvorlage in den Kongress einzubringen, wenn TAFT im Gegenzug zusicherte, die Einführung einer Erbschafts- und Körperschaftssteuer nicht weiter zu verfolgen. Der vor allem aus Eigeninteresse handelnde konservative Millionär ALDRICH ging dabei davon aus, dass die Revisionsvorlage ohnehin nicht die erforderliche Dreiviertelmehrheit in den Gliedstaaten erreichen würde und erhoffte sich vom Scheitern der vorgeschlagenen Verfassungsänderung, das endgültige Versiegen der Diskussion um die Einkommenssteuer.[1125] ALDRICHS Revisionsvorlage verabschiedete der Senat am 05. Juli 1909 mit 77:0 Stimmen.[1126] Eine überwältigende Mehrheit erhielt der Änderungsvorschlag eine Woche später auch im Repräsentantenhaus, welches mit 318:14 Stimmen diesem am 12. Juli 1909 zustimmte.[1127] Parallel dazu wurde auch ein einfaches Gesetz zur Körperschaftssteuer erlassen.[1128]

Während des nachfolgenden Ratifikationsprozesses hatten *Supreme Court* Richter sich mehrmals gegen die Verfassungsänderung ausgesprochen. DAVID J. BREWER, einer von zwei noch lebenden Richtern der Mehrheitsentscheidung in

---

1123 Vgl. dazu KYVIG, Explicit and authentic Acts, S. 200.

1124 KYVIG, Explicit and authentic Acts, S. 201ff..

1125 BERNSTEIN/AGEL, Amending America, S. 212; GRIMES, Democracy, S. 73f.; MYERS, A financial History of the United States, S. 266.

1126 Congressional Record, 61st Cong., 1st Sess., Band 44, S. 4121 (1909).

1127 Congressional Record, 61st Cong., 1st Sess., Band 44, S. 4440 (1909).

1128 Die sog. *Bailey-Cummins Income Tax Addition*. Vgl. dazu KYVIG, Explicit and authentic Acts, S. 201ff..

Pollock, kritisierte die Befürworter der Verfassungsänderung als „demagogues and revolutionaries.“[1129] Als dann aber die Ratifikation ins Rollen kam und selbst New York, der Gliedstaat mit dem dichtesten Widerstand gegen die Verfassungsänderung, 1911, die Revisionsvorlage unterzeichnete, schien ihr Erfolg unausweichlich. Vor diesem Hintergrund ruderte auch der *Supreme Court* zurück und erklärte am 13. März 1911 in Flint v. Stone Tracy Co. einstimmig, das neben der Revisionsvorlage verabschiedete Gesetz zur Körperschaftssteuer für verfassungsgemäß, indem es die Körperschaftssteuer als indirekte Steuer qualifizierte, die daher nicht von der Verteilungsklausel betroffen ist.[1130]

Der Ratifikationsprozess endete nach knapp vier Jahren, als am 03. Februar 1913 der 36. von zu dieser Zeit 48 Gliedstaaten die Revisionsvorlage unterzeichnete. Auf der Basis des Amend. XVI wurde bereits im September desselben Jahres ein Gesetz zu einer verteilungsunabhängigen bundesweit einheitlichen Einkommenssteuer erlassen.

Die Reaktion des *Supreme Court* auf das Amend. XVI ist für die Untersuchung der Wechselwirkung zwischen verfassungsänderndem Gesetzgeber und Verfassungsgericht äußerst interessant. Mit der Verfassungsmäßigkeit des neuen Einkommenssteuergesetzes konfrontiert, begründete das Gericht die Verfassungsmäßigkeit des Gesetzes nicht mit der neuen Verfassungsvorschrift. Er entschied, dass das Amend. XVI dem Kongress keine neue Steuergesetzgebungskompetenz verleihe, sondern nur eine bereits bestehende Kompetenz positiviere.[1131] Zusammenfassend wiederholte er in Stanton v. Baltic Mining Co.: „The Sixteenth Amendment conferred no new power of taxation but simply prohibited the previous complete and plenary power of income taxation possessed by Congress from the beginning from being taken out of the category of indirect taxation to which it inherently belonged.”[1132] Bis heute hat das Gericht nicht anerkannt, dass das Amend. XVI seine Entscheidung in Pollock v. Farmers’ Loan & Trust Co. außer Kraft gesetzt hat. Vielmehr hat es Pollock 24 Jahre nach Inkrafttreten der Verfassungsänderung in People of State of New York ex rel. Cohn v. Graves 1937 offiziell verworfen und der Entscheidung damit in-

[1129] N.Y. Times, July 22, 1909, S. 2, zitiert in: KYVIG, Explicit and authentic Acts, S. 204.

[1130] Flint v. Stone Tracy Co., 220 U.S. 107, 147ff., 152 (1911).

[1131] Brushaber v. Union Pacific Railroad Co., 240 U.S. 1, 18f., 25 (1916). In die gleiche Richtung geht die Entscheidung Tyee Realty Co. v. Anderson, 240 U.S. 115, 117f. (1916).

[1132] Stanton v. Baltic Mining Co., 240 U.S. 103, 112 (1916).

direkt noch Bestand beigemessen.[1133] Andere Gerichte haben hingegen die Invalidierung Pollocks durch das Amend. XVI ausdrücklich festgestellt.[1134]

d.) Oregon v. Mitchell und Amend. XXVI

Das Amend. XXVI ist letztendlich eine Antwort auf den bereits seit dem Zweiten Weltkrieg immer wieder verwendeten Slogan: „old enough to fight, old enough to vote," der auf die Diskrepanz aufmerksam machen sollte, das 18-Jährige zwar für die Vereinigten Staaten in den Krieg zogen, innenpolitisch aber nicht wahlberechtigt waren. 1942 und 1943 befasste sich die überwiegende Anzahl der in den Kongress eingebrachten Revisionsvorschläge mit der verfassungsrechtlichen Reduktion des Wahlalters.[1135] Im Oktober 1943 führte der Justizausschuss des Repräsentantenhauses daher Anhörungen zu einer diesbezüglichen Verfassungsänderung durch, die jedoch nicht in einer Revisionsvorlage an das Plenum mündeten. Bis Anfang der 60iger Jahre hatten nur vier Gliedstaaten ein Wahlrecht für unter 21-Jährige bewilligt.[1136] Erst der Vietnamkrieg belebte die Diskussion erneut.[1137] Zahlreiche Gliedstaatenlegislaturen sprachen sich allerdings gegen eine Senkung des Wahlalters aus. Auch die in einigen Gliedstaaten durchgeführten Referenden blieben erfolglos.[1138] Senator BIRCH BAYH entschloss sich dennoch im Februar 1970, Anhörungen im *Subcommittee on Constitutional Amendments* für die erneut[1139] von JENNINGS RANDOLPH aus West Virginia eingebrachte Revisionsvorlage zur Reduktion des

---

[1133] People of State of New York ex rel. Cohn v. Graves, 300 U.S. 308, 315f. (1937) und South Carolina v. Baker, 485 U.S. 505 (1988). Dies anerkennend: People v. Wendt, 183 Ill.App.3d 389, 404 (1989).

[1134] *Justice* BRANDEIS, *dissenting*, in: Burnet v. Coronado Oil & Gas Company, 285 U.S. 393, 409, Fn. 5 (1932); United States v. Dawes, 874 F.2d 746, 751 (10th Cir. 1989); United States v. Stillhamer, 706 F.2d 1072, 1077 (10th Cir. 1983); Murphy v. I.R.S., 2005 WL 665336; Baitis v. Department of Revenue of State, 319 Mont. 292, 296 (Mo. 2004); Scott v. Comptroller of Treasury, 105 Md.App. 215, 223f. (Md. App. 1995); Curtis v. Department of Revenue, 2004 WL 1497546.

[1135] VILE, Encyclopedia, S. 553.

[1136] Hawaii (20 Jahre), Alaska (19 Jahre) sowie Kentucky und Georgia (18 Jahre). Vgl. Oregon v. Mitchell, 400 U.S. 112, 245 (1970).

[1137] Von 1942 bis 1971 wurden über 150 Revisionsvorschläge zur Festsetzung des Wahlalters auf 18 bzw. 19 Jahre in den Kongress eingebracht. Vgl. VILE, S. 479.

[1138] Vgl. dazu CULTICE, Youth's Battle for the Ballot, S. 86ff..

[1139] Damals noch im Abgeordnetenhaus sitzend, hatte RANDOLPH, zusammen mit ARTHUR VANDENBURG aus Michigan, bereits 1943 die Verfassungsänderung angestoßen. Vgl. KYVIG, Explicit and authentic Acts, S. 364.

Wahlalters anzuordnen.[1140] In Anbetracht der Situation in den Gliedstaaten, von denen nur wenige die Wahlberechtigung auf unter 21 Jahre gesenkt hatten und im Bewusstsein, dass EMANUEL CELLER, Vorsitzender des Justizausschusses des Repräsentantenhauses und damit verantwortlich, die Verabschiedung einer Revisionsvorlage im Abgeordnetenhaus voranzutreiben, strikter Gegner einer Senkung des Wahlalters war, entschloss sich der Senat dann jedoch, keine Verfassungsänderung zu verfolgen, sondern den *Voting Rights Act* von 1965[1141] zu erweitern und von ihm das Wahlrecht der 18-Jährigen schützen zu lassen. Das Gesetz wurde vom Kongress verabschiedet und am 22. Juni 1970 von Präsident NIXON unterzeichnet.[1142] Bereits einen Tag später urteilte ein Bundesrichter, dass das Gesetz wegen Verstoßes gegen das Amend. X verfassungswidrig sei.[1143] Am 21. Dezember 1970 wurde diese Entscheidung vom *Supreme Court* in Oregon v. Mitchell[1144] mit einer komplizierten 5:4 Entscheidung wie folgt bestätigt: Vier *Supreme Court* Richter entschieden, dass der Kongress die Kompetenz zum Erlass des Gesetzes besitze.[1145] Vier weitere Richter hielten dagegen.[1146] Somit kam es auf die letzte, die neunte Stimme des *Justice* HUGO BLACK an. Dieser und damit auch das Gericht urteilten, dass der Kongress zwar

[1140] U.S. Senate, Committee on the Judiciary, Subcommittee on Constitutional Amendments, Lowering the Voting Age to 18: Hearings, 91st Cong., 2nd Sess. (1970).

[1141] 79 Stat. 437 (1965).

[1142] 84 Stat. 314 bzw. 42 U.S.C.A., § 1973bb-1.

[1143] Vgl. KYVIG, Explicit and authentic Acts, S. 366. Es war umstritten, ob der Kongress die Kompetenz zum Erlass eines solchen Gesetzes besitzt. Das *Department of Justice*, Präsident NIXON und die Professoren BICKEL, BLACK, BORK, ELY, POLLAK und ROSTOW von der *Yale Law School* waren der Ansicht, dass dem Kongress die Ermächtigungsgrundlage fehle. Senator KENNEDY und die Professoren FREUND und COX von der *Harvard Law School* sahen jedoch eine ausreichende Ermächtigungsgrundlage in Amend. XIV, § 5 gegeben. Sie stützten sich dabei auf die *Supreme Court* Entscheidung Katzenbach v. Morgan, 384 U.S. 641 (1966), § 4 (e) des *Voting Rights Act of 1965*, auf Grundlage des Amend. XIV, § 5 aufrechterhalten hat. Dieses Gesetz schrieb fest, dass keinem das Wahlrecht mit der Begründung entzogen werden dürfe, dass er die englische Sprache nicht beherrsche. Vgl. VOSE, Constitutional Change, S. 358.

[1144] Oregon v. Mitchell, 400 U.S. 112 (1971).

[1145] *Justices* DOUGLAS, BRENNAN, WHITE und MARSHALL hielten den Kongress unter Amend. XIV, § 5 zum Erlass des Gesetzes ermächtigt. Vgl. Oregon v. Mitchell, 400 U.S. 112, 240, 280f. (1971). *Justice* BLACK bejahte die Kompetenz nur in Bezug auf Bundeswahlen und sah die Ermächtigungsgrundlage nicht in Amend. XIV, § 5, sondern kraft Sachzusammenhang mit der Kompetenz zur Regelung der Bundeswahlen gegeben, Art. I, § 4, cl. 1. Siehe S. 120 des Urteils.

[1146] *Justices* STEWART, BLACKMUN, HARLAN und Chief Justice BURGER, in: Oregon v. Mitchell, 400 U.S. 112, 152, 154, 282, 293ff. (1971).

die Kompetenz zur Senkung des Wahlalters für Bundeswahlen innehabe, nicht aber für die Senkung des Wahlalters für Wahlen auf Gliedstaatenebene.[1147]

Folge dieser Entscheidung wäre demnach ein riesiger organisatorischer Aufwand gewesen, da für Gliedstaatenwahlen und Wahlen auf Bundesebene jeweils getrennte Bedingungen einzuhalten wären, glichen die Gliedstaaten ihren Wahlmodus nicht freiwillig dem Standard der Bundesebene an.[1148] Vor dem Hintergrund, dass bereits 1972 die nächsten Wahlen auf Bundesebene anstanden, reagierte der Kongress zügig auf das Urteil des *Supreme Court.*[1149] Senator RANDOLPH wiederholte am 25. Januar 1971 seinen Verfassungsänderungsvorschlag.[1150] Das *Subcommittee on Constitutional Amendments* stimmte seiner Vorlage am 2. März zu und zwei Tage später tat dies auch der gesamte Justizausschuss des Senats.[1151] Am 10. März verabschiedete der Senat die Revisionsvorlage einstimmig.[1152] Die Abstimmung im Repräsentantenhaus folgte knapp zwei Wochen später und endete mit 401:19 Stimmen.[1153] Zu diesem Zeitpunkt tagte auch fast jede Gliedstaatenlegislatur. Fünf Gliedstaaten ratifizierten die Revisionsvorlage noch am gleichen Tag. Nach dreieinhalb Monaten konnte die Verfassungsänderung mit der Ratifikation durch den letzten erforderlichen, den 38. Gliedstaat, in Kraft treten. Seitdem hat die Judikative in mehreren Entscheidungen anerkannt, dass das Urteil Oregon v. Mitchell durch das Amend. XVI außer Kraft gesetzt worden ist.[1154]

[1147] Oregon v. Mitchell, 400 U.S. 112, 117f., 120, 124f., 130 (1971).

[1148] Zu diesem Zeitpunkt hatten nur drei Gliedstaaten das Wahlalter auf 18 Jahre herabgesetzt. Sechs weitere Gliedstaaten hatten das Wahlalter zumindest unter 21 Jahre gesenkt, drei auf 20 und drei auf 19 Jahre. Vgl. GRIMES, Democracy, S. 142f..

[1149] Vgl. zum Zusammenhang der Entscheidung mit dem darauf folgenden *Amendment* BERNSTEIN/AGEL, Amending America, S. 138f.; KYVIG, Explicit and authentic Acts, S. 363ff.; GRIMES, Democracy, S. 142ff.; VILE, Encyclopedia, S. 479.

[1150] CULTICE, Youth's Battle for the Ballot, S. 181.

[1151] U.S. Senate, Committee on the Judiciary, Lowering the Voting Age to 18: Report on S.J. Res. 7, 92nd Cong., 1st Sess., 1971.

[1152] Congressional Record, 92nd Cong., 1st Sess., Band 117, S. 5830 (1971).

[1153] Congressional Record, 92nd Cong., 1st Sess., Band 117, S. 7569f. (1971).

[1154] *Justice* SOUTER, *dissenting*, in: Seminole Tribe of Florida v. Florida, 517 U.S. 44, 109, Fn. 7 (1996); Hale v. Mann, 219 F.3d 61, 69 (2nd Cir. 2000); National Treasury Employees Union v. Nixon, 492 F.2d 587, 612, Fn. 51 (Cir. D.C. 1974); Bay County Democratic Party v. Land, 347 F.Supp.2d 404, 412 (E.D. Mich. 2004).

2.) Revisionsversuche zur Korrektur von *Supreme Court* Urteilen

Nicht alle in Reaktion auf *Supreme Court* Urteile verfasste Revisionsvorlagen führten wie die vorhergehenden vier auch tatsächlich zum Erfolg. Dass die Wechselwirkung zwischen Verfassungsgericht und Parlament äußerst lebhaft ist, dokumentiert aber auch die große Anzahl der im Ergebnis nicht erfolgreichen Änderungsvorschläge. Eine verlässliche Zahl der aufgrund eines missliebigen Urteils des obersten Gerichts angestrengten Revisionsverfahren ist angesichts der über 11000 Revisionsversuche in der Verfassungsgeschichte der USA nicht zu nennen. Es sollen hier aber einige besonders provokante und nur knapp gescheiterte Fälle dieser Art dargestellt werden.[1155]

a.) Hammer v. Dagenhart und das *Child Labor Amendment*

1918 erklärte der *Supreme Court* in Hammer v. Dagenhart in einer 5:4 Entscheidung ein auf die *commerce clause* des Art. I, § 8, cl. 3 gestüztes Gesetz[1156] für verfassungswidrig. Es hätte den zwischenstaatlichen Handel von Gütern verboten, die mit Hilfe von Kinderarbeit produziert wurden.[1157] Das Gericht sah in dem Gesetz ein unzulässiges Eingreifen des Bundes in gliedstaatliche Kompetenzen. Es grenzte den Herstellungsprozess, der kein zwischenstaatliches Element enthielte und somit vom Kongress nicht unter Art. I, § 8, cl. 3 regelbar sei, vom Transport der fertig gestellten Güter ab und versagte dem Bund damit die Kompetenz, die Zulässigkeit von Kinderarbeit mit Hilfe der *commerce clause* einzuschränken.[1158] Auch der darauf folgende Versuch des Kongresses, Kinderarbeit nun unter seiner Steuergesetzgebungskompetenz des Art. I, § 8, cl. 1 zu regulieren,[1159] wurde vom *Supreme Court* im Child Labor Tax Case[1160] als verfassungswidrig eingestuft.

[1155] Weitere Fälle führt VOSE, Constitutional Change, S. 350ff., an. Gleiches lässt sich auch für das wechselseitige Verhältnis von BVerfG und verfassungsänderndem Gesetzgeber in Deutschland nachweisen. Auch in Deutschland sind zahlreiche Revisionsvorlagen zur Korrektur verfassungsgerichtlicher Rechtsprechung gescheitert. Vgl. dazu SCHAUB, Der verfassungsändernde Gesetzgeber, S. 243ff..

[1156] *Owen-Keating Act, Act of Sept. 1, 1916*, *Chapter* 432, 39 Stat. 675 (1916).

[1157] Hammer v. Dagenhart, 247 U.S. 251, 277 (1918).

[1158] Hammer v. Dagenhart, 247 U.S. 251, 273f. (1918).

[1159] *Revenue Act of 1918*, Pub. L. No. 65-254, § 1200, *Chapter* 18, 40 Stat. 1057, 1138ff. (1919).

[1160] Bailey v. Drexel Furniture Co., 259 U.S. 20, 44 (1922). Vgl. dazu WOOD, Constitutional Politics in the progressive Era, S. 255ff..

In Reaktion auf diese 1922 ergangene zweite Entscheidung des *Supreme Court* wurden innerhalb nur weniger Tage verschiedene Revisionsvorlagen in den Kongress eingebracht, die den Bund mit der offenbar fehlenden Gesetzgebungskompetenz ausstatten sollten.[1161] Auch zuvor waren bereits diesbezügliche Revisionsvorlagen in den Kongress eingebracht worden.[1162] Mit der zweiten Entscheidung des *Supreme Court* bekamen die Vorlagen Rückenwind. Senator JOSEPH MCCORMICK erläuterte, dass nach Ausschöpfen aller Möglichkeiten nun nur noch der Weg über eine Verfassungsänderung möglich sei: „ We have no recourse but to amend the constitution."[1163]

Im Januar 1923 hielt das Abgeordnetenhaus Anhörungen zur Revisionsvorlage ab, vertagte sich dann aber ohne sich auf den Wortlaut der Änderungsvorlage geeinigt zu haben.[1164] Erst der folgende Kongress konnte das *Child Labor Amendment*[1165] verabschieden. Am 26. April 1924 gewann die Revisionsvorlage im Abgeordnetenhaus mit 297:69 Stimmen[1166] und am 02. Juni 1924 auch im Senat mit 61:23 Stimmen[1167] die erforderliche Zweidrittelmehrheit. Die Gesetzgebungskammern konnten sich dabei jedoch nicht auf eine zeitliche Ratifikationsgrenze für das *Child Labor Amendment* einigen[1168] und so enthielt der Verfassungsänderungsvorschlag, der schließlich den Gliedstaaten übermittelt wurde, keine zeitliche Vorgabe zur Ratifikation. Sechs Jahre nach Hammer v. Dagenhart und zwei Jahre nach dem Child Labor Tax Case hatte der Kongress damit versucht, die Gerichtsentscheidungen mittels des Verfassungsänderungsverfahrens zu revidieren.[1169]

1161 In den drei auf das *Child Labor Tax Case* folgenden Jahren wurden 40 verschiedene Revisionsvorlagen eingereicht. Vgl. BURLINGHAM, 21 A.B.A. J. 214, 215 (1935).

1162 Das 1906 gegründete *National Child Labor Committee* setzte sich unmittelbar nach der Entscheidung Hammer v. Dagenhart mit der Möglichkeit einer Verfassungsänderung auseinander, entschied sich dann aber einen zweiten Gesetzesversuch auf Grundlage der Bundesgesetzgebungskompetenz für Steuern zu favorisieren. Vgl. KYVIG, Explicit and authentic Acts, S. 255f..

1163 Congressional Record, 67th Cong., 4th Sess., Band 64, S. 5345 (1923).

1164 KYVIG, Explicit and authentic Acts, S. 256.

1165 Vgl. für den genauen Wortlaut des Amendment Anhang B, S. 417.

1166 Congressional Record, 68th Cong., 1st Sess., Band 65, S. 7295 (1924).

1167 Congressional Record, 68th Cong., 1st Sess., Band 65, S. 10142 (1924).

1168 Im Abgeordnetenhaus wurden die zunächst vorgeschlagenen sieben Jahre auf fünf reduziert. Der Senat lehnte aber auch diese reduzierte Zeitgrenze ab (Congressional Record, 68th Cong., 1st Sess., Band 65, S. 7288, 7293f., 10141 (1924)).

1169 Vgl. zum Zusammenhang der *Supreme Court* Entscheidungen mit der Revisionsvorlage Note, 7 Fordham L. Rev. 217, 220ff. (1938); HAJDU/ROSENBLUM, 79 Colum. L. Rev. 106, 144 Fn. 181 (1979); KYVIG, Explicit and authentic Acts, S. 255ff.; BERNSTEIN/AGEL, Amend-

Bis heute wurde das *Child Labor Amendment* jedoch nicht von genügend Gliedstaaten ratifiziert. In der Zeit von 1924 bis 1931 ratifizierten nur sechs Gliedstaaten den Revisionsentwurf. 19 Gliedstaaten lehnten das *Amendment* hingegen ab. Allerdings wurden auch ohne die Verabschiedung einer Verfassungsänderung deren Ziele erreicht. 1938 hat der Kongress den *Fair Labor Standards Act* erlassen, mit dem unter anderem auch die Zulässigkeit der Kinderarbeit massiv eingeschränkt wurde und der deshalb offensichtlich konträr zur Entscheidung Hammer v. Dagenhart lief.[1170] Dieses Mal hat das Gesetz dem *Supreme Court* standhalten können. Im Lichte der Entwicklungen hielt das Gericht das Gesetz in United States v. Darby Lumber Co.[1171] als verfassungsgemäß aufrecht und verwarf offiziell seine Entscheidung in Hammer v. Dagenhart.[1172] Die Ratifikation des *Child Labor Amendment* wurde damit überflüssig gemacht.[1173]

b.) Engle v. Vitale und das *School Prayer Amendment*

1962 und 1963 lösten drei *Supreme Court* Entscheidungen, die sich gegen die Zulässigkeit von religiösen Handlungen an öffentlichen Schulen aussprachen, eine Lawine von Verfassungsänderungsanträgen aus.

Über ein Jahrhundert lang hatte der *Supreme Court* das Amend. I bezüglich Religionsfragen sehr eng und sehr nah am Christentum orientiert ausgelegt. 1892 ging er sogar so weit zu proklamieren, die Vereinigten Staaten seien eine „Christian nation."[1174] Am 25. Juni 1962 kam es dann jedoch zu einer Kehrtwende in der Rechtsprechung als das oberste Gericht in Engle v. Vitale[1175] die Abhaltung eines neutralen Schulgebets an öffentlichen Schulen wegen Verstoßes gegen das Amend. I für verfassungswidrig erklärte. Genau ein Jahr später

ing America, S. 179ff.; GRIMES, Democracy, S. 101ff.; HERRMANN, 33 Wm. & Mary L. Rev. 543, 547ff. (1992); FISHER, in: Campbell/Stack Jr. (Hrsg.), Congress confronts the Court, S. 21, 29.

1170 Black-Connery Wages and Hours Bill, S.R. 24757, 75th Cong., 1st Sess. (1937) und H.R. 7200, 75th Cong., 1st Sess. (1937).

1171 United States v. Darby Lumber Co., 312 U.S. 100 (1941).

1172 United States v. Darby Lumber Co., 312 U.S. 100, 116f. (1941).

1173 STRAUSS, 114 Harv. L. Rev. 1457, 1475f. (2001).

1174 Holy Trinity Church v. U.S., 143 U.S. 457, 471 (1892).

1175 Engle v. Vitale, 370 U.S. 421 (1962). Der Rechtsprechungswandel hatte sich bereits ein Jahr zuvor angedeutet. 1961 hielt der *Supreme Court* ein Gesetz des Gliedstaates Maryland für verfassungswidrig, welches Angestellte des Gliedstaates verpflichtete, ihren Glauben an Gott zu erklären. Vgl. Torcaso v. Watkins, 367 U.S. 488, 490 (1961).

invalidierte der *Supreme Court* ein Gesetz des Gliedstaates Pennsylvania und eine Verordnung des *School Board* Baltimore in Maryland, welche Bibellesungen an öffentlichen Schulen vorsahen. Auch hier entschied der *Supreme Court*, dass die entsprechenden Vorschriften das Amend. I verletzten würden und daher verfassungswidrig seien.[1176]

Bereits zwei Tage nach der Urteilsverkündung brachte der Senator GLENN BEALL einen Revisionsvorschlag zur Invalidierung der Entscheidung in den Kongress ein.[1177] Es folgten mehrere hundert ähnliche Vorschläge, die in den Jahren 1963 und 1964 in den Kongress eingebracht wurden, um die Verfassungsmäßigkeit von Gebeten und Bibellesungen in öffentlichen Schulen sicherzustellen.[1178]

Der Vorsitzende des Justizauschusses im Repräsentantenhaus, EMANUEL CELLAR, war jedoch entschiedener Gegner eines *School Prayer Amendment* und verzögerte daher die Einberufung offizieller Anhörungen bis in den April 1964 hinein. Erst als bereits 157 der für eine *discharge petition* erforderlichen 218 Stimmen zusammenkamen,[1179] willigte CELLAR ein, offizielle Anhörungen im Ausschuss durchzuführen. Die Anhörungen begannen am 22. April 1964 und wurden bis Juni desselben Jahres fortgeführt. Bis zu diesem Zeitpunkt hatten 117 Abgeordnete 154 Resolutionen eingebracht, die insgesamt 35 verschiedene Versionen eines *School Prayer Amendment* vorschlugen.[1180] Exemplarisch für die Flut der auf die Gerichtsurteile folgenden Revisionsanträge ist das sog. *Becker School Prayer Amendment*, das der Abgeordnete FRANK J. BECKER, ein Republikaner aus New York, der auch die *discharge petition* organisierte, formuliert und im Januar 1963 in den 88. Kongress eingebracht hatte: „Prayers may be offered in the course of any program in any public school or other public place in the United States."[1181] Die Anhörungen im Justizausschuss endeten je-

---

[1176] Abington School District v. Schempp und Murray v. Curlett, zusammen entschieden in: 374 U.S. 203 (1963).

[1177] S.J. Res. 205, 87th Cong., 2nd Sess. (1962); Congressional Record, 87th Cong., 2nd Sess., Band 108, S. 11806 (1962). Vgl. dazu KEYNES/MILLER, The Court vs. Congress, S. 192f..

[1178] Vgl. zum Zusammenhang der *Supreme Court* Entscheidung mit den Revisionsanträgen: BEANEY/BEISER, in: Becker/Feeley (Hrsg.), The Impact of Supreme Court Decisions, S. 22, 27ff.; VILE, Encyclopedia, S. 351ff.; VOSE, Constitutional Change, S. 350ff.; KYVIG, Explicit and authentic Acts, S. 379ff.; KEYNES/MILLER, The Court vs. Congress, S. 191ff..

[1179] Vgl. zu diesem Institut die Erklärung in: Teil II: C. II. 1.) b.), S. 123f..

[1180] U.S. House of Representatives, Committee on the Judiciary, School Prayers: Hearings, 88th Cong., 2nd Sess. (1964).

[1181] H.R.J. Res. 9, 88th Cong. 1st Sess. (1963). Am 10. September 1963, zwei Monate nach den beiden weiteren Entscheidungen des *Supreme Court* zu religiösen Handlungen an öffentlichen Schulen, wurde das *Becker Amendment* erweitert, gleichzeitig aber auch restriktiver formudoch am 03. Juni 1964 ergebnislos. Der Ausschuss stimmte nicht über den Antrag ab und auch die von BECKER initiierte *discharge petition* verlief erfolglos.

Auch im Senat führten die Bemühungen um ein *School Prayer Amendment* nicht zum Erfolg. Der republikanische Senator EVERETT DIRKSEN aus Illinois brachte eine Resolution in den Senat ein, die Gebete an öffentlichen Schulen auf freiwilliger Basis verfassungsrechtlich schützen sollte.[1182] Das *Subcommittee on Constitutional Amendments* hielt zwar bis August 1966 offizielle Anhörungen zum vorgeschlagenen *Amendment* ab.[1183] Doch auch der Unterausschuss des Senats konnte sich nicht dazu entschließen, das *Amendment* dem Plenum zur Abstimmung zu überweisen. Auch im Senat wurde daher der Ausschuss umgangen, indem DIRKSEN seinen Vorschlag als Anhang zu einer Gesetzesvorlage, die einen nationalen UNICEF Tag proklamieren sollte, zur Abstimmung stellte.[1184] Am 21. September 1966 stimmte der Senat mit 49 zu 37 Stimmen gegen das *School Prayer Amendment*.[1185] DIRKSEN fehlten damit 12 Stimmen für die erforderliche Zweidrittelmehrheit.[1186]

Damit war das *School Prayer Amendment* zur Rückgängigmachung der erfolgten *Supreme Court* Entscheidungen sowohl im Repräsentantenhaus als auch im Senat gescheitert.[1187] In der Folge versuchte der Kongress daher zweigleisig

---

liert, um seine Zustimmungsfähigkeit im Kongress zu verbessern. Vgl. für den neuen Vorschlag H.R.J. Res. 693, 88th Cong., 1st Sess. (1963).

1182 Streng genommen hätte diese Verfassungsänderung die Entscheidungen des *Supreme Court* nicht außer Kraft gesetzt, denn diese bezogen sich auf verpflichtende Gebetsabhaltungen, nicht aber auf freiwilliges Gebet.

1183 U.S. Senate, Committee on the Judiciary, Subcommittee on Constitutional Amendments, Dirksen School Prayer Amendment: Hearings, 89th Cong., 2nd Sess. (1966).

1184 Vgl. zur Ausschussumgehungspraxis im Senat Teil II: C. II. 1.) b.), S. 123f. und zu diesem besonderen Fall KYVIG, Explicit and authentic Acts, S. 384.

1185 Congressional Record, 89th Cong., 2nd Sess., Band 112, S. 23063 (1966).

1186 Congressional Record, 89th Cong., 2nd Sess., Band 112, S. 23556 (1966).

1187 1967 und 1968 führte keiner der über 150 Revisionsanträge für ein *School Prayer Amendment* zum Erfolg. Im Laufe der Zeit wurden allerdings immer wieder Versuche gestartet, mittels einer Verfassungsänderung Gebetshandlungen an öffentlichen Schulen zu erlauben. 1970 gelang es Senator HOWARD BAKER, den Senat zur Abstimmung über ein *School Prayer Amendment* zu zwingen, dass jedoch nicht die erforderliche Mehrheit erreichte. 1971 konnte der Abgeordnete CHALMERS WYLIE eine diesbezügliche *discharge petition* im Abgeordnetenhaus durchsetzen. Mit 240:163 Stimmen fehlten der Änderungsvorlage jedoch 28 Stimmen zum Erfolg. Vgl. Congressional Record, 92nd Cong., 1st Sess., Band 117, S. 39886ff., 39957f. (1971). Auch später wurden immer wieder erneut Vorlagen eines *School Prayer Amendment* in den Kongress eingebracht, z.B.: S.J. Res. 212, 98th Cong., 2nd Sess. (24. Januar 1984), die aber mit 56 zu 44 Stimmen die erforderliche Zweidrittelmehrheit verfehlte. Vgl. Congressional Record, 98th Cong., 2nd Sess., Band 130 S. 5919, 5895 (1984). 1962, zu fahren und den Entscheidungen des *Supreme Court* auf einer weiteren Ebene zu begegnen. Neben Revisionsvorlagen wurden kurze Zeit später auch Gesetzesvorlagen in den Kongress eingebracht, die dem *Supreme Court* die Revisionszuständigkeit und den weiteren Bundesgerichten die unterinstanzliche Zuständigkeit für Fragen des Schulgebets entziehen sollten.[1188] Auch diese konnten jedoch nicht die erforderlichen Mehrheiten im Kongress gewinnen. Bis heute haben die Initiativen zum Erlass eines *School Prayer Amendment* nicht an Aktualität verloren.[1189] Durchgesetzt werden konnte aber bisher nur der *Equal Access Act* von 1984, der Schülern das religiöse Gebet an öffentlichen Schulen im Rahmen ihrer Freizeit ohne Beaufsichtigung durch Lehrkräfte ausdrücklich gestattet.[1190]

c.) Baker v. Carr und das *Dirksen Apportionment Amendment*

1962 und 1964 ordnete der *Supreme Court* mit seinen Entscheidungen in Baker v. Carr[1191] und Reynolds v. Sims[1192] die Neueinteilung zahlreicher Wahlkreise auf der Grundlage eines „one person, one vote"-Prinzips an. Der *Warren Court* bekräftigte in Reynolds v. Sims, die in Baker v. Carr aufgestellte Justiziabilität des Problems unter Amend. XIV und entschied, dass die *equal protection clause* des Amend. XIV, § 1 den Gliedstaaten mit bikammeralen Gesetzge-

---

1963, 1965-1967, 1969, 1971, 1973, 1983 und 1984 gehörte die Schulgebetsfrage zu den am häufigsten eingebrachten Revisionsvorschlägen. Vgl. VILE, Encyclopedia, S. 553ff..

1188 Vgl. dazu KEYNES/MILLER, The Congress vs. Court, S. 195ff.. Senator HELMS schlug 1974 folgende charakteristische Gesetzesänderung vor: "The Supreme Court shall not have jurisdiction to review, by appeal, writ of certiorari, or otherwise, any case arising out of any State statute, ordinance, rule, regulation or any part thereof, or arising out of any Act interpreting, applying, or enforcing a State statute, ordinance, rule, or regulation, which relates to voluntary prayers in public schools and public buildings." (S.J.Res. 3981, Congressional Record, 93rd Cong., 2nd Sess., Band 120, S. 30721 (1974).

1189 Die Abgeordneten JO ANN EMERSON, LINDSEY GRAHAM und JOHN P. MURTHA sowie der Senator STROM THURMOND haben auch jüngst immer wieder Änderungsvorlagen in den Kongress eingebracht. Vgl. für den 108. und den 109. Kongress H.R.J. Res. 7, 108th Cong., 1st Sess. (07. Januar 2003); H.R.J. Res. 68, 108th Cong., 1st Sess. (17. September 2003); H.R.J. Res. 7, 109th Cong., 1st Sess. (04. Januar 2005); H.R.J. Res. 21, 109th Cong., 1st Sess. (16. Februar 2005). Siehe auch STONE, 50 U. Chi. L. Rev. 823 (1983); DELLINGER, 95 Yale L.J. 1631 (1986); PECK, 46 Mercer L. Rev. 1123 (1995).

1190 98 Stat. 1302 bzw. 20 U.S.C. 4071 (1984).

1191 Baker v. Carr, 369 U.S. 186 (1962).

1192 Reynolds v. Sims, 377 U.S. 533 (1964).

bungskammern vorschreibt, die Wahlen für beide Kammern nach einem an der Stärke der Bevölkerung orientierten Standard auszurichten.[1193]

Zusammengenommen provozierten beide Urteile eine Vielzahl eingereichter Verfassungsänderungsanträge.[1194] Der berühmteste und bekannteste unter ihnen stammt wiederum von Senator DIRKSEN. DIRKSEN versuchte zunächst, über die bis heute ungenutzte Methode der Gliedstaateninitiierung, die Einberufung eines Bundeskonvents zur Ausarbeitung eines, die Entscheidungen des *Supreme Court* invalidierenden, *Amendment* herbeizuführen. Innerhalb nur weniger Monate nach dem am 15. Juni 1964 verkündeten Urteil hatten bereits 25 Gliedstaaten einen Einberufungsantrag beim Kongress gestellt. Bis zum Juni 1969 waren es 33 Gliedstaatenanträge, d.h. es fehlte nur noch ein einziger Antrag, um den Kongress zur Einberufung des Bundeskonvents zu verpflichten.[1195] Das Ziel des Senators und der ihn unterstützenden Organisationen war es, mit der drohenden Einberufung eines Bundeskonvents, den Kongress dazu zu bewegen, den Gliedstaaten selbst einen Revisionsvorschlag zur Ratifikation zu unterbreiten,[1196] welcher vorsah, dass zumindest die Zusammensetzung einer von zwei gesetzgebenden Gliedstaatenkammern nicht dem „one person, one vote"-Prinzip entsprechen muss.[1197]

Parallel reichte DIRKSEN daher am 06. Januar 1965 einen Revisionsantrag im Kongress ein.[1198] Vom 03. März bis zum 21. Mai 1965 wurden im zuständigen Unterausschuss des Justizausschusses des Senats auch diesbezügliche Anhörungen durchgeführt.[1199] Nach deren Ende beschloss der Justizausschuss jedoch, den Revisionsvorschlag dem Senat nicht zur Abstimmung zu unterbreiten. Um

---

1193 Reynolds v. Sims, 377 U.S. 533, 568 (1964). Zur gleichen Zeit ergingen zahlreiche weitere Entscheidungen, die die gliedstaatliche Freiheit bezüglich ihrer parlamentarischen Wahlsysteme einschränkten, indem sie die *equal protection clause* des Amend. XIV, § 1 für die Wahlsysteme zum Maßstab erhoben: Wesberry v. Saunders, 376 U.S. 1 (1964); WMCA, Inc. v. Lomenza, 377 U.S. 633 (1964); Maryland Committee for fair Representation v. Tawes, 377 U.S. 656 (1964); Davis v. Mann, 377 U.S. 678 (1964); Roman v. Sincock, 377 U.S. 697 (1964); Lucas v. Forty-Fourth General Assembly of State of Colorado, 377 U.S. 713 (1964).

1194 Vgl. zum Zusammenhang der Urteile mit den Änderungsanträgen VOSE, Constitutional Change, 352ff.; Note, 79 Harv. L. Rev. 1231 (1966); KYVIG, Explicit and authentic Acts, S. 374ff..

1195 Congressional Record, 89th Cong., 1st Sess., Band 111, S. 28188 (1965).

1196 Vgl. dazu Teil II: C. II. 2.) b.), S. 146ff..

1197 Dieses Ziel wurde z.B. von der Organisation der ländlichen Farmer offiziell zugegeben. Vgl. die Nachweise bei Note, 79 Harv. L. Rev. 1231, 1237 (1966).

1198 S.J. Res. 2, 89th Cong., 1st Sess. (1965).

1199 Hearings on S.J. Res. 2 before the Subcommittee on Constitutional Amendments of the Senate Committee on the Judiciary, 89th Cong., 1st Sess. (1965).

eine Abstimmung dennoch zu erzwingen, machte sich Senator DIRKSEN wie bereits schon im Fall des *School Prayer Amendment* eine Umgehungsmethode zu Nutze und stellte den Revisionsantrag als Anhang zu einer Resolution, die die *National American Legion Baseball Week* proklamierte, zur Abstimmung. Nach einer langwierigen Debatte im Senat, verfehlte der Revisionsantrag jedoch wegen sieben Stimmen die erforderliche Zweidrittelmehrheit.[1200]

In der Zwischenzeit begannen auch die Gliedstaaten, der Entscheidung des *Supreme Court* entsprechend, ihre Gesetzgebungskammern neu zu besetzen und als Senator DIRKSEN im September 1969 starb, war das Ende der *Reapportionment Amendment* Kampagne besiegelt.[1201] Das endgültige Scheitern des Revisionsversuchs ist mit der am 04. November 1969 abgehaltenen Abstimmung in Wisconsin zu verzeichnen, bei der das Parlament den Einberufungsantrag für einen Bundeskonvent ablehnte und somit die 34. für die Einberufung erforderliche Stimme von Gliedstaatenseite aus fehlschlug.[1202]

d.) Roe v. Wade und das *Abortion Amendment*

In Roe v. Wade[1203] hielt der *Supreme Court* 1973 in einer 7:2 Entscheidung ein texanisches Gesetz, das eine Abtreibung nur für den Fall einer Gefahr für das Leben der Schwangeren vorsah, für verfassungswidrig. Er sah die Entscheidungsfreiheit einer schwangeren Frau im Hinblick auf eine mögliche Abtreibung als von dem in Amend. XIV, § 1 hineingelesenen Grundrecht auf Schutz der Privatsphäre umfasst an. Grenzen gesetzt werden kann diesem fundamentalen Recht nach dem Urteil des Gerichts nur im Interesse der Gesundheit der Schwangeren oder des potentiellen Lebens des Fötus.[1204] Für die Grenzziehung hat der *Supreme Court* ein dreistufiges Verfahren entwickelt. Während in den ersten drei Monaten die schwangere Frau die volle Wahlfreiheit genießt, können ihr in den folgenden drei Monaten Beschränkungen zugunsten ihrer eigenen Ge-

---

[1200] Für die im Senat geführte Debatte und die Endabstimmung siehe Congressional Quarterly, Band 43, S. 1491, 1541f. (weekly ed. 1965).

[1201] Eine weitere Abstimmung über das *Amendment*, die DIRKSEN im Senat herbeigeführt hatte, war mit 55:38 Stimmen am 22. April 1966 ebenso erfolglos wie die erste. Congressional Record 89th Cong., 1st Sess., Band 111, S. 17842ff. (1965) und Congressional Record 89th Cong. 2nd Sess., Band 112, S. 3831f., 5153ff., 8583 (1966).

[1202] KYVIG, Explicit and authentic Acts, S. 379.

[1203] Roe v. Wade, 410 U.S. 113 (1973). Am gleichen Tag erging auch die Entscheidung Doe v. Bolton, 410 U.S. 179 (1973), welche Teile eines Abtreibungsgesetzes des Gliedstaates Georgia aufhob.

[1204] Roe v. Wade, 410 U.S. 113, 153ff., 162ff. (1973).

sundheit auferlegt werden. In den letzten drei Monaten der Schwangerschaft bzw. ab dem Stadium der Lebensfähigkeit des Fötus kann der Staat dann auch Regelungen zum Schutz des Ungeborenen erlassen, wobei Ausnahmen vorzusehen sind, sofern ein Gesundheitsrisiko für die Mutter besteht.[1205] Bis heute sind der Roe v. Wade Entscheidung zahlreiche Entscheidungen des *Supreme Court* gefolgt, die dieses System weiter ausdifferenzierten[1206] und zum Teil auch durch restriktive Interpretation wieder einschränkten.[1207] Letztlich hat das Gericht aber 1992 mit dem Urteil im Fall Planned Parenthood of Southeastern Pennsylvania v. Casey seine grundsätzliche in Roe v. Wade aufgestellte Haltung bestätigt und Zweifel an der eventuellen Aufhebung seines grundlegenden Abtreibungsurteils durch nachfolgende Entscheidungen ausgeräumt.[1208]

Der Kongress reagierte auf die *Supreme Court* Entscheidung Roe v. Wade auf unterschiedliche Weise. Auch in der Abtreibungskontroverse versuchte er auf mehreren Ebenen, seine Ansichten gegenüber denen des *Supreme Court* durchzusetzen. Neben Verfassungsänderungsversuchen wurde auch die einfache Gesetzgebung zur Regelung des Abtreibungsstreits bemüht,[1209] wobei unter anderem auch Forderungen nach der Beschränkung gerichtlicher Zuständigkeiten laut wurden.[1210]

1205 Roe v. Wade, 410 U.S. 113, 164 (1973).

1206 Planned Parenthood v. Danforth, 428 U.S. 52 (1976); Maher v. Roe, 432 U.S. 464 (1977); Poelker v. Doe, 432 U.S. 519 (1977); Beal v. Doe, 432 U.S. 438 (1977); Colautti v. Franklin, 439 U.S. 379 (1979); Bellotti v. Baird, 443 U.S. 662 (1979); Harris v. McRae, 448 U.S. 297 (1980); H.L. v. Matheson, 450 U.S. 398 (1981); Akron v. Akron Center for Reproductive Health, 462 U.S. 416 (1983); Thornburgh v. American College of Obstetricians, 476 U.S. 747 (1986); Webster v. Reproductive Health Services, 492 U.S. 490 (1989); Hodgson v. Minnesota, 497 U.S. 417 (1990); Rust v. Sullivan, 500 U.S. 173 (1991); Planned Parenthood of Southeastern Pennsylvania v. Casey, 505 U.S. 833 (1992); Stenberg v. Carhart, 530 U.S. 914 (2000).

1207 Der *Supreme Court* hatte es vermieden, ein "Recht auf Abtreibung" auszusprechen, sondern nur vom Schutz der Privatsphäre gesprochen. Die staatliche Verweigerung der Kostentragung von Schwangerschaftsabbrüchen konnte er daher als verfassungsgemäß aufrechterhalten. Vgl. Beal v. Doe, 432 U.S. 438 (1977); Maher v. Roe, 432 U.S. 464 (1977); Poelker v. Doe, 432 U.S. 519 (1977); Harris v. McRae, 448 U.S. 297 (1980). Weitere Einschränkungen erfolgten in Bezug auf die Abtreibung durch Minderjährige: H.L. v. Matheson, 450 U.S. 398 (1981); Ohio v. Akron Center for Reproductive Health, 497 U.S. 507 (1990).

1208 Planned Parenthood of Southeastern Pennsylvania v. Casey, 505 U.S. 833, 845f. (1992). Eine Übersicht über die Abtreibungsrechtsprechung des *Supreme Court* bieten KEYNES/MILLER, The Court vs. Congress, S. 245ff.; BALL, The Supreme Court in the intimate Lives of Americans, S. 90ff.; SHAPIRO, Abortion, S. 25ff.; MOORS, Die Rolle von Verfassung und Verfassungsgerichtsbarkeit.

1209 Vgl. KEYNES/MILLER, The Court vs. Congress, S. 285ff..

1210 KEYNES/MILLER, The Court vs. Congress, S. 279, 292ff..

Für den Weg über eine Verfassungsänderung haben Senatoren und Abgeordnete seit 1973 vier verschiedene Typen von Revisionsvorlagen in den Kongress eingebracht:[1211] (1) Schaffung einer Gesetzgebungskompetenz für Gliedstaaten und/oder Kongress zur Regelung des Abtreibungsrechts,[1212] (2) Schaffung eines ausdrücklichen Abtreibungsverbotes bzw. eines Rechts auf Leben für Ungeborene,[1213] (3) Schaffung eines ausdrücklichen Einmischungsverbots für Kongress und Gliedstaaten in Bezug auf das menschliche Leben[1214] und (4) Definition des Fötus als Schutzobjekt des Amend. V und des Amend XIV.[1215] Dabei wurde die

---

1211 Vgl. dazu KEYNES/MILLER, The Court vs. Congress, S. 280.

1212 H.R.J. Res. 61, 94th Cong., 1st Sess. (14. Januar 1975); H.R.J. Res. 96, 94th Cong., 1st Sess. (15. Januar 1975); H.R.J. Res. 97, 94th Cong., 1st Sess. (16. Januar 1975); H.R.J. Res. 180, 94th Cong., 1st Sess. (03. Februar 1975); H.R.J. Res. 261, 94th Cong., 1st Sess. (27. Februar 1975); H.R.J. Res. 326, 94th Cong., 1st Sess. (14. März 1975); H.R.J. Res. 369, 94th Cong., 1st Sess. (26. März 1975); H.R.J. Res. 425, 94th Cong., 1st Sess. (01. Mai 1975); H.R.J. Res. 483, 94th Cong., 1st Sess. (04. Juni 1975); H.R.J. Res. 527, 94th Cong., 1st Sess. (24. Juni 1975); H.R.J. Res. 565, 94th Cong., 1st Sess. (16. Juli 1975); S.J. Res. 91, 94th Cong., 1st Sess. (06. Juni 1975); S.J. Res. 143, 94th Cong., 1st Sess. (29. Oktober 1975); H.R.J. Res. 871, 94th Cong., 2nd Sess. (17. März 1976); H.R.J. Res. 372, 97th Cong., 1st Sess. (10. Dezember 1981); S.J. Res. 110, 97th Cong., 1st Sess. (21. September 1981); H.R.J. Res. 504, 97th Cong., 2nd Sess. (09. Juni 1982); H.R.J. Res. 59, 98th Cong., 1st Sess. (06. Januar 1983).

1213 H.R.J. Res. 485, 94th Cong., 1st Sess. (05. Juni 1975); H.R.J. Res. 104, 97th Cong., 1st Sess. (22. Januar 1981); H.R.J. Res. 198, 97th Cong., 1st Sess. (04. März 1981); S.J. Res. 19, 97th Cong., 1st Sess. (22. Januar 1981); H.R.J. Res. 82, 98th Cong., 1st Sess. (25. Januar 1983); H.R.J. Res. 84, 98th Cong., 1st Sess. (25. Januar 1983); H.R.J. Res. 116, 98th Cong., 1st Sess. 01. Februar 1983); S.J. Res. 3, 98th Cong., 1st Sess. (26. Januar 1983); S.J. Res. 8, 98th Cong., 1st Sess. (26. Januar 1983); S.J. Res. 13, 98th Cong., 1st Sess. (26. Januar 1983).

1214 S.J. Res. 130, 93rd Cong., 1st Sess. (29. Juni 1973); H.R.J. Res. 180, 94th Cong., 1st Sess. (03. Februar 1975).

1215 S.J. Res. 119, 93rd Cong., 1st Sess (31. Mai 1973); H.R.J. Res. 41, 94th Cong., 1st Sess. (14. Januar 1975); H.R.J. Res. 99, 94th Cong., 1st Sess. (16. Januar 1975); H.R.J. Res. 121, 94th Cong., 1st Sess. (20. Januar 1975); H.R.J. Res. 132, 94th Cong., 1st Sess. (20. Januar 1975); H.R.J. Res. 144, 94th Cong., 1st Sess. (27. Januar 1975); H.R.J. Res. 170, 94th Cong., 1st Sess. (30. Januar 1975); H.R.J. Res. 187, 94th Cong., 1st Sess. (04. Februar 1975); H.R.J. Res. 189, 94th Cong., 1st Sess. (04. Februar 1975); H.R.J. Res. 197, 94th Cong., 1st Sess. (05. Februar 1975); H.R.J. Res. 221, 94th Cong., 1st Sess. (19. Februar 1975); H.R.J. Res. 238, 94th Cong., 1st Sess. (24. Februar 1975); H.R.J. Res. 248, 94th Cong., 1st Sess. (25. Februar 1975); H.R.J. Res. 259, 94th Cong., 1st Sess. (27. Februar 1975); H.R.J. Res. 275, 94th Cong., 1st Sess. (04. März 1975); H.R.J. Res. 279, 94th Cong., 1st Sess. (05. März 1975); H.R.J. Res. 311, 94th Cong., 1st Sess. (12. März 1975); H.R.J. Res. 317, 94th Cong., 1st Sess. (13. März 1975); H.R.J. Res. 337, 94th Cong., 1st Sess. (19. März 1975); H.R.J. Res. 383, 94th Cong., 1st Sess. (09. April 1975); H.R.J. Res. 397, 94th Cong., 1st Sess. (16. April 1975); H.R.J. Res. 403, 94th Cong., 1st Sess. (17. April 1975); H.R.J. Res. 419, 94th Cong., 1st Sess. (29. April 1975); H.R.J. Res. 422, 94th Cong., 1st Sess. (30. April 1975); H.R.J. Res. 447, 94th Cong., 1st Sess. (07. Mai 1975); H.R.J. Res. 451, 94th Cong., 1st Sess. (13. Mai 1975); H.R.J. Res. 467, 94th

Absicht, mit der Verfassungsänderung vor allem Roe v. Wade zu revidieren, deutlich gemacht. Senator HATCH, der seine Revisionsvorlage gleich mehrfach in den Kongress eingebracht hatte, fasste die Intention wie folgt zusammen:

> „Reverse Roe cleanly, completely, and in a manner that conforms with the basic constitutional tenets adopted by the Framers. By a "clean" reversal of Roe, I mean we are seeking to nullify the decision without disrupting unrelated legal doctrines. By a "complete" reversal, I mean we are seeking to nullify the decision to the full extent that it protects an abortion liberty. [...]. Finally by a "conforming" reversal, I mean we are seeking to nullify the decision in a manner that fully respects the basic principles of federalism, checks and balances, limits on government authority, and other fundamental tenets of the constitutional scheme of governance."[1216]

Bis heute ist kein *Abortion Amendment* ergangen. Allerdings gehörten diesbezügliche Revisionsvorlagen 1973, 1975-1981, 1983 und 1987 zu den häufigsten

Cong., 1st Sess. (20. Mai 1975); H.R.J. Res. 520, 94th Cong., 1st Sess. (19. Juni 1975); H.R.J. Res. 566, 94th Cong., 1st Sess. (16. Juli 1975); H.R.J. Res. 567, 94th Cong., 1st Sess. (16. Juli 1975); H.R.J. Res. 568, 94th Cong., 1st Sess. (16. Juli 1975); H.R.J. Res. 658, 94th Cong., 1st Sess. (17. September 1975); H.R.J. Res. 675, 94th Cong., 1st Sess. (29. September 1975); H.R.J. Res. 741, 94th Cong., 1st Sess. (04. Dezember 1975); H.R.J. Res. 753, 94th Cong., 1st Sess. (17. Dezember 1975); S.J. Res. 11, 94th Cong., 1st Sess. (23. Januar 1975); H.R.J. Res. 774, 94th Cong., 2nd Sess. (21. Januar 1976); H.R.J. Res. 779, 94th Cong., 2nd Sess. (26. Januar 1976); H.R.J. Res. 790, 94th Cong., 2nd Sess. (02. Februar 1976); H.R.J. Res. 834, 94th Cong., 2nd Sess. (01. März 1976); H.R.J. Res. 841, 94th Cong., 2nd Sess. (02. März 1976); H.R.J. Res. 842, 94th Cong., 2nd Sess. (03. März 1976); H.R.J. Res. 872, 94th Cong., 2nd Sess. (17. März 1976); H.R.J. Res. 942, 94th Cong., 2nd Sess. (06. Mai 1976); H.R.J. Res. 27, 97th Cong., 1st Sess. (05. Januar 1981); H.R.J. Res. 125, 97th Cong., 1st Sess. (22. Januar 1981); H.R.J. Res. 127, 97th Cong., 1st Sess. (22. Januar 1981); H.R.J. Res. 133, 97th Cong., 1st Sess. (27. Januar 1981); H.R.J. Res. 198, 97th Cong., 1st Sess. (04. März 1981); H.R.J. Res. 249, 97th Cong., 1st Sess. (06. Mai 1981); H.J. 380, 97th Cong., 1st Sess. (16. Dezember 1981); S.J. Res. 17, 97th Cong., 1st Sess. (22. Januar 1981); S.J. Res. 18, 97th Cong. 1st Sess (22. Januar 1981); H.R.J. Res. 15, 98th Cong., 1st Sess. (03. Januar 1983); H.R.J. Res. 26, 98th Cong., 1st Sess. (03. Januar 1983); H.R.J. Res. 92, 98th Cong., 1st Sess. (25. Januar 1983); H.R.J. Res. 223, 98th Cong., 1st Sess. (24. März 1983); S.J. Res. 4, 98th Cong., 1st Sess. (26. Januar 1983); S.J. Res. 9, 98th Cong., 1st Sess. (26. Januar 1983); S.J. Res. 14, 98th Cong., 1st Sess. (26. Januar 1983); H.R.J. Res. 94, 99th Cong., 1st Sess. (24. Januar 1985); H.R.J. Res. 147, 99th Cong., 1st Sess. (07. Februar 1985). S.J. Res. 291, 99th Cong., 2nd Sess. (07. März 1986).

1216 U.S. Senate, Committee on the Judiciary, Subcommittee on the Constitution, Legal Ramifications of the Human Life Amendment, 98th Cong., 1st Sess., S. 9 (1983).

Verfassungsänderungsvorschlägen, die in diesen Jahren in den Kongress eingebracht wurden.[1217]

e.) Texas v. Johnson u.a. und das *Flag Burning Amendment*

Fünf Monate nach dem Amtsantritt von Präsident GEORGE BUSH Sr erklärte der *Supreme Court* am 21. Juni 1989 ein texanisches Gesetz[1218] für verfassungswidrig, welches die „desecration of a venerated object" verbot.[1219] Mit einer 5:4 Entscheidung schloss sich der *Supreme Court* damit dem Urteil des *Texas Court of Criminal Appeals* an, der das Gesetz für unvereinbar mit Amend. I hielt und sich daher weigerte, GREGORY LEE JOHNSON und andere entsprechend des Gesetzes strafrechtlich zur Verantwortung zu ziehen.[1220] JOHNSON hatte 1984 in Dallas gegen die dort abgehaltene *Republican National Convention* demonstriert, die amerikanische Flagge in Flammen aufgehen lassen und gesungen: „America, the red, white, and blue, we spit on you."[1221] Sowohl der *Texas Court of Criminal Appeals* als auch der *Supreme Court* schätzten das Meinungsäußerungsinteresse des einzelnen höher ein als das Interesse des Staates an der Integrität seiner Symbole und hielten die Bestimmung des texanischen Strafrechts daher in Texas v. Johnson für verfassungswidrig.[1222]

Der Senat,[1223] das Repräsentantenhaus[1224] wie auch Präsident BUSH erklärten unverzüglich ihre Enttäuschung über die Entscheidung des *Supreme Court*, und BUSH setzte sich für die Erweiterung der Verfassung um ein *Flag Burning*

1217 Bis heute ist die Debatte nicht verstummt. Vgl. für diesbezügliche Revisionsvorlagen aus dem 108. und den 109. Kongress H.R.J. Res. 9, 108th Cong., 1st Sess. (07. Januar 2003); H.R.J. Res. 4, 109th Cong., 1st Sess. (04. Januar 2005).

1218 Texas Penal Code Ann. § 42.09 (1989), zitiert in: Texas v. Johnson, 491 U.S. 397, 400 Fn. 1 (1989).

1219 Texas v. Johnson, 491 U.S. 397 (1989). Zuvor hatte der *Supreme Court* mehrmals ähnliche Fälle entschieden: Smith v. Goguen, 415 U.S. 566 (1974); Spence v. Washington, 418 U.S. 405 (1974); Street v. New York, 394 U.S. 576 (1969).

1220 Johnson v. State, 755 S.W.2d 92, 98 (Tex.Crim.App. 1988).

1221 Texas v. Johnson 491 U.S. 397, 399 (1989).

1222 Texas v. Johnson 491 U.S. 397, 420 (1989). Vgl. dazu DRY, 1990 S. Ct. Rev. 69, 81ff. (1990); TUSHNET, 61 U. Colo. L. Rev. 39, 40ff. (1990).

1223 Der Senat äußerte in einer 97:3 Abstimmung "profound disappointment with yesterday's Supreme Court decision allowing the burning of the American flag." Vgl. S. Res. 151, 101st Cong., 1st Sess. (22. Juni 1989).

1224 Das Abgeordnetenhaus deklarierte "profound concern." Vgl. H.R.Res. 186, 101st Cong., 1st Sess. (27. Juni 1989).

Amendment ein.[1225] Innerhalb einer Woche hatten 172 Abgeordnete und 43 Senatoren 39 verschiedene Resolutionen unterzeichnet, die sich für die Einführung einer entsprechenden Verfassungsänderung aussprachen.[1226] Sowohl im Repräsentantenhaus als auch im Senat wurde die Einführung eines solchen *Amendment* beraten.[1227] Aus Furcht um die Integrität des Amend. I entschloss man sich dann jedoch, nur ein Bundesgesetz, nicht aber eine Verfassungsänderung zu verabschieden, den *Flag Protection Act.*[1228] Dieser sah für die Flaggenverbrennung ein Strafmaß von bis zu einem Jahr Gefängnis oder einer Geldbuße von bis zu $1000 vor.[1229] Mit dem Erlass des Gesetzes war die Initiative für eine Verfassungsänderung zunächst gescheitert, da mit seiner Verabschiedung auch die den Präsidenten BUSH unterstützenden Befürworter einer Verfassungsänderung im Kongress verstummten.[1230] Im Senat wurde dennoch zwei Wochen nach der Verabschiedung des *Flag Protection Act*, am 19. Oktober 1989, über eine Version des *Flag Burning Amendment* abgestimmt. Der Revisionsvorlage fehlten aber mit 51:48 Stimmen 15 Stimmen für die erforderliche Zweidrittelmehrheit.[1231]

Die Initiative für eine Verfassungsänderung blühte erneut auf, als auch der dem texanischen Gesetz sehr ähnliche *Flag Protection Act* der verfassungsgerichtlichen Kontrolle nicht standhielt. Nur kurze Zeit nach dem Inkrafttreten des Bundesgesetzes, am 28. Oktober 1989, kam es zu zwei weiteren Verbrennungen der amerikanischen Flagge. In beiden Fällen erklärten die zuständigen *Federal*

[1225] Vgl. zur Geschichte des *Flag Burning Amendment* KYVIG, Explicit and authentic Acts, S. 455ff.; ISAACSON, 23 Loy. L.A. L. REV. 535, 553ff. (1990). Ausführliche Darstellung des Gesetzgebungsprozesses und der Beratungen über ein *Flag Burning Amendment* im Kongress bei POLLITT, 70 N. C. L. Rev. 553, 569ff. (1992).

[1226] BISKUPIC, 47 Congressional Quarterly 1622, 1623 (1989).

[1227] U.S. House of Representatives, Committee on the Judiciary, Subcommittee on Civil and Constitutional Rights, Statutory and Constitutional Responses to the Supreme Court Decision in Texas v. Johnson: Hearings on H.R. 2978, S.1338 and S.J. Res. 180, 101st Cong., 1st Sess., S. 536ff. (1989); U.S. Senate, Committee on the Judiciary, Hearings on Measures to protect the physical Integrity of the American Flag: Hearings, 101st Cong., 1st Sess. (1989).

[1228] Siehe dazu GOLDSTEIN, Burning the Flag, S. 189ff..

[1229] 18 U.S.C. § 700(a) (1982) wird durch den *Flag Protection Act of 1989*, Pub.L. No.101-131, 103 Stat. 777 (1989) erweitert. Die Gesetzesvorlage wurde im September im Repräsentantenhaus mit 380:38 Stimmen verabschiedet und im Senat im Oktober mit 91:9 Stimmen. Vgl. 135 Congressional Record H5562 (daily ed. 12 September 1989) bzw. 135 Congressional Record S12655 (daily ed. 05. Oktober 1989).

[1230] Vgl. die Aussagen von zwei republikanischen Senatoren, JOHN DANFORTH (Missouri) und WARREN RUDMAN (New Hampshire), die ihr Votum für eine Verfassungsänderung nun als "just plain wrong" und "mistake of the heart" bezeichneten. Siehe Congressional Record 101st Cong., 1st Sess., Band 135, S. S13721ff. (1989).

[1231] Congressional Record, 101st Cong., 1st Sess., Band 135, S. S13733 (1989).

District Courts das vom Kongress verabschiedete Gesetz für verfassungswidrig.[1232] Am 11. Juni 1990 bestätigte dann auch der *Supreme Court* in United States v. Eichman diese Urteile, wiederum in einer 5:4 Entscheidung.[1233] Nur eine Stunde nach der Entscheidung warb Präsident BUSH erneut für die Einführung eines *Flag Burning Amendment* und sowohl im Senat als auch im Abgeordnetenhaus wurde die Verfassungsänderung erneut beraten. Doch auch diesmal blieb die Initiative erfolglos. Im Abgeordnetenhaus wurde die Revisionsvorlage nach einer negativen Empfehlung des *Subcommittee on Civil and Constitutional Rights* und ohne Empfehlung des gesamten Justizausschusses zur Abstimmung gestellt, jedoch mit 254:177 Stimmen von einer deutlichen Mehrheit abgelehnt.[1234] Auch im Senat verfehlte die Revisionsvorlage mit 58:42 Stimmen die erforderliche Zweidrittelmehrheit.[1235]

Somit konnte sich der *Supreme Court* im Fall des *Flag Burning Amendment* letztendlich mit seinem Eintreten für die Meinungsäußerungsfreiheit durchsetzen.[1236]

II. Die Erledigung verfassungsgerichtlicher Verfahren durch den verfassungsändernden Gesetzgeber

Die zahlreichen gescheiterten Revisionsversuche zur Korrektur oberstgerichtlicher Rechtsprechung verdeutlichen, wie schwierig es ist, *Supreme Court* Urtei-

---

[1232] United States v. Haggerty, 731 F.Supp. 415 (W.D. Wash. 1989); United States v. Eichman, 731 F.Supp. 1123 (D. D.C. 1989).

[1233] United States v. Eichman, 496 U.S. 310 (1990). Vgl. Goldstein, 45 U. Miami L. Rev. 19, 93ff. (1990).

[1234] Congressional Record, 101st Cong., 2nd Sess., Band 136, S. H4087f. (daily ed. 21. Juni 1990). Vgl. Dry, 1990 S. Ct. Rev. 69, 98 (1990).

[1235] Vgl. zur Beratung U.S. Senate, Committee on the Judiciary, Measures to protect the American Flag: Hearings, 101st. Cong., 2nd Sess. (1990). Vgl. zur Abstimmung Congressional Record, 101st Cong., 2nd Sess., Band 136 S. S8736-37 (daily ed. 26. Juni 1990).

[1236] Wie dies auch bei anderen Revisionsversuchen der Fall ist, wird auch die Einführung eines *Flag Burning Amendment* immer mal wieder verfolgt. 1995 wurde eine solche Revisionsvorlage aufgrund der seit der Wahl von 1994 existierenden republikanischen Mehrheit im Abgeordnetenhaus von diesem mit der erforderlichen Zweidrittelmehrheit verabschiedet, scheiterte dann allerdings im Senat an drei Stimmen. Auch im März 2000 scheiterte eine Revisionsvorlage des Abgeordnetenhauses im Senat. Die jüngsten Revisionsvorlagen zugunsten eines *Flag Burning Amendment* stammen aus 2005: H.R.J. Res. 5, 109th Cong., 1st Sess. (04. Januar 2005); H.R.J. Res. 10, 109th Cong., 1st Sess. (25. Januar 2005); S.J. Res. 12, 109th Cong., 1st Sess. (14. April 2005). Die H.R.J. Res. 10 wurde am 22. Juni 2005 vom Abgeordnetenhaus mit der erforderlichen Zweidrittelmehrheit verabschiedet.

le zur Auslegung der Verfassung im Nachhinein zu modifizieren. Diese Erkenntnis hat den Blick des verfassungsändernden Gesetzgebers auf die verfassungsgerichtliche Haltung zu einzelnen Themengebieten geschärft und immer öfter gehen seine Bemühungen dahin, dem obersten Gericht durch den Erlass einer Verfassungsänderung zuvorzukommen und ihm eine Richtung vorzugeben. Eine solche Vorgehensweise ist aktuell im Streit über das *Federal Marriage Amendment* zu beobachten.[1237] Um zu verhindern, dass der *Supreme Court* die gleichgeschlechtliche Ehe der verschiedengeschlechtlichen gleichstellt, wird versucht, die Ehe vorbeugend mittels des Revisionsprozesses verfassungsrechtlich als Verbindung zwischen einem Mann und einer Frau zu definieren.[1238] Eine solche Verfassungsänderung müsste auch der *Supreme Court* in seinen künftigen Urteilen beachten und wäre damit an der Gleichstellung der homosexuellen mit der heterosexuellen Ehe gehindert.

1.) Die judikative Vorgeschichte zum *Federal Marriage Amendment*

Bis Ende der 80er Jahre fühlten sich die Gerichte nicht von der Verfassung verpflichtet, die gleichgeschlechtliche Ehe als von der Verfassung geschützt anzusehen.[1239] In Baker v. Nelson urteilte der *Supreme Court* von Minnesota, dass weder die Amend I, VIII, IX noch das Amend. XIV einen Gliedstaat verpflichten, Heiratsurkunden für gleichgeschlechtliche Paare auszustellen.[1240] Auch andere Gerichte wiesen ähnliche Klagen ab.[1241] Aus diesen Gründen wurde die Einführung eines *Federal Marriages Amendment*, welches die Ehe als eine heterosexuelle Institution definiert, nicht für notwendig erachtet.[1242]

[1237] Unter dem Grundgesetz kann in dieser Hinsicht die Kontroverse um Art. 79 I 2 GG angeführt werden, der insbesondere auch erlassen wurde, um den anhängigen Rechtsstreit beim Bundesverfassungsgericht zur Verfassungsmäßigkeit der angestrebten EVG den Boden zu entziehen. Vgl. dazu LOEWENSTEIN, DÖV 1954, 385, 385ff..

[1238] Diese Einschätzung teilen GEORGE, 17 Regent U. L. Rev. 21, 29 (2004-2005); GLIDDEN, 41 Harv. J. on Legis. 483, 494 Fn. 111 m.w.N. (2004); BOSSIN, 40 Tulsa L. Rev. 381, 381, 399, 408, 411 (2005); WARDLE, 2 U. St. Thomas L.J. 137, 143ff., 158 (2004); STEIN, 82 U. Wash. L.Q. 611, 652ff. (2004). Für die gliedstaatliche Ebene vgl. DUPUIS, Same-sex Marriage, legal Mobilization, & the Politics of Rights, S. 72ff..

[1239] DUPUIS, Same-sex Marriage, legal Mobilization, & the Politics of Rights, S. 33ff..

[1240] Baker v. Nelson, 291 Minn. 310, 315 (Minn. 1971).

[1241] Adams v. Howerton, 673 F.2d 1036, 1040 (9th Cir. 1982); Jones v. Hallahan, 501 S.W.2d 588, 590 (Ky. 1973): "We find no constitutional sanction or protection of the right of marriage between persons of the same sex." Singer v. Hara, 522 P.2d 1187, 1191, 1195, 1197 (Wash. Ct. App. 1974).

[1242] GLIDDEN, 41 Harv. J. on Legis. 483, 487 (2004).

Dies änderte sich 1993 mit dem Urteil des *State Supreme Court* von Hawaii.[1243] In Baehr v. Lewin hatte er entschieden, dass die Verweigerung, einem homosexuellen Paar eine Heiratsurkunde auszuhändigen, eine unter die *equal protection clause* des Art. I, § 5 der Gliedstaatenverfassung zu subsumierende Geschlechterdiskriminierung darstellt. Zudem sei auf den Fall der *strict scrutiny* Test anzuwenden und die Verweigerung somit nur mit einem *compelling government interest* zu rechtfertigen.[1244] Nach diesen Vorgaben urteilte der Hawaii *Circuit Court* 1996, dass gleichgeschlechtlichen Paaren das Recht auf Heirat eingeräumt werden sollte.[1245] Der verfassungsändernde Gesetzgeber des Gliedstaates Hawaii reagierte sofort. Noch bevor der *Supreme Court* des Gliedstaates Anhörungen zum Verfahren durchführen konnte, hatte die Legislative die Sachlage mittels einer Verfassungsänderung gewendet: „The legislature shall have the power to reserve marriage to opposite-sex couples."[1246] Aufgrund dieser veränderten Sachlage musste der *State Supreme Court* von Hawaii den Fall 1999 für erledigt erklären.[1247]

Ähnliche Bewegungen waren Mitte bis Ende der 90er Jahre auch in anderen Gliedstaaten zu verzeichnen. In Alaska entschied der *Alaska Superior Court* 1998 in Brause v. Bureau of Vital Statistics, dass die Verweigerung, homosexu-

---

[1243] Vgl. zum Rechtsprechungswandel DUPUIS, Same-sex Marriage, legal Mobilization, & the Politics of Rights, S. 49ff.; *Federal Marriage Amendment* (*Musgrave Amendment*): Hearing on H.R.J. Res. 56 before the Subcommittee on the Constitution of the House Committee on the Judiciary, 108th Cong., 2nd Sess., S. 48ff. (13. Mai 2004).

[1244] Baehr v. Lewin, 852 P.2d 44, 63ff., 74 (Haw. 1993). In der amerikanischen Grundrechtsrechtsprechung werden im Wesentlichen drei verschiedene Prüfungsstandards verwandt. In einer Stufenfolge wird nach dem *rational basis* Test, dem *intermediate scrutiny* Test und dem *strict scrutiny* Test geprüft. Nach dem *rational basis* Test ist ein staatlicher Eingriff bereits dann gerechtfertigt, wenn er ein legitimes Gemeinwohlziel verfolgt und die Zweck-Mittel-Beziehung nachvollziehbar ist. Um den *intermediate scrutiny* Test zu bestehen, muss die in Frage stehende Maßnahme ein bedeutendes Gemeinwohlziel verfolgen und mit dem dafür eingesetzten Mittel muss das anvisierte Ziel mit Wahrscheinlichkeit erreicht werden können. Schließlich ist nach dem *strict scrutiny* Test eine staatliche Maßnahme nur dann gerechtfertigt, wenn sie einem Gemeinwohlziel von überragender Bedeutung dienen soll und mit an Sicherheit grenzender Wahrscheinlichkeit diesen Zweck erfüllen wird. Der *strict scrutiny* Test bildet somit die strengste Rechtfertigungsebene mit der höchsten Kontrolldichte. Er kommt bei rassischen Klassifizierungen und bei Klassifizierungen nach ethnischer Herkunft zur Anwendung (Hernandez v. Texas, 347 U.S. 475 (1954); Yick Wo v. Hopkins, 118 U.S. 356 (1886)).

[1245] Baehr v. Miike, 1996 WL 694235, S. 22 (Hawaii Cir. Ct. 1996).

[1246] Haw. Const. Art. I, § 23. Gleichzeitig wurde aber in einem einfachen Gesetz einige Rechte verheirateter Paare auch auf die eingetragene Lebenspartnerschaft ausgedehnt. (Haw. Rev. Stat. § 572C (Supp. 1997)).

[1247] Baehr v. Miike, 994 P.2d 566 (Haw. 1999).

ellen Paaren eine Heiratsurkunde auszustellen, „the right to choose one's life partner" und somit die *equal protection* und *privacy clause* der Gliedstaatenverfassung verletzt.[1248] Auch hier wurde das Revisionsverfahren jedoch für erledigt erklärt, nachdem auch Alaska seine Verfassung 1998 um die Regelung ergänzt hatte, dass "to be valid or recognized in this State, a marriage may exist only between one man and one woman."[1249]

Die Parlamente in Hawaii und Alaska haben demnach durch Verfassungsänderungen vermieden, dass die Entscheidungen ihrer gliedstaatlichen Gerichte, die die verfassungsrechtliche Anerkennung der gleichgeschlechtlichen Ehe andeuteten oder sogar positiv feststellten, im Berufungs- bzw. Revisionsverfahren bestätigt werden konnten. Sie verhinderten damit auch das Problem, dass andere Gliedstaaten unter der *full faith and credit clause* des Art. IV, § 1 gezwungen worden wären, diese Ehen anzuerkennen.[1250] Aktuell sind jedoch noch zahlreiche andere Verfahren, die auf die Anerkennung der gleichgeschlechtlichen Ehe drängen, an verschiedenen gliedstaatlichen und an Bundesgerichten anhängig.[1251] Die Diskussion um die Anerkennung der gleichgeschlechtlichen Ehe ist somit noch nicht beendet. Als eine Vorstufe wurde von einigen Gerichten bereits gefordert, dass zwar nicht die gleichgeschlechtliche Ehe verfassungsrechtlich erzwungen werden kann, wohl aber, dass Paaren, die in eingetragener Lebenspartnerschaft verbunden sind, die gleichen Rechte und Pflichten einzuräumen sind, wie sie Ehepartnern zugestanden werden.[1252] Diese Entwicklung versuchen zahlreiche Gliedstaaten durch Gesetzgebung zu verhindern. Bis Ende 2004 wurden in 38 Gliedstaaten Gesetze erlassen, sog. *State Defense of Marriage Acts (state DOMAs)*, welche die Ehe gliedstaatlich als Verbindung zwischen Mann und Frau definierten.[1253] Auf der Bundesebene fand eine spiegelbildliche Bewegung statt. 1996 erließ auch der Bund einen *Defense of Marriage Act*

[1248] Brause v. Bureau of Vital Statistics, 1998 WL 88743, S. 5f. (Alaska Super. Ct. 1998).

[1249] Alaska Const. Art. I, § 25.

[1250] Die Verfassungsvorschrift verpflichtet die Gliedstaaten zur gegenseitigen Anerkennung ihrer gerichtlichen Entscheidungen, ihrer Hoheitsakte und ihrer Urkunden.

[1251] Für eine Zusammenfassung vgl. *Federal Marriage Amendment* (*Musgrave Amendment*): Hearing on H.R.J. Res. 56 before the Subcommittee on the Constitution of the House Committee on the Judiciary, 108th Cong., 2nd Sess., S. 54 (13. Mai 2004). Jüngst hat eine Richterin vom Manhattan *Supreme Court* entschieden, dass das *Domestic Relations Law* die Verfassung New Yorks dadurch verletzt, dass es die Eheschließung nur zwischen verschiedengeschlechtlichen Partnern regelt. (Hernandez v. Robles, 794 N.Y.S.2d 579, 595ff. (2005)). Die Entscheidung des Prozessgerichts ist jedoch im Berufungsverfahren noch nicht bestätigt worden.

[1252] Baker v. State, 744 A.2d 864, 886f. (Vt. 1999).

[1253] Eine Auflistung der Gesetze findet sich bei GLIDDEN, 41 Harv. J. on Legis. 483, 489 Fn. 69 (2004) und bei KING, 16 Stan. L. & Pol'y Rev. 57, 63 Fn. 32 (2005).

(DOMA).[1254] Das Gesetz stellt den Gliedstaaten frei, ob sie in anderen Gliedstaaten geschlossene homosexuelle Ehen anerkennen oder nicht und setzt damit für diese Frage die *full faith and credit clause* außer Kraft.[1255] Für die Bundesebene definiert aber auch der *DOMA* die Ehe als „only a legal union between one man and one woman."[1256]

Als jedoch in den Jahren 2003 und 2004 drei weitere Gerichtsentscheidungen die Gleichstellung der gleichgeschlechtlichen Ehe ausriefen, wurde deutlich, dass die *DOMAs* zum Schutz der heterosexuellen Ehe nicht ausreichten. Die Urteile gaben daher einen erneuten Anstoß für zahlreiche Revisionsprozesse im Bund und in den Gliedstaaten.

Am 26. Juni 2003 erklärte der *Supreme Court* in Lawrence v. Texas, dass ein gliedstaatliches Gesetz, welches homosexuellen Geschlechtsverkehr unter Strafe stellte, gegen die *due process clause* des Amend. XIV, § 1 verstößt und daher bundesverfassungswidrig ist.[1257] Das Gericht verwarf damit seinen Entscheid Bowers v. Hardwick,[1258] in dem er noch 1986 ein ähnliches Gesetz des Gliedstaates Georgia als verfassungsgemäß aufrechterhalten hatte.[1259]

Zwar enthielt der Mehrheitsentscheid den Hinweis, dass das abgegebene Urteil „does not involve whether the government must give formal recognition to any relationship that homosexual persons seek to enter."[1260] Dennoch wurde die Entscheidung sowohl von Befürwortern als auch von Gegnern der gleichgeschlechtlichen Ehe als ersten Schritt hin zum von der Judikative ausgerufenen verfassungsrechtlichen Schutz der gleichgeschlechtlichen Ehe angesehen.[1261] Auch ein Richter des *Supreme Court* selbst, *Justice* SCALIA, stellte in seinem abweichenden Sondervotum fest, dass es wohl nur eine Frage der Zeit sei, bis

---

[1254] Defense of Marriage Act, Pub. L. No. 104-199, 110 Stat. 2419 (1996) bzw. 28 U.S.C. § 1738C (2000) und 1 U.S.C. § 7 (2000). Die Verfassungsmäßigkeit dieser Gesetzgebung wird häufig angezweifelt. Zumeist wird geltend gemacht, dass die Gesetze die föderale Ordnung missachten und gliedstaatliche Rechte verletzen. Bis heute hat jedoch kein Gericht die Gesetze für verfassungswidrig erklärt. Vgl. BOSSIN, 40 Tulsa L. Rev. 381, 389ff. (2005).

[1255] 28 U.S.C. § 1738C (2000).

[1256] 1 U.S.C. § 7 (2000).

[1257] Lawrence v. Texas, 539 U.S. 558, 578 (2003).

[1258] Bowers v. Hardwick, 478 U.S. 186 (1986).

[1259] Lawrence v. Texas, 539 U.S. 558, 578 (2003).

[1260] Lawrence v. Texas, 539 U.S. 558, 578 (2003).

[1261] Vgl. Nachweise bei MENGLER, 2 U. St. Thomas L.J. 1, 1 Fn.2 (2004); DUNCAN, 27 Harv. J.L. & Pub. Pol'y 543, 565 (2004); BORK, Stop Courts from Imposing Gay Marriage, Wall. St. J., Aug. 7, 2001, A 14 zitiert in: DODSON, 36 Ariz. St. L.J. 783, 784 Fn. 3 (2004); CAHILL, Same-sex Marriage in the United States: Focus on the Facts, post-2004 Election Edition, S. 3. Für die gegenteilige Ansicht vgl. MAUNEY, 35 Cumb. L. Rev. 147, 161ff. (2004-2005).

der *Supreme Court* die gleichgeschlechtliche Ehe als verfassungsrechtlich verankert anerkennen wird:

> „Today's opinion dismantles the structure of constitutional law that has permitted a distinction to be made between heterosexual and homosexual unions, insofar as formal recognition in marriage is concerned [...]. This case "does not involve" the issue of homosexual marriage only if one entertains the blief that principle and logic have nothing to do with the decisions of this Court."[1262]

Was von *Justice* SCALIA für die Bundesebene, den *Supreme Court* und die Bundesverfassung, vorhergesehen wurde, realisierte sich nur fünf Monate später im Gliedstaat Massachusetts. Dort stellte der *Supreme Judicial Court* am 18. November 2003 in Goodridge v. Department of Public Health fest, dass auch gleichgeschlechtlichen Paaren ein verfassungsrechtlich geschütztes Recht auf Heirat zusteht und definierte die Ehe neu als „the voluntary union of two persons as spouses, to the exclusion of all others."[1263] Auf eine Rückfrage des Senats im Hinblick auf die eingetragene Lebenspartnerschaft entschied das Gericht am 04. Februar 2004 zudem, dass das Recht auf Heirat nur durch die Ehe, nicht aber durch andere Institutionen, wie z.B. die eingetragene Lebenspartnerschaft, verwirklicht werden könne.[1264]

Vor den Entscheidungen Lawrence und Goodridge hatten nur vier[1265] Gliedstaaten Verfassungsänderungen erlassen, welche die Ehe als eine heterosexuelle Institution definierten. Nach diesen Gerichtsurteilen folgten jedoch 14[1266] weitere Gliedstaaten dem Vorbild von Hawaii, Alaska, Nebraska und Nevada. In 18

1262 Lawrence v. Texas, 539 U.S. 558, 604f. (2003).

1263 Goodridge v. Department of Public Health, 798 N.E.2d 941, 969 (Mass. 2003).

1264 In re Opinions of the Justices to the Senate, 802 N.E.2d 565, 569, 572 (Mass. 2004). Vgl. CAHILL, Same-sex Marriage in the United States: Focus on the Facts, post-2004 Election Edition, S. 5.

1265 Alaska Const. Art. I, § 25; Hawaii Const. Art. I, § 23; Neb. Const. Art. I, § 29; Nev. Const. Art. I, § 21.

1266 Ark. Const. Amend. 83, § 1; Ga. Const. Art. I, § 4, Paragraph I; Ka. Const. Art. XV, § 16(a); Ky. Const. § 233A; La. Const. Art. XII, § 15 (der Louisiana *Supreme Court* bestätigte am 19. Januar 2005 die Verfassungsmäßigkeit der Verfassungsänderung in: Forum for Equality PAC v. McKeithen, 2005 WL 106567 (La. 2005)); Mich. Const. Art. I, § 25; Miss. Const. Art. XIV, § 263A; Missouri Const. Art. I, § 33; Mon. Const. Art. XIII, § 7; N.D. Const. Art XI, § 28; Ohio Const. Art. XV, § 11; Okla. Const. Art. II, § 35; Oregon Const. Art. XV, § 5(a); Utah Const. Art. I, § 29. Für eine immer wieder aktualisierte Übersicht siehe Traditional Values Coalition, Special Report, 50-State Survey of Marriage Protection Amendments, abrufbar unter http://www.traditionalvalues.org/pdf_files/MarriageAmendments50States.pdf.

weiteren Gliedstaaten sind Verfassungsänderungen geplant, aber noch nicht in Kraft getreten.[1267] Nur 13 der 50 Gliedstaaten planen keine Verfassungsänderung bzw. konnten bisher keine durchsetzen.[1268]

2.) Die Entstehungsgeschichte des *Federal Marriage Amendment* in Relation zur judikativen Entwicklung eines Rechts auf Ehe für homosexuelle Paare

Auch der Bund reagierte auf die Gerichtsurteile von 2003 und 2004, obwohl Familienrecht einige der wenigen Gebiete ist, die in den Vereinigten Staaten zu den Kompetenzen der Gliedstaaten gehören.[1269] Allerdings verleiht Art. IV, § 3, cl. 2 dem Bund die Kompetenz, „to make all needful rules and regulations respecting the territory or other property belonging to the United States." Unter dieser Klausel hat der Bundeskongress auch einige familienrechtliche Angelegenheiten geregelt, wie zum Beispiel das Verbot der Polygamie.[1270] Außer mit Hilfe des Art. IV, § 3, cl. 2 sind aber ansonsten familienrechtliche Regelungen auf Bundesebene nur über das Verfahren der Verfassungsänderung möglich. Bis 2002 wurden 133 Revisionsvorschläge eingereicht, die eherechtliche Fragen verfassungsrechtlichen Lösungen zuführen wollten.[1271] Die Vorschläge lassen sich dabei in drei verschiedene Kategorien gliedern: Revisionsvorschläge, die eine Ehe zwischen weißen Amerikanern und Afro-Amerikanern verbieten,[1272] Revisionsvorschläge, die das Verbot der Polygamie enthalten[1273] und schließlich weitreichendere Revisionsvorschläge, die dem Kongress die Zuständigkeit zur Entwicklung eines Ehe-, Scheidungs- und Familienrechts übertragen.[1274] Seit

---

[1267] Vgl. zum Stand der Verfahren Traditional Values Coalition, Special Report, 50-State Survey of Marriage Protection Amendments, abrufbar unter http://www.traditionalvalues.org/pdf_files/MarriageAmendments50States.pdf.

[1268] Alabama, Colorado, Connecticut, Delaware, Florida, Maine, Maryland, New Hampshire, New Mexico, New York, Vermont, West Virginia, Wyoming. Siehe Traditional Values Coalition, Special Report, 50-State Survey of Marriage Protection Amendments, abrufbar unter http://www.traditionalvalues.org/pdf_files/MarriageAmendments50States.pdf.

[1269] Boggs v. Boggs, 520 U.S. 833, 850 (1997): "Domestic relations law is primarily an area of state concern." Loving v. Virginia, 388 U.S. 1, 7 (1967): "Marriage is a social relation subject to the state's police power." Vgl. STEIN, 82 U. Wash. L.Q. 611, 619ff. (2004).

[1270] Vgl. für eine Übersicht VILE, Encyclopedia, S. 296ff..

[1271] Vollständige Auflistung im Anhang bei STEIN, 82 U. Wash. L.Q. 611 (2004).

[1272] Vgl. dazu STEIN, 82 U. Wash. L.Q. 611, 627ff. (2004).

[1273] Vgl. dazu STEIN, 82 U. Wash. L.Q. 611, 631ff. (2004).

[1274] Vgl. dazu STEIN, 82 U. Wash. L.Q. 611, 634ff. (2004).

1963 war jedoch kein Revisionsvorschlag mehr zu familienrechtlichen Angelegenheiten in den Bundeskongress eingebracht worden.[1275]

Nach fast 40-jähriger Pause wurden dann schließlich am 15. Mai 2002 ein erster Revisionsvorschlag zur verfassungsrechtlichen Kodifizierung der Ehe als Verbindung zwischen einem *Mann* und einer *Frau* von dem Abgeordneten RONALD CLIFFORD SHOWS aus Mississippi in den Kongress eingebracht.[1276] Damit sollten die gliedstaatlichen Entwicklungen zur Anerkennung der gleichgeschlechtlichen Ehe auch auf Bundesebene reflektiert werden. Ins Rollen brachte den Revisionsprozess dann die *Supreme Court* Entscheidung Lawrence v. Texas. Kurz vor der Urteilsverkündung brachte die Abgeordnete MARILYN MUSGRAVE aus Colorado erneut ein *Federal Marriage Amendment* in den Kongress ein.[1277]

Eine Woche nach der Entscheidung des *Judicial Superior Court* von Massachusetts in Goodridge, welche die gleichgeschlechtliche Ehe dem Schutz der gliedstaatlichen Verfassung unterwarf, reagierte dann auch der Senat durch Senator WAYNE A. ALLARD aus Colorado am 25. November 2003 mit der Einbringung eines Vorschlags für ein *Federal Marriage Amendment.*[1278] In den darauf folgenden zwei Jahren wurden immer wieder fast gleich lautende Revisionsvor-

---

[1275] Vgl. die chronologische Auflistung im Anhang bei STEIN, 82 U. Wash. L.Q. 611 (2004).

[1276] H.R.J. Res. 93, 107th Cong., 2nd Sess. (15. Mai 2002). Genau genommen war dieser Revisionsvorschlag nicht der allererste, der die Ehe als eine Institution ausschließlich zwischen Partnern verschiedenen Geschlechts definieren wollte. Bereits Ende des 19. Jahrhunderts gab es Revisionsvorschläge, die nur verschiedengeschlechtliche Ehen zum Gegenstand hatten. Allerdings waren diese darauf ausgerichtet, Polygamie zu verhindern. Die Definition der Ehe als Institution zwischen einem Mann und einer Frau muss wohl daher mit der Betonung auf die Anzahl und nicht mit Blick auf das Geschlecht gelesen werden. Sie ist daher eher als Produkt des Zufalls zu werten und war nicht vom verfassungsändernden Gesetzgeber beabsichtigt worden. Zu Revisionsvorschlägen dieser Kategorie gehören: S.J. Res. 3, 50th Cong. (1887): „The only institution or contract of marriage within the United States, or any place subject to their jurisdiction, shall be that of the union in marriage of one man with one woman and bigamy or polygamy is forever prohibited." So auch S.J. Res. 68, 49th Cong. (1886). Andere *Amendments* dieser Art hätten hingegen der gleichgeschlechtlichen Ehe nicht im Weg gestanden, was darauf hindeutet, dass auch erstere nicht darauf ausgerichtet waren, die homosexuelle Ehe zu verbieten. Z.B.: H.R.J. Res 116, 50th Cong. (1888); H.R.J. Res. 176, 49th Cong. (1886); H.R.J. Res. 45, 50th Cong. (1888); H.R.J. Res. 55, 57th Cong. (1901). Vgl. dazu STEIN, 82 U. Wash. L.Q. 611, 654ff. (2004).

[1277] H.R.J. Res. 56, 108th Cong., 1st Sess. (21. Mai 2003): "Marriage in the United States shall consist only of the union of a man and a woman. Neither this constitution or the constitution of any state, nor state or federal law, shall be construed to require that marital status or the legal incidents thereof be conferred upon unmarried couples or groups."

[1278] S.J. Res. 26, 108th Cong., 1st Sess. (25. November 2003), welche gleichlautend mit dem Revisionsvorschlag der Abgeordneten MUSGRAVE war.

schläge von Abgeordneten und Senatoren in den Kongress eingebracht. Alle Vorschläge enthielten als ersten Satz die hier allein interessierende Definition der Ehe als heterosexuelle Institution.[1279]

Sowohl im Senat als auch im Repräsentantenhaus wurden in den zuständigen Ausschüssen Anhörungen zum *Federal Marriage Amendment* durchgeführt. Am 03. März 2004 hielt das *Subcommittee on the Constitution, Civil Rights and Property Rights* im Senat Anhörungen zu den Urteilen des *Judicial Superior Court* von Massachusetts ab.[1280] Drei Wochen später, am 23. März 2004 folgte eine Anhörung zur S.J. Res. 26, 108th Cong. (2003) im Justizausschuss des Senats.[1281] Auch im Repräsentantenhaus fanden Anhörungen im *Subcommittee on the Constitution* zur korrespondierenden Revisionsvorlage des Abgeordnetenhauses statt.[1282]

Als Hauptargument für die Befürwortung eines *Federal Marriage Amendment* wurde in diesen Anhörungen immer wieder die Intention vorgebracht, mit Hilfe der Verfassungsänderung zu vermeiden, dass der *Supreme Court* in einer seiner nächsten Entscheidungen das Recht auf Heirat für homosexuelle Paare in der Verfassung verankert und damit umsetzt, was *Justice* SCALIA in seinem Sondervotum in Lawrence v. Texas bereits angedeutet hatte.[1283]

[1279] H.R.J. Res. 106, 108th Cong., 1st Sess. (23. September 2004); H.R.J. Res. 39, 109th Cong., 1st Sess. (17. März 2005); S.J. Res. 30, 108th Cong., 2nd Sess. (07. April 2004); S.J. Res. 40, 108th Cong., 2nd Sess. (07. Juli 2004); S.J. Res. 1, 109th Cong., 1st Sess. (24. Januar 2005); S.J. Res. 13, 109th Cong., 1st Sess. (14. April 2005).

[1280] Judicial activism vs. democracy: What are the national implications of the Massachusetts Goodridge decision and the judicial invalidation of traditional marriage laws?: Hearing before the Senate Committee on the Judiciary, Subcommittee on the Constitution, Civil Rights and Property Rights, 108th Cong., 2nd Sess. (2004).

[1281] A proposed constitutional amendment to preserve traditional marriage: Hearing on S.J. Res. 26 before the Senate Committee on the Judiciary, 108th Cong., 2nd Sess. (2004).

[1282] *Federal Marriage Amendment* (*Musgrave Amendment*): Hearing on H.R.J. Res. 56 before the House Committee on the Judiciary, Subcommittee on the Constitution, 108th Cong., 2nd Sess. (2004).

[1283] Es besteht die Möglichkeit, dass der *Supreme Court* zeitnah mit dieser Angelegenheit befasst wird. Das Urteil des *Supreme Judicial Court* von Massachusetts in Goodridge wird vom *Supreme Court* zwar nicht zur Revision angenommen werden können, da die Entscheidung ausschließlich auf der gliedstaatlichen Verfassung basierte. (Michigan v. Long, 463 U.S. 1032, 1040f. (1983)). Vor den *Supreme Court* gelangen könnten aber Urteile wie Standhardt v. Superior Court ex rel. County of Maricopa (77 P.3d 451 (Ariz. Ct. App. 2003)). Dort hatten die Kläger Lawrence v. Texas geltend gemacht, um ein verfassungsrechtlich geschütztes Recht auf eine gleichgeschlechtliche Ehe einzufordern. Das Gericht lehnte diese Argumentation ab. Siehe Standhardt v. Superior Court ex rel. County of Maricopa, 77 P.3d 451, 456f. (Ariz. Ct. App. 2003)). Da das Gericht in seinem Urteil mit der Bundesverfassung argumen-

Senator JOHN CORNYN hob das *Federal Marriage Amendment* als notwendig hervor "to defend marriage against judicial activism."[1284] Senator HATCH stellte fest: "Questions about issues that are as fundamental as the family simply should not be left to the courts to decide."[1285] *Senate Majority Leader* BILL FRIST erklärte kurz nach dem Entscheid Lawrence v. Texas, dass er nun das *Federal Marriage Amendment* unterstützen würde. Auch die meisten vor dem Senat angehörten Zeugenaussagen wiesen auf die drohende Anerkennung der gleichgeschlechtlichen Ehe durch die Judikative hin. Professorin TERESA COLLETT schätzte die Situation wie folgt ein:

> "In commenting on the Lawrence opinion's relationship to judicial recognition of same-sex marriage, Professor Laurence Tribe of Harvard said "I think it's only a matter of time." Professor Erwin Chemerinsky of USC has observed, "Justice Scalia likely is correct in his dissent in saying that laws that prohibit same-sex marriage cannot, in the long term, survive the reasoning of the majority in Lawrence." Prudence demands that that matter be addressed by the people, before the Court takes the issue away from them."[1286]

Professorin KATHERINE SPAHT teilte diese Ansicht: "If this body does not approve a federal constitutional amendment defending marriage, the courts will take this issue away from the American people and they will abolish traditional marriage."[1287]

---

tierte, hätte der *Supreme Court* hier den Fall überprüfen können, denn in Michigan v. Long, 463 U.S. 1032, 1040f. (1983) wurde festgestellt, dass der *Supreme Court* Urteile von gliedstaatlichen Gerichten überprüfen kann, wenn das betreffende Urteil "fairly appears to rest primarily on federal law, or is interwoven with the federal law." Im konkreten Fall wurde das weiterführende Revisionsverfahren jedoch am 25. Mai 2004 abgelehnt.

[1284] A proposed constitutional amendment to preserve traditional marriage: Hearing on S.J. Res. 26 before the Senate Committee on the Judiciary, 108th Cong., 2nd Sess. (2004) (statement of JOHN CORNYN, Senator from Texas).

[1285] A proposed constitutional amendment to preserve traditional marriage: Hearing on S.J. Res. 26 before the Senate Committee on the Judiciary, 108th Cong., 2nd Sess. (2004) (statement of Senator ORRIN G. HATCH from Utah).

[1286] A proposed constitutional amendment to preserve traditional marriage: Hearing on S.J. Res. 26 before the Senate Committee on the Judiciary, 108th Cong., 2nd Sess. (2004) (testimony of Professor TERESA COLLETT).

[1287] A proposed constitutional amendment to preserve traditional marriage: Hearing on S.J. Res. 26 before the Senate Committee on the Judiciary, 108th Cong., 2nd Sess. (2004) (testimony of Professor KATHERINE SPATH).

In der Anhörung zum *Federal Marriage Amendment* im *Subcommittee on the Constitution* im Repräsentantenhaus wurde ein ähnliches Argumentationsmuster verfolgt. Auch hier stand die Möglichkeit einer oberstgerichtlichen Entscheidung zur gleichgeschlechtlichen Ehe im Mittelpunkt der Diskussion. Abgeordneter STEVE CHABOT, Vorsitzender des Unterausschusses, stellte fest: „Several judicial decisions over the past year threaten to undermine the age-old consensus of civilization that marriage is uniquely between a man and a woman."[1288] Die Abgeordnete MARILYN MUSGRAVE unterstütze den von ihr selbst in den Kongress eingebrachten Vorschlag zum *Federal Marriage Amendment* mit den Worten:

> "[...] the only choice we have in the matter is whether it will be amended de jure through the Democratic process for proposing and ratifying amendments set forth in article V of the Constitution itself or de facto by court ruling. [...]. I have introduced the FMA to stop this judicial activism."[1289]

In ihren Zeugenaussagen vor dem Unterausschuss teilten auch *Judge* BORK[1290] und der Sachverständige aus dem *Center for Law and Justice*, JAY SEKULOW, diese Einschätzung. *Judge* BORK merkte an:

> „It is a problem created by the courts, and the objection is that part of the case for the Federal Marriage Amendment is to restore the branch of government which should be predominant in these matters, the legislature, to decide what the relationship should be, and to stop the process of courts ordering things that are nowhere to be found in any constitution. [...]. I think most court watchers believe that within, say, two to three years the Supreme Court of the United States will hold that there is a Federal constitutional right to homosexual marriage; [...]. For that reason, this prospect of a Nationwide rule in favor of same-sex marriage is right now before us, and it is imminent."[1291]

1288 *Federal Marriage Amendment* (*Musgrave Amendment*): Hearing on H.R.J. Res. 56 before the House Committee on the Judiciary, Subcommittee on the Constitution, 108th Cong., 2nd Sess., S. 9 (2004) (statement of STEVE CHABOT from Ohio).

1289 *Federal Marriage Amendment* (*Musgrave Amendment*): Hearing on H.R.J. Res. 56 before the House Committee on the Judiciary, Subcommittee on the Constitution, 108th Cong., 2nd Sess., S. 16f. (2004) (statement of MARILYN MUSGRAVE from Colorado).

1290 *Judge* BORK war maßgeblich an der Entwicklung der Revisionsvorlage zum *Federal Marriage Amendment* beteiligt.

1291 *Federal Marriage Amendment* (*Musgrave Amendment*): Hearing on H.R.J. Res. 56 before the House Committee on the Judiciary, Subcommittee on the Constitution, 108th Cong., 2nd Sess., S. 30f. (2004) (testimony of *Judge* BORK).

SEKULOW ergänzte: "I personally would not want to rest the institution of marriage on the United States Supreme Court at this point."[1292] Der Verfassungsänderungsprozess wurde als „valid mechanism for precluding judicial decisions employing the equal protection analysis to mandate such marriages"[1293] gepriesen. Polemischer wurde auch festgestellt: "The judicial assault on marriage is accelerating and encompassing every dimension of our legal system. The only sure safeguard against this assault is to use the ultimate democratic tool available to the American people: a constitutional amendment."[1294]

Auch bei den Gegnern eines *Federal Marriage Amendment* stand die Diskussion um eine mögliche *Supreme Court* Entscheidung im Mittelpunkt. Sie beschränkten sich jedoch zumeist auf den Hinweis, dass der Einschätzung der *Amendment* Befürworter, dass alsbald mit einer solchen Entscheidung zu rechnen ist, nicht zugestimmt werden kann. Senator PATRICK LEAHY rief auf: „We should not alter the Bill of Rights and our Constitution to avert judicial decisions that have not yet even been considered, let alone made, when such a constitutional amendment would hamstring our States in an unprecedented way."[1295] Und Professor SUNSTEIN erklärte in seiner Zeugenaussage:

> "Many proponents of the proposed amendment have voiced concerns about "activist judges," [...], reading the federal Constitution to require states to permit same-sex marriages. I share this general concern. [...]. But here too the underlying concern is hypothetical in the extreme. No federal judge has said -- not once -- that the existing Constitution requires states to recognize same-sex marriages. No member of the Supreme Court has indicated that the equal protection clause imposes such a requirement."[1296]

Natürlich gibt es noch weitere Argumente, die für oder gegen die Einführung eines *Federal Marriage Amendment* sprechen. Diese werden jedoch zum großen Teil eher in der rechtswissenschaftlichen Literatur als auf der politischen Bühne

---

1292 *Federal Marriage Amendment* (*Musgrave Amendment*): Hearing on H.R.J. Res. 56 before the House Committee on the Judiciary, Subcommittee on the Constitution, 108th Cong., 2nd Sess., S. 45 (2004) (testimony of JAY SEKULOW).

1293 VILE, Encyclopedia, S. 298.

1294 GEORGE, 53 National Review 32, 34 (2001).

1295 A proposed constitutional amendment to preserve traditional marriage: Hearing on S.J. Res. 26 before the Senate Committee on the Judiciary, 108th Cong., 2nd Sess. (2004) (statement of Senator PATRICK LEAHY from Vermont).

1296 A proposed constitutional amendment to preserve traditional marriage: Hearing on S.J. Res. 26 before the Senate Committee on the Judiciary, 108th Cong., 2nd Sess. (2004) (testimony of Professor CASS SUNSTEIN).

angeführt. Dazu gehören vor allem moralische und föderalistische Aspekte eines *Federal Marriage Amendment*, welches die Kompetenzen der Gliedstaaten berühren könnte.[1297] Es bleibt aber festzuhalten, dass sowohl Befürworter als auch Gegner der Verfassungsänderung eine *Supreme Court* Entscheidung zur gleichgeschlechtlichen Ehe nicht ausschließen und das Verhältnis zwischen *Supreme Court* und verfassungsänderndem Gesetzgeber daher im Mittelpunkt der Diskussionen im Kongress steht und die Verabschiedung des *Amendment* vorantreibt. Als abschreckendes Beispiel wird dabei immer wieder die Entscheidung des *Supreme Court* in Roe v. Wade[1298] genannt. Sogar Gegner des *Federal Marriage Amendment*, wie Professor SUNSTEIN, weisen auf die Möglichkeit hin, dass eine Aussage des *Supreme Court* zur gleichgeschlechtlichen Ehe nach den Erfahrungen mit Roe v. Wade schwer über den verfassungsändernden Gesetzgeber zu korrigieren ist und dass es daher, wenn der verfassungsrechtliche Schutz der gleichgeschlechtlichen Ehe nicht intendiert ist, in der Tat sinnvoll wäre, bereits eine diesbezügliche Entscheidung des *Supreme Court* durch eine Verfassungsänderung zu verhindern.[1299] Obwohl Roe v. Wade eine der meistumstrittenen Entscheidungen in der Geschichte des *Supreme Court* ist, sind jegliche Versuche, mittels einer Verfassungsänderung die Entscheidung rückgängig zu machen oder zumindest zu relativieren, bisher gescheitert.[1300] Der Verfassungsänderungsprozess wird daher auch von SUNSTEIN als Verhinderungsmechanismus im Gegenpol zur Judikative gesehen und gegenüber der Funktion des Revisionsprozesses als Korrekturmechanismus als überlegen gewertet.

3.) Das vorläufige Scheitern des *Federal Marriage Amendment*

Am 14. Juli 2004 scheiterte im Senat die sog. *cloture motion on the motion to proceed* mit 48:50 Stimmen. Eine Dreifünftelmehrheit, also 60 Stimmen, wären erforderlich gewesen, um den Senat zu verpflichten, die Diskussion über die Revisionsvorlage zu beenden und über das *Federal Marriage Amendment* abzustimmen.[1301] Das Repräsentantenhaus stimmte am 30. September 2004 über den

---

[1297] STEIN, 82 U. Wash. L.Q. 611, 641, 644ff. (2004).

[1298] Roe v. Wade, 410 U.S. 113 (1973).

[1299] SUNSTEIN, Vortrag an der *University of Chicago Law School* am 04. Mai 2004.

[1300] Vgl. BENSHOOF, 6 Wm. & Mary J. Women & L. 423, 436ff. (2000).

[1301] Die beiden fehlenden Stimmen waren diejenigen von JOHN KERRY und JOHN EDWARDS. Das *Federal Marriage Amendment* war zum Teil auch als Wahlkampfhilfe von GEORGE W. BUSH missbraucht worden. Es sollte ihn in seinem Wahlkampf 2004 gegen JOHN KERRY und JOHN EDWARDS unterstützen, indem es BUSH für eine sog. *mainstream value*, also einem allgemein anerkannten Wert eintreten ließ. Um BUSH diesen Gewinn nicht einfahren zu lassen,

Revisionsvorschlag ab und verfehlte mit dem Ergebnis von 227:186 Stimmen um 63 Stimmen die zur Verabschiedung von Revisionsvorlagen erforderliche Zweidrittelmehrheit. Auch eine erneute Abstimmung im Jahre 2006 schlug fehl. Am 07. Juni 2006 scheiterte die Revisionsvorlage im Senat aus den gleichen Gründen wie schon zuvor im Jahre 2004.[1302] Der am 18. Juli 2006 vorgenommenen Abstimmung im Repräsentantenhaus fehlten 47 Stimmen, um die erforderliche Zweidrittelmehrheit zu erreichen.[1303] Trotz des letztendlichen Scheiterns des *Federal Marriage Amendment* ist sein Voranschreiten im Vergleich zu anderen Revisionsvorschlägen außergewöhnlich und maßgeblich auf die judikative Haltung zurückzuführen. Die meisten Revisionsvorschläge überstehen noch nicht einmal die Beratungen in den Ausschüssen bzw. Unterausschüssen.[1304] So wurden zum Beispiel Anhörungen zu über 130 weiteren Revisionsvorschlägen zur Regelung von Ehe- und Familienfragen durchgeführt, nie aber ist einer zur Abstimmung gekommen.[1305] Dass der Revisionsvorschlag zum *Federal Marriage Amendment* im Senat nach nur acht Monaten und im Abgeordnetenhaus nach 16 Monaten zur Abstimmung gelangte und das über ihn nur zwei Jahre später erneut abgestimmt wurde, ist daher durchaus beachtenswert.

III. Auswertende Stellungnahme zur Wechselwirkung zwischen *Supreme Court* und verfassungsänderndem Gesetzgeber auf der Initiativebene

Auf der Initiativebene zeigt sich die Wechselwirkung von *Supreme Court* und verfassungsänderndem Gesetzgeber am deutlichsten. Diese kann zum einen positiv mit einer Stimulierungsfunktion des *Supreme Court* hinsichtlich des verfassungsändernden Gesetzgebers, negativ aber auch als Kontrollfunktion des verfassungsändernden Gesetzgebers gegenüber der Verfassungsrechtsprechung des *Supreme Court* umschrieben werden.

---

entschied sich die demokratische Partei dafür, die Diskussion über die Verfassungsänderung in der Öffentlichkeit zu unterdrücken und zu verhindern, dass ihre Präsidentschaftskandidaten dazu Stellung nehmen mussten. Die Revisionsvorlage wurde also Opfer eines Filibuster. Dies zeigt, wie schnell der Revisionsprozess zum Spielball der verschiedenen Staatsgewalten wird. Die Exekutive machte ihn sich hier zu Nutze, um den *Supreme Court* gegen den Kongress auszuspielen.

1302 Congressional Record, 109th Cong., 2nd Sess., Band 152, S. S5517ff. (daily ed. June 6, 2006).

1303 Congressional Record, 109th Cong., 2nd Sess., Band 152, S. H5287ff. (daily ed. July 18, 2006).

1304 Vgl. Teil II: C. II. 1.) b.), S. 122ff..

1305 STEIN, 82 U. Wash. L.Q. 611, 641, 644ff. (2004).

1.) Die Stimulierungsfunktion des *Supreme Court*

Die Urteile des *Supreme Court* zu strittigen verfassungsrechtlichen Fragen üben insofern eine Stimulierungsfunktion aus, als dass sie Revisionsvorlagen provozieren oder bereits anklingenden Revisionsversuchen zum Erfolg verhelfen.[1306] So hat im Fall des Amend. XXVI erst die *Supreme Court* Entscheidung in Oregon v. Mitchell der Revisionsvorlage die notwendige Zustimmung gesichert, obwohl bereits seit knapp 30 Jahren eine Verfassungsänderung zur Reduzierung des Wahlalters angestrebt worden war. Nimmt man das unter besonderen Umständen zustande gekommene *Reconstruction Amendment* aus, könnte man zudem auch verallgemeinern, dass unliebsame Entscheidungen des *Supreme Court* eine größere Einstimmigkeit im Kongress herbeiführen und auch damit den Erfolg von Revisionsverfahren begünstigen. Wie Anhang C zeigt, wurden alle Verfassungsänderungen, die als Folge eines *Supreme Court* Urteils gesehen werden können, mit deutlich größerer Zustimmung verabschiedet als andere Revisionsvorlagen. Die Amend. XI, XVI und XXVI erzielten sowohl im Senat als auch im Repräsentantenhaus jeweils einen Stimmenanteil von über 90%, im Senat in zwei Fällen sogar eine 100% Zustimmung.[1307]

Die Stimulationswirkung zeigt sich auch im Argumentationsverhalten der Senatoren und Abgeordneten. Die Notwendigkeit einer Verfassungsänderung mit der Rechtsprechung des *Supreme Court* zu begründen, ist ein beliebtes Hilfsmittel zur Durchsetzung einer angestrebten Revision.

Allerdings besteht umgekehrt auch die Gefahr, dass diese Wechselwirkung von Interessengruppen und politischen Akteuren ausgenutzt wird, um *Supreme Court* Urteile zu schwächen.[1308]

2.) Die Kontrollfunktion des verfassungsändernden Gesetzgebers

Auf der anderen Seite zeigen die dargestellten Fälle auch, dass das Verfahren der Verfassungsänderung der Legislative das letzte Wort in Verfassungsfragen an die Hand gibt, indem es dem Kongress die Möglichkeit eröffnet, die Interpretation der Verfassung durch den *Supreme Court* in einem bestimmten Fall auszuhebeln. Das Revisionsverfahren übernimmt damit im System der *checks and*

1306 FEREJOHN/SAGER, 81 Tex. L. Rev. 1929, 1961 (2003); DIXON, 66 Mich. L. Rev. 931, 932 (1968).

1307 Eine ähnlich hohe Zustimmungsquote konnte bisher nur das Amend. XXV erzielen.

1308 Note, 109 Harv. L. Rev. 1747, 1763 (1996).

balances eine wichtige Kontrollfunktion.[1309] Es ist das einzige Instrument des Kongresses, mit Hilfe dessen er eine Auseinandersetzung mit der Judikative in Verfassungsfragen einer endgültigen und dauerhaften Lösung zuführen kann. Als Schranke zugunsten des *Supreme Court* wirkt dabei der Schwierigkeitsgrad des Revisionsverfahrens voreiligen Änderungsvorlagen entgegen. Dies wird insbesondere durch die große Zahl der gescheiterten, in Reaktion auf eine *Supreme Court* Entscheidung ergangenen, Revisionsversuche deutlich.[1310]

Gerade diese drängen jedoch auch die Frage nach der Ausgewogenheit des Systems der *checks and balances* in dieser Konstellation auf. Oftmals wird geltend gemacht, dass der Schwierigkeitsgrad des Änderungsverfahrens eine angemessene Antwort auf judikative Entscheidungen unmöglich macht. Es wird kritisiert, der Revisionsprozess sei „more of a political or rhetorical device than a serious mechansim for checking the Court."[1311] Die Funktionsfähigkeit des Kontrollmechanismus „Verfassungsänderungsverfahren" wird von einigen insbesondere dann angezweifelt, wenn Versuche, *Supreme Court* Entscheidungen mittels einer Verfassungsänderung zu verwerfen, scheitern, obwohl in der Bevölkerung eine breite Unterstützung für eine Änderung zu verzeichnen war. Umfragen zum *School Prayer Amendment* hatten ergeben, dass die Mehrheit in der Bevölkerung die *Supreme Court* Urteile zum Schulgebet ablehnten und knapp 80% der Befragten die Verabschiedung einer Verfassungsänderung favorisierten.[1312] Dennoch scheiterten bis heute alle Revisionsversuche, obwohl sich der *Supreme Court* in seiner Rechtsprechung beständig zeigte.

Die hohen Hürden des Revisionsverfahrens führen dazu, dass die Legislative auf andere Maßnahmen zurückzugreifen versucht, um die, die Verfassung aus-

---

[1309] DENNING/VILE, 77 Tul. L. Rev. 247, 276 (2002); KEYNES/MILLER, The Court vs. Congress, S. 152; BAUM, in: Rogowsky/Gawron, Constitutional Courts in Comparison, S. 232; HERRMANN, 33 Wm. & Mary L. Rev. 543, 544 (1992). Auch dem Bundesverfassungsgericht kann der verfassungsändernde Gesetzgeber mit einer Verfassungsänderung den Boden für seine Verfassungsauslegung entziehen. Vgl. BRYDE, Verfassungsentwicklung, S. 355; ZWEIGERT/DIETRICH, in: Däubler/Küsel, (Hrsg.), Verfassungsgericht und Politik, S.11, 30; KRATZMANN, Die Verfassungsänderung, S. 167; SEUFFERT, NJW 1969, 1369, 1372; TROST, Änderungen des Grundgesetzes, S. 348ff.. Kritisch: ROßNAGEL, Die Änderungen des Grundgesetzes, S. 297ff., der seine Untersuchung allerdings auf einige wenige Verfassungsänderungen beschränkt sowie WAGNER, DÖV 1968, 604, 606.

[1310] Dies wird von FEREJOHN/SAGER, 81 Tex. L. Rev. 1929, 1961 (2003) sehr kritisch gesehen.

[1311] LASSER, The Limits of judicial Power, S. 236. Ähnlich CARTER, 94 Yale L.J. 821, 841f. (1985).

[1312] ROSS, Wake Forest L. Rev. 733, 750 (2003). 1975 favorisierten 77% der Bevölkerung ein *School Prayer Amendment*, 1983 waren es sogar 81%. Vgl. CARTER, 94 Yale L.J. 821, 842 Fn. 77 (1985).

legenden *Supreme Court* Urteile auch ohne die Anstrengungen eines formellen Änderungsverfahrens revidieren zu können. Während im Fall der Amend. XI noch ausschließlich auf den Erfolg des Art. V-Verfahrens vertraut wurde, rekurriert der Kongress vor allem seit den Diskussionen um das Amend. XVI jeweils parallel immer auch auf andere Methoden, um spezifische Rechtsprechung des *Supreme Court* auszuschalten.

a.) Schaffung eines zusätzlichen Verfahrens zur Revision von *Supreme Court* Urteilen

Entmutigt durch die schwere Durchsetzbarkeit von Revisionsanträgen, wurden immer wieder Vorstöße gemacht, ein gesondertes Verfahren für die Außerkraftsetzung von *Supreme Court* Urteilen zu schaffen, um nicht mehr auf das Verfahren der Verfassungsänderung angewiesen zu sein.[1313] 1895, während der Debatte um das Amend. XVI, wurde eine Verfassungsänderung vorgeschlagen, die den Kongress ermächtigen sollte, vom *Supreme Court* für verfassungswidrig erklärte Bundesgesetze wieder in Kraft zu setzen.[1314] Eine abgemilderte Version schlug kurz vor der Ratifikation des *Amendment* vor, den Kongress zu verpflichten, nach jeder Invalidierung eines Bundesgesetzes durch den *Supreme Court*, Beratungen über eine revidierende Verfassungsänderung durchzuführen.[1315] Im Zuge der Diskussion um das *Child Labor Amendment* beantragte Senator ROBERT LA FOLLETTE im Juni 1922 eine Verfassungsänderung, die vorsah, dass alle *Supreme Court* Entscheidungen, die Bundesgesetze für verfassungswidrig erklärten, mit einer Zweidrittelmehrheit im Kongress verworfen werden können. Damit wollte LA FOLLETTE den oftmals langwierigen und unsicheren Prozess der Staatenratifikation im Prozess der Verfassungsänderung umgehen.[1316]

b.) Beschränkung der gerichtlichen Zuständigkeiten

Neben der Möglichkeit, substantiell den Inhalt einer *Supreme Court* Entscheidung über das Verfahren des Art. V durch eine Verfassungsänderung zu revidie-

[1313] Vgl. NOWLIN, 78 Notre Dame L. Rev. 171, 205ff. (2002).

[1314] ROSS, Wake Forest L. Rev. 733, 740 Fn. 41 (2003).

[1315] H.R.J. Res. 351, 62nd Cong., 3rd Sess. (1912). Dieser Vorschlag wurde in der rechtswissenschaftlichen Literatur 1995 in abgewandelter Form wieder aufgegriffen. Vgl. BAKER, 22 Hastings Const. L.Q 325 (1995).

[1316] H.R.J. Res. 436, 67th Cong., 1st Sess. (1923). Die Revisionsvorlage wurde jedoch vom Ausschuss nicht zur Abstimmung empfohlen.

ren, hat der Kongress oftmals versucht, über seine Kompetenz aus Art. III, §§ 1 und 2, cl. 2 Streitfragen mit dem *Supreme Court* auf prozeduralem Weg zu lösen.[1317] Es wurde erwogen, dem *Supreme Court* qualifizierte Mehrheiten vorzuschreiben, um Bundesgesetze für verfassungswidrig erklären zu können. Diese Methode wurde im Fall des *Child Labor Amendment* und zuvor bereits in der Diskussion um die Einkommenssteuer verfolgt.[1318]

Art. III, §§ 1 und 2 ermächtigen den Kongress zudem zum Aufbau des unterinstanzlichen Gerichtskörpers und zur Festlegung der Revisionszuständigkeit des *Supreme Court*. Der Weg über Art. III, § 2, cl. 2 unterliegt nur den Regeln der einfachen Gesetzgebung und ist daher gegenüber Art. V sehr viel einfacher zu gehen.

Bis heute hatte keine solche Initiative Erfolg, dennoch wird das Verfahren über Art. III, §§ 1 und 2 immer wieder als mögliche Alternative zum Revisionsverfahren gepriesen. Der Abgeordnete HOWARD SMITH aus Virginia, Vorsitzender des *House Rules Committee* bemerkte in der Diskussion um das *School Prayer Amendment* 1962:

> „So far as the Supreme Court is concerned, the simplest and most practical remedy [to the school prayer decision] is that provision in the Constitution which authorizes the Congress to curtail the appellate powers of the Supreme Court and limit the Court's jurisdiction to those fundamental areas of review originally envisaged by the framers of the Constitution."[1319]

Ebenso argumentierte der Abgeordnete AUGUST JOHANSEN: "[...] in considering needed corrective action, attention should be given not only to possible amendment of the constitution but also to possible exercise by the Congress of its constitutional authority to limit and regulate the appellate jurisdiction of the Supreme Court."[1320] Die Senatoren THURMOND und HELMS machten sich ebenfalls für die Anwendung der prozeduralen Alternative stark. Senator THURMOND erklärte:

> "These unfortunate Court ventures into policymaking and legislation in disregard for what the State justices called proper judicial restraint cannot be corrected by the slow process of constitutional amendment [...]. In the na-

---

[1317] Angewandt wurde diese Technik im Fall des *Reapportionment Amendment*. Vgl. KYVIG, Explicit and authentic Acts, S. 374.

[1318] ROSS, Wake Forest L. Rev. 733, 740 (2003).

[1319] Congressional Record, 87th Cong., 2nd Sess., Band 108, S. 13594 (1962).

[1320] Congressional Record, 88th Cong., 2nd Sess., Band 110, S. 6390 (1964).

tional interest, therefore, Congress should now exercise the authority given to it under article 3 of the Constitution and strip the Supreme Court of ist appellate jurisdiction which it now exercises so prodigally to reverse the sound judgments of all the inferior courts in the country – State and Federal.“[1321]

Senator HELMS machte zehn Jahre später geltend:

„It is this very difficulty of the amendment process which makes it a blunt instrument as a congressional check on a wayward judiciary. The framers never envisioned that the main congressional remedy for judicial abuse of power would be a constitutional amendment. If that were the case and Congress were relegated merely to proposing constitutional amendments whenever the Supreme Court distorted the Constitution, then the amendment process would serve not so safeguard the text of the Constitution but to protect the Court's corruption of it. [...]. For these reasons I have advocated and will continue to advocate legislation to withdraw jurisdiction from the Supreme Court in those areas where it has clearly distorted the meaning of the Constitution."[1322]

Aus diesen Aussagen wird deutlich, dass Art. III, §§ 1 und 2, cl. 2 vom Kongress als ein zum Verfassungsänderungsverfahren gleichwertiges Mittel angesehen wird, um auf den Inhalt der höchstrichterlichen Rechtsprechung einzuwirken.

Allerdings lassen sich auch gegenteilige Aussagen finden. Senator DAVID DURENBERGER favorisierte ein *School Prayer Amendment*, bezeichnete aber die Beschneidung der *Supreme Court* Zuständigkeiten als eine „Pandora's box that can threaten all of our rights once it is opened up.“[1323] 1981 kommentierte der Vorsitzende des *House Judiciary Committee*, PETER RODINO, die zahlreichen Versuche, die gerichtlichen Zuständigkeiten in Fragen der Abtreibungskontroverse zu limitieren, ebenfalls kritisch:

„The supremacy of the U.S. Constitution and the Supreme Court which interprets it cannot be altered by Members of Congress who are bent on trying to "correct" Supreme Court decisions with which they may disagree. There is an established procedure for amending the Constitution. [...]. The back-door approach to creating change in constitutional law can only wreak

---

[1321] Congressional Record, 93rd Cong., 1st Sess., Band 119, S. 4692f. (1973).

[1322] Congressional Record, 98th Cong., 2nd Sess., Band 130, S. S2902 (1984).

[1323] Congressional Record, 97th Cong., 2nd Sess., Band 128, S. S13291 (1982).

> havoc on the rights of citizens, the role of the courts, and the balance of powers between the Congress and the other equal branches."[1324]

Mit der Änderung der gerichtlichen Zuständigkeiten soll indirekt erreicht werden, was direkt über das Revisionsverfahren nicht erreicht werden konnte. Diese Vorgehensweise ist jedoch verfassungsrechtlich bedenklich. Zwar könnte der *Supreme Court* letztlich immer noch über die Verfassungsmäßigkeit solcher „jurisdiction-stripping" Gesetze entscheiden und damit die Endkontrolle der gesetzgebenden Gewalt behalten. Allerdings würden eine Vielzahl solcher Zuständigkeitsbeschränkungen, etwa in Fragen des Schulgebets, der Abtreibung oder der Steuergesetzgebung, zu einem erheblichen Bedeutungsverlust der Judikative führen.[1325] Der *Supreme Court* könnte seine wichtige Aufgabe der Vereinheitlichung des Rechts, des Schutzes der Grundrechte auch gegenüber Eingriffen auf gliedstaatlicher Ebene und vor allem der Durchsetzung der *supremacy clause* nicht mehr gerecht werden.[1326]

Darüber hinaus ist auch fraglich, ob mit der Beschneidung der gerichtlichen Zuständigkeiten tatsächlich der gewünschte Effekt erzielt werden könnte. Die Urteile des *Supreme Court* sind als Präzedenzfälle nach der *stare decisis* Doktrin auch für unterinstanzliche Bundesgerichte sowie auch für die gliedstaatliche Judikative solange verbindlich bis der *Supreme Court* seine Urteile selbst revidiert hat oder sie durch den verfassungsändernden Gesetzgeber außer Kraft gesetzt werden. Würde dem *Supreme Court* die Zuständigkeit für das umstrittene Themengebiet genommen, könnte er selbst sein Urteil künftig nicht revidieren; die strittige Rechtsprechung wäre demnach zu diesem Zeitpunkt auf *Supreme Court* Ebene eingefroren.[1327] Auch die letztlich zuständigen Gerichte wären damit gezwungen, im Sinne der Rechtsprechung des *Supreme Court* zu urteilen. Die gerichtliche Zuständigkeitsbeschneidung würde damit den Status quo konservieren und könnte nur weitere Rechtsprechung des *Supreme Court* verhindern, nicht aber die bereits erfolgte rückgängig machen. Letztendlich kann der prozedurale Weg über Art. III, §§ 1 und 2 damit gar nicht zum vom Kongress intendierten Erfolg führen.

[1324] Congressional Record, 97th Cong., 1st Sess., Band 127, S. E2263 (daily ed. May 12, 1981).

[1325] BAUCUS/KAY, 27 Vill. L. Rev. 988, 1013f. (1981-1982).

[1326] KEYNES/MILLER, The Court vs. Congress, S. 204.

[1327] Vgl. zu dieser Erkenntnis auch Congressional Records, 97th Cong., 2nd Sess., Band 128, S. S399 (daily ed. Feb. 4, 1982); BAUCUS/KAY, 27 Vill. L. Rev. 988, 1004 (1981-1982).

c.) Einwirkung auf die Besetzung oder Haltung des *Supreme Court*

Die dritte, neben einer Verfassungsänderung verfolgte, Methode auf die verfassungsrechtliche Rechtsprechung Einfluss zu nehmen, ist der Versuch punktuell auf die Besetzung des *Supreme Court* bzw. auf die Meinung der einzelnen Richter einzuwirken. Ziel dabei ist es, eine Kehrtwende in der Rechtsprechung herbeizuführen, die die Verabschiedung einer Verfassungsänderung überflüssig machen würde. Während den Bemühungen um das Amend XVI wurde immer wieder erwogen, die Richter am *Supreme Court* auszuwechseln.[1328] Auch der berühmte *court packing*-Plan des Präsidenten ROOSEVELT, geht auf seine Einschätzung zurück, dass eine den *New Deal* verankernde Verfassungsänderung nicht durchsetzbar war.[1329]

Eine mildere Variante versucht, auf das Meinungsbild und die Haltung der *Supreme Court* Richter einzuwirken. Im Fall des *Flag Burning Amendment* erklärten sowohl der Senat als auch das Repräsentantenhaus in Resolutionen ihre Enttäuschung über die Entscheidung des *Supreme Court* in Texas v. Johnson.[1330] Im Zusammenhang mit dem *School Prayer Amendment* ergingen und ergehen noch heute zahlreiche sog. *Sense-of-Congress Resolutions.*[1331] *Sense-of-Congress Resolutions* geben die Meinung und Haltung einer Mehrheit des Kongresses wieder. Sie werden meist in beiden Kammern in der Form der *concurrent resolutions* verabschiedet. Rechtlich sind sie jedoch nicht verbindlich.[1332] In ihnen erklärt der Kongress seine Befürwortung freiwilliger Gebete an öffentlichen Schulen und versucht, durch seine öffentliche Haltung Druck auf den *Supreme Court* auszuüben.

d.) Provokation einer Kehrtwende in der Rechtsprechung

Eine weitere vom Kongress bei Revisionsschwierigkeiten angewandte Methode ist der erneute Erlass des Gesetzes, dass der *Supreme Court* für verfas-

---

[1328] MUSMANNO, Proposed Amendments to the Constitution: A Monograph on the Resolutions introduced in Congress proposing Amendments to the Constitution of the United States of America, House Doc. No. 551, 70th Cong., 2nd Sess., S. 212 (1929).

[1329] LEUCHTENBURG, The Supreme Court reborn, S. 109ff.; GRIFFIN, in: Levinson (Hrsg.), Responding to Imperfection, S. 37, 51, ders., American Constitutionalism, S. 37ff.; KYVIG, 104 Pol. Sci. Q. 463, 473ff. (1989).

[1330] Vgl. Teil III: A. I. 2.) e.), S. 247ff..

[1331] Vgl. dazu KEYNES/MILLER, The Court vs. Congress, S. 187.

[1332] SUNDQUIST, Congressional Research Service, „Sense of" Resolutions and Provisions. Siehe http://www.house.gov/rules/98-825.pdf.

sungswidrig gehalten hatte, um dadurch eine Kehrtwende in der Rechtsprechung zu provozieren. Durch die nochmalige Verabschiedung des umstrittenen Gesetzgebungsaktes – zumeist in nur leicht abgewandelter Form – soll der *Supreme Court* gezwungen werden, seine Rechtsprechung zu überdenken und bestenfalls selbst zu revidieren. Angewandt wurde diese Taktik im Fall des *Child Labor Amendment*, im Fall des *Flag Burning Amendment* und angedacht war sie auch im Revisionsprozess des Amend. XVI.[1333]

Ferner setzte der Kongress die einfache Gesetzgebung ein, um die praktische Umsetzung der *Supreme Court* Urteile zu limitieren. Konnte er sie nicht aus eigener Kraft revidieren, so gelang es ihm doch in einigen Fällen, die Wirkung der Urteile zu beschränken. Insbesondere versagte er die finanzielle Unterstützung, die zu einer optimalen Umsetzung der Rechtsprechung erforderlich gewesen wäre. 1981 verbot der Kongress, dass Bundesfinanzmittel verwendet würden „to prevent the implementation of programs of voluntary prayer and meditation in the public schools."[1334] Im Fall der Abtreibungskontroverse verbietet der Kongress seit 1973 die Verwendung von Bundesfinanzmitteln zur Durchführung von Abtreibungen und sieht nur Ausnahmen für einige besondere Fälle vor.[1335]

e.) Ergebnis

Im Ergebnis bleibt festzuhalten, dass der Kongress sich zahlreiche Mechanismen zu Nutze macht, um auf die verfassungsrechtliche Rechtsprechung in seinem Sinn Einfluss nehmen zu können, wenn die Hürde einer Revision der *Supreme Court* Rechtsprechung durch eine Verfassungsänderung zu hoch erscheint. Allerdings können diese Mittel nicht das gleiche Maß an Legitimität vermitteln wie eine Revision über das formelle Änderungsverfahren. Insbesondere die Beschneidung verfassungsgerichtlicher Zuständigkeiten ist verfassungsrechtlich bedenklich.

Bei der Beurteilung des Schwierigkeitsgrads des Revisionsverfahrens insgesamt darf jedoch nicht die Wirkung eines bloßen Revisionsversuchs unterschätzt werden. Er enthält zwar für den *Supreme Court* kein verpflichtendes Element, sofern er aber einen Umbruch in der sozialen und politischen Lage der Vereinigten Staaten reflektiert, kann er dennoch oftmals auch eine Umkehr in der Recht-

[1333] Vgl. Teil III: A. I. 1.) c.), S. 231 und 2.) a.) und e.), S. 236f., 248f..

[1334] Congressional Record, 97th Cong. 1st Sess., Band 127, S. H6050 (1981).

[1335] Siehe z.B. Foreign Assistance Act of 1973 (87 Stat. 714, 716 (1973)); International Development and Food Assistance Act of 1978 (92 Stat. 937, 946 (1978)); Appropriations Act of 1976 (90 Stat. 1418, 1434 (1976)).

sprechung hervorrufen. So wurde die Ratifikation des *Child Labor Amendment* durch eine Kehrtwende in der Rechtsprechung überflüssig und auch bereits vor Inkrafttreten des Amend. XVI zeigen Entscheidungen des *Supreme Court* sein Einlenken.[1336] Umgekehrt stabilisieren gescheiterte Revisionsversuche die verfassungsgerichtliche Rechtsprechung, wenn sie beständig und allen Änderungsversuchen gegenüber resistent bleibt.[1337] Die horizontale Gewaltenteilung zwischen Kongress und *Supreme Court* bleibt im Ergebnis am stabilsten, wenn auf fehlgewertete verfassungsrechtliche Rechtsprechung mit einer Verfassungsänderung und nicht durch andere Einwirkungsmethoden auf das oberste Gericht reagiert wird.[1338]

B. Der Einfluss auf der Ratifikationsebene

Auch auf der Ratifikationsebene nimmt der *Supreme Court* Einfluss auf den Ausgang des Revisionsprozesses. Dass auf dieser Ebene ebenfalls eine Wechselwirkung zwischen dem *Supreme Court* und dem verfassungsändernden Gesetzgeber besteht, zeigt beispielsweise ein chronologisch paralleler Abriss der Rechtsprechung zur Geschlechterdiskriminierung und der Bemühungen zum Erlass eines *Equal Rights Amendment*. Der Rechtsprechungswandel des *Supreme Court* in Fragen der Gleichstellung von Mann und Frau ist maßgeblich dafür verantwortlich, dass das *ERA*, welches diese Gleichstellung verfassungsrechtlich verankern und schützen sollte, nicht von ausreichend Gliedstaaten ratifiziert worden ist.[1339]

I. Die Rechtsprechung des *Supreme Court* und das Voranschreiten des *ERA*-Revisionsprozesses

Lange Zeit hatte der *Supreme Court* sich geweigert, geschlechterspezifische Diskriminierungen mit Hilfe der *equal protection clause* des Amend. XIV, § 1 für verfassungswidrig zu erklären. 1873 stellte er in den Slaughter House Cases

---

[1336] Vgl. Teil III: A. I. 1.) c.), S. 232.

[1337] KYVIG, 2 J. S. Ct. Hist. 106, 113 (1996); wohl a.A.: SULLIVAN, 17 Cardozo L. Rev. 691, 702f. (1996).

[1338] So auch BAUCUS/KAY, 27 Vill. L. Rev. 988, 1004 (1981-1982); HERRMANN, 33 Wm. & Mary L. Rev. 543, 610 (1992); SAGER, 95 Harv. L. Rev. 17, 39f. (1981).

[1339] Ähnliches gilt auch für das *Child Labor Amendment*. Vgl. Teil III: A. I. 2.) a.), S. 238 und STRAUSS, 114 Harv. L. Rev. 1457, 1475f. (2001).

fest: „We doubt very much whether any action of a state not directed against the negroes as a class, or on account of their race, will ever be held to come within the purview of this provision."[1340] Im selben Jahr bemerkte *Justice* BRADLEY in seinem zustimmenden Votum in Bradwell v. Illinois, einem Verfahren, in dem das Gericht den Ausschluss der Frau vom Anwaltsberuf aufrechterhielt: „The natural and proper timidity and delicacy which belongs to the female sex evidently unfits it for many of the occupations of civil life. [...]. The paramount destiny and mission of woman are to fulfil the noble and benign offices of wife and mother."[1341]

Noch bis Ende der 1960er weigerte sich der *Supreme Court* bei der Gleichstellung der Frau durch seine Rechtsprechung behilflich zu sein.[1342] Wenn staatliche Regelungen Geschlechtsklassifizierungen benutzten, so hat der *Supreme Court* diese Maßnahmen bis zum Beginn der 70er Jahre des 20. Jahrhunderts nur dem *rational basis* Test[1343] unterworfen und nach dieser Willkürkontrolle viele Gesetze als verfassungsgemäß angesehen, die Frauen benachteiligten. Noch im Jahre 1961 betonte das Gericht: „The woman is still regarded as the center of home and family life."[1344]

Diese Grundhaltung des *Supreme Court*, an der auch die Einführung des Frauenwahlrechts 1920 nichts geändert hatte, wurde sowohl von *ERA*-Befürworten als auch von seinen Gegnern zum Zentrum ihrer Argumentation für oder gegen eine Verfassungsänderung zur Geschlechtergleichstellung gemacht: Befürworter der Verfassungsänderung kritisierten die konträre Haltung des *Supreme Court*: „If the Supreme Court had done [...] what I think it should be doing with regard to the equal protection clause in this area, there would be no need for a new amendment."[1345] Oder auch: "The fight is with the Supreme Court."[1346] Gegner des *ERA* argumentierten genau umgekehrt und beriefen sich auf die für den *Supreme Court* bestehende Möglichkeit, die Gleichstellung von Mann und Frau mit Hilfe der *equal protection clause* des Amend. XIV, § 1

[1340] Slaughter House Cases, 83 U.S. (16 Wall.) 36, 81 (1873).

[1341] Bradwell v. Illinois, 83 U.S. (16 Wall.) 130, 141 (1873).

[1342] Hoyt v. State of Florida, 368 U.S. 57, 69 (1961); Muller v. State of Oregon, 208 U.S. 412, 423 (1908). Vgl. GINSBURG, 1975 S. CT. REV. 1, 2 (1975).

[1343] Vgl. für eine Erklärung der unterschiedlichen PrüfungsStandards bereits Fn. 1244.

[1344] Hoyt v. State of Florida, 368 U.S. 57, 62 (1961).

[1345] Equal Rights 1970: Hearings before the Senate Committee on the Judiciary, 91st Cong., 2nd Sess., S. 181 (1970) (testimony of Professor LEO KANOWITH).

[1346] Equal Rights 1970: Hearings before the Senate Committee on the Judiciary, 91st Cong., 2nd Sess., S. 228 (1970) (testimony of MARTHA GRIFFITH).

durchzusetzen.[1347] Im August 1970 konnten sich die Befürworter des *ERA* im Kongress durchsetzen, und das Abgeordnetenhaus verabschiedete die Revisionsvorlage zum *ERA* mit der erforderlichen Zweidrittelmehrheit. Im September desselben Jahres schlossen sich daran Anhörungen zum *ERA* im Senat an, in denen mehrfach auf die restriktive Haltung des *Supreme Court* verwiesen wurde.[1348]

Parallel zu der Verabschiedungsphase des *ERA* im Kongress 1971 bis 1972[1349] begann der *Supreme Court*, seine Haltung in der von vielen kritisierten Rechtsprechung zur Geschlechterdiskriminierung zu ändern.[1350] In einer Reihe von Entscheidungen began das Gericht 1971 implizit die Gleichberechtigung der Frau anzuerkennen und die Geschlechterdiskriminierung dem Schutz des Amend. XIV, § 1 zu unterstellen.[1351] Im Januar 1971 entschied der Gerichtshof, dass ein Arbeitgeber, der zwar einen Mann, nicht aber eine Frau mit Vorschulkindern einstellen würde, gegen *Title VII* des *Civil Rights Act* verstößt.[1352] Nachdem das Repräsentantenhaus im Oktober 1971 erneut das *ERA* mit einer Zweidrittelmehrheit verabschiedete, stellte der *Supreme Court* einen Monat später einstimmig fest, dass ein Verstoß gegen die *equal protection clause* des Amend. XIV, § 1 vorliegen würde, wenn männliche Kandidaten weiblichen im Berufsfeld der Testamentsvollstreckung vorgezogen würden.[1353]

Dennoch wurde die zwischenzeitlich an die Gliedstaaten zur Ratifikation übergebene Revisionsvorlage zum *ERA* bis Ende des Jahres 1972 zügig von 22 Gliedstaaten ratifiziert.

Im Januar 1973 schlossen sich dann aber vier der *Supreme Court* Richter der von *Attorney* RUTH BADER GINSBURG lange vertretenen Ansicht an, für den Bereich der Geschlechterdiskriminierung an Stelle des *rational basis* Maßstabs den sehr viel anspruchsvolleren *strict scrutiny* Test im Rahmen des Amend. XIV, § 1 zu verwenden, der auch in Rassendiskriminierungsfällen Anwendung findet.[1354]

[1347] Equal Rights 1970: Hearings before the Senate Committee on the Judiciary, 91st Cong., 2nd Sess., S. 163f. (1970) (testimony of Professor PAUL FREUND and testimony of Professor PHILIP KURLAND).

[1348] Vgl. Teil I: H. VII., S. 69ff..

[1349] Vgl. Teil I: H. VII., S. 69ff..

[1350] Vgl. dazu GOLDSTEIN, in: Nagel (Hrsg.), Reserach in Law and Policy Studies, Band 1, S. 145, 145ff..

[1351] SIEGAN, The Supreme Court's Constitution, S. 137ff.; GINSBURG, 1975 S. Ct. Rev. 1, 3ff. (1975).

[1352] Phillips v. Martin Marietta Corporation, 400 U.S. 542, 544 (1971).

[1353] Reed v. Reed, 404 U.S. 71, 75ff. (1971).

[1354] Frontiero v. Richardson, 411 U.S. 677, 678ff., 688 (1973).

Die vier Richter bezogen sich in Frontiero v. Richardson dabei ausdrücklich auf die Revisionsvorlage zum *ERA* und begründeten ihren Haltungswechsel mit dem ersten Satz des Änderungsentwurfs: „And section 1 of the Equal Rights Amendment, [...], declares that [...]. Thus, Congress itself has concluded that classifications based upon sex are inherently invidious.“[1355] Noch bevor die Revisionsvorlage ratifiziert worden war, nahmen damit vier der *Supreme Court* Richter den Inhalt und das Ziel des *ERA* in ihre Rechtsprechung auf. Drei weitere Richter, *Justices* POWELL, BURGER und BLACKMUN, würdigten ebenfalls die Verabschiedung des *ERA* und seinen Inhalt, begründeten ihr zurückhaltenderes Votum aber mit dem noch laufenden Prozess der Ratifikation, in den sie nicht eingreifen wollten:[1356]

> “There is a [...] compelling reason for deferring a general categorizing of sex classifications as invoking the strictest test of judicial scrutiny as race does. The Equal Rights Amendment, which if adopted will resolve the substance of this precise question, has been approved by the Congress and submitted for ratification by the States. If this Amendment is duly adopted, it will represent the will of the people accomplished in the manner prescribed by the Constitution. By acting prematurely and unnecessarily, as I view it, the Court has assumed a decisional responsibility at the very time when state legislatures, functioning within the traditional democratic process, are debating the proposed Amendment. It seems to me that this reaching out to pre-empt by judicial action a major political decision which is currently in process of resolution does not reflect appropriate respect for duly prescribed legislative process.”[1357]

In der Folge wurden zwar mehrere geschlechterdiskriminierende Gesetze vom *Supreme Court* für verfassungswidrig erklärt, jedoch zunächst die Geschlechterdiskriminierung nicht dem *strict scrutiny* Test unterworfen.[1358] 1976 legte der *Supreme Court* dann einen eigenen Standard für die Überprüfung von Geschlechterdiskriminierungsfällen fest. In Craig v. Boren stand ein Gesetz auf dem Prüfungsstand, welches den Verkauf eines bestimmten Bieres an Männer unter 21 Jahren und an Frauen unter 18 Jahren verbot. Der Kläger machte geltend, das Gesetz verletzte männliche Käufer im Alter zwischen 18 und 20 Jahren in ihrem Recht auf Gleichbehandlung. Das Gesetz des Gliedstaates Oklahoma

---

[1355] Frontiero v. Richardson, 411 U.S. 677, 687f. (1973).

[1356] Vgl. zur Argumentation mit der Revisionsvorlage STRAUSS, 114 Harv. L. Rev. 1457, 1477f. (2001).

[1357] Frontiero v. Richardson, 411 U.S. 677, 692 (1973).

[1358] Taylor v. State of Louisiana, 419 U.S. 522, 531ff. (1975); Weinberger v. Wiesenfeld, 420 U.S. 636, 645ff. (1975).

für verfassungswidrig erklärend, definierte der *Supreme Court* seinen neuen, für Fälle der Geschlechterdiskriminierung anwendbaren sog. *intermediate scrutiny* Prüfungsstandard wie folgt: „To withstand constitutional challenge, previous cases establish that classifications by gender must serve important governmental objectives and must be substantially related to achievement of those objectives."[1359]

Diese Rechtsprechungswende des *Supreme Court* in Fragen der Geschlechterdiskriminierung wirkte sich unmittelbar auf den Ratifikationsprozess des *ERA* aus. Die Verfassungsänderung schien angesichts der neuen frauenfreundlichen Rechtsprechung und vor allem angesichts der auch mit dem *ERA* intendierten Verschärfung des Prüfungsstandards überflüssig, und der Ratifikationsprozess geriet ins Stocken. Einige Gliedstaaten zogen in der Folge ihre Ratifikationen sogar zurück.[1360] Bis zum Ablauf der Ratifikationsfrist hatte schließlich nicht die erforderliche Anzahl an Gliedstaaten die Revisionsvorlage ratifiziert.

II. Auswertende Stellungnahme zur Rolle des *Supreme Court* im *ERA*-Revisionsprozess

Durch seinen Rechtsprechungswandel war der *Supreme Court* maßgeblich am Scheitern des *ERA* beteiligt.[1361] Dass der *Supreme Court* mit seinen Urteilen auf den politischen Prozess reagiert, ist keine Neuigkeit. Dass er allerdings in seinen Urteilsbegründungen wie im Fall Frontiero v. Richardson die Argumente des verfassungsändernden Gesetzgebers inkorporiert und so ganz explizit auf einen laufenden Revisionsprozess einwirkt, ist eher ungewöhnlich und daher als beachtenswerte Einflussnahme auf den Revisionsprozess anzuführen. In seinem Einlenkungsprozess näherte das Gericht seine Haltung zwar dem Inhalt des *ERA* an, setzte aber die intendierte Verfassungsänderung in seinen Urteilen nicht vollends um.[1362] Damit war es dem Gericht möglich, den Ratifikationsprozess aufzuhalten, sich aber gleichzeitig die Freiheit zu sichern, auch künftig ungebunden

---

[1359] Craig v. Boren, 429 U.S. 190, 197 (1976).

[1360] Nebraska, Tennessee, Idaho, Kentucky. Vgl. BOLES, The Politics of the Equal Rights Amendment, S. 142ff.; U.S. Senate, Committee on the Judiciary, Subcommitee on the Constitution, The Impact of the Equal Rights Amendment: Hearings, 98th Cong., 1st and 2nd Sess., S. 92f. (1984).

[1361] Diese Einschätzung teilen MANSBRIDGE, Why we lost the ERA, S. 46f.; GOLDSTEIN, in: Nagel (Hrsg.), Reserach in Law and Policy Studies, Band 1, S. 145, 145ff.; STEINER, Constitutional Inequality, S. 108f..

[1362] Vgl. zu den Differenzen der *Supreme Court* Rechtsprechung und den Aussagen des *ERA* GINSBURG, 1975 S. Ct. Rev. 1, 22ff. (1975).

an die vom verfassungsändernden Gesetzgeber mit dem ERA intendierten Ziele Recht zu sprechen. Mit der Etablierung eines eigenen Prüfungsstandards anstatt der Übernahme der im *ERA* angedeuteten Prüfungsintensität behielt sich der *Supreme Court* bereits in einem frühen Stadium für den Fall des Scheiterns des *ERA* einen größeren Urteilsrahmen vor.

C. Der Einfluss auf der Kontrollebene

Eine Verfassungsänderung tritt mit der letzten erforderlichen Gliedstaatenratifikation in Kraft.[1363] Ob der *Supreme Court* dieses Inkrafttreten aufgrund verfassungswidrigen Zustandekommens der Verfassungsänderung oder sogar aufgrund ihres Inhalts verhindern oder die Verfassungsänderung im Nachhinein für verfassungswidrig erklären kann, ist eine Frage nach dem Umfang verfassungsgerichtlicher Kontrolle des verfassungsändernden Gesetzgebers.

Der *Supreme Court* kann über das verfassungsmäßige Zustandekommen von Verfassungsänderungen jedenfalls nur dann befinden, wenn er in dieser Angelegenheit angerufen wird. Ähnlich wie das Bundesverfassungsgericht wird auch der *Supreme Court* nur auf Antrag tätig. Es ist daher für den Fortgang dieser Arbeit erforderlich, zunächst die Möglichkeiten abzustecken, unter welchen eine Verfassungsänderung Gegenstand einer Gerichtsentscheidung werden kann. Es sollen hier daher die Zuständigkeits- und Zulässigkeitsvoraussetzungen einer Klage zum obersten Gerichtshof mit besonderer Berücksichtigung der für das Geltendmachen einer Verfassungsänderung problematischen Aspekte dargestellt werden. Um die allgemeinen Zulässigkeitsvoraussetzungen mit den Besonderheiten der verfassungsgerichtlichen Kontrolle im Revisionsprozess abzugleichen, werden daher zunächst die zwölf Entscheidungen des *Supreme Court* und ein wegen seiner Bedeutung hinzugezogenes Urteil eines *Federal District Court* zu Art. V erläutert. Im Anschluss folgt die Diskussion der Zulässigkeitsvoraussetzungen einer Klage vor dem *Supreme Court* an deren Ende jeweils ihre Auswirkungen auf mögliche Verfahren im oder nach dem Revisionsprozess untersucht werden. Abschließend wird dann der Umfang verfassungsgerichtlicher Kontrolle des verfassungsändernden Gesetzgebers bestimmt. Dieser ist abhängig von der Anwendbarkeit der *political question doctrine*, die zwar eigentlich noch zu den Zulässigkeitsvoraussetzungen i.w.S. zählt, die aber hier aufgrund ihrer Bedeutung für das Verfahren der Verfassungsänderung getrennt erläutert wird.

[1363] Vgl. Teil II: C. IV., S. 158ff..

I. Die Entscheidungen des *Supreme Court* zu Art. V

1.) Hollingworth v. State of Virginia (1798)

In Hollingworth v. State of Virginia[1364] wurde der *Supreme Court* 1798 erstmals angerufen, um über das verfassungsmäßige Zustandekommen einer Verfassungsänderung zu entscheiden. Die Kläger machten geltend, dass beim Amend. XI das in Art. V vorgeschriebene Verfahren nicht ordnungsgemäß eingehalten worden war. Der Revisionsvorschlag war vom Kongress ohne die ansonsten im ordentlichen Gesetzgebungsverfahren gemäß Art. I, § 7, cl. 2 erforderliche Gegenzeichnung des Präsidenten an die Gliedstaaten zur Ratifikation übersandt worden. Dem unterinstanzlichen Gericht und *Attorney General* LEE folgend, stellte *Justice* CHASE für den einstimmigen Gerichtshof die Nichtanwendbarkeit des Art. I, § 7, cl. 2 für das Verfahren der Verfassungsänderung fest.[1365] *Attorney General* LEE hatte darauf aufmerksam gemacht, dass auch die *Bill of Rights* ohne präsidentielle Gegenzeichnung den Gliedstaaten zur Ratifikation übergeben worden waren.[1366] Eine andere Entscheidung des *Supreme Court* in diesem Fall hätte damit zur Invalidierung der *Bill of Rights* geführt. Um diese nicht zu gefährden, blieb dem *Supreme Court* kaum eine andere Alternative, als den vom Kongress mit den *Bill of Rights* geschaffenen Präzedenzfall für verfassungsgemäß zu erklären und auch künftig keine präsidentielle Zustimmung zu Verfassungsänderungen zu verlangen.

Der zweite Teil der *Supreme Court* Entscheidung setzte sich mit dem Inhalt des Amend. XI auseinander. Amend. XI soll Klagen eines Bürgers eines Gliedstaates gegen einen anderen Gliedstaat verhindern. Da aber das Amend. XI grammatikalisch in der Vergangenheitsform verfasst worden war, herrschte Unklarheit darüber, ob es seine Wirkungskraft erst mit dem Zeitpunkt seines Inkrafttretens oder aber auch rückwirkend für bereits anhängige Verfahren entfaltet hatte. Auch hier entschied der Gerichtshof pragmatisch zugunsten einer rückwirkenden Kraft der Verfassungsänderung.[1367]

1364 Hollingworth v. State of Virginia, 3 U.S. (3 Dall.) 378 (1798).

1365 Hollingworth v. State of Virginia, 3 U.S. (3 Dall.) 378, 382 (1798). Vgl. zu den Argumenten Teil II: C. II. 1.) d.), S. 127ff..

1366 Seine Stellungnahme ist wiedergegeben in: Hollingworth v. State of Virginia, 3 U.S. (3 Dall.) 378, 381 (1798).

1367 Hollingworth v. State of Virginia, 3 U.S. (3 Dall.) 378, 382 (1798).

2.) Hawke v. Smith I und II (1920)

Über ein Jahrhundert lang wurde der *Supreme Court* nicht mehr zu Fragen des Art. V angerufen. Erst 1920 nahm er in zwei Verfahren wieder zu den Voraussetzungen des Art. V Stellung.

Am 03. Dezember 1917 hatte der Kongress den Gliedstaaten die Revisionsvorlage zum Amend. XVIII zur Ratifikation übergeben, welche ein umfassendes Alkoholverbot in den Vereinigten Staaten sowohl für den Im- als auch für den Export beinhaltete.[1368] Ein knappes Jahr später erweiterte Ohio die Referenden regelnde Vorschrift seiner Gliedstaatenverfassung und dehnte das Erfordernis eines Referendums auf das Ratifikationsverfahren für nationale Verfassungsänderungen aus. In Hawke v. Smith I[1369] erklärte der *Supreme Court* einstimmig die Verfassungswidrigkeit einer solchen Regelung. Die Aufzählung möglicher vom Kongress festzulegender Ratifikationsmethoden in Art. V, durch Staatenkonvente oder durch Staatenlegislaturen, ist nach Auffassung des Gerichts aufgrund des Wortlauts der Vorschrift abschließend: „The language of the article is plain, and admits of no doubt in its interpretation."[1370] Dabei urteilte der *Supreme Court*, dass der Begriff Staatenlegislatur nur das Parlament eines Gliedstaates als Repräsentativorgan umfasst und damit die Einbeziehung plebiszitärer Elemente in den Ratifikationsprozess ausschließt.[1371]

In Hawke v. Smith II,[1372] bestätigte der *Supreme Court* seine Entscheidung gegen die Zulässigkeit von Referenden im Verfahren der Ratifikation von nationalen Änderungsvorschlägen. In dem Parallelverfahren zu Hawke v. Smith I stand dieselbe Vorschrift der Verfassung von Ohio in Frage, wurde diesmal aber im Zusammenhang mit der Ratifikation des das Frauenwahlrecht einführenden Amend. XIX behandelt.

3.) National Prohibition Cases (1920)

1920 wurden ferner die sog. National Prohibition Cases,[1373] sieben Parallelfälle, die die Verfassungswidrigkeit des Amend. XVIII zum Gegenstand hatten,

[1368] 40 Stat. 1050 (1917).

[1369] Hawke v. Smith I, 253 U.S. 221 (1920).

[1370] Hawke v. Smith I, 253 U.S. 221, 227 (1920).

[1371] Hawke v. Smith I, 253 U.S. 221, 227f. (1920).

[1372] Hawke v. Smith II, 253 U.S. 231 (1920).

[1373] National Prohibition Cases, 253 U.S. 350 (1920). Im Mittelpunkt stand dabei der Fall State of Rhode Island v. Palmer, vgl. 253 U.S. 350 (1920).

vom *Supreme Court* zusammengefasst behandelt. Die Kläger wandten sich gegen die Durchsetzung des auf Grundlage des Amend. XVIII, § 2 erlassenen *Volstead Act*[1374] und machten gegen die Verfassungsmäßigkeit des Amend. XVIII sowohl verfahrensrechtliche als auch materielle Argumente geltend.[1375] *Justice* VAN DEVANTER verwarf jedoch alle Kritikpunkte und stellte in einem äußerst kurzen Statement ohne Begründung in verfahrensrechtlicher Hinsicht fest, dass 1. einem Revisionsvorschlag des Kongresses keine Resolution vorgeschaltet sein muss, welche die Notwendigkeit verfassungsrechtlicher Revision begründet,[1376] 2. dass der Referenzwert für die im Kongress zur Verabschiedung eines Änderungsvorschlags erforderliche Zweidrittelmehrheit nicht die Mitgliederzahl der jeweiligen Kammer ist, sondern, dass bei vorhandenem Quorum eine Abstimmungsmehrheit von zwei Dritteln ausreicht[1377] und 3. bestätigte er das Urteil Hawke v. Smith I, welches gliedstaatliche Referenden im Ratifikationsverfahren für ein nationales *Amendment* für verfassungswidrig erklärte, sofern sie Bindungswirkung für das gliedstaatliche Parlament entfalten sollen.[1378]

Bei der Lösung der verfahrensrechtlichen Probleme bestätigte der *Supreme Court* jeweils die vom Kongress geschaffenen Präzedenzfälle. So setzte er ältere Verfassungsänderungen nicht der Gefahr aus, im Nachhinein für verfassungswidrig erklärt zu werden. Dabei zog das Gericht weniger rechtliche Gründe in Erwägung, sondern erhob vielmehr die Verfassungspraxis zum Maßstab. Im vorliegenden Urteil stellte er fest: „None of the resolutions whereby prior amendments were proposed contained such a declaration."[1379]

Auch die gegen das Amend. XVIII vorgebrachten Bedenken in materieller Hinsicht lehnte der Gerichtshof ohne weitere Begründung ab. Er urteilte, dass

---

[1374] 41 Stat. 305 (1919).

[1375] Darüber hinaus machten sie geltend, dass selbst bei der Annahme der Verfassungsmäßigkeit des Amend. XVIII, der *Volstead Act* die dem Kongress in Amend. XVIII, § 2 übertragenen Kompetenzen überschreitet. Auch dies lehnte der *Supreme Court* jedoch ab und legte den Begriff der „concurrent power" in der Ermächtigungsgrundlage des Amend. XVIII, § 2 so aus, dass sowohl die Gliedstaaten als auch der Bund getrennt voneinander ermächtigt sind, die Durchsetzung des Amend. XVIII durch entsprechende Gesetzgebung zu verfolgen. Ein gemeinsames Vorgehen im Sinne einer beidseitigen Zustimmung erforderte Amend. XVIII, § 2 nach Ansicht des *Supreme Court* nicht. Es handele sich vielmehr um parallele Gesetzgebungszuständigkeiten des Bundes und der Gliedstaaten. Vgl. National Prohibition Cases, 253 U.S. 350, 387 (1920).

[1376] National Prohibition Cases, 253 U.S. 350, 386 (1920). Vgl. dazu Teil II: C. II. 1.) c.), S. 124ff..

[1377] National Prohibition Cases, 253 U.S. 350, 386 (1920). Vgl. dazu Teil II: C. II. 1.) c.), S. 124ff..

[1378] National Prohibition Cases, 253 U.S. 350, 386 (1920).

[1379] National Prohibition Cases, 253 U.S. 350, 386 (1920).

das in Amend. XVIII verankerte Verbot des Alkoholhandels "within the power to amend reserved by article 5 of the Constitution" ist.[1380]

Im letzten Abschnitt seiner Entscheidung setzte sich der Gerichtshof schließlich mit dem Wirkungsrahmen der Verfassungsänderung auseinander. Er setzte den territorialen Geltungsbereich auf das gesamte Gebiet der Vereinigten Staaten fest und sprach dem *Amendment* in zeitlicher Hinsicht rückwirkende Kraft zu, indem er auch bereits produzierten Alkohol den Bestimmungen des Amend. XVIII unterwarf.[1381]

Der Mangel an begründender Argumente für diese Entscheidung wurde jedoch von mehreren Richtern kritisiert. *Chief Justice* WHITE merkte in seiner *concurring opinion* an:

> „I profoundly regret that in a case of this magnitude, affecting as it does an amendment to the Constitution dealing with the powers and duties of the national and state governments and intimately concerning the welfare of the whole people, the court has deemed it proper to state only ultimate conclusions without an exposition of the reasoning by which they have been reached."[1382]

Und auch *Justice* MCKENNA, *dissenting*, rügt: "The court declares conclusions only, without giving any reasons for them. The instance may be wise – establishing a precedent now, hereafter wisely to be imitated. It will undoubtedly decrease the literature of the court if it does not increase its lucidity."[1383]

4.) Dillon v. Gloss (1921)

Auch das Verfahren in Dillon v. Gloss[1384] hatte das Amend. XVIII zum Gegenstand. Der Berufungskläger war gemäß § 26, Title 2 des *Volstead Act*[1385] in Untersuchungshaft genommen worden, weil ihm der nach § 3, Title 2 des Gesetzes verbotene Transport von Alkohol zur Last gelegt wurde. Der Kläger macht

---

1380 National Prohibition Cases, 253 U.S. 350, 386 (1920).

1381 National Prohibition Cases, 253 U.S. 350, 386f. (1920).

1382 National Prohibition Cases, 253 U.S. 350, 388 (1920).

1383 National Prohibition Cases, 253 U.S. 350, 393 (1920).

1384 Dillon v. Gloss, 256 U.S. 368 (1921).

1385 41 Stat. 305 (1919).

die Verfassungswidrigkeit des Amend. XVIII und damit auch die des auf seiner Grundlage erlassenen *Volstead Act* geltend.

Gegenstand der Gerichtsentscheidung waren allein verfahrensrechtliche Aspekte der Verfassungsänderung. Zum einen stand die Verfassungsmäßigkeit der erstmals mit dem Amend. XVIII eingeführten siebenjährigen Ratifikationsfrist in Frage und zum anderen hatte der Kläger geltend gemacht, dass zum Zeitpunkt des Vorfalls Amend. XVIII noch nicht in Kraft getreten und daher auf ihn nicht anwendbar war. Amend. XVIII, § 1 bestimmt, dass die Verfassungsänderung ein Jahr nach ihrer Ratifikation durch die Gliedstaaten wirksam werden sollte. Nicht geklärt war bis dahin, ob damit der Zeitpunkt der Ratifikation des letzten für die Dreiviertelmehrheit erforderlichen Gliedstaates gemeint ist, oder ob das *Amendment* erst mit der offiziellen Verkündung durch den *Secretary of State*[1386] in Kraft tritt. Der *Supreme Court* entschied sich für die erste Alternative und maß der Verkündung durch den *Secretary of State* allein deklaratorische Bedeutung bei.[1387]

Hinsichtlich der Ratifikationsfrist legte *Justice* VAN DEVANTER zunächst methodisch dar, dass neben der Wortlautauslegung des Art. V auch teleologische Gesichtspunkte eine Rolle spielen müssen. Er setzte voraus, dass „what is reasonably implied is as much a part of it as what is expressed,“[1388] und stellte dann für das einstimmig urteilende Gericht fest, dass Revisionsvorschlag und Ratifikation in einem zeitlichen Zusammenhang stehen müssen[1389] und dass der Kongress daher berechtigt ist, eine Ratifikationsfrist festzulegen, sofern die aufgestellte Zeitspanne noch verhältnismäßig ist.[1390] Eine siebenjährige Ratifikationsperiode beurteilte er dabei als noch verfassungsgemäß.[1391]

5.) Leser v. Garnett (1922)

1920 wurde mit dem Amend. XIX das Wahlrecht für Frauen in den Vereinigten Staaten eingeführt, woraufhin sich Frauen in der Wählerliste des Gliedstaates Maryland registrieren ließen. Dagegen versuchten OSCAR LESER und andere männliche Wahlberechtigte aus dem Gliedstaat Maryland vorzugehen. Sie

1386 Heute übernimmt diese Aufgabe der *Archivist of the United States*. Vgl. Teil II: C. IV., S. 158ff..

1387 Dillon v. Gloss, 256 U.S. 368, 376 (1921).

1388 Dillon v. Gloss, 256 U.S. 368, 373 (1921).

1389 Dillon v. Gloss, 256 U.S. 368, 374f. (1921).

1390 Dillon v. Gloss, 256 U.S. 368, 376 (1921).

1391 Dillon v. Gloss, 256 U.S. 368, 376 (1921).

machten geltend, dass das Amend. XIX aufgrund ungeschriebener materieller Schranken verfassungswidrig sei und verwiesen darauf, dass die Gliedstaatenverfassung von Maryland nur ein Männerwahlrecht beinhaltete.

In seinem Urteil in Leser v. Garnett[1392] geht der *Supreme Court* auf drei der Hauptargumente der Frauenwahlrechtsgegner ein.

Im ersten Teil der Entscheidung lehnte der Gerichtshof die Existenz ungeschriebener materieller Schranken, die zur Verfassungswidrigkeit der Verfassungsänderung führen würden, ab. Die Kläger hatten behauptet, dass die Erweiterung der wahlberechtigten Bevölkerung eines Gliedstaates, welcher, wie Maryland, das *Amendment* nicht ratifiziert hatte, nicht verfassungsgemäß durch eine nationale Verfassungsänderung herbeigeführt werden könnte. *Justice* BRANDEIS verwies diesbezüglich nur auf die Parallele zum Amend. XV, welches das Wahlrecht auf ehemalige Sklaven erweiterte. Er stellte fest, dass entweder beide Verfassungsänderungen verfassungswidrig seien müssten oder aber beide verfassungsgemäß.[1393] Schließlich setzte er das verfassungsgemäße Zustandekommen des Amend. XV voraus und schließt daraus die Verfassungsmäßigkeit auch des Amend. XIX.[1394]

Zweitens wiederholte und zitierte *Justice* BRANDEIS die Aussagen des Gerichtshofs in Hawke v. Smith I und II sowie in den National Prohibition Cases, dass gliedstaatliche Verfassungen für den Prozess der Ratifikation nationaler Revisionsvorlagen keine zusätzlichen Hürden vorsehen dürfen.[1395] Damit stellte er fest, dass die in einigen Gliedstaatenverfassungen enthaltenen Vorschriften, die der Einführung des Frauenwahlrechts entgegenstanden für das verfassungsgemäße Zustandekommen einer Verfassungsänderung zur nationalen Verfassung nicht ausschlaggebend sind.[1396]

Drittens hatten die Kläger geltend gemacht, dass die Ratifikationen von Tennessee und West Virginia nicht rechtmäßig seien, da im Ratifikationsverfahren in diesen Gliedstaaten Regeln der Gesetzgebung nicht beachtet wurden. Auch dieses dem zweiten sehr ähnliche Argument wies *Justice* BRANDEIS zurück. Obwohl ein Urteil des Gerichts, wie es selbst feststellte, in dieser Hinsicht nicht mehr erforderlich war, weil zu diesem Zeitpunkt zwei weitere Gliedstaaten, Connecticut und Vermont, das *Amendment* ratifiziert hatten, und damit die Verfassungsänderung auch ohne die Zustimmung von Tennessee und West Virginia in Kraft treten konnte, nahm das Gericht zu diesem Problempunkt Stellung. Das

[1392] Leser v. Garnett, 258 U.S. 130 (1922).

[1393] Leser v. Garnett, 258 U.S. 130, 136 (1922).

[1394] Leser v. Garnett, 258 U.S. 130, 136 (1922).

[1395] Leser v. Garnett, 258 U.S. 130, 137 (1922).

[1396] Leser v. Garnett, 258 U.S. 130, 137 (1922).

Gericht kommentierte die Relevanz des Streitpunktes wie folgt: „The question raised may have been rendered immaterial by the fact that since the proclamation the Legislatures of two other states – Connecticut and Vermont – have adopted resolutions of ratification. But a broader answer should be given to the contention."[1397] In der Sache stellte es fest, dass mit der Benachrichtigung des *Secretary of State* und mit dessen Verkündung der Verfassungsänderung, diese auch für die Gerichte verbindlich ist: „[...] official notice to the Secretary, duly authenticated, that they had done so [ratified], was conclusive upon him, and, being certified to by his proclamation, is conclusive upon the courts."[1398]

6.) Fairchild v. Hughes (1922)

In Fairchild v. Hughes,[1399] einem Parallelfall zu Leser v. Garnett, lehnte der *Supreme Court* bereits die Zulässigkeit der Klage ab. CHARLES S. FAIRCHILD, ein Bürger des Gliedstaates New York machte das verfassungswidrige Zustandekommen des Amend. XIX geltend. Da FAIRCHILD jedoch nicht selbst für ein Wahlamt kandidierte, sondern nur in seinen Rechten als passiver Wahlbürger und Steuerzahler hätte verletzt sein können, verneinte der *Supreme Court* das Vorliegen einer ausreichenden Antragsbefugnis für FAIRCHILD.[1400]

7.) United States v. Sprague (1931)

In United States v. Sprague[1401] war gut zehn Jahre nach den National Prohibition Cases und nach Dillon v. Gloss erneut das Amend. XVIII Klagegegenstand. Wie in den National Prohibition Cases wurde auch in diesem Fall die Verfassungswidrigkeit des Amend. XVIII behauptet und unterinstanzlich bejaht.[1402] Die Kläger machten geltend, dass das *Amendment* rechtmäßig nur durch Staatenkonvente, nicht aber, wie vom Kongress in diesem Fall bestimmt, durch Staatenlegislaturen ratifiziert werden konnte, und begründeten ihre Auffassung mit dem Inhalt der Verfassungsänderung. Nach ihrer Ansicht ergibt sich eine ungeschriebene Schranke aus dem Amend. X, dass die Ratifikation von *Amendments*,

---

[1397] Leser v. Garnett, 258 U.S. 130, 137 (1922).

[1398] Leser v. Garnett, 258 U.S. 130, 137 (1922).

[1399] Fairchild v. Hughes, 258 U.S. 126 (1922).

[1400] Fairchild v. Hughes, 258 U.S. 126, 129 (1922).

[1401] United States v. Sprague, 282 U.S. 716 (1931).

[1402] United States v. Sprague, 44 F.2d 967, 986 (D.C. N.J. 1930).

welche die Freiheitsrechte der Bürger einschränken, nur durch Staatenkonvente, nicht aber durch Staatenlegislaturen ratifiziert werden können. Das Amend. X hätte klargestellt, dass „the people" dem Kongress nicht die Kompetenz übertragen hat, die Ratifikationsmethode frei zu wählen, sofern ein *Amendment* inhaltlich bürgerliche Freiheitsrechte berührt. Die Kläger unterschieden demnach zwischen Verfassungsänderungen, die Freiheitsrechte der Bürger einschränken und solchen, die Gliedstaatenrechte berühren, wobei erstere nur durch Staatenkonvente und letztere nur durch Staatenlegislaturen zu ratifizieren seien.[1403]

Justice ROBERTS schrieb für das einstimmig urteilende Gericht[1404] und stellt klar, dass die Entscheidung über die Ratifikationsmethode für jede Verfassungsänderung, unabhängig von ihrem Regelungsgegenstand, allein im Ermessen des Kongresses liegt.[1405] Der Feststellung folgt eine dreigliedrige Urteilsbegründung. Methodisch begründete das Gericht seine Feststellung zunächst mit dem eindeutigen Wortlaut des Art. V:

> „Thus, however, clear the phraseology of article 5, they [die Kläger] urge we ought to insert into it a limitation on the discretion conferred on the Congress [...]. This can not be done. The Constitution was written to be understood by the voters; its words and phrases were used in their normal and ordinary as distinguished from technical meaning; where the intention is clear there is no room for construction and no excuse for interpolation or addition."[1406]

Materiell lehnt das Gericht dann die Hinzuziehung des Amend. X als Revisionsschranke ausdrücklich ab: „It [Amend. X] added nothing to the instrument as originally ratified and has no limited and special operation, as is contended, upon the people's delegation by article 5 of certain functions to the Congress."[1407]

Schließlich bezieht das Gericht auch in United States v. Sprague, wie schon in Hollingworth v. State of Virginia und den National Prohibition Cases, die Verfassungspraxis als letztes Argument in seine Urteilsbegründung mit ein: „But we think that several amendments touch rights of the citizens, notably the Thirteenth, Fourteenth, Fifteenth, Sixteenth and Nineteenth, and in view of this,

[1403] Das Argument hat seinen Ursprung in der wissenschaftlichen Ausarbeitung von BACON, 16 Va. L. Rev. 771, 778f., 781ff. (1929-1930).

[1404] Allerdings nahm *Chief Justice* HUGHES nicht am Verfahren teil.

[1405] United States v. Sprague, 282 U.S. 716, 730, 732 (1931).

[1406] United States v. Sprague, 282 U.S. 716, 731 (1931).

[1407] United States v. Sprague, 282 U.S. 716, 733f. (1931).

weight is to be given to the fact that these were adopted by the method now attacked."[1408]

8.) Coleman v. Miller (1939)

1924 schlug der Kongress den Gliedstaaten das *Child Labor Amendment* zur Ratifikation vor, welches den Kongress mit der Kompetenz zur Regelung von Kinderarbeit ausstatten sollte.[1409] In den darauf folgenden sieben Jahren ratifizierten nur sechs Gliedstaaten den Revisionsvorschlag. 19 Gliedstaaten lehnten das *Amendment* hingegen ab. Auch Kansas gehörte zu den ablehnenden Einzelstaaten. Im Januar 1925 sprachen sich sowohl das Abgeordnetenhaus als auch der Senat von Kansas gegen das *Child Labor Amendment* aus und verabschiedeten diese Entscheidung mit einer Resolution, die an den *Secretary of State* übergeben wurde.[1410] Beeinflusst von der *New Deal* Ära und den 22 Gliedstaaten, die die Verfassungsänderung zwischen 1933 und 1937 doch noch ratifizierten, wurde sie 12 Jahre später auch im Repräsentantenhaus und im Senat von Kansas erneut auf die Tagesordnung gesetzt. Das Repräsentantenhaus sprach sich für eine Ratifikation aus. Im Senat standen jedoch 20 befürwortende Senatoren 20 ablehnenden gegenüber. Die Pattsituation löste der *Lieutenant Governor* von Kansas, der gleichzeitig auch als Präsident des Senats fungierte, mit seiner entscheidenden Stimme für die Ratifikation des *Amendment* auf.

21 Senatoren, darunter auch diejenigen 20, die in der Abstimmung unterlegen waren, und drei Abgeordnete des Repräsentantenhauses strengten daraufhin eine Klage an, um die Ratifikation des *Amendment* durch den Gliedstaat Kansas für ungültig erklären zu lassen.

Der *Supreme Court* von Kansas stellte jedoch die rechtsgültige Ratifikation des Revisionsvorschlags fest, wobei im Wesentlichen drei Problempunkte zu beantworten waren: 1. die Frage nach der Zulässigkeit der Beteiligung des *Lieutenant Governor* an der Abstimmung, 2. die Frage nach der Auswirkung der 1925 vorgenommenen Ablehnung des Revisionsvorschlags und 3. das Problem der zeitlichen Differenz von 13 Jahren zwischen der Verabschiedung des *Amendment* durch den Kongress und der von Kansas vorgenommenen Ratifikation. Der *Supreme Court* von Kansas befasste sich mit allen drei Fragen. Er hielt den *Lieutenant Governor* gemäß Art. 1, § 12 der Verfassung von Kansas für be-

---

[1408] United States v. Sprague, 282 U.S. 716, 734 (1931).

[1409] 43 Stat. 670 (1924).

[1410] Coleman v. Miller, 307 U.S. 433, 436f. (1939).

rechtigt, die ausschlaggebende Stimme in der Abstimmung abzugeben.[1411] Zweitens sprach er sich für die mögliche Ratifikation eines Revisionsvorschlags auch nach offiziell an den *Secretary of State* übersandter Ablehnungsurkunde aus[1412] und drittens entschied der Gerichtshof unter Anwendung der Dillon-Kriterien, dass der Revisionsvorschlag nicht durch Zeitablauf erloschen war und mithin noch rechtsgültig im Jahre 1937 von Kansas ratifiziert werden konnte.[1413]

Der nach dem Urteil des gliedstaatlichen *Supreme Court* angerufene U.S.-*Supreme Court* behandelte die drei Fragen in seiner 7:2 Entscheidung sehr unterschiedlich.

Chief Justice HUGHES stellte fest, dass das Gericht sich hinsichtlich der Justiziabilität der ersten Frage, der Beteiligung des *Lieutenant Governor* im Ratifikationsprozess, nicht einigen konnte, sondern „equally divided" sei.[1414] Damit bleibt das Urteil des *Supreme Court* von Kansas, das sich für die Rechtmäßigkeit der Wahlbeteiligung der Exekutive ausgesprochen hatte, bestehen. Die Frage welche Auswirkung der Ratifikationsablehnung von 1925 zugemessen werden sollte und die Frage nach dem möglichen Erlöschen des Revisionsvorschlags durch Zeitablauf ordnete *Chief Justice* HUGHES in seinem Urteil als *political questions* ein, die der Justiziabilität des Gerichtshofs entzogen seien.[1415] Es obliegt nach ihm allein dem Kongress, über die Rechtsgültigkeit der einzelnen Gliedstaatenratifikationen und über das rechtsgültige Bestehen des Revisionsvorschlags zu entscheiden. In der Urteilsbegründung führte *Chief Justice* HUGHES auch in diesem Fall die vom Kongress geschaffenen Präzedenzfälle, insbesondere die Entstehungsgeschichte des Amend. XIV an, um die Rolle des Kongresses im Prozess der Ratifikation zu bewerten:

> „Thus the political departments of the Government dealt with the effect both of previous rejection and of attempted withdrawal and determined that both were ineffectual in the presence of actual ratification. [...]. This decision by the political departments of the Government as to the validity of the

[1411] Art. 1, § 12 der Verfassung von Kansas lautete: "The lieutenant governor shall be president of the senate, and shall vote only when the senate is equally divided." Siehe Coleman v. Miller, 71 P.2d 518, 520ff. (1937).

[1412] Coleman v. Miller, 71 P.2d 518, 524ff. (1937).

[1413] Coleman v. Miller, 71 P.2d 518, 526f. (1937).

[1414] Coleman v. Miller, 307 U.S. 433, 447 (1939). Die Frage wie ein Gericht mit neun Mitgliedern, die auch alle am Verfahren beteiligt waren, einen Patt herbeiführen kann, beantwortete der Chief Justice allerdings nicht. Es wurde spekuliert, dass Justice MCREYNOLDS bei der Diskussion der Frage nicht anwesend war. Vgl. SCHUCK, 28 Geo. L.J. 199, 200 Fn. 7 (1939); Note, 48 Yale L.J. 1455, 1458 (1939).

[1415] Coleman v. Miller, 307 U.S. 433, 447ff. und 451ff. (1939).

> adoption of the Fourteenth Amendment has been accepted. [...]. We think that in accordance with this historic precedent the question of the efficacy of ratifications by state legislatures, in the light of previous rejection or attempted withdrawal, should be regarded as a political question [...]."[1416]

Zur Frage der Existenz einer zeitlichen Ratifikationsgrenze stellte *Chief Justice* HUGHES fest, dass eine solche aufgrund der fehlenden Beurteilungsgrundlage nicht vom *Supreme Court* festgesetzt werden, sondern dass auch in dieser Hinsicht allein der Kongress zuständig sein könne.[1417] Er differenziert die Entscheidung des Gerichtshofs in Dillon v. Gloss von der vorliegenden, indem er in Dillon nur die Frage nach der Kompetenz des Kongresses zur Befristung von Revisionsvorlagen beantwortet sieht. Ob hingegen eine zeitliche Ratifikationsfrist auch dann besteht, wenn vom Kongress eine solche nicht ausdrücklich festgelegt wurde, ist nach Ansicht von HUGHES nicht Gegenstand des Verfahrens in Dillon gewesen.

Justices BLACK, ROBERTS, FRANKFURTER und DOUGLAS stimmten zwar grundsätzlich dem Urteil zu, gingen aber in ihrer *concurring opinion* noch weiter als *Chief Justices* HUGHES, indem sie nicht nur einzelne Aspekte, sondern alle Fragen des Verfassungsänderungsprozesses als *political questions* qualifizierten und damit den Revisionsprozess insgesamt der Justiziabilität entziehen wollten: „Undivided control of that process has been given by the Article exclusively and completely to Congress. The process itself is political in its entirety, from submission until an amendment becomes part of the Constitution, and is not subject to judicial guidance, control or interference at any point."[1418] Konsequenterweise setzten sich die vier Richter daher auch für die Verwerfung des *Supreme Court* Urteils zu zeitlichen Ratifikationsgrenzen, Dillon v. Gloss, ein.[1419]

Eine andere Richtung schlugen *Justices* BUTLER und MCREYNOLDS in ihrem abweichenden Sondervotum ein. Sie hielten zumindest die Frage nach der zeitlichen Ratifikationsgrenze für justiziabel und sprachen sich unter Verweis auf die Dillon-Rechtsprechung für das Erlöschen der Revisionsvorlage durch Zeitablauf aus.[1420]

1416 Coleman v. Miller, 307 U.S. 433, 449f. (1939).

1417 Coleman v. Miller, 307 U.S. 433, 453f. (1939).

1418 Coleman v. Miller, 307 U.S. 433, 459 (1939).

1419 Coleman v. Miller, 307 U.S. 433, 459 (1939).

1420 Coleman v. Miller, 307 U.S. 433, 473f. (1939).

9.) Chandler v. Wise (1939)

Chandler v. Wise[1421] ist ein Parallelfall zu Coleman v. Miller. Steuerzahler und wahlberechtigte Bürger des Gliedstaates Kentucky machten geltend, dass die Revisionsvorlage zum *Child Labor Amendment* aufgrund des Zeitablaufs erloschen sei und dass Kentucky das *Child Labor Amendment* ohnehin nicht mehr rechtswirksam ratifizieren könne, nachdem der Gliedstaat den Änderungsvorschlag 1926 bereits offiziell abgelehnt hatte.[1422] Im Berufungsverfahren bestätigte der *Court of Appeals* diese Ansichten der Kläger und verwarf diesbezüglich das Urteil des *Circuit Court, Franklin County*.[1423]

Da jedoch der *Governor* des Gliedstaates die Ratifikationsurkunde bereits an den *Secretary of State* weitergeleitet hatte, stellte der U.S.-*Supreme Court* am 05. Juni 1939 im Einklang mit seiner Coleman-Rechtsprechung, die er am selben Tag erlassen hatte, fest: „[...] the writ of certiorari should be dismissed upon the ground that after the Governor of Kentucky had forwarded the certification of the ratification of the amendment to the Secretary of State of the United States there was no longer a controversy susceptible of judicial determination."[1424]

10.) Dyer v. Blair (1975)

Bei Dyer v. Blair[1425] handelt es sich nicht um ein *Supreme Court* Urteil, sondern um ein Urteil des *Federal District Court* für das nördliche Distrikt des Gliedstaates Illinois. Es soll dennoch hier kurz skizziert werden, da ihm in der rechtswissenschaftlichen Literatur ein bedeutender Stellenwert beigemessen wird und es zudem von *Judge* STEVENS verfasst wurde, der heute Richter am *Supreme Court* ist. Mitglieder des Abgeordnetenhauses in Illinois erhoben Klage gegen u.a. den *Speaker* des gliedstaatlichen Repräsentantenhauses, um ihn zu zwingen die Ratifikation des *Equal Rights Amendment* durch den Gliedstaat Illinois zu beglaubigen und die Urkunde an den Gouverneur des Gliedstaates bzw. den *Archivist of the United States* weiterzuleiten. Die Ratifikation war in beiden Kammern des Parlaments von einer Mehrheit, nicht aber von einer Dreifünftelmehrheit befürwortet worden. Die Kläger machten daher geltend, Art. XIV, § 4

[1421] Chandler v. Wise, 307 U.S. 474 (1939).

[1422] Vgl. zum Sachverhalt Wise v. Chandler, 108 S.W.2d 1024, 1026 (1937) und Chandler v. Wise 307 U.S. 474, 476 (1939).

[1423] Wise v. Chandler, 108 S.W.2d 1024, 1033f., 1035 (1937).

[1424] Chandler v. Wise 307 U.S. 474, 477f. (1939).

[1425] Dyer v. Blair, 390 F.Supp. 1291 (N.D. Ill. 1975).

(1970) der Verfassung des Gliedstaates Illinois sowie der *Rule* 42(d) des Abgeordnetenhauses liefen konträr zu Art. V und verstießen damit gegen die *supremacy clause* der Bundesverfassung, weil sie beide u.a. beinhalten, dass Ratifikationen von Revisionsvorlagen des Bundeskongresses mit einer Dreifünftelmehrheit in beiden Kammern des Parlaments verabschiedet werden müssen.[1426]

Der *District Court* hielt die ihm gestellte Frage für justiziabel, weil es zur ihrer Beantwortung allein der Interpretation des Art. V bedürfe und es nicht wie in Coleman auch auf die Bewertung von „economic, social or political" Faktoren ankommd.[1427] Materiell entschied das Gericht, dass jeder Gliedstaat frei über die anzuwendenden Mehrheitserfordernisse im Ratifikationsverfahren für einen nationalen Revisionsvorschlag bestimmen kann, da Art. V in dieser Hinsicht den Gliedstaaten keine Instruktion erteile.[1428] Damit sei die Regelung der gliedstaatlichen Verfassung und der *House Rule* hinsichtlich der erforderlichen Mehrheiten bundesverfassungskonform, so dass Illinois mangels ausreichender Mehrheit die Revisionsvorlage zum *ERA* nicht wirksam ratifiziert habe.[1429]

11.) Kimble v. Swackhamer (1978)

Justice RHENQUIST agierte im Fall Kimble v. Swackhamer[1430] als *Circuit Justice* für das achte Distrikt und hielt die Entscheidung des *Supreme Court* von Nevada aufrecht, die ein für die Parlamente unverbindliches Referendum zur Ratifikation einer nationalen Revisionsvorlage mit Art. V für vereinbar gehalten hatte. Nevada hatte zur Ratifikation des *Equal Rights Amendment* eine Volksbefragung durchgeführt. Da deren Ausgang jedoch für das Abstimmungsverhalten der Repräsentanten in den Parlamentskammern unverbindlich war, wurde die Volksbefragung im Gegensatz zum verbindlichen Referendum in Hawke v. Smith I von *Justice* RHENQUIST für verfassungsrechtlich zulässig erachtet.[1431]

[1426] Vgl. zum Sachverhalt Dyer v. Blair, 390 F.Supp. 1291, 1295ff. (N.D. Ill. 1975). Zuvor hatte das Gericht die Justiziabilität des Falls mangels Entscheidungsreife abgelehnt, weil der Senat und das Abgeordnetenhaus zu diesen Zeitpunkt nicht in derselben Legislaturperiode über die Revisionsvorlage abgestimmt hatten, für eine rechtswirksame Ratifikation aber das Votum beider Kammern erforderlich ist. Vgl. Dyer v. Bair, 390 F.Supp. 1287, 1289f. (N.D. Ill. 1974).

[1427] Dyer v. Blair, 390 F.Supp. 1291, 1302 (N.D. Ill. 1975).

[1428] Dyer v. Blair, 390 F.Supp. 1291, 1304ff. (N.D. Ill. 1975).

[1429] Dyer v. Blair, 390 F.Supp. 1291, 1308f. (N.D. Ill. 1975).

[1430] Kimble v. Swackhamer, 439 U.S. 1385 (1978).

[1431] Kimble v. Swackhamer, 439 U.S. 1385, 1387f. (1978).

12.) National Organization for Women, Inc. v. State of Idaho (1982)

Das Verfahren National Organization for Women, Inc. v. State of Idaho[1432] war bereits neun Monate beim *Supreme Court* anhängig, bevor dieser sich mit dem Fall auseinandersetzte. Da während dieser Zeit die Ratifikationsfrist für das *Equal Rights Amendment* abgelaufen und die Revisionsvorlage des Kongresses damit ohnehin erloschen war, ohne dass die erforderliche Dreiviertelmehrheit der Gliedstaaten das *Amendment* ratifiziert hatte, konnte der Gerichtshof das Verfahren für erledigt erklären, ohne inhaltlich zu den Problempunkten des Falls Stellung nehmen zu müssen.

Judge MARION CALLISTER hatte aber im unterinstanzlichen Verfahren für den *Federal District Court* in Idaho ein äußerst progressives Urteil verfasst. In State of Idaho v. Freeman[1433] machten unter anderem die Gliedstaaten Idaho und Arizona geltend, dass ein Gliedstaat seine Ratifikation des *ERA* rechtswirksam zurücknehmen kann,[1434] sofern das *Amendment* noch nicht von ausreichend Gliedstaaten ratifiziert worden ist, dass zweitens die Verlängerung der vom Kongress festgesetzten Ratifikationsfrist verfassungswidrig war und dass diese drittens jedenfalls nicht mit einer einfachen Mehrheit hätte vom Kongress verabschiedet werden dürfen, sondern zumindest - wie für alle anderen Handlungen in Art. V vorgesehen – mit einer Zweidrittelmehrheit in beiden Kammern.

Nach einer Prüfung der einzelnen Elemente der *political question doctrine*[1435] sowie einer Auseinandersetzung mit und Differenzierung der Coleman-Rechtsprechung des *Supreme Court*[1436] stellte der Richter fest, dass alle ihm gestellten Fragen justiziabel sind und entschied in materieller Hinsicht, dass 1. allein die letzte Handlung eines Gliedstaates, bevor drei Viertel der Gliedstaaten die Revisionsvorlage ratifiziert haben, Rechtswirksamkeit erzeugt, wobei diese auch die Rücknahme einer zuvor vorgenommenen Ratifikation darstellen kann.[1437] Zweitens hält der *District Court* die durch den Kongress vorgenommene Verlängerung der ursprünglich festgesetzten siebenjährigen Ratifikationsfrist für verfassungswidrig.[1438] Jedenfalls hätte diese Fristverlängerung nach Ansicht des Gerichts drittens ausschließlich mit einer Zweidrittelmehrheit und nicht, wie

[1432] National Organization for Women, Inc. v. State of Idaho, 459 U.S. 809 (1982).

[1433] State of Idaho v. Freeman, 529 F.Supp. 1107 (D. Idaho 1981).

[1434] Idaho hatte das *ERA* am 24. März 1972 ratifiziert und seine Ratifikation am 09. Februar 1977 zurückgenommen. Siehe State of Idaho v. Freeman, 529 F.Supp. 1107, 1112 Fn. 2 (D. Idaho 1981).

[1435] State of Idaho v. Freeman, 529 F.Supp. 1107, 1124ff. (D. Idaho 1981).

[1436] State of Idaho v. Freeman, 529 F.Supp. 1107, 1141f., 1145 (D. Idaho 1981).

[1437] State of Idaho v. Freeman, 529 F.Supp. 1107, 1150, 1155 (D. Idaho 1981).

[1438] State of Idaho v. Freeman, 529 F.Supp. 1107, 1152f., 1155 (D. Idaho 1981).

geschehen, mit einer einfachen Mehrheit in beiden Kammern verabschiedet werden können.[1439]

Methodisch begründet das Gericht seine Entscheidung mit der Anwendung des *contemporaneous consensus*-Modell der Dillon-Rechtsprechung in stark abgewandelter Form. Der *Federal District Court* stellte fest, dass die Verfassung die Kompetenzen für das Verfahren der Verfassungsänderung zwischen den Gliedstaaten und dem Kongress aufgeteilt und nicht, wie dies die Coleman v. Miller Entscheidung des *Supreme Court* vermuten lässt, ausschließlich dem Kongress übertragen hat. Die Bestimmung, wann eine Ratifikation einer Revisionsvorlage zeiteinheitlich geschehen ist, obliegt dabei dem Bund. Alle Fragen bezüglich des Ob einer Ratifikation eines Gliedstaates liegen allerdings allein in der Kompetenz des betreffenden Gliedstaates. Bis zum Zeitpunkt der Übergabe der Revisionsvorlage an die Gliedstaaten ist damit der Kongress Herr des Verfahrens, ab diesem Zeitpunkt sind es die Gliedstaaten.[1440] Daraus ergibt sich für das Gericht, dass der Kongress die Ratifikationsfrist nachträglich nicht verlängern kann und dass die Gliedstaaten ihren Ratifikationsakt solange zurückziehen können, bis die Ratifikation durch drei Viertel der Gliedstaaten erfolgt ist.

13.) Cook v. Gralike (2001)

In Cook v. Gralike[1441] bestätigt der *Supreme Court* zwei unterinstanzliche Gerichtsentscheidungen, die eine Verfassungsänderung der Verfassung von Missouri für verfassungswidrig erklärten. Die Verfassungsänderung sollte die Repräsentanten von Missouri im Bundeskongress dazu veranlassen, sich für ein *Congressional Term Limit Amendment* einzusetzen.[1442] Der Vorschlag ging dahin, die Amtszeit eines Repräsentanten auf maximal drei und die eines Senators auf maximal zwei Legislaturperioden zu beschränken. Ferner schrieb die Verfassungsänderung Missouris fest, dass das Verhalten der Abgeordneten und Senatoren im Kongress hinsichtlich der Einführung des nationalen *Amendment* bei den nächsten Wahlen auf dem Wahlzettel festgehalten würde.[1443] Sowohl der *Federal District Court* als auch im Berufungsverfahren der *Court of Appeals for the Eigth Circuit* hatten die Verfassungsänderung des Gliedstaates Missouri u.a. für

[1439] State of Idaho v. Freeman, 529 F.Supp. 1107, 1153 (D. Idaho 1981).

[1440] State of Idaho v. Freeman, 529 F.Supp. 1107, 1133f., 1145 (D. Idaho 1981).

[1441] Cook v. Gralike, 531 U.S. 510 (2001).

[1442] Vgl. Teil I: I. III., S. 77.

[1443] Vgl. zum Sachverhalt Cook v. Gralike, 531 U.S. 510, 514f. (2001).

unvereinbar mit Art. V erklärt.[1444] Der *Federal District Court* führte an, dass die in Frage stehende Verfassungsänderung die Bürger in einer Art und Weise am Prozess der Verfassungsänderung beteiligen würde, die in Art. V nicht vorgesehen ist und dass der Versuch "to place an undue influence on the legislator to vote in favour of term limits rather than exercise his or her own independent judgement as is contemplated by Article V" daher nicht mit Art. V vereinbar ist.[1445] Auch der *Court of Appeals* bestätigte diese Auffassung: "Voter initiatives which seek to coerce legislators into proposing or ratifying a particular constitutional amendment violate Article V."[1446]

Der *Supreme Court* nahm den Fall Cook v. Gralike zur Revision an, da bereits mehrere gleichartige Fälle von unterinstanzlichen Gerichten entschieden worden waren und er der Klärung der Frage daher große Bedeutung zumaß.[1447] Zwar bestätigte auch der *Supreme Court* das Urteil des *Court of Appeals*,[1448] setzt sich in seiner Entscheidung allerdings nicht mit Fragen zu Art. V auseinander, sondern behandelt allein die Problempunkte des Falles in Bezug auf das Amend. X und in Bezug auf Art. I, § 4, cl. 1.[1449]

14.) Existenz eines Rechtsprechungsstandards zu Art. V?

Der *Supreme Court* hat in sieben Fällen bis 1939 zahlreiche Fragen sowohl zum Revisionsverfahren als auch zum materiellen Inhalt (National Prohibition Cases, Leser v. Garnett) verabschiedeter Verfassungsänderungen beantwortet. Dabei löste er intraorganische Streitfälle (National Prohibition Cases), ebenso

---

[1444] Cook v. Gralike, 996 F. Supp. 901, 914ff. (W.D. Missouri 1998) und Cook v. Gralike, 191 F.3d 911, 924f. (8th Cir. 1999).

[1445] Cook v. Gralike, 996 F. Supp. 901, 916 (W.D. Missouri 1998).

[1446] Cook v. Gralike, 191 F.3d 911, 925 (8th Cir. 1999).

[1447] Cook v. Gralike, 531 U.S. 510, 518 (2001). Zu den Fällen, die ähnliche Regelungen für mit Art. V für unvereinbar erklärt haben, zählen auf Bundesebene Miller v. Moore, 169 F.3d 1119, 1123f. (8th Cir. 1999); Barker v. Hazeltine, 3 F.Supp.2d 1088, 1092ff. (D. S.D.1998); League of Women Voters of Maine. v. Gwadosky, 966 F.Supp. 52, 55ff. (D. Me. 1997) und auf Gliedstaatenebene Bramberg v. Jones, 978 P.2d 1240, 1247ff. (Cal. 1999); Morrissey v. State, 951 P.2d 911, 914ff. (Colo. 1998); Donovan v. Priest, 931 S.W.2d 119, 122ff. (Ark. 1996); In re Initiative Petition No. 364, 930 P.2d 186, 191ff. (Okla. 1996), wobei die überwiegende Anzahl der Entscheidungen sich nicht ausschließlich auf die Unvereinbarkeit mit Art. V stützten. Der Idaho *Supreme Court* hielt 1996 eine ähnliche Regelung hingegen mit Art. V für vereinbar. Vgl. Simpson v. Cenarrusa, 944 P.2d 1372, 1376f. (Idaho 1997).

[1448] Cook v. Gralike, 531 U.S. 510, 527 (2001).

[1449] Cook v. Gralike, 531 U.S. 510, 518ff. (2001).

wie vertikal (Hawke v. Smith, Dillon v. Gloss, Leser v. Garnett, United States v. Sprague) und horizontal (Hollingworth v. State of Virignia) angelegte interorganische Streitigkeiten. In vier weiteren Fällen lehnte er die Zulässigkeit der vor ihm liegenden Verfahren mangels Antragsbefugnis (Fairchild v. Hughes), mangels Justiziabilität (Coleman v. Miller, Chandler v. Wise) und auf Grund von Erledigung (National Organization for Women, Inc. v. State of Idaho) ab. Andere Verfahren urteilte er zwar ab, ging aber nicht auf die geltend gemachten Problempunkte bezüglich Art. V ein (Cook v. Gralike).

Dies lässt zunächst auf eine Zurückhaltung des *Supreme Court* bei Fragen des Revisionsprozesses schließen.[1450] Hinzu kommt, dass der *Supreme Court* in mehreren Fällen die etablierte Verfassungspraxis zum Maßstab erhob und damit nur bestätigend agierte. In Hollingworth v. State of Virginia, in den National Prohibition Cases und in United States v. Sprague untersuchte der *Supreme Court* die Vorgehensweisen bei bisherigen Verfassungsänderungen und erhob sie zum Rechtsmaßstab. Diese „Verrechtlichung der Verfassungspraxis" war jedoch jeweils notwendig, um nicht bereits etablierte Verfassungsänderungen, insbesondere die *Bill of Rights*, mit einer gegenteiligen Entscheidung der Gefahr der Verfassungswidrigkeit auszusetzen. Die Haltung des *Supreme Court* kann daher weniger als zurückhaltend, sondern eher als pragmatisch umschrieben werden. Da den *Supreme Court* nur sehr wenige Klagen zum Revisionsprozess erreichen, ist es ihm oft nicht möglich, über die Verfassungsmäßigkeit von Revisionen zeitnah zu entscheiden. Der *Supreme Court* stand also jeweils vor der Entscheidung, entweder eine Verfassungsänderung nach mehr als einigen Jahrzehnten für verfassungswidrig zu erklären oder aber die Verfassungspraxis zu bestätigen.

Für eine Zurückhaltung des *Supreme Court* scheinen auch die 1939 entschiedenen Fälle zu sprechen, in denen das Gericht die Justiziabilität der Klagegegenstände mit Hilfe der *political question doctrine* ablehnte. Bei genauerer Betrachtung ist diese Einschätzung jedoch zweifelhaft. In seinen Urteilen nahm der *Supreme Court* ausführlich Stellung zu den angeführten Problempunkten und ging sogar in Coleman v. Miller so weit, die Verfassungspraxis zu den Auswirkungen einer Ratifikationsablehnung als „has been accepted" zu bezeichnen. Auch in anderen Urteilen, so z.B. in Leser v. Garnett entschied das Gericht Streitfragen, die im Ergebnis nicht mehr relevant waren. Zurückhaltung bei Fra-

---

[1450] Gleiches gilt auch für das BVerfG. Bislang hat das BVerfG die Verfassungsmäßigkeit verfassungsändernder Gesetze nur sehr oberflächlich geprüft. Auch bei strenger Auslegung hat das BVerfG immer die Verfassungsmäßigkeit der Verfassungsänderung angenommen (BVerfGE 30, 1; 84, 90; 94, 12; 89, 155). Höchstens wurde das Verfassungsänderungsgesetz verfassungskonform ausgelegt (BVerfGE 94, 49).

gen zum Revisionsprozess kann dem *Supreme Court* daher nur bei oberflächlicher Betrachtung zugesprochen werden.

Methodisch bedient sich der *Supreme Court* neben dem Instrument des *congressional precedent* vor allem der Wortlautauslegung.[1451] Diese steht stets zu Beginn seiner Begründungen. Allerdings sieht er den Wortlaut auch für die Auslegung des Art. V nicht als äußerste Grenze an, sondern stellt in Dillon v. Gloss fest: „what is reasonably implied is as much a part of it as what is expressed."[1452] Dort entwickelte er auch das nach seiner Ansicht den Art. V übergreifende Prinzip des *contemporary consensus*. Dass Revisionsvorschlag und Ratifikation in einem engen zeitlichen Zusammenhang stehen müssen, kann aber weder aus dem Wortlaut noch aus der Entstehungsgeschichte und auch nicht aus der Struktur des Art. V zwingend gefolgert werden. Das Prinzip muss demgemäß eher als eine Rechtsschöpfung des *Supreme Court* angesehen werden. Auffallend ist zudem, dass der *Supreme Court* in keinem seiner Urteile mit der Entstehungsgeschichte des Art. V argumentierte. Historische Argumente außerhalb der Verfassungspraxis führte er bisher nicht an.

Im Ergebnis lässt sich weder methodisch noch inhaltlich ein eindeutiger Standard in der Rechtsprechung des *Supreme Court* zu Art. V entwickeln. Ausgehend vom Wortlaut bezieht der *Supreme Court* auch teleologische Argumente in seine Prüfung mit ein. Übergreifend lässt er sich jedoch vor allem von pragmatischen Gesichtspunkten leiten, die für größtmögliche Rechtssicherheit für die bereits etablierten Verfassungsänderungen sorgen. Der Gefahr, mit einem Urteil ältere Verfassungsänderungen für verfassungswidrig erklären zu müssen, weicht er stets aus, indem er die Verfassungspraxis als Rechtsmaßstab übernimmt. Damit sichert er zwar die Legalität bestehender Verfassungsergänzungen, verhindert gleichzeitig aber eine einheitliche Linie in seiner Rechtsprechung zu Art. V.

II. Die Zuständigkeit des *Supreme Court* und ihre Bedeutung für Gerichtsverfahren zum Revisionsprozess

1.) Überblick über die Zuständigkeitsregeln

Das Gerichtssystem der Vereinigten Staaten ist föderalistischen Prinzipien folgend zweigliedrig aufgebaut. Es besteht aus den jeweiligen Gliedstaatengerichten und den Bundesgerichten.

1451 United States v. Sprague, 282 U.S. 716, 731 (1931); Hawke v. Smith I, 253 U.S. 221, 227 (1920).

1452 Dillon v. Gloss, 256 U.S. 368, 373 (1921).

Für die Bundesebene bestimmt Art. III, § 1 nur, dass die richterliche Gewalt der Vereinigten Staaten bei einem obersten Bundesgericht liegen soll und dass der Kongress die Einrichtung unterer Gerichte von Fall zu Fall anordnen kann. Von dieser Befugnis hat der Kongress mit dem *Judiciary Act* von 1789[1453] Gebrauch gemacht und ein dreistufiges Gerichtssystem entwickelt, dessen grundlegender Aufbau bis heute unverändert geblieben ist:[1454] Der *Supreme Court* als oberstes Bundesgericht der Vereinigten Staaten von Amerika steht an der Spitze der aus zwei weiteren Instanzen – den 91 erstinstanzlichen *Federal District Courts*[1455] und den 13 *Court of Appeals*[1456] – bestehenden Bundesgerichtsbarkeit.[1457] Der Bestand ist verfassungsrechtlich allerdings allein für das oberste Bundesgericht von Art. III, § 1 garantiert.

Die Zuständigkeiten des *Supreme Court* sind in Art. III, § 2 cl. 1 und 2 definiert und werden in *U.S. Code*, *Title* 28, *Chapter* 81, §§ 2151ff. näher ausgeführt. Eine erstinstanzliche Anrufung des *Supreme Court* ist gemäß *U.S. Code*, *Title* 28, *Chapter* 81, § 1251 nur in den Fällen möglich, in denen mindestens zwei Gliedstaaten Streitparteien des Verfahrens sind. Dann ist die erstinstanzliche Zuständigkeit des *Supreme Court* auch eine ausschließliche. Ferner kann der *Supreme Court* erstinstanzlich, aber nicht ausschließlich angerufen werden, wenn entweder Botschafter, Gesandte oder Minister oder aber der Bundes- oder ein Gliedstaat Prozesspartei sind, wenn es um ein Verfahren zwischen Bundes- und Gliedstaat geht und schließlich, wenn ein Gliedstaat ein Verfahren gegen einen Bürger eines anderen Gliedstaates oder gegen Bürger einer fremden Nation einleitet. In allen anderen Verfahren kann der *Supreme Court* nur als Rechtsmittelinstanz agieren, vgl. Art. III, § 2, cl. 2. Er hat damit in erster Linie die Aufgabe eines Bundesrevisionsgerichts.

[1453] 1 Stat. 73 (1789).

[1454] Vgl. zu den geringfügigen Änderungen NOWAK/ROTUNDA, Constitutional Law, § 2.2ff., S. 24ff..

[1455] 28 U.S.C. 132 bestimmt, dass pro Distrikt ein *Federal District Court* bestehen soll. In 28 .S.C. 81ff. sind die einzelnen Gliedstaaten und das *Federal District of Columbia* dementsprechend in unterschiedlich viele „judicial districts“ eingeteilt. So ist California z.B. nach 28 U.S.C. 84 in vier „judicial districts“ untergliedert, andere Gliedstaaten mit wenig Einwohnern bilden im Ganzen nur ein „judicial district.“ Dies ist z.B. für Oregon, Idaho und Montana der Fall. Vgl. 28 U.S.C. 117, 106, 92.

[1456] 28 U.S.C. 41.

[1457] Hinzu kommen vereinzelt Spezialgerichte, insbesondere der *Court of International Trade*, 28 U.S.C. 251ff. und der *United States Court of Federal Claims*, 28 U.S.C. 171ff.. Auch werden teilweise den *Federal District Courts* Spezialgerichte vorgeschaltet, wie z.B. ein Spezialgericht für Insolvenzverfahren, 28 U.S.C. 151ff..

Zum *Supreme Court* als Appellationsinstanz sind drei unterschiedliche Zugangswege zu verzeichnen: Im Fall des *direct appeal*[1458] und des *appeal*[1459] steht dem Kläger ein Recht auf Entscheidung durch den *Supreme Court* zu. Nachdem der 1988 erlassene *Judicial Improvements and Access to Justice Act* die Möglichkeiten des *appeal* sehr stark eingeschränkt hat, sind die überwiegenden zum *Supreme Court* gelangenden Fälle aber *certiorari*-Verfahren nach 28 U.S.C. 1254ff..[1460] Im Fall eines *certiorari*-Verfahrens steht es dem Gericht frei, den Fall zur Entscheidung anzunehmen.[1461] Als Privileg ausgestaltet, gewähren die Richter ein *writ of certiorari* nur beim Vorliegen von speziellen und wichtigen Gründen.[1462] Nach einer ungeschriebenen Regel, der *Rule of Four*, bedarf es zur Annahme eines solchen Verfahrens mindestens vier der insgesamt neun Richterstimmen.[1463]

Im Gegensatz zum Bundesverfassungsgericht handelt es sich beim *Supreme Court* daher auch nicht ausschließlich um einen Verfassungsgerichtshof. Eine Parallele zu Art. 93 GG kennt das amerikanische Verfassungsrecht nicht.[1464] Dennoch hat sich der *Supreme Court* schon früh vom „reinen Rechtsmittel-" zum „Verfassungsgericht" gewandelt.[1465] Eine ausdrückliche Regelung, wonach der *Supreme Court* über die Auslegung der Verfassung und die Vereinbarkeit von nachrangigem Recht mit der Verfassung entscheidet, wie sie etwa das deutsche Recht in Art. 93 I Nr. 1, 2, 2a, 4a, 4b und Art. 100 I GG für das Bundesverfassungsgericht enthält, fehlt in der amerikanischen Verfassung. Mit der Entscheidung Marbury v. Madison hat sich der *Supreme Court* aber bereits 1803 selbst die Kompetenz zur inzidenten Normenkontrolle verliehen.[1466] Diese ist

[1458] 28 U.S.C. 1253.

[1459] 28 U.S.C. 1254.

[1460] Schon zuvor machten die appeals nur 10% der Eingänge des *Supreme Court* aus. Durch das neue Gesetz wurde 28 U.S.C. 1252 aufgehoben und §§ 1254 und 1257 so geändert, dass jetzt nur noch *appeals* gemäß § 1253 gegen die seltenen Entscheidungen von mit drei Richtern besetzten *District Courts* zulässig sind. Siehe auch m.w.N. WIELAND, Der Staat 29 (1990), 333, 344 Fn. 57; NOWAK/ROTUNDA, Constitutional Law, § 2.4, S. 28f..

[1461] *Rules of the Supreme Court of the United States, Rule* 10.

[1462] *Rules of the Supreme Court of the United States, Rule* 10: "compelling reasons."

[1463] Ohio ex. Rel. Eaton v. Price, 360 U.S. 246, 246f. (1959); NOWAK/ROTUNDA, Constitutional Law, § 2.7, S. 34f.; LEIMAN, 57 Colum. L. Rev. 975, 975ff. (1957).

[1464] Vgl. dazu WILMS, NJW 1999, 1527, 1528f..

[1465] FREUND, The Supreme Court of the United States, S. 18: "But it is in the area of constitutional law that the Court performs its most distinctive function."

[1466] Marbury v. Madison, 5 U.S. (1 Cranch) 137 (1803). Kurz vor dem Regierungswechsel vom Federalisten JOHN ADAMS hin zum Republikaner THOMAS JEFFERSON hatte ersterer noch zahlreiche Richter und Friedensrichter zum Ende seiner Amtszeit ernannt, um die Judikative in seinem Sinne zu beeinflussen. Im Streitfall Marbury v. Madison verweigerte MADISON nun jedoch allein mit der konkreten Normenkontrolle vor dem Bundesverfassungsgericht vergleichbar. Ein abstraktes Normenkontrollverfahren gibt es im amerikanischen Verfassungsrecht nicht. Ein Urteil des *Supreme Court* ist immer abhängig von einem konkreten Streitfall.

2.) Bedeutung für Gerichtsverfahren zum Revisionsprozess

Die Einschränkung der *appeals* vor dem *Supreme Court* wird auch Einfluss auf mögliche Verfahren im Verfassungsänderungsprozess haben, denn bisher war die überwiegende Anzahl solcher Verfahren im Wege des *appeals* beim *Supreme Court* anhängig. Dazu gehören die Fälle Hawke v. Smith I, National Prohibition Cases, Dillon v. Gloss, Fairchild v. Hughes, United States v. Sprague und National Organization for Women, Inc. v. State of Idaho. Im *certiorari* Verfahren ergingen die Entscheidungen Leser v. Garnett, Coleman v. Miller, Wise v. Chandler und Cook v. Gralike. Eine Besonderheit stellt die mit Abstand älteste Entscheidung zum Verfassungsänderungsprozess, Hollingworth v. State of Virginia, dar. Es ist nicht klar ersichtlich nach welchen Zuständigkeitskrite-

---

auf Anordnung des neuen Präsidenten THOMAS JEFFERSON MARBURY seine Ernennungsurkunde zum Friedensrichter zuzustellen, die ihm vor dem Amtsantritt JEFFERSONS nicht mehr hatte übergeben werden können. Auf Grundlage des *Judiciary Act of 1789*, der in seiner § 13 die Zuständigkeit des *Supreme Court* bestimmte, rief MARBURY daraufhin den obersten Gerichtshof an. *Chief Justice* MARSHALL legte den *Judiciary Act* in seinem Urteil so aus, dass dieser eine neue erstinstanzliche Zuständigkeit des *Supreme Court* begründete. Er stellte ferner fest, dass der Kongress dazu nicht ermächtigt gewesen sei, da Art. III, § 2, cl. 2 die originären Zuständigkeiten des *Supreme Court* abschließend festlege. Weiter urteilte MARSHALL, dass mit der Verfassung unvereinbare Akte nichtig seien und dass der *Supreme Court* daher im vorliegenden Fall nicht zuständig sei, das Verfahren zu entscheiden. MARSHALL begründete das so gewonnene Rechtsinstitut des *judicial Review* mit dem Hinweis auf Art. III, § 2, cl. 1, wonach Verfassungsfragen den Bundesgerichten zugewiesen sind. Zweitens argumentiert MARSHALL mit Art. VI, cl. 2, der *supremacy clause*, die dem Verfassungsrecht Vorrang vor einfachen Gesetzen einräumt. Drittens beruft sich MARSHALL auf den Amtseid der Richter auf die Verfassung.

Dass diese Argumentation nicht zwingend von der Verfassung vorgegeben war, wurde in der amerikanischen Rechtswissenschaft immer wieder diskutiert. In der Praxis hat sich das Instrument des *judicial review* jedoch unantastbar durchgesetzt. Einige Jahre später erklärte sich der *Supreme Court* in Martin v. Hunter's Lessee, 14 U.S. (1 Wheat) 304 (1816), zudem zuständig, auch gliedstaatliche Gesetze auf ihre Vereinbarkeit mit der Bundesverfassung hin zu überprüfen. Vgl. zum richterlichen Nachprüfungsrecht der Verfassungsmäßigkeit von Gesetzen STONE/SEIDMAN/SUNSTEIN/TUSHNET, Constitutional Law, S. 30ff.; CHEMERINSKY, Constitutional Law, S. 39ff.; O'FALLON, 44 Stan. L. Rev. 219, 219ff. (1992); VAN ALSTYNE, 1969 Duke L.J. 1, 1ff. (1969); LOEWENSTEIN, Verfassungsrecht und Verfassungspraxis, S. 418ff.; EGERER, ZVglRWiss 88 (1989), 416, 416ff..

rien das Verfahren vom *Supreme Court* angenommen worden ist. In der Entscheidung heißt es nur, dass der *Attorney General* LEE den *Supreme Court* mit einer Frage betraut hat. Im Grunde hätte der *Supreme Court* daher die Klage mangels Zuständigkeit bzw. zumindest mangels eines tatsächlichen Streitfalls ablehnen müssen. Es handelt sich bei dem Urteil wohl um eine an sich nicht zulässige *advisory opinion*, die einer deutschen abstrakten Normenkontrolle nahe kommt.

Aufgrund der Änderung der Zuständigkeitsregeln werden künftig die meisten Verfahren zum Art. V als *writ of certiorari* an den *Supreme Court* herangetragen werden. Es steht damit in seinem Ermessen und wird die Zustimmung von zumindest vier Richtern erfordern, ob das Gericht einen Fall zum Revisionsprozess zur Entscheidung annimmt oder nicht.

III. Die Zulässigkeitsvoraussetzungen einer Klage vor dem *Supreme Court* und ihre Bedeutung für mögliche Gerichtsverfahren zum Revisionsprozess

Ist die Frage der Zuständigkeit positiv entschieden, wird die Frage der Zulässigkeit einer Klage vor dem amerikanischen Gericht unter dem Begriff „justiciability“ abgehandelt. *Justiciability* umfasst die gesetzlichen und die von den Richtern selbst entwickelten Zulässigkeitsvoraussetzungen. Neben dem *case and controversy*-Erfordernis müssen vor allen Dingen die Kriterien *standing* und *ripeness* bejaht sowie die Frage nach dem Vorliegen von *mootness* bzw. von einer *political question* verneint werden können.

1.) Das *case and controversy*-Erfordernis

Das *case and controversy*-Erfordernis ist die einzige Zulässigkeitsvoraussetzung, die textlich in Art. III, § 2 cl. 1 ausdrücklich verankert ist. Alle anderen werden nur implizit aus dem Artikel hergeleitet. Sie besagt, dass ein tatsächlicher Streitfall, „a real and substantial controversy admitting of specific relief through a decree of a conclusive character,“[1467] vorliegen muss. Aus diesem Grund lehnt es der *Supreme Court* ab, *advisory opinions* außerhalb eines konkreten Streitfalles zwischen zwei Parteien abzugeben.[1468] Die Möglichkeit einer

---

[1467] Aetna Life Insurance Co. of Hartford v. Haworth, 300 U.S. 227, 240f. (1937).

[1468] Steel Co. v. Citizens for a better Environment, 523 U.S. 83, 101 (1998); Aetna Life Insurance Co. of Hartford v. Haworth, 300 U.S. 227, 240f. (1937); Muskrat v. United States, 219 U.S. 346, 352ff. (1911); Hayburn's Case, 2 U.S. (2. Dall.) 408, 410 (1792).

abstrakten Normenkontrolle ist damit zwangsläufig ausgeschlossen.[1469] An einem konkreten Rechtsstreit mit antagonistischer Interessenlage fehlt es auch, wenn die Parteien die Klage einverständlich erheben und das Interesse an der Klage sowie die Verfügung über die Klage in der Hand nur einer Partei liegt.[1470] Ein sog. *collusive case* ist aber nicht gegeben, wenn dennoch konkurrierende Parteiinteressen vorliegen und das gemeinsame Interesse sich lediglich darauf beschränkt, eine gerichtliche Entscheidung der Streitfrage herbeizuführen.[1471]

2.) *Standing*

a.) Die Prüfungskriterien für das Vorliegen von *standing*

Die *standing* Voraussetzung klärt die Frage, welche Personen ein Verfahren vor den *Supreme Court* bringen dürfen. Sie wird aus dem *case and controversy*-Erfordernis des Art. III, § 2, cl. 1 abgeleitet.[1472] Die personenbezogene Zulässigkeitsvoraussetzung entspricht damit der deutschen Antragsbefugnis. Wie im deutschen Verfassungsrecht die Antragsbefugnis, verlangt auch das *standing*-Erfordernis im amerikanischen Recht hauptsächlich, dass der Kläger eine persönliche Betroffenheit geltend machen kann.[1473] Dabei reicht es für die Behandlung des Falls vor dem *Supreme Court* aus, dass eine der beiden Streitparteien hinsichtlich der Klagegegenstände antragsbefugt ist.[1474]

Der *Supreme Court* hat in vielen Urteilen einen umfangreichen Forderungskatalog aufgestellt, nach welchem er das Vorliegen von *standing* prüft. Derzeit besteht der Katalog aus drei positiven und drei negativen Voraussetzungen:

Positiv muss der Kläger eine eigene Verletzung geltend machen (*injury in fact*), welche kausal durch die angegriffene Handlung zustande gekommen ist

---

[1469] BRUGGER, Einführung in das öffentliche Recht der USA, S. 19.

[1470] BRUGGER, Einführung in das öffentliche Recht der USA, S. 19.

[1471] United States v. Johnson, 319 U.S. 302, 305 (1943).

[1472] Lujan v. Defenders of Wildlife, 504 U.S. 555, 560 (1992). Siehe auch Clinton v. City of New York, 524 U.S. 417, 429 (1998); Allen v. Wright, 468 U.S. 737, 750 (1984); TRIBE, American constitutional Law, S. 392.

[1473] Department of Commerce v. United States House of Representatives, 525 U.S. 316, 328ff. (1999); Sierra Club v. Morton, 405 U.S. 727, 731 (1972).

[1474] Department of Commerce v. United States House of Representatives, 525 U.S. 316, 330 (1999).

(*causation*) und drittens muss diese Verletzung mit großer Wahrscheinlichkeit bei einer neuen Entscheidung behoben werden können (*redressability*).[1475]

Trotz Vorliegens der drei Voraussetzung lehnt der *Supreme Court* eine Entscheidungsfindung aus pragmatischen Gründen (*prudential limits*) ab, wenn nur eine allgemeine Frage ohne Eigenbetroffenheit mit weitreichender allgemeiner Bedeutung gestellt wurde (*general grievances*), wenn das Klagebegehren auf den Rechten oder Interessen eines Dritten beruht (*third party*) und schließlich auch dann, wenn das Klagebegehren nicht in den geschützten Interessenbereich des genannten Gesetzes oder der genannten Verfassungsvorschrift fällt (*zone of interest*).[1476] Ein ausdrücklicher subjektiv rechtlicher Schutz braucht dabei nicht vorzuliegen.

Während die ersten drei Prüfungspunkte vom *Supreme Court* direkt aus Art. III, § 2, cl. 1 hergeleitet und daher als von der Verfassung vorgegebene nicht veränderbare Minimalvoraussetzungen behandelt werden,[1477] stellen die letzten drei negativen Voraussetzungen änderbare pragmatische Prüfungskriterien dar, die vom Kongress durch Gesetz neu bestimmt oder abgeschafft werden können.[1478]

[1475] Clinton v. City of New York, 524 U.S. 417, 430 Fn. 15 (1998); Bennett v. Spear, 520 U.S. 154, 162, 167 (1997); Lujan v. Defenders of Wildlife, 504 U.S. 555, 560f. (1992); Allen v. Wright, 468 U.S. 737, 751f. (1984); Valley Forge Christian College v. Americans United Separation of Church and State, Inc., 454 U.S. 464, 472 (1982); Warth v. Seldin, 422 U.S. 490, 499 (1975). Vgl. TRIBE, American constitutional Law, S. 386; AREND/LOTRIONTE, 25 Harv. J.L. & Pub. Pol'y 209, 215f. (2001); STAUDT, 79 N.Y.U. L. Rev. 612, 624 (2004). Eine deutsche Zusammenfassung findet sich bei EHLERS, VerwA 84 (1993), 139, 139ff. und darauf aufbauend SCHMIDT, Die Klagebefugnis im US-amerikanischen Verwaltungsprozeßrecht, S. 8ff.; STOEVESANDT, Aktivismus und Zurückhaltung im United States Supreme Court, S. 66ff..

[1476] Valley Forge Christian College v. Americans United Separation of Church and State, Inc., 454 U.S. 464, 474f. (1982); Warth v. Seldin, 422 U.S. 490, 499 (1975). Vgl. TRIBE, American constitutional Law, S. 387; AREND/LOTRIONTE, 25 Harv. J.L. & Pub. Pol'y 209, 216f. (2001); STAUDT, 79 NYU L. Rev. 612, 625 (2004).

[1477] Lujan v. Defenders of Wildlife, 504 U.S. 555, 560 (1992); CHEMERINSKY, Federal Jurisdiction, S. 59f..

[1478] Bennett v. Spear, 520 U.S. 154, 162 (1997). Vgl. CHEMERINSKY, Federal Jurisdiction, S. 60. Seit der Entscheidung des *Supreme Court* in: Lujan v. Defenders of Wildlife, 504 U.S. 555 (1992) wird jedoch auch immer wieder diskutiert, ob nicht auch das *no generalized grievances*-Erfordernis in die Gruppe der verfassungsrechtlich vorgegebenen, nicht änderbaren Prüfungskriterien eingegliedert werden muss. Siehe dazu CHEMERINSKY, Federal Jurisdiction, S. 94ff.; SUNSTEIN, 91 Mich. L. Rev. 163, 163ff. (1992).

Die Aufstellung und Einhaltung dieser sechs Prüfungskriterien durch den *Supreme Court* unterlag und unterliegt immer noch starken Schwankungen.[1479] Phasenweise hat der Gerichtshof eine weite oder aber eine enge Auslegung der Kriterien verfolgt. Zuletzt hat er sich von einer großzügigen Bewertung des *standing*-Erfordernisses in Flast v. Cohen[1480] 1968 zu einer äußerst restriktiven Beurteilung der Antragsbefugnis in den 80er Jahren zurückentwickelt[1481] und dies mit dem Prinzip der Gewaltenteilung begründet: „The standing doctrine is built on a single basic idea – the idea of separation of powers [...] recognizing the proper – and properly limited – role of the courts in a democratic society."[1482]

Für die Geltendmachung des verfassungswidrigen Zustandekommens einer Verfassungsänderung stellen insbesondere das Erfordernis eines *injury in fact* und das Nichtvorliegen von *general grievances* eine Hürde dar, weswegen diese Voraussetzungen näher erläutert werden sollen.

aa.) Der injury in fact-Test

(1) Die Entwicklung des heute geltenden injury in fact-Standards

Erste Voraussetzung für das Vorliegen von *standing* ist das Erfordernis eines *injury in fact*. Zu Beginn der 30er Jahre hatte der *Supreme Court* das Vorliegen einer Klagebefugnis noch auf die Fälle beschränkt, in denen sich der Kläger auf ein ihn schützendes subjektives Recht, ein *legal right*, berufen konnte.[1483] Ein solches *legal right* oder ein solcher *legal interest* bestand für den Kläger nur dann, wenn es sich aus dem Eigentum oder aus einem Vertrag ergab oder wenn ein Recht bestand, das den Schutz des Klägers vor rechtswidrigen Eingriffen beinhaltete bzw. sich aus einem Gesetz ableitete, welches den Kläger privilegie-

---

[1479] Zu diesem Problem, insbesondere auch im Hinblick auf das Prinzip der Gewaltenteilung, SUNSTEIN, 91 Mich. L. Rev. 163, 179ff. (1992); STOEVESANDT, Aktivismus und Zurückhaltung im United States Supreme Court, S. 66ff.

[1480] Flast v. Cohen, 392 U.S. 83 (1968).

[1481] Lujan v. Defenders of Wildlife, 504 U.S. 555, 560ff. (1992); Allen v. Wright, 468 U.S. 737, 752 (1984); Valley Forge Christian College v. Americans United Separation of Church and State, Inc. 454 U.S. 464, 474f. (1982).

[1482] Bennett v. Spear, 520 U.S. 154, 162 (1997); Allen v. Wright, 468 U.S. 737, 750 (1984). Vgl. auch das Urteil Raines v. Byrd, 521 U.S. 811, 818f. (1997). Zur Diskussion in der Literatur vgl. SCALIA, 17 Suffolk U. L. Rev. 881, 881ff. (1983); CHEMERINSKY, Federal Jurisdiction, S. 57f.; TRIBE, American constitutional Law, S. 387ff. 395f. m.w.N..

[1483] Alexander Sprunt & Son v. United States, 281 U.S. 249, 254ff. (1930).

ren sollte.[1484] In Association of Data Processing Service Organizations v. Camp[1485] hat der *Supreme Court* das *legal interest* Erfordernis 1970 dann liberalisiert und fordert seitdem nicht mehr, dass das schützenswerte Interesse rechtlich verankert sein muss, sondern lässt einen *injury in fact* ausreichen. Danach soll jeder Kläger antragsbefugt sein, dessen tatsächliche Interessen möglicherweise betroffen sind. Dies können wirtschaftliche oder auch sonstige Interessen sein, sofern die Beeinträchtigung deutlich und spürbar ist.[1486] Nicht ausreichend ist dagegen ein allgemein-politisches, bloß ideologisches, hypothetisches oder abstraktes Interesse.[1487] Die viel kritisierte[1488] Entscheidung des *Supreme Court* in Data Processing Services Organizations v. Camp stellte den Höhepunkt einer äußerst klägerfreundlichen Auslegung der Antragsbefugnis dar. Die sich daran anschließenden Urteile des *Supreme Court* verfolgten eher wieder einen restriktiveren Ansatz und verlangen nun, zusätzlich zum *injury in fact*-Erfordernis, dass die vom Kläger angegriffene Maßnahme ursächlich für seine Beeinträchtigung ist und dass eine erfolgreiche Klage die Beeinträchtigung beseitigen wird.[1489] Darüber hinaus konkretisierte der *Supreme Court* 1992 in Lujan v. Defenders of Wildlife die Voraussetzungen für das Vorliegen eines *injury in fact*, indem er feststellte: „the plaintiff must have suffered an „injury in fact" – an invasion of a legally protected interest which is (a) concrete and particularized and (b) actual or imminent, not conjectural or hypothetical."[1490] Die aktuelle Rechtsprechung schränkt damit die sehr großzügige Rechtsprechung der frühen 70er Jahre hinsichtlich des *injury in fact*-Erfordernisses wieder etwas ein.

[1484] Tennessee Electric Power Co. v. Tennessee Valley Authority, 306 U.S. 118, 137f. (1939). Ebenfalls prüfen das Vorliegen eines "legal right:" Perkins v. Lukens Steel, 310 U.S. 113, 124 (1940). Der *legal right*-Test entwickelte sich aus dem *common law*-Modell. Nach diesem durfte der Staat in die persönlichen Rechte des Einzelnen nur insoweit eingreifen, wie es das Gemeinwohl erforderte. Standen keine subjektiven Rechte in Frage, war damit auch die Gewährung des staatlichen Rechtsschutzes nicht möglich. Der einzelne konnte dem Staat gegenüber nur die Rechte geltend machen, die er auch gegenüber einem privaten Beklagten einfordern konnte. Dazu SUNSTEIN, 88 Colum. L. Rev. 1432, 1433 (1988), EHLERS, VerwA 84 (1993), 139, 158.

[1485] Association of Data Processing Services Organizations v. Camp, 397 U.S. 150, 152ff. (1970).

[1486] Warth v. Seldin, 422 U.S. 490, 501 (1975); Association of Data Processing Services Organizations v. Camp, 397 U.S. 150, 152, 154 (1970).

[1487] Allen v. Wright, 468 U.S. 737, 751 (1984).

[1488] FLETCHER, 98 Yale L.J. 221, 229 (1988); STEWART, 88 Yale L.J. 1559, 1569 (1979).

[1489] Allen v. Wright, 468 U.S. 737, 759ff. (1984); Simon v. Eastern Kentucky Welfare Rights Organization, 426 U.S. 26, 40ff. (1976); Linda R.S. v. Richard D., 410 U.S. 614, 617f. (1973).

[1490] Lujan v. Defenders of Wildlife, 504 U.S. 555, 560 (1992).

(2) Die Besonderheiten des legislators' standing

Sowohl die Parlamente als auch separat ihre Kammern sind antragsbefugt, die Verletzung ihrer institutionellen Rechte geltend zu machen.[1491] Auf Bundesebene stimmt der Senat über die mögliche Erhebung einer Klage gemäß 2 U.S.C., §§ 288-288n ab und beruft nach positivem Ausgang seinen *legal counsel* zur Klageerhebung. Das Repräsentantenhaus wird vom *Speaker* und der *Bipartisan Leadership Group* vertreten.[1492] Stattdessen können die Parlamente auch einzelne Mitglieder oder Gruppen von Mitgliedern zur Klageerhebung ermächtigen.[1493]

Auch Mitglieder der Parlamente sind ohne weitere Einschränkungen klagebefugt, sofern sie eine besondere persönliche Betroffenheit geltend machen können. So hat der *Supreme Court* in Powell v. McCormack *standing* für einen Abgeordneten gewährt, der sein Abgeordnetengehalt einklagte, weil ihm das Abgeordnetenhaus die Erfüllung seines Mandats und damit auch seine Vergütung verweigert hatte.[1494] In einem späteren Fall konkretisierte der *Supreme Court*, dass diese besondere persönliche Betroffenheit für Mitglieder von Parlamenten voraussetzt, dass „[they] have been singled out for specially unfavorable treatment as opposed to other Members of their respective bodies."[1495]

Problematisch ist allerdings die Erfüllung der *standing* Voraussetzungen, wenn ein Mitglied eines Parlamentes ausschließlich in seiner Eigenschaft als solches klagt und dabei institutionelle Betroffenheit geltend macht, ohne dafür von seiner Institution ermächtigt worden zu sein, bzw. - quasi in Prozessstandschaft - Rechte seiner *constituents*[1496] einklagt. Während letzteres generell von den Gerichten mit der Begründung abgelehnt wird, dass in diesem Fall das *third party standing* abzulehnen ist, da die Privatbürger selbst klagen könnten,[1497] ist

---

[1491] Note, 90 Harv. L. Rev. 1632, 1647f. (1977); PRINCE, 33 Stan. L. Rev. 715, 724ff. (1981); DESSEM, 62 Notre Dame L. Rev. 1, 26ff. (1986); TRIBE, American constitutional Law, S. 458.

[1492] TRIBE, American constitutional Law, S. 458 Fn. 51.

[1493] TRIBE, American constitutional Law, S. 458.

[1494] Powell v. McCormack, 395 U.S. 486, 498ff. (1969). Siehe auch Bowsher v. Synar, 478 U.S. 714, 722 (1986); Bond v. Floyd, 385 U.S. 116, 131 (1966); Boehner v. Anderson, 30 F.3d 156, 159ff. (Cir. D.C. 1994). Dazu Note, 90 Harv. L. Rev. 1632, 1636f. (1977); TRIBE, American constitutional Law, S. 456f..

[1495] Raines v. Byrd, 521 U.S. 811, 821 (1997).

[1496] Mangels deutsches Korrespondent ist die genaue Übersetzung des Begriffs *constituent* nicht möglich. Er umfasst alle Bürger eines Wahlkreises, den der jeweilige Senator/Abgeordnete im Kongress repräsentiert.

[1497] Zusammenfassung bei TRIBE, American constitutional Law, S. 457.

der erste Fall stark umstritten und wird unter den Begriffen *legislators' standing* oder *congressional standing* kontrovers diskutiert.[1498]

Zunächst ist festzuhalten, dass auch für ein klagendes Parlamentsmitglied oder für eine klagende Gruppe von Parlamentsmitgliedern die allgemeinen Kriterien der *standing doctrine* erfüllt sein müssen.[1499]

In Coleman v. Miller gewährte der *Supreme Court* 20 gliedstaatlichen Senatoren *standing*. Die Senatoren hatten im Parlament gegen die Ratifikation des *Child Labor Amendment* gestimmt und hätten mit ihrem Stimmgewicht die gliedstaatliche Ratifikation verhindern können, wenn nicht dem *Lieutenant Governor* von Kansas, in seiner Eigenschaft als Präsident des gliedstaatlichen Senats, die entscheidende Stimme zugesprochen worden wäre. *Chief Justice* HUGHES erachtete für diesen Sachverhalt das *standing*-Erfordernis als erfüllt:

> „Here, the plaintiffs include twenty senators, whose votes against ratification have been overridden and virtually held for naught although, if they are right in their contentions, their votes would have been sufficient to defeat ratification. We think that these senators have a plain, direct and adequate interest in maintaining the effectiveness of their votes."[1500]

Das Interesse an der Durchsetzungskraft ihrer Stimmen im Parlament war damit für den Coleman *Court* ausreichend, um den 20 Senatoren *standing* zu gewähren. Allerdings stellte der *Supreme Court* fest, dass es für sein Urteil ausschlaggebend war, dass die 20 Senatoren mit ihren Gegenstimmen ohne das Einschreiten des *Lieutenant Governor* die Ratifikation des *Child Labor Amendment* tatsächlich hätten verhindern können, es sich also nicht bloß um eine „intraparliamentary controversy" handelte.[1501]

[1498] Vgl. generell zu diesem Problem MCGOWAN, 15 Ga. L. Rev. 241 (1981); SCOTT, 86 Harv. L. Rev. 645 (1973); Note, 83 Yale L.J. 1665 (1974); Note, 90 Harv. L. Rev. 1632 (1977); DESSEM, 62 Notre Dame L. Rev. 1 (1986); MANGUM, 1982 BYU. L. Rev. 371 (1982); MEYER, 54 U. Pitt. L. Rev. 63 (1992); WEINER, 54 Stan. L. Rev. 205 (2001), AREND/LOTRIONTE, 25 Harv. J.L. & Pub Pol'y 209 (2001); KRAMER, 16 Am. Jur. 2d Const. Law § 154 (2004).

[1499] Vgl. Raines v. Byrd, 521 U.S. 811, 818ff. (1997); Harrington v. Bush, 553 F.2d 190, 204 (Cir. D.C. 1977); State of Idaho v. Freeman, 529 F.Supp. 1107, 1118 (D. Idaho 1981). AREND/LOTRIONTE, 25 Harv. J.L. & Pub. Pol'y 209, 273 (2001); Note, 90 Harv. L. Rev. 1632, 1636 (1977).

[1500] Coleman v. Miller, 307 U.S. 433, 438 (1939).

[1501] Coleman v. Miller, 307 U.S. 433, 441 (1939).

Die Coleman-Entscheidung zum *standing*-Erfordernis ist schwer zu bewerten, da die Meinungen der *Supreme Court Justices* weit auseinander gingen.[1502] Vier Richter lehnten die Antragsbefugnis der klagenden Senatoren ab.[1503] Die fünf restlichen Richter gewährten *standing*, wobei sich jedoch nur zwei der Argumentation von *Chief Justice* HUGHES anschlossen.[1504] 1986 wurde die Entscheidung Coleman v. Miller jedoch vom *Supreme Court* als gültiges *case law* zum *standing*-Erfordernis deklariert.[1505]

Erst knapp 60 Jahre nach Coleman[1506] hat der *Supreme Court* zum Problem des *congressional standing* in Raines v. Byrd erneut Stellung genommen.[1507]

[1502] CLARK, 39 Va. L. Rev. 621, 636ff. (1953).

[1503] *Justices* FRANKFURTER, ROBERTS, BLACK und DOUGLAS, Coleman v. Miller, 307 U.S. 433, 460, 464ff. (1939).

[1504] *Justices* STONE und REED stimmen mit HUGHES überein. *Justices* BUTLER und MCREYNOLDS prüfen in ihrer *dissenting opinion* nicht das Vorliegen von *standing*. Da sie jedoch Fragen der materiellen Begründetheit behandeln und entscheiden, ist davon auszugehen, dass sie auch die Zulässigkeit bejahen. Coleman v. Miller, 307 U.S. 433, 470ff. (1939).

[1505] Bender v. Williamsport Area School District, 475 U.S. 534, 544 Fn. 7 (1986).

[1506] Zwischenzeitlich haben die Gerichte in Washington D.C., der *District Court* und der *Circuit Court of Appeals*, eine eigenständige Rechtsprechung zum Problem des *congressional standing* entwickelt und auch eine nur institutionelle Betroffenheit eines Parlamentsmitglieds für die Bejahung von *standing* ausreichen lassen. (Kennedy v. Sampson, 511 F.2d 430, 435f. (Cir. D.C. 1974); Moore v. United States House of Representatives, 733 F.2d 946, 951 (Cir. D.C. 1984); Barnes v. Kline, 759 F.2d 21, 28f. (Cir. D.C. 1985)). Dabei sind drei Phasen der Entscheidungsfindung zu unterscheiden. Während zunächst versucht wurde, eigenständige Kriterien für die Antragsbefugnis von Parlamentsmitgliedern zu entwickeln (Mitchell v. Laird, 488 F.2d 613, 614 (Cir. D.C. 1973)), wurden sie in einer zweiten Phase an diejenigen für Privatbürger angeglichen (Harrington v. Bush, 553 F.2d 190, 204 (Cir. D.C. 1977). In einer dritten Phase suchte der *Circuit Court of Appeals* dann schließlich wieder nach Einschränkungsmöglichkeiten und griff auf die *equitable discretion-doctrine* zurück (Riegle v. Federal Open Market Committee, 656 F.2d 873, 882 (Cir. D.C. 1981)). Nach der *equitable discretion-doctrine*, später auch *remedial discretion-doctrine* genannt (United Presbyterian Church v. Reagan, 738 F.2d 1375, 1381 Fn.5 (Cir. D.C. 1984)), kann die Antragsbefugnis von Parlamentsmitgliedern trotz Vorliegen der *standing*-Voraussetzungen abgelehnt werden, wenn das Gericht dies aus Gründen der Gewaltenteilung für notwendig hält. So geschehen in: Vander Jagt v. O'Neil, 699 F.2d 1166, 1174ff. (Cir. D.C. 1982) und Moore v. United States House of Representatives, 733 F.2d 946 (Cir. D.C. 1984). Vgl. zur *equitable discretion doctrine* GOODMAN, 40 Case Western L. Rev. 1075 (1989-1990). Vgl. zur Rechtsprechung des *Circuit Court of Appels* in D.C. Note, 90 Harv. L. Rev. 1632, 1635ff. (1977); DESSEM, 62 Notre Dame L. Rev. 1, 6ff. (1986); AREND/LOTRIONTE, 25 Harv. J.L. & Pub. Pol'y 209, 222ff. (2001); CREMONESE, 36 Duq. L. Rev. 961, 970ff. (1998); BLANK, 49 Mercer L. Rev. 609, 613ff. (1998).

[1507] Raines v. Byrd, 521 U.S. 811 (1997). Dazu YU, 67 U.Cin. L. Rev. 639 (1999); Note 111 Harv. L. Rev. 217 (1997); DEVINS/FITTS, 86 Geo. L.J. 351 (1997); BLANK, 49 Mercer L. Rev.

1997 versagte er sechs Mitgliedern des Kongresses, vier Senatoren und zwei Abgeordneten, die Antragsbefugnis für eine Klage gegen die Verfassungsmäßigkeit des *Line Item Veto Act*.[1508] Das Gesetz ermächtigte den Präsidenten, ohne die Einhaltung der in Art. I, § 7, cl. 2 für das präsidentielle Veto vorgeschriebene Regelungen innerhalb von fünf Tagen nach der Gegenzeichnung bestimmte Regelungen einer Haushaltsvorlage außer Kraft zu setzen.[1509] Die Entscheidung des Präsidenten konnte vom Kongress wiederum nur durch eine sog. *disapproval bill* überstimmt werden.[1510] Die sechs Kongressmitglieder machten geltend, dass ihren Stimmen im Kongress durch den *Line Item Veto Act* der *legal effect* genommen würde, da sie mit ihren Stimmabgaben Gesetze in ihrer Gesamtheit verabschiedeten, sie aber nach einem Veto des Präsidenten in ganz anderer Form Geltungskraft verliehen bekommen könnten. Der *Supreme Court* lehnte die besondere persönliche Betroffenheit der Kongressmitglieder ab. Die Kongressmitglieder erfüllten nach seiner Ansicht nicht die Voraussetzungen des *injury of fact*. Nach der Entscheidung des *Supreme Court* in Raines v. Byrd muss die von Kongressmitgliedern geltend gemachte Verletzung „personal, particularized, concrete, and otherwise judicially cognizable" sein, um eine Antragsbefugnis bejahen zu können.[1511] Institutionelle Betroffenheit soll hingegen nicht ausreichen.

Bei der Prüfung der Kriterien stellte das Gericht zunächst fest, dass nicht, wie etwa im Fall Powell v. Mc Cormack, ein eigenständiges persönliches, sondern nur ein vom Kongress abgeleitetes Recht in Frage steht, damit also nur eine institutionelle Betroffenheit geltend gemacht werden kann.[1512] Die Kläger können nach Ansicht des Gerichts kein *private right*, sondern nur generell den Verlust von *political power*, den jedes andere Mitglied des Kongresses gleichermaßen betrifft, anführen.[1513]

609, 618ff. (1998); Note, 112 Harv. L. Rev. 1741, 1742ff. (1999); WEINER, 54 Stan. L. Rev. 205 (2001). Von 1939 bis 1997 hatte der *Supreme Court* vermieden zu diesem Problem Stellung zu nehmen. Vgl. *Justice* WHITE, *concurring*, in: Karcher v. May, 484 U.S. 72, 84f. (1987): "It is also clear that [...], we again leave for another day the issue whether individual legislators have standing to intervene and defend legislation for which they voted."

1508 Raines v. Byrd, 521 U.S. 811, 830 (1997). Alle sechs Kongressmitglieder hatten gegen die Verabschiedung des *Line Item Veto Act* gestimmt. Vgl. Sachverhalt in: Raines v. Byrd, 521 U.S. 811, 814 (1997). In Clinton v. City of New York, 524 U.S. 417 (1998) hat der *Supreme Court* ein Jahr später die Verfassungswidrigkeit des *Line Item Veto Act* festgestellt.

1509 2 U.S.C. §§ 691ff. Zitiert nach Raines v. Byrd, 521 U.S. 811, 815f. (1997).

1510 2 U.S.C., § 691. Zitiert nach Raines v. Byrd, 521 U.S. 811, 814 (1997).

1511 Raines v. Byrd, 521 U.S. 811, 820 (1997).

1512 Raines v. Byrd, 521 U.S. 811, 821 (1997).

1513 Raines v. Byrd, 521 U.S. 811, 821 (1997).

In einem zweiten Schritt grenzte der *Supreme Court* dann auch seine Entscheidung Coleman v. Miller vom Sachverhalt in Raines v. Byrd ab, indem er erklärte, dass für die Coleman-Entscheidung wesentlich war, dass die Stimmen der dort klagenden 20 Senatoren zu einem anderen Gesamtergebnis geführt hätten, wenn die Stimme des *Lieutenant Governor* nicht hätte gezählt werden dürfen.[1514] Die 20 Senatoren wären dann mit ihrem Anliegen, die Ratifikation des *Child Labor Amendment* zu verhindern, erfolgreich gewesen. Der *Supreme Court* interpretierte dabei seine Entscheidung in Coleman äußerst restriktiv:

> "It is obvious, then that our holding in Coleman stands for the proposition that legislators whose votes would have been sufficient to defeat (or enact) a specific legislative Act have standing to sue if that legislative action goes into effect (or does not go into effect), on the ground that their votes have been completely nullified."[1515]

Aus dem Erfordernis des „virtually held for naught" der Coleman-Rechtsprechung wurde in Raines das Erfordernis der „complete nullification." Auf Grundlage dieser Reduktion des Coleman Urteils stellte der *Supreme Court* dann fest, dass die Stimmen der sechs Kongressmitglieder nicht i.S.d. Coleman-Entscheidung „nullified" seien. In der Abstimmung über den *Line Item Veto Act* seien die Kläger der Kongressmehrheit unterlegen gewesen und falls der Präsident zukünftig von seinem neuen Vetorecht Gebrauch macht, würden die Stimmen der Kläger in der vorherigen Verabschiedung des Gesetzes nicht nullifiziert, sondern nur durch die Handlung des Präsidenten modifiziert.[1516]

Was genau unter dem *nullification*-Test des *Supreme Court* zu verstehen ist, wird aus den Aussagen in Raines nicht deutlich. Der *D.C. Circuit Court of Appeals* interpretierte den *nullification*-Test in Campbell v. Clinton drei Jahre später als eine im Nachhinein nicht mehr korrigierbare Missachtung des Stimmrechts von Parlamentsmitgliedern:

> „The key to understanding the Raines Court's treatment of Coleman and its use of the word nullification is its implicit recognition that a ratification vote on a constitutional amendment is an unusual situation. It is not at all clear whether once the amendment was deemed ratified, the Kansas Senate could have done anything to reverse that position. We think that must be what the Supreme Court implied when it said the Raines plaintiffs could not

[1514] Vgl. zur Abgrenzung von Coleman zu Raines v. Byrd, 521 U.S. 811, 824ff. (1997).

[1515] Raines v. Byrd, 521 U.S. 811, 823 (1997).

[1516] Raines v. Byrd, 521 U.S. 811, 824, 826 (1997).

> allege that the Line Item Veto Act would nullify their votes in the future, and that after all a majority of senators and congressmen could always repeal the Line Item Veto Act. The Coleman senators, by contrast, may well have been powerless to rescind a ratification for a constitutional amendment that they claimed had been defeated. In other words, they had no legislative remedy. Under that reading – which we think explains the very narrow possible Coleman exception to Raines – appellants in Campbell fail because they continued, after the votes, to enjoy ample legislative power to have stopped prosecution of the war."[1517]

Im Ergebnis hielt der *Supreme Court* fest, dass die besondere persönliche Betroffenheit der Parlamentsmitglieder i.S.d. *injury of fact*-Erfordernisses nicht gegeben ist, da sie nur eine institutionelle Betroffenheit des gesamten Kongresses geltend machen können, die „wholly abstract and widely dispersed" ist.[1518] Bei der Bewertung des Raines Sachverhaltes legte der *Supreme Court* dabei besonderes Gewicht auf die Tatsache, dass weder der Senat noch das Repräsentantenhaus ihre Mitglieder zur Klage ermächtigt hatten, sondern dieser vielmehr kritisch gegenüberstanden.[1519] Zudem betonte er, dass der Kongress jederzeit die Möglichkeit hat, den *Line Item Veto Act* zurückzunehmen und damit der möglichen Beschwer seiner Mitglieder abzuhelfen.[1520]

Die Rechtslage des *congressional standing* nach Raines scheint nach alledem Parlamentsmitgliedern nur dann *standing* zu gewähren, wenn diese entweder eine „total vote nullification" oder aber eine andere absolute Missachtung ihrer verfassungsrechtlich gewährten Rechte an der Teilhabe im Gesetzgebungsprozess geltend machen können. Darüber hinaus darf auch keine andere Abhilfemöglichkeit für die Beschwer gegeben sein.[1521]

[1517] Campbell v. Clinton, 203 F.3d 19, 22f. (Cir. D.C. 2000). Vgl. dazu Note, 113 Harv. L. Rev. 2134, 2134ff. (2000).

[1518] Raines v. Byrd, 521 U.S. 811, 829 (1997).

[1519] Raines v. Byrd, 521 U.S. 811, 829 (1997).

[1520] Raines v. Byrd, 521 U.S. 811, 829 (1997).

[1521] Welche Auswirkungen das *Supreme Court* Urteil auf die Rechtsprechung des *D.C. Circuit Court of Appeals* (vgl. Fn. 1513) haben wird, ist noch nicht abzusehen. Die Entscheidung Raines v. Byrd steht in direktem Widerspruch zu Entscheidungen des unterinstanzlichen Gerichts, die Parlamentsmitgliedern auch in ihrer Eigenschaft als solche *standing* gewährten. Zudem widerspricht der *nullification*-Test des *Supreme Court*, der Aussage des *D.C. Circuit Court of Appeals*, dass zwischen einer Beschränkung der Wirkungskraft einer Stimme und der gänzlichen Nullifizierung der Stimme kein Unterschied zu machen ist. (Skaggs v. Carle, 110 F.3d 831, 834 (Cir. D.C. 1997); Riegle v. Federal Open Market Committee, 656 F.2d 873, 880 (Cir. D.C. 1981)). Drittens bleibt offen, wie die *equitable discretion doctrine* nach Raines zu bewerten ist. Zwar nahm der *Supreme Court* zu dieser nicht ausdrücklich Stellung. Seine

Die Bewertung dieser Rechtsprechung ist sehr unterschiedlich. Teilweise[1522] wird die Antragsbefugnis für Parlamentsmitglieder aus Gründen der strikten Einhaltung des Prinzips der Gewaltenteilung gänzlich abgelehnt. Anderen[1523] geht die Rechtsprechung des *Supreme Court* nicht weit genug. Der *Supreme Court* selbst hat die Möglichkeit, seine in Raines aufgestellten Regeln zum *standing*-Erfordernis für Parlamentsmitglieder zu konkretisieren, in Department of Commerce v. United States House of Representatives[1524]ungenutzt verstreichen lassen. Er vermied es, auf Fragen der Antragsbefugnis einzugehen, indem er die Klage aus anderen Gründen für unzulässig erklärte.[1525] Damit bleibt die Raines-Rechtsprechung zur Antragsbefugnis von Parlamentsmitgliedern bis auf weiteres verbindlich.

bb.) Das no generalized grievances-Erfordernis

Eng verbunden mit dem Erfordernis der konkreten Betroffenheit eines tatsächlichen Interesses, ist der pragmatische Gesichtspunkt, *standing* abzulehnen, sofern nur eine Frage von allgemeiner Bedeutung (*general grievances*) gestellt wurde. Ob sich die Bestimmung einer konkreten bzw. abstrakten Betroffenheit i.S.d. *injury of fact*-Erfordernisses von der besonderen bzw. allgemeinen Betroffenheit i.S.d. *no generalized grievances*-Erfordernisses tatsächlich abgrenzen und getrennt mit der möglichen Bildung von vier unterschiedlichen Konstellationen behandeln lässt, ist allerdings kritisch zu sehen. Die Prüfungskriterien scheinen sich vielmehr zu überlagern und parallele Anforderungen zu stellen. Die Notwendigkeit des persönlichen Bezugs der Interessenbeeinträchtigung und

---

Bewertung der *standing doctrine* und seine Feststellung, dass Prinzipien der Gewaltenteilung bereits bei der Prüfung der *standing*-Kriterien berücksichtigt werden müssen, könnten jedoch implizieren, dass für eine weitere Begrenzung der Antragsbefugnis kein Raum mehr bleibt. Vgl. Note, 111 Harv. L. Rev. 217, 226 Fn. 63 (1997), CHEMERINSKY, Federal Jurisdiction, S. 107f.; WEINER, 54 Stan. L. Rev. 205, 216ff. (2001).

[1522] *Judge* BORK, *dissenting*, in: Barnes v. Kline, 759 F.2d 21, 68 Fn. 18 (Cir. D.C. 1985); *Justice* SCALIA, damals noch *Judge* am *Circuit Court of Appeals* in Washington D.C., *concurring*, in: Moore v. United States House of Representatives, 733 F.2d 946, 959 (Cir. D.C. 1984); MCGOWAN, 15 Ga. L. Rev. 241, 250f. (1981); Note, 90 Harv. L. Rev. 1632, 1648ff. (1977); AREND/LOTRIONTE, 25 Harv. J.L. & Pub. Pol'y 209, 282 (2001).

[1523] CHEMERINSKY, 56 S. Cal. L. Rev. 863, 902ff. (1983); WAGNER, 82 Colum. L. Rev. 526, 534ff. (1982); MEYER, 54 U. Pitt. L. Rev. 63, 128 (1992).

[1524] Department of Commerce v. United States House of Representatives, 525 U.S. 316, 342ff. (1999).

[1525] Department of Commerce v. United States House of Representatives, 525 U.S. 316, 342ff. (1999). Vgl. TRIBE, American constitutional Law, S. 459.

die Einschränkungen, die sich aus dem *no generalized grievances*-Erfordernis ergeben, dass keine allgemein-politischen oder abstrakten Interessen geltend gemacht werden können, führt m.E. nur dazu, dass die Voraussetzung des individuellen Bezugs doppelten Schutz erfährt.[1526] Dennoch prüft der *Supreme Court* die Voraussetzungen des *injury of fact* und diejenigen des *no generalized grievances* immer noch getrennt voneinander. Am Erfordernis des *no generalized grievances* lässt der *Supreme Court* dabei überwiegend die Antragsbefugnis i.R.d. sog. *taxpayer-* und *citizen-suits* scheitern.

(1) Taxpayer suits

Die Klagebefugnis für Steuerzahler, die ungerechtfertigte Verwendung von Steuermitteln auf Bundesebene rechtlich überprüfen lassen wollen, ist getrennt von anderen Fällen der Antragsbefugnis zu bewerten[1527] und unterlag verschiedenen Rechtsprechungsphasen.[1528]

Während der *Supreme Court* 1923 in Frothingham v. Mellon noch entschieden hatte, dass ein Steuerzahler nicht klagebefugt ist, Steuerausgaben des Bundes an einen Gliedstaat gerichtlich anzuzweifeln, weil sein persönliches Interesse zu unbestimmt und vor allem nicht von dem anderer Steuerzahler zu differenzieren sei,[1529] stellte der *Supreme Court* mehr als 40 Jahre später in Flast v. Cohen die Klagebefugnis von Steuerzahlern positiv fest.[1530] In diesem Fall hatte eine Gruppe von Steuerzahlern die Zuweisung von Bundesfinanzmitteln an kirchliche Schulen als verfassungswidrig angegriffen. In Abgrenzung zu seiner Entscheidung in Frothingham v. Mellon stellte der *Supreme Court* klar, dass allein die Stellung als Steuerzahler für das Vorliegen von *standing* nicht ausreicht, sondern dass ein *logical nexus* zwischen dem Kläger in seiner Eigenschaft als Steuerzahler und dem klägerischen Begehren bestehen muss.[1531] Dafür ist es erstens erforderlich, dass die Budgetzuwendung unter die Steuerkompetenz des Kongresses gemäß Art. I, § 8, cl. 1 fällt[1532] und zweitens muss der Kläger gel-

---

[1526] So auch EHLERS, VerwA 84 (1993), 139, 168.

[1527] Duke Power Co. v. Carolina Environmental Study Group, Inc., 438 U.S. 59, 78f. (1978).

[1528] Vgl. Zusammenfassung bei FLETCHER, 98 Yale L.J. 221, 267ff. (1988); STAUDT, 52 Emory L.J. 771, 771ff. (2003); TRIBE, American constitutional Law, S. 421ff.; CHEMERINSKY, Federal Jurisdiction, S. 90ff..

[1529] Frothingham v. Mellon, 262 U.S. 447, 487 (1923).

[1530] Flast v. Cohen, 392 U.S. 83 (1968).

[1531] Flast v. Cohen, 392 U.S. 83, 102ff. (1968).

[1532] Flast v. Cohen, 392 U.S. 83, 102 (1968).

tend machen können, dass die Verwendung der Steuermittel gegen eine spezifische, den Steuerzahler schützende Verfassungsbestimmung verstößt.[1533] Letzteres Kriterium diente dem *Supreme Court* zur Abgrenzung seiner Entscheidung in Frothingham v. Mellon. Dort konnte der Kläger nur ein allgemeines Interesse an der sparsamen Verwendung von Steuermitteln darlegen, während die Kläger in Flast v. Cohen den Schutz der Religionsfreiheit, Amend. I, als berührt anführten.[1534] In Valley Forge Christian College v. Americans United for Separation of Church and State lehnte der *Supreme Court* dem *logical nexus*-Test folgend dann auch die Klagebefugnis unter dem Hinweis darauf ab, dass die Budgetzuwendung nicht unter den Vorgaben des Art. I, § 8, cl. 1 erfolgte, sondern von der Exekutive gemäß Art. IV, § 3, cl. 2 vorgenommen wurde.[1535]

Die strikte Befolgung des *logical nexus*-Tests führte zwar zu einer kontinuierlichen Rechtsprechung für Steuerzahlerklagen, lässt aber an der Sinnhaftigkeit des Tests zweifeln. Die Exekutive ist ebenso wie die Legislative an die Einhaltung der *Bill of Rights* gebunden. Es ist daher nicht ersichtlich, warum nur bei einer legislativen Budgetzuwendung die mögliche Verletzung der Religionsfreiheit dem Steuerzahler zur Klagebefugnis verhelfen soll, nicht aber bei Verwendungen von Bundesfinanzmitteln durch die Exekutive.[1536] 1988 hat der *Supreme Court* aber in Bowen v. Kendrick seine Flast v. Cohen-Rechtsprechung nochmals bestätigt.[1537]

(2) Citizen suits

In den sog. *citizen suits* macht der Kläger nur allgemein die fehlende Einhaltung verfassungsrechtlicher Vorschriften geltend. Auch sie scheitern daher zumeist am Vorliegen einer *generalized grievance*, denn nach der Rechtsprechung des *Supreme Court* fehlt ihnen die für die Antragsbefugnis erforderliche besondere Betroffenheit.

In Ex parte Le vitt lehnte der *Supreme Court standing* für einen Staatsbürger ab, der die Verfassungsmäßigkeit der Ernennung von HUGO BLACK zum Richter des *Supreme Court* angriff.[1538] Er stellte klar, dass es für die Bejahung der An-

[1533] Flast v. Cohen, 392 U.S. 83, 102ff. (1968).

[1534] Flast v. Cohen, 392 U.S. 83, 103f. (1968).

[1535] Valley Forge Christian College v. Americans United for Separation of Church and State, 454 U.S. 464, 479ff. (1982).

[1536] CHEMERINSKY, Federal Jurisdiction, S. 93.

[1537] Bowen v. Kendrick, 487 U.S. 589, 618ff. (1988).

[1538] Ex parte Le vitt, 302 U.S. 633, 636 (1937).

tragsbefugnis nicht ausreicht, nur einen „general interest common to all members of the public“ geltend zu machen.[1539]

In United States v. Richardson verwehrte der Gerichtshof RICHARDSON, der die Verfassungsmäßigkeit gesetzlicher Bestimmungen anzweifelte, nach denen das Budget des *CIA* nicht öffentlich gemacht werden darf,[1540] *standing* und erklärte, dass die Gerichte nicht als „a forum in which to air his general grievances about the conduct of government“ dienen könnten.[1541] Die persönliche Betroffenheit bejaht der *Supreme Court* für folgende Kategorien: „‚personal stake in the outcome,' or a ‚particular, concrete injury,' or 'a direct injury,' in short, something more than 'generalized grievances.'“[1542] Dass nach dieser Rechtsprechung nicht nur RICHARDSON, sondern auch kein anderer die Verfassungsmäßigkeit der in Frage stehenden Regelung gerichtlich überprüfen lassen kann, hielt der *Supreme Court* aus Gründen der Gewaltenteilung für gerechtfertigt.[1543]

Am selben Tag entschied der *Supreme Court* den Fall Schlesinger v. Reservists Committee to stop the War.[1544] Ein Verein von Reservisten der U.S. amerikanischen Streitkräfte trat als Kläger auf, um überprüfen zu lassen, ob die Berufung zu Reserveoffizieren und die gleichzeitige Mitgliedschaft als Abgeordneter im Kongress gegen die Inkompatibilitätsklausel des Art. I, § 6, cl. 2 verstößt. Dem Verein wurde vom *Supreme Court* ebenfalls die Klagebefugnis aufgrund fehlender besonderer Betroffenheit versagt.[1545] Das Gericht untersuchte seine vorhergehenden Entscheidungen und fasste zum Problem des *citizen suit* zusammen:

> „The Court has previously declined to treat ‚generalized grievances' about the conduct of Government as a basis for taxpayer standing. We consider now whether a citizen has standing to sue under such a generalized complaint.[1546] [...]. We reaffirm Le vitt in holding that standing to sue may not be predicated upon an interest of the kind alleged here which is held in common by all members of the public, because of the necessarily abstract

[1539] Ex parte Le vitt, 302 U.S. 633, 636 (1937).

[1540] Art. I, § 9, cl. 7 verpflichtet die öffentliche Hand zur Rechnungslegung.

[1541] United States v. Richardson, 418 U.S. 166, 175 (1974). Neben seiner Klagebefugnis als *citizen*, lehnte das Gericht auch die Klagebefugnis in seiner Eigenschaft als Steuerzahler ab.

[1542] United States v. Richardson, 418 U.S. 166, 180 (1974).

[1543] United States v. Richardson, 418 U.S. 166, 179 (1974).

[1544] Schlesinger v. Reservists Committee to stop the War, 418 U.S. 208 (1974).

[1545] Schlesinger v. Reservists Committee to stop the War, 418 U.S. 208, 227f. (1974). Darüber hinaus wurde auch die Klagebefugnis der Vereinsmitglieder in ihrer Eigenschaft als Steuerzahler geprüft und abgelehnt.

[1546] Schlesinger v. Reservists Committee to stop the War, 418 U.S. 208, 217 (1974).

> nature of the injury all citizens share. Concrete injury, whether actual or threatened, is that indispensable element of a dispute which serves in part to cast it in a form traditionally capable of judicial resolution.[1547] [...]. All citizens, of course share equally an interest in the independence of each branch of Government. In some fashion, every provision of the Constitution was meant to serve the interest of all. Such a generalized interest, however, is too abstract to constitute a 'case or controversy' appropriate for judicial resolution. The proposition that all constitutional provisions are enforceable by any citizen simply because citizens are the ultimate beneficiaries of those provisions has no boundaries."[1548]

Auch in der Entscheidung Lujan v. Defenders of Wildlife bestätigte der *Supreme Court* noch einmal seine Rechtsprechung der vorhergehenden *generalized grievance*-Fälle.[1549] Mit dieser kontinuierlichen Rechtsprechung hat der *Supreme Court*, insbesondere in Ex parte Le vitt, Richardson und Schlesinger bereits einige Verfassungsvorschriften (Art. I, § 6, cl. 2; Art. I, § 9, cl. 7) der gerichtlichen Durchsetzungsmöglichkeit entzogen.

Darüber hinaus nimmt der Gerichtshof, wie er selbst feststellt, das Vorliegen einer *generalized grievance* vor allem bei der alleinigen Geltendmachung von Verfahrensfehlern an.[1550] Anders ist dies nur, wenn individuelle Verfahrensrechte des Klägers, wie z.B. ein konkretes Anhörungsrecht, betroffen sind.[1551] Ansonsten ist aber das Interesse an der Einhaltung vorgeschriebener Verfahren sowohl im Gesetzgebungs- als auch im Verwaltungsprozess keines, welches das Vorliegen der Antragsbefugnis rechtfertigt.[1552] Dabei ist für die Ablehnung von *standing* jedoch nicht die Vielzahl der vom Ergebnis gleich betroffenen Bürger ausschlaggebend, sondern allein die Identität der Betroffenheit, die keinen Individualbezug herstellt, solange kein persönliches Verfahrensrecht, sondern nur allgemeine Verfahrensregeln streitgegenständlich sind.[1553] Letztere können nur

---

[1547] Schlesinger v. Reservists Committee to stop the War, 418 U.S. 208, 220f. (1974).

[1548] Schlesinger v. Reservists Committee to stop the War, 418 U.S. 208, 226f. (1974).

[1549] Lujan v. Defenders of Wildlife, 504 U.S. 555, 573ff. (1992).

[1550] Lujan v. Defenders of Wildlife, 504 U.S. 555, 573ff., 576 (1992).

[1551] Lujan v. Defenders of Wildlife, 504 U.S. 555, 573, Fn. 7 (1992).

[1552] Whitmore v. Arkansas, 495 U.S. 149, 160 (1990); Allen v. Wright, 468 U.S. 737, 754 (1984); Schlesinger v. Reservists Committee to stop the War, 418 U.S. 208, 217 (1974).

[1553] Federal Election Commission v. Akins, 524 U.S. 11, 24 (1998); Schlesinger v. Reservists Committee to stop the War, 418 U.S. 208, 217 (1974); United States v. SCRAP, 412 U.S. 669, 687f. (1973). Siehe auch CHEMERINSKY, Federal Jurisdiction, S. 89f..

dann gerichtlich geltend gemacht werden, wenn der Bürger gleichzeitig möglicherweise auch in spezifischen Rechten verletzt ist.[1554]

b.) Bedeutung für Gerichtsverfahren zum Revisionsprozess

Für das gerichtliche Geltendmachen des verfassungswidrigen Zustandekommens einer Verfassungsänderung kommen zunächst die an diesem Verfahren beteiligten Institutionen in Betracht, d.h. vor allem die beteiligten Parlamente bzw. Konvente und ihre Mitglieder. Darüber hinaus ist auch zu prüfen, ob einzelne Staatsbürger der Vereinigten Staaten sowie die Gliedstaaten die Verfassungswidrigkeit einer Verfassungsänderung nach dem aktuellen Stand der *standing doctrine* vor Gericht rügen können.

aa.) Klagen von Parlamenten und von Parlamentsmitgliedern

(1) Klagen von Parlamenten

Zumindest dem Parlament insgesamt bzw. auch seinen beiden Kammern einzeln ist im Prozess der Verfassungsänderung *standing* zu gewähren. Dies hat sich nach Raines nicht geändert, sondern ist in diesem Urteil nochmals implizit bekräftigt worden. In seiner Entscheidung in Raines erachtete der Gerichtshof eine Klage eines Parlamentsmitgliedes für möglich, wenn es vom Parlament zur Klageerhebung ermächtigt worden ist: „We attach some importance to the fact that appellees have not been authorized to represent their respective Houses of Congress in this action, and indeed both Houses actively oppose their suit."[1555] Dies setzt jedoch voraus, dass er jedenfalls den Kongress und seine beiden Kammern weiterhin für antragsbefugt hält, ihre institutionellen Rechte geltend zu machen.[1556]

[1554] Als solches spezifisches Recht wurde bisher vor allem die Religionsfreiheit anerkannt: Valley Forge Christian College v. Americans United Separation of Church and State, Inc., 454 U.S. 464, 472 (1982); Flast v. Cohen, 392 U.S. 83, 103ff. (1968).

[1555] Raines v. Byrd, 521 U.S. 811, 829 (1997).

[1556] So auch AREND/LOTRIONTE, 25 Harv. J.L. & Pub. Pol'y 209, 261 (2001).

(2) Klagen von Parlamentsmitgliedern: Coleman oder Raines?

Die Antragsbefugnis von Parlamentsmitgliedern oder Gruppen von Parlamentsmitgliedern i.R.d. Revisionsprozesses ist nach Coleman und Raines schwer einzuschätzen.

Nach Raines v. Byrd ist bisher noch kein Verfahren zu Art. V bei einem Bundesgericht anhängig gewesen, das die Frage von *standing* einzelner Parlamentsmitglieder im Prozess der Verfassungsänderung aufwarf. Noch 1975 und 1981 hatten *Federal District Courts* unter Verweis auf Coleman Mitgliedern von gliedstaatlichen Parlamenten *standing* gewährt. Diese hatten jeweils die Fehlerhaftigkeit des Ratifikationsprozesses ihres Gliedstaates gerügt.[1557] 1986 hat der *Supreme Court* zudem die Coleman-Rechtsprechung in einem Urteil bestätigt,[1558] und auch die Literatur hat sich für die Antragsbefugnis von Parlamentsmitgliedern im Prozess der Verfassungsänderung ausgesprochen.[1559] Inwieweit diese Ansichten auch noch nach Raines aufrechterhalten werden können, ist jedoch fraglich.

Zunächst reduziert Raines Coleman auf den *complete nullification*-Test. D.h. für die Antragsbefugnis von Parlamentsmitgliedern ist es erforderlich, dass sie bei einer anderen Bewertung ihrer Stimmen mit ihrem Anliegen erfolgreich gewesen wären. Nicht ausreichend ist hingegen allein die falsche Bewertung ihrer Stimmabgabe. Die Streitigkeit muss damit eine Bedeutung haben, die über diejenige eines bloßen Innerorganstreits hinausgeht und für die keine andere Abhilfemöglichkeit besteht.

Ferner behandelt Coleman nur die Klagebefugnis von Mitgliedern gliedstaatlicher Parlamente. Ob, diese Rechtsprechung auch auf den Bundeskongress übertragen werden kann, wurde oftmals angezweifelt.[1560] Der *D.C. Circuit Court of Appeals* stellte zu diesem Problem fest:

> "The major distinguishing factor between Coleman and the present case lies in the fact that the plaintiffs in Coleman were state legislators. A separation of powers issue arises as soon as the Coleman holding is extended to United States legislators. If a federal court decides a case brought by a

---

[1557] State of Idaho v. Freeman, 529 F.Supp. 1107, 1118ff. (D. Idaho 1981); Dyer v. Blair, 390 F.Supp. 1291, 1297 Fn. 12 (N.D. Ill. 1975).

[1558] Bender v. Williamsport Area School District, 475 U.S. 534, 544 Fn. 7 (1986).

[1559] PLANELL, 49 Notre Dame L. 657, 663 (1974); CLARK, 39 Va. L. Rev. 621, 641f. (1953); HAJDU/ROSENBLUM, 79 Colum. L. Rev. 106, 140f. (1979).

[1560] DESSEM, 62 Notre Dame L. Rev. 1, 4f. (1986); AREND/LOTRIONTE, 25 Harv. J.L. & Pub. Pol'y 209, 220 (2001).

United States legislator, it risks interfering with the proper affairs of a co-equal branch."[1561]

und lehnt damit indirekt die Antragsbefugnis von Bundeskongressmitgliedern aus Gründen der Gewaltenteilung ab. Auch der *Supreme Court* nahm in Raines v. Byrd zur Kenntnis, dass die Berufungskläger argumentierten, „Coleman has no applicability to a similar suit brought by federal legislators, since the separation-of-powers concerns present in such a suit were not present in Coleman."[1562] Ob diese Bewertung auch für ein Gerichtsverfahren im Prozess der Verfassungsänderung übernommen werden kann, ist jedoch fraglich. Raines v. Byrd lag ein Streit zwischen der Exekutive und der Legislative zugrunde. Die Kongressmitglieder rügten die Machtposition des Präsidenten, die ihm mit dem *Line Item Veto Act* eingeräumt worden war. Im Prozess der Verfassungsänderung ist die Exekutive hingegen nicht involviert. Das Verfahren wird ausschließlich von Parlamenten bzw. Konventen sowohl auf Bundes- als auch auf Gliedstaatenebene dominiert und folgt damit dem Prinzip der vertikalen, nicht aber dem der horizontalen Gewaltenteilung. Das Argument in Raines ist auf den Revisionsprozess somit nicht ohne weiteres übertragbar.[1563] Dort könnte bei einem gerichtlichen Verfahren allein die Gewaltenteilung zwischen Legislative und Judikative betroffen sein. Die Umsetzung des Gewaltenteilungsprinzips ist zwar gerade auch auf dem Gebiet der Verfassungsänderung bedeutend, denn diese ist das einzige Mittel der Legislative im System der *checks and balances*, die Auslegung der Verfassung durch den *Supreme Court* zu korrigieren.[1564] Dieses Problem löst der *Supreme Court* allerdings nicht mit der *standing doctrine*. Für die Durchsetzung der horizontalen Gewaltenteilung zwischen Judikative und Legislative hat er ein von der *standing doctrine* unabhängiges Zulässigkeitskriterium, die *political question doctrine*, entwickelt.[1565] Auch Klagen von Bundeskongressmitgliedern scheinen damit nicht generell aufgrund fehlender Antragsbefugnis ausgeschlossen zu sein.

Schließlich stellt der Sachverhalt in Coleman v. Miller die Besonderheit auf, dass alle der 20 betroffenen Senatoren gemeinsam geklagt haben. Der *Supreme Court* hätte eventuell den Sachverhalt anders bewertet, wenn nur einzelne, oder sogar nur ein einziger betroffener Senator Klage erhoben hätte, ohne dass er sei-

---

[1561] Harrington v. Bush, 553 F.2d 190, 204, Fn. 67 (Cir. D.C. 1977).

[1562] Raines v. Byrd, 521 U.S. 811, 824 Fn.8 (1997).

[1563] Die Übertragbarkeit des Gewaltenteilungsarguments auf den Sachverhalt in Coleman zweifelt auch der *D.C. District Court* in: Campbell v. Clinton, 52 F.Supp.2d 34, 42 Fn. 7 (D.C. 1999), an.

[1564] Vgl. dazu Teil III: A. I., S. 222ff..

[1565] Vgl. dazu Teil III: C. IV., S. 326ff..

ne Mitbetroffenen von dieser hätte überzeugen können.[1566] Nach der Bewertung in Raines erscheint es demnach für die Bejahung der Antragsbefugnis erforderlich, dass alle Parlamentsmitglieder, deren Stimmen bei anderer Bewertung zu einem anderen Ausgang der Abstimmung geführt hätten, zusammen Klage erheben.[1567]

In Annahme des restriktivsten Falls kann damit nach der Rechtsprechung des *Supreme Court standing* für Parlamentsmitglieder im Prozess der Verfassungsänderung nur bejaht werden, wenn sie, sofern sie ausschließlich institutionelle Rechte geltend machen, den *complete nullification*-Test bestehen und zudem auch nur dann, wenn alle gleich Betroffenen gemeinsam klagen.

bb.) Privatkläger

Auch ein privater Kläger, der das verfassungswidrige Zustandekommen einer Verfassungsänderung gerichtlich geltend machen möchte, muss zunächst vorbringen können, nachteilig in seinen eigenen, tatsächlichen Interessen betroffen zu sein.

(1) Betroffenheit aufgrund von Verfahrensfehlern

Die Staatsbürger der Vereinigten Staaten nehmen im Prozess der Verfassungsänderung keine verfassungsrechtlich geschützte Aufgabe wahr. Die Gründungsväter haben sich bewusst gegen die Beteiligung des Volks im Revisionsprozess ausgesprochen,[1568] und der *Supreme Court* hat die von einigen Gliedstaaten initiierten Referenden im Verfahren der Verfassungsänderung als verfassungswidrig eingestuft, sofern sie für die Parlamente Bindungskraft erzeugen sollten.[1569] Verfahrensrechte im Prozess der Verfassungsänderung stehen

---

[1566] DESSEM, 62 Notre Dame L. Rev. 1, 4f. (1986); AREND/LOTRIONTE, 25 Harv. J.L. & Pub. Pol'y 209, 221 (2001).

[1567] AREND/LOTRIONTE, 25 Harv. J.L. & Pub. Pol'y 209, 261 (2001). Anders hat der *D.C. Circuit Court of Appeals* entschieden. In Kennedy v. Sampson, 511 F.2d 430, 435 (Cir. D.C. 1974) war er der Ansicht: "the better reasoned view of both Coleman and the present case is that an individual legislator has standing to protect the effectiveness of his vote with or without the concurrence of other members of the majority."

[1568] Vgl. Teil II: A. V., S. 101f..

[1569] Leser v. Garnett, 258 U.S. 130, 137 (1922); Hawke v. Smith I, 253 U.S. 221, 227f. (1920); Hawke v. Smith II, 253 U.S. 231 (1920); National Prohibition Cases, 253 U.S. 350, 386 (1920).

dem Privatbürger damit nicht zu. Durch die Nichteinhaltung des durch Art. V vorgeschriebenen Revisionsprozesses ist daher allein das Allgemeininteresse eines jeden einzelnen Mitbürgers am verfassungsgemäßen Zustandekommen von Verfassungsänderungen betroffen, welches aus pragmatischen Gesichtspunkten (*general grievances*) das Vorliegen von *standing* ausschließt.[1570] Dem Privatkläger fehlt die besondere persönliche Betroffenheit, die ihn von seinen Mitbürgern abgrenzt.

Diese Bewertung hat der *Supreme Court* ausdrücklich mit Bezug auf Art. V bestätigt. In Fairchild v. Hughes,[1571] hat er die Antragsbefugnis von FAIRCHILD, einem New Yorker Bürger, der das verfassungsgemäße Zustandekommen des Amend. XIX anzweifelte, sowohl in seiner Eigenschaft als Bürger, als Mitglied der Vereinigung *American Constitutional League*, die sich für die Eigenständigkeit des gliedstaatlichen Wahlrechts einsetzte, als auch in seiner Eigenschaft als Steuerzahler verneint. Er stellte fest, dass New York das *Amendment* rechtsgültig ratifiziert hatte und der Kläger das Ratifikationsverfahren seines Herkunftsstaates auch nicht anzweifelte.[1572] Das Vorliegen von *standing* hielt der *Supreme Court* daher nur für möglich, wenn FAIRCHILD selbst vom neuen Wahlrecht für Frauen in besonderer Weise, z.B. als Kandidat für ein Wahlamt, betroffen gewesen wäre.[1573] *Justice* BRANDEIS stellte fest:

> „Plaintiff has only the right, possessed by every citizen, to require that the government be administered according to law and that the public money be not wasted. Obviously this general right does not entitle a private citizen to institute in the federal courts a suit to secure by indirection a determination whether a statute, if passed, or a constitutional amendment, about to be adopted, will be valid."[1574]

Damit ist es nicht möglich, dass ein Bürger allein das verfassungswidrige Zustandekommen einer Verfassungsänderung rügt. Es fehlt ihm in dieser Hinsicht die besondere Betroffenheit, die ihn von der allgemeinen Betroffenheit aller Bürger unterscheiden würde. Die Geltendmachung allein von Verfahrensfehlern reicht damit für die Klagebefugnis im Prozess der Verfassungsänderung für Pri-

[1570] Die gleiche Subsumtion für die Klagebefugnis von Privatbürgern im Prozess der Verfassungsänderung nimmt HAJDU/ROSENBLUM, 79 Colum. L. Rev. 106, 139 (1979), vor.

[1571] Fairchild v. Hughes, 258 U.S. 126 (1922).

[1572] Fairchild v. Hughes, 258 U.S. 126, 129 (1922).

[1573] Fairchild v. Hughes, 258 U.S. 126, 129 (1922).

[1574] Fairchild v. Hughes, 258 U.S. 126, 129 (1922).

vatbürger nicht aus.[1575] Solche Klagen fallen in die Kategorie der *citizen suits* und werden vom *Supreme Court* als unzulässig eingestuft.

(2) Betroffenheit in materiellen Rechten

Wie die Entscheidung Fairchild v. Hughes bereits andeutet, indem sie Gewicht auf die Tatsache legt, dass New York das Amend. XIX ohne Verfahrensfehler ratifiziert hatte und dass FAIRCHILD ausschließlich sein aktives Wahlrecht, aber nicht als Kandidat für ein Amt sein passives Wahlrecht geltend machen konnte, erscheint die besondere konkrete Eigenbetroffenheit i.S.d. *standing doctrine* allerdings im Hinblick auf den materiellen Gehalt einer Verfassungsänderung möglich.[1576]

Dies setzt aber voraus, dass die Verfassungsänderung spezifische Individualrechte berührt. Institutionelle Umformungen wie zum Beispiel die Nachfolgeregelungen für den Todesfall eines Präsidenten im Amend. XXV, können eine solche Eigenbetroffenheit hinsichtlich des materiellen Gehalts der Revision nicht begründen.[1577]

Als Beispiel für eine ausreichende materielle Betroffenheit können aber die Verfahren in Dillon v. Gloss,[1578] in den National Prohibition Cases[1579] und in United States v. Sprague[1580] dienen. In ihnen gewährte der *Supreme Court*, allerdings ohne diesbezüglich ausdrücklich Stellung zu nehmen, den unter dem auf Grundlage des Amend. XVIII ergangenen *Volstead Act* Beklagten *standing*, um das verfassungswidrige Zustandekommen des *Prohibition Amendment* anzugreifen und damit dem *Volstead Act* die Rechtsgrundlage zu entziehen. Diese Fälle stellen jedoch insofern eine Besonderheit dar, als dass die Betroffenheit in

---

[1575] So auch ELDER, 31 Okla. L. Rev. 63, 87 (1978), die aber dann *standing* bejahen würde, wenn die klagenden Privatbürger eigene Geldmittel zur Verwerfung der von ihnen vor das Gericht gebrachten Streitsache einsetzen würden.

[1576] So auch im Ergebnis HAJDU/ROSENBLUM, 79 Colum. L. Rev. 106, 140 (1979); ELDER, 31 Okla. L. Rev. 63, 89 (1978).

[1577] HAJDU/ROSENBLUM, 79 Colum. L. Rev. 106, 140 Fn. 140, 141 (1979). Dies., 79 Colum. L. Rev. 106, 143f. (1979), kritisieren die schwere Zugänglichkeit zu den Gerichten im Hinblick auf den Verfassungsänderungsprozess. Sie schlagen vor, dass zumindest Vereinigungen, die für oder gegen ein spezifisches *Amendment* geworben haben, antragsbefugt sein sollten. Sie sehen dabei die persönliche Betroffenheit solcher Gruppen vor allem in ihrem finanziellen Aufwand für ihre Kampagnen gegeben.

[1578] Dillon v. Gloss, 256 U.S. 368 (1921).

[1579] National Prohibition Cases, 253 U.S. 350 (1920).

[1580] United States v. Sprague, 282 U.S. 716 (1931).

Verbindung mit dem *Volstead Act* steht und dass die Überprüfung der Verfassungsänderung nur inzident erfolgte.

Bejaht hat der *Supreme Court* die besondere persönliche Betroffenheit aber auch im Zusammenhang mit Fragen des Wahlrechts. In Hawke v. Smith klagte ein Bürger des Gliedstaates Ohio in seiner Eigenschaft als „citizen and elector of the State of Ohio, and as a taxpayer and elector of the County of Hamilton."[1581] Er machte geltend, dass die Abhaltung eines Referendums zur Frage der Ratifikation des Amend. XVIII verfassungswidrig sei und wollte damit die Vorbereitungen für das Referendum unterbinden. In Leser v. Garnett[1582] sah der *Supreme Court* ferner die Antragsbefugnis eines wahlberechtigten Mannes des Gliedstaates Maryland gegeben, der die Verfassungswidrigkeit des Amend. XIX feststellen lassen wollte. Als ausreichend sah es der *Supreme Court* hier wohl an, dass das Stimmengewicht des Mannes in seinem Gliedstaat aufgrund der Neueinführung des Frauenwahlrechts reduziert worden war.[1583]

In Chandler v. Wise klagten ebenfalls Bürger, Steuerzahler und Wahlberechtigte des Gliedstaates Kentucky und machten die Verfassungswidrigkeit des Ratifikationsprozesses in Bezug auf das *Child Labor Amendment* geltend.[1584] In diesem Fall ging der *Supreme Court* allerdings nicht mehr auf das Problem der Klagebefugnis ein, sondern erklärte das Verfahren aufgrund von Erledigung für unzulässig.[1585]

Noch 1939 bezeichnete der *Supreme Court* in Coleman v. Miller die Entscheidungen Hawke v. Smith und Leser v. Garnett aus den Jahren 1920 und 1922 als „controlling authorities" für die Beurteilung von *standing*.[1586] Dabei grenzte der Gerichtshof die Entscheidungen in Hawke und Leser von seinem Urteil in Fairchild v. Hughes ab, indem er feststellte, dass in Hawke und Leser jeweils wahlberechtigte Bürger das Verhalten ihres Gliedstaates im Ratifikationsprozess gerügt haben, in Fairchild v. Hughes der Kläger hingegen Verfahrensfehler in Ratifikationsprozessen anderer Gliedstaaten geltend machte und anerkannte, dass sein eigener Gliedstaat New York den in Frage stehenden Revisionsvorschlag in einem fehlerlosen Verfahren ratifiziert hatte.[1587] Die Betroffenheit als wahlberechtigter Bürger eines Gliedstaates scheint damit für die Klagebefugnis von Privatbürgern nur dann auszureichen, wenn sie das Verhalten

---

[1581] So die Zusammenfassung des Falls in: Coleman v. Miller, 307 U.S. 433, 439 (1939).

[1582] Leser v. Garnett, 258 U.S. 130 (1922).

[1583] So Coleman v. Miller, 307 U.S. 433, 438ff. (1939).

[1584] Chandler v. Wise, 307 U.S. 474, 476 (1939).

[1585] Chandler v. Wise, 307 U.S. 474, 477f. (1939).

[1586] Coleman v. Miller, 307 U.S. 433, 441 (1939).

[1587] Coleman v. Miller, 307 U.S. 433, 440f. (1939).

ihrer Gliedstaaten im Ratifikationsprozess rügen, denn dann sind sie im Vergleich zu Bürgern anderer Gliedstaaten in besonderem Maß betroffen.

Ob der *Supreme Court* aber diese Rechtsprechung auch heute noch, nach der Entwicklung der neuen *standing doctrine*, für die Klagebefugnis ausreichen lassen würde, ist zu bezweifeln.[1588] Festzuhalten bleibt, dass die Betroffenheit als wahlberechtigter Bürger eines Gliedstaates jedenfalls dann nicht ausreicht, wenn der Privatbürger allein Verfahrensfehler im Ratifikationsprozess fremder Gliedstaaten oder im Initiativverfahren des Bundes anführt. Es ist wahrscheinlich, dass der *Supreme Court* in einem solchen Fall das Vorliegen von *generalized grievances* annehmen und damit *standing* des Privatbürgers ablehnen würde.

Im Ergebnis reicht damit die Betroffenheit als wahlberechtigter Bürger zur Klagebefugnis nur dann aus, wenn er Verfahrensfehler im Ratifikationsprozess seines heimatlichen Gliedstaates geltend macht.

(3) Betroffenheit als Steuerzahler

Neben der Eigenschaft als wahlberechtigter Bürger wurde in den Verfahren zu Art. V von den Klägern auch immer wieder ihre Betroffenheit als Steuerzahler geltend gemacht.[1589] Ob dies nach der Flast v. Cohen-Rechtsprechung weiterhin möglich sein wird, bleibt offen. Jedenfalls können Verfassungsänderung nicht unter der Kompetenz von Art. I, § 8, cl. 1 erlassen werden und damit auch nicht die erste Voraussetzung des *taxpayer standing* erfüllen. Für sie müsste damit bereits eine Ausnahme gelten. Zweitens müsste der Kläger ohnehin geltend machen können, dass er in spezifischen Rechten beeinträchtig ist, die ihn von anderen Steuerzahlern abgrenzen.

cc.) Klagen von Gliedstaaten

Spezielle Regelungen für die Antragsbefugnis eines Gliedstaates gibt es nicht.[1590] Grundsätzlich muss auch ein Gliedstaat die für den Privatbürger gel-

---

[1588] Ebenso PUSHAW, 46 Wm & Mary L. Rev. 1289, 1336 (2005).

[1589] Vgl. die Zusammenfassung von Hawke v. Smith I in: Coleman v. Miller, 307 U.S. 433, 438ff. (1939). Ferner auch Wise v. Chandler, 307 U.S. 474, 476 (1939).

[1590] Watt v. Energy Action Educational Foundation, 454 U.S. 151, 161 (1981); Maryland v. Louisiana, 451 U.S. 725, 736 (1981). Siehe auch TRIBE, American constitutional Law, S. 453; KRAMER, 16 Am. Jur. 2d Const. Law § 151 (2004).

tenden Voraussetzungen für das Vorliegen von *standing* erfüllen, sofern er eigene Interessen und nicht diejenigen seiner Bürger geltend macht.[1591]

Problematisch ist dabei, dass auch dem Gliedstaat, wie den Privatbürgern, keine Beteiligungsrechte im Prozess der Verfassungsänderung eingeräumt worden sind. Allein die Beteiligungsrechte der Gliedstaatenlegislaturen und der gliedstaatlichen Konvente sind in Art. V verankert. Dies bedeutet, dass auch der Gliedstaat ein materielles Betroffensein geltend machen muss.[1592]

Dies kommt in Betracht, wenn die Verfassungsänderung die Rechte der Gliedstaaten beschneidet oder das gliedstaatliche Gleichberechtigungsinteresse im föderalen System betroffen ist. Nach den in Teil II dargestellten Kontroversen bezüglich der Verfahrensvoraussetzungen einer Verfassungsänderung ist insbesondere eine Klage eines Gliedstaates gegen den Kongress vorstellbar, wenn dieser die Rücknahme einer Ratifikation nicht anerkennt oder aber der Kongress die Ratifikation nach zunächst erfolgter und notifizierter Ablehnung nicht zulässt. Der Gliedstaat hat ein „quasi-sovereign interest in not being discriminatorily denied its rightful status within the federal system."[1593] Bei einer Nichtachtung seines Votums im Ratifikationsprozess wäre er gegenüber den anderen Gliedstaaten benachteiligt und damit gegenüber dem Bund und seinen Organen antragsbefugt.[1594]

c.) Zusammenfassung

Es bleibt festzuhalten, dass weder der Bund, die Gliedstaaten, ihre Parlamente und deren Mitglieder noch die Privatbürger eine generelle Antragsbefugnis für

---

[1591] Handelt er als Vertreter seiner Bürger, finden strengere Prüfungskriterien Anwendung (ähnlich denjenigen, die für eine Vereinigung gelten, die für ihre Mitglieder Klage erhebt), die zumeist zur Ablehnung der Antragsbefugnis führen. Vgl. TRIBE, American constitutional Law, S. 452f.

[1592] In State of Idaho v. Freeman vermied es der *District Court*, zu diesem Problem Stellung zu nehmen. In dem Verfahren traten u.a. auch die Gliedstaaten Idaho und Arizona als Kläger auf. Das Gericht entschied, dass es ausreicht, wenn ein Kläger hinsichtlich aller vorgebrachten Klagegegenstände klagebefugt ist. Die Klagebefugnis stellte es sodann für die ebenfalls klagenden Mitglieder des Parlaments von Idaho fest und hielt damit ein Eingehen auf die Antragsbefugnis der Gliedstaaten für nicht mehr erforderlich. Vgl. State of Idaho v. Freeman, 529 F.Supp. 1107, 1118ff. (D. Idaho 1981).

[1593] Alfred L. Snapp & Sonn, Inc. v. Puerto Rico, 458 U.S. 592, 607 (1982).

[1594] HAJDU/ROSENBLUM, 79 Colum. L. Rev. 106, 140 (1979); KRAMER, 16 Am. Jur. 2d Const. Law § 151 (2004). Vgl. Hickman v. Block, 81 F.3d 98, 102 (9th Cir. 1996) für andere mögliche Interessen, die Gliedstaaten geltend machen können.

die Geltendmachung von Verfahrensfehlern im Revisionsprozess innehaben. Sie können jeweils nur bestimmte Aspekte des Gesamtverfahrens rügen. Eine Superrevision des verfassungsmäßigen Zustandekommens einer Verfassungsänderung ist damit nicht möglich.

3.) *Ripeness*

a.) Die Voraussetzungen für das Vorliegen von *ripeness*

Während das *standing*-Erfordernis den Personenkreis möglicher Kläger festlegt, definiert *ripeness* den Zeitraum, in welchem geklagt werden darf. Der Kläger muss beweisen können, dass sein rechtlich geschütztes Interesse konkret und aktuell betroffen ist. Nicht erforderlich ist hingegen, dass die Betroffenheit des Klägers bereits bei Erhebung der Klage eingetreten ist. Es reicht aus, wenn die Beeinträchtigung tatsächlich und unmittelbar bevorsteht.[1595] Bei der Bewertung des Grades der Bedrohung wird das Gericht von zwei Kriterien geleitet: „the hardship to the parties of withholding court consideration" und „the fitness of the issues for judicial decision."[1596]

b.) Bedeutung für Gerichtsverfahren zum Revisionsprozess

aa.) Bedeutung für Klagen von Parlamenten und deren Mitgliedern

Das *ripeness*-Erfordernis bedeutet für Klagen von Parlamentsmitgliedern im Prozess der Verfassungsänderung, dass sie die erfolgreiche Verabschiedung des Revisionsvorschlags im Bundeskongress bzw. den Erfolg des Ratifikationsverfahrens ihres Gliedstaates abwarten müssen, um klagen zu können. Mit Ausnahme von Nebraska verfügen alle Gliedstaaten wie der Bundeskongress über ein in zwei Kammern unterteiltes Parlament, in dem beide Kammern übereinstimmend über die Ratifikation eines Revisionsvorschlags abstimmen müssen. Ein gliedstaatliches Parlamentsmitglied - wie auch ein Mitglied des Bundeskongresses - kann daher das verfassungswidrige Zustandekommen des Revisionsvorschlags bzw. der gliedstaatlichen Ratifikation erst dann vor Gericht rügen,

---

[1595] City of Los Angeles v. Lyons, 461 U.S. 95, 102f. (1983); Valley Forge Christian College v. Americans United Separation of Church and State, Inc., 454 U.S. 464, 472 (1982); Blum v. Yaretsky, 457 U.S. 991, 1000 (1982); Buckley v. Valeo, 424 U.S. 1, 117f. (1976).

[1596] Abbott Laboratories v. Gardner, 387 U.S. 136, 149 (1967). Vgl. dazu CHEMERINSKY, Federal Jurisidiction, S. 116ff.; TRIBE, American constitutional Law, S. 334ff..

wenn beide Kammern ein positives Votum abgeben haben.[1597] Die Ratifikation des *Amendment* durch drei Viertel der Gliedstaaten muss hingegen nicht abgewartet werden.[1598] Die Ratifikation einer Revisionsvorlage ist für den Gliedstaat nach der hier vertretenen Ansicht[1599] verbindlich und irreversibel. Insofern ist der Fall des betroffenen Gliedstaates bereits zu diesem Zeitpunkt „reif“ für eine gerichtliche Entscheidung.

bb.) Bedeutung für Klagen von Privatbürgern

Die Frage, ob ein Privatkläger mit seiner Klage grundsätzlich bis zum Inkrafttreten der Verfassungsänderung abwarten muss, da er, bevor nicht der 38. Gliedstaat den in Frage stehenden Revisionsvorschlag ratifiziert hat, keine unmittelbare Bedrohung in individuellen Rechten nachweisen kann, ist nach der Rechtsprechung ebenfalls zu verneinen. Sowohl der *Supreme Court* als auch unterinstanzliche Bundesgerichte haben stets auch schon vor dem Inkrafttreten von Verfassungsänderungen Klagen von Privatbürgern für zulässig erklärt.[1600] Ob dies mit der Rechtsprechung zur *ripeness* in anderen Fällen übereinstimmt, ist jedoch fraglich. Ein *Amendment* entfaltet seine Wirkungskraft gegenüber Privatbürgern erst mit seinem Inkrafttreten. Wie die Verfassungsrevisionsgeschichte gezeigt hat, sind aber bereits mehrfach Revisionsvorschläge vom Kongress an die Gliedstaaten zur Ratifikation übersandt worden, ohne dass diese die erforderliche Dreiviertelmehrheit in den Gliedstaaten erreichen konnten.[1601] Es ist daher entgegen der Rechtsprechung des *Supreme Court* wohl eher zu verneinen, dass bereits vor Inkrafttreten einer Verfassungsänderung eine konkrete Bedrohung persönlicher Rechte eines Privatbürgers angenommen werden kann.[1602]

[1597] Dyer v. Blair, 390 F.Supp 1287, 1290f. (N.D. Ill. 1974); HAJDU/ROSENBLUM, 79 Colum. L. Rev. 106, 142 Fn. 177 (1979).

[1598] State of Idaho v. Freeman, 529 F.Supp.1107, 1122 (D. Idaho 1981).

[1599] Siehe Teil II: C. III. 1.) a.) cc.) (2), S. 152ff..

[1600] Vgl. die Nachweise in State of Idaho v. Freeman, 529 F.Supp. 1107, 1122f. (D. Idaho 1981). A.A.: State of Ohio ex rel. Erchenbrecher v. Cox, 257 F.334, 341, 350 (D.C. Ohio 1919).

[1601] Vgl. Anhang B, S. 416f..

[1602] So wohl auch HAJDU/ROSENBLUM, 79 Colum. L. Rev. 106, 141 (1979); ELDER, 31 Okla. L. Rev. 63, 88 (1978). Für andere Argumente vgl. ORFIELD, The Amending of the federal Constitution, S. 31f..

4.) Mootness

a.) Die Voraussetzungen für das Vorliegen von *mootness*

Stellt der *Supreme Court* die *mootness* eines Falls fest, so liegt die für das Erfordernis der *ripeness* verlangte Aktualität nicht mehr vor. Die damit eingetretene Erledigung eines Falls führt nur dann nicht zur Unzulässigkeit des Gerichtsverfahrens, wenn entweder eine konkrete Wiederholungs- oder Wiederaufnahmegefahr gegeben ist,[1603] wenn weitere mit der Erstverletzung zusammenhängende negative Rechtsfolgen drohen[1604] oder, wenn im Rahmen von sog. *class action*-Fällen sich lediglich die Beschwer des einzelnen Klägers erledigt hat, nicht aber die der Gruppe, für welche die Klage erhoben wurde.[1605]

b.) Bedeutung für Gerichtsverfahren zum Revisionsprozess

Für Verfahren im Zusammenhang mit dem Prozess der Verfassungsänderung wirkt das Kriterium der *mootness* in besonderem Maße einschränkend. Da die Verfassungsänderung mit der Ratifikation durch den 38. Gliedstaat automatisch in Kraft tritt, danach nur durch eine erneute Verfassungsänderung revidierbar und nach der Rechtsprechung auch „binding on the court" ist,[1606] bedeutet dies für die möglichen parlamentarischen Kläger, dass sie Verfahrensfehler nur während des noch andauernden Revisionsprozesses geltend machen können. So urteilte der *Supreme Court* in Chandler v. Wise, dass nach der Ratifikation durch die Gliedstaaten ein Gerichtsverfahren nicht mehr möglich ist:

> „We think that, while the state court had jurisdiction in limine, the writ of certiorari should be dismissed upon the ground that after the Governor of Kentucky had forwarded the certification of the ratification of the amendment to the Secretary of State of the United States there was no longer a controversy susceptible of judicial determination."[1607]

[1603] Moore v. Ogilvie, 394 U.S. 814, 816 (1969); United States v. W.T. Grant Co., 345 U.S. 629, 633ff. (1953).

[1604] Sibron v. New York, 392 U.S. 40, 55 (1968); Carafas v. LaVallee, 391 U.S. 234, 237f. (1968).

[1605] Sosna v. Iowa, 419 U.S. 393, 397ff. (1975). Vgl. insgesamt zu den Ausnahmen CHEMERINSKY, Federal Jurisdiction, S. 127, 128ff..

[1606] Stubbs v. Commissioner of I.R.S., 797 F.2d 936, 938 (11th Cir. 1986).

[1607] Chandler v. Wise, 307 U.S. 474, 477f. (1939). Das Problem mit dieser Sichtweise ist jedoch, dass sie abhängig von den Sichtweisen zu materiellen Problemen des Revisionsprozesses ist. Wird z.B. angenommen, dass eine Ratifikation durch einen Gliedstaat wieder revidier-

Für Privatkläger tritt *mootness* hingegen erst zu einem sehr viel späteren Zeitpunkt ein. Enthält das *Amendment* individuelle Rechte, von denen der Kläger betroffen sein könnte, ist der Fall für den betroffenen Bürger solange noch aktuell und nicht erledigt, wie das *Amendment* in Kraft ist.

IV. Die *political question doctrine*

Mit Hilfe der *political question doctrine* lehnt der *Supreme Court* bei bestimmten Fallkonstellationen seine Jurisdiktion über den in Frage stehenden Streitgegenstand ab.[1608] Welche Klagegegenstände in die Kategorien der Doktrin fallen, d.h. die Frage, was genau unter dem Begriff der *political question* zu verstehen ist, ist jedoch schwer zu bestimmen. Dass der Streitgegenstand politische Tragweite hat, reicht für die Anwendung der *political question doctrine* allein noch nicht aus: „The doctrine of which we treat is one of 'political questions,' not of 'political cases,'" stellte der *Supreme Court* selbst fest.[1609] Eine strikte Trennung von Politik und Recht lässt sich im Verfassungsrecht nicht vornehmen, denn Verfassungsrecht ist im spezifischen Sinn des Wortes politisches Recht; das Politische selbst wird hier inhaltlich zum Gegenstand rechtlicher Normierung gemacht.[1610] Daher ist auch das Politische, das Materiale des Verfassungsgerichts, welches durch die Verfassungsgerichtsbarkeit einer rechtlichen Kontrolle unterworfen wird.[1611] Die Qualifikation ‚politisch' bezieht sich daher nicht auf die Bedeutsamkeit des Klagegegenstandes, sondern auf die in Betracht kommenden Lösungsmöglichkeiten. Im Laufe der Zeit haben Rechtsprechung und Literatur verschiedene Kriterien zur Konkretisierung der *political question doctrine* entwickelt, nach denen sie prüfen, ob es sich bei einem Klage-

bar ist, solange nicht drei Viertel der Gliedstaaten den Revisionsvorschlag ratifiziert haben, so kann *mootness* erst zu dem Zeitpunkt angenommen werden, zu dem die erforderliche Anzahl von 38 Gliedstaaten das *Amendment* ratifiziert hat. Wird hingegen die Möglichkeit einer Rücknahme verneint, tritt *mootness* bereits mit der ersten Weiterleitung der Ratifizierungsurkunde ein.

[1608] Die Ursrpünge der *political question doctrine* beginnen bereits im *common law* und werden auf den 1460 entschiedenen Fall Duke of York's Claim to the Crown, 5 Rot.Parl. 375 (1460) zurückgeführt. Vgl. POUND, 50 Geo. L.J. 653, 659 (1962); FINKELSTEIN, 37 Harv. L. Rev. 338, 339ff. (1924).

[1609] Baker v. Carr, 369 U.S. 186, 217 (1962).

[1610] Bericht des Berichterstatters des Bundesverfassungsgerichts vom 21. März 1952, JöR NF 6 (1957), 120, 121.

[1611] Bericht des Berichterstatters des Bundesverfassungsgerichts vom 21. März 1952, JöR NF 6 (1957), 120, 121.

gegenstand um eine nicht justiziable *political question* handelt. Da die Konkretisierung jedoch nicht einheitlich erfolgte und zudem auch nicht konstant durchgesetzt wurde, soll hier zunächst eine Fallstudie der Rechtsprechung zur *political question doctrine* durchgeführt, ihr folgend eine Übersicht über den Streitstand in der Literatur gegeben und so der heutige Stand der Doktrin herausgearbeitet werden. Im Anschluss wird dann die Bedeutung der Doktrin für das Verfahren der Verfassungsänderung dargestellt und bewertet.

1.) Der aktuelle Stand der *political question doctrine* in Rechtsprechung und Literatur

a.) Eine Fallstudie der *Supreme Court* Rechtsprechung

aa.) Die leading cases[1612]

Angedeutet aber nicht angewandt wurde die *political question doctrine* erstmals bereits in Marbury v. Madison.[1613] Dort stellte *Chief Justice* MARSHALL für den *Supreme Court* generalisierend fest, dass es exekutive Akte gebe, die wegen ihrer politischen Natur gerichtlich nicht nachprüfbar seien.[1614] Obwohl der Sache nach seit 1803 vom *Supreme Court* bereits mehrfach die Justiziabilität von Klagegegenständen aufgrund fehlender rechtlicher Lösungsmöglichkeiten abgelehnt worden war,[1615] wird allgemein als erster Fall der *political question doctrine* der

---

[1612] Siehe dazu auch ROTUNDA/NOWAK, Treatise on constitutional Law: Substance and Procedure, Band 1, § 2.16, S. 276ff.; TIGAR, 17 UCLA L. Rev. 1135, 1152ff. (1970); SANDSTROM SIMARD, 100 Dick. L. Rev. 303, 333ff. (1996); TUSHNET, 80 N. C. L. Rev. 1203 (2002); PUSHAW, 80 N. C. L. Rev. 1165, 1171ff., 1184, 1190ff. (2002).

[1613] Es ist umstritten, ob in Marbury v. Madison die Anfänge der *political question doctrine* gesehen werden können. So WRIGHT/MILLER/COOPER, Federal Practice and Procedure, § 3534, S. 451; CHEMERINSKY, Interpreting the Constitution, S. 98; MULHERN, 137 U. Pa. L. Rev. 97, 102 (1988); NAGEL, 56 U. Chi. L. Rev. 643, 644 (1989); DUGGIN/COLLINS, 85 B.U. L. Rev. 53, 118 (2005); HEALY, 83 N.C. L. Rev. 847, 863 (2005); SEIDMAN, 37 J. Marshall L. Rev. 441, 441ff. (2004); ENGELEN, Die „Political Question Doctrine," S. 180; RAU, Selbst entwickelte Grenzen, S. 66. A.A.: PAULSEN, 20 Const. Comment. 343, 351 (2003); ZUCK, JZ 1974, 361, 362; CURRIE, 49 U. Chi. L. Rev. 646, 652 und Fn. 45f. (1982).

[1614] Marbury v. Madison, 5 U.S. (1 Cranch) 137, 170 (1803).

[1615] Vgl. die Untersuchung von *Justice* WOODBURY, *dissenting*, in: Luther v. Borden, 48 U.S. (7 How.) 1, 48, 56f. (1849).

erst knapp 50 Jahre nach Marbury v. Madison unter *Chief Justice* TANEY getroffene Entscheid Luther v. Borden genannt.[1616]

In Luther v. Borden[1617] gelangte nach der Dorr Rebellion von 1840, welche im Gliedstaat Rhode Island die als unrepublikanisch empfundene Regierung absetzte und sowohl eine neue Verfassungsordnung ausarbeitete als auch neue Regierungspersonen wählen ließ, die Frage vor den *Supreme Court*, welche der beiden 1842 nun konkurrierenden Regierungen im Gliedstaat Rhode Island die rechtmäßige war. Der *Supreme Court* deklarierte Art. IV, § 4, der jedem Gliedstaat eine republikanische Regierungsform garantiert, zur streitentscheidenden Norm und stellte fest, dass allein der Kongress zuständiges Organ für die Überprüfung der in Art. IV, § 4 aufgestellten Kriterien sei. Um überprüfen zu können, ob eine Regierung den republikanischen Anforderungen genügt, ist es nach Ansicht des *Supreme Court* als notwendige Vorfrage zudem Aufgabe des Kongresses zu klären, welche von zwei rivalisierenden Regierungen in einem Gliedstaat die rechtmäßige ist.[1618] Der *Supreme Court* nahm damit an, dass die Entscheidungskompetenz über die Rechtmäßigkeit einer gliedstaatlichen Regierung verfassungsrechtlich dem Kongress zugewiesen ist und stellte abschließend fest, die Entscheidung des Kongresses sei "binding on every other department of the government,"[1619] und "could not be question in a judicial tribunal."[1620]

In den darauf folgenden mehr als 100 Jahren griff der *Supreme Court* immer wieder auf die *political question doctrine* als Zulässigkeitsbarriere zurück,[1621] vermied es allerdings generalisierende Regeln für die Doktrin aufzustellen, sondern lieferte für ihre Anwendung jeweils nur Einzelfallbegründungen. Erst 1962 versuchte der *Supreme Court* in Baker v. Carr[1622] eine Systematisierung und Konkretisierung seiner Rechtsprechung vorzunehmen, wobei er jedoch eine grundsätzliche Generalisierung der *political question doctrine* ablehnte und die

---

[1616] So ROTUNDA/NOWAK, Treatise on constitutional Law: Substance and Procedure, § 2.16, S. 276; TRIBE, American constitutional Law, S. 368; MULHERN, 137 U. Pa. L. Rev. 97, 102 (1988); POUND, 50 Geo. L.J. 653, 659 (1962); RAU, Selbst entwickelte Grenzen, S. 66.

[1617] Luther v. Borden, 48 U.S. (7 How.) 1, 34ff. (1849). Der konkrete Fall betraf LUTHER, der BORDEN wegen Hausfriedensbruch verklagte, weil dieser, gestützt auf das von der alten Regierung ausgerufene Kriegsrecht, das Haus LUTHERS betreten hatte. Um diese Frage zu klären, hätte der *Supreme Court* jedoch entscheiden müssen, welche der beiden sich gleichermaßen als legitim bezeichnenden Gliedstaatenregierungen im fraglichen Zeitpunkt die rechtmäßige war.

[1618] Luther v. Borden, 48 U.S. (7 How.) 1, 42, 47 (1849).

[1619] Luther v. Borden, 48 U.S. (7 How.) 1, 42, (1849).

[1620] Luther v. Borden, 48 U.S. (7 How.) 1, 42, 47 (1849).

[1621] Vgl. dazu die Fallgruppen in: Teil III: C. IV. 1.) a.) bb.), S. 333ff..

[1622] Baker v. Carr, 369 U.S. 186 (1962).

Erforderlichkeit der Einzelfalluntersuchung betonte.[1623] Unter der Prämisse, dass die *political question doctrine* nicht dazu bestimmt ist, der vertikalen Gewaltenteilung zu dienen, sondern allein das Prinzip der horizontalen Gewaltenteilung stärken soll,[1624] entwickelte das Gericht sechs Prüfungskriterien, die das Vorliegen einer *political question* indizieren sollen:

> "Prominent on the surface of any case held to involve a political question is found (1) a textually demonstrable constitutional commitment of the issue to a coordinate political department; or (2) a lack of judicially discoverable and manageable standards for resolving it; or (3) the impossibility of deciding without an initial policy determination of a kind clearly for nonjudicial discretion; or (4) the impossibility of a court's undertaking independent resolution without expressing lack of the respect due coordinate branches of government; or (5) an unusual need for unquestioning adherence to a political decision already made; or (6) the potentiality of embarrassment from multifarious pronouncements by various departments on one question."[1625]

Die Liste der sechs Prüfungspunkte wurde vom *Supreme Court* in einem späteren Fall als eine graduelle Prüfungsschiene definiert. Die Prüfungskriterien seien in einer Reihe von abnehmender Bedeutung und abnehmender Prüfungsdichte angeordnet."[1626]

Der Baker v. Carr zugrunde liegende Sachverhalt betraf Wähler des Gliedstaates Tennessee, die sich gegen die für beiden Parlamentskammern maßgebliche Wahlkreiseinteilung wandten und die *equal protection clause* des Amend. XIV verletzt sahen. Der *District Court* hatte das Vorliegen einer *political question* angenommen. Der *Supreme Court* hielt den Fall jedoch nach Prüfung der sechs neu aufgestellten Kriterien für justiziabel und wies ihn zur Entscheidung an den *District Court* zurück.[1627]

Die Zeit nach Baker v. Carr bis heute wurde im Wesentlichen von fünf weiteren Entscheidungen des *Supreme Court* geprägt. Sieben Jahre nach Baker v. Carr lehnte *Chief Justice* WARREN in Powell v. McCormack gestützt auf das erste Baker-Kriterium das Vorliegen einer *political question* ab. Das Gericht hatte darüber zu befinden, ob POWELL unrechtmäßig aus dem 90. Kongress ausge-

---

[1623] Baker v. Carr, 369 U.S. 186, 211 (1962): "case-by-case inquiry."

[1624] Baker v. Carr, 369 U.S. 186, 210 (1962).

[1625] Baker v. Carr, 369 U.S. 186, 217 (1962). Die Nummerierung stammt vom Verfasser. Eine deutsche Übersetzungen findet sich bei RAU, Selbst entwickelte Grenzen, S. 78.

[1626] Vieth v. Jubelirer, 541 U.S. 267, 278 (2004).

[1627] Baker v. Carr, 369 U.S. 186, 250 (1962).

schlossen worden war. Der Kongressabgeordnete POWELL hatte richterliche Anordnungen missachtet und als Vorsitzender des Ausschusses für Erziehung und Arbeit unredliche finanzielle Transaktionen vorgenommen. Obwohl POWELL 1966 ordnungsgemäß wiedergewählt wurde und auch die Alters-, Staats- und Wohnsitzerfordernisse des Art. I, § 2, cl. 2 erfüllte,[1628] schloss das Repräsentantenhaus ihn aufgrund der vorherigen Ereignisse aus. POWELL klagte daraufhin, um vor allem die Verfassungswidrigkeit seines Ausschlusses feststellen zu lassen. Die Angeklagten, unter anderem der *Speaker of the House*, MCCORMACK, machten geltend, dass Art. I, § 5, cl. 1 allein dem Repräsentantenhaus die Entscheidungskompetenz im vorliegenden Fall zuwies und der *Supreme Court* daher gemäß des ersten Baker-Kriteriums die Nichtjustiziabilität des Falles anzunehmen habe. Der in Frage stehende Abschnitt des Art. I, § 5, cl. 1 bestimmt, dass „each House shall be the Judge of the Elections, Returns and Qualifications of its own Members." *Chief Justice* WARREN urteilte jedoch, dass sich die Kompetenzzuweisung an das Repräsentantenhaus ausschließlich auf die in Art. I, § 2, cl. 2 genannten Kriterien beziehe.[1629] D.h., das Repräsentantenhaus ist nur dann Richter über seine eigenen Wahlen, wenn ein Mitglied ausgeschlossen wird, weil es die passiven Wählbarkeitsvoraussetzungen für die Innehabung seines Mandates nicht erfüllt. Die Kompetenz des Kongresses ist nach Ansicht des Gerichts hingegen keine abschließende, soweit andere, in der Verfassung nicht genannte, Ausschlusskriterien geltend gemacht werden. Im vorliegenden Fall ist POWELL aber aus eben solchen anderen Gründen und nicht aufgrund der Nichterfüllung der passiven Wählbarkeitsvoraussetzungen ausgeschlossen worden. Für ein solches Vorgehen konnte der *Supreme Court* jedoch kein „textually demonstrable constitutional commitment" an den Kongress erkennen, welches ihm die alleinige Entscheidungsbefugnis eingeräumt hätte. Auch die restlichen fünf Prüfungspunkte der Baker-Liste hielt das Gericht nicht für einschlägig, wobei er diesen im Gegensatz zur 30seitigen Abhandlung des ersten Kriteriums nur knapp zwei Seiten widmete.[1630] In der Sache bejahte der *Supreme Court* im Ende die Justiziabilität des Streitgegenstandes, stellte die Rechtswidrigkeit des

---

[1628] Die Verfassung schreibt für das passive Wahlrecht der Mitglieder des Repräsentantenhauses vor, dass der Bewerber mindestens 25 Jahre alt und seit mindestens sieben Jahren Bürger der Vereinigten Staaten sein muss. Zudem muss er zum Zeitpunkt seiner Wahl Einwohner desjenigen Gliedstaates sein, für den er kandidiert. Dass POWELL diese Anforderungen erfüllte war unstrittig.

[1629] Powell v. McCormack, 395 U.S. 486, 548 (1969).

[1630] Die Prüfung des ersten Baker-Kriteriums findet sich in: Powell v. McCormack, 395 U.S. 486, 518-548 (1969), die der restlichen fünf Kriterien in: Powell v. McCormack, 395 U.S. 486, 548-550 (1969). Dies bemerkt auch MICHELMAN, 83 Harv. L. Rev. 7, 67 Fn. 26 (1969).

Ausschlusses fest und verwies den Fall zur Fällung eines Feststellungsurteils im Rahmen dieser Erwägungen an den *District Court* zurück.[1631]

Nach dieser aktivistischen Rechtsprechung des *Warren-Court* in Baker v. Carr und Powell v. McCormack kam es 1973 in der Rechtsprechungsphase der moderateren *Burger-Ära* erstmals wieder zur Bejahung des Vorliegens einer *political question.* In Gilligan v. Morgan leitete der *Supreme Court* aus Art. I, § 8, cl. 16 her, dass Fragen zur Ausstattung und zur Ausbildung der Armee *political questions* sind.[1632] Die zu einer Demonstration von Studenten der *Kent State University* gegen den Vietnamkrieg berufene Nationalgarde Ohios hatte während ihres Einsatzes mehrere Studenten erschossen bzw. verletzt. Die Studenten erhoben Klage und machten geltend, sie seien in ihren Grundrechten auf Meinungs- und Versammlungsfreiheit verletzt worden, weil die Regierung Ohios die Ausbildung ihrer Nationalgarde vernachlässige.

Sechs Jahre später rügten Senator GOLDWATER und 19 andere Senatoren in Goldwater v. Carter[1633] Präsident CARTERS im Alleingang vorgenommene Kündigung eines Verteidigungsabkommens mit Taiwan. Der *Court of Appeals* sprach sich für weitreichende Machtbefugnisse des Präsidenten aus und sah die Rechte des Senats nicht als verletzt an. Der *Supreme Court* gewährte zwar den *writ of certiorari*, stieg aber im Gegensatz zur vorgeordneten Instanz nicht in eine materielle Sachentscheidung ein, wobei sich jedoch nur vier Richter der Mehrheitsentscheidung auf die *political question doctrine* beriefen.[1634] *Justice* RHENQUIST, der das Urteil für den *Supreme Court* verfasste, griff dabei jedoch nicht auf die in Baker v. Carr aufgestellten Kriterien, sondern auf den älteren, noch zu behandelnden Fall, Coleman v. Miller zurück.[1635]

Erst 1993, 20 Jahre nach Gilligan v. Morgan, lehnte die Mehrheit im *Supreme Court* in Nixon v. United States[1636] erstmals wieder die Justiziabilität eines Klagegegenstandes unter Berufung auf die *political question doctrine* ab. Der Bun-

---

[1631] Powell v. McCormack, 395 U.S. 486, 550 (1969). Eine gute Zusammenfassung des Falls, der in seiner Argumentation äußerst kompliziert ist und hier nur auf das Notwendige reduziert wurde, findet sich bei MICHELMAN, 83 Harv. L. Rev. 7, 62ff. (1969) und HALLER, Supreme Court und Politik in den USA, S. 280ff..

[1632] Gilligan v. Morgan, 413 U.S. 1, 5ff., 10 (1973).

[1633] Goldwater v. Carter, 444 U.S. 996 (1979).

[1634] *Chief Justice* RHENQUIST und *Justices* BURGER, STEWART und STEVENS, in: Goldwater v. Carter, 444 U.S. 996, 1002f. (1979). In einer *concurring opinion* hielt *Justice* POWELL den Fall für noch nicht entscheidungsreif und ermöglichte damit seine Abweisung als unzulässig. Siehe Goldwater v. Carter, 444 U.S. 996, 996f. (1979).

[1635] United States v. Nixon, 444 U.S. 996, 1002f. (1979). Vgl. Teil III: C. IV. 1.) a.) bb.) (3), S. 336.

[1636] Nixon v. United States, 506 U.S. 224 (1993).

desrichter WALTER NIXON war vom Senat seines Amtes enthoben worden und machte nun geltend, dass das Amtsenthebungsverfahren vom Senat nicht verfassungsgemäß durchgeführt worden war. Der Senat hatte die Anhörung des Richters von einem Ausschuss vornehmen lassen, welcher wiederum seine Ergebnisse dem gesamten Senat präsentiert hatte. NIXON war der Ansicht, dass seine Anhörung nicht vor einem Ausschuss, sondern vor dem gesamten Senat hätte stattfinden müssen, da Art. I, § 3, cl. 6 bestimmt, dass „the Senate shall have the sole power to try all impeachments." Eben auf Grundlage dieser Verfassungsvorschrift lehnte der *Supreme Court* jedoch die Justiziabilität des Streitgegenstandes ab. Er befand, dass die zitierte verfassungsrechtliche Regelung ausschließlich dem Senat die Kompetenz zur Beurteilung und Durchführung des Amtsenthebungsverfahrens für Bundesrichter zuweist und zudem auch kein rechtlicher Lösungsstandard für dieses Problem ersichtlich ist.[1637] Damit schloss der *Supreme Court* mittels der ersten beiden Baker-Kriterien die Justiziabilität der Streitfrage aus.[1638] Für den das Urteil verfassenden *Chief Justice* RHENQUIST spielten jedoch auch pragmatische Gründe eine wesentliche Rolle für die Entscheidungsfindung. Er hob hervor, dass die richterliche Amtsanklage vor allem auch einen Kontrollmechanismus der Legislative gegenüber der Judikative bildet und dass auch aus diesem Grund eine judikative Kontrolle dieses Verfahrens zu Missbrauch führen könnte.[1639]

Den jüngsten Entscheid, in dem die Anwendung der *political question doctrine* vom *Supreme Court* bejaht wurde, stellt der 2004 entschiedene Fall Vieth v. Jubelirer[1640] dar. Der zugrunde liegende Sachverhalt ähnelt demjenigen in Baker v. Carr. Wahlberechtigte Bürger des Gliedstaates Pennsylvania behaupteten, dass die Republikaner die nach der Volkszählung aus dem Jahre 2000 erforderlich gewordene Neuaufteilung der Wahlkreise zu ihrem Vorteil manipuliert hatten und sahen daher die Erfolgswertgleichheit ihrer Wahlstimmen gefährdet. Vier Richter stimmten für die Anwendung der *political question doctrine* auf den vor ihnen liegenden Rechtsstreit. In dem von *Justice* SCALIA verfassten Urteil wurden in diesem Zusammenhang ausführlich die beiden ersten Baker-Kriterien geprüft. Abgelehnt wurde die Justiziabilität des Klagegegenstandes allerdings schließlich nur unter Berufung auf das zweite Baker-Kriterium. Die vier Richter konnten keinen gerichtlich entdeck- und anwendbaren Standard für die Lösung der Streitfrage finden.[1641] Vier weitere Richter hielten sehr wohl Lö-

---

[1637] Nixon v. United States, 506 U.S. 224, 230 (1993).

[1638] Nixon v. United States, 506 U.S. 224, 228 (1993).

[1639] Nixon v. United States, 506 U.S. 224, 235 (1993).

[1640] Vieth v. Jubelirer, 541 U.S. 267 (2004).

[1641] Vieth v. Jubelirer, 541 U.S. 267, 278ff., 305f. (2004): *Justices* SCALIA, O'CONNOR, THOMAS und *Chief Justice* RHENQUIST.

sungsstandards für gegeben bzw. entwickelbar, konnten sich jedoch nicht auf einen einheitlichen Prüfungsmaßstab verständigen, so dass sie ihre eigenen Lösungsansätze in drei verschiedenen Sondervoten ausarbeiteten.[1642] Die Ablehnung der Entscheidungsfindung als nicht justiziabel ermöglichte *Justice* KENNEDY. Er schloss sich der von SCALIA verfassten Beurteilung, dass die bisher entwickelten und angewandten Standards in der Rechtsprechung zu Wahlkreiseinteilungen wenig tauglich sind, an, drückte aber in seiner *concurring opinion* aus, dass er sehr wohl zweifelte, ob tatsächlich keine rechtlichen Standards zur Lösung des Falls entwickelt werden könnten und dass er nicht ausschließen kann, dass die Justiziabilität des Streitgegenstandes in Zukunft bejaht werden müsste.[1643]

bb.) Fallgruppen für die Anwendung der political question doctrine

Der *Supreme Court* stellte in Baker v. Carr zwar Prüfungskriterien für die Anwendung der *political question doctrine* auf, betonte aber gleichzeitig dass jeder Einzelfall gesondert betrachtet werden muss, es somit nicht möglich sei, generalisierende Aussagen zur Einschlägigkeit der Doktrin zu machen.[1644] Dennoch lassen sich, wie dies das Gericht in Baker v. Carr selbst vormachte, einige Fallgruppen aufzeigen, in denen das Gericht häufig die Entscheidungsfindung unter Berufung auf die *political question doctrine* abgelehnt hat.[1645] Im Folgenden werden zur Systematisierung der Rechtsprechung fünf Fallgruppen gebildet, die die wesentlichen Anwendungsgebiete der Doktrin skizzieren.[1646]

[1642] *Justice* STEVENS, *dissenting*, *Justice* SOUTER, *dissenting, joined by Justice* GINSBURG, *Justice* BREYER, *dissenting*, in: Vieth v. Jubelirer, 541 U.S. 267, 317ff., 343ff., 355ff. (2004). Für eine Besprechung des unübersichtlichen Urteils, vgl. ISSACHAROFF/KARLAN, 153 U. Pa. L. Rev. 541, 554ff. (2004).

[1643] Vieth v. Jubelirer, 541 U.S. 267, 306ff., 317 (2004).

[1644] Baker v. Carr, 369 U.S. 186, 211 (1962): "case-by-case inquiry."

[1645] Baker v. Carr, 369 U.S. 186, 211ff. (1962). Der *Supreme Court* stellte folgende Fallgruppen auf: "Foreign relations," „dates of duration of hostilities," „validity of enactments" und "status of Indian tribes."

[1646] Andere mögliche Fallgruppeneinteilungen sind vorgeschlagen worden von SCHARPF, Grenzen der richterlichen Verantwortung, S. 15ff., 155ff., 225ff., der die Fallgruppen in auswärtige Beziehungen, militärische Gewalt und Notstandsgewalt sowie innere Politik untergliedert, oder von ROTUNDA/NOWAK, Treatise on constitutional Law: Substance and Procedure, Band 1, § 2.16, S. 281ff., die die Fallgruppen: "Foreign affairs and the war making power," „Amendments to the Constitution," "Guarantee clause," "political party convention," "impeachment," "Indian tribes," "political gerrymandering" und "originiation clause" bilden.

(1) *Ausübung der auswärtigen Gewalt, militärische Angelegenheiten, Kriegsführung und nationale Sicherheit*

Zwar lehnte der *Supreme Court* in Baker v. Carr, das in früheren Fällen verlautbarte Diktum, dass jegliche Angelegenheiten der auswärtigen Gewalt für gerichtliche Verfahren immunisiert seien,[1647] ab.[1648] Dennoch bildet diese Fallgruppe das größte Anwendungsgebiet der *political question doctrine.*[1649] Abgelehnt hat es der *Supreme Court* bisher über das Zustandekommen und die Fortgeltung von Staatsverträgen zu entscheiden.[1650] Ferner hat er Akte der Exekutivgewalt hinsichtlich der völkerrechtlichen Anerkennung von ausländischen Staaten,[1651] hinsichtlich der Zuerkennung des diplomatischen Status[1652] und hinsichtlich verschiedener Territorialgrenzfragen[1653] als nicht justiziabel angesehen. Auch von der Exekutive erteilte Einreiseverbote wurden vom *Supreme Court* unüberprüft belassen.[1654]

[1647] Oetjen v. Central Leather Co., 246 U.S. 297, 302 (1918). So auch Chicago & S. Air Lines v. Waterman S.S. Corp., 333 U.S. 103, 111 (1948).

[1648] Baker v. Carr, 369 U.S. 186, 211 (1962): "[...] it is error to suppose that every case or controversy which touches foreign relations lies beyond judicial cognizance."

[1649] Eine ausführliche Behandlung findet sich bei TIGAR, 17 UCLA L. Rev. 1135, 1135ff. (1970); MAY, In the Name of War, S. 264ff.; BLUMOFF, 25 Ga. L. Rev. 227, 299ff., 322ff. (1991); FRANCK, Political Questions/judicial Answers, S. 61ff.; ENGELEN, Die "Political Question Doctrine," S. 43ff.. Vgl. dazu einschränkend HENKIN, Foreign Affairs and the United States Constitution, S. 143ff., insbesondere auch die zu diesem Abschnitt gehörenden Fussnoten; SCHARPF, Grenzen der richterlichen Verantwortung, S. 15ff..

[1650] Charlton v. Kelly, 229 U.S. 447, 476 (1913); Terlinden v. Ames, 184 U.S. 270, 285, 288 (1902); Doe v. Braden, 57 U.S. (16 How.) 635, 657ff. (1853). So auch vier Richter in Goldwater v. Carter, 444 U.S. 996, 1003f. (1979).

[1651] Oetjen v. Central Leather Co., 246 U.S. 297, 302ff. (1918); Ricaud v. American Metal Co., 246 U.S. 304, 304f. (1918).

[1652] In re Baiz, 135 U.S. 403, 432 (1890); Ex parte Hitz, 111 U.S. 766, 766ff. (1884).

[1653] Wilson v. Shaw, 204 U.S. 24, 32 (1907); United States v. Reynes, 50 U.S. (9 How.) 127, 153 (1850); Garcia v. Lee, 37 U.S. (12 Pet.) 511, 521 (1838); Foster v. Neilson, 27 U.S. (2 Pet.) 253, 307 (1829).

[1654] Harisades v. Shaughnessey, 342 U.S. 580, 588f. (1952); Chae Chan Ping v. United States (Chinese Exclusion Case), 130 U.S. 581, 606 (1889). Nicht zu verwechseln ist die *political question doctrine* im Bereich der auswärtigen Beziehungen mit der *act of State doctrine*. Diese Doktrin besagt, dass die Gerichte eines Staates keine Befugnis haben, die Wirksamkeit oder Rechtmäßigkeit von Hoheitsakten anderer Staaten zu überprüfen. Vgl. zur Abgrenzung FRANCK, Political Questions/judicial Answers, S. 98ff.; HOLSTEIN, Act of State im U.S.-amerikanischen Recht, S. 107ff.; HALLER, Supreme Court und Politik in den USA, S. 209ff.; PIAZOLO, Verfassungsgerichtsbarkeit und politische Fragen, S. 35f..

In Fragen der Kriegsführung hielt der *Supreme Court* die Bestimmung von Dauer und Beginn eines Krieges für eine *political question*[1655] sowie auch die Ausübung des Kriegsrechts gegenüber anderen Staatsangehörigen.[1656] Zuletzt leitete der *Supreme Court* in Gilligan v. Morgan aus Art. I, § 8, cl. 16 her, dass Fragen zur Ausstattung und Ausbildung der Armee ebenfalls nicht justiziabel sind.[1657]

(2) *Die guaranty clause*

Seit Luther v. Borden ist der *Supreme Court* der Ansicht, dass es für die *guaranty clause* des Art. IV, § 4, die jedem Einzelstaat ein Recht auf eine republikanische Regierungsform gewährleistet, keine „repository of judicially manageable standards which a court could utilize independently in order to identify a State's lawful government" gibt und dass daher eine Entscheidungsfindung in solchen Fällen nicht möglich, die Entscheidungskompetenz vielmehr dem Kongress zugewiesen worden ist.[1658] Zwar folgten Luther v. Borden einige weitere Entscheidungen, in denen der *Supreme Court* eine Inhaltsbestimmung des Art. IV, § 4 aufgrund der *political question doctrine* ablehnte.[1659] In der heutigen Zeit hat diese Kategorie der Doktrin jedoch aus zweierlei Gründen an Bedeutung verloren.[1660] Zum einen sind die mit der *guaranty clause* verbundenen ge-

---

1655 Commercial Trust Co. v. Miller, 262 U.S. 51, 57 (1923); The Pedro, 175 U.S. 354, 354f. (1899); Martin v. Mott, 25 U.S. (12 Wheat.) 19, 30 (1827). Untergerichte haben in ständiger Rechtsprechung auch die Frage nach der Rechtmäßigkeit eines Krieges für eine *political question* gehalten. Dies betraf vor allem den Vietnam Krieg: Holtzman v. Schlesinger, 484 F.2d 1307, 1309 (3rd Cir. 1973); DaCasta v. Laird, 471 F.2d 1146, 1147 (2nd Cir. 1973); Sarnoff v. Connally, 457 F.2d 809, 810 (9th Cir. 1972); Orlando v. Laird, 443 F.2d 1039, 1043 (2nd Cir. 1971), aber auch den ersten Golfkrieg: Ange v. Bush, 752 F.Supp. 509, 509ff. (D. D.C. 1990).

1656 Ludecke v. Watkins, 335 U.S. 160, 171 (1948).

1657 Gilligan v. Morgan, 413 U.S. 1, 5ff. (1973). Siehe bereits Teil III: C. IV. 1.) a.) aa.), S. 331.

1658 Baker v. Carr, 369 U.S. 186, 223 (1962).

1659 Pacific States Telephone & Telegraph Co. v. Oregon, 223 U.S. 118, 149f. (1923); Taylor v. Beckham, 178 U.S. 548, 578 (1900).

1660 Dennoch wird von der Literatur immer wieder verlangt, die Einordnung des Art. IV, § 4 in die *political question doctrine* zu überdenkenn. Siehe MERRITT, 88 Colum. L. Rev. 1, 70ff. (1988); ELY, Democracy and Distrust, S. 118; BONFIELD, 46 Minn. L. Rev. 513, 560ff. (1962); CHEMERINSKY, 65 U. Colo. L. Rev. 849, 879 (1994); WEINBERG, 65 U. Colo. L. Rev. 887, 946 (1994); Note, 94 Harv. L. Rev. 681, 681ff. (1981). Von dieser Aufforderung nahm auch der *Supreme Court* in: New York v. United States, 505 U.S. 144, 185 (1992) bereits Notiz.

richtlichen Zweifelsfragen relativ gering und zum anderen ist selbst das Hauptanwendungsgebiet der *guaranty clause* durch Colgrove v. Green[1661] und Baker v. Carr eingeschränkt worden. Die Verfassungsvorschrift wurde zumeist in Fällen zur Wahlkreiseinteilung als streitentscheidende Norm geltend gemacht. Da der *Supreme Court* diese jedoch seit Baker v. Carr über die *equal protection clause* des Amend. XIV, § 1 löst, kann die *guaranty clause* auch in diesen Fällen nicht mehr als Justiziabilitätssperre dienen.

(3) *Impeachment*

In der Literatur herrscht die Ansicht vor, dass alle *impeachment* Verfahren, insbesondere auch das präsidentielle Amtsenthebungsverfahren, als *political question* zu behandeln sind.[1662] Der diesbezügliche Verfassungstext unterstützt diese Ansicht, wenn man der *political question doctrine* die Baker-Kriterien zu Grunde legt. Nach der US-Verfassung ist die Durchführung der Amtsenthebungsverfahren gemäß des ersten Baker-Kriteriums einer anderen Staatsgewalt als der Judikative ausdrücklich zugeordnet. Art. I, § 2, cl. 5 bestimmt, dass dem Repräsentantenhaus die „sole Power of Impeachment" zustehen soll und Art. I, § 3, cl. 6 deklariert: "The Senate shall have the sole Power to try all Impeachments." Die Verfassung überträgt damit die Aufgabe der Amtsanklage dem Repräsentantenhaus und diejenige der Urteilsfällung über die Amtsenthebung dem Senat. Diese Ansicht bestätigte 1993 auch der *Supreme Court*, als er in Nixon v. United States das Verfahren für die Amtsenthebung von Bundesrichtern für nicht justiziabel hielt.[1663]

[1661] Colgrove v. Green, 328 U.S. 549 (1946).

[1662] WECHSLER, 73 Harv. L. Rev. 1, 8 (1959); ROTUNDA, 76 Ky. L.J. 707, 718ff. (1987-1988); GERHARDT, 44 Duke L.J. 231, 234f. (1994); CHEMERINSKY, 65 U. Colo. L. Rev. 849, 855 (1994). A.A.: BERGER, Impeachment, S. 103ff.; BRANT, Impeachment, S. 178ff.; FEERICK, 39 Fordham L. Rev. 1, 57 (1970).

[1663] Nixon v. United States, 506 U.S. 224, 228 (1993). Siehe bereits Teil III: C. IV. 1.) a.) aa.), S. 331f..

(4) *Wahlkreisgeometrie*[1664]

Gemäß Art. I, § 2, cl. 1 und Amend. XVII, cl. 1 sind die Repräsentanten und Senatoren des Bundeskongresses vom Volk zu wählen. Dabei hat der Kongress alle zehn Jahre die Bevölkerungszahl der einzelnen Gliedstaaten festzulegen, um bestimmen zu können, welche Anzahl von Repräsentanten die jeweiligen Gliedstaaten in den Kongress entsenden dürfen. Zeit, Ort und Wahlmodus können gemäß Art. I, § 4, cl. 1 hingegen die Gliedstaaten selbst festlegen. Mitte des 20. Jahrhunderts hatte sich die Besiedlungsdichte in den einzelnen Gliedstaaten so sehr verschoben, dass die von den Gliedstaaten vorgenommenen Wahlkreiseinteilungen vielfach nicht mehr im Gleichklang mit der Bevölkerungszahl in den einzelnen Wahlbezirken standen. Ländliche Gebiete waren dadurch sowohl in den gliedstaatlichen Parlamenten als auch im Bundeskongress überrepräsentiert. Zunächst häuften sich daher Klagen wahlberechtigter Bürger, die versuchten mit Hilfe des Verfassungsrechts die Größe und Anzahl der Wahlbezirke demographischen Gesichtspunkten besser anzupassen und so die Erfolgswertgleichheit ihrer Stimmen zu sichern (sog. *reapportionment cases*).

In Colgrove v. Green hatte der *Supreme Court* jedoch 1946 zunächst einen auf Art. IV, § 4 gestützten Entscheidungsantrag abgelehnt und festgestellt, dass Gerichte nicht das „politische Dickicht" der Wahlkreiseinteilung der Gliedstaaten betreten dürften, da dieses ausschließlich dem Kongress zugeordnet sei.[1665] Allerdings lehnten nur drei der vier Richter der Mehrheitsmeinung die Justiziabilität aus Gründen der *political question doctrine* ab.[1666] Der vierte Richter stimmte zwar dem Ergebnis zu, lieferte aber eine eigene Begründung und wies die Klage aus Billigkeitsgründen (*want of equity*) ab, da bis zu nächsten Wahl wegen der Kürze der Zeit keine Abhilfsmöglichkeit gegeben sei.[1667] Die drei Richter der abweichenden Meinung hielten die aufgeworfene Frage zwar für justiziabel, lehnten allerdings auch die Entscheidungsfindung auf Grundlage des Art. IV, § 4 ab und erwogen eine Lösung über die *equal protection clause* des Amend. XIV, § 1.[1668] Ohne Colgrove v. Green offiziell zu verwerfen, erklärte der *Supreme Court* 1962 die gleiche Frage in Baker v. Carr für justiziabel.[1669] Er

---

[1664] Ausführliche Darstellung der Rechtsprechung zur Wahlkreiseinteilung bei RUSH, Voting Rights and Redistricting in the United States, S. 23ff.; HOPT, Die dritte Gewalt als politischer Faktor; KÖPP, Wahlkreiseinteilung durch Richterspruch?.

[1665] Colgrove v. Green, 328 U.S. 549, 556 (1946) und South v. Peters, 339 U.S. 276, 277 (1950).

[1666] *Justices* FRANKFURTER, REED, BURTON in: Colgrove v. Green 328 U.S. 549, 552 (1946).

[1667] *Justice* RUTLEDGE, *concurring*, in: Colgrove v. Green, 328 U.S. 549, 564ff. (1946).

[1668] *Justices* BLACK, DOUGLAS, MURPHY, in: Colgrove v. Green, 328 U.S. 549, 566ff. (1946).

[1669] Baker v. Carr, 369 U.S. 186, 249f. (1962). Ebenso Scholle v. Hare, 369 U.S. 429, 429f. (1962); W.M.C.A. v. Simon, 370 U.S. 190, 190f. (1962).

differenzierte Baker von Colgrove, indem er feststellte, dass es im Fall Colgrove zum einen um die Wahlkreiseinteilung für Wahlen zum Bundeskongress ging, im Fall Baker aber nur die Wahlkreiseinteilung für Wahlen zu den Kammern des gliedstaatlichen Parlaments von Tennessee gerügt wurde. Zum anderen betonte *Justice* BRENNAN für den *Supreme Court*, dass die Klage in Baker auf die *equal protection clause* des Amend. XIV, § 1, nicht aber auf die *guaranty clause* des Art. IV, § 4 gestützt war und die *equal protection clause* das Gericht, im Gegensatz zur *guaranty clause*, mit rechtlich prüfbaren Standards versorgen würde.[1670]

Neben dem Problem der nicht-demographisch orientierten Wahlkreiseinteilung spielen auch Fälle des *gerrymandering* eine bedeutende Rolle im Hinblick auf die Anwendung der *political question doctrine*. Unter *gerrymandering* versteht man in den USA den Streit um die Wahlkreiseinteilung, wenn diese nach parteipolitischen (*political gerrymandering*) oder auch ethnischen Gesichtspunkten vorgenommen wird. Probleme der Wahlkreiseinteilung nach ethnischen Gesichtspunkten hat der *Supreme Court* für justiziabel gehalten. Amend. XV bildete für ihn zur Lösung der Rechtsfrage einen ausreichenden Prüfungsmaßstab.[1671] Auch hinsichtlich der parteipolitisch motivierten Zuschneidung von Wahlkreisen konnte sich zunächst die Meinung durchsetzen, welche diesbezügliche Rechtsstreite für justiziabel hielt.[1672] Jüngst urteilte der *Supreme Court* jedoch in Vieth v. Jubelirer[1673] wieder vorsichtiger. Vier Richter hielten *political gerrymandering* Fälle aufgrund der *political question doctrine* für nicht justiziabel. Ein weiterer Richter schloss sich dieser Meinung an, betonte aber, dass er nicht für die Zukunft die Justiziabilität ausschließen könne. Er plädierte dafür, die Justiziabilität solcher Fälle zu bejahen, sobald ein Rechtsstandard zur Lösung der Streitfragen entwickelt und etabliert worden sei.[1674] Damit scheint zumindest im Bereich des *political gerrymandering* die *political question doctrine* wieder eine ernsthafte Justiziabilitätsbarriere darzustellen. Andere Streitigkeiten um die Einteilung der Wahlkreise hat der *Supreme Court* jedoch seit Baker v. Carr stets entschieden.[1675]

[1670] Baker v. Carr, 369 U.S. 186, 209f., 223ff. (1962).

[1671] Shaw v. Hunt, 517 U.S. 899, 904ff. (1996); Bush v. Vera, 517 U.S. 952, 958ff. (1996).

[1672] Davis v. Bandemer, 478 U.S. 109, 125, 143 (1986). Der zugrunde liegende Sachverhalt betraf wahlberechtigte Bürger des Gliedstaates Indiana, die die dortige Wahlkreiseinteilung rügten und geltend machten, dass diese mit dem Ziel erfolgt war, Kandidaten der republikanischen Partei zu bevorteilen.

[1673] Vieth v. Jubelirer, 541 U.S. 267 (2004).

[1674] *Justice* KENNEDY, in: Vieth v. Jubelirer, 541 U.S. 267, 317 (2004). Vgl. Teil III: C. IV. 1.) a.) aa.), S. 332f..

[1675] Vgl. Reynolds v. Sims, 377 U.S. 533 (1964) (Wahlkreiseinteilung für das gliedstaatliche Parlament Alabamas); United States Department of Commerce v. Montana, 503 U.S. 442

(5) *Weitere nichtjustiziable Streitgegenstände im Bereich der Innenpolitik*

Von der Wahlkreiseinteilung, des Amtsenthebungsverfahrens und der *guaranty clause* abgesehen, wurden andere Fälle der Innenpolitik vom *Supreme Court* zumeist für justiziabel gehalten; so auch die indianischen Angelegenheiten, für die Art. I, § 8, cl. 3 grundsätzlich die Regelungskompetenz des Kongresses festlegt.[1676]

In United States v. Nixon[1677] entschied der *Supreme Court* in formeller Hinsicht, dass der intra-exekutive Disput zwischen Präsident NIXON und seinem *Special Prosecutor* JAWORSKI um die Herausgabe der Tonbänder keinen Anwendungsfall der *political question doctrine* bildet und in der Sache, dass die Tonbänder herauszugeben sind.

Sogar im Bereich kongressinterner Angelegenheiten hat der *Supreme Court*, wie der Entscheid Powell v. McCormack[1678] zeigt, Urteile gefällt. Ferner wurde auch Art. I, § 7, cl. 1, der vorsieht, dass alle Gesetzesvorlagen zur Erhebung von Staatseinkünften vom Repräsentantenhaus ausgehen müssen, vom *Supreme Court* als justiziabel bezeichnet.[1679]

Obwohl der *Supreme Court* in Baker v. Carr betonte, dass insbesondere die horizontale und nicht die vertikale Gewaltenteilung für die Begründung und Anwendung der *political question doctrine* eine Rolle spielt,[1680] sind im Bund-Länderverhältnis Rechtsstreitigkeiten hingegen als nichtjustiziabel behandelt worden. So wurde die gliedstaatliche Bestimmung, welchen Senator ein Glied-

---

(1992) (Verfahren zur Festlegung der Anzahl der Repräsentanten, die den jeweiligen Gliedstaaten zustehen); Franklin v. Massachusetts, 505 U.S. 788 (1992) (Mitzählung der amerikanischen Beamten, die außerhalb des amerikanischen Territoriums arbeiten für die alle zehn Jahre durchzuführende Volkszählung, nach der die Anzahl der Sitze eines Gliedstaates im Repräsentantenhaus festgelegt wird); Department of Commerce v. United States House of Representatives, 525 U.S. 316 (1999) (Verfahren zur Festlegung der Anzahl der Repräsentanten, die den jeweiligen Gliedstaaten zustehen).

[1676] Oneida County, New York v. Oneida Indian Nation, 470 U.S. 226, 248 und Fn. 24 (1985); United States v. Sioux Nation, 448 U.S. 371, 413 (1980); Delaware Tribal Business Committee v. Weeks, 430 U.S. 73, 83f. (1977); Fellows v. Blacksmith, 60 U.S. (19 How.) 366, 372 (1857). Die zunächst umfassende Bundeskompetenz für indianische Angelegenheiten verlor an Bedeutung, als die Indianer begannen ihre Reservate aufzulösen und sich unter die weiße Bevölkerung zu mischen. Der Zeitpunkt des Bedeutungsverlust wurde vom *Supreme Court* noch als *political question* bewertet: United States v. Hooliday, 70 U.S. (3 Wall.) 407, 419 (1865); United States v. Sandoval, 231 U.S. 28, 46 (1913).

[1677] United States v. Nixon, 418 U.S. 683, 697 (1974).

[1678] Siehe Teil III: C. IV. 1.) a.) aa.), S. 331.

[1679] United States v. Munoz-Flores, 495 U.S. 385, 396 (1990).

[1680] Baker v. Carr, 369 U.S. 186, 211f. (1962).

staat in den Kongress entsendet bzw. ob eine Stimmenzählung bei einer Senatorenwahl wiederholt werden muss, in einem Diktum in Roudebush v. Hartke für eine *political question* gehalten.[1681] Einen zweiten Fall im Bereich der vertikalen Gewaltenteilung bilden Justiziabilitätsfragen im Prozess der Verfassungsänderung, auf die jedoch weiter unten separat eingegangen wird.[1682]

b.) Theorienstreit in der amerikanischen Literatur

In der rechtswissenschaftlichen Literatur werden in den Versuchen, eine einheitliche Theorie zur *political question doctrine* zu entwickeln, im Wesentlichen zwei Argumentationsstränge deutlich: eine auf den Verfassungstext basierende Herangehensweise, die Ähnlichkeiten zur Interpretationsmethode des *Originalism* aufweist und ein pragmatischer Ansatz, der auch vom Verfassungstext losgelöste Kriterien in seinen Rechtfertigungskatalog aufnimmt und daher eher der Interpretationsmethode des *Non-Interpretivism* verwandt ist.[1683]

aa.) Die klassische Theorie

Die klassische Theorie nimmt ihren Ursprung in Marbury v. Madison. Vertreter dieser Ansicht,[1684] insbesondere WECHSLER,[1685] stellen die grundsätzliche Pflicht des Gerichts heraus, alle anhängigen Verfahren zu entscheiden. Eine Ausnahme von diesem Grundsatz ist allerdings nötig und auch zwingend, wenn das Gericht nach der Interpretation des entsprechenden Verfassungstextes feststellt, dass die Verfassung die Entscheidungskompetenz einer anderen Staatsgewalt zugeordnet hat. Die klassische Theorie reduziert die *political question doc-*

[1681] Roudebush v. Hartke, 405 U.S. 15, 19 (1972).

[1682] Vgl. Teil III: C. IV. 2.), S. 351ff..

[1683] Vgl. zu den Interpretationsmethoden Teil III: D. I. 1.), S. 378ff.. Zweigliedrig unterteilen auch BARKOW, 102 Colum. L. Rev. 237, 247 Fn. 24 (2002); REDISH, 79 Nw. U. L. Rev. 1031, 1043 Fn. 19 (1984-1985). Andere Autoren halten die Aufgliederung in mehr als zwei Theoriestränge für notwendig. Vgl. TRIBE, American constitutional Law, S. 366; ihm folgend RAU, Selbst entwickelte Grenzen, S. 82.

[1684] WESTON, 38 Harv. L. Rev. 296, , 298f., 331 (1925); *Justice* DOUGLAS, in: Baker v. Carr, 369 U.S. 186, 246 (1962); FRANCK, Political Questions/judicial Answers, S. 31ff., 158f.; wohl auch CURRIE, The Constitution of the Federal Republic of Germany, S. 170f.; BARKOW, 102 Colum. L. Rev. 237, 331ff. (2002).

[1685] WECHSLER, 73 Harv. L. Rev. 1, 7ff. (1959).

trine auf das erste Baker-Kriterium[1686] und sieht sie damit als eine von der Verfassung oktroyierte Doktrin und nicht als bloße Rechtsschöpfung an.[1687]

bb.) Die prudentielle Theorie

Die prudentielle Theorie orientiert sich in all ihren Verzweigungen nicht ausschließlich am Verfassungstext, sondern nimmt auch unterschiedliche pragmatische Gesichtspunkte in ihren Begründungskatalog auf. Ihr Hauptanliegen ist es dabei, ein Gleichgewicht der Gewalten zu berücksichtigen bzw. mittels der Doktrin herzustellen.

(1) Die prudentiell-opportunistische Theorie

Ausgangspunkt der prudentiell-opportunistischen Theorie ist das Problem der *counter-majoritarian difficulty*, das Problem der nicht demokratisch legitimierten Richter.[1688] Im Gegensatz zur klassischen Theorie strebt sie daher eine zurückhaltendere Position der Gerichtsbarkeit an[1689] und stellt die Entscheidung über die Anwendung der *political question doctrine* letztendlich in das freie Ermessen der Judikative. BICKEL erklärt dabei die Notwendigkeit einer *political question doctrine* mit folgender Definition:

> „Such is the foundation, in both intellect and instinct, of the political-question doctrine: the Court's sense of lack of capacity, compounded in unequal parts of (a) the strangeness of the issue and its intractability to principled resolution; (b) the sheer momentousness of it, which tends to unbabalance judicial judgment; (c) the anxiety, not so much that the judicial judgment will be ignored, as that perhaps it should but will not be; (d) finally („in a mature democracy"), the inner vulnerability, the self-doubt of

---

[1686] TRIBE, American constitutional Law, S. 366f., Fn. 6. Eventuell kann ihr auch noch das zweite Baker-Kriterium zugeordnet werden, wenn es als Hilfsmittel benutzt wird, um die verfassungsrechtliche Zuweisung von Kompetenzen zu ermitteln. So BARKOW, 102 Colum. L. Rev. 237, 265 (2002). Vgl. auch Nixon v. United States, 506 U.S. 224, 228f. (1993).

[1687] Vgl. zu dieser Frage CHEMERINSKY, Federal Jurisdiction, S. 149f..

[1688] Vgl. für eine Erläuterung der *counter-majoritarian difficulty* bereits Teil II: E. IV. 1.), S. 196ff..

[1689] BICKEL, The least dangerous Branch, S. 3f..

> an institution which is electorally irresponsible and has no earth to draw strength from.[1690]

BICKEL[1691] sowie auch andere[1692] stellen damit die letzten drei Kriterien der Baker-Liste in den Vordergrund[1693] und verfolgen einen realpolitischen Ansatz.[1694] Neben der erforderlichen Zurückhaltung der Gerichte dient die Theorie nach dieser Ansicht im Gegenzug auch als Schutzschild der Judikative. Da den Gerichten keine Vollstreckungsmöglichkeiten gegenüber den anderen Verfassungsorganen gegeben sind, seien sie darauf angewiesen, dass die anderen Zweige der Staatsgewalt ihren Entscheidungen Respekt zollen. Die *political question doctrine* soll der Gefahr einer Missachtung judikativer Entscheidungen vorbeugen und damit die „self-destruction" der Gerichtsbarkeit verhindern.[1695]

(2) Die „normbezogenen" Theorien[1696] der political quesiton doctrine

Zwei weitere Theorien verankern die *political question doctrine* in der streitentscheidenden Norm. Diskutiert wurde zum einen die Festmachung der *political question doctrine* allein am zweiten Baker-Kriterium. Vertreter dieser Ansicht[1697] suchen die Existenzberechtigung einer *political question doctrine* in einer teilweise unzureichenden Qualität der anzuwendenen Rechtsnormen oder in der Fragwürdigkeit einer rechtlichen Regelung überhaupt.

Ein anderer ebenfalls normbezogener Vorschlag einer Definition für eine *political question doctrine* untersucht den Schutzbereich der streitentscheidenen

---

1690 BICKEL, The least dangerous Branch, S. 184.

1691 BICKEL, The least dangerous Branch, S. 23ff., 183ff..

1692 FINKELSTEIN, 37 Harv. L. Rev. 338, 344f. (1923-1924), ders., 39 Harv. L. Rev. 221, 221ff. (1925-1926); HAND, The Bill of Rights, S. 15ff.; FRANKFURTER, 69 Harv. L. Rev. 217, 227ff. (1955); STRUM, The Supreme Court and political Questions, S. 1ff., 140ff..

1693 A.A.: TRIBE, American constitutional Law, S. 366f., Fn. 6; BARKOW, 102 Colum. L. Rev. 237, 265 (2002), die die letzten vier Baker-Kriterien inkorporiert sehen.

1694 BICKEL, The least dangerous Branch, S. 185.

1695 STRUM, The Supreme Court and political Questions, S.103.

1696 Der Ausdruck stammt von SCHARPF, Grenzen der richterlichen Verantwortung, S. 396, der allerdings damit nur die erste der beiden Schutzbereichstheorien betitelte.

1697 FIELD, 8 Minn. L. Rev. 485, 511f. (1924); JAFFE, 74 Harv. L. Rev. 1265, 1303 (1961). Wobei angemerkt sei, dass diese Theorien sich noch nicht auf Baker beziehen konnten, da sie vor dem *Supreme Court* Urteil entwickelt wurden. Sachlich entsprechen ihre Argumente aber dem zweiten Baker-Kriterium.

Norm.[1698] Stellt die Norm individuelle Interessen in den Vordergrund, so soll sie nach dieser Ansicht die Gerichte zur Entscheidungsfindung verpflichten. Seien hingegen kollektive Interessen Kern des Schutzbereichs, soll die Entscheidung den Trägern des politischen Willensbildungsprozesses überlassen bleiben. Begründet wird diese Ansicht damit, dass kollektive Interessen nicht den gleichen Schutz benötigen würden wie die Interessen eines Einzelnen und dass zudem die Gerichte nicht dazu berufen sind, einen Ausgleich zwischen widerstreitenden Kollektivinteressen zu finden. Dies sei vielmehr die originäre Aufgabe des politischen Prozesses.[1699]

cc.) Die funktionell-rechtliche Theorie

Die funktionell-rechtliche Theorie wurde von SCHARPF entwickelt und auch von ihm so benannt.[1700] Er definiert *political questions* als „Rechtsfragen, für deren Entscheidung das Gericht nicht die Verantwortung übernehmen kann."[1701] Dies ist nach seinem Anwendungskatalog dann der Fall, wenn ein Informationsdefizit die vollständige Aufklärung der entscheidungserheblichen tatsächlichen oder rechtlichen Fragen unmöglich macht;[1702] ferner, wenn die Notwendigkeit eines einheitlichen Staatswillens nach außen gegeben ist,[1703] sowie damit eng verbunden, wenn spezifischen Verantwortungsbereichen der politischen Organe Respekt gezollt werden muss.[1704] Schließlich stellt SCHARPF jedoch fest, dass als normative Einschränkung eine flexible Handhabung der Kriterien geboten ist,

---

1698 MICHELMAN, 83 Harv. L. Rev. 7, 71 (1969); STERNSTEIN, 16 Ariz. L. Rev. 140, 152f. (1974).

1699 STERNSTEIN, 16 Ariz. L. Rev. 140, 152 (1974).

1700 SCHARPF, Grenzen der richterlichen Verantwortung, S. 404ff., ders. 75 Yale L.J. 517, 566ff. (1966). Vgl. zum Ursprung des Begriffs, SCHARPF, Grenzen der richterlichen Verantwortung, S. 404, Fn. 454. Positiv und bejahend hebt diese Theorie auch STOEVESANDT, Aktivismus und Zurückhaltung im United States Supreme Court, S. 84ff. hervor. Interessant ist jedoch, dass sich eine Befürwortung dieser, von einem Deutschen entwickelten Theorie in der amerikanischen Literatur, trotz verbreiteter Beachtung und Schätzung des Werkes von SCHARPF, nicht finden lässt. Teilweise wird seine Theorie nicht einmal erwähnt. Vgl. HENKIN, 85 Yale L.J. 579 (1976).

1701 SCHARPF, Grenzen der richterlichen Verantwortung, S. 405.

1702 SCHARPF, Grenzen der richterlichen Verantwortung, S. 405f..

1703 SCHARPF, Grenzen der richterlichen Verantwortung, S. 406ff..

1704 SCHARPF, Grenzen der richterlichen Verantwortung, S. 409ff..

wenn Individualgrundrechte betroffen sind oder wenn horizontale Kompetenzkonflikte in Frage stehen.[1705]

In SCHARPFS funktionell-rechtlicher Theorie werden damit sowohl Gesichtspunkte der klassischen als auch solche der prudentiell-opportunistischen Theorie verarbeitet. Zudem reflektiert sie mit Ausnahme des ersten, alle in der Baker-Rechtsprechung aufgestellten Kriterien.[1706] Sie ist ferner losgelöst von jeder Bewertung der Rolle der Gerichtsbarkeit im Verfassungssystem, weder das klassische Modell eines gerichtlichen Entscheidungszwangs noch das opportunistisch-prudentielle Argument der *counter-majoritarian difficulty* wird von SCHARPF in den Vordergrund gestellt. Seine funktionelle Theorie basiert, wie der Name schon andeutet, auf keiner grundsätzlichen Rollenbetrachtung, sondern vielmehr auf einer empirischen Grundlage, einer instrumentalen Betrachtung des Verfahrens richterlicher Entscheidungsfindung.

dd.) Die Ablehnung der political question doctrine

HENKIN und andere verneinen zwar nicht die Existenz einer *political question doctrine*, sehr wohl aber ihre Notwendigkeit.[1707] Zunächst untersucht HENKIN bisher zur *political question doctrine* ergangene *Supreme Court* Urteile und stellt fest, dass der Gerichtshof selbst dann in der Sache entschieden hat, wenn er die Justiziabilität des Falls mit Hilfe der *political question doctrine* verneinte. Insbesondere sieht HENKIN in den Urteilen Luther v. Borden, Colgrove v. Green und in den Urteilen zu den auswärtigen Beziehungen materielle Sachentscheidungen, in denen der *Supreme Court* bzw. die unterinstanzlichen Gerichte jeweils die abschließenden Zuständigkeiten von Präsident bzw. Kongress bejaht haben.[1708]

[1705] SCHARPF, Grenzen der richterlichen Verantwortung, S. 411ff.. Als Beispiel für die notwendige Flexibilität der Doktrin im Grundrechtsbereich nennt SCHARPF die Entscheidung Baker v. Carr, in der es um eine mögliche Entwertung des Wahlrechts ging und in der die Anwendung der *political question doctrine* untersagt wurde. Als Beispiel für die Nichtanwendung der Doktrin in einem horizontalen Kompetenzkonflikt nennt SCHARPF den Steel Seizure Case (Youngstown Sheet & Tube Co. V. Sawyer, 343 U.S. 579 (1952)).

[1706] A.A.: TRIBE, American constitutional Law, S. 366f., Fn. 6, der als Schwerpunkt das zweite und dritte Baker-Kriterium auflistet.

[1707] HENKIN, 85 Yale L.J. 597, 622ff. (1976), ders., 101 Harv. L. Rev. 524, 529f. (1988). Ähnlich wie HENKIN auch REDISH, 79 Nw. U. L. Rev. 1031, 1059f. (1984-1985). Siehe ferner SANDSTROM SIMARD, 100 Dick. L. Rev. 303, 307, 340 (1996); NAGEL, 56 U. Chi. L. Rev. 643, 668 (1989).

[1708] HENKIN, 85 Yale L.J. 597, 607ff. (1976).

Nach dieser Untersuchung versucht HENKIN die *political question doctrine* dann schließlich als ein irreführendes Konglomerat verschiedener Rechtsfiguren zu entlarven und befürwortet es, die Doktrin wieder aufzuschlüsseln und die in ihr inkorporierten Verfassungsprinzipien selbständig anzuwenden.[1709] Dabei separiert HENKIN folgende fünf Rechtsfiguren aus der Doktrin:

> „1. The courts are bound to accept decisions by the political branches within their constitutional authority. 2. The courts will not find limitations or prohibitions on the powers of the political branches where the Constitution does not prescribe any. 3. Not all constitutional limitations or prohibitions imply rights and standing to object in favor of private parties. 4. The courts may refuse some (or all) remedies for want of equity. 5. In principle, finally, there might be constitutional provisions which can properly be interpreted as wholly or in part "self-monitoring" and not the subject of judicial review."[1710]

c.) Zusammenfassende Wertung der *political question doctrine*

aa.) Der aktuelle Stand der political question doctrine in der Rechtsprechung

Festzuhalten bleibt, dass die Baker-Rechtsprechung immer noch als geltendes Recht vom *Supreme Court* und ihm folgend von den Untergerichten zitiert wird und sie daher für die Anwendung der *political question doctrine* in der Rechtsprechung maßgeblich bleibt. In der Rechtsprechungspraxis werden allerdings nur die ersten beiden der in Baker genannten sechs Prüfungskriterien, die verfassungstextliche Delegation der Entscheidungskompetenz an eine andere Staatsgewalt und das Fehlen eines gerichtlich entdeck- und anwendbaren Lösungsstandards, ausführlich gewürdigt.[1711] Zum einen hat der *Supreme Court* kürzlich selbst festgestellt, dass die sechs Kriterien in einer Reihe von abnehmender Bedeutung stehen[1712] und zum anderen zeigt sich dies auch bei einer empirischen Betrachtung der vom *Supreme Court* geprüften Fälle. Besonders auffällig ist dabei das Urteil McCormack v. Powell.[1713] Zumeist werden die letzten vier Baker-Kriterien nur zur Bestätigung des bereits über die ersten beiden Kriterien gefun-

[1709] HENKIN, 85 Yale L.J. 597, 622f. (1976). Ähnlich auch CHOPER, Judicial Review and the national political Process, S. 406.

[1710] HENKIN, 85 Yale L.J. 597, 622f. (1976).

[1711] So auch TUSHNET, 80 N.C. L. Rev. 1203, 1213 (2002); BARKOW, 102 Colum. L. Rev. 237, 268ff. (2002).

[1712] Vieth v. Jubelirer, 541 U.S. 267, 278 (2004).

[1713] Vgl. bereits Teil III: C. IV. 1.) a.) aa.), S. 331.

denen Ergebnisses herangezogen.[1714] Allerdings werden auch diese in der Praxis angewandten zwei Baker-Kriterien äußerst flexibel gehandhabt. Hinsichtlich des ersten Baker-Kriteriums hat Powell v. McCormack deutlich gemacht, dass durch die breit und unpräzise angelegten Verfassungsnormen dem *Supreme Court* auch dann noch ein Interpretationsspielraum vorbehalten bleibt, wenn der Verfassungstext zwar die Entscheidungskompetenz einer anderen Staatsgewalt zuordnet, aber ihre Reichweite nicht genau bestimmt.[1715] Dies hatte *Justice* BRENNAN in Baker v. Carr bereits erkannt und als unbedenklich befürwortet:

> "Deciding whether a matter has in any measure been committed by the Constitution to another branch of government, or whether the action of that branch exceeds whatever authority has been committed, is itself a delicate exercise in constitutional interpretation, and is a responsibility of this Court as ultimate interpreter of the Constitution."[1716]

Diese Flexibilität führt allerdings auch zu einer großen Unberechenbarkeit. Der *Supreme Court* selbst stellte fest, dass die Anwendungskriterien der *political question doctrine* „diverge, combine, appear, and disappear in seeming disorderliness."[1717] Dies macht insbesondere ein Vergleich der Powell Entscheidung mit dem Urteil Nixon v. United States deutlich. Während der *Supreme Court* in Powell eine verfassungstextliche Zuweisung von Kompetenzen äußerst restriktiv interpretierte, liegt dem Fall Nixon v. United States eine weite Interpretation der Kompetenzzuweisung zugrunde. Ein Leser der Verfassung hätte hingegen in beiden Fällen das gleiche Ergebnis, die Nichtjustiziabilität des Falles, erwartet. Ein weiterer Fall, der zeigt, wie unberechenbar die oberstgerichtliche Einschätzung des Vorliegens einer *political question* ist, ist Bush v. Gore.[1718] Die Richter entschieden mit 7:2 Stimmen, dass die Nachzählungen in Florida, nach denen in den Präsidentschaftswahlen vom November 2000 AL GORE und nicht GEORGE W. BUSH der Sieger in diesem Gliedstaat und damit gleichzeitig Sieger der Gesamtwahl war, gegen die Verfassung verstießen. Dies hatte zur Folge, dass GEORGE W. BUSH gegen den Willen der Mehrheit der Amerikaner zum Präsidenten der Vereinigten Staaten gewählt wurde. Diese Ent-

[1714] So z.B. in: Nixon v. United States, 506 U.S. 224, 236 (1993); Gilligan v. Morgan, 413 U.S. 1, 11f. (1973).

[1715] So auch SEIDMAN, 46 UCLA L. Rev. 501, 528ff. (1998); RAU, Selbst entwickelte Grenzen, S. 78.

[1716] Baker v. Carr, 369 U.S. 186, 211 (1962).

[1717] Baker v. Carr, 369 U.S. 186, 210 (1962).

[1718] Bush v. Gore, 531 U.S. 98 (2000).

scheidung wurde oftmals kritisiert und die Anwendung der *political question doctrine* nach Prüfung der Baker-Kriterien für erforderlich gehalten.[1719]

Die gleiche Unberechenbarkeit gilt auch hinsichtlich der Prüfung des zweiten Baker-Kriteriums. Insbesondere die Urteile zu den Wahlkreiseinteilungen zeigen, dass sich die Richter des *Supreme Court* selten darüber einig sind, ob rechtliche Standards für die Lösung des in Frage stehenden Problems entwickelt werden können oder nicht. Dies ging sogar soweit, dass in Vieth v. Jubelirer vier Richter einen Lösungsstandard absprachen, vier weitere Richter für einen Lösungsstandard plädierten, sich aber nicht auf einen einigen konnten, sondern drei verschiedene Lösungsmöglichkeiten präsentierten und schließlich ein neunter Richter zwar zum jetzigen Zeitpunkt keine Möglichkeit sieht, einen Lösungsstandard zu entwickeln, dies aber nicht für alle Zukunft ausschließen möchte.[1720]

Insgesamt lässt sich jedoch eine Tendenz erkennen, dass der *Supreme Court* insbesondere im Bereich des Amend. XIV gewillt ist, Lösungskriterien zu entwickeln und die politische Brisanz der Streitfrage allein über eine geminderte Prüfungsintensität würdigt.[1721] Nach einer bis zur Entscheidung Baker v. Carr zunehmenden Verweigerung des *Supreme Court* in politisch brisanten Fällen Recht zu finden, nahm die Bedeutung der *political question doctrine* seit diesem Urteil eher ab. Seither hat der *Supreme Court* nur in drei weiteren Fällen die Justiziabilität eines Klagegegenstandes mit Hilfe der *political question doctrine* abgelehnt.[1722] Ob mit dem jüngsten Entscheid von 2004, Vieth v. Jubelirer, eine Kehrtwende eingetreten ist, ist fraglich, da der Entscheid das Gebiet des äußerst umstrittenen *political gerrymandering* betraf, die Problematik der Wahlkreiseinteilung aber immer eine Sonderstellung einnahm und daher nicht unbedingt als repräsentativ herangezogen werden kann.

Zurückzuführen sind die Schwankungen in der Handhabung der *political question doctrine* nicht zuletzt auf die Besetzung der Richterbank des *Supreme Court*. Es werden deutliche Unterschiede zwischen verschiedenen Rechtsprechungsphasen gezogen, die jeweils nach dem zu diesem Zeitpunkt vorsitzenden

---

1719 BARKOW, 102 Colum. L. Rev. 237, 273ff. (2002); ISSACHAROFF, 68 U. Chi. L. Rev. 637 (2001); TRIBE, 115 Harv. L. Rev. 170, 276ff. (2001); CALABRESI, in: Ackerman (Hrsg.), Bush v. Gore, S. 129, 137ff.; CHEMERINSKY, 76 Notre Dame L. Rev. 1093, 1105ff. (2001). Differenzierter: DUGGIN/COLLLINS, 85 B. U. L. Rev. 53, 121ff. (2005). Vgl. für die andere Ansicht WEINBERG, 82 B. U. L. Rev. 609, 621ff. (2002).

1720 Vgl. dazu Teil III: C. IV. 1.) a.) aa.) und bb.) (4), S. 332f., 337f..

1721 Vgl. dazu BRUGGER, Demokratie, Freiheit, Gleichheit, S. 94ff..

1722 Nixon v. United States, Gilligan v. Morgan und Vieth v. Jubelirer. Vgl. zur Diskussion der Entscheidungen Teil III: C. IV. 1.) a.) aa.), S. 331ff..

Richter des Gerichts benannt wurden.[1723] Während ein aktivistisch besetzter *Court* dazu neigt, das Vorliegen einer *political question* zu verneinen, üben sich moderater besetzte Gerichte eher in Zurückhaltung.[1724]

Eine gewisse Berechenbarkeit oder zumindest einen Anhaltspunkt für die Einschlägigkeit der *political question doctrine* liefern allein die vom *Supreme Court* selbst vorgeschlagenen Fallgruppen. In Verbindung mit der *stare decisis* Doktrin geben diese ein gewisses Maß an Beständigkeit vor. Der größte Anwendungsbereich der *political question doctrine* liegt demzufolge auf dem Gebiet der auswärtigen und militärischen Gewalt.

Eine zweite Beständigkeit, die sich den Fallgruppen entnehmen lässt, ist die Tatsache, dass die *political question doctrine* ausschließlich in Fällen aus dem Bereich des Staatsorganisationsrechts bejaht wurde. Sofern Grundrechte des Einzelnen in Frage stehen, ist der *Supreme Court* eher geneigt, den Fall materiell zu entscheiden. Daraus lässt sich auch die wechselhafte Rechtsprechung zur Wahlkreiseinteilung erklären. Diese ist an der Schnittstelle von Staatsorganisationsrecht und Grundrechten angesiedelt, steht bei ihr nicht nur das Wahlsystem, sondern auch das aktive und passive Wahlrecht der Staatsbürger zur Disposition. Sie ist daher eine der kritischsten Anwendungsfälle der *political question doctrine*.

Zuletzt sei angemerkt, dass die Bedeutung der *political question doctrine* für den *Supreme Court* eine andere ist als für die unteren Instanzen. Dem *Supreme Court* steht noch ein weiteres Mittel zur Verfügung, um sich unliebsamen politischen Entscheidungen zu entziehen. Er kann im *certiorari*-Verfahren die Annahme eines Falls ablehnen, während den unteren Gerichten in dieser Hinsicht kein Ermessen zusteht.[1725] Gewährt der *Supreme Court* ein *writ of certiorari* nicht, so kann er eine materielle Entscheidung ohne jede Begründung verweigern. Insofern lässt sich auch erklären, dass in neuerer Zeit von der *political question doctrine* vom *Supreme Court* selten Gebrauch gemacht wird. Da die *writ of certiorari* Verfahren, insbesondere seit 1986, den größten Teil der Ver-

---

[1723] Die Rechtsprechungsphasen der letzten Jahrzehnte werden in die eher aktivistische *Warren-Ära* (1953-1969), in die moderate *Burger-Ära* (1969-1986), sowie in die *Rhenquist-Ära* (1986-2005) untergliedert. Seit Herbst 2005 sitzt ROBERTS dem *Supreme Court* als neuer *Chief Justice* vor.

[1724] HENKIN, 85 Yale L.J. 597, 625 (1976).

[1725] Da Costa v. Laird, 405 U.S. 979 (1972); Orlando v. Laird, 404 U.S. 869 (1971); In Mora v. McNamara, 389 U.S. 934 (1967) und 389 U.S. 1025 (1967); Mitchell v. United States, 386 U.S. 972 (1967) wurde beispielsweise ein *writ of certiorari* abgelehnt, um nicht über die Rechtmäßigkeit des Vietnamkriegs urteilen zu müssen. Vgl. HALLER, Supreme Court und Politik in den USA, S. 186f.

fahren des *Supreme Court* ausmachen,[1726] ist ein Rückgriff auf die *political question doctrine* für den *Supreme Court* oftmals nicht mehr erforderlich.

bb.) Eigene Einschätzung zur Zukunft der political question doctrine

Obwohl eine einheitliche Rechtsprechung zur *political question doctrine* nicht festgestellt werden kann, hat sich die Doktrin als Rechtsfigur in der Rechtsprechung doch etabliert. In der Literatur wird um die Bedürftigkeit einer *political question doctrine* hingegen heftig gestritten. Im Wesentlichen werden drei Argumente für die Notwendigkeit der Doktrin geltend gemacht, sowie auch drei Argumente gegen ihre Anwendung.[1727] Befürworter der Doktrin heben hervor, dass diese es dem *Supreme Court* bzw. den Untergerichten erlaubt, sich des politischen Missbrauchs zu entziehen, somit einem Jurisdiktionsstaat vorzubeugen und die Verantwortlichkeit für ein staatliches Vorgehen erkennbar zu machen.[1728] Gleichzeitig stellt sie sicher, dass diejenige Staatsgewalt die Kontroverse entscheidet, welche für den in Frage stehenden Streitpunkt die größte Sachkompetenz aufweist.[1729] Schließlich verhindert sie drittens, dass die Judikative Fälle zur Entscheidung annehmen muss, an welchen sie ein Eigeninteresse haben und sie damit nicht kollusionsfrei aburteilen könnte.[1730] Diese drei Argumente münden in das Prinzip der horizontalen Gewaltenteilung, welchem mit der *political question doctrine* ein weiteres Durchsetzungsinstrumentarium an die Hand gegeben wird.[1731]

Auf der anderen Seite ist es die originäre Aufgabe der Gerichte, die Verfassung zu interpretieren und verfassungsrechtliche Konfliktfälle zu entscheiden.[1732] Gegner der *political question doctrine* argumentieren daher, dass zwar in politisch brisanten Fällen die Zurückhaltung des Gerichts geboten ist, dies

---

[1726] Vgl. Teil III: C. II. 1.), S. 294f..

[1727] CHEMERINSKY, Federal Jurisdiction, S. 146ff..

[1728] BICKEL, 75 Harv. L. Rev. 40, 46 (1961), ders., The least dangerous Branch, S. 184; CHOPER, Judicial Review and the national political Process, S. 378f..

[1729] SCHARPF, 75 Yale L.J. 517, 567 (1966).

[1730] TRIBE, Constitutional Choices, S. 22f.. In diese Kategorie fällt z.B. der Fall Nixon v. United States, 506 U.S. 224 (1993), in dem es um das richterliche Amtsenthebungsverfahren ging.

[1731] CHEMERINSKY, Federal Jurisdiction, S. 148.

[1732] REDISH, 79 Nw. U. L. Rev. 1931, 1045f. (1984-1985); CHEMERINSKY, Interpreting the Constitution, S. 95ff..

aber nicht zu einer Aufgabe der gerichtlichen Zuständigkeit führen dürfe.[1733] Ihrer Ansicht nach haben die Gerichte in dieser Hinsicht kein Legitimitätsproblem zu bewältigen, sondern ganz im Gegenteil unter den drei Staatsgewalten die robusteste Glaubwürdigkeit vorzuweisen und damit die Prädestination, verfassungsrechtliche Streitigkeiten durch ein Urteil endgültig beizulegen.[1734] Eine gerichtliche Entscheidung ist nicht nur stabiler, sondern weist zudem einen höheren normativen Anspruch auf als der politische Prozess des Mehrheitsentscheids.[1735] Teilweise verweisen die Gegner einer *political question doctrine* auch auf die Existenz anderer Zulässigkeitsvoraussetzungen, insbesondere auf das Erfordernis des *standing*, welche dem Gericht ausreichend gleichwertige Mittel an die Hand geben würden, um einen Fall nicht materiell entscheiden zu müssen.[1736] Dies ist so jedoch m.E. nicht ganz richtig. *Die political question doctrine* ist unter den Zulässigkeitsvoraussetzungen eine besondere. Sie bezieht sich im engeren Sinn nicht mehr auf Verfahrensvoraussetzungen, sondern bereits auf die entscheidungserhebliche Rechtsfrage. Für den konkreten Rechtsfall ist die Ablehnung des Klagegegenstandes als nicht justiziabel dabei endgültig. Während die anderen Zulässigkeitskriterien, wie das *case or controversy*-Erfordernis, *standing* oder *ripeness* relativ und daher überwindbar sind, ist die Feststellung des Gerichts, einen Klagegegenstand aufgrund von nur politischen, nicht aber rechtlichen Lösungsmöglichkeiten als nicht justiziabel anzusehen, absolut.[1737] Zudem wirkt die Anwendung der *political question doctrine* auch über den konkreten Rechtsstreit hinaus, denn sie entzieht den Klagegegenstand über die *stare decisis*-Regelung generell der Entscheidungskompetenz des Gerichts.[1738] Damit ist die *political question doctrine* in ihrer Wirkung durch keine der anderen Zulässigkeitsvoraussetzungen ersetzbar und ihre „Auffangqualität" nicht zu unterschätzen. Aus diesem Grund scheint auch ihre Zukunft, entgegen der Annahme einiger amerikanischer Autoren[1739] und ungeachtet des bereits oben konstatierten Bedeutungsverlustes gesichert zu sein, zumal sie bereits seit mehreren Jahrhunderten kontinuierlich angewandt wurde. Nicht gesichert sind hingegen ihre Anwendungskriterien. Die Anwendung sowie die Gewichtung der einzelnen Punkte des Kriterienkataloges der Baker-Rechtsprechung sind in der

[1733] So für den Bereich der auswärtigen Angelegenheiten, HENKIN, 85 Yale L.J. 597, 623 (1976).

[1734] CHEMERINSKY, Federal Jurisdiction, S. 148.

[1735] BRUGGER, Demokratie, Freiheit, Gleichheit, S. 95.

[1736] SANDSTROM SINARD, 100 Dick. L. Rev. 303, 329ff. (1996).

[1737] ROTUNDA/NOWAK, Treatise on constitutional Law: Substance and Procedure, Band 1, § 2.16, S. 275.

[1738] Mulhern, 137 U. Pa. L. Rev. 97, 106f. (1988); Spann, 131 U. Pa. L. Rev. 585, 645 (1983).

[1739] Siehe Teil III: C. IV. 1.) b.) dd.), S. 344f..

Rechtsprechung, sowie diese nachzeichnend auch in der Literatur, starken Schwankungen unterworfen und damit kaum vorhersehbar.

2.) Bedeutung der *political question doctrine* für die Justiziabilität des Revisionsprozesses

a.) Die Aussagen der Rechtsprechung

aa.) Die Haltung des Supreme Court bis Coleman v. Miller

In der Entscheidung Coleman v. Miller hat der *Supreme Court* 1939 erstmals verbindlich zur Frage der Justiziabilität des Revisionsprozesses Stellung genommen.

Bis dahin waren in den vorhergehenden 140 Jahren nur zwei *Supreme Court* Urteile ergangen, in denen Aussagen zur Justiziabilität des Änderungsprozesses enthalten sind. Diese Aussagen waren jedoch nicht streitentscheidend und sind daher nur als Dikta einzustufen. In Luther v. Borden stellte *Chief Justice* TANEY 1849 fest: „the political department has always determined whether the proposed constitution or amendment was raified or not by the people of the State, and the judicial power has followed its decision,“[1740] und in White v. Hart erklärte der *Supreme Court* 1871 die Frage nach der Verfassungsmäßigkeit der *Civil War Amendments* zu einer *political question.*[1741]

bb.) Coleman v. Miller

In Coleman v. Miller behandelten *Chief Justice* HUGHES in seinem Urteil für den *Supreme Court* und ihm folgend zwei weitere Richter dann jedoch ausdrücklich die Frage, ob eine einmalige Ablehnung der Ratifikation einer Revisionsvorlage durch einen Gliedstaat eine Ratifikationssperre für diesen Gliedstaat auslöst und die Frage nach einem möglichen Erlöschen eines Revisionsvorschlags des Kongresses durch Zeitablauf als *political questions.*[1742] Als zuständiges Organ zur Klärung dieser Fragen wurde von ihnen der Bundeskongress

[1740] Luther v. Borden, 48 U.S. (7 How.) 1, 40 (1849). Vgl. zur Interpretation dieses Diktums ORFIELD, The Amending of the federal Constitution, S. 8; CLARK, 39 Va. L. Rev. 621, 630 (1953); DODD, 30 Yale L.J. 321, 327 (1921).

[1741] White v. Hart, 80 U.S. (13 Wall.) 646, 649 (1871).

[1742] Coleman v. Miller, 307 U.S. 433, 447ff. und 451ff. (1939). Vgl. bereits Teil III: C. I. 8.), S. 285ff..

angesehen.[1743] Hinsichtlich der ersten Frage befand die Mehrheitsmeinung „no basis in either Constitution or statute for [...] judicial action.“[1744] Im Hinblick auf die Frage des Erlöschens eines Revisionsvorschlags machten die Richter geltend: „Where are to be found the criteria for such a judicial determination?“[1745]

Justices BLACK, ROBERTS, FRANKFURTER und DOUGLAS, gingen in ihrer *concurring opinion* noch weiter als *Chief Justice* HUGHES, indem sie nicht nur einzelne Aspekte, sondern alle Fragen des Verfassungsänderungsprozesses als *political questions* qualifizierten und damit dem Revisionsprozess in seiner Gesamtheit Justiziabilität verweigerten: „Undivided control of that process has been given by the Article exclusively and completely to Congress. The process itself is political in its entirety, from submission until an amendment becomes part of the Constitution, and is not subject to judicial guidance, control or interference at any point."[1746]

Eine andere Richtung schlugen *Justices* BUTLER und MCREYNOLDS in ihrem abweichenden Sondervotum ein. Sie hielten zumindest die Frage nach der zeitlichen Ratifikationsgrenze für justiziabel.[1747]

Im Ergebnis bleibt damit festzuhalten, dass der *Supreme Court* verbindlich mit einer Mehrheit von 7:2 Richtern nur die Frage nach der Justiziabilität von Ratifikationsablehnungen und Ratifikationsfristen verneint hat. Die Meinung, den gesamten Prozess der Verfassungsänderung der gerichtlichen Nachprüfung zu entziehen, fand keine letztverbindliche Richtermehrheit.

cc.) Die Haltung des Supreme Court nach Coleman v. Miller

Für die Frage nach der Justiziabilität des Revisionsverfahrens ist die Aussage in Coleman v. Miller der bis heute geltende Stand der Rechtsprechung. Offiziell verworfen wurde die Entscheidung bisher nicht. Zunächst wurde Coleman in späteren *Supreme Court* Urteilen auch immer wieder bestätigend zitiert. In Baker v. Carr hielt der Gerichtshof fest: „Coleman v. Miller held that the questions of how long a proposed amendment to the Federal Constitution remained open to ratification, and what effect a prior rejection had on a subsequent ratification, were committed to congressional resolution and involved criteria of deci-

[1743] Coleman v. Miller, 307 U.S. 433, 455f. (1939).

[1744] Coleman v. Miller, 307 U.S. 433, 450 (1939).

[1745] Coleman v. Miller, 307 U.S. 433, 453 (1939).

[1746] Coleman v. Miller, 307 U.S. 433, 459 (1939).

[1747] Coleman v. Miller, 307 U.S. 433, 473f. (1939).

sion that necessarily escaped the judicial grasp."[1748] Ob darin wirklich eine Bestätigung von Coleman gesehen werden kann, ist jedoch fraglich, da dieses Zitat nur in einer vom *Supreme Court* vorgenommenen wertungsfreien Auflistung erscheint, die alle Fälle zusammenfasst, in denen der *Supreme Court* bis 1962 die *political question doctrine* angewandt hat.

Später wurde die Coleman-Rechtsprechung den ersten beiden Baker-Kriterien zugeordnet: "See e.g. Coleman v. Miller, [...], where the Court refused to determine the life span of a proposed constitutional amendment given Art V's placement of the amendment process with Congress and the lack of any judicial standard for resolving the question."[1749]

In Goldwater v. Carter machten vier Richter, demnach nicht rechtsverbindlich, Coleman v. Miller statt des neueren Urteils Baker v. Carr zum Maßstab ihrer Entscheidung.[1750]

Generell ist jedoch eine Tendenz erkennbar, die Coleman eher restriktiv interpretiert und auf seine begrenzte Verbindlichkeit aufmerksam macht. Während *Justice* RHENQUIST in Goldwater v. Carter Coleman noch zum Prüfungsmaßstab seiner Entscheidung machte, schätzte der nun zum *Chief Justice* ernannte Richter die Relevanz von Coleman nur fünf Jahre später in Uhler v. AFL-CIO ganz anders ein:

> "Petitioners base their 'political question' claim on the decision of this Court in Coleman v. Miller [...]. In that case four Justices of this Court adopted the position that the Court lacked jurisdiction to rule on questions arising in connection with the ratification of a constitutional amendment because all such questions were 'political' in nature. But that position did not command a majority in Coleman, and however this Court would presently resolve the issues raised in the Coleman case, I do not think a majority would subscribe to petitioners' expansive reading of the 'political question' doctrine in connection with the amending process."[1751]

[1748] Baker v. Carr, 369 U.S. 186, 214 (1962).

[1749] *Justice* WHITE, *concurring*, in: Nixon v. United States, 506 U.S. 224, 240f. (1993).

[1750] *Justices* RHENQUIST, STEWART und STEVENS sowie *Chief Justice* BURGER, in: Goldwater v. Carter, 444 U.S. 996, 1002f. (1979).

[1751] Uhler v. AFL-CIO, 468 U.S. 1310, 1312 (1984).

dd.) Eigene Deutung und Bewertung der gerichtlichen Stellungnahmen

Coleman ist der einzige Fall, in dem der *Supreme Court* zur Justiziabilität des Änderungsprozesses verbindlich Stellung genommen hat. In vorhergehenden wie in nachfolgenden Fällen ergingen diesbezügliche Aussagen nur als Dikta. Ferner stellt Coleman auch nur die Nichtjustiziabilität von Ratifikationsablehnung und Ratifikationsfrist verbindlich fest. Alle weitergehenden Aussagen des unübersichtlichen Urteils fanden keine Entscheidungsmehrheit. Deshalb sind auch die vielmals in der Literatur zu findenden Aussagen, dass der Revisionsprozess durch Coleman im Ganzen der gerichtlichen Nachprüfbarkeit entzogen worden sei, nicht richtig.[1752] Nur vier der neun Richter hatten diese Ansicht vertreten. Sie kann damit nicht zur verbindlichen Aussage des *Supreme Court* aufgewertet werden.

Einigen konnten sich die sieben, für die Anwendung der *political question doctrine* auf den ihnen vorliegenden Fall votierenden Richter vor allem auch nicht auf eine einheitliche Begründung. Die vier Richter, die weitergehend alle Fragen des Änderungsprozesses für nicht justiziabel erklären wollten, beriefen sich allein auf die ausschließliche Zuständigkeit des Kongresses, die sie dem Art. V entnahmen.[1753] Zwar machten auch *Chief Justice* HUGHES und ihm folgend *Justices* STONE und REED die später als die ersten zwei Baker-Kriterien bekannt gewordenen Prüfungsmaßstäbe geltend, sprachen aber auch pragmatischen Gesichtspunkten größere Bedeutung zu. Unter anderem plädierten sie auch deshalb für die Anwendung der *political question doctrine*, weil eine Entscheidung: „an appraisal of a great variety of relevant conditions, political, social and economic" voraussetzen würde, die der *Supreme Court* nach ihrer Ansicht nicht in der Lage war zu evaluieren.[1754] Ein verbindliches Begründungsmuster für die Anwendung der *political question doctrine* im Verfahren der Verfassungsänderung legt Coleman damit nicht fest.

Dieses so herausgearbeitete beschränkte Ergebnis der Coleman-Rechtsprechung kann jedoch weder inhaltlich noch methodisch überzeugen. Sein größtes Problem ist, dass es mit vorhergehenden Urteilen des *Supreme Court* zum Prozess der Verfassungsänderung nicht konform geht. Vor Coleman hat der *Supreme Court* viele Streitgegenstände zum Zustandekommen von Verfassungsänderungen und teilweise sogar zu ihrem Inhalt materiell entschieden, ohne zur Frage ihrer Justiziabilität ausdrücklich Stellung zu nehmen. 1798 ent-

---

[1752] So z.B. CHEMERINSKY, Interpreting the Constitution, S. 99: "The Court also ruled that questions related to the legality of constitutional amendments are to be left entirely to the political process."

[1753] Coleman v. Miller, 307 U.S. 433, 458ff. (1939).

[1754] Coleman v. Miller, 307 U.S. 433, 453 (1939).

schied er in Hollingworth v. State of Virginia,[1755] dass die Gegenzeichnung des Präsidenten im Verfahren der Verfassungsänderung nicht erforderlich ist. Auf die Frage der Justiziabilität des vor ihm liegenden Klagegegenstandes ging er in diesem Urteil mit keinem Wort ein, so dass davon auszugehen ist, dass er implizit seine gerichtliche Nachprüfbarkeit bejahte.[1756] Im Prinzip ist damit die Justiziabilität des Verfassungsänderungsprozesses bereits älter als der *judicial review* im Allgemeinen, der erst fünf Jahre später in Marbury v. Madison verbindlich verankert wurde. Nach einer über hundertjährigen Pause, in der keine Verfahren zum Prozess der Verfassungsänderung vor dem *Supreme Court* verhandelt wurden, urteilte das Gericht in den 20er und 30er Jahren des letzten Jahrhunderts eine Vielzahl von Fällen zum Revisionsverfahren ab. In Hawke v. Smith erklärte der *Supreme Court* verbindliche Referenden zur Ratifikation einer Revisionsvorlage in den Gliedstaaten für verfassungswidrig. In den National Prohibition Cases stellte das Gericht fest, dass einem Revisionsvorschlag des Kongresses keine Resolution vorgeschaltet sein muss, welche die Notwendigkeit einer verfassungsrechtlichen Revision begründet und dass der Referenzwert für die im Kongress zur Verabschiedung eines Änderungsvorschlags erforderliche Zweidrittelmehrheit nicht die Mitgliederzahl der jeweiligen Kammer ist, sondern sich bei vorhandenem Quorum auf eine Abstimmungsmehrheit bezieht. In Dillon v. Gloss[1757] billigte der *Supreme Court* eine vom Kongress gesetzte Ratifikationsfrist in Höhe von sieben Jahren und erklärte, dass das Inkrafttreten einer Verfassungsänderung mit der Ratifikation des letzten, für die Dreiviertelmehrheit erforderlichen, Gliedstaates zusammenfällt. Gerade im Hinblick auf dieses Urteil wirkt die Rechtsprechung in Coleman wenig überzeugend. In Dillon hat der *Supreme Court* nicht nur bestimmt, dass der Kongress eine Ratifikationsfrist für seinen Revisionsvorschlag festsetzen darf, sondern bereits bemerkt, dass vorgeschlagene *Amendments* auch ohne Ratifikationsgrenze eine nur befristete Geltungskraft haben. Dies war im Verfahren zwar nicht streitrelevant und wurde damit auch nicht letztverbindlich festgelegt. Dennoch hat der *Supreme Court* in Dillon im Prinzip bereits das Problem materiell entschieden, welches er in Coleman für nicht justiziabel hielt. Dies würdigten auch die beiden separaten Voten in Coleman. Die *concurring opinion*, die den gesamten Prozess der Verfassungsänderung der gerichtlichen Nachprüfbarkeit entzogen wissen wollte, setzte sich konsequenterweise für das Verwerfen der Dillon-Rechtsprechung ein,[1758] und die *dissenting opinion* hätte die Frage nach der Existenz einer zeitlichen Ratifikationsgrenze der Dillon-Rechtsprechung entsprechend materiell entschie-

---

[1755] Siehe Teil III: C. I. 1.), S. 277.

[1756] So auch ORFIELD, The Amending of the federal Constitution, S. 7.

[1757] Vgl. zu den Urteilen Teil III: C. I. 4.), S. 280f..

[1758] Coleman v. Miller, 307 U.S. 433, 459 (1939).

den.[1759] Auch nach Dillon nahm sich der *Supreme Court* weiterer Fragen zum Revisionsprozess an. In Leser v. Garnett wiederholte der *Supreme Court* seine Aussagen, die er in Hawke v. Smith und den National Prohibition Cases getroffen hatte und stellte fest, das gliedstaatliche Verfassungen für den Prozess der Ratifikation nationaler Revisionsvorlagen keine zusätzliche Hürden vorsehen dürfen. Eine der in Leser v. Garnett gestellten drei Fragen beantwortete der *Supreme Court* jedoch nicht. Die Kläger hatten geltend gemacht, dass die Ratifikation des Amend. XIX durch die Parlamente von Tennessee und West Virginia nicht rechtmäßig waren, weil sie das jeweilige gliedstaatliche Rechtsetzungsverfahren nicht beachtet hätten. Hier hielt der *Supreme Court* die offiziellen Erklärungen der Gliedstaaten über die erfolgte Ratifikation in Verbindung mit deren Kenntnisnahme durch den *Secretary of State* für verbindlich: „official notice to the Secretary, duly authenticated, that they had done so [ratified], was conclusive upon him, and, being certified to by his proclamation, is conclusive upon the courts."[1760] Diese Erklärung wurde von einigen als erste Andeutung einer *political question doctrine* für den Prozess der Verfassungsänderung gewertet.[1761] Dem ist jedoch nicht zuzustimmen. Zum einen hätte der *Supreme Court*, wie er selbst feststellte, die Streitfrage gar nicht entscheiden müssen, da zum Zeitpunkt des Urteils zwei weitere Gliedstaaten die Revisionsvorlage ratifiziert hatten und es somit auf die Ratifikation von Tennesse und West Virginia nicht mehr ankam.[1762] Damit hat diese Aussage wiederum nur die Qualität eines Diktums. Zum anderen schloss die Stellungnahme des Gerichts die Justiziabilität gar nicht aus, sondern definierte nur die Zulässigkeit von Beweismitteln, indem sie einen Gegenbeweis gegen die offizielle Feststellung der zuständigen Organe über das Vorliegen einer Ratifikation durch eine einzelstaatliche Legislatur nicht annahm.[1763] Dass Leser v. Garnett nicht in die *political question doctrine* einzuordnen ist, macht dann auch der nachfolgende Fall United States v. Sprague[1764] deutlich. Dort entschied das Gericht, dass der Kongress frei darüber entscheiden kann, welche der beiden Ratifikationsmethoden er für

---

[1759] Coleman v. Miller, 307 U.S. 433, 473f. (1939).

[1760] Leser v. Garnett, 258 U.S. 130, 137 (1922).

[1761] So von STRUM, The Supreme Court and "political Questions," S. 104f.; ORFIELD, The Amending of the federal Constitution, S. 18; ELDER, 31 Okla. L. Rev. 63, 69 (1978).

[1762] Siehe die Besprechung in Teil III: C. I. 5.), S. 282f..

[1763] REES, 37 La. L. Rev. 896, 908f., Fn. 9 (1977); SCHARPF, Grenzen der richterlichen Verantwortung, S. 250f.; HALLER, Supreme Court und Politik in den USA, S. 247.

[1764] Siehe Teil III: C. I. 7.), S. 283ff.. Die Widersprüchlichkeit zu United States v. Sprague und einer Auslegung von Leser v. Garnett, welche das Urteil als ersten Fall der *political question doctrine* im Revisionsprozess ansieht, muss auch ORFIELD, The Amending of the federal Constitution, S. 18, zugeben.

eine Revisionsvorlage für verbindlich erklärt. Dabei würdigte der *Supreme Court* die Frage nach der Justiziabilität mit keinem Wort.

In allen Verfahren zum Revisionsprozess vor Coleman v. Miller hat der *Supreme Court* folglich die ihm gestellten Streitfragen zum Entstehungsprozess von Verfassungsänderungen materiell entschieden. In keinem Fall ging er dabei auf das Problem der Justiziabilität ein, obwohl in vielen Fällen in den Schriftsätzen der Parteien und anderer Beteiligten auf die Anwendbarkeit der *political question doctrine* verwiesen wurde.[1765] Der *Supreme Court* war demnach für das Problem sensibilisiert worden und hat sich bewusst für die Justiziabilität der Streitgegenstände entschieden.

Dass vor Coleman das Revisionsverfahren nicht in die *political question doctrine* eingeordnet wurde, zeigen auch zahlreiche Stellungnahmen zur *political question doctrine*, die den Revisionsprozess entweder explizit für justiziabel hielten oder aber diesen gar nicht, weder als aktuelle noch als potentielle Kategorie der Doktrin, erwähnten.[1766] Auch gliedstaatliche Gerichte hielten den Revisionsprozess zumeist für uneingeschränkt justiziabel.[1767] Noch 1933 erklärte der *Supreme Court* von North Carolina den U.S. *Supreme Court* sogar ausdrücklich für die Kontrolle des verfassungsändernden Gesetzgebers zuständig: „Whether or not a proposed Amendment to the Constitution of the United States has been submitted by Congress and ratified in accordance with the provisions of article 5 of the said Constitution, must necessarily be determined finally by the Supreme Court of the United States."[1768]

Umso verwunderlicher ist es, dass der *Supreme Court* in Coleman zu seinen vorhergehenden, zu Coleman im Widerspruch stehenden, Entscheidungen kaum

---

[1765] Zu Hawke v. Smith I, 253 U.S. 221 (1920): Brief of SHIPPEN LEWIS, WILLIAM D. LEWIS, and GEORGE W. PEPPER, Amici Curiae, in support of Appellant, S. 3ff.. Zu National Prohibition Cases, 253 U.S. 350 (1920): Brief of Complainants on motion to file original bill, S. 18f.; Brief of Defendants in response to the order to show cause, S. 21ff.; Brief of Defendants in support of motion to dismiss, S. 17ff.; Brief of ELIHU ROOT, WILLIAM D. GUTHRIE, ROBERT CRAIN, BERNARD HERSHKOPF, Amici Curiae, S. 153ff sowie die Argumentation des Solicitor General, National Prohibition Cases, 253 U.S. 350, 381 (1920). Zu Leser v. Garnett: Brief for Appellees, S. 40ff.; Brief for United States as Amicus Curiae, S. 4ff..

[1766] POST, The Supreme Court and political Questions (1936); BURDICK, The Law of the American Constitution, S. 45. So auch 1930 noch ORFIELD, 14 Minn. L. Rev. 369, 378 (1930).

[1767] Für die Justiziabilität des gliedstaatlichen Revisionsprozesses stellten dies fest: Ellingham v. Dye, 178 Ind. 336 (Ind. 1912); Koehler v. Hill, 14 N.W. 738, 739ff. (Iowa 1883); Dayton v. City of St. Paul, 22 Minn. 400 (Minn. 1876); Collier v. Frierson, 24 Ala. 100 (Ala. 1854); State v. McBride, 4 Mo. 303 (Mo. 1836) und insbesondere In re McConaughy, 106 Minn. 392, 401f. (Minn. 1909) m.w.N.. Vgl. Comment, 24 Minn. L. Rev. 393, 402ff. (1940).

[1768] In re Opinions of the Justices, 172 S.E. 474, 476 (N.C. 1933).

Stellung nimmt. Weder *Chief Justice* HUGHES noch der Autor der *concurring opinion*, *Justice* BLACK, erwähnen in ihren Erläuterungen zum Justiziabilitätsproblem die vorhergehenden Fälle, in denen der *Supreme Court* Fragen zum Revisionsprozess materiell entschieden hat. Allein das Urteil Dillon v. Gloss wird gewürdigt.[1769] Besonders auffallend und inkonsequent ist die Nichterwähnung vorhergehender Urteile zum Revisionsprozess deshalb, weil in der ebenfalls strittigen Frage des Verfahrens, ob die Kläger eine ausreichende Antragsbefugnis vorweisen konnten, sehr wohl die vorhergehenden Fälle zu Art. V, insbesondere Hawke v. Smith, Leser v. Garnett und Fairchild v. Hughes sowohl von *Chief Justice* HUGHES als auch von *Justice* BLACK konsultiert wurden.[1770] Zudem urteilten weder *Chief Justice* HUGHES noch *Justice* BLACK konsequent. *Justice* BLACK nimmt zum Problem der Justiziabilität ausführlich Stellung, obwohl er zuvor bereits die Antragsbefugnis der Kläger verneint hatte. *Chief Justice* HUGHES war insofern inkonsequent, als er die Anwendbarkeit der *political question doctrine* auf die Frage nach den Auswirkungen einer Ratifikationsablehnung annahm, gleichzeitig aber die Entstehungsgeschichte des Amend. XIV zur Frage der Endgültigkeit einer gliedstaatlichen Ratifikation als „has been accepted" bezeichnete[1771] Durch diese Befürwortung des geschichtlichen Präzedenzfalls machte er jedoch materiellrechtliche Vorgaben, die mit der Lehre von der *political question* nicht zu vereinbaren sind.

Die durch die Unübersichtlichkeit und Inkonsequenz lädierte Autorität der Coleman-Rechtsprechung schlug sich auch auf die seit 1939 zwei sehr bekannten, nachfolgenden Urteile von Untergerichten nieder, die zum Revisionsprozess der Bundesverfassung ergingen. Beide hielten Streitfragen zu Art. V trotz Coleman für justiziabel.

In Dyer v. Blair machte *Judge* STEVENS, später Richter am *Supreme Court*, Coleman noch nicht einmal zum verbindlichen Maßstab seiner Entscheidung, sondern stellte fest: "We therefore, must consider whether this particular issue is a political question under the standards of Powell and Baker."[1772] Damit zog er in Erwägung, dass die Rechtsprechung in Coleman im Lichte der nachfolgenden Entscheidungen zur *political question doctrine* im Allgemeinen nicht mehr den aktuellen Stand der Rechtsprechung repräsentiert und honorierte gleichzeitig die limitierte Verbindlichkeit der Entscheidung hinsichtlich der wenigen mit einer

1769 Beide Richter argumentieren auch mit dem Urteil Luther v. Borden (Coleman v. Miller, 307 U.S. 433, 455, 457 (1939)). Wie oben aber bereits erwähnt sind die Stellungnahmen in diesem Urteil nur als Diktum zu qualifizieren und haben daher gegenüber den anderen Entscheidungen zum Art. V eine viel geringere Bedeutung.

1770 Coleman v. Miller, 307 U.S. 433, 439ff., 460ff. (1939).

1771 Coleman v. Miller, 307 U.S. 433, 450 (1939).

1772 Dyer v. Blair, 390 F.Supp. 1291, 1300 (N.D. Ill. 1975).

Mehrheit getroffenen Aussagen. Nur in einem kleinen Nebensatz differenzierte er zur Vorsicht Coleman von seiner eigenen Entscheidung, indem er festhielt, dass es in dem ihm vorliegenden Fall allein um die Interpretation des Art. V gehe bei der, anders als in Coleman, weder „social, economic or political“ Faktoren eine Rolle spielten.[1773]

Judge CALLISTER beschränkte sich 1981 in State of Idaho v. Freeman darauf, Coleman von dem ihm vorliegenden Fall zu differenzieren, indem er darauf verwies, dass allein die Frage nach der Existenz einer Ratifikationsfrist und die Frage nach den Auswirkungen einer Ratifikationsablehnung zu *political questions* erklärt wurden.[1774] Im Hinblick auf die vor Coleman entschiedenen Fälle zu Art. V zweifelte auch er an der Autorität von Coleman[1775] und beantwortete die Frage, ob die ihm zur Lösung aufgetragenen Klagegegenstände justiziabel sind, ausschließlich anhand der Prüfungskriterien von Baker v. Carr.[1776]

Auch zahlreiche andere bundes- und gliedstaatliche Gerichte haben verfahrensrechtliche Fragen zum Revisionsprozess noch nach Coleman entschieden und sich nicht auf die *political question doctrine* berufen.[1777] Die Coleman-Rechtsprechung ist im Ergebnis daher nicht nur verfehlt gewesen, sondern scheint auch im Laufe der Zeit überholt zu sein. Jedenfalls wurde sie durch nachfolgende Urteile des *Supreme Court* zur *political question doctrine* modifiziert.[1778]

Erklärt, nicht aber uneingeschränkt gerechtfertigt werden kann die Entscheidung Coleman nur durch ihren politischen wie geschichtlichen Kontext. Bisher hatte der *Supreme Court* nur über Verfahren urteilen müssen, die nach Erlass der Verfassungsänderung vor ihn gelangt waren. Mit Coleman lag nun erstmals der Antrag an ihn vor, in einen laufenden Revisionsprozess einzugreifen. Historisch gesehen erging der Entscheid Coleman zudem in einer Phase äußerster Zurückhaltung des *Supreme Court*. In den 20er und 30er Jahren des letzten Jahrhun-

---

[1773] Dyer v. Blair, 390 F.Supp. 1291, 1302 (N.D. Ill. 1975).

[1774] State of Idaho v. Freeman, 529 F.Supp. 1107, 1125f., 1141f. (D. Idaho 1981).

[1775] State of Idaho v. Freeman, 529 F.Supp. 1107, 1126 (D. Idaho 1981).

[1776] State of Idaho v. Freeman, 529 F.Supp. 1107, 1124ff. (D. Idaho 1981).

[1777] United States v. Foster, 789 F.2d 457, 483 (7th Cir. 1986); United States v. House, 617 F.Supp. 237, 239 (W.D. Mich. 1985); Trombetta v. State of Florida, 353 F.Supp. 575, 577f. (D.C. Fla. 1973); Petuskey v. Rampton, 307 F.Supp. 235, 244ff. (D.C. Utah 1969); Opinion of the Justices, 673 A.2d 693, 697 (Maine 1996).

Die *Political question doctrine* wandten hingegen 1985 ein *District Court* und 1986 ein *United States Court of Appeals* an, der sich allerdings nicht auf Coleman, sondern auf Baker berief. (U.S. v. Wojtas, 611 F.Supp. 118, 121 (D.C. Ill. 1985); United States v. Stahl, 792 F.2d 1438, 1440 (9th Cir. 1986)).

[1778] HAJDU/ROSENBLUM, 79 Colum. L. Rev. 106, 144 (1979).

derts hatte der *Supreme Court* zahlreiche Gesetze zur Wirtschaftsregulierung, im Glauben an die verfassungsrechtliche Unzulässigkeit staatlicher Eingriffe in den freien Markt verworfen. Auch die *New Deal* Politik von Präsident ROOSEVELT, mit der die 1929 einsetzende Wirtschaftskrise bekämpft werden sollte, fiel dieser Einstellung des *Supreme Court* zum Opfer. Mittels einer restriktiven Auslegung der *interstate commerce clause*, die dem Bund die Gesetzgebungskompetenz für den zwischengliedstaatlichen Handel einräumt, erklärte er die Wirtschafts- und Sozialgesetzgebung ROOSEVELTS für verfassungswidrig. Unter dem Druck des von ROOSEVELT angestrebten *court packing*-Plans, der die Rechtsprechung des *Supreme Court* zügeln sollte, ruderte der Gerichtshof jedoch seit 1937 zurück und vertrat gegenüber dem Bund allgemein eine freundlichere und zurückhaltendere Haltung. In diesen übergreifenden Kontext fiel 1939 auch die Entscheidung Coleman v. Miller.

Auch ganz konkret muss Coleman aber im Zusammenhang mit der Rechtsprechung zur Wirtschaftsregulierung gesehen werden. Mit dem in Coleman in Frage stehenden *Child Labor Amendment* sollte eine Entscheidung des *Supreme Court* außer Kraft gesetzt werden, die 1918 ein Bundesgesetz zur Regulierung von Kinderarbeit für verfassungswidrig erklärte.[1779] Zum einen behandelte Coleman damit ganz speziell einen Fall der seit 1937 mit größter Zurückhaltung beurteilten Problematik der Wirtschaftsregulierung. Zum anderen ging es aber vor allem darum, dass der *Supreme Court* eine Verfassungsänderung beurteilen sollte, mit der die Revision seiner eigenen, vor knapp zwanzig Jahren getroffenen, Entscheidung intendiert war. Da der Revisionsprozess das einzige Mittel der Legislative ist, Interpretationen der Verfassung durch den *Supreme Court* zu korrigieren, war in Coleman im Hinblick auf die horizontale Gewaltenteilung in besonderem Maße die Zurückhaltung des *Supreme Court* geboten. Dies hätte dennoch nicht zu einer totalen Abstinenz gerichtlicher Entscheidungsfindung führen müssen, denn auch in Hollingworth v. State of Virginia stand 1798 eine Verfassungsänderung auf dem gerichtlichen Prüfstand, die ebenfalls ein zuvor ergangenes *Supreme Court* Urteil revidieren sollte. Damals hatte der *Supreme Court* aber die ihm gestellte Frage materiell entschieden.[1780]

b.) Die DELLINGER/TRIBE-Debatte

Die Literatur ist hinsichtlich der Frage einer möglichen Justiziabilität von Klagegegenständen unter Art. V uneins. Repräsentativ für diese Uneinigkeit ist

[1779] Hammer v. Dagenhart, 247 U.S. 251 (1918). Siehe Teil III: A. I. 2.) a.), S. 236ff..

[1780] Chisholm v. Georgia, 2 U.S. (2 Dall.) 419 (1793).

die sog. DELLINGER/TRIBE Debatte.[1781] Dabei handelt es sich um einen Meinungsaustausch über das Problem der Justiziabilität des Revisionsprozesses zwischen WALTER DELLINGER[1782] und LAURENCE TRIBE,[1783] der Mitte der 1980er Jahre in mehreren *Law Review* Artikeln wiedergegeben wurde.[1784] Er spiegelt die beiden sich gegenüberstehenden Ansichten der rechtswissenschaftlichen Literatur exemplarisch wieder.

aa.) DELLINGERS aktive Rolle des Gerichts im Revisionsprozess

DELLINGER befürwortet im Gegensatz zur Mehrheitsentscheidung in Coleman v. Miller, in der sieben Richter sich zumindest auf die Ansicht einigen konnten, dass wesentliche Teile des Verfassungsänderungsprozesses der gerichtlichen Nachprüfbarkeit entzogen sind, nicht nur die volle Justiziabilität des Revisionsprozesses, sondern sogar eine aktivistische, rechtsschöpferische Rolle des *Supreme Court* im Verfahren der Verfassungsänderung. Für die rechtsschöpferische Tätigkeit des *Supreme Court* setzt DELLINGER dabei einen „formalistischen" Standard fest, bei dem der Wortlaut des Art. V Ausgang und Grenze der möglichen Interpretationen sein soll.[1785] Zusätzliche in Art. V hineingelesene Prinzipien, wie das Prinzip des *contemporaneous consensus* sollen verworfen werden.[1786] Im besonderen verlangt DELLINGER vom *Supreme Court*, auf Grundlage der von ihm vorgeschlagenen Interpretationsmethode festzustellen, dass eine gliedstaatliche Ratifikationsablehnung keine Ratifikationssperre für die Zukunft auslöst,[1787] dass allerdings sobald ein Gliedstaat eine Revisionsvorlage ratifiziert hat, er diese Ratifikation nicht mehr zurückziehen kann[1788] und dass der

---

[1781] Vgl. für die Namensgebung VILE, 3 J.L. & Pol. 21, 21 (1986).

[1782] Zum Zeitpunkt der Diskussion *Professor of Law* an der *Duke University Law School* und seit 1997 *Douglas B. Maggs Professor of Law* an der *Duke University Law School.*

[1783] Zum Zeitpunkt der Diskussion *Ralph S. Tyler, Jr. Professor of Constitutional Law* an der *Harvard Law School*; seit 2004 *Carl M. Loeb Professor*, ebenfalls an der *Harvard Law School.*

[1784] Ausgehend von DELLINGER, 97 Harv. L. Rev. 386 (1983); darauf bezugnehmend TRIBE, 97 Harv. L. Rev. 433 (1983). DELLINGERS Antwort erfolgte in: 97 Harv. L. Rev. 446 (1983). Schließlich greift TRIBE die Debatte nochmals in: TRIBE, Constitutional Choices, S. 21ff., auf.

[1785] DELLINGER, 97 Harv. L. Rev. 386, 417ff. (1983).

[1786] DELLINGER, 97 Harv. L. Rev. 386, 418f. (1983).

[1787] DELLINGER, 97 Harv. L. Rev. 386, 421 (1983).

[1788] DELLINGER, 97 Harv. L. Rev. 386, 423 (1983).

Ratifikationsprozess grundsätzlich keiner zeitlichen Befristung unterliegt, sofern der Kongress keine Ratifikationsfrist erlassen hat.[1789]

Mit seiner aktivistischen Justiziabilitätstheorie und seiner formalistischen Interpretationsmethode verfolgt DELLINGER das Ziel der Schaffung größtmöglicher Rechtssicherheit durch Klärung noch offener Fragen im Verfahren der Verfassungsänderung. Die Unbestimmtheit des Revisionsprozesses sieht DELLINGER als Hauptlegitimitätsproblem desselbigen an.[1790] Die Zuweisung der Entscheidungskompetenz an den Kongress fördert nach DELLINGER diesen Faktor der Rechtsunsicherheit und muss daher vermieden werden.[1791] Ein gewählter Kongress kann zwar Präzedenzfälle schaffen, nicht aber nachfolgende Kongresse an eine einmal vorgenommene Handlungsweise binden.[1792] Eine Entscheidung des *Supreme Court* würde hingegen zwar wegen der Möglichkeit des gerichtlichen Verwerfens der Problemlösung auch keine Endgültigkeit einräumen, aber dennoch über die *stare decisis* Doktrin sehr viel mehr Stabilität verleihen und zudem auch jeden neuen Kongress binden. Neben diesem übergreifenden pragmatischen Gesichtspunkt führt DELLINGER zudem drei weitere Argumente für seine These und für ihre Verfassungskonformität an. Erstens stellt er fest, dass dem Wortlaut des Art. V nicht zu entnehmen ist, dass allein dem Kongress die Kompetenz erteilt ist, in Fragen zum Revisionsprozess zu befinden.[1793] Zweitens weist der Verfassungsrechtler darauf hin, dass der immer wieder als Beweis für die breite Kompetenz des Kongresses im Revisionsverfahren zitierte vermeintliche Präzedenzfall des Amend. XIV äußerst fragwürdig ist. Der Kongress hatte dort mittels einer Resolution entschieden, dass die Revisionsvorlage zum Amend. XIV von einer ausreichenden Anzahl von Gliedstaaten rechtswirksam ratifiziert worden war, obwohl die südlichen Gliedstaaten z.T. nur unterzeichnet hatten, weil dies zur Bedingung ihrer Wiedereingliederung in die Union gemacht wurde oder/und weil sie unter militärischem Zwang standen. Zudem hatten einige Gliedstaaten auch versucht, ihre Ratifikation zu widerrufen. DELLINGER macht daher darauf aufmerksam, dass die Allgemeingültigkeit dieses Vorgehens des Kongresses zweifelhaft ist. Die Ratifikation des Amend. XIV hat wegen des Bürgerkriegs eine Sonderrolle gespielt und sollte daher nicht als Maßstab für alle weiteren Fälle angelegt werden.[1794] Darüber hinaus wurde auch

[1789] DELLINGER, 97 Harv. L. Rev. 386, 419f., 424ff. (1983). Im äußersten Notfall soll der Revisionsvorschlag nach der Rechtsfigur der *desuetudo* erlöschen.

[1790] DELLINGER, 97 Harv. L. Rev. 386, 387f. (1983).

[1791] DELLINGER, 97 Harv. L. Rev. 386, 393 (1983).

[1792] DELLINGER, 97 Harv. L. Rev. 386, 392, 395f. (1983) unter Verweis auf BLACK, 82 Yale L.J. 189, 191ff. (1972).

[1793] DELLINGER, 97 Harv. L. Rev. 386, 398ff. (1983).

[1794] DELLINGER, 97 Harv. L. Rev. 386, 397, 400ff. (1983).

nie ein gerichtliches Verfahren vor dem *Supreme Court* angestrengt, welches das verfassungswidrige Zustandekommen des Amend. XIV zum Klagegegenstand erhoben hat. Die Abstinenz des *Supreme Court* in dieser Sache, die dem Kongress bisher das letzt Wort verliehen hat, lässt sich somit auch damit erklären, dass dem Gericht gar keine Gelegenheit geboten wurde, zu der Problematik ausführlich Stellung zu nehmen.[1795] Schließlich bemerkt DELLINGER drittens, dass, wie auch bereits oben gezeigt, Coleman v. Miller im Gegensatz zu vielen Entscheidungen steht, in denen der *Supreme Court* materiell zum Prozess der Verfassungsänderung Stellung genommen hat.[1796]

Zu diesen Negativargumenten kommt nach DELLINGERS Ansicht positiv hinzu, dass die Judikative zur Lösung verfassungsrechtlicher Zweifelsfragen im Revisionsverfahren am besten geeignet ist, da sie selbst mit keiner Aufgabe im Prozess der Verfassungsänderung betraut ist und somit Gewähr für ihre Neutralität bieten kann. Technisch sprechen ferner für die gerichtliche Problemlösung die Schriftlichkeit der Urteile, das Begründungserfordernis, die *stare decisis* Doktrin und die gerichtliche Unabhängigkeit von der öffentlichen Meinung.[1797]

Der am häufigsten gegen DELLINGERS Vorschlag vorgebrachten Kritik, nämlich, dass der Revisionsprozess das einzige Mittel der Legislative sei, Kontrolle über den *Supreme Court* auszuüben, entgegnet DELLINGER mit der empirischen Feststellung, dass nur vier der bisherigen Revisionen Gerichtsurteile modifiziert haben. Er macht zudem geltend, dass der *Supreme Court* im Fall des Amend. XI, welches eine *Supreme Court* Entscheidung verwerfen sollte, dieses explizit in Hollingworth v. State of Virginia aufrechterhalten und damit seine Kompetenz zur neutralen Rechtsfindung bereits unter Beweis gestellt hat.[1798] DELLINGER dreht das Argument seiner Kritiker schließlich um, indem er feststellt, dass die Mehrzahl der Verfassungsänderungen auf das Verhalten der Legislative bezogen ist. Die ausschließliche oder zumindest größtmögliche Kompetenz des Kongresses ist seiner Ansicht nach daher widersinnig, weil dem Kongress das geringste Maß an Neutralität im Revisionsprozess zugeschrieben werden kann.[1799]

[1795] Bisher konnte der *Supreme Court* die Verfassungsmäßigkeit des Amend. XIV nur inzidenter behandeln.

[1796] DELLINGER, 97 Harv. L. Rev. 386, 403ff.; 416f. (1983).

[1797] DELLINGER, 97 Harv. L. Rev. 386, 413 (1983).

[1798] DELLINGER, 97 Harv. L. Rev. 386, 414f. (1983), ders., 97 Harv. L. Rev. 446, 446f. (1983).

[1799] DELLINGER, 97 Harv. L. Rev. 386, 415f. (1983).

bb.) TRIBES Rolle des Gerichts als zurückhaltender Überwacher des Revisions prozesses

LAURENCE TRIBE entgegnet DELLINGER, dass der Aspekt der Rechtssicherheit keine ausreichende Begründung für eine aktive Rolle der Judikative im Revisionsprozess darstellen kann: „added certainty in the application of Article V is an insufficient virtue to warrant the enormous vices that exclusive judicial control would entail."[1800] TRIBE ist der Ansicht, dass der *Supreme Court* in dem einzigen Prozess, in dem seine Entscheidungen durch die Legislative relativiert bzw. rückgängig gemacht werden können, keine weitreichenden Überwachungskompetenzen haben kann: "constitutional amendment is a political, not legal, process, and judicial supervision of that process threatens to undermine the independence of Article V from normal legal processes – and poses particular problems when the amendment at issue is one proposed in response to judicial decisions."[1801]

Allerdings schließt auch TRIBE die gerichtliche Nachprüfbarkeit nicht gänzlich aus.[1802] Welche Klagegegenstände justiziabel seien sollen, definiert er jedoch nicht genau. Die Rolle des Gerichts soll darin bestehen, die „outer boundaries of the amendment process"[1803] festzulegen, „antecedent questions"[1804] zu lösen und Streitigkeiten im Ratifikationsprozess beizulegen, wenn „an adjudication on the merits of the challenge would not seriously threaten the unique role of the amendment process."[1805] Ausdrücklich hält Tribe allein das Verfahren der Verfassungsänderung durch einen Bundeskonvent für justiziabel.[1806] Nicht justiziabel sind nach TRIBE jedenfalls all diejenigen Klagegegenstände, bei denen materielle Inhaltsbeurteilung schwer von einer reinen Verfahrenskontrolle zu unterscheiden ist.[1807] Auch die drei von DELLINGER für justiziabel gehaltenen Klagegegenstände der Ratifikationsfrist und der Bindungswirkung von Ratifika-

---

1800 TRIBE, 97 Harv. L. Rev. 433, 435 (1983), ders., Constitutional Choices, S. 23.

1801 TRIBE, American constitutional Law, S. 105, ders., Constitutional Choices, S. 22f.. Das Argument kann zurückgeführt werden auf *Justice* POWELL, der dieses in Goldwater v. Carter, 444 U.S. 996, 1001 Fn. 2 (1979) anführte. Ausgearbeitet wurde es aber bereits auch schon von SCHARPF, 75 Yale L.J. 517, 587ff. (1966).

1802 TRIBE, American constitutional Law, S. 105.

1803 TRIBE, 97 Harv. L. Rev. 433, 434 (1983).

1804 TRIBE, 97 Harv. L. Rev. 433, 434 Fn. 4 (1983) und ders., Constitutional Choices, S. 23 Fn. 8, in denen er einige Beispiele für "antecedent"-Fragen nennt.

1805 TRIBE, 97 Harv. L. Rev. 433, 445 (1983).

1806 TRIBE, American constitutional Law, S. 372; ebenso CASTRO, 134 U. Pa. L. Rev. 939, 947ff. (1986).

1807 TRIBE, 97 Harv. L. Rev. 433, 444 (1983), ders., Constitutional Choices, S. 27f..

tionsablehnungen und erfolgten Ratifikationen spricht TRIBE die Justiziabilität ab: „it has been well settled for over half a century that Congress exercises control over the mode of an amendment's proposal and ratification, and thus has the last word on such matters as attempted rescission and the timeliness of ratification."[1808] Ansonsten konkretisiert TRIBE seine eher schwammige Definition möglicher justiziabler und nicht justiziabler Klagegegenstände im Verfahren der Verfassungsänderung nicht näher.

Im Ergebnis besteht auch TRIBES Ansatz nicht in einem gänzlichen Ausschluss der Judikative aus dem Überwachungsprozess von Verfassungsänderungen, sehr wohl aber in einer äußerst limitierten Rolle der Gerichte: „The general rule, [...], will be one of broad judicial deference to congressional judgment."[1809] Die von TRIBE geforderte äußerste Zurückhaltung der Gerichte muss aber auch nach seiner Ansicht nicht in einer totalen Abstinenz gerichtlicher Kontrolle enden: „substantial, albeit less than total, deference"[1810] benennt er als die richtige Herangehensweise. Dabei hält er jedoch nicht wie DELLINGER an einem formalistischen Prüfungsstandard fest, sondern gewährt den Gerichten weitestgehenden Spielraum und Flexibilität:

> „But an argument that the courts should resolve amendment process issues ought not to be based on the dubious assumption that the courts will resolve those issues according to any particular set of rules. I believe that it is illegitimate to argue for a more active judicial role as though one could control judicial decisions by fiat."[1811]

[1808] Constitutional Convention Procedures: Hearing on S. 3, S. 520 und S. 1710, before the Subcommittee on the Constitution, Senate Committee on the Judiciary, 96th Cong., 1st Sess, S. 504 (1979) (testimony of Professor LAURENCE TRIBE). Siehe auch ders., Extending the Ratification Period for the Proposed Equal Rights Amendment: Hearing on H.R.J. Res. 638 before the Subcommittee on Civil and Constitutional Rights, House Committee on the Judiciary, 95th Cong., 1st & 2nd Sess., S. 39 (1977-1978). Ferner TRIBE, 97 Harv. L. Rev. 433, 434 Fn. 6 (1983). So auch FASTEAU/FASTEAU, 1 Harv. Women's L.J. 27, 47 (1978).

[1809] TRIBE, American constitutional Law, S. 105.

[1810] TRIBE, 97 Harv. L. Rev. 433, 444 (1983), ders., Constitutional Choices, S. 27.

[1811] TRIBE, 97 Harv. L. Rev. 433, 435 Fn. 7 (1983). Vgl. auch ders., 97 Harv. L. Rev. 433, 434 Fn. 6 (1983), ders., Constitutional Choices, S. 23, Fn. 9.

c.) Eigener Lösungsansatz zur Justiziabilität des Änderungsprozesses

aa.) Inhaltskontrolle

Sowohl TRIBE als auch DELLINGER stimmen darin überein, dass der Inhalt verfassungsrechtlicher Revisionen „quintessentially political"[1812] ist und daher auch der gerichtlichen Nachprüfbarkeit entzogen bleiben muss.[1813] Dem ist in vollem Umfang zuzustimmen. Zwar würde der Entscheid Coleman einer Inhaltskontrolle nicht entgegenstehen, da in Coleman allein verfahrensrechtliche Aspekte, nicht aber der materielle Inhalt einer Revision der *political question doctrine* unterworfen wurden, und der *Supreme Court* vor Coleman bereits mehrmals über die Verfassungsmäßigkeit des Inhalts einer Revision materiell entschieden hatte.[1814] Wie in Teil II erläutert,[1815] ist das Revisionsverfahren in den Vereinigten Staaten aber nicht wie Art. 79 III GG mit materiellen Schranken belegt worden. Selbst die einzige noch existierende Schranke im Verfahren der Verfassungsänderung enthält allein prozessrechtliche Auflagen, nicht aber eine Begrenzung möglicher Inhalte von Verfassungsänderungen. Auch ungeschriebene, anderweitig in der Verfassung verankerte Schranken sind, wie Teil II zeigte, in der amerikanischen Literatur und Rechtsprechung überwiegend abgelehnt worden. Mangels eines gerichtlichen Prüfungsmaßstabs ist damit eine Inhaltskontrolle von Verfassungsänderungen gar nicht möglich und sollte in der Tat in die *political question doctrine* eingeordnet werden.[1816]

bb.) Verfahrenskontrolle

Differenzierter ist die Frage nach der Justiziabilität des Entstehungsprozesses verfassungsrechtlicher Revisionen zu betrachten. Sowohl DELLINGER als auch

---

[1812] TRIBE, 97 Harv. L. Rev. 433, 437 Fn. 14 (1983), ders., Constitutional Choices, S. 27; sowie ihn zitierend DELLINGER, 97 Harv. L. Rev. 446, 448 (1983). Vgl. auch DELLINGER, 97 Harv. L. Rev. 386, 413 Fn. 125 (1983).

[1813] DELLINGER, 97 Harv. L. Rev. 446, 447f. (1983); TRIBE, 97 Harv. L. Rev. 433, 443 (1983), ders., American constitutional Law, S. 372, insbesondere Fn. 42, ders., 10 Pac. L.J. 627, 638ff. (1979).

[1814] National Prohibition Cases, 253 U.S. 350, 385ff. (1920); Leser v. Garnett, 258 U.S. 130, 136 (1922).

[1815] Teil II: D., S. 163ff..

[1816] So explizit auch FRIERSON, 33 Harv. L. Rev. 659, 661 (1920); ISHIKAWA, 24 Hastings Const. L.Q. 545, 594f. (1997). Konsequenterweise nehmen Autoren, die von der Existenz ungeschriebener Schranken ausgehen auch die materielle Überprüfbarkeit von Verfassungsänderungen durch den *Supreme Court* an, so u.a. MURPHY, 53 S. Cal. L. Rev. 703, 754f. (1980); HADDAD, 42 Wayne L. Rev. 1685, 1707 (1996).

TRIBE schließen eine Verfahrenskontrolle nicht gänzlich aus. Während DELLINGER jedoch eine breite Kontrolle befürwortet, plädiert TRIBE eher für eine Art Willkürprüfung. Er stellt fest, dass die Entscheidung in Coleman v. Miller die Gerichte nicht dazu verpflichten kann, zu akzeptieren, dass "Congress determined that the thirty-five states that had ratified the amendment as of July 1, 1982, constituted the three-fourths of fifty required by Article V."[1817] Auch soll ein Gericht nicht daran gebunden sein, wenn die Ratifikation einer Revisionsvorlage durch Senatoren als "functional equivalents of state legislatures"[1818] erfolgte. TRIBE setzt damit auf eine Evidenzkontrolle, die ausschließlich offensichtliche, dem expliziten Wortlaut des Art. V widersprechende Verfahrensfehler der gerichtlichen Abhilfe unterwirft und daher keine Interpretation des Revisionsartikels durch die Judikative voraussetzt.[1819] Für Fälle, die nicht mehr durch eine Evidenzkontrolle lösbar sind, spricht TRIBE das Letztentscheidungsrecht dem Kongress zu. Nur eine Minderheit vertritt schließlich als dritte Alternative die Meinung von *Justice* BLACK in Coleman und hält den Revisionsprozess in seiner Gesamtheit für nicht gerichtlich nachprüfbar.[1820]

[1817] TRIBE, 97 Harv. L. Rev. 433, 433 (1983), ders., Constitutional Choices, S. 22f..

[1818] TRIBE, 97 Harv. L. Rev. 433, 433 (1983), ders., Constitutional Choices, S. 23.

[1819] Einen ähnlich restriktiven Ansatz verfolgen SCHARPF, Grenzen der richterlichen Verantwortung, S. 415, der zumindest gerichtliche Nachprüfbarkeit von Verfassungsänderungen, die gegen den *Supreme Court* gerichtet sind, ausschließen möchte; DOWLING, 1 Wash. & Lee L. Rev. 215, 219 (1940); JAMESON, A Treatise on constitutional Conventions, § 575, S. 627, wobei er in einer Fußnote anmerkte, dass jedenfalls dann die Judikative und nicht der Kongress entscheiden soll, wenn Individualrechte betroffen sind. MILLER/OLIPHANT, 1980 Det. C. L. Rev. 789, 818 (1980), der allerdings anders als TRIBE die Frage der Ratifikationsrücknahme für justiziabel hält. MILLET, 23 Santa Clara L. Rev. 745,763ff., 768 (1983). Auch STRUM, The Supreme Court and political Questions, S. 56, hält Justiziabilität zumindest bei einem "clear abuse of power" gegeben. Senator ERVIN brachte 1973 zur Umsetzung der Konventsmethode eine Gesetzesvorlage in den Senat ein, die u.a. in § 13 (c) vorsah: „Questions concerning State ratification or rejection of amendments proposed to the Constitution of the United States, shall be determined solely by the Congress of the United States, and its decisions shall be binding on all others including State and Federal Courts." (S 1272 (*Ervin Bill*), 93rd Cong., 1st Sess., § 13 (c) (1973)). Allerdings merkte er dazu an: "I must confess that I am abhorred by the proposition that Congress has complete and unreviewable power to control the amending process in all its stages. This proposition would permit a false decision by a partisan or radical Congress to rob the people, the states, and the courts of their power to enforce constitutional government in our land."

[1820] Abgeordnete JO ANN EMERSON, in: Extending the Ratification Period for the Proposed Equal Rights Amendment: Hearing on H.R.J. Res. 638 before the Subcommittee on Civil and Constitutional Rights, House Committee on the Judiciary, 95th Cong., 1st & 2nd Sess., S. 39 (1977-1978), S. 1: "We start with the proposition [...] that Congress has plenary power over the amending process [...]."

Vorzugswürdig scheint jedoch ein breiterer Ansatz für die Möglichkeit gerichtlicher Kontrolle im Verfahren der Verfassungsänderung, der von DELLINGER und in unterschiedlichen Abwandlungen auch von der h.M.[1821] vertreten wird. Die Kompetenz des Gerichts auf eine Willkürkontrolle zu limitieren, ist aus mehreren Gründen bedenklich.

Der Wortlaut des Art. V schließt die Justiziabilität des Revisionsprozesses nicht aus.[1822] Ganz im Gegenteil, er begrenzt vielmehr die Kompetenzen des Kongresses durch ihre Enumeration. Er weist dem Kongress nur die Kompetenz zur Änderungsinitiative und zur Wahl der Ratifikationsmethode zu. Ferner verpflichtet er ihn zur Einberufung eines Bundeskonvents, sofern zwei Drittel der Gliedstaaten dies verlangen. Alle anderen Verfahrensabschnitte der Revision, insbesondere solche, die das Ratifikationsverfahren betreffen, ordnet Art. V den Gliedstaaten zu. Damit sind die Kompetenzen des Kongresses im Revisionsverfahren auf einzelne Handlungsweisen begrenzt.[1823] Eine umfassende Kompetenz des Kongresses im Sinne einer „plenary power," vergleichbar mit der in Nixon v. United States in Frage stehenden Streitnorm, die dem Senat die „sole power" für den Beschluss über die Amtsenthebung zuspricht und somit das erste Baker-Kriterium des „textually demonstrable committment" zur Anwendung kommen ließ, kann aus Art. V dementsprechend nicht herausgelesen werden.[1824] In Powell v. McCormack hielt der *Supreme Court* bei der Prüfung dieses Kriteriums sogar die Klausel, die bestimmte das „each House shall be Judge of the [...]

[1821] Für eine umfassende Kontrolle der Gerichte plädieren PLANELL, 49 Notre Dame L. 657, 666 (1974); WOLF, 52 A.B.A.J. 326, 329 (1966). Für eine breite Kontrolle mit unterschiedlichen kleineren Einschränkungen DUNKER, 41 Tenn. L. Rev. 93, 109ff. (1973); PUSHAW, 81 Cornell L. Rev. 393, 509 (1996); FISHEL, 49 Ind. L.J. 147, 154ff. (1973-1974); CLARK, 39 Va. L. Rev. 621, 649, 652 (1953); DALZELL/BESTE, 62 Geo. Wash. L. Rev. 501, 529ff. (1994); KENNEDY, 26 J. Marshall L. Rev. 977, 1007ff. 1119 (1993); KANOWITZ/KLINGER, 28 Hastings L.J. 979, 995ff., 1009 (1977); ELDER, 31 Okla. L. Rev. 63, 79ff. (1978); BLACK, 72 Yale L.J. 957, 959 (1963), ders., in: Extending the Ratification Period for the Proposed Equal Rights Amendment: Hearing on H.R.J. Res. 638 before the Subcommittee on Civil and Constitutional Rights, House Committee on the Judiciary, 95th Cong., 1st & 2nd Sess., S. 76, 87 (1977-1978); HAJDU/ROSENBLUM, 79 Colum. L. Rev. 106, 164ff. (1979); SPOTTS, 10 Ga. St. U. L. Rev. 337, 360ff. (1994); ABA, Special Constitutional Convention Study Committee, Amendment of the Constitution by the Convention Method under Article V, S. 20: "The Committee believes that judicial review of decisions made under Article V is desirable and feasible."

[1822] ORFIELD, The Amending of the federal Constitution, S. 13; REES, 37 La. L. Rev. 896, 904 (1977); ELDER, 31 Okla. L. Rev. 63, 63, 79 (1978); HAJDU/ROSENBLUM, 79 Colum. L. Rev. 106, 160 (1979); KENNEDY, 26 J. Marshall L. Rev. 977, 1010 (1993).

[1823] KANOWITZ/KLINGER, 28 Hastings L.J. 979, 998 (1977).

[1824] HAJDU/ROSENBLUM, 79 Colum. L. Rev. 106, 152 (1979), betonen, dass dem Wortlaut jedenfalls keine "exclusive power" des Kongresses zu entnehmen ist.

Qualifications of ist own Members," nicht für eine ausschließliche Überwachungskompetenz des Kongresses. Deutlicher als mit dem Wort „Richter" hätte eine Verfassung wohl kaum einem Organ eine Kontrollkompetenz zuordnen können. Dennoch entschied der *Supreme Court*, die Klausel äußerst restriktiv zu interpretieren und sie nur auf die passiven Wahlvoraussetzungen des Art. I, § 2, cl. 2 zu beziehen. D.h., der *Supreme Court* behielt sich vor, die Reichweite des „textual commitment" zu bestimmen.[1825] In diesem Fall bezog sich die Entscheidung des Gerichts insbesondere auf eine historische Analyse der Entstehung des entsprechenden Artikels. Eine gleichwertige Analyse der Entstehung des Art. V zeigt, dass insbesondere die Rolle des Kongresses im Verfahren der Verfassungsänderung sehr umstritten war, und die Verfassungsväter dem Kongress zunächst gar keine Aufgabe im Revisionsverfahren zugestehen wollten, diese erst spät integrierten und limitierten.[1826] Dass die Verfassungsväter nicht intendiert hatten, dem *Supreme Court* mit Art. V die Überwachungskompetenz für das Verfahren der Verfassungsänderung zu entziehen, zeigt auch das Urteil Hollingworth v. State of Virginia. Der Entscheid zum verfassungsgemäßen Zustandekommen des Amend. XI, welcher zugegebenermaßen mit seinen zwei Seiten äußerst knapp und wenig aussagekräftig gefasst war, der aber mit keinem Wort ein Justiziabilitätsproblem erwähnte, bekräftigt den Willen des historischen Gesetzgebers, die Kompetenzen des Kongresses im Revisionsverfahren zu begrenzen und auch eine gerichtliche Kontrolle nicht auszuschließen, denn an dem Entscheid waren Richter beteiligt, die zuvor bereits am Konvent in Philadelphia mitgewirkt hatten.[1827] Dort war aber ausdrücklich angenommen worden, dass die Judikative im Prozess der Verfassungsänderung als Kontrollorgan fungiert:[1828] „If the Confederation is to be pursued no alteration can be made without the unanimous consent of the Legislatures: Legislative alterations not conformable to the federal compact, would clearly not be valid. The Judges would consider them as null & void."[1829]

[1825] Powell v. McCormack, 395 U.S. 486, 521 (1969).

[1826] Vgl. Teil II: A. II., S. 88ff..

[1827] *Justices* PATERSON und IREDELL (Delegierte aus New Jersey und North Carolina). Zudem entschieden *Justice* CHASE (Mitglied des Ratifikationskonvents von Maryland) und *Justice* CUSHING (Vizepräsident des Ratifikationskonvents von Massachussetts). Vgl. CAPLAN, Constitutional Brinksmanship, S. 130; DUNKER, 41 Tenn. L. Rev. 93, 97 (1973); ELDER, 31 Okla. L. Rev. 63, 66 (1978); MILLER/OLIPHANT, 1980 Det. C. L. Rev. 789, 802 (1980).

[1828] LASH, 38 Am. J. Legal Hist. 197, 207, Fn. 70 (1994).

[1829] Die Aussage von MORRIS wurde zwar in Bezug auf die *Articles of Confederation* abgegeben, zeigt aber dass die Kontrollkompetenz der Judikative auch im Revisionsprozess von den Verfassungsvätern akzeptiert wurde, Farrand (Hrsg.), The Records of the Federal Convention, Band II, S. 92.

Auch systematisch spricht die Rollenverteilung des Art. V gegen die Anwendbarkeit der *political question doctrine*. Wie in Baker v. Carr vom *Supreme Court* dargelegt wurde, soll mit der *political question doctrine* insbesondere das Prinzip der horizontalen Gewaltenteilung umgesetzt und daher in einem „dispute between the coordinate branches of the Federal Government“[1830] angewandt werden. Am Verfahren der Verfassungsänderung sind allerdings nur Gesetzgebungsorgane beteiligt. Der für die Anwendung der *political question doctrine* typische Konflikt zwischen gleichgeordneten Organen des Bundes ist in Art. V damit gar nicht angelegt. Ihm wurde von den Verfassungsvätern bewusst nur das Prinzip der vertikalen Gewaltenteilung zugrunde gelegt.[1831] Streitpunkte im Verfahren der Verfassungsänderung entstehen daher überwiegend entweder in einem Intraorganstreit zwischen den verschiedenen Kammern bzw. innerhalb einer Kammer der Parlamente oder aber in einem Bund-Länder-Verhältnis.[1832] Für diese Fälle ist die Anwendbarkeit der *political question doctrine* jedoch gar nicht intendiert.[1833]

Eine Konstellation ist allerdings denkbar, in der sich auch im Revisionsprozess ein Konflikt auf horizontaler Ebene ergeben kann, nämlich dann, wenn ein Urteil des *Supreme Court* durch eine Verfassungsänderung entkräftet werden soll. Auslegungen der Verfassung und insbesondere auch des Art. V durch den *Supreme Court* können nur durch eine Verfassungsänderung revidiert oder abgemildert, oder vom *Supreme Court* selbst wieder verworfen werden. Müsste der *Supreme Court* über das verfassungsgemäße Zustandekommen einer Verfassungsänderung entscheiden, mit der sein eigenes Urteil außer Kraft gesetzt werden sollte, besteht ein Konflikt zwischen der dem Gericht in Marbury v. Madison zugeteilten Rolle des Hüters der Verfassung und seiner Rolle als

---

1830 Baker v. Carr, 369 U.S. 186, 210 (1962).

1831 Vgl. Teil II: A. V., S. 104.

1832 Das Urteil Hollingworth v. State of Virginia, 3 U.S. (3 Dall.) 378 (1798) ist insofern eine Ausnahme. Dort ging es um einen Konflikt zwischen dem Kongress und dem Präsidenten, also in der Tat um einen Konflikt zwischen zwei gleichgeordneten Staatsgewalten.

1833 ROTUNDA/NOWAK, Treatise on constitutional Law: Substance and Procedure, Band 1, § 2.16, S. 286 Fn. 63; HAJDU/ROSENBLUM, 79 Colum. L. Rev. 106, 149 Fn. 218 (1979); MILLER/OLIPHANT, 1980 Det. C. L. Rev. 789, 796 (1980). *Judge* CALLISTER merkte in State of Idaho v. Freeman, 529 F.Supp. 1107, 1124, Fn. 21 (D. Idaho 1981), an, dass diese Annahme fehlginge, da es um die Frage ginge, ob Kongress oder dem *Supreme Court* das Letztentscheidungsrecht im Revisionsverfahren zugebilligt würde und damit eine horizontale Streitigkeit gegeben wäre. Dieses Argument greift jedoch nicht, denn bei der vorzunehmenden Bewertung geht es ja um den zu lösenden Disput. Die *political question doctrine* bezieht sich auf den Klagegegenstand. Dieser liegt aber wie aufgezeigt zumeist auf einer vertikalen Ebene.

gleichgeordnetes Verfassungsorgan neben den anderen Staatsgewalten.[1834] Dies ist bisher in zwei Fällen vorgekommen. In Hollingworth v. State of Virginia hat der *Supreme Court* 1798 dennoch entschieden, in Coleman v. Miller übte er sich 1939 in totaler Abstinenz. Diese Fallgruppe ist entgegen DELLINGER auch nicht zu unterschätzen, da, wie gezeigt,[1835] die Verfassungsänderung in der Tat oftmals vom Kongress als Kontrollmechanismus gegen den *Supreme Court* eingesetzt wird. Eine zweite ähnliche Konstellation ist diejenige, in der eine Verfassungsänderung das Gerichtssystem zum Gegenstand hat. In beiden Fällen ist die Neutralität des Gerichts aufgrund eines möglichen Selbstinteresses eventuell nicht gewährleistet. Dennoch sollten auch diese Konstellationen nicht zu einer totalen Abstinenz gerichtlicher Kontrolle führen.[1836] Eine gerichtliche Überprüfung von ausschließlich verfahrensrechtlichen im Gegensatz zu materiellrechtlichen Aspekten könnte eine Verfassungsänderung nicht mit Endgültigkeit verhindern. Der Kongress bzw. die am Revisionsverfahren beteiligten Institutionen haben immer die Möglichkeit, die festgestellten Verfahrensfehler zu beheben und nach einem erneuten Revisionsprozess, die angestrebte Regelung doch noch verfassungsrechtlich zu verankern. In keinem Fall kann eine gerichtliche Verfahrenskontrolle zu einer Totalblockade für verfassungsrechtliche Revisionen führen.[1837] Die Gefahr des Übergreifens der richterlichen Gewalt auf die Legislative ist damit begrenzt. Aufgrund der nicht gegebenen vollkommenen Neutralität des *Supreme Court* in derartigen Fällen sollte hier jedoch die gerichtliche Nachprüfbarkeit auf eine Willkürkontrolle hinauslaufen und die darüber hinausgehende Kontrolle des Revisionsverfahrens der vertikalen Aufgliederung des Revisionsprozesses überlassen bleiben, die als ein „checks and balances"-Mechanismus von den Verfassungsvätern durch die Trennung von Initiativ- und Ratifikationsverfahren umgesetzt wurde.

Schließlich ist auch nicht einzusehen, warum dem Bundeskongress sowohl in eigener Sache als auch im Verhältnis zu den Gliedstaaten das Letztentscheidungsrecht im Revisionsprozess zugebilligt werden soll. Die gliedstaatlichen Institutionen sind in gleichem Maß und mit gleicher Verantwortung am Revisionsprozess beteiligt. Eine Überordnung des Bundeskongresses über die gliedstaatlichen Parlamente, wie sie die Richtung vornimmt, die grundsätzlich dem Kongress das Letztentscheidungsrecht im Revisionsprozess zugestehen möchte, entspricht nicht der vertikalen Aufteilung des Revisionsprozesses. Es erscheint

---

[1834] MILLER, 23 Santa Clara L. Rev. 745, 746 (1983); CHEMERINSKY, Constitutional Law, Principles and Policies, S. 145; ROTUNDA/NOWAK, Treatise on constitutional Law: Substance and Procedure, Band 1, § 2.16, S. 285.

[1835] Vgl. Teil III: A. I. und II., S. 222ff..

[1836] So auch CHEMERINSKY, Interpreting the Constitution, S. 104.

[1837] ISHIKAWA, 24 Hastings Const. L.Q. 545, 594f. (1997).

daher im Hinblick auf einen Schutz auch der gliedstaatlichen Rechte sinnvoll, den *Supreme Court* als grundsätzlich Unbeteiligten mit der Verfahrenskontrolle zu betrauen.[1838] Dies trifft insbesondere für das gliedstaatliche Initiativrecht zu. Zwei Drittel der Gliedstaaten können den Kongress zur Einberufung eines verfassunggebenden Konvents verpflichten. Dieses Recht wurde in Art. V eingefügt, um den Gliedstaaten zu ermöglichen, im Notfall den Kongress im Revisionsverfahren umgehen zu können.[1839] Es würde daher wenig Sinn machen, dem Kongress auch in einem solchen Verfahren die Kontrolle zuzugestehen.[1840] Dem Kongress das letzte Wort in Revisionsverfahrensfragen zu übertragen, würde in der Hälfte der Fälle zudem bedeuten, ihn ausschließlich einer Selbstkontrolle zu überlassen, was nicht der Sinn einer Überwachungsinstanz sein kann.[1841]

Schließlich würden gerichtliche Entscheidungen im Gegensatz zu Resolutionen des Kongresses auch für größere Beständigkeit und Rechtssicherheit sorgen, da es nicht in der Macht eines amtierenden Kongresses steht, seine Entscheidungen zum Verfassungsänderungsverfahren letztverbindlich zu treffen, sondern ein neu gewählter Kongress diese immer wieder revidieren könnte.[1842] Dem Kongress steht es allerdings immer frei, nicht durch fallspezifische Resolutionen, wie sie TRIBE befürwortet, sondern durch allgemeine Gesetzgebung, das Revisionsverfahren zu konkretisieren. So könnte er den *Supreme Court* in seiner Entscheidungsfindung lenken. Bis heute ist jedoch nur ein konkretisierendes Gesetz zu Art. V vom Kongress verabschiedet worden.[1843]

Der *Supreme Court* kann daher bei einer Verfahrenskontrolle allein auf die Regelungen des Art. V zurückgreifen.

Es ist angezweifelt worden, ob diese ihm für die Lösung aller verfahrensrechtlicher Fragen einen ausreichenden „judicially manageable" Standard i.S.d. zweiten Baker-Kriteriums bieten. In Coleman hat der *Supreme Court* dies selbst für die Frage nach der Existenz einer Ratifikationsfrist verneint. Selbst TRIBE gibt jedoch zu, dass es nicht auszuschließen ist, einen Prüfungsstandard für Art. V

[1838] DALZELL/BESTE, 62 Geo. Wash. L. Rev. 501, 531 Fn. 203 (1994); REES, 37 La. L. Rev. 896, 915 (1977); DALZELL/BESTE, 62 Geo. Wash. L. Rev. 501, 531, 537ff. (1994); KENNEDY, 26 J. Marshall L. Rev. 977, 1009 (1993).

[1839] Vgl. Teil II: A. II., III., IV., S. 88ff..

[1840] CAPLAN, Constitutional Brinksmanship, S. 131.

[1841] REES, 58 Tex. L. Rev. 875, 915f. (1980).

[1842] REES, 37 La. L. Rev. 896, 916 (1977); FISHEL, 49 Ind. L.J. 147, 154 (1973-1974); Congressional Research Service, The Constitution of the United States of America, Analysis and Interpretation, 1980 Supplement, S. 79.

[1843] Siehe Teil II: C. IV., S. 159. DUNKER, 41 Tenn. L. Rev. 93, 110f. (1973); ISHIKAWA, 24 Hastings Const. L.Q. 545, 594 (1997).

herzuleiten: „judicial abstention in this area is required not, as one might at first suppose, by a complete lack of constitutional criteria for adjudication, but by other considerations entirely.“[1844] Bis heute wurde eine Vielzahl von Prüfungskriterien für das Revisionsverfahren von der rechtswissenschaftlichen Literatur angedacht. Einige Autoren[1845] schlugen vor, den *congressional precedent* zum ausschließlichen Prüfungsmaßstab für das Revisionsverfahren zu machen. Aus der Tatsache heraus, dass der *Supreme Court* in Zweifelsfragen das Verhalten des Kongresses im Revisionsprozess bisher immer bestätigt hat,[1846] schlossen sie, dass sich diese Vorgehensweise bereits als Prüfungsmaßstab etabliert hat. Dies wäre jedoch widersinnig, denn es würde darauf hinauslaufen, dass der *Supreme Court* nur noch als Bestätigungsorgan, aber nicht mehr als wirkliche Kontrollinstanz fungieren würde.[1847] Außerdem hat sich nicht zu jeder Streitfrage bereits eine Verfassungspraxis etabliert. Entweder müsste der *Supreme Court* in einem solchen Fall dann doch die *political question doctrine* anwenden oder aber nach eigenen Kriterien entscheiden. Der Prüfungsmaßstab *congressional precedent* kann daher keine generellen „judicially manageable standards“ bieten.

HAJDU/ROSENBLUM vertreten einen vierstufigen Prüfungsmaßstab. Auf der ersten Ebene steht eine einmalige Auslegung des Wortlauts des Art. V.[1848] Auf einer zweiten Ebene soll Art. V systematisch in Bezug zu anderen Verfassungsvorschriften gesetzt werden.[1849] Die dritte Ebene bilden die Streitigkeiten zwischen Bund- und Gliedstaaten, in denen der *Supreme Court* die Rechte der Gliedstaaten wahren sollte[1850] und auf einer vierten Ebene sammeln sich die Streitigkeiten, die eine Fall-zu-Fall Entscheidung notwendig machen.[1851] Auch hier sehen ROSENBLUM/HAJDU jedoch mögliche Prüfungsstandards, die allerdings auf dieser Ebene dem Kongress weitestgehenden Ermessenspielraum einräumen sollten.[1852]

Von DELLINGER wird schließlich ein formalistischer Prüfungsstandard in Erwägung gezogen, der ausschließlich eine Auslegung des Wortlauts beinhaltet.

[1844] TRIBE, 97 Harv. L. Rev. 433, 439 (1983).

[1845] FISHEL, 49 Ind. L.J. 147, 156ff. (1973-1974); MILLER, 23 Santa Clara L. Rev. 745, 764ff. (1983); ELDER, 31 Okla. L. Rev. 63, 79ff. (1978).

[1846] FISHEL, 49 Ind. L.J. 147, 162 (1973-1974); DOWLING, 1 Wash. & Lee L.J. 215, 219 (1940). Vgl. Teil III: C. I. 14.), S. 292ff..

[1847] So auch SCHARPF, 75 YaleL.J. 517, 589 (1966).

[1848] HAJDU/ROSENBLUM, 79 Colum. L. Rev. 106, 164ff. (1979).

[1849] HAJDU/ROSENBLUM, 79 Colum. L. Rev. 106, 166 (1979).

[1850] HAJDU/ROSENBLUM, 79 Colum. L. Rev. 106, 167f. (1979).

[1851] HAJDU/ROSENBLUM, 79 Colum. L. Rev. 106, 167ff. (1979).

[1852] HAJDU/ROSENBLUM, 79 Colum. L. Rev. 106, 169 (1979).

Es ist jedoch nicht einzusehen, warum bei Art. V andere Auslegungsmethoden zur Anwendung kommen sollen als bei anderen Verfassungsnormen. Es ist vielmehr ein Prüfungsstandard sowohl aus dem Wortlaut, der Entstehungsgeschichte und aus der Struktur des Revisionsartikels herzuleiten.[1853] Wie in Teil II dieser Arbeit bereits aufgezeigt wurde, lässt der Text des Art. V zwar viele Fragen offen und gibt dem Prozess der Verfassungsänderung nur einen Rahmen vor. Auf der anderen Seite enthält er aber auch konkrete Angaben, wie zum Beispiel zu den erforderlichen Mehrheiten oder zu den Kompetenzen im Initiativ- und Ratifikationsverfahren. Die Interpretation des Art. V unterscheidet sich daher nicht wesentlich von der Interpretation anderer Verfassungsnormen.[1854]

Unabhängig von ihrem Inhalt zeigen die Prüfungsvorschläge jedenfalls, dass die Aussage, für Art. V gäbe es keinen „judicially manageable" Rechtsstandard, nicht für alle Streitigkeiten unter Art. V pauschalisiert werden darf. Sollte für einen Streitfall in der Tat kein geeigneter Prüfungsmaßstab entwickelbar sein, kann immer noch auf die *political question doctrine* zurückgegriffen werden.

Im Ergebnis widerspricht eine Verfahrenskontrolle des Revisionsprozesses weder dem Wortlaut des Art. V noch historischen Argumenten. Sie ist aus systematischer und teleologischer Sicht zu befürworten und geht konform mit allen vom *Supreme Court* vor Coleman gefällten Urteilen zum Revisionsprozess. Die Voraussetzungen für die Anwendung der *political question doctrine* wurden nach Coleman durch mehrere Urteile konkretisiert, in denen sich insbesondere die ersten beiden Baker-Kriterien als Prüfungsmaßstab für das Vorliegen einer *political question doctrine* herauskristallisiert haben. Auch die Anwendung dieser beiden Prüfungspunkte führen jedoch nicht zu einem Ausschluss gerichtlicher Kontrolle im Revisionsverfahren.

Zu befürworten ist daher eine umfassende Verfahrenskontrolle des Revisionsprozesses durch den *Supreme Court.* Nur in besonderen Fällen ist eine Korrektur über die Intensität der Prüfung vorzunehmen, die bis auf eine Willkürkontrolle herabgestuft werden kann. Dies sollte insbesondere dann geschehen, wenn der *Supreme Court* eine Verfassungsänderung beurteilen muss, mit der seine eigene Rechtsprechung revidiert werden soll.[1855] Nicht auszuschließen ist auch, dass in wenigen Fällen für einen Streitpunkt unter Art. V kein „judicially manageable standard" entwickelt werden kann. Nur in diesem Fall sollte die *political question doctrine* zur Anwendung kommen.

[1853] HAJDU/ROSENBLUM, 79 Colum. L. Rev. 106, 154f. (1979).

[1854] KANOWITZ/KLINGER, 28 Hastings L.J. 979 (1977); PLANELL, 49 Notre Dame L. 657,667 (1974); *Judge* STEVENS, in: Dyer v. Blair, 390 F.Supp. 1291, 1301 (N.D. Ill. 1975).

[1855] KANOWITZ/KLINGER, 28 Hastings L.J. 979, 996ff. (1977).

Bisher steht die Coleman-Rechtsprechung einer vollen Justiziabilität des Änderungsprozesses zwar noch entgegen. Zumindest die dort für nicht justiziabel gehaltenen Klagegegenstände sind von der Verfahrenskontrolle zur Zeit ausgenommen.[1856] Es ist jedoch zu hoffen, dass der *Supreme Court* auch seinen Coleman-Entscheid widerrufen wird und damit die volle Justiziabilität des Revisionsverfahrens in Einklang mit der *stare decisis* Doktrin möglich ist. Aus zwei Gründen erscheint diese Hoffnung eine berechtigte zu sein: Die Untergerichte haben die Coleman-Rechtsprechung nie wirklich akzeptiert. Sowohl Bundes- als auch gliedstaatliche Gerichte haben nach Coleman immer wieder verfahrensrechtliche Fragen zu Art. V in mühsamer Abgrenzung zu Coleman und unter Berufung auf Baker und Powell entschieden. Von der heutigen Besetzung des *Supreme Court* haben bereits zwei Richter Fragen zum Revisionsprozess trotz Coleman materiell behandelt. *Justice* STEVENS überprüfte in Dyer v. Blair die Verfassungsmäßigkeit gliedstaatlicher Ratifikationsregeln und der kürzlich verstorbene *Chief Justice* RHENQUIST erklärte 1984 in Uhler v. AFL-CIO, dass er die Coleman-Rechtsprechung für überholt hält und davon ausgeht, dass der *Supreme Court* sie bei nächster Gelegenheit verwerfen wird.[1857] Es ist daher nicht unwahrscheinlich, dass Coleman im nächsten vom *Supreme Court* zu entscheidenden Verfahren zum Revisionsprozess keinen Bestand mehr haben wird.[1858]

Zweitens ist bemerkenswert, dass selbst Kongressmitglieder, also Mitglieder des Organs, welchem in Anwendung von Coleman das Letztentscheidungsrecht in Revisionsverfahrensfragen zugesprochen wird, sich befürwortend zum *judicial review* im Prozess der Verfassungsänderung geäußert haben.[1859]

V. Folgen eines Gerichtsverfahrens zum Revisionsprozess

Hat der *Supreme Court* eine Verfassungsänderung überprüft und Verfahrensfehler festgestellt, steht es nicht in seiner Kompetenz, die Verfassungsänderung

---

[1856] Analysis and Interpretation of the Constitution, Senate Doc. 108-17, S. 955 (June 28, 2002).

[1857] Siehe auch Teil III: C. IV. 2.) a.) dd.), S. 354ff..

[1858] Davon gehen ebenfalls aus: PLANELL, 49 Notre Dame L. 657, 666 (1974); KENNEDY, 26 J. Marshall L. Rev. 977, 1007 (1993); TRIBE, in: Hearings on S.J. Res. 134 before the Subcommittee on the Constitution, Senate Committee on the Judiciary, 95th Cong., 2nd Sess., S. 2 (1978):"It is not all clear that the current Supreme Court would have quite as broad a view of the political question doctrine as several members of the Court had in the Coleman case."

[1859] Abgeordnete M. CALDWELL, in: Hearings on H.R.J. Res. 139 before the Subcommittee on Civil and Constitutional Rights, House Committee on the Judiciary, 95th Cong., 1st Sess., S. 143 (1977).

für nichtig zu erklären.[1860] Erklärt werden kann nur ihre Nichtanwendbarkeit in dem konkret verhandelten Einzelfall. Die Folgen dieser Erklärung sind danach in jedem Einzelfall gesondert zu bestimmen. Bindungswirkung auch für andere Verfahren ist nur über die Doktrin der *stare decisis* bzw. der *doctrine of precedence* zu erlangen. Diese kann jedoch nur den *Supreme Court* und die unteren Gerichte binden. Nicht anwendbar ist sie auf die Frage, inwieweit der *Supreme Court* mit seinen Entscheidungen auch die anderen Staatsgewalten verpflichtet. Das amerikanische Recht enthält keine zu § 31 BVerfGG vergleichbare Regelung, welche die Bindungswirkung der Entscheidungen des Bundesverfassungsgerichts für alle anderen Verfassungsorgane des Bundes und der Länder, sowie für alle Gerichte und Behörden ausdrücklich in seinem ersten Absatz festlegt und in einem zweiten Absatz einigen, in bestimmten Verfahren zustande gekommenen Entscheidungen sogar Gesetzeskraft beimisst.

In Cooper v. Aaron[1861] verlautbarte der *Supreme Court* zwar einstimmig, dass seine Entscheidungen „the supreme law of the land“ seien. Allerdings kann auch diesem Ausspruch keine Verbindlichkeit gegenüber anderen Staatsgewalten beigemessen werden. Diese kann sich nur aus der Erkenntnis von Legislative und Exekutive ergeben, dass es für das Funktionieren des amerikanischen Systems von *checks and balances* notwendigerweise jemanden geben muss, der das letzte Wort sprechen kann. Eine darüber hinausgehende Verbindlichkeit vermögen die *Supreme Court* Urteile für andere Staatsgewalten als die Judikative jedoch nicht zu erzeugen.[1862]

VI. Auswertende Stellungnahme zur Rolle des *Supreme Court* auf der Kontrollebene

Für alle gerichtliche Verfahren zum Prozess der Verfassungsänderung gilt: Jede einzelne Zulässigkeitsvoraussetzung hat in ihrer Anwendung auf die Verfahrenskontrolle im Prozess der Verfassungsänderung einen großen Siebeffekt. Der Kreis möglicher Kläger und das Zeitfenster, in welchem sie vor Gericht ziehen können, führt in vielen Fällen schon zur Unzulässigkeit der Klage, bevor die *political question doctrine* eingreifen könnte.

Für die Klagebefugnis von Privatbürgern reicht nicht allein aus, dass diese das verfassungswidrige Zustandekommen einer Verfassungsänderung geltend

[1860] BRUGGER, Grundrechte und Verfassungsgerichtsbarkeit, S. 20.

[1861] Cooper v. Aaron, 358 U.S. 1, 18 (1958).

[1862] STOEVESANDT, Aktivismus und Zurückhaltung im United States Supreme Court, S. 115ff..

machen. Sie müssen zusätzlich glaubhaft machen können, auch in individuellen Rechten betroffen zu sein. Parlamentsmitglieder können zwar Verfahrensfehler geltend machen, allerdings nur sofern sie die speziell dafür entwickelten Vorschriften des *congressional standing* erfüllen. Zudem sind ihre Klagen auf ein äußerst kleines Zeitfenster beschränkt. Sie müssen abwarten, bis beide Kammern der Parlamente über einen Revisionsvorschlag bzw. über seine Ratifikation entschieden haben. Das Zeitfenster schließt mit dem Zeitpunkt, in dem der letzte, für die Dreiviertelmehrheit erforderliche, Gliedstaat die Verfassungsänderung ratifiziert hat. Privatbürger müssen nach der hier vertretenen Ansicht das Inkrafttreten der Verfassungsänderung abwarten, können dann aber grundsätzlich zeitlich unbegrenzt Klage erheben. Schließlich kommt als letzte Schranke für die Verfahren vor dem *Supreme Court* noch hinzu, dass dessen Pflichtzuständigkeit sehr begrenzt ist. Die Annahme der meist als *writ of certiorari* an das Gericht gelangenden Fälle zu Art. V liegt daher im Ermessen des obersten Gerichts und kann nicht erzwungen werden.

Selbst wenn die Anwendung der *political question doctrine* nach der hier vertretenen Ansicht für die Verfahrenskontrolle verneint würde, ist die Zulässigkeitsbarriere für gerichtliche Verfahren zum Prozess der Verfassungsänderung nicht zu unterschätzen. Die Rolle der Judikative als verfahrensrechtlicher Kontrolleur des Revisionsprozesses ist daher begrenzt. Dies zeigt sich auch darin, dass bis heute nur einige wenige Entscheidungen zu Art. V ergangen sind. Ein Übergreifen der Judikative auf den, auf die Legislative konzentrierten, Prozess der Verfassungsänderung ist daher auch bei einer Lockerung der *political question doctrine* nicht zu befürchten.

D. Der Einfluss auf der Umsetzungsebene

Nach dem Inkrafttreten einer Verfassungsänderung endet die Gestaltungsmacht des verfassungsändernden Gesetzgebers.[1863] Für die Umsetzung des neuen Verfassungsrechts haben nun der gegebenenfalls ermächtigte einfache Gesetzgeber durch konkretisierende Maßnahmen und die Judikative durch kontrollierende und verfassungskonkretisierende Rechtsprechung zu sorgen.

[1863] Unbenommen bleibt es ihm, eine erlassene Verfassungsvorschrift zu revidieren. Dies ist geschehen im Fall des Amend. XVIII, welches durch das Amend. XXI zurückgenommen wurde. In Deutschland ist eine weit größere Zahl von Verfassungsvorschriften aufgehoben worden, so u.a. Art. 59a a.F. und Art. 142a a.F. GG. Vgl. für eine ausführliche Übersicht BAUER/JESTAEDT, Das Grundgesetz im Wortlaut, S. 18ff., 53ff..

Wie in Teil II dieser Arbeit dargestellt, ermöglicht bereits die Form der Verfassungsänderungen, die Entscheidung des ersten Kongresses für einen Verfassungsanhang anstatt für die Integration der Änderungen in das Verfassungsdokument, dem Gericht einen großen Beurteilungsspielraum, da die Änderungen nicht in der Systematik des Gesamtdokumentes stehen und daher vom *Supreme Court* gegebenenfalls bezugslos interpretiert werden können. Seine Interpretation ist damit zwar wortlautgebunden, unter Gesichtspunkten der Systematik allerdings fast unbegrenzt.[1864]

Inwieweit das Verfassungsgericht dabei, ohne Rückkoppelung an das spezifisch vom verfassungsändernden Gesetzgeber Intendierte, Recht sprechen kann und umgekehrt, inwieweit der verfassungsändernde Gesetzgeber in dieser Phase noch Einfluss auf die umsetzende Rechtsprechung hat, ist u.a. eine Frage nach der Bedeutung der historischen Interpretationsmethode in der Verfassungsrechtsprechung. Je strikter das Verfassungsgericht an die Vorgaben des verfassungsändernden Gesetzgebers gebunden ist, desto kleiner wird sein potentieller Urteilsrahmen und desto begrenzter die Möglichkeit, die Verfassungsvorschriften mittels richterlicher Rechtsfortbildung einem Bedeutungswandel zu unterziehen.

I. Die historische Interpretationsmethode in den USA

1.) Die verfassungstheoretische Einordnung der historischen Argumentation

Auch der *Supreme Court* kennt die in Deutschland be- und anerkannten vier Grundtypen der Auslegung, den SAVIGNY'SCHEN Auslegungskanon:[1865] die grammatikalische, historische, systematische und teleologische Argumentation.[1866] Das amerikanische Verfassungsrecht erlaubt darüber hinaus jedoch auch den Rückgriff auf weitere Instrumente, wie das „ethical“ oder „prudential argument.“[1867] Zudem ist zu beachten, dass im anglo-amerikanischen Recht alle Auslegungsmethoden von der *doctrine of precedent* bzw. dem Grundsatz des *stare*

[1864] Vgl. Teil II: B. II., S. 111ff..

[1865] SAVIGNY, System des heutigen Römischen Rechts, Band 1, S. 212ff., wobei wohl Einigkeit darüber besteht, dass die teleologische Auslegung in ihrer heutigen Form ursprünglich nicht Teil der SAVIGNY'SCHEN Lehre war.

[1866] DORF, 109 Harv. L. Rev. 1175, 1179 (1996), spricht ausdrücklich von "text, history, structure, and purpose" als den entscheidenden Interpretationsmethoden. Auch BRUGGER, JöR NF 42 (1994), 571, 576, ders., 42 Am. J. Comp. L. 395, 397f. (1994) ist derselben Ansicht.

[1867] BOBBITT, Constitutional Interpretation, S. 12f., MURPHY/FLEMING/HARRIS II, American constitutional Interpretation, S. 292ff..

decisis überlagert werden, nach denen die Gerichte in gleichgelagerten Fällen an ihre eigenen bzw. an die Entscheidungen übergeordneter Gerichte gebunden sind.[1868]

Die historische Argumentation ist Teil dieses Methodenspektrums und gliedert sich in zwei Unteraspekte. Zum einen wird mit ihrer Hilfe versucht, den Sinngehalt der Verfassung an dem festzumachen, was die Gründungsväter bzw. der verfassungsändernde Gesetzgeber subjektiv mit einer bestimmten Vorschrift der Verfassung beabsichtigt hatten.[1869] Zum anderen bezieht sie sich aber objektiv auch auf den ursprünglichen Bedeutungsgehalt der verwendeten Begriffe und Phrasen.[1870]

Für den über den Änderungsprozess hinauswirkenden Einfluss des verfassungsändernden Gesetzgebers ist es daher von großer Bedeutung, welche Autorität der historischen Argumentation zugesprochen wird. Der mögliche Entscheidungsraum des *Supreme Court* wäre im Verhältnis zum verfassungsändernden Gesetzgeber am kleinsten, wenn die historische Interpretationsmethode den äußersten Auslegungsmaßstab bilden und sich das Gericht in seiner Interpretation vom Willen und den Vorstellungen der Personen und Institutionen leiten lassen würde, die zum Entstehungsprozess der Verfassungsänderung beigetragen haben. Am geringsten wäre hingegen die Gebundenheit des Gerichts an den fortwirkenden Willen des verfassungsändernden Gesetzgebers, wenn es ihm erlaubt bliebe, ungebunden an die ursprünglichen Absichten für die Einführung einer Verfassungsnorm, diese immer wieder neu, mittels weitergehender Auslegungstechniken, gegenwärtigen Wertvorstellungen anzupassen und somit frei über einen *constitutional change*[1871] der Normen zu entscheiden.[1872] In welchem Verhältnis die einzelnen Auslegungsmethoden zueinander stehen und welche Bedeutung dabei der historischen Argumentation beizumessen ist, ist in der amerikanischen Verfassungsrechtswissenschaft jedoch höchst umstritten. Die vorherrschenden Verfassungstheorien lassen sich sehr vereinfacht, aber für den hiesigen Zweck ausreichend, in zwei unterschiedliche Lager untergliedern; in das des *Interpretivism* und das des *Non-Interpretivism*.[1873]

1868 FIKENTSCHER, Methoden des Rechts in vergleichender Darstellung, Band II, S. 256ff..

1869 KOMMERS/FINN, American constitutional Law, Band 1, S. 35f..

1870 KOMMERS/FINN, American constitutional Law, Band 1, S. 36; GIBBONS, 140 U. Pa. L. Rev. 613, 633 (1991).

1871 *Constitutional change* korrespondiert in Deutschland mit dem Begriff Verfassungswandel.

1872 BRUGGER, Grundrechte und Verfassungsgerichtsbarkeit, S.48.

1873 Diese Einteilung stammt von ELY, Democracy and Distrust, S. 1. Siehe auch ROTUNDA/NOWAK, Treatise on constitutional Law: Substance and Procedure, Band 4, § 23.5, S. 632ff.; SEDLER, 44 Ohio St. L.J. 93, 97ff. (1983); MURPHY/FLEMING/HARRIS II, American

Ersteres setzt die Prämisse, dass der Verfassungsrichter sich darauf zu beschränken hat, diejenigen Vorschriften durchzusetzen, die in der geschriebenen Verfassung dargelegt oder klar impliziert sind. Letzteres Theorienbündel verpflichtet den Richter hingegen, auch diejenigen Prinzipien der Freiheit und Gerechtigkeit durchzusetzen, die nicht im Design der Verfassung angelegt sind.[1874]

Sowohl für den *Interpretivism* als auch für den *Non-Interpretivism* ist Ausgangspunkt für die Interpretation der Verfassung und der die Verfassung ändernden Gesetze der Wortlaut des geschriebenen Dokuments.[1875] Als nachfolgende Auslegungsmethode wird von beiden auch die historische Argumentation anerkannt.[1876] Während die Anhänger des *Interprevisim* in dieser jedoch gleichzeitig auch die äußerste Grenze der Interpretation sehen, beziehen Vertreter des *Non-Interpretivism* sie nur als eine mögliche, nicht aber als ausschließliche, übergeordnete Auslegungshilfe in ihren Interpretationsvorgang mit ein.

a.) Die historische Argumentation im *Interpretivism*

Vertreter einer strikten Bindung an das historisch Gesagte, Gewollte und Organisierte[1877] werden in einer Untergliederung des *Interpretivism*[1878] als *Originalists* bezeichnet und die von ihnen angewandte Methode als *Originalism.*[1879]

---

constitutional Interpretation, S. 315f.; BAKER, 13 Wm. & Mary Bill Rts. J. 57, 60ff. (2004) für kurze Abrisse der grundsätzlichen Positionen.

[1874] Vgl. für eine Gegenüberstellung GRAY, 27 Stan. L. Rev. 703, 703ff., 706ff. (1975).

[1875] KOMMERS/FINN, American constitutional Law, Band 1, S. 34f..

[1876] KOMMERS/FINN, American constitutional Law, Band 1, S. 35f..

[1877] BRUGGER, Demokratie, Freiheit, Gleichheit, S. 146.

[1878] Der *Interpretivism* umfasst auch den sog. *Literalism*, der die Wortlautgebundenheit in den Vordergrund stellt. Vgl. MURPHY/FLEMING/HARRIS II, American constitutional Interpretation, S. 302. Anders: BRUGGER, JöR NF 42 (1994), 571, 583 und ders., Demokratie, Freiheit, Gleichheit, S. 169, der als Oberbegriff den *Originalism* wählt und diesen dann in *Textualism* und *Interpretivism* untergliedert.

[1879] Zu den prominenten Vertretern einer Theorie des *Originalism* gehören u.a. CROSSKEY, Politics and the Constitution in the History of the United States, Band 2, S. 1083ff.; MEESE, 19 U.C. Davis L. Rev, 22, 22ff. (1985), ders., 11 Harv. J.L. & Pub. Pol'y 5, 5ff. (1988); BERGER, 73 Cornell L. Rev. 350, 351ff. (1988), ders., Government by Judiciary, S. 363ff.; MONAGHAN, 56 N.Y.U. L. Rev. 353, 374ff. (1981); BORK, The Tempting of America, S. 143ff., 251, ders., 47 Ind. L.J. 1, 1ff. (1971). Vgl. für weitere Nachweise ROTUNDA/NOWAK, Treatise on constitutional Law: Substance and Procedure, Band 4, § 23.5, S. 632f. Fn. 14. Gute Besprechungen zur Theorie des *Originalism* finden sich bei MALTZ,

Auch der *Originalism* ist jedoch keine einheitliche Theorie, sondern verzweigt sich in einer abstufenden Verbindlichkeit der historischen Interpretation.[1880] Während vor allem im 19. Jahrhundert seine Vertreter dem *Supreme Court* lediglich zugestanden, die Aufgabe der neuen Verfassungsnorm im Zeitpunkt ihrer Entstehung zu ermitteln und umzusetzen und damit der historischen Analyse eine enge, individualistische Konzeption zugrunde legten, wurde später von *Originalists* zusätzlich auch die Sprache und das soziale Umfeld zur Zeit des Erlasses des Verfassungsgesetzes untersucht und die historischen Absichten mehr und mehr abstrahiert, sog. *Sophisticated Originalism*.[1881]

Übergreifend lassen sich jedoch einige allgemeingültige Merkmale für die Methode des *Originalism* aufzeigen: Seine Vertreter sehen den Inhalt der Verfassung als fixiert und gegossen in die geschriebene Form des Dokuments an.[1882] Die Bedeutung einer Verfassungsnorm erschöpft sich daher allein im Grund ihrer ursprünglichen Konzeption. Die Schaffung neuer Aufgaben für Verfassungsnormen, insbesondere die Ausdehnung des Schutzes fundamentaler Rechte, kann ihrer Ansicht nach nicht dem Gericht übertragen werden, sondern ist allein vom verfassungsändernden Gesetzgeber vorzunehmen.[1883] Verfassungsinterpretation ist demgemäß darauf beschränkt, die verfassungstextlich vorgesehenen und verfassungshistorisch bedachten Grenzen des politischen Prozesses zu bestimmen.[1884] Eine Ausnahme von dieser Herangehensweise ist nur dann zulässig, wenn die Verfassungsväter bzw. der verfassungsändernde Gesetzgeber sich bewusst für die Integration von interpretationsoffenen Generalklauseln in die Verfassung entschieden haben.[1885]

1987 Utah L. Rev. 773, 773ff. (1987); KAY, 82 Nw. U. L. Rev. 226, 226ff. (1988); KAVANAGH, 47 Am. J. Juris. 255, 255ff. (2002); BRUGGER, Demokratie, Freiheit, Gleichheit, S. 169ff..

[1880] Vgl. für eine sehr gute Darstellung der Verzweigungen KAY, 19 Harv. J.L. & Pub. Pol'y 335, 336ff. (1996); BREST, in: Rakove (Hrsg.), Interpreting the Constitution, S. 227, 228ff., 246ff..

[1881] Vertreter dieser moderateren Form sind LAWSON, 85 Geo. L.J. 1823, 1826 (1997) und SUNSTEIN, 19 Harv. J.L. & Pub. Pol'y 311, 312ff. (1996).

[1882] MONAGHAN, 56 N.Y.U. L. Rev. 353, 383 (1981); MEESE, 11 Harv. J.L. & Pub. Pol'y 5, 9ff. (1988); BERGER, Government by Judiciary, S. 363f.. A.A.: SCALIA, 57 U. Cin. L. Rev. 849, 864 (1989).

[1883] Vgl. zu diesem Aspekt MALTZ, 1987 Utah L. Rev. 773, 800ff. (1987).

[1884] BRUGGER, Grundrechte und Verfassungsgerichtsbarkeit, S. 429; FARBER, 49 Ohio St. L.J. 1085, 1097ff. (1989).

[1885] Dies lehnt nur die minimalistische Auffassung unter den Interpretivisten ab, zu der wohl BORK, The Tempting of America, S. 69 und BERGER, Government by Judiciary, S. 101, gehören.

Begründet wird die Autorität der historischen Argumentation zum einen mit der Funktion der Verfassung, die die einzelnen Staatsgewalten vor gegenseitigen Übergriffen schützen soll. Um sich nicht eines solchen, nicht legitimierten Übergriffes verdächtig zu machen, muss die Judikative nach der Theorie des *Originalism* an die Ansichten des historischen verfassungsändernden Gesetzgebers gebunden und dadurch auch vorhersehbar bleiben.[1886] Zum anderen rechtfertigt der *Originalism* seine Verfassungstheorie unter demokratischen Gesichtspunkten mit dem System der Richterernennung. Die Bundesrichter werden in den Vereinigten Staaten nicht vom Volk gewählt, sondern vom Präsidenten mit Zustimmung des Senats auf Lebenszeit ernannt, Art. II, § 2, cl. 2 und Art. III, § 1. Um das ihnen daher innewohnende demokratische Defizit auszugleichen, sollen ihre Kompetenzen beschränkt werden. Das Mittel zur Minimierung der richterlichen Macht ist dabei die Bindung des Interpretationsprozesses an spezifisch verfassungsgesetzlich Angeordnetes.[1887]

Indem der *Originalism* die historische Argumentation zur höchsten Autorität im Interpretationsinstrumentatrium des *Supreme Court* erklärt, dezimiert er den Entscheidungsspielraum des Gerichts und sichert gleichzeitig dem Verfassungsgeber bzw. dem verfassungsändernden Gesetzgeber[1888] den größtmöglichen Einfluss auf die Fortentwicklung seiner Normen.[1889]

[1886] BERGER, Government by Judiciary, S. 364.

[1887] BRUGGER, Demokratie, Freiheit, Gleichheit, S. 170, ders., JöR NF 42 (1994), 571, 584. Plastisches Beispiel für dieses Argument bildet die Nominierung ROBERT BORKS durch Präsident REAGON. BORK war durch seine Publikationen als Vertreter eines strikten *Originalism* bekannt und konnte aus diesem Grund nicht die erforderliche Zweidrittelmehrheit im Senat auf sich vereinen. Vgl. dazu KAY, 84 Nw. U. L. Rev. 1190, 1190ff. (1990) und die eigene Darstellung des Betroffenen: BORK, The Tempting of America, S. 271ff.. Dies zeigt, wie sehr die Verfassungsauslegung durch den *Supreme Court* als personendeterminiert und vom Präsidenten beeinflussbar angesehen wird.

[1888] Siehe ANTIEAU, Constititutional Construction, S. 75ff..

[1889] Die Auseinandersetzung um die richtige Form des *Originalism* erreichte vorerst Ende der 80er/Mitte der 90er Jahre des letzten Jahrhunderts ihren Höhepunkt, als Präsident REAGON versuchte, konservative, dem *Originalism* positiv zugewandte Richter zum *Supreme Court* zu ernennen, um die liberale, teleologisch orientierte Rechtsprechung des *Supreme Court* während der vorhergehenden drei Dekaden in die Schranken zu weisen. Im Juli 1985 forderte REAGONS Justizminister MEESE sogar ausdrücklich eine Rückkehr des *Supreme Court* zur Methode des *Originalism*. Vgl. MEESE, in: Rakove (Hrsg.), Interpreting the Constitution, S. 13ff..

b.) Die historische Argumentation im *Non-Interpretivism*

Auch die Theorien des *Non-Interpretivism* stehen der historischen Argumentation offen gegenüber, verweigern ihr aber die alleinige Verbindlichkeit.[1890] Sie vertreten zumeist einen pragmatischeren Interpretationsansatz und kritisieren vor allem die mangelnde Durchführbarkeit eines strikten *Originalism*. Oftmals sind die entstehungsgeschichtlichen Materialien des Verfassungsgesetzes unvollständig und nicht objektiv zu rekonstruieren.[1891] Zudem ist nicht einhellig geklärt, auf welche Absichten und Ansichten für die historische Interpretationsmethode abgestellt werden soll.[1892] Sowohl an der Verfassungsgebung als auch bei den ihr folgenden Verfassungsänderungen waren verschiedene Institutionen auf der Initierungsseite und auf der Ratifikationsebene tätig. Gleichzeitig werden sowohl die Verfassungsgebung als auch verfassungstheoretisch die Verfassungsänderung als Verkörperung des Volkswillen qualifiziert.[1893] Auch auf dessen Absichten könnte daher abgestellt werden. Das dritte große Problem, welches die Verfassungstheorie des *Originalism* dieser Ansicht nach bei der praktischen Umsetzung aufwirft, ist die Frage nach dem notwendigen Grad der Abstraktion. Es könnte sowohl auf die spezifischen Absichten, auf das zu lösende Problem der Kreateure des Verfassungsgesetzes abgestellt werden als aber auch auf die generellen, diese überlagernden Prinzipien.[1894]

Aufgrund dieser Ungeklärtheiten bilden Text und Entstehungsgeschichte in den Theorien des *Non-Interpretivism* nur den Ausgangspunkt möglicher weitergehender Interpretation.[1895] Neben teleologischen Gesichtspunkten finden u.a.

[1890] MALTZ, Rethinking constitutional Law, S. 15; FARBER, 49 Ohio St. L.J. 1085, 1086 (1989). Für diese Arbeit ist es nicht erforderlich auf die vielfältigen Verfassungstheorien des *Non-Interpretivism* einzugehen. Weiterführende Hinweise finden sich aber bei DORF, 19 Harv. J.L. & Pub. Pol'y 351, 351ff. (1996); BRUGGER, Demokratie, Freiheit, Gleichheit, S. 166, 174ff..

[1891] BRUGGER, Demokratie, Freiheit, Gleichheit, S. 146; POWELL, 73 Va. L. Rev. 659, 669ff. (1987).

[1892] POWELL, 73 Va. L. Rev. 659, 663f. (1987); FINKELMAN, 50 U. Pitt. L. Rev. 349, 351ff. (1989).

[1893] Vgl. Teil II: C. I. 2.), S. 117ff..

[1894] Vgl. für eine zusammenfassende Kritik des *Originalism* MALTZ, Rethinking constitutional Law, S. 20ff.; FARBER, 49 Ohio St. L.J. 1085, 1087ff. (1989); MUNZER/NICKEL, 77 Colum. L. Rev. 1029,1031ff. (1977); FALLON, 100 Harv. L. Rev. 1189, 1211ff. (1987); GARDNER, 71 B. U. L. Rev. 1, 3ff. (1991); TUSHNET, 96 Harv. L. Rev. 781, 787ff. (1983) und aus deutscher Sicht BRUGGER, JöR NF 42 (1994), 571, 586f..

[1895] FALLON, 100 Harv. L. Rev. 1189, 1194ff. (1987). Nur ganz vereinzelt wird die Verwendung der historischen Argumentation gänzlich abgelehnt. So: DWORKIN, Law's Empire, S. 353ff.

auch ethische oder pragmatische Argumentationen Akzeptanz, teilweise sogar Vorrang.[1896] Die historische Auslegung wird als eine gleichberechtigte oder auch nur nachrangige Form der Auslegung angesehen. Mit diesem, nicht in der Hierarchie von historischen Quellen dominierten, Methodenkanon ermöglichen die Theorien des *Non-Interpretivism* dem *Supreme Court* in unterschiedlicher Stärke eine gegenwartsbezogene Fortschreibung des Verfassungsgesetzes.[1897] Genau darin sehen sie auch die Aufgabe des höchsten Gerichts und verwässern damit die Gewaltenteilung zwischen verfassungsänderndem Gesetzgeber und verfassungsgerichtlicher Rechtsprechung.

2.) Die verfassungstheoretische Haltung des *Supreme Court*

Grundsätzlich vermeiden es die Richter des *Supreme Court*, sich zu bestimmten verfassungstheoretischen Ansätzen zu bekennen. Dennoch lassen sich einige *Supreme Court* Richter als der Verfassungstheorie des *Originalism* positiv zugewandt einordnen. Ein frühes Beispiel eines der historischen Argumentation verbürgten Verfassungsrichters ist *Chief Justice* TANEY,[1898] der in dem von ihm verfassten Urteil Dred Scott v. Sandford 1857 erklärte: „The duty of the court is, to interpret the instrument they have framed, with the best lights we can obtain on the subjetct, and to administer it as we find it, according to its true intent and meaning when it was adopted."[1899]

Auch Verfassungsrichter des 20. Jahrhunderts äußersten sich im Sinne des Vorrangs der historischen Argumentation. Insbesondere *Justice* HUGO BLACK[1900] kann als konsequenter Vertreter einer originalistischen Interpretationsdoktrin genannt werden.[1901] Einen Beleg dafür bietet seine Haltung in der

---

[1896] DWORKIN, Law's Empire, S. 387ff.; SIMON, 73 Cal. L. Rev. 1482, 1482ff. (1985).

[1897] SANDALOW, 79 Mich. L. Rev. 1033, 1068ff. (1981).

[1898] Von 1836 bis 1864 *Chief Justice* am *Supreme Court*. Vgl. EPSTEIN/SEGAL/SPAETH/WALKER, The Supreme Court Compendium, Tabelle 4-1, S.175, 176. Vgl. NELSON, 72 Va. L. Rev. 1237, 1237f. (1986).

[1899] Dred Scott v. Sandford, 60 U.S. 393, 404f. (1857). Ein weiterer oft historisch argumentierender Richter war *Justice* SUTHERLAND, der in Home Building & Loan Association v. Blaisdell, 290 U.S. 398, 453 (1934) erklärte: "The whole aim of construction is to discover the meaning, to ascertain and give effect to the intent, of its framers and the people who adopted it."

[1900] Von 1937 bis 1971 Richter am *Supreme Court*. Vgl. EPSTEIN/SEGAL/SPAETH/WALKER, The Supreme Court Compendium, Tabelle 4-1, S.175, 178.

[1901] BLACK, *dissenting*, in: Harper v. Virginia State Board of Elections, 383 U.S. 663, 677f. (1966), ders., *dissenting*, in: Griswold v. Connecticut, 381 U.S. 479, 507 (1965), ders., *concurring*, in: Rochin v. California, 342 U.S. 165, 174 (1952).

Inkorporationsdebatte. Unter dem Begriff Inkorporationsdebatte wurde die Streitfrage diskutiert, inwieweit die *due process clause* des Amend. XIV, § 1, die in den Amend. I bis Amend. VIII verkörperten Grundrechtsgarantien auch gegenüber den Gliedstaaten für anwendbar erklärt.[1902] *Justice* BLACK vertrat die Theorie einer totalen Inkorporation, da seiner Ansicht nach allein dies die Absicht des verfassungsändernden Gesetzgebers gewesen ist.[1903] Die Mehrheit der Richter einigte sich dann aber auf eine Theorie der selektiven Inkorporierung, die die historische Argumentation in den Hintergrund treten ließ und nur vereinzelt Grundrechte gegenüber den Gliedstaaten durch die *due process clause* des Amend. XIV, § 1 für anwendbar erklärte.[1904] Zusammenfassend wird die verfassungstheoretische Haltung BLACKS insbesondere in seiner *dissenting opinion* in Katz v. United States deutlich.[1905]

Ein ebenfalls exponierter, aber nicht ebenso konsequenter Vertreter des vorrangig historischen Arguments war *Chief Justice* RHENQUIST.[1906] In der derzeiti-

[1902] Vgl. dazu bereits Teil II: B. II. 2.), S. 114f.. Den Weg, diese über die *privileges and immunities* clause des Amend. XIV, § 1 für anwendbar zu erklären, hatte der *Supreme Court* bereits 1873 abgeschnitten, indem er in den Slaughter House Cases, 83 U.S. (16 Wall.) 36 (1873), die Klausel äußerst restriktiv interpretierte.

[1903] BLACK, *dissenting*, in: In re Winship, 397 U.S. 358, 378 (1970), ders., *dissenting*, in: Adamson v. California, 332 U.S. 46, 68ff., 89 (1947). Geklärt werden konnten die tatsächlichen Beweggründe für den Erlass des Amend. XIV, § 1 bisher nicht. Während der Lesung im Repräsentantenhaus und noch einmal 1871 in einer Rede hatte BINGHAM, als einer der maßgeblich am Entstehungsprozess Beteiligten, die Intention der Totalinkorporation bekräftigt. Auch Senator HOWARD nahm diese Position ein: Congressional Globe, 39th Cong., 1st Sess., S. 2765 (1866). Siehe dazu MALTZ, Civil Rights, the Constitution, and Congress, S. 113ff.; KYVIG, Explicit and authentic Acts, S. 168. Andererseits versucht FAIRMAN, 2 Stan. L. Rev. 5, 5ff. (1949) nachzuweisen, dass die BLACK'SCHE Geschichtsbetrachtung falsch ist. Er geht davon aus, dass die Schöpfer des Amend. XIV, § 1 die Inkorporierung ausdrücklicher hätten anordnen müssen, wenn sie diese tatsächlich beabsichtigt hätten. Vgl. MEYER, The History and Meaning of the Fourteenth Amendment, S. 112ff..

[1904] Zu diesen Richtern gehörten insbesondere *Justices* CARDOZO und FRANKFURTER. Vgl. Adams v. California, 332 U.S. 46, 67f. (1947); Palko v. Connecticut, 302 U.S. 319, 323ff. (1937). Vgl. dazu AMAR, 101 Yale L.J. 1193, 1194ff. (1992); CURTIS, 12 Harv. J.L. & Pub. Pol'y 53, 53ff. (1989).

[1905] Katz v. United States, 389 U.S. 347, 373f. (1968). Ebenfalls originalistisch äußerten sich DOUGLAS, *dissenting*, in: Ullmann v. U.S. 350 U.S. 422, 446ff. (1956); RUTLEDGE, in: Everson v. Board of Edcation of Ewing, 330 U.S. 1, 29ff. (1947); HOLMES, *dissenting*, in: Eisner v. Macomber, 252 U.S. 189, 219f. (1920).

[1906] RHENQUIST, 54 Tex. L. Rev. 693, 698 (1976), verweigerte jedoch der historischen Argumentation die Ausschließlichkeit und vertrat keinen "reinen" *Originalism*: „Any sophisticated student of the subject knows that judges need not limit themselves to the intent of the framers, which is very difficult to determine in any event."

gen Besetzung des höchsten Gerichts gelten *Justices* ANTONIN SCALIA[1907] und CLARENCE THOMAS[1908] als der originalistischen Doktrin in unterschiedlicher Form folgende Richter.

Andere Richter lehnen den originalistischen Ansatz hingegen vehement ab. Zu ihnen gehörte *Justice* HOLMES,[1909] der in State of Missouri v. Holland schrieb: „The case before us must be considered in the light of our whole experience and not merely in that of what was said a hundred years ago."[1910] Zu den anti-originalistischen Richtern gehörte auch *Chief Justice* HUGHES, der eine aktive verfassungsfortentwickelnde Rechtsprechung forderte und den *Supreme Court* als eine Art „permanenten Verfassungskonvent" ansah.[1911] Zugespitzt hat er diese Ansicht in folgender Form ausgedrückt: „the Constitution is what the judges say it is."[1912] Etwas milder weigerte sich der bis 1990 tätige *Justice* BRENNAN,[1913] die historische Argumentation als alleinige Autorität anzuerkennen:

> „We current Justices read the constitution in the only way that we can: as Twentieth-Century Americans. We look to the history of the time of framing and to the intervening history of interpretation. But the ultimate question must be, what do the words of the Constitution mean in our time? For the genius of the Constitution rests not in any static meaning it might have had in a world that is dead and gone, but in the adaptability of its great principles to cope with current problems and current needs."[1914]

[1907] SCALIA, 57 U. Cin. L. Rev. 849, 849ff., insbesondere 864 (1989), ders., A Matter of Interpretation, S. 43f..

[1908] THOMAS, 12 Harv. J.L. & Pub. Pol'y 63, 63, 70 (1989), ders., 30 How. L.J. 691, 691ff. (1987).

[1909] Richter am *Supreme Court* von 1902-1932. Vgl. EPSTEIN/SEGAL/SPAETH/WALKER, The Supreme Court Compendium, Tabelle 4-1, S.175, 177.

[1910] State of Missouri v. Holland, 252 U.S. 416, 433 (1920). Vgl. dazu Kirchheimer, JöR NF 11 (1962), 93, 96f..

[1911] Richter am *Supreme Court* von 1930-1941. Vgl. EPSTEIN/SEGAL/SPAETH/WALKER, The Supreme Court Compendium, Tabelle 4-1, S.175, 178.

[1912] HUGHES in einer Rede in Elmira, New York am 03. Mai 1907; zitiert in: BICKEL, The least dangerous Branch, S. 203.

[1913] Richter am *Supreme Court* von 1956-1990. Vgl. EPSTEIN/SEGAL/SPAETH/WALKER, The Supreme Court Compendium, Tabelle 4-1, S.175, 179.

[1914] BRENNAN, 19 U.C. Davis L. Rev. 2, 7, und 4f. (1985), ders., 100 Harv. L. Rev. 313, 325f. (1986).

Während einzelne Richter teilweise konsequent, teilweise weniger konsequent bestimmten Auslegungsmethoden den Vorzug geben, lässt sich im Zusammenwirken der neun Richter des *Supreme Court* jedoch keine eindeutige Linie zur Verwendung der historischen Interpretationsmethode in der Verfassungsrechtsprechung zeichnen.[1915] Der *Supreme Court* hat sich auch nie ausdrücklich zur Methodik seiner Entscheidungsführung geäußert. Festgehalten werden kann nur, dass das Gericht die historische Argumentation in allen Rechtsprechungsphasen als eine bedeutende Auslegungsmethode anerkannt,[1916] ihr aber bisher nicht immer die vom *Originalism* geforderte Ausschließlichkeit beigemessen hat. In seinen Urteilsbegründungen verwandte der *Supreme Court* dabei sowohl die enge individualistische Konzeption des *Originalism* als auch die Methode des *Sophisticated Originalism.*[1917] 1887 bekannte das Gericht: „In the construction of the language of the Constitution [...] we are to place ourselves as nearly as possible in the condition of the men who framed that instrument."[1918] 1905 erklärte der *Supreme Court*: "The Constitution is a written instrument. As such, its meaning does not alter. That which it meant when adopted it means now."[1919] Im Hinblick auf das Amend. XVI betonte das Gericht 1916:

> "Before coming, however, to the text of the Amendment, to the end that its significance may be determined in the light of the previous legislative and judicial history of the subject with which the Amendment is concerned, and with a knowledge of the conditions which presumptively led up to its adoption, and hence of the purpose it was intended to accomplish, we make a brief statement of those subjects."[1920]

[1915] Das zu einem Kompromiss führende Aufeinanderprallen verschiedener Interpretationsdoktrinen zeigt sich insbesondere in Home Building & Loan Association v. Blaisdell, 290 U.S. 398 (1934), in der das Mehrheitsvotum für eine ahistorische Interpretation, *Justice* SUTHERLAND in seiner *dissenting opinion* hingegen für eine strikt historische Argumentation votierten.

[1916] FALLON, 100 Harv. L. Rev. 1189, 1198 (1987); ROTUNDA/NOWAK, Treatise on constitutional Law: Substance and Procedure, Band 4, § 23.6, S. 639 Fn. 2 mit Entscheidungsnachweisen; DILLON, 40 Ohio St. L.J. 637, 640 (1979).

[1917] Für eine Auslegung nach der Methode des strikten *Originalism* vgl. Dred Scott v. Sandford, 60 U.S. 393, 405 (1856). Für eine Auslegung nach der Methode des *Sophisticated Originalism* vgl. Slaughter House Cases, 83 U.S. (16 Wall.) 36, 72 (1872). Vgl. zu den vom *Supreme Court* konsultierten Interpretationsquellen des historischen Arguments TENBROEK, 27 Cal. L. Rev. 157, 157ff. (1939).

[1918] Ex parte Bain, 121 U.S. 1, 12 (1887).

[1919] State of South Carolina, v. United States, 199 U.S. 437, 448 (1905).

[1920] Brushaber v. Union Pacific Railroad Company, 240 U.S. 1, 12 (1916).

1964 erklärten die Richter: „We read [the Constitution] to effectuate the intent and purposes of the Framers. We must, therefore, consider the history and circumstances indicating what the Civil War Amendments were in fact designed to achieve."[1921] 1970 untersuchte das Gericht äußerst ausführlich die Entstehungsgeschichte der Amend VI und VII, um sie in seine Entscheidung einfließen zu lassen[1922] und 1974 hielt der *Supreme Court* fest: "We hold that the understanding of those who adopted the Fourteenth Amendment [...] is of controlling significance [...]."[1923] Auch jüngere Gerichtsentscheidungen erheben die historische Interpretationsmethode zu einer unüberbrückbaren Autorität.[1924]

Dass der *Supreme Court* sich nicht immer an das historisch Gewollte gebunden fühlt, wird insbesondere in seiner Rechtsprechung zu den *Bill of Rights* und zu den *Reconstruction Amendments* deutlich,[1925] die von vielen Vertretern einer Form des *Originalism* als konträr zum Verfassungsgeber und zum verfassungsändernden Gesetzgeber kritisiert wurden.[1926]

Schwer ausschließlich historisch zu rechtfertigen ist beispielsweise die Rechtsprechung des *Supreme Court* zur Aufhebung der Rassentrennung im Schulsektor.[1927] 1896 hatte das Gericht in Plessy v. Ferguson[1928] die *separate but equal doctrine* aufgestellt, nach der kein Verstoß gegen das Rassendiskriminierungsverbot des Amend. XIV, § 1 vorlag, wenn in öffentlichen Einrichtungen zwar nicht gleiche, aber doch gleichwertige Bedingungen für die unterschiedlichen Rassen geschaffen würden. Als 1954 schwarze Schüler eines Gliedstaates gegen die auf dieser Basis erfolgte Rassentrennung im öffentlichen Schulbereich klagten und eine Verletzung der *equal protection clause* des Amend. XIV, § 1 gel-

---

[1921] Bell v. State of Maryland, 378 U.S. 226, 289 (1964).

[1922] Williams v. State of Florida, 399 U.S. 78, 95ff. (1970).

[1923] Richardson v. Ramirez, 418 U.S. 24, 54 (1974).

[1924] Seminole Tribe of Florida v. Florida, 517 U.S. 44, 69ff. (1997); Collins v. Youngblood, 497 U.S. 37, 43ff. (1990); insbesondere auch Printz v. United States 521 U.S. 898, 910ff. (1997).

[1925] RAKOVE, in: Rakove (Hrsg.), Interpreting the Constitution, S. 179, 180.

[1926] BORK, The Tempting of America, S. 51ff. und die Besprechung von GRAGLIA, 44 Stan. L. Rev. 1019, 1032ff. (1992).

[1927] Vgl. dazu SCHEFER, Konkretisierung von Grundrechten durch den U.S.-Supreme Court, S. 204ff., der für die historische Argumentation die Bereiche der Rassentrennung, der Gleichstellung der Geschlechter und der *Affirmative Action* Programme als problematisch ansieht. Hier bleibt die Darstellung als Beispiel auf die historische Argumentation in den Rassentrennungsfällen beschränkt. Vgl. allgemein zur originalistischen Interpretationsmethode im Zusammenhang mit dem Amend. XIV, § 1 GRIFFIN, American Constitutionalism, S. 182ff.; MILLER, The Supreme Court and the Uses of History, S. 100ff..

[1928] Plessy v. Ferguson, 163 U.S. 537, 540ff., 552 (1896).

tend machten, verwarf der *Supreme Court* seine Rechtsprechung in Plessy und hob für den Bereich des Schulwesens die *separate but equal doctrine* explizit auf. Diese Aufhebung der Segregation im Schulsektor durch den Entscheid Brown v. Board of Education[1929] ist jedoch nicht allein mit der historischen Argumentation zu rechtfertigen.

Zwar sind die historischen Absichten des verfassungsändernden Gesetzgebers, die er mit der Einführung der *equal protection clause* des Amend. XIV, § 1 verfolgt hat, nicht eindeutig bestimmbar,[1930] was insbesondere auf die vielen verschiedenen Interpretationen des Amend. XIV, § 1 durch den verfassungsändernden Gesetzgeber selbst zurückzuführen ist.[1931] Der Großteil der rechtsgeschichtlich forschenden Literatur ist sich aber einig, dass die Trennung der Rassen im Schulsektor als gleich i.S.d. Amend. XIV, § 1 angesehen werden sollte und dass mit der Einführung der *equal protection clause* nicht die Aufhebung der Rassentrennung im Schulwesen beabsichtigt worden war.[1932] Übereinstimmend wird festgestellt, dass die Verfassungsänderung vor allem den *Black Codes* ein Ende bereiten sollte, die in den Südstaaten trotz der Einführung des die Sklaverei abschaffenden Amend. XIII die Diskriminierung der Schwarzen weiterführten.

Der Entscheid Brown steht damit diametral zu den Ansichten des verfassungsändernden Gesetzgebers. Über diese setzte sich der *Supreme Court* bewusst hinweg und gab einer ergebnisorientierten Argumentation den Vorrang. *Chief Justice* WARREN stellte fest, mit der historischen Argumentation nicht zu

---

1929 Brown v. Board of Education of Topeka, 347 U.S. 483, 495 (1954).

1930 Eine Besprechung der Stellungnahmen im 39. Kongress, welcher das Amend. XIV verabschiedete, findet sich bei SIEGAN, The Supreme Court's Constitution, S. 89ff..

1931 NELSON, The Fourteenth Amendment, S. 148.

1932 CURRIE, The Constitution in the Supreme Court, S. 388f.; KLARMAN, 90 Mich. L. Rev. 213, 252f. (1991); PERRY, 42 Ohio St. L.J. 261, 299f. (1981); BICKEL, 69 Harv. L. Rev. 1, 59, 64 (1955); GREY, 27 Stan. L. Rev. 703, 712f. (1975); FRANK/MUNRO, 1972 Wash. U. L. Q. 421, 467 (1972); BERGER, Government by Judiciary, S. 117ff.; SIEGAN, The Supreme Court's Constitution, S. 93ff.; TUSHNET, 96 Harv. L. Rev. 781, 800 (1983); BORK, The Tempting of America, S. 75f.. A.A.: STEINBERGER, Rassendiskriminierung und Oberster Gerichtshof, S. 43; MCCONELL, 81 Va. L. Rev. 947, 955ff., 1140 (1995). Über die weiteren mit dem Amend. XIV, § 1 verfolgten Ziele besteht dann aber bereits Uneinigkeit. Einige (BERGER, Government by Judiciary, S. 167; SIEGAN, The Supreme Court's Constitution, S. 89ff.; MURPHY/FLEMING/HARRIS II, American constitutional Interpretation, S. 738) gehen davon aus, dass sich die Absicht des verfassungsändernden Gesetzgebers in der Abschaffung der *Black Codes* erschöpfte. Andere (ELY, Democracy and Distrust, S. 30 Fn. 70; BICKEL, 69 Harv. L. Rev. 1, 63f. (1955); AYNES, in: Kyvig (Hrsg.), Uninteded Consequences of constitutional Amendments, S.110, 119f.) sehen weitere Gleichstellungsziele als vom Willen des verfassungsändernden Gesetzgebers umfasst an.

einem eindeutigen Ergebnis kommen zu können und daher auch soziologische Argumente in seine Urteilsbegründung mit einbeziehen zu wollen. Wie auch immer der Fall zu entscheiden sei, könne es jedenfalls nicht mehr auf das Verständnis der Jahre 1787, 1868 oder 1896 ankommen.[1933] Die Entscheidung lässt damit die historische Argumentation ganz in den Hintergrund treten und fokussiert ihre Begründung auf gesamtgesellschaftliche Aspekte. *Chief Justice* WARREN wandte sich ganz bewusst vor allem empirischen Wissenschaften zu.[1934] Wären die Richter der Methode des strengen *Originalism* gefolgt, wäre das Ergebnis in Brown wohl nicht zu rechtfertigen.[1935]

Noch viel weniger historisch rechtfertigen lässt sich der Parallelfall zu Brown v. Board of Education, der Entscheid Bolling v. Sharpe.[1936] Dem Urteil liegt die gleiche Sachverhaltskonstellation zugrunde wie dem Entscheid Brown v. Board of Education. Auch in Bolling klagten Schulkinder, diesmal aus Washington D.C., gegen die Rassentrennung im Schulsystem. Allerdings konnte das Amend. XIV, § 1 auf den Fall nicht angewendet werden, da sich dieses nur auf die Gliedstaaten bezieht, das *District of Columbia* aber kein Gliedstaat, sondern eine vom Kongress verwaltete besondere Verwaltungseinheit ist, Art. I, § 8, cl. 17. Diskriminierungen durch den Bund behandelt allein das Amend. V, welches allerdings kein Korrespondent *zur equal protection clause* des Amend. XIV, § 1 enthält. Amend. V war als Teil der *Bill of Rights* zudem zu einer Zeit erlassen worden, in der die Sklaverei in den Vereinigten Staaten noch eine rechtmäßige Institution war. In Bolling v. Sharpe inkorporierte der *Supreme Court* dennoch die *equal protection clause* des Amend. XIV, § 1 in die *due process clause* des Amend. V und wies damit der *due process clause* des Amend. V einen anderen Inhalt zu als derjenigen des Amend. XIV, § 1. Diese These, dass die *due process clause* des Amend. V mit Amend. XIV, § 1 abgeändert worden war, ist historisch schwer begründbar. Die Verfassungsänderungen nach dem Bürgerkrieg, zu denen auch das Amend. XIV gehört, sollten vor allem die Rechte der Gliedstaaten, nicht aber die des Bundes beschränken.[1937] BORK qualifiziert daher die

---

[1933] Brown v. Board of Education of Topeka, 347 U.S. 483, 489, 492f. (1954).

[1934] Brown v. Board of Education of Topeka, 347 U.S. 483, 494 (1954).

[1935] SIEGAN, The Supreme Court's Constitution, S. 99; KLARMAN, 90 Mich. L. Rev. 213, 253 (1991); GRAGLIA, 44 Syracuse L. Rev. 631, 637 (1994); POSNER, 42 Stan. L. Rev. 1365, 1374 (1990); PERRY, 42 Ohio St. L.J. 261, 300 (1981), der jedoch später seine Meinung änderte: PERRY, 20 S. Ill. U. L. Rev. 53, 54ff. (1995), ders., The Constitution in the Courts, S. 145ff. und ders., We the People: The Fourteenth Amendment and the Supreme Court, S. 91ff. und S. 91 Fn. 11.

[1936] Bolling v. Sharpe, 347 U.S. 497 (1954).

[1937] LINDE, 82 Yale L.J. 227, 233f. (1972); POSNER, The Problems of Jurisprudence, S. 144f..

Entscheidung als „clear rewriting of the Constitution by the Warren Court.“[1938] Der *Supreme Court* hat in ihr jegliche Bindung an die traditionellen Auslegungsmethoden der grammatikalischen und historischen Interpretation aufgegeben und der Verfassung einen neuen Inhalt hinzugefügt.

Im Ergebnis kann weder die heutige Rechtsprechung zur *equal protection clause* des Amend. XIV, § 1 noch diejenige zur *due process clause* des Amend. V im Hinblick auf die Rassentrennung im Schulwesen allein mit der historischen Argumentation begründet werden.[1939] Sie ist das Ergebnis anderer dominierender Auslegungsmethoden. Der *Supreme Court* hat Stück für Stück einen Bedeutungswandel der Gleichstellungsklausel eingeleitet und fortgeführt.[1940] Insbesondere das Amend. XIV hat damit eine Eigendynamik entwickelt, die vom verfassungsändernden Gesetzgeber weder bestimmt noch vorhersehbar war.[1941] Kritiker verleitet dies dazu, von der Transformation des Amend. XIV, § 1 zu sprechen.[1942]

Die historische Argumentation nahm somit bisher in der verfassungsgerichtlichen Rechtsprechung eine bedeutende Stellung ein. Dem *Originalism* in seiner Reinform fühlt sich der *Supreme Court* als Institution jedoch nicht verpflichtet

---

[1938] BORK, The Tempting of America, S. 83.

[1939] A.A.: BORK, The Tempting of America, S. 82f., der zwar ebenfalls die Abschaffung der Schulsegregation nicht als vom verfassungsändernden Gesetzgeber intendiert ansieht, aber andere historische Gesichtspunkte zur Rechtfertigung anführt.

[1940] VILE, Constitutional Change in the United States, S. 41f..

[1941] Dies gilt insbesondere auch für einen zweiten nicht mehr rein originalistisch zu begründenden Aspekt des Amend. XIV, § 1, diesmal die *due process clause* betreffend: Ende der 60er Jahre begann der *Supreme Court* ein modernes, textlich nicht spezifisch erwähntes *right to privacy* zu entwickeln. Die Richter erkannten im „Schatten“ der *Bill of Rights*, insbesondere im Amend. IX übergeordnete Prinzipien in der Verfassung an und waren bereit, diese auch auf neue Sachverhalte anzuwenden, die zum Zeitpunkt der Entstehung des Verfassungsartikels keine Rolle spielten. Das so i.R.d. *substantive due process* entwickelte *right to privacy* wurde in den Rang eines fundamentalen Rechts gehoben und in Roe v. Wade, 410 U.S. 113 (1973), auch auf das Abtreibungsrecht der Frau ausgedehnt. Dass diese Entscheidung kaum mehr originalistisch zu begründen ist, machte *Justice* WHITE in seiner *dissenting opinion* deutlich: „I find nothing in the language or history of the Constitution to support the Court's judgment.“ (Roe v. Wade, 410 U.S. 113, 221f. (1973)). Auch im Rahmen der Literatur herrscht große Einmütigkeit in der Beurteilung der Rechtsprechung als aktivistisch und kaum mehr historisch rechtfertigbar: PERRY, We the People: The Fourteenth Amendment and the Supreme Court, S. 152ff., 181 Nr. 5; ELY, 82 Yale L.J. 920, 926, 949 (1973); GUNTHER, 1979 Wash. U. L. Q. 817, 819 (1979); BRUGGER, Einführung in das öffentliche Recht der USA, S. 120.

[1942] Untertitel der Arbeit von BERGER, Government by Judiciary: The Transformation of the Fourteenth Amendment. So auch FRANK/MUNRO, 1972 Wash. U. L. Q. 421, 428 (1972); MEYER, The History and Meaning of the Fourteenth Amendment, S. 242.

und misst der historischen Methode in der Auslegung des Verfassungsgesetzes keine privilegierte Stellung zu. Bisher fand sich in keiner *Supreme Court* Besetzung eine Mehrheit der Richter, die ausschließlich nach der originalistischen Methode arbeitete. Wenn es dem Ergebnis dienlich war, hat sich der *Supreme Court* trotz seiner grundsätzlichen Sympathie für die historische Verfassungsauslegung auch schon oft bewusst über entstehungsgeschichtliche Argumente hinweggesetzt: „In determining what lines are unconstitutionally discriminatory, we have never been confined to historic notions of equality, any more than we have restricted due process to a fixed catalogue of what was at a given time deemed to be the limits of fundamental rights."[1943]

II. Auswertende Stellungnahme zur Position des Verfassungsgerichts auf der Umsetzungsebene

Auf der Umsetzungsebene von Verfassungsänderungen ist der Einfluss des *Supreme Court* am größten und diesen vermag er sowohl in progressiver als auch in restriktiver Weise zu nutzen.

Der *Supreme Court* hat bisher nicht zur Methode seiner Entscheidungsführung Stellung genommen. Durch das gewünschte Endresultat motiviert wird die historische Auslegungsmethode das eine Mal bevorzugt, das andere Mal als sekundär angesehen oder sogar ganz abgelehnt.[1944] Zudem erschweren es die diesbezüglichen Meinungsverschiedenheiten der Richter, die sich in zustimmenden und abweichenden Urteilen niederschlagen, eine klare Aussage über die verfassungstheoretische Haltung des *Supreme Court* zu treffen.[1945]

[1943] Harper v. Virginia State Board of Elections, 383 U.S. 663, 669 (1966). Vgl. auch die grundsätzliche Kritik von SIMSON, 70 Cornell L. Rev. 253, 253ff. (1985) und die Darstellung des dem *Originalism* widersprechenden Urteils Hawaii Housing Authority v. Midkiff, 467 U.S. 229 (1984) bei POWELL, 73 Va. L. Rev. 659, 691ff. (1987). Für weitere Urteilsnachweise, in denen die Entstehungsgeschichte nicht als Autorität behandelt wurde siehe SEGALL, 15 Const. Comment. 411, 431 Fn. 131 (1998).

[1944] WOLF, Verfassungsgerichtsbarkeit und Verfassungstreue in den Vereinigten Staaten, S. 213. SCHMITT GLAESER weist zudem zutreffend darauf hin, dass unter der historischen Methode nicht immer nur die originalistische Vorgehensweise gesehen wird, sondern die geschichtliche Untersuchung von herausgebildeten Traditionen beinahe gleiche Gewichtung erfährt. Vgl. SCHMITT GLAESER, Vorverständnis als Methode, S. 65ff..

[1945] Der *Supreme Court* spricht selten mit nur einer Stimme. Selbst solide Mehrheitsentscheidungen schließen es nicht aus, dass sich die Richter zwar über das konkrete Ergebnis, nicht aber die methodische Herleitung einig sind. Vgl. BRUGGER, ZRP 1987, 52, 50. Als Beispiel sei hier das Urteil New York Times v. United States, 403 U.S. 713 (1971) angeführt, welches

Bei einer empirischen Betrachtung seiner Entscheidungen kann aber im Grundsatz festgehalten werden, dass er die historische Argumentation als bedeutende und richtungsweisende Auslegungsmethode erachtet, wobei historische Auslegung für den amerikanischen Richter überwiegend nur subjektiv-historische Auslegung bedeutet.[1946] Anders als in der deutschen Verfassungsmethodik, in der die historische Interpretation eine eher untergeordnete Rolle spielt und oft durch die weiteren Auslegungsinstrumente übergangen wird, beginnt eine verfassungsrechtliche Untersuchung des *Supreme Court* daher zumeist mit der Auseinandersetzung mit den Ansichten des Verfassungsgebers bzw. des verfassungsändernden Gesetzgebers.[1947] Der so herausgearbeitete, rechtshistorische Standpunkt kann dann - ebenfalls im Gegensatz zum üblichen Vorgehen beim Bundesverfassungsgericht, welches der historischen Methode lediglich eine Bestätigungsfunktion beimisst -[1948] durchaus auch zur tragenden Argumentation der Entscheidung erhoben werden. Diese hierarchische Anordnung ist jedoch nicht zwingend. Einen originalistischen Standpunkt nehmen zwar immer wieder einzelne Richter des *Supreme Court* ein, das Gericht als Institution hat sich diesem verfassungstheoretischen Ansatz jedoch nicht verschrieben. Auch wenn der historischen Auslegung in den USA eine sehr viel größere Bedeutung zukommt als in Deutschland,[1949] halten sich die amerikanischen Verfassungsrichter nicht immer an ihren Maßstab und argumentieren noch viel seltener streng originalistisch, d.h. rein historisch. Wie die Entscheidungen zum Amend. XIV, § 1 gezeigt haben, setzt sich der *Supreme Court* in der Verfassungspraxis teilweise bewusst über die Intentionen des verfassungsändernden Gesetzgebers hinweg. Dieser methodische Kurswechsel markiert gleichzeitig auch den Spielraum, den sich der *Supreme Court* gegenüber dem verfassungsändernden Gesetzgeber verschaffen kann. Zuweilen gewinnt man beim obersten Gericht der Vereinigten Staaten sogar den Eindruck, dass die Methoden der Verfassungsinterpretation eher einen instrumentalen Charakter angenommen haben und zumindest im Be-

---

sechs unterschiedlichen Begründungen für die Mehrheit und drei abweichenden Voten für die Minderheit hervorrief.

[1946] BUNGERT, AöR 117 (1992), 71, 90. Nach dem herrschenden deutschen Verfassungsverständnis ist hingegen auch bei der historischen Auslegung der objektivierte Wille des Gesetzgebers und nicht die subjektive Vorstellung der am Gesetzgebungsverfahren beteiligten Organe ausschlaggebend (BVerfGE 62, 1, 45).

[1947] EBERLE, Dignity and Liberty, S. 34.

[1948] HEUN, AöR 116 (1991), 185, 196. Vgl. BVerfGE 1, 299, 312; 6, 389, 431; 41, 291, 309; 51, 97, 110. Vgl. aber auch SACHS, DVBl. 1984, 73, 80ff., der Belege für die Heranziehung der genetischen Auslegungsmethode durch das Bundesverfassungsgericht in der Auslegungspraxis entgegen seiner eigentlichen methodischen Aussage gesammelt hat.

[1949] KOMMERS/FINN, American constitutional Law, S. 45.

reich der Grundrechtsrechtsprechung eher ziel- als tatsächlich methodenorientiert verwendet werden.

Der Spielraum des *Supreme Court*, sich konträr zu den Vorstellungen des verfassungsändernden Gesetzgebers zu verhalten, wird neben der möglichen Auswahl zwischen verschiedenen anerkannten Interpretationsmethoden noch verstärkt durch das amerikanische Verfassungsverständnis. In diesem ist der Gedanke besonders stark ausgeprägt, dass den Verfassungsprinzipien ihr Gehalt erst durch eine prinzipienkonkretisierende, sich zeitgemäß und situationsbedingt fortentwickelnde Verfassungsinterpretation zuwächst,[1950] wobei dies sowohl durch die richterliche Rechtsprechung, durch die Gesetzgebung als auch durch die prägenden Kräfte von „custom" und „usage" geschieht.[1951] Die durch ihre Verfassungskonzeption ermöglichte und immer wieder extensiv durchgeführte Anpassung der Verfassung an den Wandel der Zeit durch Interpretation und Reinterpretation ist dem amerikanischen – anders als dem deutschen - Verfassungsverständnis kein Dorn im Auge.[1952] Erklärbar wird dies, wenn man sich den Unterschied zwischen dem angelsächsischen und dem römischen Rechtssystem vergegenwärtigt. Die liberale Einstellung der Amerikaner zur Fortentwicklung ihrer Verfassung durch den *Supreme Court* liegt nicht zuletzt in der Konzeption des *common law* begründet.[1953] Im Gegensatz zum römischen Recht beruht dieses nicht auf Dogmatik und Rechtslogik, sondern vielmehr auf sozialer Erfahrung, die Präzedenzfälle schafft, die solange gelten bis sie wiederum durch soziale Erfahrung überholt werden.[1954] Diese Grundhaltung des amerikanischen *common law* Systems hat sich auch auf das Verfassungsverständnis der Amerikaner übertragen. So legitimieren auch hier neue Erfahrungen den Wandel. Rechtsrealismus ist demzufolge eine Haltung, die in den USA deutlicher ausgeprägt ist als in Deutschland,[1955] wo die Vorstellung einer inhaltlichen Steuerung der Politik durch Verfassungsrecht noch stärker entwickelt ist.[1956] Eine weitere Überlegung, durch die das amerikanische Verfassungsverständnis erklärbar wird, ist die Frage nach dem politischen Organ, welches ein Zugehörigkeitsgefühl oder eine Ordnungs- und Stabilitätsinstanz in den jeweiligen Konsti-

---

1950 SHAPIRO/TRESOLINI, American constitutional Law, S. 6f.; SCHWARTZ, Constitutional Law, S. 1f..

1951 SHAPIRO/TRESOLINI, American constitutional Law, S. 6

1952 VORLÄNDER, JöR NF 36 (1987), 451, 456

1953 VORLÄNDER, JöR NF 36 (1987), 451, 456

1954 HOLMES, The Common Law, S. 5.

1955 BRUGGER, Demokratie, Freiheit, Gleichheit, S. 30

1956 KOMMERS, The constitutional Jurisprudence, S. 39; BRUGGER, Demokratie, Freiheit, Gleichheit, S. 36

tutionen schafft.[1957] Während die englische Verfassung zum Beispiel an das Parlament anknüpft und die französische an die Nation, ist das Bindungselement in der amerikanischen Verfassung eindeutig die Judikative. 1787 konnte sich die USA nicht wie Großbritannien auf eine lange Tradition des Parlamentarismus beziehen, so dass eine legislative Prägung des Verfassungsgefüges ausschied. Auch konnte die USA nicht auf eine einige Nation zurückgreifen, wie dies in Frankreich geschah, indem Sieyès die 97 % des *tiers etat* im Negativen geeint gegen Adel und Klerus zur Nation erklärte. Betrachtet man allein schon den durch die Sklavenkontroverse gespaltenen Nord- und Südteil der USA, wird sehr schnell deutlich, dass auch eine dergleichen einige politische Nation den Vereinigten Staaten fehlte. Einen konnte die Nation daher nur die relativ abstrakte Form der Judikative, die nicht auf eine gemeinsame Erfahrungsgeschichte oder einer gemeinsamen Werteübereinstimmung das Verfassungsgefüge in die Praxis umsetzte, sondern die neue Einheit mittels der vereinbarten Werte und Normen zu finden und festigen versuchte. Aus dieser Betrachtung lässt sich auch die Bedeutung der Gerichtsbarkeit und die Autorität der durch sie herbeigeführten Verfassungsentwicklung erklären.

Traditionell kommt der historischen Auslegung bei der Subsumtion zwar ein besonderer Stellenwert zu. Der Wille des verfassungsändernden Gesetzgebers wird grundsätzlich auch bei der umsetzenden Rechtsprechung berücksichtigt. Die vom *Supreme Court* etablierte freie Methodenwahl in der Verfassungsauslegung sowie die Akzeptanz seiner zentralen Stellung in der Gesellschaft ermöglichen es dem Gericht aber auch, nicht nur im Einklang mit dem verfassungsändernden Gesetzgeber verfassungsumsetzend, sondern zweitweise auch verfassungsfortentwickelnd Recht zu sprechen. Auf der Umsetzungsebene wird das Gericht als letzte Instanz nur durch ein erneutes Tätigwerden des verfassungsändernden Gesetzgebers begrenzt, dem es frei steht, mittels der Verabschiedung einer Verfassungsänderung die rechtsschöpfende Verfassungsrechtsprechung des *Supreme Court* zu korrigieren und in ursprüngliche Bahnen zu lenken. Wie oben gezeigt,[1958] ist dies, hat sich eine Rechtsprechung einmal etabliert, jedoch ein äußerst schweres Unterfangen und führte in der Verfassungsgeschichte der Vereinigten Staaten bisher erst viermal zum Erfolg.

[1957] Ansatz von PREUẞ, in: Preuß, (Hrsg.), Zum Begriff der Verfassung, S. 7, 7ff. Ähnlich MILLER, The Supreme Court and the Uses of History, S. 186.

[1958] Vgl. Teil III: A. I. 1.), S. 222ff..

Schlussbemerkung

Wie sich aus Teil III dieser Arbeit ergibt, ist es dem *Supreme Court* im Ergebnis möglich, alle vier untersuchten Stadien einer Verfassungsänderung, die Initiativ-, die Ratifikations-, die Kontroll- und die Durchsetzungsebene, in nicht unerheblichem Maß zu beeinflussen. Auf der Umsetzungsebene kommt ihm dabei naturgemäß der größte Spielraum zu. Übertritt er in dieser die ihm zugewiesenen Kompetenzen in einer dem verfassungsändernden Gesetzgeber nicht zumutbar erscheinenden Art und Weise, provoziert er damit den Beginn des Initiativverfahrens für eine erneute Verfassungsänderung. Andererseits kann er bereits angelaufene Revisionsverfahren auf der Ratifikationsebene durch ein Einlenken seiner Rechtsprechung aufhalten und sich damit teilweise der Einführung konkreter von ihm zu beachtender neuer Prüfungsstandards entziehen. Dadurch sichert er sich einen breiteren Urteilsrahmen für die Zukunft und stärkt seine Position gegenüber dem verfassungsändernden Gesetzgeber. Schließlich ist er nach den hier vertretenen Ergebnissen ebenfalls befugt, zumindest in Bezug auf das Verfahren einer Verfassungsänderung als Kontrollinstanz gegenüber dem verfassungsändernden Gesetzgeber zu agieren. Dies ist grundsätzlich unbedenklich, da Verfahrensfehler eines Revisionsprozesses durch ein erneutes Verfahren behoben werden können und die Kontrolle damit nicht endgültig ist.

Andererseits darf die Kontrollfunktion des *Supreme Court* über den verfassungsändernden Gesetzgeber auch nicht unterschätzt werden. Die in Teil II dieser Arbeit behandelten Meinungsstreitigkeiten zu einzelnen Gesichtspunkten des Art. V-Verfahrens zeigen, dass dem höchsten Gericht der Vereinigten Staaten bei der Überprüfung von Verfassungsänderungen wenig konkrete Maßstäbe an die Hand gegeben werden und ihm daher ein breiter Ermessensspielraum auch für politische Entscheidungen offen steht. So könnte er beispielsweise Ratifikationsrücknahmen für zulässig oder unzulässig erklären. Beide Ansichten scheinen den Vorgaben des Art. V entsprechend für vertretbar. Je nach dem könnte das Gericht dadurch eine Verfassungsänderung scheitern lassen oder aber bestätigen. In prekären Situationen könnte die vorläufige Verfahrenskontrolle daher auch in eine endgültige Entscheidung über den Erfolg einer Verfassungsänderung umschlagen, da - durch den Schwierigkeitsgrad des Revisionsverfahrens bedingt - das Gelingen eines erneuten Revisionsverfahrens nicht immer gesichert ist.

Anders als in Deutschland ist das amerikanische Revisionsverfahren nicht an die Vorschriften zum ordentlichen Gesetzgebungsverfahren gekoppelt, auf das bei Detailfragen des Verfassungsänderungsprozesses zurückgegriffen werden könnte. Eine mögliche Lösung zu dem Unbestimmtheitsproblem des Art. V und dem damit verbundenen großen Beurteilungsspielraum des *Supreme Court*, könnte daher in einer konkretisierenden Gesetzgebung gesehen werden, die bereits vielmals gefordert wurde und die vom *Supreme Court* auch für möglich gehalten wird, die aber bis heute nicht vom Kongress verabschiedet wurde.[1959] Eine Konkretisierung durch einfaches Gesetz erscheint aber für das amerikanische Revisionsverfahren auch nicht geeignet. Damit hätte es alleine der Bundeskongress in der Hand, Regeln für das Verfassungsänderungsverfahren aufzustellen, die zudem durch jeden neu gewählten Kongress abänderbar wären. Dies würde m.E. gegen die dem Art. V zugrunde liegenden Prinzipien verstoßen, zu denen vor allem das Prinzip der föderalistischen Aufteilung des Revisionsprozesses zwischen Gliedstaaten und Bundesstaat gehört. Zwar wären die Gliedstaaten beim Erlass eines konkretisierenden Gesetzes durch ihre Repräsentanten im Senat vertreten, dort würde aber nur eine einfache Mehrheit für den Erlass eines einfachen Gesetzes ausreichen. Eine Dreiviertelmehrheit oder zumindest eine qualifizierte Mehrheit wie im Prozess der Verfassungsänderung wäre hingegen nicht erforderlich. Eine Konkretisierung wäre m.E. nur sinnvoll, wenn sie durch eine Verfassungsänderung des Art. V selbst erfolgen würde. Solange diese nur das Verfahren beträfe, wäre eine solche auch zulässig.

Aber auch dies ist nicht unbedingt als die beste Lösung anzusehen. Wie die Darstellung der Verfassungsrevisionsgeschichte der Vereingten Staaten von Amerika offenbart hat, wurden bereits mehrfach Revisionsvorschläge zur Änderung des Revisionsverfahrens in den Kongress eingebracht. Dabei wurden sehr unterschiedliche Verfahrensansätze für die Modifizierung des Art. V vertreten. Nach kurzer Aufeinanderfolge mehrerer Verfassungsänderungen wurde um die Erhöhung des Schwierigkeitsgrads des Revisionsverfahrens gebeten. In Perioden, in denen Verfassungsänderungen nicht durchsetzbar waren, wurden Rufe nach der Vereinfachung des Verfahrens laut. Teilweise wurde die Einführung direkt-demokratischer Elemente in den Revisionsprozess befürwortet, teilweise wurde angestrebt, die Stellung der Gliedstaaten im Revisionsprozess zu stärken. Zumeist waren diese Vorbringen damit Reaktionen auf das momentane politische und soziale Umfeld der Vereingten Staaten. Eine objektive bedarfsangepasste Modifizierung des Art. V erscheint damit außerhalb des Bereichs des Möglichen.[1960]

[1959] Dies ergibt sich aus Coleman v. Miller, 307 U.S. 433, 450 (1939), in dem es heißt: „[...] nor has the Congress enacted a statute relating to rejections." Damit impliziert der *Supreme Court*, dass er sich an konkretisierende Gesetzgebung des Kongresses zu Art. V gebunden fühlen würde.

[1960] Nicht verschwiegen werden soll, dass sie durchaus auch Vorteile gegenüber einer nur verfassungskonkretisierenden Rechtsprechung hätte. Urteile des *Supreme Court* sind grundsätzlich nur Einzelfallentscheidungen. Ihnen würde damit die Generalität eines Gesetzes fehlen, die auch die *doctrine of stare decises* nicht vollends ausgleichen könnte. Zudem setzt konkretisierende Rechtsprechung voraus, dass Streitfälle auch tatsächlich vor den *Supreme*

Hinzu kommt, dass der *Supreme Court* bisher sehr verantwortungsvoll mit seiner Position als Kontrolleur des verfassungsändernden Gesetzgebers umgegangen ist. Bisher hat er noch keine Verfassungsänderung für verfassungswidrig erklärt. In allen von ihm zu entscheidenden Verfahren zum Revisionsprozess validierte er – wie der Versuch der Bildung eines Rechtsprechungsstandards zu Art. V gezeigt hat – die Verfassungspraxis. In dem einzigen Verfahren, in dem das Gericht innerhalb eines laufenden Revisionsprozesses angerufen wurde, in Coleman v. Miller, lehnte der *Supreme Court* sogar bereits die Zulässigkeit des Verfahrens mit Hilfe der *political question doctrine* ab. Bisher übte sich der *Supreme Court* in seiner Funktion als Kontrolleur des verfassungsändernden Gesetzgebers damit in größter Zurückhaltung, behielt sich aber dennoch die Möglichkeit vor, künftige Revisionsprozesse zu überwachen und notfalls einzuschreiten.

Nicht zuletzt ist der *Supreme Court* im System der *checks and balances* auch auf die Effektivität des verfassungsändernden Gesetzgebers angewiesen, so dass ein Übergreifen seinerseits auf den verfassungsändernden Gesetzgeber auch für die Zukunft wenig wahrscheinlich ist. Eine sich aktiv fortentwickelnde Verfassungsrechtsprechung, wie beispielsweise die des *Supreme Court* zu Amend. XIV, wird erst durch die Existenz eines Verfassungsänderungsverfahrens ermöglicht.

Umgekehrt übt nämlich das Revisionsverfahren innerhalb einer Negativfunktion und zwei Positivfunktionen auch Einfluss auf den *Supreme Court* aus. Die Provokation einer Verfassungsänderung auf Initiativebene kann umgekehrt auch als Kontrollfunktion des Revisionsverfahrens über die verfassungsrechtliche Rechtsprechung gedeutet werden. Mit ihm ist es dem verfassungsändernden Gesetzgeber möglich, *Supreme Court* Urteile zu revidieren oder künftig in eine andere Richtung zu lenken.

Neben der Kontrollfunktion kommt dem Revisionsmechanismus auch eine Schutzfunktion gegenüber dem höchsten Gericht der Vereinigten Staaten zu. Er ermöglicht dem Gericht eine kontinuierliche Rechtsprechung, die nicht sprunghaft auf politische und soziale Geschehen reagieren muss. Durch das Bewusstsein, dass nach seiner Entscheidung immer noch die Möglichkeit einer Revision besteht, kann der *Supreme Court* seine Funktion als Stabilisierungsorgan und Wächter der Verfassung in vollem Umfang wahrnehmen. In den dem Amend. XI und dem Amend. XVI vorausgehenden Urteilen haben die Richter selbst auf die Möglichkeit hingewiesen, ihre Entscheidungen mittels einer Verfassungsän-

---

Court gebracht werden. Bisher sind aber nur sehr wenige Verfahren zum Revisionsprozess vor das Gericht gelangt. Eine Konkretisierung durch den Gesetzgeber würde damit durchaus für eine schnellere Rechtsklarheit sorgen.

derung zu revidieren und damit an die schützende Funktion der Legislative appelliert. *Justice* CUSHING erklärte in Chisholm v. Georgia: „If the Constitution is found inconvenient in practice in this or any other particular, it is well that a regular mode is pointed out for amendment.“[1961] Auch *Justice* FULLER verwies in der Pollock-Entscheidung auf das Revisionsverfahren: „If it be true that the constitution should have been so framed that a tax of this kind could be laid, the instrument defines the way for its amendment."[1962]

Das Revisionsverfahren erfüllt gegenüber dem *Supreme Court* zudem auch eine zweite Positivfunktion, die Legitimationsfunktion. Es wirkt nicht nur schützend, sondern auch autoritätsstärkend. Durch den Erlass einer Verfassungsänderung erkennt die Legislative implizit die Verbindlichkeit und Richtigkeit verfassungsrechtlicher Rechtsprechung an und ordnet sich dem Gericht in diesem Punkt unter. Sie stärkt und legitimiert damit die Positionen des Gerichts.[1963] Auch das Scheitern eines Revisionsversuchs sanktioniert die kontroverse Rechtsprechung und stärkt damit die Autorität des *Supreme Court*, indem es verdeutlicht, dass keine ausreichende Mehrheit für eine substantielle Umwälzung der Rechtsprechung gefunden werden konnte.[1964]

Diese Abhängigkeit des *Supreme Court* vom verfassungsändernden Gesetzgeber und die bisher zurückhaltende Rechtsprechung im Bereich von Verfassungsänderungen macht ein Übergreifen seinerseits wenig wahrscheinlich. Das dialektische Verhältnis zwischen *Supreme Court* und verfassungsänderndem Gesetzgeber hat sich damit grundsätzlich als effektiv erwiesen. Im Bewusstsein seines großen Einflusses auf das Revisionsverfahrens ist seine Stellung im Gewaltenteilungsgefüge zwischen verfassungsänderndem Gesetzgeber und Verfassungsgericht daher ohne das Erfordernis einer näheren Konkretisierung beizubehalten.

1961 Chisholm v. Georgia, 2 U.S. (2 Dall.) 419, 468 (1793).

1962 Pollock v. Farmers' Loan & Trust Co., 158 U.S. 601, 635 (1895).

1963 So auch LASSER, The Limits of judicial Power, S. 236; KEYNES/MILLER, The Court vs. Congress, S. 153.

1964 Vgl. dazu KYVIG, 2 J. S.Ct. Hist. 106, 113f., 116ff. (1996), ders., Explicit and authentic Acts, S. 370.

Anhang

A. Der durch *Amendments* modifizierte und ergänzte Verfassungsurtext

Verfassungsurtext:	Streichung:	Modifikation und/oder Ergänzung:
Art. I, § 2, cl. 1: The House of Representatives shall be composed of Members chosen every second Year *by the People of the several States*, and the Electors in each State shall have the Qualifications requisite for Electors of the most numerous Branch of the State Legislature.		Ergänzungen durch Amend. XV, § 1, XIX, § 1, XX, § 1, XXIV, § 1 und XXVI, § 1: Amend. XX, § 1 ergänzt die "second Year-Klausel" um einen genauen Endpunkt der Legislaturperiode und die restlichen *A-mendments* enthalten Wahlrechtsbestimmungen. Amend. XX, § 1: *The terms* of the President and Vice President *shall end* at noon the 20th day of January, and *the terms of* Senators and *Representatives at noon on the 3d day of January,* of the years in which such terms would have ended if this article had not been ratified; and the terms of their successors shall then begin. Amend. XV, § 1: *The right of citizens of the United States to vote shall not be denied or abridged by the United States or by any State on account of race, color, or previous condition of servitude.* Amend. XIX, § 1: *The right of citizens of the United States to vote shall not be denied or abridged by the United States or by any State on account of sex.* Amend. XXIV, § 1: *The right of citizens of the United States to vote* in any primary or other election for President or Vice President, for electors for President or Vice President, or *for* Senator or *Representative in Congress, shall not be denied or abridged by the United States or any State by reason of failure to pay any poll tax or other tax.* Amend. XXVI, § 1: *The right of citizens of the United States, who are eighteen years of age or older, to vote shall not be denied or abridged by the United States or any State on account of age.*

Art. I, § 2, cl. 2: *No Person shall be a Representative who* shall not have attained to the Age of twenty five Years, and been seven Years a Citizen of the United States, and who shall not, when elected, be an Inhabitant of that State in which he shall be chosen.		Weitere Einschränkungen durch Amend. XIV, § 3: Amend. XIV, § 3: *No person shall be a* Senator or *Representative in Congress*, or elector of President and Vice President, or hold any office, civil or military, under the United States, or under any State *who, having previously taken an oath, as a member of Congress*, or as an officer of the United States, or as a member of any State legislature, or as an executive or judicial officer of any State, *to support the Constitution of the Untied States, shall have engaged in insurrection or rebellion against the same, or given aid or comfort to the enemies thereof. But Congress may by a vote of two-thirds of each House, remove such disability.*
Art. I, § 2, cl. 3: Representatives and direct Taxes shall be apportioned among the several States which may be included within this Union, according to their respective Numbers, which shall be determined *by adding to the whole Number of free Persons, including those bound to Service for a Term of Years, and excluding Indians not taxed, three fifths of all other Persons*. The actual Enumeration shall be made within three Years after the first Meeting of the Congress of the United States, and within every subsequent Term of ten Years, in such Manner as they shall by Law direct. The Number of Representatives shall not exceed one for		Änderung durch Amend. XIII, § 1, XIV, § 2 und XVI: Die Abschaffung der Sklaverei durch Amend. XIII, § 1 und die Klarstellungen in Amend. XIV, § 2 führten zu einer Neuverteilung der Sitze im Repräsentantenhaus. Amend. XIII, § 1: *Neither slavery nor involuntary servitude,* except as a punishment for crime whereof the party shall have been duly convicted, *shall exist within the United States or any place subject to their jurisdiction.* Amend. XIV, § 2: Representatives shall be apportioned among the several States according to their respective numbers, *counting the whole number of persons in each state*, excluding Indians not taxed. But when the right to vote at any election for the choice of electors for President and Vice President of the United States, Representatives in Congress, the Executive and Judicial officers of a State, of the members of the Legislature thereof, is denied to any of the male inhabitants of such State, being twenty-one years of age, and citizens of the United States, of in any way abridged, except for participation in rebellion, or other crime, the basis of

every thirty Thousand, but each State shall have at Least one Representative; and until such enumeration shall be made the State of New Hampshire shall be entitled to chuse three, Massachusetts eight, Rhode-Island and Providence Plantations one, Connecticut five, New-York six, New Jersey four, Pennsylvania eight, Delaware one, Maryland six, Virginia ten, North Carolina five, South Carolina five, and Georgia three.		representation therein shall be reduced in the proportion which the number of such male citizens shall bear to the whole number of male citizens twenty-one years of age in such State. Amend. XVI: *The Congress shall have power to lay and collect taxes on incomes, from whatever source derived, without apportionment among the several States, and without regard to any census or enumeration.*
Art. I, § 3, cl. 1: The Senate of the United States shall be composed of two Senators from each State, *chosen by the Legislature thereof, for six Years;* and each Senator shall have one Vote.		Änderung durch Amend. XVII, cl. 1: Amend. XVII, cl. 1 führte die Direktwahl der Senatoren durch das Volk ein. Amend. XVII, cl. 1: The Senate of the United States shall be composed of two Senators from each State, *elected by the people thereof*, for six years; and each Senator shall have one Vote. The electors in each State shall have the qualifications requisite for electors of the most numerous branch of the State legislatures. Ergänzungen durch Amend. XVII, cl. 1und XX, § 1: Amend. XVII ergänzt die Verfassung ferner um die durch die Volkswahl notwendig gewordene Bestimmung des aktiven Wahlrechts für Senatoren und Amend. XX, § 1 legt den genauen Endpunkt der Legislaturperiode fest. Amend. XVII, cl. 1: The Senate of the United States shall be composed of two Senators from each State, elected by the people thereof, for six years; and each Senator shall have one Vote. *The electors in each State*

		shall have the qualifications requisite for electors of the most numerous branch of the State legislatures. Amend. XX, § 1: *The terms* of the President and Vice President *shall end* at noon the 20th day of January, and *the terms of* Senators and *Representatives at noon on the 3d day of January,* of the years in which such terms would have ended if this article had not been ratified; and the terms of their successors shall then begin.
Art. I, § 3, cl. 2: Immediately after they shall be assembled in Consequence of the first Election, they shall be divided as equally as may be into three Classes. The Seats of the Senators of the first Class shall be vacated at the Expiration of the second Year, of the second Class at the Expiration of the sixth Year so that one third may be chosen every second Year; *and if Vacancies happen by Resignation, or otherwise, during the Recess of the Legislature of any State, the Executive thereof may make temporary Appointments until the next Meeting of the Legislature, which shall then fill such Vacancies.*		Änderung durch Amend. XVII, cl. 2: Auch diese Änderung war bedingt durch die Einführung des direkten Wahlrechts für die Senatoren. Amend. XVII, cl. 2: When vacancies happen in the representation of any State in the Senate, *the executive authority of such State shall issue writs of election to fill such vacancies: Provided, that the legislature of any State may empower the executive thereof to make temporary appointments until the people fill the vacancies by election as the legislature may direct.*
Art. I, § 3, cl. 3: *No Person shall be a Senator who* shall not have attained to the Age of thirty Years, and been nine Years a Citizen of the United		Weitere Einschränkungen durch Amend. XIV, § 3: Amend. XIV, § 3: *No person shall be a Senator* or Representative in Congress, or elector of President and Vice President, or hold any office, civil or military, under the United States, or under any State *who,*

States, and who shall not, when elected, be an Inhabitant of that State for which he shall be chosen.		*having previously taken an oath, as a member of Congress*, or as an officer of the United States, or as a member of any State legislature, or as an executive or judicial officer of any State, *to support the Constitution of the Untied States, shall have engaged in insurrection or rebellion against the same, or given aid or comfort to the enemies thereof. But Congress may by a vote of two-thirds of each House, remove such disability.*
Art. I, § 4, cl. 1: The Times, Places and Manner of holding Elections for Senators and Representatives, shall be prescribed in each State by the Legislature thereof; but the Congress may at any time by Law make or alter such Regulations, *except as to the Places of chusing Senators.*	Streichung durch Amend. XVII, cl. 1: Amend. XVII, cl. 1 gleicht das Wahlverfahren für die Senatoren demjenigen für die Abgeordneten an und schaltet damit auch die diesbezüglichen Kompetenzen des Kongresses gleich. Die Ausnahmeklausel wird damit überflüssig. Amend. XVII, cl. 1: *The Senate of the United States shall be composed of two Senators from each State, elected by the people thereof, for six years; and each Senator shall have one Vote. The electors in each State shall have the qualifications requisite for electors of the most numerous branch of the State legislatures.*	
Art. I, § 4, cl. 2: The Congress shall assemble at least once in every Year, and such Meeting shall be *on the first Mon-*		Änderung durch Amend. XX, § 2: Amend. XX, § 2: The Congress shall assemble at least once in every year, and such meeting shall begin *at noon on the 3d day of January,*

day in December, unless they shall by Law appoint a different Day.		unless they shall by law appoint a different day.
Art. I, § 6, cl. 1: *The Senators and Representatives shall receive a Compensation for their Services, to be ascertained by Law, and paid out of the Treasury of the United States.* They shall in all Cases, except Treason, Felony and Breach of the Peace, be privileged from Arrest during their Attendance at the Session of their respective Houses, and in going to and returning from the same; and for any Speech or Debate in either House, they shall not be questioned in any other Place.		Ergänzung durch Amend. XXVII: Amend. XXVII: *No law, varying the compensation for the services of the Senators and Representatives, shall take effect, until an election of Representatives shall have intervened.*
Art. I, § 8, cl. 1: *The Congress shall have Power to lay and collect Taxes*, Duties, Imposts and Excises, to pay the Debts and provide for the common Defense and general Welfare of the United States; but all Duties, Imposts and Excises shall be uniform throughout the United States.		Erweiterung durch Amend. XVI: Amend. XVI stattet den Kongress mit der Kompetenz zur Erhebung einer Einkommenssteuer aus: Amend. XVI: *The Congress shall have power to lay and collect taxes on incomes, from whatever source derived, without apportionment among the several States, and without regard to any census or enumeration.*
Art. I, § 8, cl. 1-18 insgesamt:		Einschränkung durch Amend. I und X: Amend. I: *Congress shall make no law respecting an establishment of religion, or prohibiting the free exercise thereof; or abridging the freedom of speech, or of the press; or the right of the people peaceably to assemble and to petition the Government for a re-*

		dress of grievances. Amend. X: *The powers not delegated to the United States by the Constitution, nor prohibited by it to the States, are reserved to the States respectively, or to the people.* Ergänzung durch Amend. XIII, § 2, XIV, § 5, XV, § 2, XVIII, § 2 (allerdings aufgehoben durch Amend. XXI), XIX, § 2, XXIII, § 2, XXIV, § 2, und XXVI, § 2: Mit der Klausel: *The Congress shall have power to enforce this article by appropriate legislation,* (oder: "The Congress shall have power to enforce, by appropriate legislation, the provisions of this article," Amend. XIV, § 5), werden die in Art. I, § 8 enumerierten Kompetenzen des Kongresses um Durchführungskompetenzen zur Sicherung der angefügten *Amendments* ergänzt.
Art. I, § 9, cl. 1: *The Migration or Importation of such Persons as any of the States now existing shall think proper to admit, shall not be prohibited by the Congress prior to the year one thousand eight hundred and eight, but a Tax or duty may be imposed on such Importation, not exceeding ten dollars for each Person.*	Streichung durch Amend. XIII, § 1: Die Klausel ist durch die Einführung des Amend. XIII, § 1 obsolet geworden. Amend. XIII, § 1: *Neither slavery nor involuntary servitude,* except as a punishment for crime whereof the party shall have been duly convicted, *shall exist within the United States or any place subject to their jurisdiction.*	
Art. I, § 9, cl. 4: No Capitation, or other direct, Tax shall be laid, *unless in Proportion*		Änderung durch Amend. XVI: Amend. XVI: The Congress shall have power to lay and collect taxes on in-

to the Census or Enumeration herein before directed to be taken.		comes, from whatever source derived, *without apportionment among the several States, and without regard to any census or enumeration.*
Art. I, § 10 insgesamt:		Ergänzung durch Amend. X: Amend. X stellt die grundsätzliche Alleinzuständigkeit der Gliedstaaten bis auf die in Art. I, §§ 8-10 enumerierten Fälle fest. Amend. X: *The powers not delegated to the United States by the Constitution, nor prohibited by it to the States, are reserved to the States respectively, or to the people.*
Art. II, § 1, cl. 1: The executive Power shall be vested in a President of the United States of America. *He shall hold his Office during the Term of four Years,* and together with the Vice President, chosen for the same Term, be elected, as follows:		Ergänzung durch Amend. XXII, § 1 und XX, § 1: Amend. XXII, § 1 limitiert die Wiederwahl eines Präsidenten auf maximal zwei mögliche Amtszeiten und Amend. XX, § 1 bestimmt den Endpunkt einer Amtszeit: Amend. XX, § 1: *The terms of the President and Vice President shall end at noon the 20th day of January*, and the terms of Senators and Representatives at noon on the 3d day of January, of the years in which such terms would have ended if this article had not been ratified; and the terms of their successors shall then begin. Amend. XXII, § 1: *No person shall be elected to the office of the President more than twice, and no person who has held the office of President, or acted as President, for more than two years of a term to which some other person was elected President shall be elected to the office of the President more than once.* But this Article shall not apply to any person holding the office of President when this Article was proposed by the Congress, and shall not prevent any person who may be holding the office of President, or acting as President, during the term within which this Article becomes operative from holding the office of President or acting

		as President during the remainder of such term.
Art. II, § 1, cl. 2: *Each State* shall appoint, in such Manner as the Legislature thereof may direct, a Number of Electors, equal to the whole Number of Senators and Representatives to which the State may be entitled in the Congress: but no Senator or Representative, or Person holding an Office of Trust or Profit under the United States, shall be appointed an Elector.		Ergänzung durch Amend. XXIII, § 1: Amend. XXIII, § 1 fügt den Wahlmännern der Gliedstaaten solche für das District of Columbia hinzu: Amend. XXIII, § 1: *The District constituting the seat of Government of the United States shall appoint in such manner as the Congress may direct: A number of electors of President and Vice President equal to the whole number of Senators and Representatives in Congress to which the District would be entitled if it were a State, but in no event more than the least populous state; they shall be in addition to those appointed by the States, but they shall be considered, for the purposes of the election of President and Vice President to be electors appointed by a State; and they shall meet in the District and perform such duties as provided by the twelfth article of amendment.*
Art. II, § 1, cl. 3: The Electors shall meet in their respective States, and vote by Ballot fort two Persons, of whom one at least shall not be an Inhabitant of the same State with themselves. *And they shall make a List of all the Persons voted for, and of the Number of Votes for each;* which List they shall sign and certify, and transmit sealed to the Seat of the Government of the United States, directed to the President of the Senate. The President of the Senate shall, in the Presence of the Senate and House of Representa-		Modifikation durch Amend. XII: Das Wahlverfahren für die Wahl des Präsidenten wurde durch Amend. XII neu geregelt: Amend. XII: The Electors shall meet in their respective states and vote by ballot for President and Vice-President, one of whom, at least, shall not be an inhabitant of the same state with themselves; *they shall name in their ballots the person voted for as President, and in distinct ballots the person voted for as Vice-President, and they shall make distinct lists of all persons voted for as President, and of all persons voted for as Vice-President, and of the number of votes for each,* which lists they shall sign and certify and transmit sealed to the seat of government of the United States, directed to the President of the Senate; - The President of the Senate shall in the presence of the Senate and House of Representatives, open all the certificates and the votes shall then be

tives, open all the Certificates, and the Votes shall then be counted. *The Person having the greatest Number be a Majority of the whole Number of Electors appointed; and if there be more than one who have such Majority, and have an equal Number of Votes, then the House of Representatives shall immediately chuse by Ballot one of them for President; and if no Person have a Majority, then from the five highest on the List the said House shall in like Manner chuse the President. But in chusing the President, the Votes* shall be taken by States, the Representation from each State having one Vote; A quorum for this Purpose shall consist of a Member or Members from two thirds of the States, and a Majority of all the States shall be necessary to a Choice. *In every Case, after the Choice of the President, the Person having the greatest Number of Votes of the Electors shall be the Vice President.* But if there should remain two or more who have equal Votes, the Senate shall chuse from them by Ballot the Vice President.		counted; - *The person having the greatest number of votes for President, shall be the President, if such number be a majority of the whole number of Electors appointed; and if no person have such majority, then from the persons having the highest numbers not exceeding three on the list of those voted for as President, the House of Representatives shall choose immediately, by ballot, the President.* But in choosing the President, the votes shall be taken by states, the representation from each state having one vote; a quorum for this purpose shall consist of a member or members from two-thirds of the states, and a majority of all the states shall be necessary to a choice. *And if the House of Representatives shall not choose a President whenever the right of choice shall devolve upon them, before the fourth day of March next following, then the Vice-President shall act as President, as in the case of the death or other constitutional disability of the President. – The person having the greatest number of votes as Vice-President, shall be the Vice President, if such number be a majority of the whole number of Electors appointed, and if no person have a majority, then from the two highest numbers on the list, the Senate shall choose the Vice President; a quorum for the purpose shall consist of two-thirds of the whole number of Senators, and a majority of the whole number shall be necessary to a choice. But no person constitutionally ineligible to the office of President shall be eligible to that of Vice President of the United States.*

Art. II, § 1, cl. 5: *No Person* except a natural born Citizen, or a Citizen of the United States, at the time of the Adoption of this Constitution, shall be eligible to the Office of President; neither shall any person be eligible to that Office who shall not have attained to the Age of thirty five Years, and been fourteen Years a Resident within the United States.		Weitere Einschränkungen durch Amend. XIV, § 3: Amend. XIV, § 3: *No person shall* be a Senator or Representative in Congress, or elector of President and Vice President, *or hold any office, civil or military, under the United States, or under any State who, having previously taken an oath,* as a member of Congress, or *as an officer of the United States*, or as a member of any State legislature, or as an executive or judicial officer of any State, *to support the Constitution of the Untied States, shall have engaged in insurrection or rebellion against the same, or given aid or comfort to the enemies thereof. But Congress may by a vote of two-thirds of each House, remove such disability.*
Art. II, § 1, cl. 6: In Case of the Removal of the President from Office, or of his Death, Resignation, or Inability to discharge the Powers and Duties of the said Office, the Same *shall devolve on* the Vice President, and the congress may by law provide for the Case of Removal, Death, Resignation or Inability, both of the President and Vice President, declaring what Officer shall then act as President, and such Officer shall act accordingly until the Disability be removed, or a President shall be elected.		Modifikation durch Amend. XXV, § 1: Amend. XXV, § 1 stellt klar, dass der Vizepräsident im Falle der Verhinderung des Präsidenten nicht nur seine Aufgaben übernimmt, sondern auch seine Nachfolge antritt. Amend. XXV, § 1: In case of the removal of the President from office or of his death or resignation, the Vice President *shall become* President. Ergänzung durch Amend. XXV, §§ 2-4: Amend. XXV, §§ 2-4 modifizieren und ergänzen Art. II, § 1, cl. 6 bezüglich der Vakanz des Präsidentenamtes und der Methoden der Nachfolgebestimmung. *§ 2: Whenever there is a vacancy in the office of the Vice President, the President shall nominate a Vice President who shall take office upon confirmation by a majority vote of both Houses of Congress.* *§ 3: Whenever the President transmits to the President pro tempore of the Senate and the Speaker of the House of Representatives his written declaration that he is unable to discharge the powers and duties of this office, and until he transmits to them a*

		written declaration to the contrary, such powers and duties shall be discharged by the Vice President as Acting President. *§ 4: Whenever the Vice President and a majority of either the principal officers of the executive departments or of such other body as Congress may by law provide, transmit to the President pro tempore of the Senate and the Speaker of the House of Representatives their written declaration that the President is unable to discharge the powers and duties of this office, the Vice President shall immediately assume the powers and duties of the office as Acting President.* *Thereafter, when the President transmits to the President pro tempore of the Senate and the Speaker of the House of Representatives his written declaration that no inability exists, he shall resume the powers and duties of this office unless the Vice President and a majority of either the principal officers of the executive department or of such other body as Congress may by law provide, transmit within four days to the President pro tempore of the Senate and the Speaker of the House of Representatives their written declaration that the President is unable to discharge the powers and duties of his office. Thereupon Congress shall decide the issue, assembling within forty-eight hours for that purpose if not in session. If the Congress, within twenty-one days after receipt of the latter written declaration, or if Congress is not in session, within twenty-one days after Congress is required to assemble, determines by two-thirds vote of both Houses that the President is unable to discharge the same as Acting President; otherwise, the President shall resume the powers and duties of his office.*
Art. III, § 2, cl. 1: *The judicial Power shall extend to all Cases, in Law and Equity*, arising under this Constitution, the		Einschränkung durch Amend. XI: Amend. XI: *The Judicial power of the United States shall not be construed to extend to any suit in law or equity, commenced or prosecuted*

Laws of the United States, and Treaties made or which shall be made, under their Authority; - to all Cases affecting Ambassadors, other public Ministers and Consuls; - to Controversies to which the United States shall be a Party; - to Controversies between two or more States; - between a State and Citizens of another State; - between Citizens of different States; - between Citizens of the same State claiming Lands under Grants of different States, and between a State, or the Citizens thereof, and foreign States, Citizens or Subjects.		*against one of the United States by Citizens of another State, or by Citizens or Subjects of any Foreign State.*
Art. III, § 2, cl. 3: *The Trial of all Crimes, except in Cases of Impeachment, shall be by Jury;* and such Trial shall be held in the State where the said Crimes shall have been committed; but when not committed within any State, the Trial shall be at such Place of Places as the Congress may by Law have directed.		Ergänzung durch Amend. V, VI und VII: Das Recht auf einen *Jury Trial* wird bekräftigt und genauer definiert: Amend. V: *No person shall be held to answer for a capital, or otherwise infamous crime, unless on a presentment or indictment of a Grand Jury, except in cases arising in the land or naval forces, or in the Militia, when in actual service in time of War or public danger,* nor shall any person be subject for the same offence ot be twice put in jeopardy of life or limb; nor shall be compelled in any criminal case to be a witness against himself, nor be deprived of life, liberty or property, without due process of law; nor shall private property be taken for public use, without just compensation. Amend. VI:

		In all criminal prosecutions, the accused shall enjoy the right to a speedy and public trial, *by an impartial jury of the State and district wherein the crime shall have been committed, which district shall have been previously ascertained by law*, and to be informed of the nature and cause of the accusation; to be confronted with the witnesses against him; to have compulsory process for obtaining witnesses in his favour, and to have the Assistance of Counsel for his defence. Amend. VII: *In Suits at common law, where the value in controversy shall exceed twenty dollars, the right of trial by jury shall be preserved, and no fact tried by a jury, shall be otherwise reexamined in any Court of the United States, than according to the rules of the common law.*
Art. IV, § 2, cl. 3: *No Person held to Service or Labour in one State, under the Laws thereof, escaping into another, shall, in Consequence of any Law or Regulation therein, be discharged from such Service or Labour, but shall be delivered up on Claim of the Party to whom such Service of Labour may be due.*	Streichung durch Amend. XIII, § 1: Die Klausel ist durch die Abschaffung der Sklaverei obsolet geworden. Amend. XIII, § 1: *Neither slavery nor involuntary servitude*, except as a punishment for crime whereof the party shall have been duly convicted, *shall exist within the United States, or any lace subject to their jurisdiction.*	

B. Die sechs von den Gliedstaaten nicht ratifizierten *Amendments*[1965]

Wortlaut des *Amendment*:	Verabschiedung im Kongress am:	Ratifikationsfrist:	ratifizierende Gliedstaaten:
Apportionment Amendment: *"After the first enumeration required by the first article of the Constitution, there shall be one Representative for every thirty thousand, until the number shall amount to one hundred, after which the proportion shall be so regulated by Congress, that there shall be not less than one hundred Representatives, nor less than on Representative for every forty thousand persons, until the number of Representatives shall amount to two hundred; after which the proportion shall be so regulated by Congress, that there shall not be less than two hundred Representatives, nor more than one Representative for every fifty thousand persons."*	25. September 1789	keine	10
Titles of Nobility Amendment: *"If any citizen of the United States shall accept, claim, receive or retain any title of nobility or honour, or shall, without the consent of Congress, accept and retain any present, pension, office or emolument of any kind whatever, from any emperor, king, prince of foreign power, such person shall cease to be a citizen of the United States, and shall be incapable of holding any office of trust or profit under them, or either of them."*	01. Mai 1810	keine	12
Corwin Amendment: *"No amendment shall be made to the constitution which will authorize or give to Congress*	02. März 1861	keine	2

[1965] Quelle: HUCKABEE, Congressional Research Service Report for Congress, Tabelle 3. Vgl. zum Inhalt der nicht ratifizierten *Amendments* PALMER, Constitutional Amendments, S. 591ff.; LYNCH, 93 Law Libr. J. 303, 303ff. (2001).

the power to abolish or interfere, within any State, with the domestic institutions thereof, including that of persons held to labor or service by the laws of said State."			
Child Labor Amendment: *"Section 1. The Congress shall have power to limit, regulate, and prohibit the labor of persons under 18 years of age.* *Section 2. The power of the several States is unimpaired by this article except that the operation of State laws shall be suspended to the extent necessary to give effect to legislation enacted by the Congress."*	02. Juni 1924	keine	28
Equal Rights Amendment: *"Section 1. Equality of rights under the law shall not be denied or abridged by the United States or by any State on account of sex.* *Section 2. The Congress shall have the power to enforce, by appropriate legislation, the provisions of this article.* *Section 3. This amendment shall take effect two years after the date of ratification."*	22. März 1972	30. Januar 1982 (nach Verlängerung)	35
D.C. Representation Amendment: *"Section 1. For purposes of representation in the Congress, election of the President and Vice President, and article V of this Constitution, the District constituting the seat of government of the United States shall be treated as though it were a state.* *Section 2. The exercise of the rights and powers conferred under this article shall be by the people of the District constituting the seat of government, and as shall be provided by the Congress.* *Section 3. The twenty-third article of amendment to the Constitution of the United States is hereby repealed.* *Section 4. This article shall be inoperative, unless it shall have been ratified as an amendment to the Constitution by the legislatures of three-fourths of the several States within seven years from the date of its submission."*	22. August 1978	21. August 1985	16

C. Die Abstimmungsergebnisse zu den Amend. XI bis XXVII im Kongress

Amendment:	Zustimmungsquote im Senat:		Zustimmungsquote im Repräsentantenhaus:	
XI	92%	(23:2)[1966]	90%	(81:9)[1967]
XII	69%	(22:10)[1968]	67%	(84:42)[1969]
XIII	86%	(36:6)[1970]	68%	(119:56)[1971]
XIV	75%	(33:11)[1972]	79%	(120:32)[1973]
XV	75%	(39:13)[1974]	77%	(144:44)[1975]
XVI	100%	(77:0)[1976]	96%	(318:14)[1977]
XVII	73%	(64:24)[1978]	86%	(238:39)[1979]
XVIII	85%	(47:8)[1980]	69%	(282:128)[1981]
XIX	69%	(56:25)[1982]	77%	(304:90)[1983]
XX	90%	(63:7)[1984]	86%	(336:56)[1985]
XXI	73%	(63:23)[1986]	70%	(289:121)[1987]
XXII	72%	(59:23)[1988]	74%	(81:29)[1989]

[1966] Annals of Congress, 3rd Cong., 1st Sess., Band 4, S. 30f. (1794).
[1967] Annals of Congress, 3rd Cong., 1st Sess., Band 4, S. 477 (1794).
[1968] Annals of Congress, 8th Cong., 1st Sess., Band 13, S. 209 (1803).
[1969] Annals of Congress, 8th Cong., 1st Sess., Band 13, S. 775f. (1803).
[1970] Congressional Globe, 38th Cong., 1st Sess., S. 1490 (1864).
[1971] Congressional Globe, 38th Cong., 2nd Sess., S. 531 (1865).
[1972] Congressional Globe, 39th Cong., 1st Sess., S. 3042 (1866).
[1973] Congressional Globe, 39th Cong., 1st Sess., S. 3149 (1866).
[1974] Congressional Globe, 40th Cong., 3rd Sess., S. 1641 (1869).
[1975] Congressional Globe, 40th Cong., 3rd Sess., S. 1563f. (1869).
[1976] Congressional Record, 61st Cong., 1st Sess., Band 44, S. 4121 (1909).
[1977] Congressional Record, 61st Cong., 1st Sess., Band 44, S. 4440 (1909).
[1978] Congressional Record, 62nd Cong., 1st Sess., Band 47 S. 1924f. (1911).
[1979] Congressional Record, 62nd Cong., 2nd Sess., Band 48, S. 6367 (1912).
[1980] Congressional Record, 65th Cong., 2nd Sess., Band 56, S. 478 (1917).
[1981] Congressional Record, 65th Cong., 2nd Sess., Band 56, S. 469f. (1917).
[1982] Congressional Record, 66th Cong., 1st Sess., Band 58, S. 635 (1919).
[1983] Congressional Record, 66th Cong., 1st Sess., Band 58, S. 93f. (1919).
[1984] Congressional Record, 72nd Cong., 1st Sess., Band 75, S. 1383f. (1932)
[1985] Congressional Record, 72nd Cong., 1st Sess., Band 75 S. 4059f. (1932).
[1986] Congressional Record, 72nd. Cong., 2nd Sess., Band 76, S. 4231 (1933).
[1987] Congressional Record, 72nd Cong., 2nd Sess., Band 76, S. S. 4516 (1933).
[1988] Congressional Record, 80th Cong., 1st Sess., Band 93, S. 1978 (1947).

XXIII	keine namentliche Abstimmung erfolgt[1990]	keine namentliche Abstimmung erfolgt[1991]
XXIV	83% (77:16)[1992]	77% (294:86)[1993]
XXV	93% (68:5)[1994]	93% (368:29)[1995]
XXVI	100% (94:0)[1996]	95% (401:19)[1997]
XXVII	keine namentliche Abstimmung erfolgt[1998]	73% (37:14)[1999]

1989 Congressional Record, 80th Cong., 1st Sess., Band 93, S. 2392 (1947).
1990 Congressional Record, 86th Cong., 2nd Sess., Band 106, S. 12850ff., 12858 (1960).
1991 Congressional Record, 86th Cong., 2nd Sess., Band 106, S. 12571 (1960).
1992 Congressional Record, 87th Cong., 2nd Sess., Band 108, S. 17670 (1962).
1993 Congressional Record, 87th Cong., 2nd Sess., Band 108, S. 5105 (1962).
1994 Congressional Record, 89th Cong., 1st Sess., Band 111, S. 15596 (1965).
1995 Congressional Record, 89th Cong., 1st Sess., Band 111, S. 7968f. (1965).
1996 Congressional Record, 92nd Cong., 1st Sess., Band 117, S. 5830 (1971).
1997 Congressional Record, 92nd Cong., 1st Sess., Band 117, S. 7569f. (1971).
1998 VEIT/BOWLING/BICKFORD, Creating the Bill of Rights, S. 47ff..
1999 VEIT/BOWLING/BICKFORD, Creating the Bill of Rights, S. 47ff..

D. Die Ratifikationsperioden der 27 *Amendments*[2000]

Amendment:	Vorschlagsdatum:	Ratifikationsdatum:	Ratifikationszeit in Tagen:
I bis X	25. September 1789	15. Dezember 1791	811
XI	04. März 1794	07. Februar 1795	340
XII	9. Dezember 1803	15. Juni 1804	189
XIII	31. Januar 1865	06. Dezember 1865	309
XIV	13. Juni 1866	09. Juli 1868	757
XV	29. Februar 1869	03. Februar 1870	342
XVI	12. Juli 1909	03. Februar 1913	1302
XVII	13. Mai 1912	08. April 1913	330
XVIII	18. Dezember 1917	16. Januar 1919	394
XIX	04. Juni 1919	18. August 1920	441
XX	02. März 1932	23. Januar 1933	327
XXI	20. Februar 1933	05. Dezember 1933	288
XXII	21. März 1947	27. Februar 1951	1439
XXIII	17. Juni 1960	29. März 1961	285
XXIV	27. August 1962	23. Januar 1964	514
XXV	06. Juli 1965	10. Februar 1967	584
XXVI	23. März 1971	01. Juli 1971	100
XXVII	25. September 1789	07. Mai 1992	74003
Durchschnitt:			617 (unter Ausschluss von Amend. XXVII)

2000 Quelle: HUCKABEE, Congressional Research Service Report for Congress, Tab. 1 und 2.

E. Die Auswirkung der Überrepräsentation bevölkerungsschwacher Gliedstaaten im Senat auf den Prozess der Verfassungsänderung[2001]

Jahr:	Anzahl der Gliedstaaten:	Anzahl der Sitze im Repräsentantenhaus:[2002]	x-Faktor:[2003]	Anzahl der Gliedstaaten, die im Verhältnis zu ihrer Bevölkerungszahl im Senat überrepräsentiert sind:	Anzahl der Gliedstaaten, deren Stimmengewicht einen Revisionsvorschlag im Senat blockieren kann:
1789	13	65	5	5	5
1790	16	106	6,62	9	6
1800	17	144	8,35	11	6
1810	23	186	8,09	15	8
1820	24	213	8,87	14	9
1830	26	242	9,31	18	11
1840	31	232	7,48	21	12
1850	33	237	7,18	22	13
1860	36	243	6,75	24	13
1870	38	293	7,71	22	15
1880	44	332	7,54	27	16

2001 Quelle bis 1990: BAKER/DINKIN, 13 J.L. & Pol. 21, 71 (1997).

2002 Die Anzahl der Sitze des Repräsentantenhauses richtet sich gemäß Art. I, § 2, cl. 3 bzw. Amend. XIV nach der Bevölkerungszahl. Ursprünglich waren im Repräsentantenhaus 65 Sitze zu vergeben. Die Anzahl der Sitze stieg mit dem Wachstum der Bevölkerung bis der Kongress 1929 die Mitgliederzahl gesetzlich auf 435 festlegte. Vgl. 46 Stat. 26, § 22 (1929) und 55 Stat. 761 (1941). Die Sitze werden unter den Gliedstaaten nach Bevölkerungszahl verteilt, die gemäß Art. I, § 2, cl. 3 alle zehn Jahre durch eine Volkszählung neu bestimmt wird. Vgl. BRUGGER, Einführung in das öffentliche Recht der USA, S. 33.

2003 Der x-Faktor repräsentiert die Zahl der Abgeordneten, die ein Gliedstaat im Repräsentantenhaus stellen müsste, um ein ausgeglichenes Verhältnis zu seiner Repräsentation im Senat herzustellen. Ist ein Gliedstaat aufgrund seiner Bevölkerungszahl nur berechtigt, eine geringere Anzahl von Abgeordneten in den Kongress zu entsenden, bedeutet dies, dass er zu den im Senat überrepräsentierten Gliedstaaten zählt. Der x-Faktor errechnet sich wie folgt: 1/Anzahl der Gliedstaaten x Sitze im Repräsentantenhaus. Diese Formel wurde erstellt von BAKER/DINKIN, 13 J.L. & Pol. 21, 71 (1997).

1890	45	357	7,93	26	16
1900	46	391	8,49	27	16
1910	48	435	9,06	28	16
1920 [2004]	-	-	-	-	-
1930	48	435	9,06	34	16
1940	48	435	9,06	33	16
1950	50	437[2005]	8,74	32	17
1960	50	435	8,70	33	17
1970	50	435	8,70	34	17
1980	50	435	8,70	33	17
1990	50	435	8,70	32	17
2000	50	435	8,70	33[2006]	17

[2004] 1920 wurde keine Volkzählung durchgeführt, so dass sich die Sitzverteilung im Repräsentantenhaus in diesem Jahrzehnt gegenüber dem vorherigen nicht verändert hat.

[2005] 1959 wurde die Anzahl der Sitze im Repräsentantenhaus für kurze Zeit um zwei Sitze erhöht, um den zwei in die Union neu aufgenommenen Gliedstaaten, Alaska und Hawaii, die Repräsentation in der Abgeordnetenkammer zu ermöglichen.

[2006] Zurzeit senden 33 Gliedstaaten weniger als 9 Abgeordnete in das Repräsentantenhaus und sind im Verhältnis zu ihrer Bevölkerungszahl damit im Senat überrepräsentiert. Dazu gehören: Alaska (1), Alabama (7), Arkansas (4), Arizona (8), Colorado (7), Connecticut (5), Delaware (1), Hawaii (2), Iowa (5), Idaho (2), Kansas (4), Kentucky (6), Louisiana (7), Maryland (8), Maine (2), Minnesota (8), Mississippi (4), Montana (1), North Dakota (1), Nebraska (3), New Hampshire (2), New Mexico (3), Nevada (3), Oklahoma (5), Oregon (5), Rhode Island (2), South Carolina (6), South Dakota (1), Utah (3), Vermont (1), Wisconsin (8), West Virginia (3), Wyoming (1). Die Abgeordneten des Repräsentantenhauses sind aufgelistet unter http://www.house.gov/house/MemStateSearch.shtml.

F. Die Stimmengewichtung der amerikanischen Gliedstaaten im Prozess der Verfassungsänderung auf Ratifikationsebene[2007]

Gliedstaat:	Bevölkerungszahl:[2008]	Rang:	Stimmengewichtung im Revisionsverfahren gemessen an California:
California	35 484 453	1	1,00
Texas	22 118 509	2	1,60
New York	19 190 115	3	1,85
Florida	17 019 068	4	2,08
Illinois	12 653 544	5	2,80
Pennsylvania	12 365 455	6	2,87
Ohio	11 435 798	7	3,10
Michigan	10 079 985	8	3,52
Georgia	8 684 715	9	4,09
New Jersey	8 638 396	10	4,12
North Carolina	8 407 248	11	4,22
Virginia	7 386 330	12	4,80
Massachusetts	6 433 422	13	5,52
Indiana	6 195 643	14	5,73
Washington	6 131 445	15	5,79
Tennessee	5 841 748	16	6,07
Missouri	5 704 484	17	6,22
Arizona	5 580 811	18	6,34
Maryland	5 508 909	19	6,44
Wisconsin	5 472 299	20	6,48
Minnesota	5 059 375	21	7,01
Colorado	4 550 688	22	7,80
Alabama	4 500 752	23	7,88
Louisiana	4 496 334	24	7,89

2007 Für die Populationszahlen von 1980 wurde dies bereits errechnet von SUBER, 20 J.L. Reform 409, 490 (1987). Die Berechnungsmethode sowie die Ergebnisse bis zum Jahr 1980 wurden hier übernommen.

2008 Quelle: Population Division, U.S. Census Bureau, Tabelle 1: Annual Estimates of the Population of the United States and States, and for Puerto Rico, abrufbar unter http://www.census.gov/popest/states/tables/NST-EST2003-01.pdf.

South Carolina	4 147 152	25	8,56
Kentucky	4 117 827	26	8,62
Oregon	3 559 596	27	9,97
Oklahoma	3 511 532	28	10,11
Connecticut	3 483 372	29	10,19
Iowa	2 944 062	30	12,05
Mississippi	2 881 281	31	12,32
Arkansas	2 725 714	32	13,02
Kansas	2 723 507	33	13,03
Utah	2 351 467	34	15,09
Nevada	2 241 154	35	15,83
New Mexico	1 874 614	36	18,93
West Virginia	1 810 354	37	19,60
Nebraska	1 739 291	38	20,40
Idaho	1 366 322	39	25,97
Maine	1 305 728	40	27,18
New Hampshire	1 287 687	41	27,56
Hawaii	1 257 608	42	28,22
Rhode Island	1 076 164	43	32,97
Montana	917 621	44	38,67
Delaware	817 491	45	43,41
South Dakota	764 309	46	46,43
North Dakota	673 837	47	52,66
Alaska	648 818	48	54,69
Vermont	619 107	49	57,32
Wyoming	501 242	50	70,79

G. Die Ratifikationsquoten der einzelnen Verfassungsänderungen

Amendment:	ratifizierende Gliedstaaten:[2009]	ratifizierende Gliedstaaten / Anzahl der Gliedstaaten in der Union:[2010]	höchste Ratifikationsquote:[2011]
Bill of Rights	New Jersey (20. November 1789), Maryland (19. Dezember 1789), North Carolina (22. Dezember 1789), South Carolina (19. Januar 1790), New Hampshire (25. Januar 1790), Delaware (28. Januar 1790), New York (24. Februar 1790), Pennsylvania (10. März 1790), Rhode Island (07. Juni	11[14][2012]/14	78,57% (15. Dezember 1791)

2009 Quelle: NEY, The Constitution of the United States of America as amended, House Doc. 108-95, 108th Cong., 1st Sess., S. 13ff. (20. Juni 2003).

2010 Beitritt der Gliedstaaten zu der Union: Delaware (07. Dezember 1787), Pennsylvania (12. Dezember 1787), New Jersey (18. Dezember 1787), Georgia (02. Januar 1788), Connecticut (09. Januar 1788), Massachussetts (06. Februar 1788), Maryland (28. April 1788), South Carolina (23. Mai 1788), New Hampshire (21. Juni 1788), Virginia (25. Juni 1788), New York (26. Juli 1789), North Carolina (21. November 1789), Rhode Island (29. Mai 1790), Vermont (04. März 1791), Kentucky (01. Juni 1792), Tennessee (01. Juni 1796), Ohio (01. März 1803), Louisiana (30. April 1812), Indiana (11. Dezember 1816), Mississippi (10. Dezember 1817), Illinois (03. Dezember 1818), Alabama (14. Dezember 1819), Maine (15. März 1820), Missouri (10. August 1821), Arkansas (15. Juni 1836), Michigan (26. Januar 1837), Florida (03. März 1845), Texas (29. Dezember 1845), Iowa (28. Dezember 1846), Wisconsin (29. Mai 1848), California (09. September 1850), Minnesota (11. Mai 1858), Oregon (14. Februar 1859), Kansas (29. Januar 1861), West Virginia (20. Juni 1863), Nevada (31. Oktober 1864), Nebraska (01. März 1867), Colorado (01. August 1876), North Dakota (02. November 1889), South Dakota (02. November 1889), Montana (08. November 1889), Washington (11. November 1889), Idaho (03. Juli 1890), Wyoming (10. Juli 1890), Utah (04. Januar 1896), Oklahoma (16. November 1907), New Mexico (06. Januar 1912), Arizona (14. Februar 1912), Alaska (03. Januar 1959), Hawaii (21. August 1959).

2011 Zur Berechnung der höchsten Ratifikationsquote wird die Anzahl der ratifizierenden Gliedstaaten mit der Anzahl der gesamten Gliedstaaten in der Union zum Zeitpunkt der jeweiligen Ratifikationsdaten nach Erreichen der erforderlichen Dreiviertelmehrheit ins Verhältnis gesetzt.

2012 Die Zahlen in [ ] indizieren die Anzahl der Gliedstaaten, die insgesamt über das erforderliche Dreiviertel hinaus das jeweilige *Amendment* bis heute ratifiziert haben.

	1790), Vermont (03. November 1791), Virginia (15. Dezember 1791), [Massachusetts (02. März 1939), Georgia (18. März 1939), Connecticut (19. April 1939)]		
XI	New York (27. März 1794), Rhode Island (31. März 1794), Connecticut (08. Mai 1794), New Hampshire (16. Juni 1794), Massachusetts (26. Juni 1794), Vermont (09. November 1794), Virginia (18. November 1794), Georgia (29. November 1794), Kentucky (07. Dezember 1794), Maryland (26. Dezember 1794), Delaware (23. Januar 1795), North Carolina (07. Februar 1795), [South Carolina (04. Dezember 1797)]	12[13]/16	81,25% (04. Dezember 1797)
XII	North Carolina (21. Dezember 1803), Maryland (24. Dezember 1803), Kentucky (27. Dezember 1803), Ohio (30. Dezember 1803), Pennsylvania (05. Januar 1804), Vermont (30. Januar 1804), Virginia (03. Februar 1804), New York (10. Februar 1804), New Jersey (22. Februar 1804), Rhode Island (12. März 1804), South Carolina (15. Mai 1804), Georgia (19. Mai 1804), New Hampshire (15. Juni 1804), [Tennessee (27. Juli 1804)]	13[14]/17	82,35% (27. Juli 1804)
XIII	Illinois, (01. Februar 1865), Rhode Island (02. Februar 1865), Michigan (03. Februar 1865), Maryland (03. Februar 1865), New York (03. Februar 1865), Pennsylvania (03. Februar 1865), West Virginia (03. Februar 1865), Missouri (06. Februar 1865), Maine (07. Februar 1865), Kansas (07. Februar 1865), Massachusetts (07. Februar 1865), Virginia (09. Februar 1865), Ohio (10. Februar 1865), Indiana (13. Februar 1865), Nevada (16. Februar 1865), Louisiana (17. Februar 1865), Minnesota (23. Februar 1865), Wisconsin (24. Februar 1865), Vermont (08. März 1865), Tennessee (07. April 1865), Arkansas (14. April 1865), Connecticut (04. Mai 1865), New Hampshire (01. Juli 1865), South Carolina (13. November 1865), Alabama (02. Dezember 1865), North Carolina (04. Dezember 1865), Georgia (06. Dezember 1865), [Oregon, 08. Dezember 1865), California (19. Dezember 1865), Florida (28. Dezember 1865), Iowa (15. Januar	27[36]/36	89,19% (18. Februar 1870)

	1866), New Jersey (23. Januar 1866), Texas (18. Februar 1870), Delaware (12. Februar 1901), Kentucky (18. März 1976)[2013]]		
XIV	Connecticut (25. Juni 1866), New Hampshire (06. Juli 1866), Tennessee (19. Juli 1866), New Jersey (11. September 1866), Oregon (19. September 1866), Vermont (30. Oktober 1866), Ohio (04. Januar 1867), New York (10. Januar 1867), Kansas (11. Januar 1867), Illinois (15. Januar 1867), West Virginia (16. Januar 1867), Michigan (16. Januar 1867), Minnesota (16. Januar 1867), Maine (19. Januar 1867), Nevada (22. Januar 1867), Indiana (23. Januar 1867), Missouri (25. Januar 1867), Rhode Island (07. Februar 1867), Wisconsin (07. Februar 1867), Pennsylvania (12. Februar 1867), Massachusetts (20. März 1867), Nebraska (15. Juni 1867), Iowa (16. März 1868), Arkasas (06. April 1868), Florida (09. Juni 1868), North Carolina (04. Juli 1868), Louisiana (09. Juli 1868), South Carolina (09. Juli 1868), [Alabama (13. Juli 1868), Georgia (21. Juli 1868), Virginia (08. Oktober 1869), Mississippi (17. Januar 1870), Texas (18. Februar 1870), Delaware (12. Februar 1901), Maryland (04. April 1959), California (06. Mai 1959), Kentucky (18. März 1976)]	28[37]/37	89,19% (18. Februar 1870)
XV	Nevada (25. Juni 1866), West Virginia (03. März 1869), Illinois (05. März 1869), Louisiana (05. März 1869), North Carolina (05. März 1869), Michigan (08. März 1869), Wisconsin (09. März 1869), Maine (11. März 1869), Massachusetts (12. März 1869), Arkansas (15. März 1869), South Carolina (15. März 1869), Pennsylvania (25. März 1869), New York (14. April 1869), Indiana (14. Mai 1869), Connecticut (19. Mai 1869), Florida (14. Juni 1869), New Hampshire (01. Juli 1869), Virginia (08. Oktober 1869), Vermont (20. Oktober 1869), Missouri (07. Januar 1870), Minnesota (13. Januar 1870), Mississippi (17. Januar 1870), Rhode Island (18. Januar 1870), Kansas (19. Januar 1870), Ohio (27. Januar 1870), Georgia (02. Februar 1870), Iowa (03. Februar 1870), Nebraska (17. Februar 1870), [Texas	28[34]/37	89,19% (18. Februar 1870)

[2013] Mississippi ratifizierte das *Amendment* am 16. März 1995. Da der Gliedstaat seine Ratifikationsurkunde jedoch bisher nicht dem *Archivist of the United States* übersandt hat, ist die Ratifikation nicht offiziell.

	(18. Februar 1870), New Jersey (15. Februar 1971), Delaware (12. Februar 1901), Oregon (24. Februar 1959), California (03. April 1962), Kentucky (18. März 1976)]		
XVI	Alabama (10. August 1909), Kentucky (08. Februar 1910), South Carolina (19. Februar 1910), Illinois (01. März 1910), Mississippi (07. März 1910), Oklahoma (10. März 1910), Maryland (08. April 1910), Georgia (03. August 1910), Texas (16. August 1910), Ohio (19. Januar 1911), Idaho (20. Januar 1911), Oregon (23. Januar 1911), Washington (26. Januar 1911), Montana (30. Januar 1911), Indiana (30. Januar 1911), California (31. Januar 1911), Nevada (31. Januar 1911), South Dakota (03. Februar 1911), Nebraska (09. Februar 1911), North Carolina (11. Februar 1911), Colorado (15. Februar 1911), North Dakota (17. Februar 1911), Kansas (18. Februar 1911), Michigan (23. Februar 1911), Iowa (24. Februar 1911), Missouri (16. März 1911), Maine (31. März 1911), Tennessee (07. April 1911), Arkansas (22. April 1911), Wisconsin (26. Mai 1911), New York (12. Juli 1911), Arizona (06. April 1912), Minnesota (11. Juni 1912), Louisiana (28. Juni 1912), West Virginia (31. Januar 1913), New Mexico (03. Februar 1913), [Massachusetts (04. März 1913), New Hampshire (07. März 1913)]	36[38]/48	79,17% (07. März 1913)
XVII	Massachusetts (22. Mai 1912), Arizona (03. Juni 1912), Minnesota (10. Juni 1912), New York (15. Januar 1913), Kansas (17. Januar 1913), Oregon (23. Januar 1913), North Carolina (25. Januar 1913), California (28. Januar 1913), Michigan (28. Januar 1913), Iowa (30. Januar 1913), Montana (30. Januar 1913), Idaho (31. Januar 1913), West Virginia (04. Februar 1913), Colorado (05. Februar 1913), Nevada (06. Februar 1913), Texas (07. Februar 1913), Washington (07. Februar 1913), Wyoming (08. Februar 1913), Arkansas (11. Februar 1913), Maine (11. Februar 1913), Illinois (13. Februar 1913), North Dakota (14. Februar 1913), Wisconsin (18. Februar 1913), Indiana (19. Februar 1913), New Hampshire (19. Februar 1913),	36[37]/48	77,08% (11. Juni 1914)

	Vermont (19. Februar 1913), South Dakota (19. Februar 1913), Oklahoma (24. Februar 1913), Ohio (25. Februar 1913), Missouri (07. März 1913), New Mexico (13. März 1913), Nebraska (14. März 1913), New Jersey (17. März 1913), Tennessee (01. April 1913), Pennsylvania (02. April 1913), Connecticut (08. April 1913), [Louisiana (11. Juni 1914)]		
XVIII	Mississippi (08. Januar 1918), Virginia (11. Januar 1918), Kentucky (14. Januar 1918), North Dakota (25. Januar 1918), South Carolina (29. Januar 1918), Maryland (13. Februar 1918), Montana (19. Februar 1918), Texas (04. März 1918), Delaware (18. März 1918), South Dakota (20. März 1918), Massachusetts (02. April 1918), Arizona (24. Mai 1918), Georgia (26. Juni 1918), Louisiana (03. August 1918), Florida (03. Dezember 1918), Michigan (02. Januar 1919), Ohio (07. Januar 1919), Oklahoma (07. Januar 1919), Idaho (08. Januar 1919), Maine (08. Januar 1919), West Virginia (09. Januar 1919), California (13. Januar 1919), Tennessee (13. Januar 1919), Washington (13. Januar 1919), Arkansas (14. Januar 1919), Kansas (14. Januar 1919), Alabama (15. Januar 1919), Colorado (15. Januar 1919), Iowa (14. Januar 1919), New Hampshire (15. Januar 1919), Oregon (15. Januar 1919), Nebraska (16. Januar 1919), North Carolina (16. Januar 1919), Utah (16. Januar 1919), Missouri (16. Januar 1919), Wyoming (16. Januar 1919), [Minnesota (17. Januar 1919), Wisconsin (17. Januar 1919), New Mexico (20. Januar 1919), Nevada (21. Januar 1919), New York (29. Januar 1919), Vermont (29. Januar 1919), Pennsylvania (25. Februar 1919), Connecticut (06. Mai 1919), New Jersey (09. März 1922)]	36[45]/48	93,75% (09. März 1922)
XIX	Illinois (10. Juni 1919), Michigan (19. Juni 1919), Wisconsin (10. Juni 1919), Kansas (16. Juni 1919), New York (16. Juni 1919), Ohio (16. Juni 1919), Pennsylvania (24. Juni 1919), Massachusetts (25. Juni 1919), Texas (28. Juni 1919), Iowa (02. Juli 1919), Missouri (03. Juli 1919), Arkansas (28. Juli 1919), Montana (02. August 1919), Nebraska (02. August 1919), Minnesota (08. September 1919), New Hampshire (10. September 1919), Utah (02. Oktober 1919), California (01. November 1919), Maine (05. No-	36[48]/48	96% (22. März 1984)

	vember 1919), North Dakota (01. Dezember 1919), South Dakota (04. Dezember 1919), Colorado (15. Dezember 1919), Kentucky (06. Januar 1920), Rhode Island (06. Januar 1920), Oregon (13. Januar 1920), Indiana (16. Januar 1920), Wyoming (27. Januar 1920), Nevada (07. Februar 1920), New Jersey (09. Februar 1920), Idaho (11. Februar 1920), Arizona (12. Februar 1920), New Mexico (21. Februar 1920), Oklahoma (28. Februar 1920), West Virginia (10. März 1920), Washington (22. März 1920), Tennessee (18. August 1920), [Connecticut (14. September 1920), Vermont (08. Februar 1920), Delaware (06. März 1923), Maryland (29. März 1941), Virginia (21. Februar 1952), Alabama (08. September 1953), Florida (13. Mai 1969), South Carolina (01. Juli 1969), Georgia (20. Februar 1970), Louisiana (11. Juni 1970), North Carolina (06. Mai 1971), Mississippi (22. März 1984)]		
XX	Virginia (04. März 1932), New York (11. März 1932), Mississippi (16. März 1932), Arkansas (17. März 1932), Kentucky (17. März 1932), New Jersey (21. März 1932), South Carolina (25. März 1932), Michigan (31. März 1932), Maine (01. April 1932), Rhode Island (14. April 1932), Illinois (21. April 1932), Louisiana (22. Juni 1932), West Virginia (30. Juli 1932), Pennsylvania (11. August 1932), Indiana (15. August 1932), Texas (07. September 1932), Alabama (13. September 1932), California (04. Januar 1933), North Carolina (05. Januar 1933), North Dakota (09. Januar 1933), Minnesota (12. Januar 1933), Arizona (13. Januar 1933), Montana (13. Januar 1933), Nebraska (13. Januar 1933), Oklahoma (13. Januar 1933), Kansas (16. Januar 1933), Oregon (16. Januar 1933), Delaware (19. Januar 1933), Washington (19. Januar 1933), Wyoming (19. Januar 1933), Iowa (20. Januar 1933), South Dakota (20. Januar 1933), Tennessee (20. Januar 1933), Idaho (21. Januar 1933), New Mexico (21. Januar 1933), Georgia (23. Januar 1933), Missouri (23. Januar 1933), Ohio (23. Januar 1933), Utah (23. Januar 1933), [Massachusetts (24. Januar 1933), Wisconsin (24. Januar 1933), Colorado (24. Januar 1933), Nevada (26. Januar 1933), Connecticut (27. Januar 1933), New Hampshire (31. Ja-	36[45]/48	93,75% (26. April 1933)

	nuar 1933), Vermont (02. Februar 1933), Maryland (24. März 1933), Florida (26. April 1933)]		
XXI	Michigan (10. April 1933), Wisconsin (25. April 1933), Rhode Island (08. Mai 1933), Wyoming (25. Mai 1933), New Jersey (01. Juni 1933), Delaware (24. Juni 1933), Indiana (26. Juni 1933), Massachusetts (26. Juni 1933), New York (27. Juni 1933), Illinois (19. Juli 1933), Iowa (19. Juli 1933), Connecticut (11. Juli 1933), New Hampshire (11. Juli (1933), California (24. Juli 1933), West Virginia (25. Juli 1933), Arkansas (01. August 1933), Oregon (07. August 1933), Alabama (08. August 1933), Tennessee (11. August 1933), Missouri (29. August 1933), Arizona (05. September 1933), Nevada (05. September 1933), Vermont (23. September 1933), Colorado (26. September 1933), Washington (03. Oktober 1933), Minnesota (10. Oktober 1933), Idaho (17. Oktober 1933), Maryland (18. Oktober 1933), Virginia (25. Oktober 1933), New Mexico (02. November 1933), Florida (14. November 1933), Texas (24. November 1933), Kentucky (27. November 1933), Ohio (05. Dezember 1933), Pennsylvania (05. Dezember 1933), Utah (05. Dezember 1933), [Maine (06. Dezember 1933), Montana (06. August 1934)]	36[38]/48	79,17% (06. August 1934)
XXII	Maine (31. März 1947), Michigan (31. März 1947), Iowa (01. April 1947), Kansas (01. April 1947), New Hampshire (01. April 1947), Delaware (02. April 1947), Illinois (03. April 1947), Oregon (03. April 1947), Colorado (12. April 1947), California (15. April 1947), New Jersey (15. April 1947), Vermont (15. April 1947), Ohio (16. April 1947), Wisconsin (16. April 1947), Pennsylvania (29. April 1949), Connecticut (21. Mai 1947), Missouri (22. Mai 1949), Nebraska (23. Mai 1949), Virginia (28. Januar 1948), Mississippi (12. Februar 1949), New York (09. März 1949), South Dakota (21. Januar 1949), North Dakota (25. Februar 1949), Louisiana (17. Mai 1950), Montana (25. Januar 1951), Indiana (29. Januar 1951), Idaho (30. Januar 1951), New Mexico (12. Februar 1951), Wyoming (12. Februar 1951), Arkansas (15. Februar 1951), Georgia (17. Februar	36[41]/48	85,42% (04. Mai 1951)

	1951), Tennessee (20. Februar 1951), Texas (22. Februar 1951), Nevada (26. Februar 1951), Utah (26. Februar 1951), Minnesota (27. Februar 1951), [North Carolina (28. Februar 1951), South Carolina (13. März 1951), Maryland (14. März 1951), Florida (16. April 1951), Alabama (04. Mai 1951)]		
XXIII	Hawaii (23. Juni 1960), Massachusetts (22. August 1960), New Jersey (19. Dezember 1960), New York (17. Januar 1961), California (19. Januar 1961), Oregon (27. Januar 1961), Maryland (30. Januar 1961), Idaho (31. Januar 1961), Maine (31. Januar 1961), Minnesota (31. Januar 1961), New Mexico (01. Februar 1961), Nevada (02. Februar 1961), Montana (06. Februar 1961), South Dakota (06. Februar 1961), Colorado (08. Februar 1961), Washington (09. Februar 1961), West Virginia (09. Februar 1961), Alaska (10. Februar 1961), Wyoming (13. Februar 1961), Delaware (20. Februar 1961), Utah (21. Februar 1961), Wisconsin (21. Februar 1961), Pennsylvania (28. Februar 1961), Indiana (03. März 1961), North Dakota (03. März 1961), Tennessee (06. März 1961), Michigan (08. März 1961), Connecticut (09. März 1961), Arizona (10. März 1961), Illinois (14. März 1961), Nebraska (15. März 1961), Vermont (15. März 1961), Iowa (16. März 1961), Missouri (20. März 1961), Oklahoma (21. März 1961), Rhode Island (22. März 1961), Kansas (29. März 1961), [Ohio (29. März 1961), New Hampshire (30. März 1961)]	38[40]/50	80% (30. März 1961)
XXIV	Illinois (14. November 1962), New Jersey (03. Dezember 1962), Oregon (25. Januar 1963), Montana (28. Januar 1963), West Virginia (01. Februar 1963), New York (04. Februar 1963), Maryland (06. Februar 1963), California (07. Februar 1963), Alaska (11. Februar 1963), Rhode Island (14. Februar 1963), Indiana (19. Februar 1963), Utah (20. Februar 1963), Michigan (20. Februar 1963), Colorado (21. Februar 1963), Ohio (27. Februar 1963), Minnesota (27. Februar 1963), New Mexico (05. März 1963), Hawaii (06. März 1963), North Dakota (07. März 1963), Idaho (08. März 1963), Washington (14. März 1963), Vermont (15. März 1963), Nevada (19. März 1963), Connecticut (20. März 1963), Tennessee (21. März 1963),	38[40]/50	80% (03. Mai 1989)

	Pennsylvania (25. März 1963), Wisconsin (26. März 1963), Kansas (28. März 1963), Massachusetts (28. März 1963), Nebraska (04. April 1963), Florida (18. April 1963), Iowa (24. April 1963), Delaware (01. Mai 1963), Missouri (13. Mai 1963), New Hampshire (12. Juni 1963), Kentucky (27. Juni 1963), Maine (16. Januar 1964), South Dakota (23. Januar 1964), [Virginia (25. Februar 1977), North Carolina (03. Mai 1989)]		
XXV	Nebraska (12. Juli 1965), Wisconsin (13. Juli 1965), Oklahoma (16. Juli 1965), Massachusetts (09. August 1965), Pennsylvania (18. August 1965), Kentucky (15. September 1965), Arizona (22. September 1965), Michigan (05. Oktober 1965), Indiana (20. Oktober 1965), California (21. Oktober 1965), Arkansas (04. November 1965), New Jersey (29. November 1965), Delaware (07. Dezember 1965), Utah (17. Januar 1966), West Virginia (20. Januar 1966), Maine (24. Januar 1966), Rhode Island (28. Januar 1966), Colorado (03. Februar 1966), New Mexico (03. Februar 1966), Kansas (08. Februar 1966), Vermont (10. Februar 1966), Alaska (18. Februar 1966), Idaho (02. März 1966), Hawaii (03. März 1966), Virginia (08. März 1966), Mississippi (10. März 1966), New York (14. März 1966), Maryland (23. März 1966), Missouri (30. März 1966), New Hampshire (13. Juni 1966), Louisiana (05. Juli 1966), Tennessee (12. Januar 1967), Wyoming (25. Januar 1967), Washington (26. Januar 1967), Iowa (26. Januar 1967), Oregon (02. Februar 1967), Minnesota (10. Februar 1967), Nevada (10. Februar 1967), [Connecticut (14. Februar 1967), Montana (15. Februar 1967), South Dakota (06. März 1967), Ohio (07. März 1967), Alabama (14. März 1967), North Carolina (22. März 1967), Illinois (22. März 1967), Texas (25. April 1967), Florida (25. Mai 1967)]	38[47]/50	94% (25. Mai 1967)
XXVI	Connecticut (23. März 1971), Delaware (23. März 1971), Minnesota (23. März 1971), Tennessee (23. März 1971), Washington (23. März 1971), Hawaii (24. März 1971), Massachusetts (24. März 1971), Montana (29. März 1971), Arkansas (30. März 1971), Idaho (30. März 1971), Iowa (30. März 1971), Nebraska (02. April 1971), New Jersey (03. April 1971),	38[41]/50	82% (04. Oktober 1971)

	Kansas (07. April 1971), Kansas (07. April 1971), Michigan (07. April 1971), Alaska (08. April 1971), Maryland (08. April 1971), Indiana (08. April 1971), Maine (09. April 1971), Vermont (16. April 1971), Louisiana (17. April 1971), California (19. April 1971), Colorado (27. April 1971), Pennsylvania (27. April 1971), Texas (27. April 1971), South Carolina (28. April 1971), West Virginia (28. April 1971), New Hampshire (13. Mai 1971), Arizona (14. Mai 1971), Rhode Island (27. Mai 1971), New York (02. Juni 1971), Oregon (04. Juni 1971), Missouri (14. Juni 1971), Wisconsin (22. Juni 1971), Illinois (29. Juni 1971), Alabama (30. Juni 1971), Ohio (30. Juni 1971), North Carolina (01. Juli 1971), Oklahoma (01. Juli 1971), [Virginia (08. Juli 1971), Wyoming (08. Juli 1971), Georgia (04. Oktober 1971)]		
XXVII	Maryland (19. Dezember 1789), North Carolina (22. Dezember 1789), South Carolina (19. Januar 1790), Delaware (28. Januar 1790), Vermont (03. November 1791), Virginia (15. Dezember 1791), Ohio (06. Mai 1873), Wyoming (06. März 1978), Maine (27. April 1983), Colorado (22. April 1984), South Dakota (21. Februar 1985), New Hampshire (07. März 1985), Arizona (03. April 1985), Tennessee (23. Mai 1985), Oklahoma (19. Juli 1985), New Mexico (14. Februar 1986), Indiana (24. Februar 1986), Utah (25. Februar 1986), Arkansas (06. März 1987), Montana (17. März 1987), Wisconsin (15. Juli 1987), Georgia (02. Februar 1988), West Virginia (10. März 1988), Louisiana (07. Juli 1988), Iowa (09. Februar 1989), Idaho (23. März 1989), Nevada (26. April 1989), Alaska (06. Mai 1989), Oregon (19. Mai 1989), Minnesota (22. Mai 1989), Texas (25. Mai 1989), Kansas (05. April 1990), Florida (31. Mai 1990), North Dakota (25. März 1991), Alabama (05. Mai 1992), Missouri (05. Mai 1992), Michigan (07. Mai 1992), New Jersey (07. Mai 1992), [Illinois (12. Mai 1992)]	38[40]/50	80% (12. Mai 1992)
Durchschnitt			85%

H. Die Bevölkerungsquote der ratifizierenden Gliedstaaten[50]

Amendment:	Die Bevölkerungsquote in den ersten drei Viertel der ratifizierenden Gliedstaaten im Verhältnis zur Gesamtbevölkerung der USA:
XI	76,83%
XII	82,81%
XIII	87,83%
XIV	77,64%
XV	81,68%
XVI	78,65%
XVII	81,26%
XVIII	62,52%
XIX	81,23%
XX	88,68%
XXI	83,41%
XXII	79,89%
XXIII	75,98%
XXIV	78,20%
XXV	70,33%
XXVI	86,07%
XXVII[51]	61,43%
Durchschnitt:	78,50%

[50] Quelle bis zum Amend. XXVI: SUBER, 20 J. L. Reform 409, 464ff. (1987).

[51] Eigene Berechnung unter Zugrundelegung aktueller Bevölkerungszahlen: Population Division, U.S. Census Bureau, Tabelle 1: Annual Estimates of the Population of the United States and States, and for Puerto Rico, abrufbar unter http://www.census.gov/popest/states/tables/NST-EST2003-01.pdf.

Literaturverzeichnis

Abbot, Everett V. Inalienable Rights and the Eighteenth Amendment, 20 Columbia Law Review 183 (1920)

Abraham, Henry J. The judicial Process: An introductory Analysis of the Courts of the United States, England, and France, 6. Aufl., New York, Oxford 1993

Abraham, Mathew Judicial Role in constitutional Amendment in India: The basic Structure Doctrine, in: Andenas, Mads (Hrsg.), The Creation and Amendment of constitutional Norms, London 2000, S. 195

Ackerman, Bruce Storrs Lectures: Discovering the Constitution, 93 Yale Law Journal 1013 (1984)

Ackerman, Bruce Beyond Carolene Products, 98 Harvard Law Review 713 (1985)

Ackerman, Bruce Transformative Appointments, 101 Harvard Law Review 1164 (1988)

Ackerman, Bruce Constitutional Politics/constitutional Law, 99 Yale Law Journal 453 (1989)

Ackerman, Bruce We the People: Foundations, Cambridge, London 1991

Ackerman, Bruce Higher Lawmkaing, in: Levinson, Sanford (Hrsg.), Responding to Imperfection: The Theory and Practice of constitutional Amendment, Princeton 1995, S. 63

Ackerman, Bruce We the People: Transformations, Cambridge, London 1998

Ackerman, Bruce/Golove, David Is NAFTA constitutional?, 108 Harvard Law Review 799 (1995)

Almond, Michael A. Running out of Time: Can E.R.A. be saved?, 64 American Bar Association Journal 1504 (1978)

Amar, Akhil Reed Of Sovereignty and Federalism, 96 Yale Law Journal 1425 (1987)

Amar, Akhil Reed Philadelphia revisited: Amending the Cosntitution outside Article V, 55 University of Chicago Law Review 1043 (1988)

Amar, Akhil Reed The Bill of Rights and the Fourteenth Amendment, 101 Yale Law Journal 1193 (1992)

Amar, Akhil Reed The Consent of the Governed: Constitutional Amendment outside Article V, 94 Columbia Law Review 457 (1994)

AMAR, AKHIL REED — Popular Sovereignty and constitutional Amendment, in: Levinson, Sanford (Hrsg.), Responding to Imperfection: The Theory and Practice of constitutional Amendment, Princeton 1995, S. 89

AMAR, VIKRAM DAVID — The People made me do it: Can the People of the States instruct and coerce their State Legislatures in the Article V constitutional Amendment Process, 41 William & Mary Law Review 1037 (2000)

AMERICAN BAR ASSOCIATION — Amendment of the Constitution by the Convention Method under Article V, Chicago 1974

AMES, HERMAN — The proposed Amendments to the Constitution of the United States during the first Century of its History, Ausgabe New York 1896, New York 1970

ANASTAPLO, GEORGE — Amendments to the Constitution of the United States: A Commentary, 23 Loyola University of Chicago Law Journal 631 (1992)

ANASTAPLO, GEORGE — The Amendments to the Constitution: A Commentary, Baltimore, London 1995

ANNAHEIM, JÖRG — Die Gliedstaaten im amerikanischen Bundesstaat: Institutionen und Prozesse gliedstaatlicher Interessenwahrung in den Vereinigten Staaten von Amerika, Berlin 1992

ANONYM — Four Letters on interesting Subjects, in: Kurland, Philip B./Lerner, Ralph (Hrsg.), The Founders' Constitution, Band 1, Chicago, London 1987

ANSCHÜTZ, GERHARD — Die Verfassung des Deutschen Reichs vom 11. August 1919, 3. Aufl., Berlin 1930

ANTIEAU, CHESTER JAMES — Constitutional Construction, London, Rome, New York 1982

AREND, ANTHONY CLARK/LOTRIONTE, CATHERINE B. — Congress goes to Court: The Past, Present, and Future of Legislator Standing, 25 Harvard Journal of Law and Public Policy 209 (2001)

AYNES, RICHARD L. — Unintended Consequences of the Fourteenth Amendment, in: Kyvig, David E. (Hrsg.), Unintended Consequences of constitutional Amendment, Athens, London, 2000, S. 110

BACON, SELDEN — How the Tenth Amendment affected the Fifth Article of the Constitution, 16 Virginia Law Review 771 (1929-1930)

BADURA, PETER — Verfassungsänderung, Verfassungswandel, Verfassungsgewohnheitsrecht, in: Isensee, Josef/Kirchhof, Paul (Hrsg.), Handbuch des Staatsrechts, Band VII: Normativität und Schutz der Verfassung – Internationale Beziehungen, Heidelberg 1992, § 160, S. 57

Baker, A. Diane ERA: The Effects of Extending the Time for Ratification on Attempts to rescind prior Ratifications, 28 Emory Law Journal 71 (1979)

Baker, Lynn A. Constitutional Change and direct Democracy, 66 University of Colorado Law Review 143 (1995)

Baker, Lynn A./Dinkin, Samuel H. The Senate: An Institution whose Time has gone?, 13 Journal of Law and Politics 21 (1997)

Baker, Thomas E. Exercising the Amendment Power to disapprove of Supreme Court Decisions: A Proposal for a Republican Veto, 22 Hastings Constitutional Law Quarterly 325 (1995)

Baker, Thomas E. Towards a more perfect Union: Some Thoughts on Amending the Cosntitution, 10 Widener Journal of Public Law 1 (2000)

Baker, Thomas E. Constitutional Theory in a Nutshell, 13 William and Mary Bill of Rights Journal 57 (2004)

Ball, Howard The Supreme Court in the initmate Lives of Americans: Birth, Sex, Marriage, Childrearing, and Death, New York 2002

Barber, Sotirios A. On what the Constitution means, Baltimore, London 1984

Barkow, Rachel E. More supreme than Court? The Fall of the political Question Doctrine and the Raise of judicial Supremacy, 102 Columbia Law Review 237 (2002)

Barnett, Randy E. Constitutional Legitimacy, 103 Columbia Law Review 111 (2003)

Baucus, Max/Kay, Kenneth R. The Court stripping Bills: Their Impact on the Constitution, the Courts, and Congress, 27 Villanova Law Review 988 (1981-1982)

Bauer, Angela/Jestaedt, Matthias Das Grundgesetz im Wortlaut: Änderungsgesetze, Synopse, Textstufen und Vokabular zum Grundgesetz, Heidelberg 1997

Baum, Lawrence The Implementation of United States Supreme Court Decisions, in: Rogowski, Ralf/Gawron, Thomas, Constitutional Courts in Comparison: The U.S. Supreme Court and the German federal constitutional Court, New York, Oxford 2002, S. 219

Bayh, Birch One Heartbeat away: Presidential Disability and Succession, Indianapolis, New York, 1968

Beaney, William M./Beiser, Edward N. Prayer and Politics: The Impact of Engel and Schempp on the political Process, in: Becker, Theodore L./Feeley, Malcolm M., The Impact of Supreme Court Decisions: Empirical Studies, 2. Aufl., London, Toronto 1973

BECK, JAMES M. Die Verfassung der Vereinigten Staaten von Nordamerika, Berlin, Leipzig 1926

BENSHOOF, JANET The Truth about Women's Rights, 6 William and Mary Journal of Women and the Law 423 (2000)

BERGER, RAOUL Impeachment: The constitutional Problems, Cambridge 1973

BERGER, RAOUL Government by Judiciary: The Transformation of the Fourteenth Amendment, Cambridge, London 1977

BERGER, RAOUL Reply: G. Edward White's Apology for judicial Activism, 63 Texas Law Review 367 (1984)

BERGER, RAOUL Originalist Theories of constitutional Interpretation, 73 Cornell Law Review 350 (1988)

BERICHTERSTATTER DES BUNDESVERFASSUNGSGERICHTS Bericht des Berichterstaaters des Bundesverfassungsgerichts zur „Status"-Frage, Jahrbuch des öffentlichen Rechts NF 6 (1957), 120

BERNS, WALTER Comment: The Forms of Article V, 6 Harvard Journal of Law & Public Policy 73 (1982)

BERNSTEIN, RICHARD B. The Sleeper wakes: The History and Legacy of the Twenty-Seventh Amendment, 61 Fordham Law Review 497 (1992)

BERNSTEIN, RICHARD B./AGEL, JEROME Amending America: If we love the Constitution so much, why do we keep trying to change it?, New York 1993

BEYME, KLAUS VON The Genesis of constitutional Review in parliamentary Systems, in: Landfried, Christine (Hrsg.), Constitutional Review and Legislation: An international Comparison, Baden-Baden 1988, S. 21

BICKEL, ALEXANDER M. The original Understanding and the Segregation Decision, 69 Harvard Law Review1 (1955)

BICKEL, ALEXANDER M. The Supreme Court 1960 Term: Foreword: The passive Virtues, 75 Harvard Law Review 40 (1961)

BICKEL, ALEXANDER M. The least dangerous Branch: The Supreme Court at the Bar of Politics, 2. Aufl., New Haven, London 1986

BISKUPIC, JOAN Flag-Burning Ruling sparks cries for action on Hill, 47 Congressional Quarterly 1622 (1989)

BLACK, CHARLES L. The proposed Amendment of Article V: A threatened Disaster, 72 Yale Law Journal 957 (1963)

BLACK, CHARLES L. Perspecitves in constitutional Law, London, Sydney, Toronto u.a. 1970

BLACK, CHARLES L. Amending the Constitution: A Letter to a Congressman, 82 Yale Law Journal 189 (1972)

Black, Charles L. On Article I, Section 7, Clause 3 – and the Amendment of the Constitution, 87 Yale Law Journal 896 (1978)

Black, Charles L. Amendment by national constitutional Convention: A Letter to a Senator, 32 Oklahoma Law Review 626 (1979)

Black, Henry Campbell Black's Law Dictionary, 7. Aufl., St. Paul 1999

Blank, Adam L. Raines v. Byrd: A Death Knell for the congressional Suit, 49 Mercer Law Review 609 (1998)

Blumoff, Theodore Y. Judicial Review, foreign Affairs and legislative Standing, 25 Georgia Law Review 227 (1991)

Bobbitt, Philip Constitutional Interpretation, Cambridge 1991

Boehl, Henner Jörg Verfassungsgebung im Bundesstaat: Ein Beitrag zur Verfassungslehre des Bundesstaates und der konstitutionellen Demokratie, Berlin 1997

Boles, Janet K. The Politics of the Equal Rights Amendment: Conflict and the Decision Process, New York 1979

Bolt, Ernest C. Ballots before Bullets: The War Referendum Approach to Peace in America, 1914-1941, Charlottesville 1977

Bonfield, Arthur E. The Guarantee Clause of Article IV, Section 4: A Study in constitutional Desuetude, 46 Minnesota Law Review (1962)

Bonfield, Arthur E. The Dirksen Amendment and the Article V Convention Process, 66 Michigan Law Review 949 (1968)

Borchard, Edwin The proposed constitutional Amendment on Treaty-Making, 39 American Journal of International Law 537 (1945)

Borgeaud, Charles Adoption and Amendment of Constitutions in Europe and America, New York 1895

Bork, Robert H. Neutral Principles and some First Amendment Problems, 47 Indiana Law Journal 1 (1971)

Bork, Robert H. The Tempting of America: The political Seduction of the Law, The free Press, New York 1990

Bossin, Phyllis G. Same-Sex Unions: The new Civil Rights Struggle or an Assault on traditional Marriage, 40 TULSA L. REV. 381 (2005)

Boudreaux, Donald J./Pritchard, A.C. Rewriting the Constitution: An economic Analysis of the constitutional Amendment Process, 62 Fordham Law Review 111 (1993)

Bowman, Scott J. Wild political Dreaming: Constitutional Reformation of the United States Senate, 72 Fordham Law Review 1017 (2004)

BRANDON, MARK E. — The "original" Thriteenth Amendment and the Limits to formal constitutional Change, in: Levinson, Sanford (Hrsg.), Responding to Imperfection: The Theory and Practice of constitutional Amendment, Princeton 1995, S. 215

BRANNAN, PATRICIA A./LILLEHAUG,./REZNICK, ROBERT P. — Critical Details: Amending the United States Constitution, 16 Harvard Journal on Legislation 763 (1979)

BRANT, IRVING — Impeachment: Trials and Errors, New York 1972

BRENNAN, JR., WILLIAM J. — Constitutional Adjudication and the Death Penalty: A View from the Court, 100 Harvard Law Review 313 (1986)

BREST, PAUL — The misconceived Quest for the original Understanding, in: Rakove (Hrsg.), Interpreting the Constitution: The Debate over original Intent, Boston 1990, S. 227

BROWN, EVERETT S. — William Plumer's Memorandum of Proceedings in the United States Senate, 1803-1807, New York 1923

BROWN, EVERETT S. — The Ratification of the Twenty-First Amendment, 29 American Political Science Review 1005 (1935)

BROWN, EVERETT S. — The Term of Office of the President, 41 American Politics and Science Review 447 (1947)

BROWN, GEORGE STEWART — The "new Bill of Rights" Amendment, 9 Virginia Law Review 14 (1922)

BROWN, GEORGE STEWART — The perpetual Covenant in the Constitution, 219 North American Review 30 (1924)

BROWN, JENNIFER K. — The Nineteenth Amendment and Women's Equality, 102 Yale Law Journal 2175 (1993)

BROWN, RAYMOND G. — The Sixteenth Amendment to the United States Constitution, 54 American Law Review 843 (1920)

BRUGGER, WINFRIED — Grundrechte und Verfassungsgerichtsbarkeit in den Vereinigten Staaten von Amerika, Tübingen 1987

BRUGGER, WINFRIED — Verfassungsgerichtspolitik à la USA, ZRP 1987, 52

BRUGGER, WINFRIED — Ein amerikanischer Vorschlag zur Kontrolle von Diätenerhöhungen, ZRP 1992, 321

BRUGGER, WINFRIED — Verfassungsinterpretation in den Vereinigten Staaten von Amerika, Jahrbuch des öffentlichen Rechts NF 42 (1994), 571

BRUGGER, WINFRIED — Legal Interpretation, Schools of Jurisprudence, and Anthropology: Some Remarks from a German Point of View, 42 American Journal of Comparative Law 395 (1994)

BRUGGER, WINFRIED — Einführung in das öffentliche Recht der USA, 2. Aufl., München 2001

Brugger, Winfried Der moderne Verfassungsstaat aus Sicht der amerikanischen Verfassung und des Grundgesetzes, Archiv des öffentlichen Rechts 126 (2001), 337

Brugger, Winfried Demokratie, Freiheit, Gleichheit, Berlin 2002

Brugger, Winfried Die U.S.-Verfassung im Vergleich zum Grundgesetz, in: Krakau, Knud/Streng, Franz (Hrsg.), Konflikt der Rechtskulturen?: Die USA und Deutschland im Vergleich, Heidelberg 2003

Bryant, A. Christopher Stopping Time: The Pro-Slavery and "irrevocable" Thirteenth Amendment, 26 Harvard Journal of Law and Public Policy 501 (2003)

Bryce, James The American Commonwealth, Band 1: The national Government – The State Governments, New York 1911

Bryde, Brun-Otto Verfassungsentwicklung: Stabilität und Dynamik im Verfassungsrecht der Bundesrepublik Deutschland, Baden-Baden 1982

Buckwalter, Doyle W. Constitutional Conventions and State Legislators, 20 Journal of Public Law 543 (1971)

Bühler, Franz Verfassungsrevision und Generationsproblem: Studie zur Verfassungsrevisionstheorie Thomas Jeffersons, Freiburg in der Schweiz 1949

Bungert, Hartwin Zeitgenössische Strömungen in der amerikanischen Verfassungsinterpretation, AöR 117 (1992), 71

Burdick, Charles K. The Law of the American Constitution: Its Origin and Development, New York, London 1922

Burlingham, Charles C. The Need for a federal Child Labor Amendment, 21 American Bar Association Journal 214 (1935)

Bushart, Christoph Verfassungsänderung in Bund und Ländern, München 1989

Büttner, Edgar/ Wettengel, Michael Ausschuss für Organisation des Bundes/Ausschuss für Verfassungsgerichtshof und Rechtspflege, in: Deutscher Bundestag/Bundesarchiv (Hrsg.), Der Parlamentarische Rat, 1948-1949, Akten und Protokolle, Band 13, Teilband II, München 2002

Büttner, Edgar/ Wettengel, Michael Ausschuss für Organisation des Bundes/Ausschuss für Verfassungsgerichtshof und Rechtspflege, in: Deutscher Bundestag/Bundesarchiv (Hrsg.), Der Parlamentarische Rat, 1948-1949, Akten und Protokolle, Band 13, Teilband I, München 2002

Bybee, Jay S. Ulysses at the Mast: Democracy, Federalism, and the Sirens' Song of the Seventeenth Amendment, 91 Northwestern University Law Review 500 (1997)

CADWALADER, THOMAS F. Amendment of the federal Constitution, 60 American Law Review 389 (1926)

CAHILL, SEAN ROBERT Same-sex Marriage in the United States: Focus on the Facts, post-2004 Election Edition, New York, Toronto, Oxford 2004

CAHN, EDMOND An American Contribution, in: Cahn, Edmond (Hrsg.), Supreme Court and supreme Law, Bloomington 1954, S. 1

CALABRESI, STEVEN G. A political Question, in: Ackerman, Bruce (Hrsg.), Bush v. Gore: The Question of Legitimacy, New Haven, London 2002

CALL, JOSEPH L. The Fourteenth Amendment and its sceptical Background, 13 Baylor Law Review 1 (1961)

CANNON, CLARENCE Cannon's Precedents of the House of Representatives of the United States - including references to provisions of the Constitution, the laws, and decisions of the United States Senate, Washington D.C. 1935-1941, abrufbar unter http://www.gpoaccess.gov/precedents/cannon/index.html

CAPLAN, RUSSELL L. Constitutional Brinksmanship: Amending the Constitution by national Convention, New York, Oxford 1988

CARMAN, ERNEST C. Why and how the present Method of Amending the federal Constitution should be changed, 17 Oregon Law Review 102 (1937-1938)

CARSTENS, KARL Die Grundgedanken der amerikanischen Verfassung und ihre Verwirklichung, Berlin 1954

CARTER, STEPHEN L. Constitutional Adjudication and the indeterminate Text: A preliminary Defense of an imperfect Muddle, 94 Yale Law Journal 821 (1985)

CASTRO, DAVID A constitutional Convention: Scouting Artivle Five's undiscovered Country, 134 University of Pennsylvania Law Review 939 (1986)

CATT, CARRIE CHAPMAN/ SHULER, NETTIE ROGERS Woman Suffrage and Politics: The inner Story of the Suffrage Movement, Seattle, London 1926

CHEMERINSKY, ERWIN Controlling inherent presidential Power: Providing a Framework for judicial Review, 56 Southern California Law Review 863 (1983)

CHEMERINSKY, ERWIN Interpreting the Constitution, New York 1987

CHEMERINSKY, ERWIN Cases under the Guarantee Clause should be justiciable, 65 University of Colorado Law Review 849 (1994)

CHEMERINSKY, ERWIN Bush v. Gore was not justiciable, 76 Notre Dame Law Review 1093 (2001)

CHEMERINSKY, ERWIN Constitutional Law: Principles and Policies, 2.Aufl., New York 2002

CHEMERINSKY, ERWIN Federal Jurisdiction, 4. Aufl., New York 2003

CHILD, SAMPSON R. Revolutionary Amendments to the Constitution, 10 Constitutional Review 27 (1926)

CHOPER, JESSE H. Judicial Review and the national political Process: A functional Reconsideration of the Role of the Supreme Court, Chicago, London 1980

CLARK, HOMER The Supreme Court and the Amending Process, 39 Virginia Law Review 621 (1953)

COMMENT Child Labor Legislation: Its Past, Present and Future, 7 Fordham Law Review 217 (1938)

COMMENT Power of a State to ratify an Amendment after previously rejecting it, 22 Minnesota Law Review 269 (1938)

COMMENT Constitutional Law –Amendment of United States Constitution – Ratification – Power of Judiciary to pass upon Validity, 24 Minnesota Law Review 393 (1940)

COMMITTEE ON FEDERAL CONSTITUTION Artile V and the proposed federal constitutional Convention Procedures Bill: Report and Recommendation to the New York State Bar Association, 3 Cardozo Law Review 529 (1982)

CONGRESSIONAL RESEARCH SERVICE The Constitution of the United States of America: Analysis and Interpretation, 1980 Supplement, Washington D.C. 1982

CONKLIN, CURT E. The Case of the Phantom Thirteenth Amendment: A historical and bibliographic Nightmare, 88 Law Library Journal 121 (1996)

CONNELY, DWIGHT W. Amending the Constitution: Is this any Way to call for a constitutional Convention?, 22 Arizona Law Review 1011 (1980)

COOKE, EDWARD F. A detailed analysis of the Constitution, 7. Aufl., Lanham, Boulder, New York, Oxford 2002

COOLEY, THOMAS M. The Power to amend the federal Constitution, 2 Michigan Law Journal 109 (1893)

CORWIN, EDWARD S./ RAMSEY, MARY LOUISE The constitutional Law of constitutional Amendment, 26 Notre Dame Lawyer 185 (1951)

COUNTRYMAN, EDWARD The American Revolution, New York 1985

CRALLE, RICHARD K. (HRSG.) The Works of John C. Calhoun: A Disquisition on Government and Discourse on the Constitution and Government of the United States, Band 1, New York 1853

Cremonese, Miachel J. Constitutional Law – Standing – Separation of Powers – Supreme Court of the United States refused to rule on whether the Line Item Veto Act of 1996 violated the constitutional separation of powers by impermissibly delegating legislative powers to the President because the Congressmen who brought the Suit did not have Standing to maintain the Action – Raines v. Byrd, 117 S.Ct. 2312 (1997), 36 Duquesne Law Review 961 (1998)

Cronin, Thomas E. Direct Democracy: The Politics of Initiative, Referendum, and Recall, Cambridge, London 1989

Crosskey, William Winslow Politics and the Constitution in the History of the United States, Band 2, Chicago 1953

Cultice, Wendell W. Youth's Battle for the Ballot: A History of Voting Age in America, Westport 1992

Currie, David P. The Constitution in the Supreme Court: The Powers of the federal Courts, 1801-1835, 49 University of Chicago Law Review 646 (1982)

Currie, David P. The Constitution in the Supreme Court: The first hundred Years, 1789-1888, Chicago, London 1985

Currie, David P. Die Verfassung der Vereinigten Staaten von Amerika, Frankfurt a.M. 1988

Currie, David P. The Constitution in the Supreme Court: The second Century, 1888-1986, Chicago, London 1990

Currie, David P. The Constitution of the Federal Republic of Germany, Chicago, London 1994

Currie, David P. The Constitution in Congress: The Federalist Period, 1789-1801, Chicago, London 1997

Currie, David P. The Twelfth Amendment, in: Kyvig, David E. (Hrsg.), Unintended Consequences of constitutional Amendment, Athens, London 2000, S. 73

Curtis, George Ticknor Constitutional History of the United States: From their Declaration of Independence to the Close of their Civil War, Band 2, Nachdruck der Ausgabe New York 1896-1897, New York 1974

Curtis, Michael Kent Privileges or Immunities, individual Rights, and Federalism, 12 Harvard Journal of Law and Public Policy 53 (1989)

Dalzell, Stewart/Beste, Eric J. Ist he Twenty-Seventh Amendment 200 Years too late?, 62 George Washington Law Review 501 (1994)

Daughtrey, Martha Craig Women and the Constitution: Where are we at the End of the Century, 75 New York University Law Review 1 (2000)

DELLINGER, WALTER	The recurring Question of the "limited" constitutional Convention, 88 Yale Law Journal 1623 (1979)
DELLINGER, WALTER	The Legitimacy of constitutional Change: Rethinking the Amendment Process, 97 Harvard Law Review 386 (1983)
DELLINGER, WALTER	Constitutional Politics: A Rejoinder, 97 Harvard Law Review 446 (1983)
DELLINGER, WALTER	The Sound of Silence: An Epistle on Prayer and the Constitution, 95 Yale Law Journal 1631 (1986)
DENNING, BRANNON P.	Means to amend: Theories of constitutional Change, 65 Tennessee Law Review 155 (1997)
DENNING, BRANNON P./ VILE, JOHN R.	Necromancing the Equal Rights Amendment, 17 Constitutional Commentary 593 (2000)
DENNING, BRANNON P./ VILE, JOHN R.	The Relevance of constitutional Amendments: A Response to David Strauss, 77 Tulane Law Review 247 (2002)
DESSEM, LAWRENCE R.	Congressional Standing to sue: Whose Vote is this, anyway?, 62 Notre Dame Law Review 1 (1986)
DEVINS, NEAL/FITTS, MICHAEL A.	The Triumph of Timing: Raines v. Byrd and the modern Supreme Court's Attempt to control consitutional Confrontations, 86 Georgetown Law Journal 351 (1997)
DIAMOND, RAYMOND T.	No Call to Glory: Thurgood Marshall's Thesis on the Intent of a pro-Slavery Constitution 42 Vanderbilt Law Review 93 (1989)
DILLON, DAVID REID	Congressional Intent and the ERA: A proposed new Analysis, 40 Ohio State Law Journal 637 (1979)
DIPPEL, HORST	Die amerikanische Revolution 1763-1787, Frankfurt a.M. 1985
DIWAN, PARAS	Amending Powers and constitutional Amendments, New Delhi 1990
DIXON, ROBERT G.	Article V: The Comatose Article of our living Constitution?, 66 Michigan Law Review 931 (1968)
DODD, W.F.	Amending the federal Constitution, 30 Yale Law Journal 321 (1921)
DODSON, SCOTT	The peculiar Federal Marriage Amendment, 36 Arizona State Law Journal 783 (2004)
DOEMMING, KLAUS-BERTO VON/FÜSSLEIN, RUDOLF WERNER/MATZ, WERNER	Enstehungsgeschichte der Artikel des Grundgesetzes, Jahrbuch des öffentlichen Rechts NF 1 (1951), 1

DORF, MICHAEL C. Incidental Burdens on fundamental Rights, 109 Harvard Law Review 1175 (1996)

DORF, MICHAEL C. A nonoriginalist Perspective on the Lessons of History, 19 Harvard Journal of Law and Public Policy 351 (1996)

DOW, DAVID R. When Words mean what we believe they say: The Case of Article V, 76 Iowa Law Review 1 (1990)

DOW, DAVID R. The plain Meaning of Article V, in: Levinson, Sanford (Hrsg.), Responding to Imperfection: The Theory and Practice of constitutional Amendment, Princeton 1995, S. 117

DOWLING, NOEL T. Clarifying the Amending Process, 1 Washington and Lee Law Review 215 (1940)

DRY, MURRAY Flag Burning and the Constitution, 1990 Supreme Court Review 69 (1990)

DUGGIN, SARAH HELENE/ COLLINS, MARY BETH Natural Born in the USA: The striking Unfairness and dangerous Ambiguity of the Constitution's presidential Qualifications Clause and why we need to fix it, 85 Boston University Law Review 53 (2005)

DUMOND, DWIGHT LOWELL The Secession Movement, 1860-1861, New York 1931

DUMOND, DWIGHT LOWELL Antislavery Origins of the Civil War in the United States, Ann Arbor 1959

DUNCAN, DWIGHT G. The Federal Marriage Amendment and Rule by Judges, 27 Harvard Journal of Law and Public Policy 543 (2004)

DUNKER, WILLIAM L. Constitutional Amendments - The Justiciability of Ratification and Retraction, 41 Tennessee Law Review 93 (1973)

DUPUIS, MARTIN Same-Sex Marriage, legal Mobilization, & the Politics of Rights, New York 2002

DWORKIN, RONALD Law's Empire, Cambridge, London 1986

EASTERLING, LARRY J. Sen. Joseph L. Bristow and the Seventeenth Amendment, 41 Kansas Historical Quarterly 488 (1975)

EBERLE, EDWARD J. Dignity and Liberty: Constitutional Visions in Germany and the United States, Westport, London 2002

EGERER, CLAUDIA Verfassungsrechtsprechung des Supreme Court der USA: die Wurzeln des Prinzips des „judicial review“ in Marbury v Madison, ZVglRWiss 88 (1989), 416

EHLERS, DIRK Die Klagebefugnis nach deutschem, europäischem Gemeinschafts- und U.S.-amerikanischem Recht, Verwaltungs-Archiv 84 (1993), 139

EHMKE, HORST Grenzen der Verfassungsänderung, Berlin 1953

EISGRUBER, CHRISTOPHER L. Constitutional Self-Government, Cambridge, London 2001

ELDER, JUDITH L. Article V, Justiciability, and the Equal Rights Amendment, 31 Oklahoma Law Review 63 (1978)

ELLIOT, JONATHAN (HRSG.) The Debates in the several State Conventions on the Adoption of the federal Constitution, Washington 1836

ELY, JOHN HART The Wages of crying Wolf: A Comment on Roe v. Wade, 82 Yale Law Journal 920 (1976)

ELY, JOHN HART Democracy and Distrust: A Theory of judicial Review, Cambridge, London 1980

ENGELEN, KLAUS J. Die "Political Question Doctrine" und ihre Anwendung durch amerikanische Gerichte auf außenpolitische Sachverhalte seit dem Vietnamkonflikt – Zugleich eine Betrachtung über die Grenzen der Justiziabilität im System des Grundgesetzes –, Bonn 1984

EPSTEIN, RICHARD A. Takings: Private Property and the power of eminent Domain, Cambridge, London 1985

EPSTEIN, RICHARD A./ SEGAL, JEFFREY A./ SPAETH, HAROLD J./ WALKER, THOMAS G. The Supreme Court Compendium: Data, Decisions & Developments, Washington D.C. 1994

ERVIN, SAM J. Proposed Legislation to implement the Convention Method of Amending the Constitution, 66 Michigan Law Review 875 (1968)

FALLON, RICHARD H. A constructivist Coherence Theory of constitutional Interpretation, 100 Harvard Law Review 1189 (1987)

FARBER, DANIEL A. The Originalism Debate: A Guide for the Perplexed, 49 Ohio State Law Journal 1085 (1989)

FARRAND, MAX (HRSG.) The Records of the federal Convention of 1787, Band I-IV, New Haven, London 1937

FARRIS, MICHAEL P. Through the Founders' Eyes: Was the Constitution illegally adopted?, 21 Home School Court Report 6 (2005)

FASTEAU, BRENDA/ FASTEAU, MARC May a State Legislature rescind its Ratification of a pending constitutional Amendment?, 1 Harvard Women's Law Journal 27 (1978)

FEERICK, JOHN D. Impeaching federal Judges: A Study of the constitutional Provisions, 39 Fordham Law Review 1 (1970)

FEERICK, JOHN D. The Twenty-Fifth Amendment: Its complete History and earliest Applications, New York 1976

Ferejohn, John/Sager, Lawrence Committment and Constitutionalism, 81 Texas Law Review 1929 (2003)

Fernandez, Ferdinand F. The Constitutionality of the Fourteenth Amendment, 39 Southern California Law Review 378 (1966)

Field, Oliver P. The Doctrine of Political Questions in the federal Courts, 8 Minnesota Law Review 485 (1923-1924)

Fikentscher, Wolfgang Methoden des Rechts in vergleichender Darstellung, Band II: Anglo-amerikanischer Rechtskreis, Tübingen 1975

Finkelman, Paul The Constitution and the Intentions of the Framers: The Limits of historical Analysis, University of Pittsburgh Law Review 349 (1989)

Finkelman, Paul James Madison and the Bill of Rights: A reluctant Paternity, 1990 Supreme Court Review 301 (1990)

Finkelstein, Maurice Judicial Self-Limitation, 37 Harvard Law Review 338 (1923-1924)

Finkelstein, Maurice Further Notes on judicial Self-Limitation, 39 Harvard Law Review 221 (1925-1926)

Fishel, Lynn Andretta Reversals in the federal constitutional Amendment Process: Efficacy of State Ratifications of the Equal Rights Amendment, 49 Indiana Law Journal 147 (1973-1974)

Fisher, Louis Congressional Checks on the Judiciary, in: Campbell, Colton C./Stack Jr., John F. (Hrsg.), Congress confronts the Court: The Struggle for Legitimacy and Authority in Lawmaking, Lanham u.a. 2001, S.21

Fisher, William W. The Defects of Dualism, 59 University of Chicago Law Review 955 (1992)

Flaherty, Martin S. History "Lite" in modern American Constitutionalism, 95 Columbia Law Review 523 (1995)

Fleming, James E. We the exceptional American People, 11 Constitutional Commentary 355 (1994)

Fleming, James E. We the unconventional American People, 65 University of Chicago Law Review 1513 (1998)

Fletcher, William A. A historical Interpretation of the Eleventh Amendment: A narrow Construction of an affirmative Grant of Jurisdiction rather than a Prohibition against Jurisdiction, 35 Stanford Law Review 1033 (1983)

Fletcher, William A. The Structure of Standing, 98 Yale Law Journal 221 (1988)

Flexner, Eleanor Century of Struggle: The Woman's Rights Movement in the United States, Cambridge, London 1976

FORBATH, WILLIAM E. The Politics of constitutional Design: Obduracy and Amendability – A Comment on Ferejohn and Sager, 81 Texas Law Review 1965 (2003)

FRAENKEL, ERNST Das amerikanische Regierungssystem: Eine politologische Analyse, 4. Aufl., Opladen 1990

FRANCK, THOMAS M. Political Questions/judicial Answers: Does the Rule of Law apply to foreign Affairs?, Princeton 1992

FRANK, JOHN P./MUNRO, ROBERT F. The original Understanding of "equal Protection of the Laws," 1972 Washington University Law Quarterly 421 (1972)

FRANKFURTER, FELIX John Marshall and the judicial Function, 69 Harvard Law Review 217 (1955)

FREEMAN, SAMUEL Original meaning, Democratic Interpretation, and the Constitution 21 Philosophy and Public Affairs 3 (1992)

FREEMAN, SAMUEL Political Liberalism and the Possibility of a just democratic Constitution, 69 Chicago-Kent University Law Review 619 (1994)

FREUND, ERNST The Prohibition Amendment and Consent Requirements and Time Limits, 7 American Bar Association Journal 656 (1921)

FREUND, PAUL A. The Supreme Court of the United States: Its Business, Purposes, and Performance, Gloucester 1972

FRIEDMANN, BARRY The History of the countermajoritarian Difficulty, Part One: The Road to judicial Supremacy, 73 New York University Law Review 333 (1998)

FRIEDMANN, BARRY The History of the countermajoritarian Difficulty, Part Four: Law's Politics, 148 University of Pennsylvania Law Review 971 (2000)

FRIEDMANN, BARRY The Birth of an academic Obsession: The History of the countermajoritarian Difficulty, Part Five, 112 Yale Law Journal 153 (2002)

FRIEDRICH, CARL J. Der Verfassungsstaat der Neuzeit, Berlin, Göttingen, Heidelberg 1953

FRIERSON, WM. F. Amending the Constitution of the United States: A Reply to Mr. Marbury, 33 Harvard Law Review 659 (1919)

FRIERSON, WM. F. Amending the Constitution of the United States: A Reply to Mr. Marbury, 33 Harvard Law Review 659 (1920)

G.A.C., JR. The proposed Twentieth constitutional Amendment, 21 Georgetown Law Journal 63 (1932-1933)

GARDNER, JAMES A. The positivst Foundations of Originalism: An Account and Critique, 71 Boston University Law Review 1 (1991)

Garrett, Finis J. Amending the federal Constitution, 7 Tennessee Law Review 286 (1929)

Gaugush, Bill Principles governing the Interpretation and Exercise of Article V Powers, 35 Western Political Quarterly 212 (1982)

George, Robert P. The 28th Amendment: It is Time to protect Marriage and Democracy in America – Defense of Marriage Act may be in Jeorpady, 53 National Review 32 (2001)

George, Robert P. Judicial Usurpation and sexual Liberation: Courts and the Abolition of Marriage, 17 Regent University Law Review 21 (2004-2005)

Gerard, Jules B. The proposed Washington D.C. Amendment, Jefferson City 1979

Gerhardt, Michael J. Rediscovering Nonjusticiability: Judicial Review of Impeachments after Nixon, 44 Duke Law Journal 231 (1994)

Gerhardt, Michael J. Ackermania: The Quest for a common Law of Higher Lawmaking, 40 William & Mary Law Review 1731 (1999)

Gibbons, John J. Intentionalism, History, and Legitimacy, 140 University of Pennsylvania Law Review 613 (1991)

Gillette, William The Right to vote: Politics and the Passage of the Fifteenth Amendment, Baltimore 1965

Ginsburg, Ruth Bader Gender in the Supreme Court: The 1973 and 1974 Terms, 1975 Supreme Court Review 1 (1975)

Ginsburg, Ruth Bader Ratification of the Equal Rights Amendment: A Question of Time, 57 Texas Law Review 919 (1979)

Glidden, Melissa A. Federal Marriage Amendment, 41 Harvard Journal on Legislation 483 (2004)

Goldstein, Leslie Friedman The ERA and the U.S. Supreme Court, in: Nagel, Stuart S. (Hrsg.), Research in Law and Policy Studies, Band 1, Greenwich, London 1987, S. 145

Goldstein, Robert Justin The great 1989-1990 Flag Flap: An historical, political, and legal Analysis, 45 University of Miami Law Review 19 (1990)

Goldstein, Robert Justin Burning the Flag: The great 1989-1990 American Flag Desecration Controversy, Kent, London 1996

González, Carlos E. Popular Sovereign generated versus Government Institution generated constitutional Norms: When does a constitutional Amendment not amend the Constitution?, 80 Washington University Law Quarterly 127 (2002)

GONZÁLEZ, CARLOS E. — Representational Structures through which we the People ratify Constitutions: The troubling original Understanding of the Constitution's Ratification Clauses, 38 University of California Davis Law Review 1373 (2005)

GOODMAN, SOPHIA C. — Equitable Discretion to dismiss Congressional Plaintiff-Suits: A Reassessment, 40 Case Western Law Review 1075 (1989-1990)

GRAGLIA, LINO A. — "Interpreting" the Constitution: Posner on Bork, 44 Stanford Law Review 1019 (1992)

GRAGLIA, LINO A. — Constitutional Interpretation, 44 Syracuse Law Review 631 (1994)

GRAHAM, FRED P. — The Role of the States in proposing constitutional Amendments, 49 American Bar Association Journal 1175 (1963)

GREEN MCCLOSKEY, ROBERT (HRSG.) — The Works of James Wilson, Band I, Cambridge 1967

GREY, THOMAS C. — Do we have an unwritten Constitution, 27 Stanford Law Review 703 (1975)

GREY, THOMAS C. — Constitutionalism: An analytic Framework, in: Pennock, Roland J./ChapmanJohn W. (Hrsg.), Constitutionalism, New York 1979, S. 189

GRIFFIN, STEPHEN M. — Constitutionalism in the United States: From Theory to Politics, in: Levinson, Sanford (Hrsg.), Responding to Imperfection: The Theory and Practice of constitutional Amendment, Princeton 1995, S. 37

GRIFFIN, STEPHEN M. — American Constitutionalism: From Theory to Politics, Princeton 1996

GRIFFIN, STEPHEN M. — The Nominee is ... Article V, in: Eskridge, William N./Levinson, Sanford (Hrsg.), Constitutional Stupidities, constitutional Tragedies, New York, London 1998, S. 51

GRIMES, ALAN PENDLETON — Democracy and the Amendments to the Constitution, Lexington 1979

GRIMM, DIETER — Verfassungsfunktion und Grundgesetzreform, Archiv des öffentlichen Rechts 97 (1972), 489

GUNTHER, GERALD — Some Reflections on the judicial Role: Distinctions, Roots, and Prospects, 1979 Washington University Law Quarterly 817 (1979)

GUNTHER, GERALD — The Convention Method of Amending the United States Constitution, 14 Georgia Law Review 1 (1979)

HADDAD, MARTY Substantive Content of constitutional Amendments: Political Question or justiciable Concern?, 42 Wayne Law Review 1685 (1996)

HAJDU, ROBERT/ ROSENBLUM, BRUCE E. The Process of constitutional Amendment, 79 Columbia Law Review 106 (1979)

HALLER, WALTER Supreme Court und Politik in den USA: Fragen der Justiziabilität in der höchstrichterlichen Rechtsprechung, Bern 1972

HAMBURGER, PHILIP A. The Constitution's Accommodation of social Change, 88 Michigan Law Review 239 (1989)

HAND, LEARNED The Bill of Rights, Cambridge 1958

HANLON, MCHAEL C. The Need for a general Time Limit on Ratification of proposed constitutional Amendments, 16 Journal of Law and Politics 663 (2000)

HARDAWAY, ROBERT M. The electoral College and the Constitution: The Case for preserving Federalism, Westport, London 1994

HARDING, ANDREW The Creation and Amendment of constitutional Norms: A Comparison, in: Andenas, Mads (Hrsg.), The Creation and Amendment of constitutional Norms, London 2000

HARRIS II, WILLIAM F. The interpretable Constitution, Baltimore, London 1993

HARRISON, CYNTHIA On Account of Sex: The Politics of Women's Issues, 1945-1968, Berkeley, Los Angeles, London 1988

HARRISON, JAMES L. Biographical Directory of the American Congress, 1774-1949, Washington D.C. 1950

HARRISON, JOHN Lawfulness of the Reconstruction Amendments, 68 University of Chicago Law Review 375 (2001)

HART, H.L.A. The Concept of Law, Oxford 1961

HARTNETT, EDWARD A "uniform and entire" Constitution; or what if Madison had won?, 15 Constitutional Commentary 251 (1998)

HEALY, THOMAS The Rise of unnecessary constitutional Rulings, 83 North Carolina Law Review 847 (2005)

HEARD, THOMAS E. Proposed constitutional Amendments as a Research Tool: The Example of Prohibition, 84 Law Library Journal 499 (1992)

HECKMAN, J. WILLIAM Ratification of a constitutional Amendment: Can a State change its Mind?, 6 Connecticut Law Review 28 (1973)

HEIDEKING, JÜRGEN Die Verfassung der Vereinigten Staaten von Amerika: Entstehung – Inhalt – Wirkung, Aus Politik und Zeitgeschichte 1987, B 30-31, 3

HEIDEKING, JÜRGEN Die Verfassung vor dem Richterstuhl: Vorgeschichte und Ratifizierung der amerikanischen Verfassung, 1787-1791, Berlin, New York 1988

HEIDEKING, JÜRGEN Geschichte der USA, 3. Aufl., Tübingen, Basel 2003

HELD, ALLISON L./ HERNDON, SHERYL L./ STAGER, DANIELLE M. The Equal Rights Amendment: Why the ERA remains legally viable and properly before the States, 3 William & Mary Journal of Women and the Law 113 (1997)

HENKIN, LOUIS Is there a "Political Question" Doctrine?, 85 Yale Law Journal 597 (1976)

HENKIN, LOUIS Lexical Priority or "Political Questions:" A Response, 101 Harvard Law Review 524 (1988)

HENKIN, LOUIS Foreign Affairs and the United States Constitution, 2. Aufl., Oxford 1996

HERRMANN, MARK E. Looking down from the Hill: Factors determining the Success of congressional Efforts to reverse Supreme Court Interpretations of the Constitution, 33 William and Mary Law Review 543 (1992)

HESSE, KONRAD Grundzüge des Verfassungsrechts der Bundesrepublik Deutschland, 20. Aufl., Heidelberg 1999

HEUN, WERNER Original Intent und Wille des historischen Verfassungsgebers, Archiv des öffentlichen Rechts, 116 (1991), 185

HEUN, WERNER Die bundesstaatliche Finanzverfassung der USA: Die Finanzbeziehungen zwischen Bund und Gliedstaaten in den Vereinigten Staaten von Amerika, Staatswissenschaften und Staatspraxis 5 (1994), 97

HINDS, ASHER C. Hinds' Precedents of the House of Representatives of the United States - including references to provisions of the Constitution, the laws, and decisions of the United States Senate, Washington D.C. 1907, abrufbar unter http://www.gpoaccess.gov/precedents/hinds/index.html

HOBSON, CHARLES F./ RUTLAND, ROBERT A. The Papers of James Madison, 20 January 1790-31 March 1791, Band 13, Charlottesville 1981

HOFMANN, HASSO Legitimität und Rechtsgeltung: Verfassungstheoretische Bemerkungen zu einem Problem der Staatslehre und der Rechtsphilosophie, Berlin 1977

HOLDING, A.M. Perils to be apprehended from Amending the Constitution, 57 American Law Review 481 (1923)

HOLMES, OLIVER WENDELL The common Law, Neuauflage der Ausgabe Boston 1881, DeWolfe Howe, Mark (Hrsg.) London, Melbourne 1968

HOLMES, STEPHEN — Passions and Constraint: On the Theory of liberal Democracy, Chiago, London 1995

HOLSTEIN, MIRIAM — Act of State im U.S.-amerikanischen Recht: Eine Doktrin vor dem Zerfall?, Münster 1998

HOPT, KLAUS — Die dritte Gewalt als politischer Faktor: Eine Fallstudie zur Reform der Wahlkreiseinteilung in den USA, Berlin 1969

HUCKABEE, DAVID C. — Ratification of Amendments to the U.S. Constitution, Congressional Research Service Report to Congress, 97-922 GOV (1997), abrufbar unter www.senate.gov/reference/resources/pdf/97-922.pdf

HWANG, SHU-PERNG — Verfassungsgerichtlicher Jurisdiktionsstaat: Eine rechtsvergleichende Analyse zur Kompetenzabgrenzung von Verfassungsgericht und Gesetzgeber in den USA und der Bundesrepublik Deutschland, Berlin 2005

HYMAN, HAROLD M./ WIECEK, WILLIAM M. — Equal Justice under Law: Constitutional Development, 1835-1875, New York, Cambrdige, Philadelphia, San Francisco u.a. 1982

ISAACSON, ERIC ALAN — The Flag Burning Issue: A legal Analysis and Comment, 23 Loyola of Los Angeles Law Review 535 (1990)

ISHIKAWA, BRENDON TROY — Amending the Constitution: Just not every November, 44 Cleveland State Law Review 303 (1996)

ISHIKAWA, BRENDON TROY — Everything you always wanted to know about how Amendments are made, but were afraid to ask, 24 Hastings Constitutional Law Quarterly 545 (1997)

ISHIKAWA, BRENDON TROY — The stealth Amendment: The impending Ratification and Repeal of a federal Budget Amendment, 35 Tulsa Law Journal 353 (2000)

ISSACHAROFF, SAMUEL — Bush v. Gore: Political Judgments, 68 University of Chicago Law Review 637 (2001)

ISSACHAROFF, SAMUEL/ KARLAN, PAMELA S. — Where to draw the Line?: Judicial Review of political Gerrymanders, 153 University of Pennsylvania Law Review 541 (2004)

JACOBS, CLYDE EDWARD — The Eleventh Amendment and sovereign Immunity, Westport 1972

JAFFE, LOUIS L. — Standing to secure judicial Review: Public Actions, 74 Harvard Law Review 1265 (1961)

JAMES, JOSEPH B. — The Ratification of the Fourteenth Amendment, Macon 1984

JAMESON, JOHN ALEXANDER — A Treatise on constitutional Conventions: Their History, Powers, and Modes of Proceeding, Ausgabe 4. Aufl., Chicago 1887, New York 1972

JENSEN, MERRILL The new Nation: A History of the United States during the Confederation, 1781-1789, Boston 1981

JESSUP, HENRY W. The Bill of Rights and its Destruction by alleged due Process of Law, Chicago, New York 1927

JOHNSON, NANCY C. Vereinigte Staaten von Amerika, in: Grabitz, Eberhard, (Hrsg.), Grundrechte in Europa und USA, Band I: Strukturen nationaler Systeme, Kehl, Straßburg, Arlington 1986, S. 885

KALFUS, MASON Why Time Limits on the Ratification of constitutional Amendments violate Article V, 66 University of Chicago Law Review 437 (1999)

KALMAN, LAURA Border Patrol: Reflections on the Turn to History in legal Schloarship, 66 Fordham Law Review 87 (1997)

KANOWITZ, LEO/KLINGER, MARILYN Can a State rescind its Equal Rights Amendment Ratification: Who decides and how?, 28 Hastings Law Journal 979 (1977)

KATZ, ELAI On Amending Constitutions: The Legality and Legitimacy of constitutional Entrenchment, 29 Columbia Journal of Law and Social Problems 251 (1996)

KAUPER, PAUL G. The Constitutions of West Germany and the United States: A comparative Study, 58 Michigan Law Review 1091 (1960)

KAUPER, PAUL G. Judicial Review of constitutional Issues in the United States, in: Mosler, Hermann (Hrsg.), Verfassungsgerichtsbarkeit in der Gegenwart, Köln, Berlin 1962, S. 568

KAVANAGH, AILEEN Original Intention, enacted Text, and constitutional Interpretation, 47 American Journal of Jurisprudence 255 (2002)

KAY, RICHARD S. The Illegality of the Constitution, 4 Constitutional Commentary 57 (1987)

KAY, RICHARD S. Adherence to the original Intentions in constitutional Adjudication: Three Objections and Responses, 82 Northwestern University Law Review 226 (1988)

KAY, RICHARD S. The Bork Nomination and the Definition of "The Constitution," 84 Northwestern University Law Review 1190 (1990)

KAY, RICHARD S. "Originalist" Values and constitutional Interpretation, 19 Harvard Journal of Law and Public Policy 335 (1996)

KELBLEY, CHARLES A. Are there Limits to constitutional Change?, Rawls on comprehensive Doctrines, unconstitutional Amendments, and the Basis of Equality, 72 Fordham Law Review 1487 (2004)

KELLY, ALFRED H. Clio and the Court: An illicit Love Affair, 1965 Supreme Court Review 119 (1965)

KELLY, ALFRED H./ HARBISON, WINFRED A. The American Constitution: Its Origin and Development, 5. Aufl., New York 1976

KENDRICK, BENJAMIN BURKS	The Journal of the joint Committee of Fifteen on Reconstruction, New York 1914
KENNEDY, CHRISTOPHER M.	Is there a Twenty-Seventh Amendment? – The Unconstitutionality of a "new" 203-Year-old Amendment, 26 John Marshall Law Review 977 (1993)
KEOGH, STEPHEN	Formal & informal constitutional Lawmaking in the United States in the Winter of 1860-1861, 8 Journal of Legal History 275 (1987)
KEPPLER, THEO CHRISTIAN	Die Verfassungsänderung nach der schweizerischen Bundesverfassung und nach der Verfassung der Vereinigten Staaten von Nordamerika, Zürich 1948
KERNOCHAN, JOHN M.	The legislative Process, Mineola 1981
KERR, K. AUSTIN	Organized for Prohibition: A new History of the Anti-Saloon League, New Haven, London 1985
KEYNES, EDWARD/MILLER, RANDALL K.	The Court vs. Congress: Prayer, Busing, and Abortion, Durham, London 1989
KING, BRETT W.	Wild political Dreaming: Historical Context, popular Sovereignty, and Supermajority Rules, 2 University of Pennsylvania Journal of Constitutional law 609 (2000)
KING, T. KYLE	Clos but no Cigar: A Reply to Professor Graglia, 25 Harvard Journal of Law and Public Policy 369 (2001)
KING, TROY	Marriage between a Man and a Woman: A Fight to save the traditional Family one case at a time, 16 Stanford Law and Policy Review 57 (2005)
KIRCHHEIMER, OTTO	Prinzipien der Verfassungsinterpretation in den Vereinigten Staaten, Jahrbuch des öffentlichen Rechts NF 11 (1962), 93
KIRWAN, ALBERT D.	John J. Crittenden: The Struggle for the Union, Lexington 1962
KLARMAN, MICHAEL J.	An interpretive History of modern equal Protection, 90 Michigan Law Review 213 (1991)
KLARMAN, MICHAEL J.	The Puzzling Resistance to political Process Theory, 77 Virginia Law Review 747 (1991)
KLARMAN, MICHAEL J.	Constitutional Fact/constitutional Fiction: A Critique of Bruce Ackerman's Theory of constitutional Moments, 44 Stanford Law Review 759 (1992)
KLARMAN, MICHAEL J.	Antifidelity, 70 Southern California Law Review 381 (1997)
KLARMAN, MICHAEL J.	The Plessy Era, 1998 Supreme Court Review 303 (1998)

KLEIN, JOSEPHINE H. Constitutional Law – federal Amendments – Finality of States' Action – Time Limit, 18 Boston University Law Review 169 (1938)

KOBACH, KRIS W. Rethinking Article V: Term Limits and the Seventeenth and Nineteenth Amendments, 103 Yale Law Journal 1971 (1994)

KOBACH, KRIS W. May "We the People" speak?: The forgotten Role of Constituent Instruction in Amending the Constitution, 33 University of California Davis Law Review 1 (1999)

KOMMERS, DONALD P. The constitutional Jurisprudence of the Federal Republic of Germany, 2. Aufl., Durham, London 1997

KOMMERS, DONALD P./ FINN, JOHN E. American constitutional Law: Essays, Cases, and comparative Notes, Band 1, Belmont, Albany, Bonn, Boston u.a. 1998

KÖPP, KLAUS Wahlkreiseinteilung durch Richterpsruch?: Die Reapportionment Rechtsprechung in den USA, Berlin 1978

KOUSSER, J. MORGAN The Shaping of Southern Politics: Suffrage Restriction and the Establishment of the One-Party-South, 1880-1910, New Haven 1974

KRAMER, DONALD T. Amendment of the United States Constitution, 16 American Jurisprudence, Constitutional Law, §§12ff. (2003)

KRAMER, DONALD T. Determination of Constitutionality of Legislation/Raising Questions of constitutional validity/Interest essential to raising Questions/General Principles/Personal Interest, 16 American Jurisprudence 2d Constitutional Law, §§ 145ff. (2004)

KRATZMANN, HORST Die Verfassungsänderung, Hamburg 1970

KURODA, TADAHISA The Origins of the Twelfth Amendment: The electoral College in the early Republic, 1787-1804, Westport, London 1994

KYVIG, DAVID E. Repealing national Prohibition, Chicago, London 1979

KYVIG, DAVID E. The Road not taken: FDR, the Supreme Court, and constitutional Amendment, 104 Political Science Quarterly 463 (1989)

KYVIG, DAVID E. Refining or Resisting modern Government?: The Balanced Budget Amendment to the U.S. Constitution, 28 Akron Law Review 97 (1995)

KYVIG, DAVID E. Explicit and authentic Acts: Amending the U.S. Constitution, 1776-1995, Lawrence 1996

KYVIG, DAVID E. Appealing Supreme Court Decisions: Constitutional Amendments as Checks on judicial Review, 2 Journal of Supreme Court History 106 (1996)

Lacy, Donald P./ Martin, Philip L. Amending the Constitution: The Bottleneck in the Judiciary Committees, 9 Harvard Journal on Legislation 666 (1972)

Landry, Thomas K. Book Review: Who are We the People?, 47 University of Miami Law Review 267 (1992)

Lash, Kurt T. Rejecting conventional Wisdom: Federalist Ambivalence in the Framing and Implementation of Article V, 38 American Journal of Legal History 197 (1994)

Lasser, William The Limits of judicial Power: The Supreme Court in American Politics, Chapel Hill, London 1988

Lawson, Gary On Reading Recipes ... and Constitutions, 85 Georgetown Law Journal 1823 (1997)

Lawson, Gary/Seidman, Guy When did the Constitution become Law?, 77 Notre Dame Law Review 1 (2001)

Lee, Blewett Abolishing the Senate by Amendment, 16 Virginia Law Review 364 (1929-1930)

Leiman, Joan Maisel The Rule of Four, 57 Columbia Law Review 975 (1957)

Les Benedict, Michael Constitutional History and constitutional Theory: Reflections on Ackerman, Reconstruction, and the Transformation of the American Constitution, 108 Yale Law Journal 2011 (1999)

Leubsdorf, John Deconstructing the Constitution, 40 Stanford Law Review 181 (1987)

Leuchtenburg, William E. The Supreme Court reborn: The constitutional Revolution in the Age of Roosevelt, New York, Oxford 1995

Levinson, Sanford Constitutional Faith, Princeton 1988

Levinson, Sanford "Venereation" and constitutional Change: James Madison confronts the Possibility of constitutional Amendment, 21 Texas Tech Law Review 2443 (1990)

Levinson, Sanford Accounting for constitutional Change (or how many Times has the United States Constitution been amended? (A) < 26; (B) 26; (C) > 26; (D) all of the above, 8 Constitutional Commentary 409 (1990)

Levinson, Sanford Authorizing constitutional Text: On the purported Twenty-Seventh Amendment, 11 Constitutional Commentary 101 (1994)

Levinson, Sanford The political Implications of Amending Clauses, 13 Constitutional Commentary 107 (1996)

Levinson, Sanford Constitutional Imperfection, judicial Misinterpretation, and the Politics of constitutional Amendment: Thoughts generated by some current Proposals to amend the Constitution, 1996 Brigham Young University Law Review 611 (1996)

LINDE, HANS A. Judges, Critics and the realist Tradition, 82 Yale Law Journal 227 (1972)

LINDER, DOUGLAS What in the Constitution cannot be amended?, 23 Arizona Law Review 717 (1981)

LINK, ARTHUR S. (HRSG.) The Papers of Woodrow Wilson, Band 45, November 11, 1917-January 15, 1918, Princeton 1984

LIVINGSTON, WILLIAM S. Federalism and constitutional Change, Oxford 1956

LOCKE, JOHN The second Treatise of Government, in: Laslett, Peter (Hrsg.), Two Treatises of Government, 2. Aufl., Cambridge 1970, S. 283

LOEWENSTEIN, KARL Kritische Betrachtungen zur Verfassungsänderung vom 27. März 1954, Die öffentliche Verwaltung 1954, 385

LOEWENSTEIN, KARL Verfassungsrecht und Verfassungspraxis der Vereinigten Staaten, Berlin, Göttingen, Heidelberg 1959

LONG, JOS. R. Tinkering with the Constitution, 24 Yale Law Journal 573 (1914-1915)

LONGLEY, LAWRENCE D./BRAUN, ALAN G. The Politics of electoral College Reform, New Haven, London 1972

LOWI, THEODORE J. Obstacles on the Road to Reform, in: Slonim, Shlomo (Hrsg.), The constitutional Bases of political and social Change in the United States, New York, Westport, London 1990

LUTZ, DONALD S. Toward a Theory of constitutional Amendment, 88 American Political Science Review 355 (1994)

LYNCH, MICHAEL J. The other Amendments: Constitutional Amendments that failed, 93 Law Library Journal 303 (2001)

MACEDO, STEPHEN Liberal Virtues: Citizenship, Virtue, and Community in liberal Constitutionalism, Oxford 1990

MACHEN, ARTHUR W. Is the Fifteenth Amendment void?, 23 Harvard Law Review 169 (1910)

MALTZ, EARL M. Foreword: The Appeal of Originalism, 1987 Utah Law Review 773 (1987)

MALTZ, EARL M. Civil Rights, the Constitution, and Congress, 1863-1869, Lawrence 1990

MALTZ, EARL M. Rethinking constitutional Law: Originalism, Interventionism and the Politics of judicial Review, Lawrence 1994

MANGOLDT, HERMANN VON/KLEIN, FRIEDRICH/STARCK, CHRISTIAN (HRSG.) Bonner Grundgesetz - Kommentar, Band 3 (Art. 79-146), 5. Aufl., München 2005

MANGUM, DAVID G. — Standing versus Justiciability: Recent Developments in participatory Suits brought by congressional Plaintiffs, 1982 Brigham Young University Law Review 371 (1982)

MANNING, JOHN F. — The Eleventh Amendment and the Reading of precise constitutional Texts, 113 Yale Law Journal 1663 (2004)

MANSBRIDGE, JANE J. — Why we lost the ERA, Chicago, London 1986

MARBURY, WILLIAM L. — The Limitations upon the Amending Power, 33 Harvard Law Review 223 (1919)

MARSHALL, PRICE — "A careless written Letter" – Situating the Amendments of the federal Constitution, 51 Arkansas Law Review 95 (1998)

MARTIG, RALPH R. — Amending the Constitution, Article Five: The Keystone of the Arch, 35 Michigan Law Review 1253 (1937)

MARTIN, PHILIP L. — State legislative Ratification of federal constitutional Amendments: An Overview, 9 University of Richmond Law Review 271 (1975)

MARTIN, WILLIAM LOGAN — The Amending Power: The Ebinger Proposal, 40 American Bar Association Journal 767, 802 (1954)

MATHEWS, JOHN MABRY — Legislative and judicial History of the Fifteenth Amendment, Baltimore 1909

MATHIS, DOYLE — The Eleventh Amendment: Adoption and Interpretation, 2 Georgia Law Review 207 (1968)

MAULDIN, GREGORY B. — Informed Voter Initiatives and uninformed judicial Review under Article V, 34 Georgia Law Review 1701 (2000)

MAUNEY, CHARLES E. — Landmark Decision or limited Precedent: Does Lawrence v. Texas require Recognition of a fundamental Right of same-sex-Marriage?, 35 Cumberland Law Review 147 (2004-2005)

MAUNZ, THEODOR/DÜRIG, GÜNTER/HERZOG, ROMAN (HRSG.) — Grundgesetz-Kommentar, Loseblattausgabe, Stand: 43. Lfg., München 2004

MAURER, HARTMUT — Verfassungsänderung im Parteienstaat, in: Kästner, Karl-Hermann/Nörr, Knut Wolfgang/Schlaich, Klaus (Hrsg.), Festschrift für Martin Heckel zum siebzigsten Geburtstag, Tübingen 1999

MAY, CHRISTOPHER N. — In the Name of War: Judicial Review and the War Powers since 1918, Cambridge, London 1989

MAZZONE, JASON — Unamendments, 90 Iowa Law Review 1747 (2005)

MCCLESKEY, CLIFTON — Along the Midway: Some Thoughts on democratic Constitution-Amending, 66 Michigan Law Review 1001 (1968)

McConnell, Michael W. — Originalism and the Desegregation Decisions, 81 Virginia Law Review 947 (1995)

McConnell, Michael W. — Textualism and the dead Hand of the Past, 66 George Washington Law Review 1127 (1998)

McDonald, Forrest — Novus Ordo Seclorum: The intellectual Origins of the Constitution, Lawrence 1985

McGinnis, John O./ Rappaport, Michael B. — Our supermajoritarian Constitution, 80 Texas Law Review 703 (2002)

McGovney, D.O. — Is the Eighteenth Amendment void because of its Contents?, 20 Columbia Law Review 499 (1920)

McGowan, Carl — Congressmen in Court: The new Plaintiffs, 15 Georgia Law Review 241 (1981)

McLaughlin, Andrew C. — A constitutional History of the United States, New York 1935

Meese III, Edwin — Vortrag vom 15. November 1985 vor der Federal Society Lawyers Division in Washington D.C., 19 University of California at Davis Law Review 22 (1985)

Meese III, Edwin — Toward a Jurisprudence of original Intent, 11 Harvard Journal of Law and Public Policy 5 (1988)

Meese III, Edwin — Interpreting the Constitution, in: Rakove (Hrsg.), Interpreting the Constitution: The Debate over original Intent, Boston 1990, S. 13

Mengler, Thomas M. — Federal Marriage Amendment: Yes or No?, 2 University of Saint Thomas Law Journal 1 (2004)

Merritt, Deborah Jones — The Guarantee Clause and State Autonomy: Federalism for a third Century, 88 Columbia Law Review 1 (1988)

Merz, Charles — The dry Decade, New York 1931

Meyer, Carlin — Imbalance of Powers: Can congressional Lawsuits serve as Counterweight, 54 University of Pittsburgh Law Review 63 (1992)

Meyer, Hermine Herta — The History and Meaning of the Fourteenth Amendment: Judicial Erosion of the Constitution through the Misuse of the Fourteenth Amendment, New York, Washington, Atlanta, Hollywood 1977

Michelman, Frank — The Supreme Court 1968 Term – Foreword: On Protecting the Poor through the Fourteenth Amendment, 83 Harvard Law Review 7 (1969)

Michelman, Frank — Law's Republic, 97 Yale Law Journal 1493 (1988)

Michelman, Frank — Thirteen Easy Pieces, 93 Michigan Law Review 1297 (1995)

Miller, Charles A. — The Supreme Court and the Uses of History, Cambridge 1969

MILLER, JUSTIN — Amendment of the federal Constitution: Should it be made more difficult?, 10 Minnesota Law Review 185 (1926)

MILLER, MAXWELL A./ OLIPHANT, LINCOLN C. — Evenly dividing a nine-Member Court: The Political Question Doctrine in Coleman v. Miller, Goldwater v. Carter, and Idaho v. Freeman, 1980 Detroit College of Law Review 789 (1980)

MILLET, THOMAS — The Supreme Court, political Questions, and Article V – A Case for judicial Restraint, 23 Santa Clara Law Review 745 (1983)

MITCHELL, RALPH — CQ's Guide to the U.S. Constitution, Washington D.C.1986

MONAGHAN, HENRY PAUL — Our perfect Constitution, 56 New York University Law Review 353 (1981)

MONAGHAN, HENRY PAUL — We the People[s], original Understanding, and constitutional Amendment, 96 Columbia Law Review 121 (1996)

MOORS, CHRISTIANE — Die Rolle von Verfassung und Verfassungsgerichtsbarkeit in der politischen Auseinandersetzung in den USA und Kanada am Beispiel des Schwangerschaftsabbruchs, Berlin 1997

MORGAN, EDMUND S. — Inventing the People: The Rise of popular Sovereignty in England and America, New York, London 1988

MORRIS, M.F. — The Fifteenth Amendment to the federal Constitution, 189 North American Review 82 (1909)

MULHERN, J. PETER — In Defense of the Political Question Doctrine, 137 University of Pennsylvania Law Review 97 (1988)

MÜNCH, INGO VON/ KUNIG, PHILIP (HRSG.) — Grundgesetz-Kommentar, Band 3 (Art. 70 bis Art. 146 und Gesamtregister), 5. Aufl., München 2003

MUNZE, STEPHEN/NICKEL, JAMES W. — Does the Constitution mean what it always meant?, 77 Columbia Law Review 1029 (1977)

MURPHY, WALTER F. — The Art of constitutional Interpretation: A preliminary Showin, in: Harmon, Judd M. (Hrsg.), Essays on the Constitution of the United States, Port Washington, London 1978, S. 130

MURPHY, WALTER F. — An Ordering of constitutional Values, 53 Southern California Law Review 703 (1980)

MURPHY, WALTER F. — The Right to Privacy and legitimate constitutional Change, in: Slonim, Shlomo (Hrsg.), The constitutional Bases of social and political Change in the United States, New York 1990, S. 213

MURPHY, WALTER F. Merlin's Memory: The past and future Imperfect of the once and future Polity, in: Levinson, Sanford (Hrsg.), Responding to Imperfection: The Theory and Practice of constitutional Amendment, Princeton 1995, S. 163

MURPHY, WALTER F./ FLEMING, JAMES E./ HARRIS II, WILLIAM F. American constitutional Interpretation, Mineola 1986

MYERS, MARGARET G. A financial History of the United States, New York, London 1970

NAGEL, ROBERT F. Political Law, legalistic Politics: A recent History of the Political Question Doctrine, 56 University of Chicago Law Review 643 (1989)

NAGLE, JOHN COPELAND A Twentieth Amendment Parable, 72 New York University Law Review 470 (1997)

NATIONAL CONFERENCE OF STATE LEGISLATURES State legislative Procedures for considering proposed Amendments to the U.S. Constitution, abrufbar unter http://www.ncsl.org/programs/fiscal/bbaapdix.htm

NAUMANN, ROBERT RUDI Verfassungsänderungen in den Vereinigten Staaten von Nordamerika, Leisnig 1929

NELSON, WILLIAM E. History and Neutrality in constitutional Adjudication, 72 Virignia Law Review 1237 (1986)

NELSON, WILLIAM E. The Fourteenth Amendment: From political Principle to judicial Doctrine, Cambridge, London 1988

NOTE Ratification of Child Labor Amendment by a State Legislature after previous Rejection, 47 Yale Law Journal 147 (1937)

NOTE The Reaction to the Reapportionment Cases, 79 Harvard Law Review 1231 (1966)

NOTE Proposed Legislation on the Convention Method of Amending the United States Constitution, 85 Harvard Law Review 1612 (1972)

NOTE Standing to sue for Members of Congress, 83 Yale Law Journal 1665 (1974)

NOTE Congressional Access to the federal Courts, 90 Harvard Law Review 1632 (1977)

NOTE A Niche for the Guarantee Clause, 94 Harvard Law Review 681 (1981)

NOTE The Balanced Budget Amendment: An Inquiry into Appropriateness, 96 Harvard Law Review 1600 (1983)

NOTE The Faith to Change: Reconciling the Oath to uphold with the Power to Amend, 109 Harvard Law Review 1747 (1996)

NOTE — Separation of Powers – Congressional Standing, 111 Harvard Law Review 217 (1997)

NOTE — Standing in the Way of Separation of Powers: The Consequences of Raines v. Byrd, 112 Harvard Law Review 1741 (1999)

NOTE — Constitutional Law – Congressional Standing – D.C. Circuit holds that Members of Congress may not challenge the President's Troops in Kosovo – Campbell v. Clinton 203 F.3d 19 (D.C. Cir. 2000), 113 Harvard Law Review 2134 (2000)

NOWAK, JOHN E./ ROTUNDA, RONALD D. — Constitutional Law, 6. Aufl., St. Paul 2000

NOWLIN, JACK WADE — The judicial Restraint Amendment: Populist constitutional Reform in the Spirit of the Bill of Rights, 78 Notre Dame Law Review 171 (2002)

O'BRIEN, DAVID M. — Constitutional Law and Politics, Band 1: Struggles for Power and governmental Accountability, 4. Aufl., New York 2000

O'FALLON, JAMES M. — Marbury, 44 Stanford Law Review 219 (1992)

OBERST, PAUL — The Genesis of the three States-Rights Amendments of 1963, 39 Notre Dame Lawyer 644 (1964)

ODEGARD, PETER H. — Pressure Politics: The Story of the Anti-Saloon League, New York 1928

OPPEN-RUNDSTEDT, CATHARINA VON — Die Interpretation der amerikanischen Verfassung im Federalist, Bonn 1970

ORFIELD, LESTER B. — The federal Amending Power: Genesis and Justiciability, 14 Minnesota Law Review 369 (1929-1930)

ORFIELD, LESTER B. — The Scope of the federal Amending Power, 28 Michigan Law Review 550 (1929-1930)

ORFIELD, LESTER B. — The Reform of the federal Amending Power, 10 North Carolina Law Review 16 (1931-1932)

ORFIELD, LESTER B. — The Amending of the federal Constitution, Ann Arbor, Chicago 1942

PACKARD, FRANK E. — Problems arising from an Attempt to amend the Constitution by Convention concerning the Limiting of Income Tax Rates to 25 Percent, 31 Nebraska Law Review 407 (1951-1952)

PAINE, THOMAS — The Rights of Man, Part II, in: Kucklick, Bruce (Hrsg.), Political Writings, Cambridge, New York, Port Chester u.a. 1989, S. 145

PALMER, KRIS E. — Constitutional Amendments: 1789 to the Present, Detroit, San Francisco, London u.a. 2000

PALMER, R. R.	The Age of the democratic Revolution: A political History of Europe and America, 1760-1800, Princeton 1959
PARMET, HERBERT S./ HECHT, MARIE B.	Never again: A President runs for a third Term, New York 1968
PARRINGTON, VERNON LOUIS	Main Currents in American Thought, Band 1: 1620-1800: The colonial Mind, New York 1927
PAULSEN, MICHAEL STOKES	A general Theory of Article V: The constitutional Lessons of the Twenty-Seventh Amendment, 103 Yale Law Journal 677 (1993)
PAULSEN, MICHAEL STOKES	Marbury's Wrongness, 20 Constitutional Commentary 343 (2003)
PEABODY, BRUCE G./ GANT, SCOTT E.	The twice and future President: Constitutional Interstices and the Twenty-Second Amendment, 83 Minnesota Law Review 565 (1999)
PECK, ROBERT S.	The Threat to the American Idea of religious Liberty, 46 Mercer Law Review 1123 (1995)
PEDRICK, WILLARD H./ DAHL, RICHARD C.	Let the People vote! Ratification of constitutional Amendments by Convention, 30 Arizona Law Review 243 (1988)
PEIRCE, NEAL R./ LONGLEY, LAWRENCE D.	The People's President: The electoral College in American History and the direct Vote Alternative, New Haven, London 1981
PERRY, MICHAEL J.	Interpretivsm, Freedom of Expression, and equal Protection, 42 Ohio State Law Journal 261 (1981)
PERRY, MICHAEL J.	The Constitution in the Courts: Law or Politics? New York, Oxford 1994
PERRY, MICHAEL J.	Brown, Bolling, and Originalism: Why Ackerman and Posner (among Others) are wrong, 20 Southern Illinois University Law Journal 53 (1995)
PERRY, MICHAEL J.	We the People: The Fourteenth Amendment and the Supreme Court, New York, Oxford 1999
PETERSON, MERRILL D. (HRSG.)	Writings: Thomas Jefferson, New York 1984
PIAZOLO, MICHAEL	Verfassungsgerichtsbarkeit und politische Fragen: Die political-question-Doktrin im Verfahren vor dem Bundesverfassungsgericht und dem Supreme Court der USA, München 1994
PLANELL, RAYMOND M.	The Equal Rights Amendment: Will States be allowed to change their mind?, 49 Notre Dame Lawyer 657 (1974)
PLATZ, WILLIAM A.	Article V of the federal Constitution, 3 George Washington Law Review17 (1934)

POLLITT, DANIEL H. — The Flag Burning Controversy: A Chronology, 70 North Carolina Law Review 553 (1992)

POPE, JAMES GRAY — Republican Moments: The Role of direct popular Power in the American constitutional Order, 139 University of Pennsylvania Law Review 287 (1990)

POSNER, RICHARD A. — The Problems of Jurisprudence, Cambridge 1990

POSNER, RICHARD A. — Bork and Beethoven, 42 Stanford Law Review 1365 (1990)

POST, CHARLES, GORDON — The Supreme Court and political Questions, Baltimore 1936

POTTER, WILLIAM P. — The Method of Amending the federal Constitution, 57 University of Pennsylvania Law Review 589 (1909)

POUND, ROSCOE — Judicial Review: Its Role in intergovernmental Relations, 50 Georgetown Law Journal 653 (1962)

POWE, L.A. — Ackermania or uncomfortable Truth?, 15 Constitutional Commentary 547 (1998)

POWELL, H. JEFFERSON — Rules for Originalists, 73 Virginia Law Review 659 (1987)

POWELL, THOMAS REED — Changing constitutional Phases, 19 Boston University Law Review 509 (1939)

PREUß, ULRICH K. — Der Begriff der Verfassung und ihre Beziehung zur Politik, in: Preuß, Ulrich K. (Hrsg.), Zum Begriff der Verfassung: Die Ordnung des Politischen, Frankfurt a. M. 1994

PRICE, ELIZABETH C. — Constitutional Fidelity and the Commerce Clause: A Reply to Professor Ackerman, 48 Syracuse Law Review 139 (1998)

PRINCE, DOUGLAS R. — Should Congress defend its own Interests before the Court?, 33 Stanford Law Review 715 (1981)

PUSHAW, JR., ROBERT J. — Justiciability and Separation of Powers: A neo-federalist Approach, 81 Cornell Law Review 393 (1996)

PUSHAW, JR., ROBERT J. — Judicial Review and the Political Question Doctrine: Reviving the Federalist "rebuttable Presumption" Analysis, 80 North Carolina Law Review 1165 (2002)

PUSHAW, JR., ROBERT J. — Bridging the Enforcement Gap in constitutional Law: A Critique of the Supreme Court's Theory that Self-Restraint promotes Federalism, 46 William and Mary Law Review 1289 (2005)

PYLEE, M.V. — Constitutional Amendments in India, Delhi 2003

RADIN, MAX — The intermittent Sovereign, 39 Yale Law Journal 514 (1930)

RAKOVE, JACK N. — Mr. Meese, meet Mr. Madison, in: Rakove (Hrsg.), Interpreting the Constitution: The Debate over original Intent, Boston 1990, S. 179

Rakove, Jack N.	Original Meanings: Politics and Ideas in the Making of the Constitution, New York 1996
Rau, Christian	Selbst entwickelte Grenzen in der Rechtsprechung des United States Supreme Court und des Bundesverfassungsgerichts, Berlin 1996
Raven-Hansen, Peter	The Constitutionality of D.C. Statehood, 60 George Washington Law Review 160 (1991)
Rawls, John	Political Liberalism, New York 1996
Rawls, John	A theory of Justice, Cambridge 1999
Redish, Martin H.	Judicial Review and the „Political Question," 79 Northwestern University Law Review 1031 (1984-1985)
Redslob, Robert	Die Staatstheorien der französischen Nationalversammlung von 1789: Ihre Grundlagen in der Staatslehre der Aufklärungszeit und in den englischen und amerikanischen Verfassungsgedanken, Leipzig 1912
Rees III, Grover	Rescinding Ratification of proposed constitutional Amendments – A Question for the Court, 37 Louisiana Law Review 896 (1977)
Rees III, Grover	Throwing away the Key: The Unconstitutionality of the Equal Rights Amendment Extension, 58 Texas Law Review 875 (1980)
Rhenquist, William H.	The Notion of a living Constitution, 54 Texas Law Review 693 (1976)
Richardson, James D.	A Compilation of the Messages and Papers of the Presidents, 1789-1897, Band I, Washington D.C. 1898
Riker, William H.	The Senate and American Federalism, 49 American Political Science Review 452 (1955)
Rodgers, Daniel T.	Contested Truths: Keywords in American Politics since Independence, New York 1987
Rosen, Jeff	Was the Flag Burning Amendment unconstitutional?, 100 Yale Law Journal 1073 (1991)
Rosen, Jeff	Book Reviews: Straightening out the Confirmation Mess, 105 Yale Law Journal 581 (1995)
Ross, William G.	The resilience of Marbury v. Madison: Why judicial Review has survived so many Attacks, 38 Wake Forest Law Review 733 (2003)
Rossiter, Clinton (Hrsg.)	The Federalist Papers: Alexander Hamilton, James Madison, John Jay, New York, Toronto 1961

ROSSNAGEL, ALEXANDER — Die Änderungen des Grundgesetzes: Eine Untersuchung der politischen Funktion von Verfassungsänderungen, Frankfurt a. M. 1981

ROTTSCHAEFER, HENRY — Handbook of American constitutional Law, St. Paul 1939

ROTUNDA, RONALD D. — An Essay on the constitutional Parameters of federal Impeachment, 76 Kentucky Law Journal 707 (1987-1988)

ROTUNDA, RONALD D. — Running out of Time: Can E.R.A. be saved?, 64 American Bar Association Journal 1507 (1978)

ROTUNDA, RONALD D. — The Aftermath of Thornton, 13 Constitutional Commentary 201 (1996)

ROTUNDA, RONALD D./ NOWAK, JOHN E. — Treatise on constitutional Law: Substance and Procedure, 2. Aufl., Band 1 und Band 4, St. Paul 1992

RUBENFELD, JED — Legitimacy and Interpretation, in: Alexander, Larry (Hrsg.), Constitutionalism: Philosophical Foundations, Cambridge 1998, S. 194

RUSH, MARK E. (HRSG.) — Voting Rights and Redistricting in the United States, Westport, London 1998

RUTLAND, ROBERT ALLEN — The Birth of the Bill of Rights, 1776-1791, Chapel Hill 1955

SACHS, MICHAEL — Die Entstehungsgeschichte des Grundgesetzes als Mittel der Verfassungsauslegung in der Rechtsprechung des Bundesverfassungsgerichts, Deutsches Verwaltungsblatt 1984, 73

SACHS, MICHAEL (HRSG.) — Grundgesetz Kommentar, 4. Aufl., München 2007

SAGER, LAWRENCE G. — The Supreme Court 1980 Term: Foreword: Constitutional Limitations on Congress' Authority to regulate the Jurisdiction of the federal Courts, 95 Harvard Law Review 17 (1981)

SAGER, LAWRENCE G. — The incorrigible Constitution, 65 New York University Law Review 893 (1990)

SAGER, LAWRENCE G. — The dead Hand and constitutional Amendment, 19 Harvard Journal of Law and Public Policy 275 (1996)

SANDALOW, TERRANCE — Constitutional Interpretation, 79 Michigan Law Review 1033 (1981)

SANDSTROM SIMARD, LINDA — Standing alone: Do we still need the Political Question Doctrine?, 100 Dickinson Law Review 303 (1996)

SAUTTER, UDO — Die Vereinigten Staaten – Daten, Fakten, Dokumente, Tübingen, Basel 2000

SAVIGNY, FRIEDRICH KARL VON — System des heutigen römischen Rechts, Band 1, 2. Aufl. der Ausgabe Berlin 1840, Aalen 1981

SCALIA, ANTONIN — Originalism: The lesser Evil, 57 University of Cincinnati Law Review 849 (1989)

Scalia, Antonin The Doctrine of Standing as an essential Element of the Separation of Powers, 17 Suffolk University Law Review 881 (1983)

Scalia, Antonin A Matter of Interpretation: Federal Courts and the Law, Princeton 1997

Schambeck, Herbert/ Widder, Helmut Dokumente zur Geschichte der Vereinigten Staaten von Amerika, Berlin 1993

Scharpf, Fritz Wilhelm Grenzen der richterlichen Verwantwortung: Die policial-question-Doktrin in der Rechtsprechung des amerikanischen Supreme Court, Karlsruhe 1965

Scharpf, Fritz Wilhelm Judicial Review and the political Question: A functional Analysis, 75 Yale Law Journal 517 (1966)

Schaub, Stefan Der verfassungsändernde Gesetzgeber, 1949-1980: Parlament und Verfassung im Spiegel der Anträge, Beratungen und Gesetzesbeschlüsse zur Änderung des Grundgesetzes für die Bundesrepublik Deutschland, Berlin 1984

Schauer, Frederick Amending the Presuppositions of a Constitution, in: Levinson, Sanford (Hrsg.), Responding to Imperfection: The Theory and Practice of constitutional Amendment, Princeton 1995, S. 145

Schechter, Stephen L. Amending the Constitution: Current Proposals: In proposing a constitutional Amendment, Politics is important, but timing is critical, 2000 Insights on Law & Society 11 (2000)

Schefer, Markus Christian Konkretisierung von Grundrechten durch den U.S.-Supreme Court: Zur sprachlichen, historischen und demokratischen Argumentation im Verfassungsrecht, Berlin 1995

Schlink, Bernhard Das Abhör-Urteil des Bundesverfassungsgerichts, Der Staat 12 (1973), 85

Schmidt, Matthias Nikolaus Die Klagebefugnis im US-amerikanischen Verwaltungsprozeßrecht – insbesondere im Umweltrecht: Die Voraussetzungen des *Standing to Sue* und die Zielrichtung des gerichtlichen Rechtsschutzes gegen die Exekutive in den Vereinigten Staaten von Amerika, Frankfurt a. M., Berlin, Bern u.a. 1998

Schmitt Glaeser, Alexander Vorverständnis als Methode: Eine Methodik der Verfassungsinterpretation unter besonderer Berücksichtigung U.S.-amerikanischen Rechtsdenkens, Berlin 2004

Schröder, Hans-Christioph Die Amerikanische Revolution, München 1982

Schwartz, Bernard Constitutional Law, 2. Aufl., New York, London 1979

Schwartz, Bernard The great Rights of Mankind: A History of the American Bill of Rights, Madison 1992

SCOTT, KENNETH E. — Standing in the Supreme Court – A functional Analysis, 86 Harvard Law Review 645 (1973)

SEDLER, ROBERT A. — The Legitimacy Debate in constitutional Adjudication: An Assessment and a different Perspective, 44 Ohio State Law Journal 93 (1983)

SEGALL, ERIC J. — A Century lost: The End of the Originalism Debate, 15 Constitutional Commentary 411 (1998)

SEIDMAN, LOUIS MICHAEL — This Essay is brillian/This Essay is stupid: Positive and negative Self-Reference in constitutional Practice and Theory, 46 UCLA Law Review 501 (1998)

SEIDMAN, LOUIS MICHAEL — The secret Life of the Political Question Doctrine, 37 John Marshall Law Review 441 (2004)

SEIDMAN, LOUIS MICHAEL/ SLOAN, VIRGINIA E. — Great and extraordinary Occasions: Developing Guidelines for constitutional Change, (A Publication of Citizens for the Constitution), New York 1999

SENATE PRINT 99-87 — Amendments to the Constitution: A brief legislative History prepared for the Use of the Subcommittee on the Constitution, Committee on the Judiciary, United States Senate, Washington D.C. 1985

SETO, THEODORE P. — Drafting a federal Balanced Budget Amendment that does what it is supposed to do (and no more), 106 Yale Law Journal 1449 (1997)

SEUFFERT, WALTER — Die Abgrenzung der Tätigkeit des Bundesverfassungsgerichts gegenüber der Gesetzgebung und der Rechtsprechung, Neue Juristische Wochenschrift 1969, 1369

SHAPIRO, IAN — Abortion: Tthe Supreme Court Decisions, Indianapolis 1995

SHAPIRO, MARTIN/ TRESOLINI, ROCCO J. — American constitutional Law, 6. Aufl., New York, London 1983

SHERMAN, GORDON E. — The recent constitutional Amendments, 23 Yale Law Journal 129 (1913)

SHERRY, SUZANNA — Book Review: The Ghost of Liberalism Past, 105 Harvard Law Review 918 (1992)

SIDAK, GREGORY J. — The Recommendation Clause, 77 Georgetown Law Journal 2079 (1989)

SIDAK, GREGORY J. — The Line-Item Veto Amendment, 80 Cornell Law Review 1498 (1995)

SIEGAN, BERNARD H. — The Supreme Court's Constitution: An Inquiry into judicial Review and its Impact on Society, New Brunswick, Oxford 1987

SILVA, EDWARD T. States and the Nation: State Cohorts and Amendment Clusters in the Process of federal constitutional Amendment in the United States, 1869-1931, 4 Law & Society Review 445 (1970)

SILVERSMITH, JOL A. The "missing Thirteenth Amendment:" Constitutional Nonsense and Titles of Nobility, 8 Southern California Interdisciplinary Law Journal 577 (1999)

SIMON, LARRY G. The Authority of the Framers of the Constitution: Can originalist Interpretation be justified?, 73 California Law Review 1482 (1985)

SIMSON, GARY J. The Role of History in constitutional Interpretation: A Case Study, 70 Cornell Law Review 253 (1985)

SKINNER, GEORGE D. Intrinsic Limitations on the Power of constitutional Amendment, 18 Michigan Law Review 213 (1919-1920)

SOLBERG, WINTON U. The federal Convention and the Formation of the Union of the American States, Urbana, Chicago 1990

SOLUM, LAWRENCE B. Situating political Liberalism, 69 Chicago-Kent Law Review 549 (1994)

SORAUF, FRANK J. The political Potential of an amending Convention, in: Hall, Kermit L./Hyman, Harold M./Sigal, Leon V., The constitutional Convention as an amending Device, Washington D.C. 1981, S. 113

SPANN, GIRADEAU A. Expository Justice, 131 University of Pennsylvania Law Review 585 (1983)

SPOTTS, JOANNE D. The Twenty-Seventh Amendment: A late Bloomer or a dead Horse?, 10 Georgia State University Law Review 337 (1994)

SPRAGUE, ROBERT J. Shall we have a federal constitutional Convention, and what shall it do?, 3 Maine Law Review 115 (1910)

STATHIS, STEPHEN W. The Tewnty-Second Amendment: A practical Remedy of partisan Maneuver, 7 Constitutional Commentary 61 (1990)

STAUDT, NANCY C. Taxpayers in Court: A systematic Study of a (misunderstood) Standing Doctrine, 52 Emory Law Journal 771 (2003)

STAUDT, NANCY C. Modeling Standing, 79 New York University Law Review 612 (2004)

STEELE COMMAGER, HENRY (HRSG.) Documents of American History, 10. Aufl., Englewood Cliffs 1988

STEIN, EDWARD Past and present proposed Amendments to the United States Constitution regarding Marriage, 82 Washington University Law Quarterly 611 (2004)

Steinberger, Heide Rassendiskriminierung und Oberster Gerichtshof in den Vereinigten Staaten: Ein Beispiel richterlicher Fortentwicklung von Verfassungsrecht, Köln Berlin 1969

Steiner, Gilbert Y. Constitutional Inequality: The political Fortunes of the Equal Rights Amendment, Washington D.C. 1985

Steiner, Udo Verfassungsgebung und verfassunggebende Gewalt des Volkes, Berlin 1966

Sternstein, Alan B. The Justiciability of Confrontation: Executive Secrecy and the Political Question Doctrine, 16 Arizona Law Review 140 (1974)

Stevens, Norman Constitutional Law –Ratification of proposed federal Amendment after prior Rejection, 11 Southern California Law Review 472 (1938)

Stewart, Richard B. Book Review: The Coming of Age of public Law by Jospeh Vining, 88 Yale Law Journal 1559 (1979)

Stoevesandt, Martin Aktivismus und Zurückhaltung im United States Supreme Court: Eine Studie zur Rechtsprechung des amerikanischen Supreme Court im System der Gewaltenteilung zwischen Judikative und Legislative, Berlin 1999

Stone, Geoffrey R. In Opposition to the School Prayer Amendment, 50 University of Chicago Law Review 823 (1983)

Stone, Geoffrey R. Precedent, the Amendment Process and Evolution in constitutional Doctrine, 11 Harvard Journal of Law and Public Policy 67 (1988)

Stone, Geoffrey R./ Seidman, Louis M./ Sunstein, Cass R./ Tushnet, Mark V. Constitutional Law, 4. Aufl., New York 2001

Storing, Herbert J. The complete Anti-Federalist, Band 2 und 3, Chicago, London 1981

Story, Joseph Commentaries on the Constitution of the United States – with a preliminary Review of the constitutional History of the Colonies and States, before the Adoption of the Constitution, Band 1, 3. Aufl. der Ausgabe Boston 1858, New Jersey 2001

Stourzh, Gerald Wege zur Grundrechtsdemokratie: Studien zur Begriffs- und Institutionengeschichte des liberalen Verfassungsstaates, Wien, Köln 1989

Strauss, David A. The Irrelevance of constitutional Amendments, 114 Harvard Law Review 1457 (2001)

Strum, Philippa The Supreme Court and "political Questions:" A Study in judicial Evasion, Alabama 1974

SUBER, PETER Population Changes and constitutional Amendments: Federalism versus Democracy, 20 Journal of Law Reform 409 (1987)

SUBER, PETER The Paradox of Self-Amendment: A Study of Logic, Law, Omnipotence, and Change, New York, Bern, Frankfurt a.M., u.a. 1990

SULLIVAN, KATHLEEN M. Constitutional Constancy: Why Congress should cure itself of Amendment Fever, 17 Cardozo Law Review 691 (1996)

SUNSTEIN, CASS R. Standing and the Privatization of public Law, 88 Columbia Law Review 1432 (1988)

SUNSTEIN, CASS R. What's Standing after Lujan? Of Citizen Suits, "Injuries," and Article III, 91 Michigan Law Review 163 (1992)

SUNSTEIN, CASS R. Five Theses on Originalism, 19 Harvard Journal of Law and Public Policy 311 (1996)

SUTHON, WALTER J. The dubious Origin of the Fourteenth Amendment, 28 Tulane Law Review 22 (1953)

SWINDLER, WILLIAM F. Sources and Documents of United States Constitutions,

Band II: Colorado, Connecticut, Delaware, Florida, Georgia, New York 1973;

Band V: Massachusetts, Michigan, Minnesota, Mississippi, Missouri, New York 1975

Band VI: Montana, Nebraska, Nevada, New Hampshire, new Jersey, New York 1976;

Band VII: New Mexico, New York, North Carolina, North Dakota, Ohio, New York 1978;

Band VIII: Oklahoma, Oregon, Pennsylvania, Rhode Island, South Carolina, New York 1979

Band IX: South Dakota, Tennessee, Texas, Utah, Vermont, New York 1979

TAFT, HENRY W. Amendment of the federal Constitution: Is the Power conferred by Article V limited by the Tenth Amendment?, 16 Virignia Law Review 647 (1930)

TANANBAUM, DUANE The Bricker Amendment Controversy: A Test of Eisenhower's political Leadership, Ithaca, London 1988

TAYLOR, ROBERT J. Papers of John Adams, Band 1, Cambridge 1977

TENBROEK, JACOBUS Use by the United States Supreme Court of extrinsic Aids in constitutional Construction, 27 California Law Review 157 (1939)

TENBROEK, JACOBUS The antislavery Origins of the Fourteenth Amendment, Berkeley u.a. 1951

Thomas, Clarence Toward a "plain Reading" of the Constitution – The Declaration of Independence in constitutional Interpretation, 30 Howard Law Journal 691 (1987)

Thomas, Clarence The higher Law Background of the Privileges or Immunities Clause of the Fourteenth Amendment, 12 Harvard Journal of Law and Public Policy 63 (1989)

Tierney, Stephen The changing Constitution: American constitutional Amendment and the Limits of Article V, in: Andenas, Mads (Hrsg.), The Creation and Amendment of constitutional Norms, London 2000

Tigar, Michael E. Judicial Power, the Political Question Doctrine, and foreign Relations, 17 UCLA Law Review 1135 (1970)

Torke, James W. Book Review: "Grand Theory" and constitutional Change, 26 Indiana Law Review 677 (1993)

Torke, James W. Assessing the Ackerman and Amar Theses: Notes on extratextual constitutional Change, 4 Widener Journal of Public Law 229 (1994)

Tribe, Laurence H. Issues raised by requesting Congress to call a constitutional Convention to propose a Balanced Budget Amendment, 10 Pacific Law Journal 627 (1979)

Tribe, Laurence H. A Constitution we are amending: In Defense of a restrained judicial Role, 97 Harvard Law Review 433 (1983)

Tribe, Laurence H. Constitutional Choices, Cambridge, London 1985

Tribe, Laurence H. Taking Text and Structure seriously: Reflections on free-Form Method in constitutional Interpertation, 108 Harvard Law Review 1221 (1995)

Tribe, Laurence H. How to violate the Constitution without really Trying: Lessons from the Repeal of Prohibition to the Balanced Budget Amendment, in: Eskridge, William N./Levinson, Sanford, Constitutional Stupidities, constitutional Stragedies, New York, London 1998, S. 98

Tribe, Laurence H. American constitutional Law, Band 1, 3. Aufl., New York 2000

Tribe, Laurence H. Comment: Erog. v Hsub and its Disguises: Freeing Bush v. Gore from its Hall of Mirrors, 115 Harvard Law Review 170 (2001)

Trost, Hermann Änderungen des Grundgesetzes: Die beschlossenen und beantragten Änderungen des Grundgesetzes und ihre Bedeutung für die Fortentwicklung des Verfassungsrechts der Bundesrepublik Deutschland, Hamburg 1963

TUSHNET, MARK V. — Following the Rules laid down: A Critique of Interpretivism and neutral Principles, 96 Harvard Law Review 781 (1983)

TUSHNET, MARK V. — The Flag Burning Episode: An Essay on the Constitution, 61 University of Colorado Law Review 39 (1990)

TUSHNET, MARK V. — Law and Prudence in the Law of Justiciability: The Transformation and Disappearance of the Political Question Doctrine, 80 North Carolina Law Review 1203 (2002)

VAN ALSTYNE, WILLIAM — A critical guide to Marbury v. Madison, 1969 Duke Law Journal 1 (1969)

VAN ALSTYNE, WILLIAM — Does Article V restrict the States to calling unlimited Conventions only? – A Letter to a Colleague, 27 Duke Law Journal 1295 (1978)

VAN ALSTYNE, WILLIAM — Interpreting this Constitution: The unhelpful Contributions of special Theories of judicial Review, 35 University of Florida Law Review 209 (1983)

VAN ALSTYNE, WILLIAM — Notes on a bicentennial Constitution: Part I: Process of Change, 1984 University of Illinois Law Review 933 (1984)

VAN ALSTYNE, WILLIAM — What do you think about the Twenty-Seventh Amendment, 10 Constitutional Commentary 9 (1993)

VAN SICKLE, BRUCE M./ BOUGHEY, LYNN M. — A lawful and peaceful Revolution: Article V and Congress' present Duty to call a Convention for proposing Amendments, 14 Hamline Law Review 1 (1990)

VEIT, HELEN E./BOWLING, KENNETH R./BICKFORD, CHARLENE BANGS — Creating the Bill of Rights: The documentary Record from the first federal Congress, Baltimore, London 1991

VILE, JOHN R. — Limitations on the constitutional Amending Process, 2 Constitutional Commentary 373 (1985)

VILE, JOHN R. — Judicial Review of the Amending Process: The Dellinger-Tribe Debate, 3 Journal of Law and Politics 21 (1986)

VILE, JOHN R. — Rewriting the United States Constitution: An Examination of Proposals from Reconstruction to the Present, New York 1991

VILE, JOHN R. — Legally Amending the United States Constitution: The Exclusivity of Article V's Mechanisms, 21 Cumberland Law Review 271 (1991)

VILE, JOHN R. — The Constitutional Amending Process in American political Thought, New York, London 1992

VILE, JOHN R. — Contemporary Questions surrounding the constitutional Amending Process, Westport, London 1993

VILE, JOHN R. — Constitutional Change in the United States: A comparative Study of the Role of constitutional Amendments, judicial Interpretations, and legislative and executive Actions, London 1994

VILE, JOHN R. — The Case against implicit Limits on the constitutional Amending Process, in: Levinson, Sanford (Hrsg.), Responding to Imperfection: The Theory and Practice of constitutional Amendment, Princeton 1995, S. 191

VILE, JOHN R. — Up close: Three recent Amendments: A review of the content and history of the last three constitutional Amendments, 2000 Insights on Law & Society 8 (2000)

VILE, JOHN R. — Encyclopedia of constitutional Amendments, proposed Amendments, and amending Issues, 1789-2002, 2. Aufl., Santa Barbara 2003

VOEGLER, DOUGLAS G. — Amending the Constitution by the Article V Convention Method, 55 North Dakota Law Review 355 (1979)

VORLÄNDER, HANS — Forum Americanum: Kontinuität und Legitimität der Verfassung der Vereinigten Staaten von Amerika von 1787-1987, Jahrbuch des öffentlichen Rechts NF 36 (1987), 451

VOSE, CLEMENT E. — Constitutional Change: Amendment Politics and Supreme Court Litigation since 1900, Lexington, Toronto, London 1972

VOSE, CLEMENT E. — Repeal as a political Achievement, in: Kyvig, David E. (Hrsg.), Law, Alcohol, and Order: Perspectives on national Prohibition, Westport, London 1985

WAGNER, HEINZ — Um ein neues Verfassungsverständnis, Die öffentliche Verwaltung1968, 604

WAGNER, JONATHAN — The Justiciability of Congressional-Plaintiff Suits, 82 Columbia Law Review 526 (1982)

WALCOFF, JONATHAN L. — The Unconstitutionality of Voter Initiative Applications for federal constitutional Conventions, 85 Columbia Law Review 1525 (1985)

WARD, KENNETH — The counter-majoritarian Difficulty and legal realist Perspectives of Law: The Place of Law in contemporary constitutional Theory, 18 Journal of Law & Politics 851 (2002)

WARDLE, LYNN D. — The proposed Federal Marriage Amendment and the risks to Federalism in Family Law, 2 University of Saint Thomas Law Journal 137 (2004)

WECHSLER, HERBERT — Toward neutral Principles of constitutional Law, 73 Harvard Law Review 1 (1959)

WEINBERG, LOUISE — Political Questions and the Guarantee Clause, 65 University of Colorado Law Review 887 (1994)

WEINBERG, LOUISE Federal Courts and electoral Politics: When Courts decide Elections: The Constitutionality of Bush v. Gore, 82 Boston University Law Review 609 (2002)

WEINER, DAVID J. The new Law of legislative Standing, 54 Stanford Law Review 205 (2001)

WEINFELD, ABRAHAM C. Power of Congress over State ratifying Conventions, 51 Harvard Law Review 473 (1938)

WEISER, PHILIP J. Ackerman's Proposal for popular constitutional Lawmaking: Can it realize his Aspirations for dualist Democracy?, 68 New York University Law Review 907 (1993)

WESTON, MELVILLE FULLER Political Questions, 38 Harvard Law Review 296 (1925)

WHITE, JUSTIN DUPRATT Is there an Eighteenth Amendment?, 5 Cornell Law Quarterly 113 (1920)

WIELAND, JOACHIM Der Zugang des Bürgers zum Bundesverfassungsgericht und zum U.S. Supreme Court, Der Staat 29 (1990), 333

WILLIS, HUGH EVANDER The Doctrine of the Amendability of the United States Constitution, 7 Indiana Law Journal 457 (1932)

WILMS, HEINRICH Die Vorbildfunktion des United States Supreme Court für das BVerfG, Neue Juristische Wochenschrift 1999, 1527

WILSON, WOODROW Congressional Government: A Study in American Politics, Boston 1885

WINTER, STEVEN L. Indeterminacy and Incommensurability in constitutional Law, 78 California Law Review 1441 (1990)

WITTER, JEAN Extending Ratification Time for the Equal Rights Amendment: Constitutionality of Time Limitations in the federal Amending Process, 4 Women's Rights Law Reporter 209 (1978)

WOLF, ERNST Verfassungsgerichtsbarkeit und Verfassungstreue in den Vereinigten Staaten: Eine Untersuchung über die Entwicklung des amerikanischen Verfassungsrechts auf Grund der gerichtlichen Überprüfung der Verfassungsmäßigkeit der Bundesgesetze, Basel 1961

WOLF, PETER H. An Antireapportionment Amendment: Can it be legally ratified?, 52 American Bar Association Journal 326 (1966)

WOLFE, CHRISTOPHER On Understanding the constitutional Convention of 1787, 39 Journal of Politics 97 (1977)

WOOD, GORDON S. The Creation of the American Republic, 1776-1787, New York, London 1969

WOOD, GORDON S. — The Origins of Article V of the Constitution, in: Moore, W.S./Penner, Rudolph G., The Constitution and the Budget: A Conference sponsored by the American Enterprise Institute for Public Policy Research: Are constitutional Limits on Tax, Spending, and Budget Powers desirable at the federal Level, Washington D.C., London 1980

WOOD, GORDON S. — Eighteenth-Century American Constitutionalism, in: American Political Science Association/American Historical Association (Hrsg.), This Constitution: Our enduring Legacy, Washington D.C. 1986, S. 13

WOOD, GORDON S. — Foreword: State Constitution-Making in the American Revolution, 24 Rutgers Law Journal 911 (1993)

WOOD, STEPHEN B. — Constitutional Politics in the progressive ERA: Child Labor and the Law, Chicago, London 1968

WRIGHT, CHARLES ALAN/ MILLER, ARTHUR R./ COOPER, EDWARD H. — Federal Practice and Procedure, Band 13A: Jurisdiction and related Matters: Federal judicial System, St. Paul 1984

WRIGHT, GEORGE — Could a constitutional Amendment be unconstitutional?, 22 Loyola University Law Journal 741 (1991)

YINGLING, KEVIN L. — Justifying the Judiciary: A majoritarian Response to the countermajoritarian Problem, 15 Journal of Law & Politics 81 (1999)

YU, TRACY ROTTNER — „Standing“ in a Quagmire: Raines v. Byrd, 117 S.Ct. 2312 (1997), 67 University of Cincinnati Law Review 639 (1999)

ZUCK, RÜDIGER — Political-Question-Doktrin, Judicial –self-restraint und das Bundesverfassungsgericht, Juristenzeitung 1974, 361

ZWEIG, EGON — Die Lehre vom pouvoir constituant: Ein Beitrag zum Staatsrecht der französischen Revolution, Tübingen 1909

ZWEIGERT, KONRAD/ DIETRICH, HARTMUT — Bundesverfassungsgericht – Institution mit Zukunft?, in: Däubler,Wolfgang/Küsel, Gudrun (Hrsg.), Verfassungsgericht und Politik, Reinbek bei Hamburg, 1979, S.11

Kölner Schriften zu Recht und Staat

Herausgegeben von
Hartmut Schiedermair und Bernhard Kempen

Band 1 Bernhard Kempen: Die deutsch-polnische Grenze nach der Friedensregelung des Zwei-plus-Vier-Vertrages. 1997.

Band 2 Hans-Georg Maaßen: Die Rechtsstellung des Asylbewerbers im Völkerrecht. Überlegungen zu den völkerrechtlichen Rahmenbedingungen einer europäischen Asylrechtsharmonisierung. 1997.

Band 3 Udo Fink: Kollektive Friedenssicherung. Kapitel VII UN-Charta in der Praxis des Sicherheitsrats der Vereinten Nationen. 1999.

Band 4 Stephan Grigolli: Sprachliche Minderheiten in Italien, insbesondere Südtirol, und in Europa. Der Gebrauch der Sprache vor Behörden und Gerichten und die Vergabe öffentlicher Stellen. 1997.

Band 5 Uta Stoy-Schnell: Das Bundesverfassungsgericht und die Corte costituzionale. Ein Vergleich der Verfassungsgerichtsbarkeiten in Deutschland und Italien. 1998.

Band 6 Christian Hillgruber: Die Aufnahme neuer Staaten in die Völkerrechtsgemeinschaft. Das völkerrechtliche Institut der Anerkennung von Neustaaten in der Praxis des 19. und 20. Jahrhunderts. 1998.

Band 7 Jochen Seitz: Planungshoheit und Grundeigentum. Die verfassungsrechtlichen Schranken der städtebaulichen Entwicklungsmaßnahmen. 1999.

Band 8 Jochen Herbst: Rechtskontrolle des UN-Sicherheitsrates. 1999.

Band 9 Kristin Möller: Die Beschaffung naturschutzrechtlicher Ausgleichsflächen im Baurecht. 1999.

Band 10 Klaus Löffelbein: Genehmigungsfreies Bauen und Nachbarrechtsschutz. Die baurechtlichen Anzeige- und Freistellungsverfahren der Länder aus nachbarlicher Sicht. 2000.

Band 11 Patrick Mittmann: Die Rechtsfortbildung durch den Gerichtshof der Europäischen Gemeinschaften und die Rechtsstellung der Mitgliedstaaten der Europäischen Union. 2000.

Band 12 Martin R. Albus: Zur Notwendigkeit eines Internationalen Umweltgerichtshofs. Zugleich eine Analyse der Staatenpraxis zum Internationalen Umwelthaftungsrecht und der Rechtsschutzmöglichkeiten bei grenzüberschreitenden Umweltbeeinträchtigungen. 2000.

Band 13 Irene Baur: Die Haftung der Europäischen Zentralbank. 2001.

Band 14 Tobias R. Ehlen: Zentralisierungsmöglichkeiten der deutschen Börsenaufsicht. 2003.

Band 15 Ulrich Steiner: Wertsicherungsklauseln. Zur Europarechtskonformität des neuen § 2 PaPkG. 2003.

Band 16 Stephanie Vogel: Der Prüfungsumfang des Bundesverfassungsgerichts bei Verfassungsbeschwerden am Beispiel der Kunstfreiheitsrechtsprechung. 2004.

Band 17 Thomas Schmidt: Deutsche Hochschulräte. Begriff, Darstellung und rechtliche Analyse. 2004.

Band 18 Kirsten Schmalenbach: Die Haftung Internationaler Organisationen im Rahmen von Militäreinsätzen und Territorialverwaltungen. 2004.

Band 19 Gunter Warg: Von Verteidigung zu kollektiver Sicherheit. Der Nato-Vertrag *auf Rädern*. 2004.

Band 20 Bernhard Kempen / Yvonne Dorf: Bodenreform 1945–1949. Eine verfassungsrechtliche Neubewertung. 2004.

Band 21 Jeanette Nolte: Die völkerrechtliche Vertragspraxis der EG und die Haftung der Mitgliedstaaten am Beispiel der Fischereipolitik. 2004.

Band 22 Rüdiger Schmid-Kühnhöfer: Die Staatlichkeit von Beihilfen. Mittel- und Transferzurechnung nach Art. 87 Abs. 1 EG-Vertrag. 2004.

Band 23 Florian Schöler: Die Reform des Europäischen Kartellverfahrensrechts durch die Verordnung (EG) Nr. 1/2003. 2004.

Band 24 Christina Maria Pelzer: Die Kompetenzen der EG im Bereich Forschung. Eine Analyse ihrer Reichweite und Grenzen vor dem Hintergrund des Art. 5 Abs. 3 GG. Dargestellt am Beispiel der Gentechnologie. 2004.

Band 25 Nikolaus Vieten: Die verfassungsrechtliche Zulässigkeit der Wiedereinführung einer Vermögensteuer. Zugleich eine Untersuchung des Halbteilungsbeschlusses des Bundesverfassungsgerichts. 2005.

Band 26 Bernhard Kempen (Hrsg.): Die rechtsstaatliche Bewältigung der demokratischen Bodenreform. 2005.

Band 27 Erik Hansalek: Die parlamentarische Kontrolle der Bundesregierung im Bereich der Nachrichtendienste. 2006.

Band 28 Thomas Günther: Zur Zulässigkeit der Errichtung privater Volksschulen als Bekenntnisschulen religiös-ethnischer Minderheiten nach Art. 7 Abs. 5 GG. Am Beispiel einer islamischen Grundschule. 2006.

Band 29 Christian Hoppe: Staatshaftung und Rechtsschutz bei Verletzung grundfreiheitlicher Schutzpflichten. 2006.

Band 30 Julia Schäfer: Die Entscheidung des ECOFIN-Rats über das Vorliegen eines übermäßigen Defizits. Eine Entscheidung zwischen Politik und Recht. 2007.

Band 31 Erika Elisabeth Orth: Ein Grundrecht auf Umweltschutz in Europa? Eine rechtsdogmatische Einordnung des Art. 37 GRC. 2007.

Band 32 Cécile Günther: Die Auslegung des Rechts auf Bildung in der europäischen Grundrechtsordnung. Eine Analyse von Schutzbereich und Reichweite – dargestellt am Beispiel des Art. 14 EU-GRCh (Art. II-74 EuVerf). 2007.

Band 33 Muna A. Yousif: Die extraterritoriale Geltung der Grundrechte bei der Ausübung deutscher Staatsgewalt im Ausland. 2007.

Band 34 Stefanie von Hoff: Die Rolle des US-Supreme Court im Prozess der Verfassungsänderung in den Vereinigten Staaten von Amerika. 2008.

www.peterlang.de

Peter Lang · Internationaler Verlag der Wissenschaften

Christoph Schultes

Die verfassungsändernde Volksgesetzgebung in Bayern

Eine Untersuchung zur Revision der Bayerischen Verfassung durch Volksbegehren und Volksentscheid

Frankfurt am Main, Berlin, Bern, Bruxelles, New York, Oxford, Wien, 2006.
250 S.
Studien und Materialien zum öffentlichen Recht.
Herausgegeben von Herbert Bethge. Bd. 29
ISBN 978-3-631-55721-1 · br. € 45.50*

Beinahe seit dem Inkrafttreten der Bayerischen Verfassung diskutieren Wissenschaft und Politik über die Zulässigkeit und die Voraussetzungen einer Verfassungsänderung durch das Volk. Diese Arbeit kommt anhand einer Untersuchung von Wortlaut, Entstehungsgeschichte, Systematik und Teleologie der Bayerischen Verfassung zu dem Ergebnis, dass eine direktdemokratische Verfassungsrevision auch ohne Beteiligung des Landtags möglich ist. Die Beantwortung der Frage, welche Mehrheit für einen verfassungsändernden Volksentscheid erforderlich ist, überlässt die Verfassung dagegen weitgehend dem einfachen Landesgesetzgeber.

Aus dem Inhalt: Die Entwicklung des juristischen Meinungsstreits und die Geschichte der verfassungsändernden Volksgesetzgebung in Bayern · Die generelle Zulässigkeit der verfassungsändernden Volksgesetzgebung · Die Anforderungen der Bayerischen Verfassung an die plebiszitäre Mehrheit im Rahmen der verfassungsändernden Volksgesetzgebung · Vorgaben des Grundgesetzes für die Mehrheitshöhe beim verfassungsändernden Volksentscheid

Frankfurt am Main · Berlin · Bern · Bruxelles · New York · Oxford · Wien
Auslieferung: Verlag Peter Lang AG
Moosstr. 1, CH-2542 Pieterlen
Telefax 00 41 (0) 32 / 376 17 27

*inklusive der in Deutschland gültigen Mehrwertsteuer
Preisänderungen vorbehalten

Homepage http://www.peterlang.de

FSC
www.fsc.org
MIX
Papier | Fördert gute Waldnutzung
FSC® C083411

Kolibri 360 GmbH
Ferdinand-Jühlke-Straße 7
99095 Erfurt, Deutschland
produktsicherheit@kolibri360.de

Druck:
CPI Druckdienstleistungen GmbH
im Auftrag der
Kolibri 360 GmbH
Ferdinand-Jühlke-Str. 7
99095 Erfurt